囲碁人ブックス

後藤俊午・山本賢太郎
Goto Shungo Yamamoto Kentaro

アマ必勝の新作戦！

囲碁・奇襲事典

マイナビ

はじめに

二〇一八年秋に広島県廿日市市で行われた囲碁大会の会場での出来事です。多面打ち指導碁を終えた、広瀬優一第43期新人王が頭を抱え込んでいました。

「どないしたん」

と尋ねると、

「指導碁全敗したんです。しかもどの碁も2、30目の大差で」

これはただならぬことです。逆の結果なら日常茶飯事ですが、活きの良い若手棋士が置碁とは言え、まさか完膚なきまでにやられるとは。

興味を持った私は詳しく聞いてみました。すると、指導碁を受けた方々は普段、山本賢太郎五段に打ってもらっていたのです。

それで分かりました。我が弟子、山本賢太郎のした手打ちの技術が凄いと噂には聞いたことはありました。指導碁を受けられた方は、広瀬新人王にも同じだけの置石か、あるいは強い若手棋士が相手ということで、山本五段と打つ時より一目多く置いていたかも知れません。指導碁の経験が多いとは思えない彼にとって、それは災難でしたね。

その時にふと思い付きました。山本賢太郎流のした手ごなしの秘技を世に出そうと。それからは自分でもした手を困らせる作戦を研究しました。どんな実戦にでも必ず出て来る、隅の星に対しての打ち方に限定して。

本書に登場する手段は私達師弟の合作です。

置碁のうわ手の立場で解説していますが、した手に正しく打たれると形勢を損ねるような、いわゆるハメ手とは一線を画しています。部分的に互角以下にならない手段を厳選しており、互先でも使えます。それどころか、うわ手に対して使ってみても有効だと思います。

皆さんも本書の手段をマスターして、是非碁敵をあっと言わせる楽しみを味わって下さい。

二〇一九年七月

九段　後藤俊午

アマ必勝の新作戦！　囲碁・奇襲事典　目次

置碁は、無難で互角に分かれると形勢が悪くなります。そこで、相手を悩ませるような手を打つのがした手打ちです。本書で紹介するした手打ちは、ハメ手とは違い、相手にしっかり打たれても互角に分かれるものに絞っています。もちろん、相手が間違えれば、あっという間に主導権を握ることができます。

互先で奇襲を仕掛けたい時や、形勢不利を挽回したい場面などでも使えます。

第1章では、うわ手が採用してはいけない戦法をまとめています。いずれも互角に分かりやすく無難に分かれるので、した手としては一安心でしょう。

第2章は1章で紹介した戦法の代案を示します。ごく普通の手に見えますが、実は奥が深く、した手や研究していない相手にとってはやっかいでしょう。

第3章はもう一歩踏み込んだ、まさに奇襲といえる戦法を紹介します。相手が面食らっている間に一気に攻め倒していきましょう。

それでは、次のページから本書で紹介する作戦のダイジェストをご覧ください。

新作戦1

ツケフクレ

➡P49

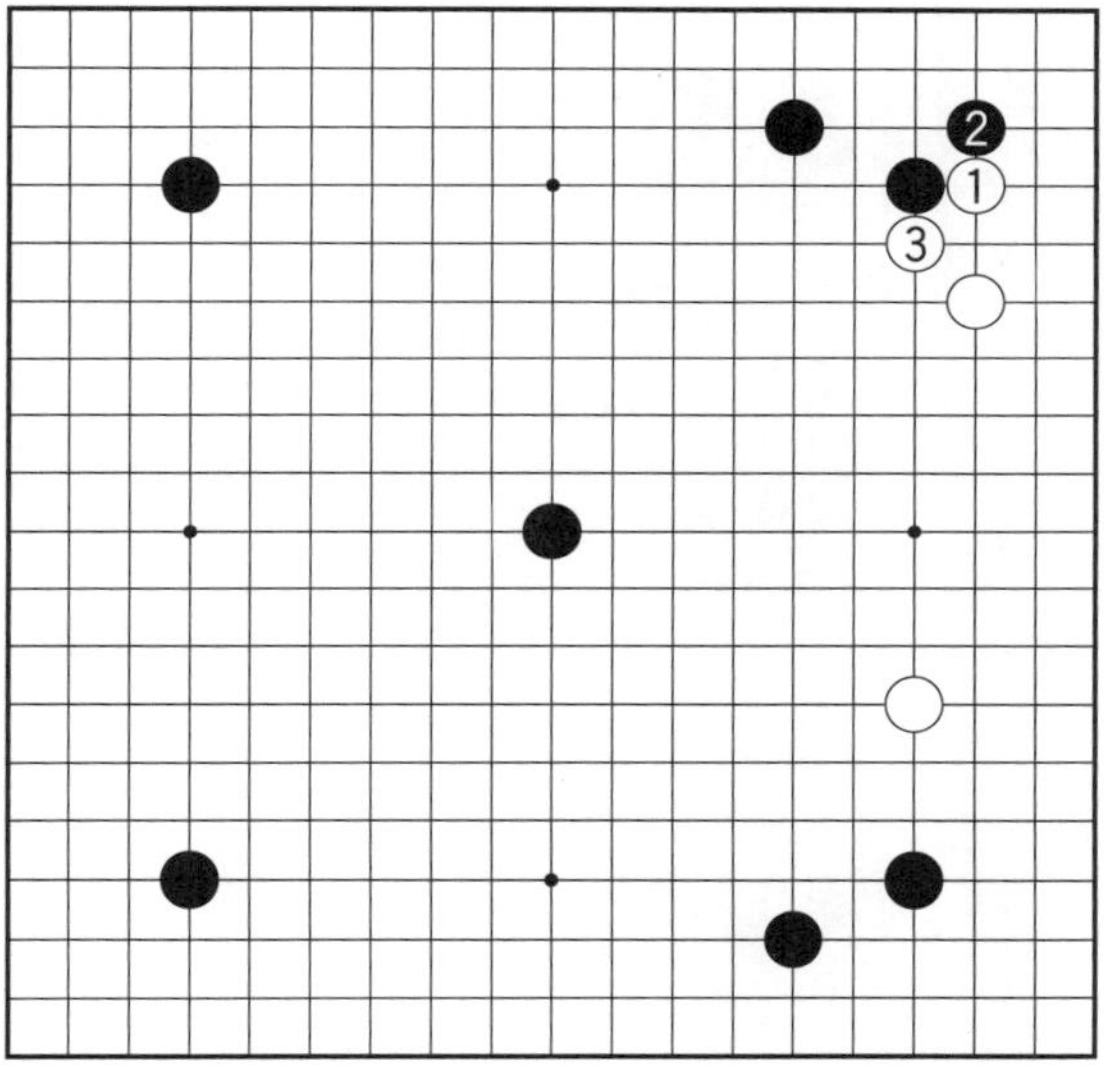

白1、3のツケフクレが有力です。した手が苦手なコウを駆使して、主導権を握りましょう。

1図のスベリ定石や**2図**のツケ二段定石では、無難な分かれになってしまいます。

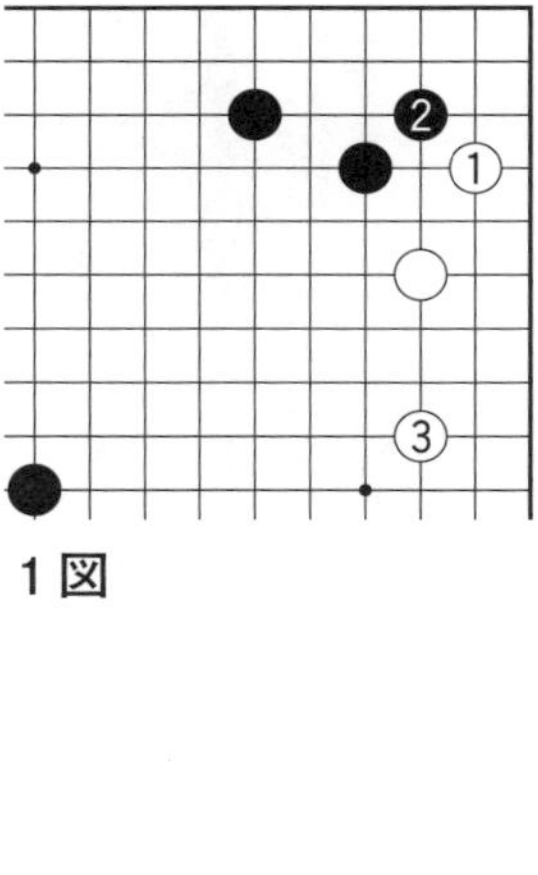

1図

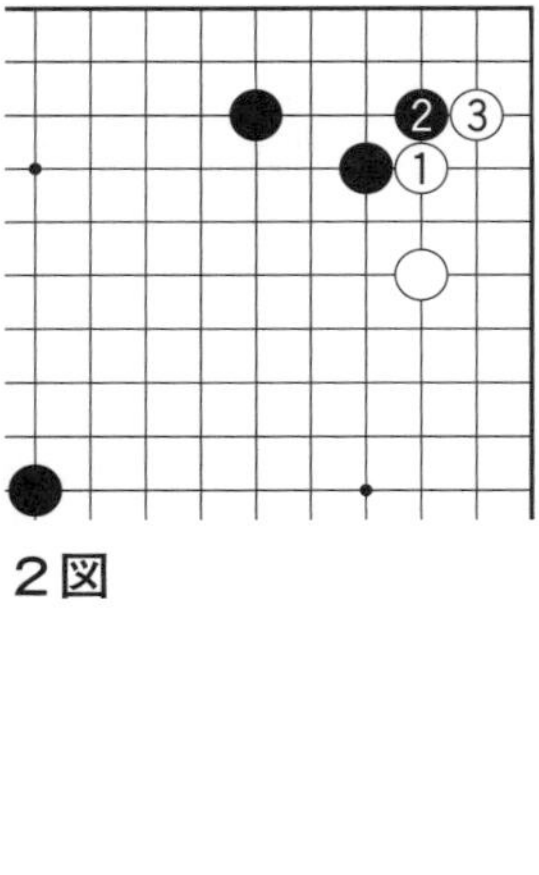

2図

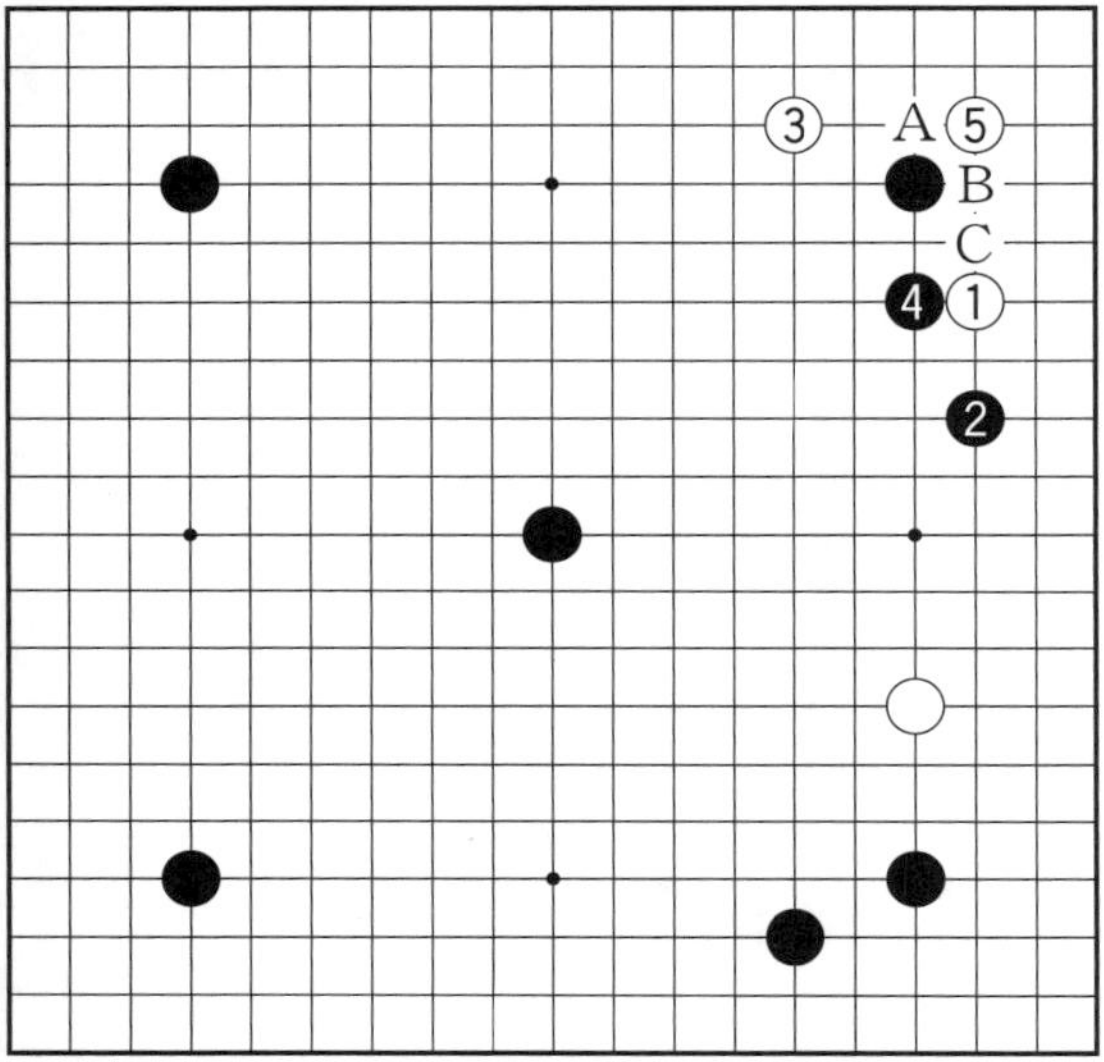

新作戦2

両ガカリからの三々入り

➡P52

白3で、単に5と三々に入るのは、黒にとってわかりやすい分かれになります。

この後、黒の選択肢はA、B、Cの3通りあり、いずれも悩ましいところです。

【黒A➡P53】
実利を取りながら、上辺に展開。

【黒B➡P56】
上辺に展開しつつ、アジを残す展開。

【黒C➡P57】
アジを残しながら実利を稼ぐ展開。

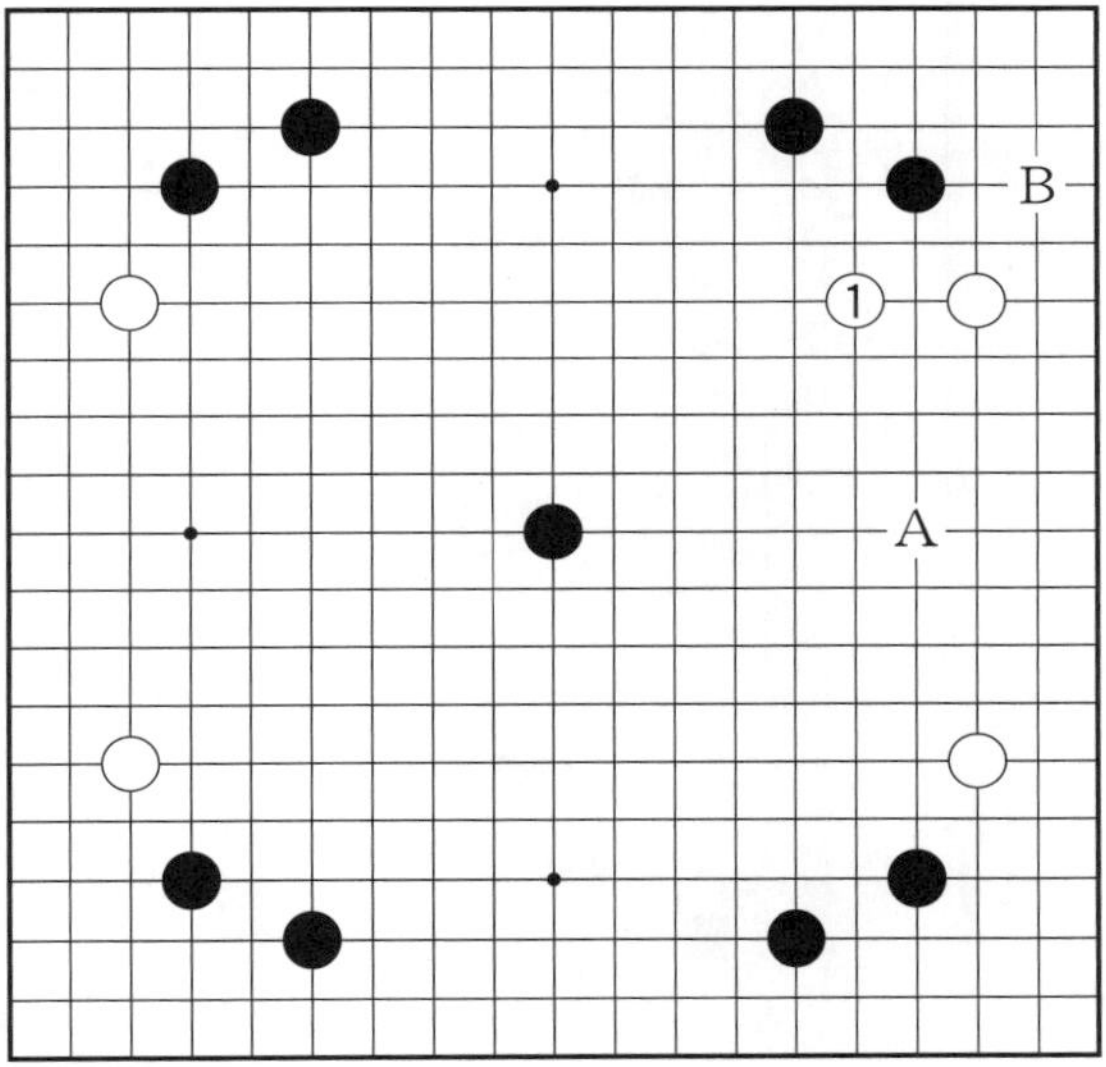

新作戦3
山賢流「カカリから一間トビ」

➡P63

白1と広げて、黒Aなど入ってきた石を攻める作戦です。黒Bの受けも立派ですが、ひたすら広げて、黒が入らざるを得ない状況を作っていきます。

1図の山型は黒2、4のツケノビ定石を打たれても良くありません。後の黒aの切りも楽しみです。

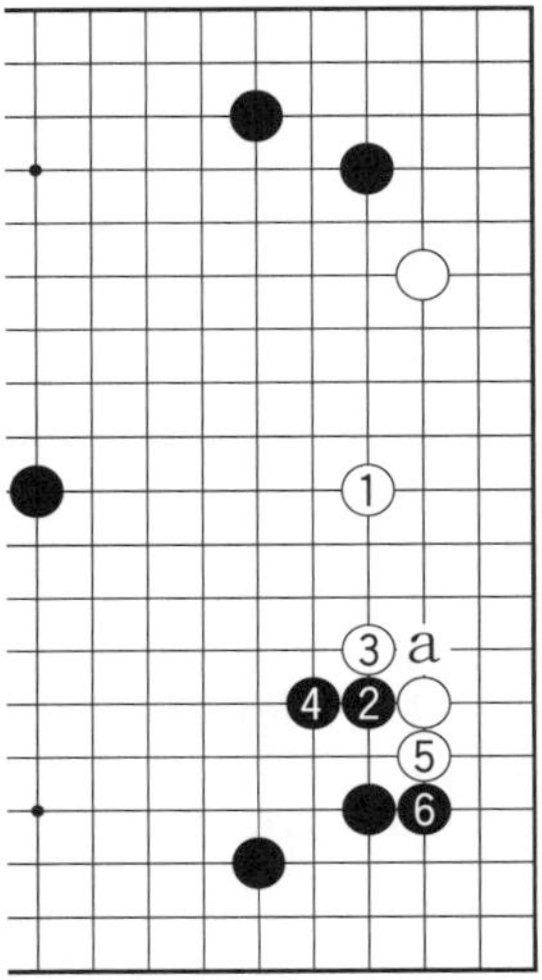

1図

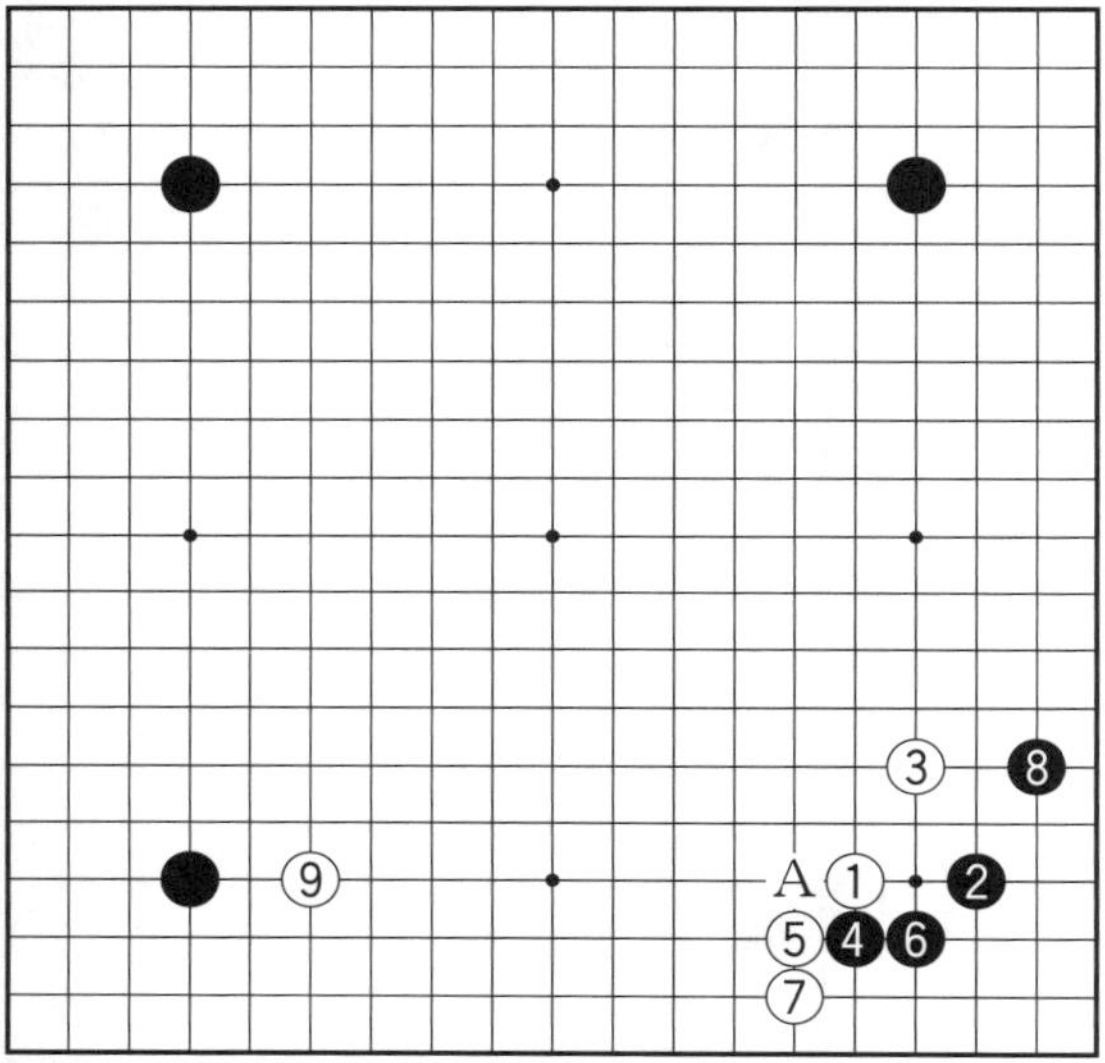

新作戦4

山賢流「高目定石」

➡P80

白1の高目から黒6までは通常の進行ですが、ここで白7とサガるのが眼目です。黒は、一旦は8と受けるくらいですが、白9とカカってどんどん広げます。

Aの切りが気になりますが、白はこれを誘っています。大乱戦になることが多いので、戦い好きや喧嘩自慢の方には特にオススメです。

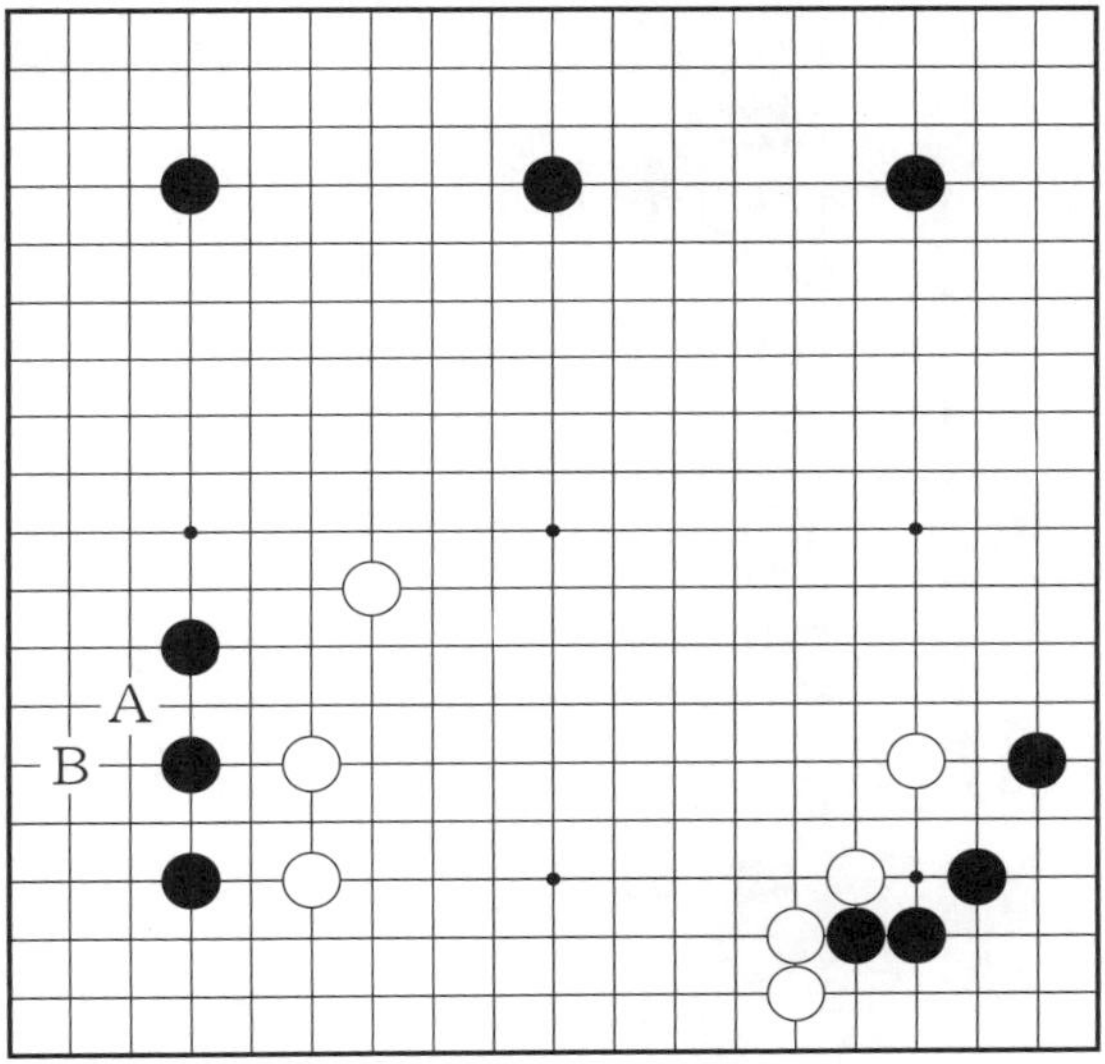

新作戦5

山賢流「隅への侵入方法」

➡P106

高目定石の続きで、左下隅への侵入方法にも新しい作戦があります。

【黒A→P107】

白が有望な変化もありますが、黒に正しく打たれると若干不満かもしれません。

【黒B→P116】

自慢の手。黒の地模様を荒らして、どの変化も満足できる形になります。

新作戦6

山賢流「奇手三間トビ」

➡P127

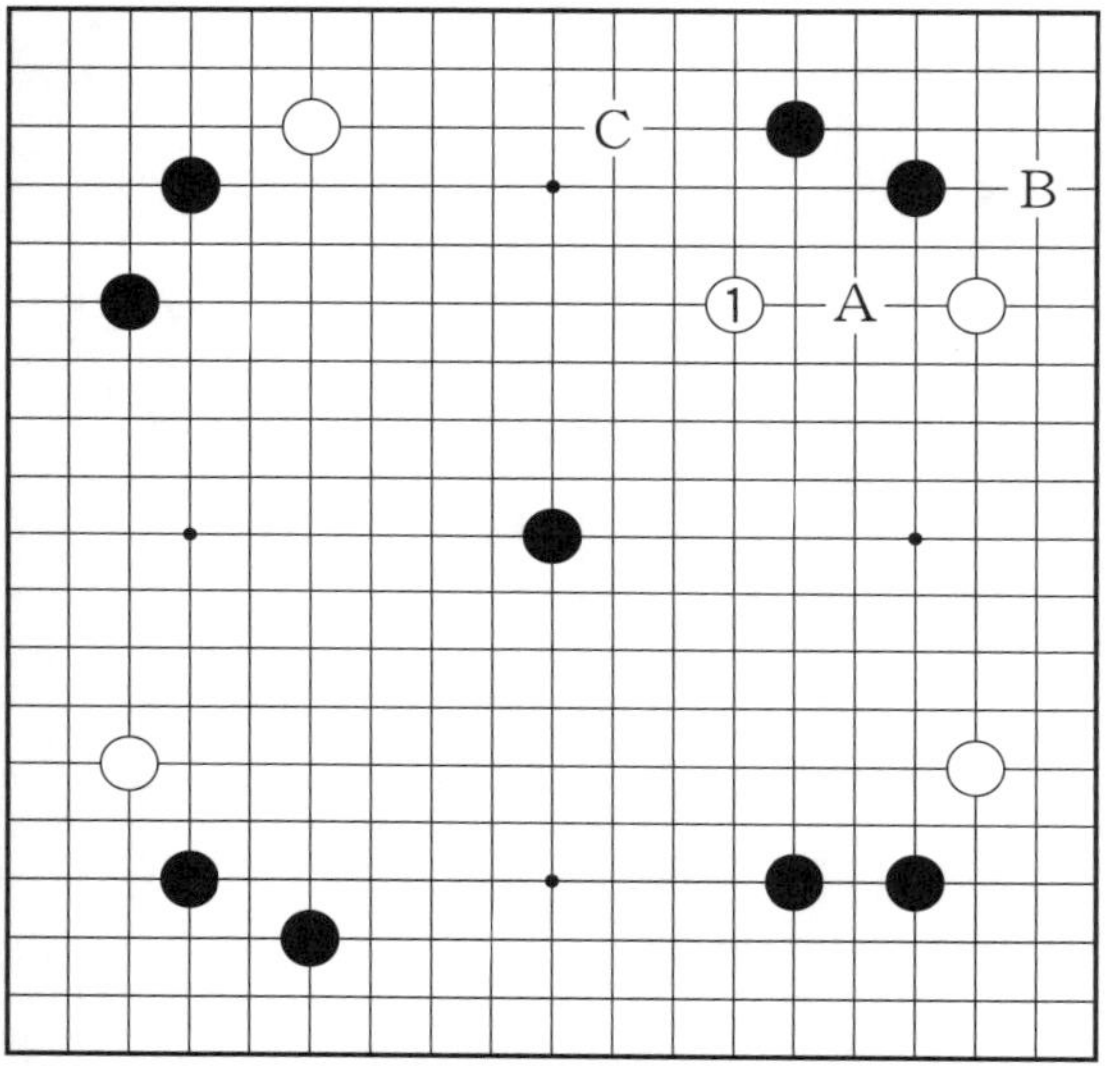

白1は狙いが分かりにくく、した手としては困惑するのではないでしょうか。

黒の主な応手はA、B、Cの3通りです。

【黒A→P128】

白は外勢を張るか、白1の1子をおとりに実利を稼ぐか、変幻自在に作戦を立てられます。

【黒A→P136】

黒Bは堅実な良い手ですが、白はどんどん圧迫していき、反発してきたところで戦いに持ち込みます。

【黒A→P146】

黒Cも冷静な手です。白はしつこく仕掛けていき、妥協させるか戦いに持ち込みます。

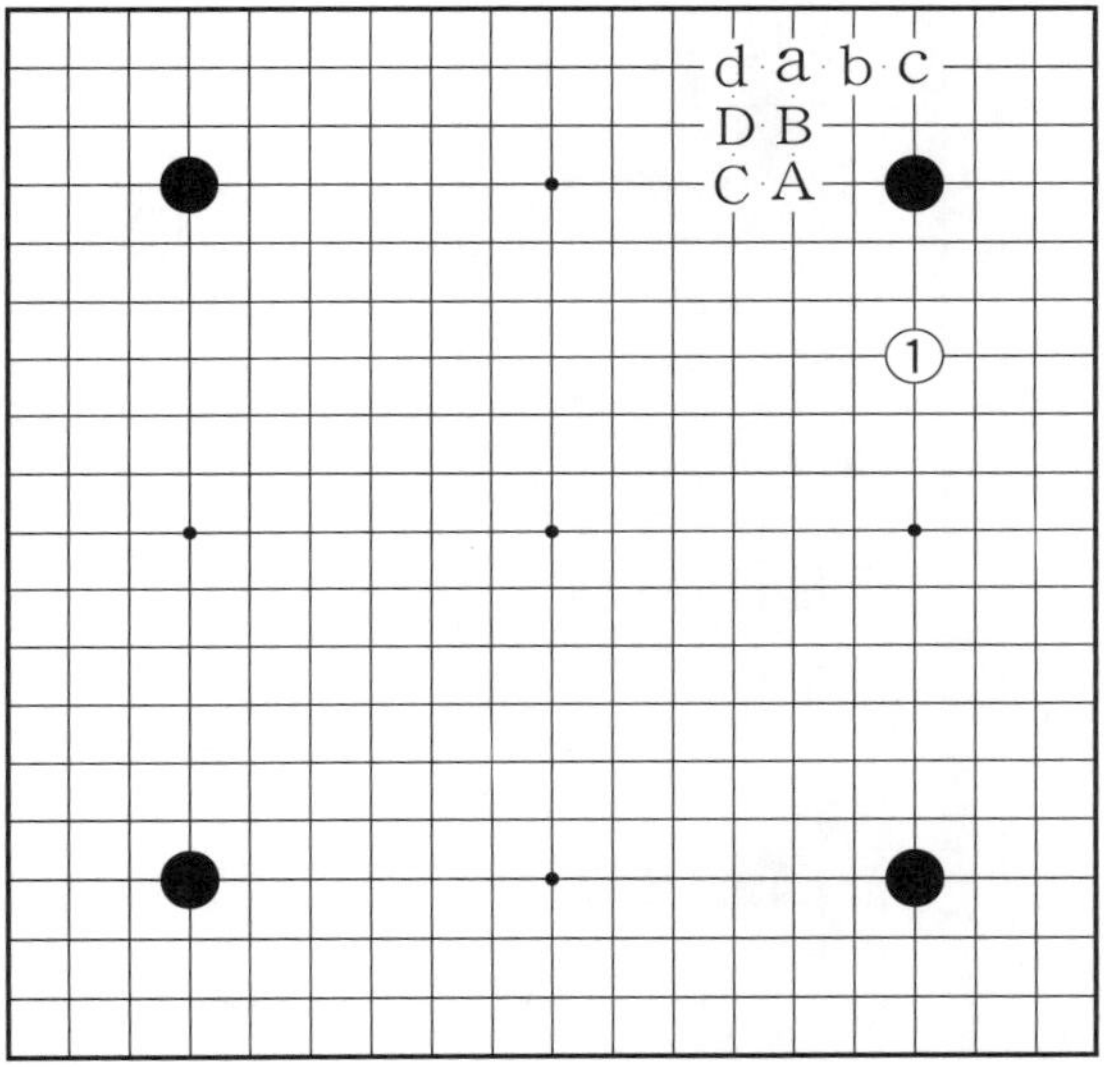

新作戦７

二間ガカリのすすめ

➡P149

白１の二間ガカリ自体はたまに打たれる手ですが、黒が受けた時の手段をいろいろ用意しています。黒はＡ～Ｄの受け方が考えられます。

【黒Ａ↓Ｐ150】
白ａ～ｃを用意しています
白ａ↓Ｐ153、白ｂ↓Ｐ168、白ｃ↓Ｐ178

【黒Ｂ↓Ｐ189】
白Ｃのカタツキがおすすめの手です。

【黒Ｃ↓Ｐ202】
三々やｂの置きから、実利を荒らしながら接近戦に持ち込みます。

【黒Ｄ↓Ｐ214】
白Ｃやｄのツケから仕掛けます。

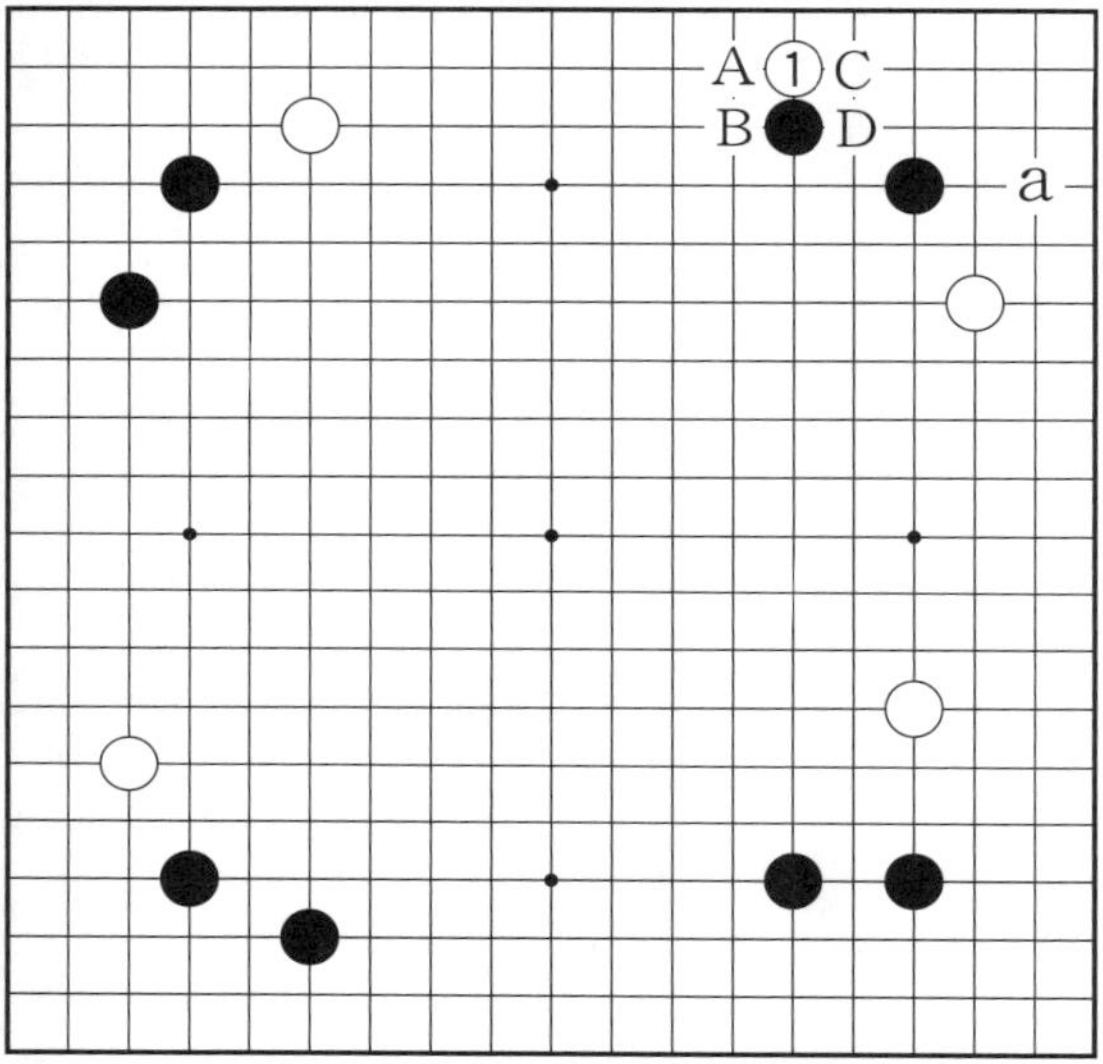

新作戦８

山賢流下ツケ

➡P224

突拍子もないツケに見えますが、一押しの作戦です。黒はＡ～Ｄの４通りでしょう。

【黒Ａ→Ｐ240】（Ｐ233に詳しい変化）
実はすでに白の狙いにハマりました。

【黒Ｂ→Ｐ240】
すかさず三々に入って満足の変化。

【黒Ｃ→Ｐ245】
白Ｂのハネ、ａのスベリ、そして放置しても白に楽しみが残ります。

【黒Ｄ→Ｐ249】
いかにも利かされで、白Ｂとハネて満足です。

第1章 うわ手が採用してはいけない戦法

部分的には互角とされていても、全局的に見れば全く相応しくないと言うような打ち方や定石はいくらでもありますね。それは置き碁のうわ手にも当てはまります。置石の効力を徐々にそいでいってハンデを克服するにはそれなりの理論があります。まずこの章では、逆説的にうわ手のまずい打ち方を研究します。そして実は、した手にとっても有意義な内容になっています。うわ手を咎める手が沢山登場しますので。

では早速見ていきましょう。

【テーマ図１】打ってはいけない定石「その１」

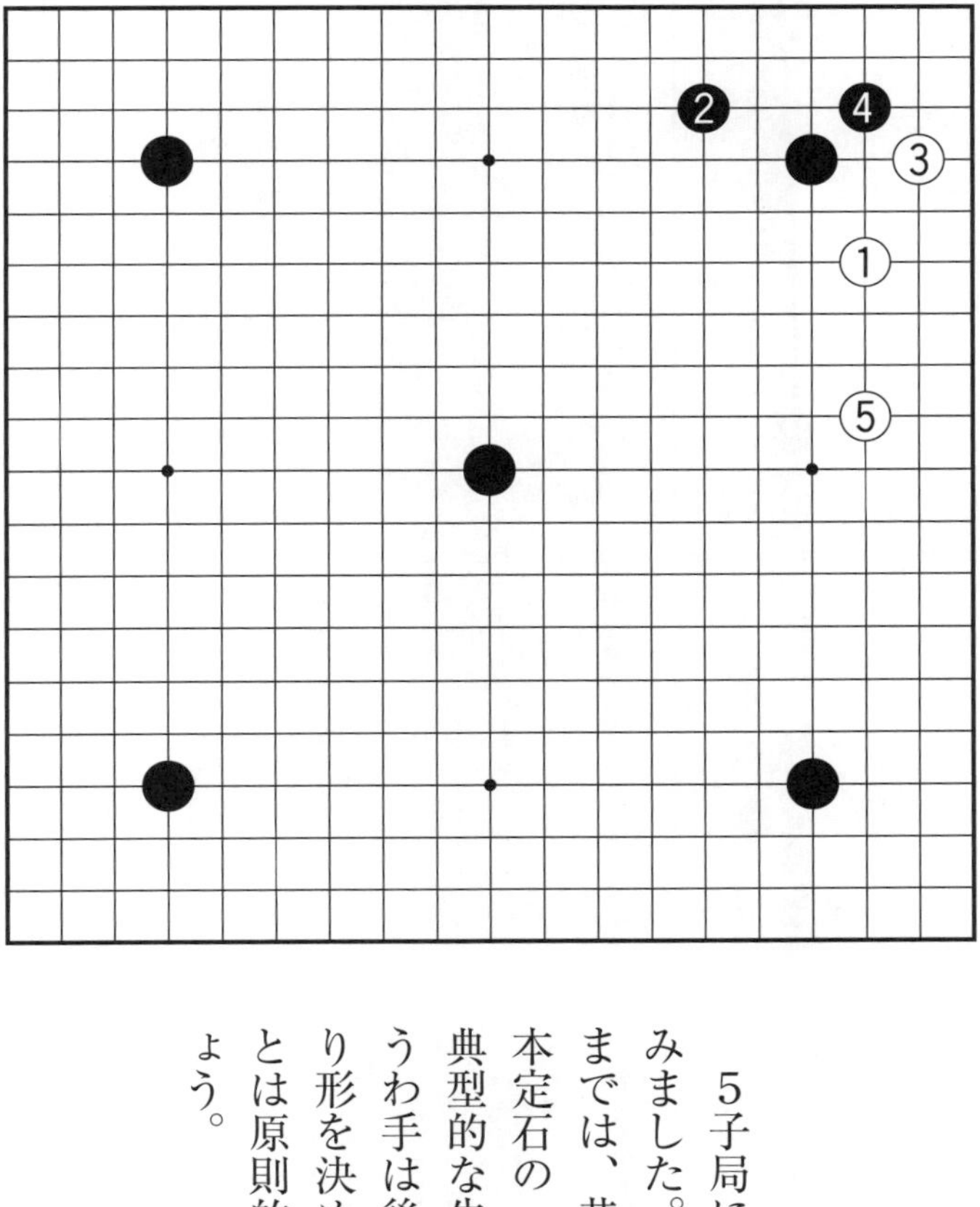

５子局に例を取ってみました。白１から５までは、昔からある基本定石の一つですが、典型的な失敗例です。うわ手は後手できっちり形を決めてしまうことは原則的に避けましょう。

部分的には互角でも、置かせているうわ手がこの定石を採用するのは、無気力と言っても過言ではありません。昔からある基本定石ですが、これでは端的に言えば白はもう負けに近づいています。

この後、部分的には黒から黒1、3、5が好手です。この結果を検証してみましょう。

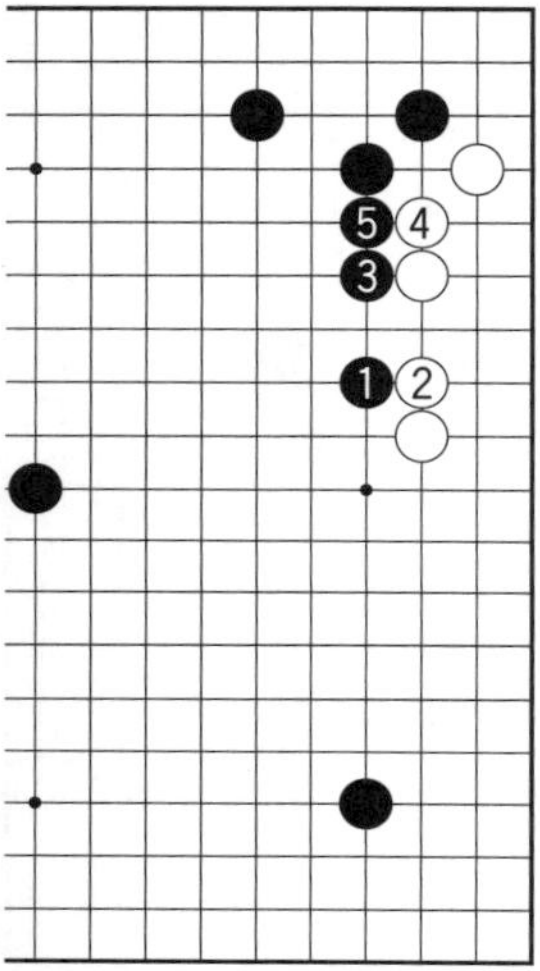

1図

白の得た確定地は△の10目程度ですね。対する黒は×に最小限6目を確保しました。そして中央に強固な厚みを得ました。

この結果は、白が局面を大きく悪化させてしまっています。なお、黒5では…

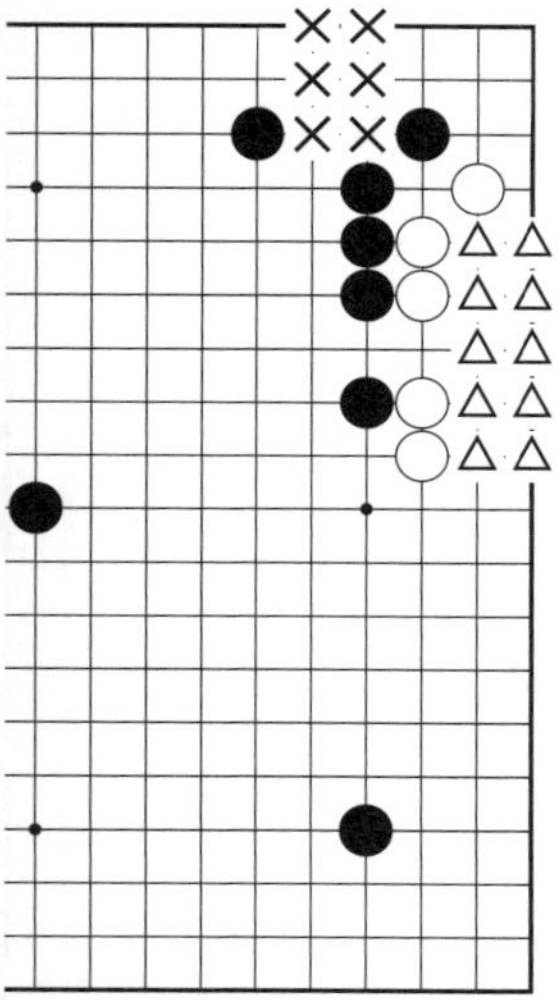

2図

3図の黒1と打って、次に黒a、白b、黒cを狙う手もあります。
4図、白1と取れば、黒2から4が厳しい手です。

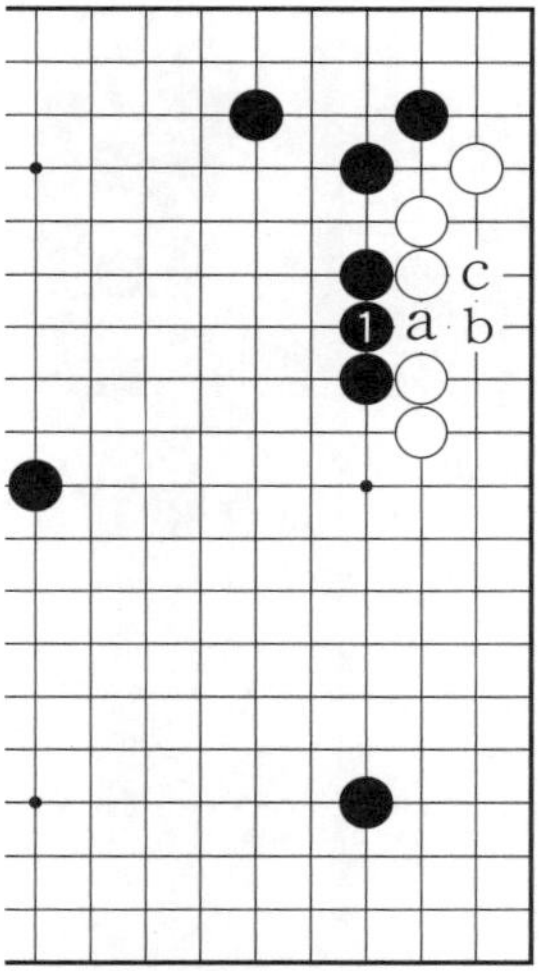

3図（有力）

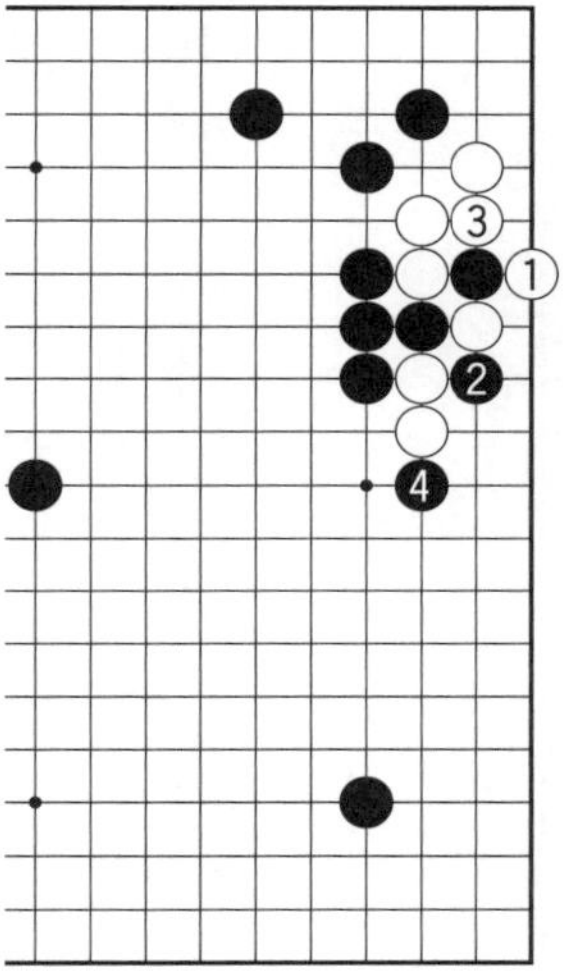

4図

白1とこちらを守れば、黒2の捨石の好手から4が気持ちの良いシメツケになります。
しかしながら囲碁で大切なことは、常に部分よりも碁盤全体を見て打つことです。
ですから…

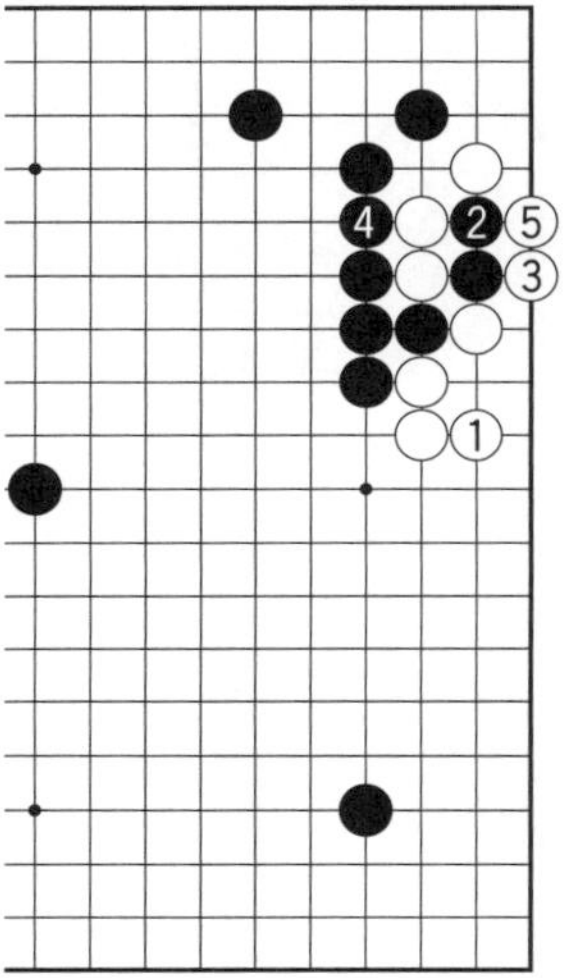

5図

黒5や、a、b、c、dなどがより有力です。

このように積極的に大場に先行すれば主導権を握ることが出来ます。

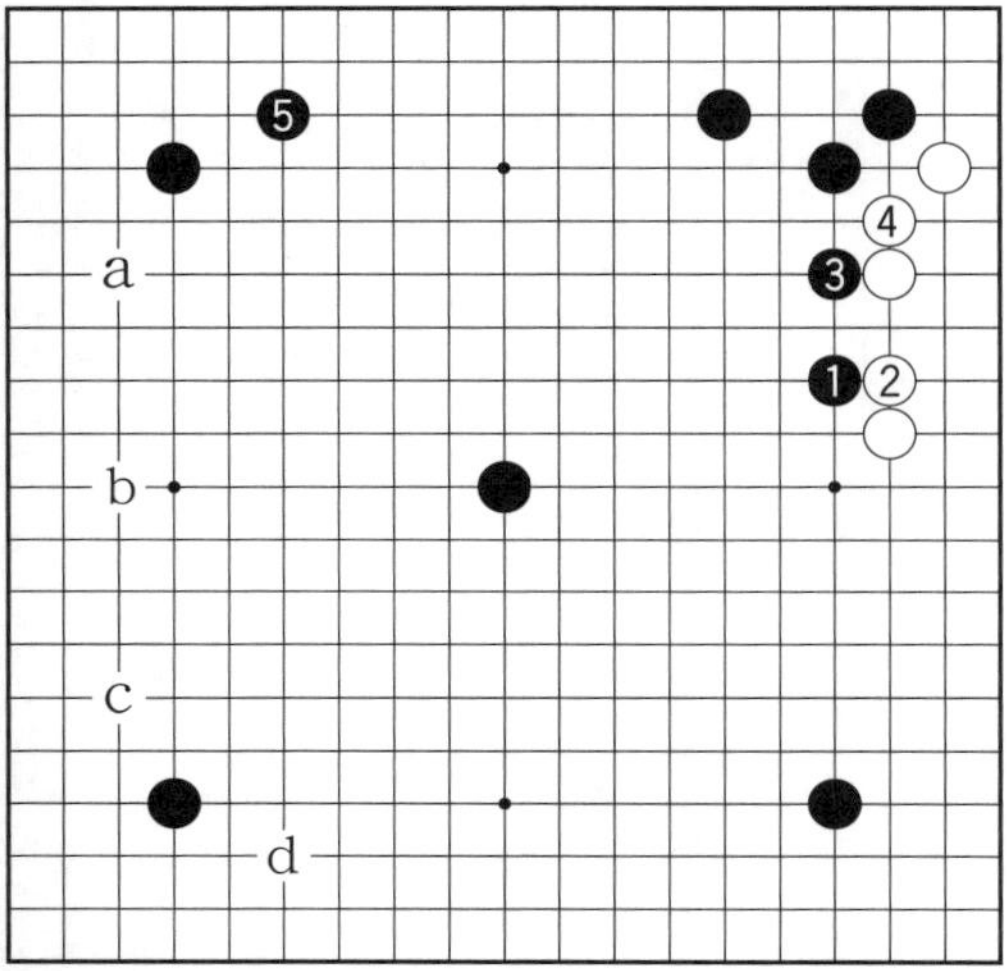

6図（全体を見る）

白6から出切ってこられても、黒1子を捨てて全く痛痒を感じません。

黒11や、a、bなどに、どんどん先行。以上、この定石選択がいかに置き碁のうわ手の戦法に相応しくないか、お分かり頂けたと思います。

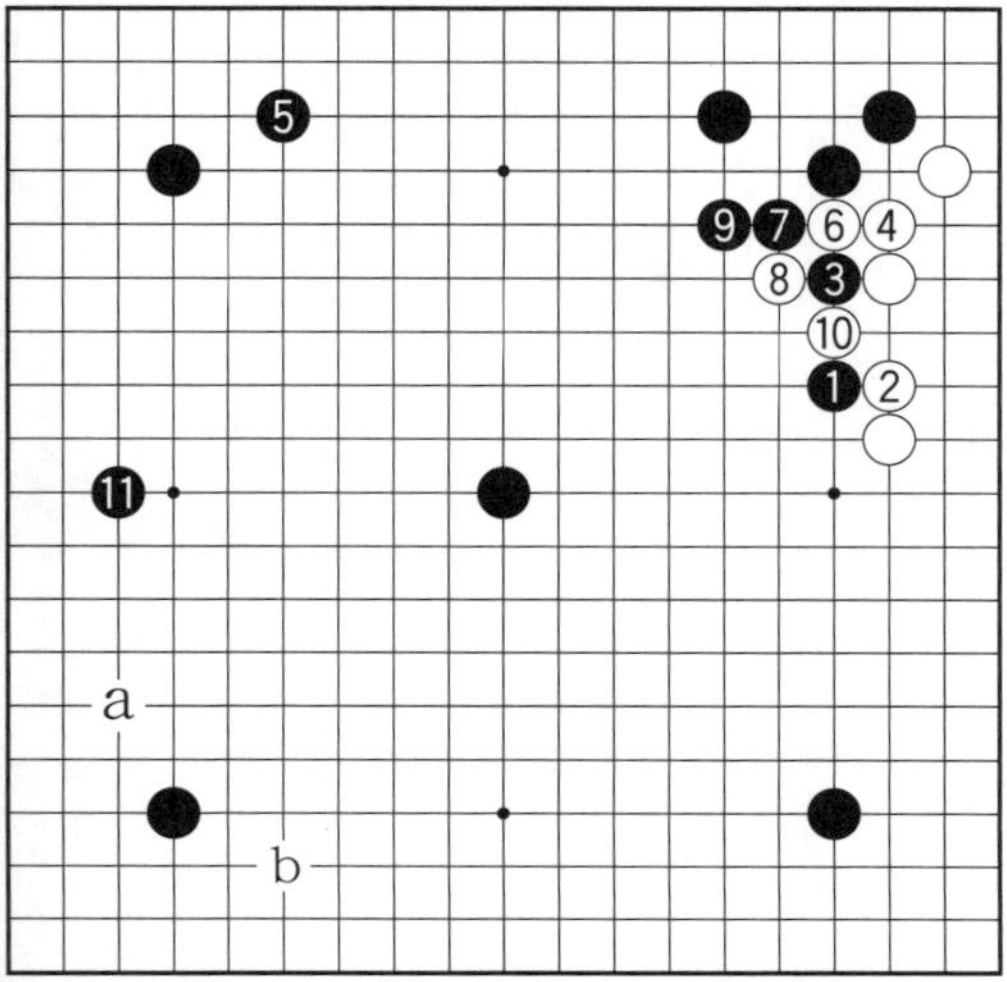

7図

では、黒3に手抜きして白4とでも打ってみましょう。その時にはすかさず黒5とフクラミます。この手が思いの外、痛いのです。

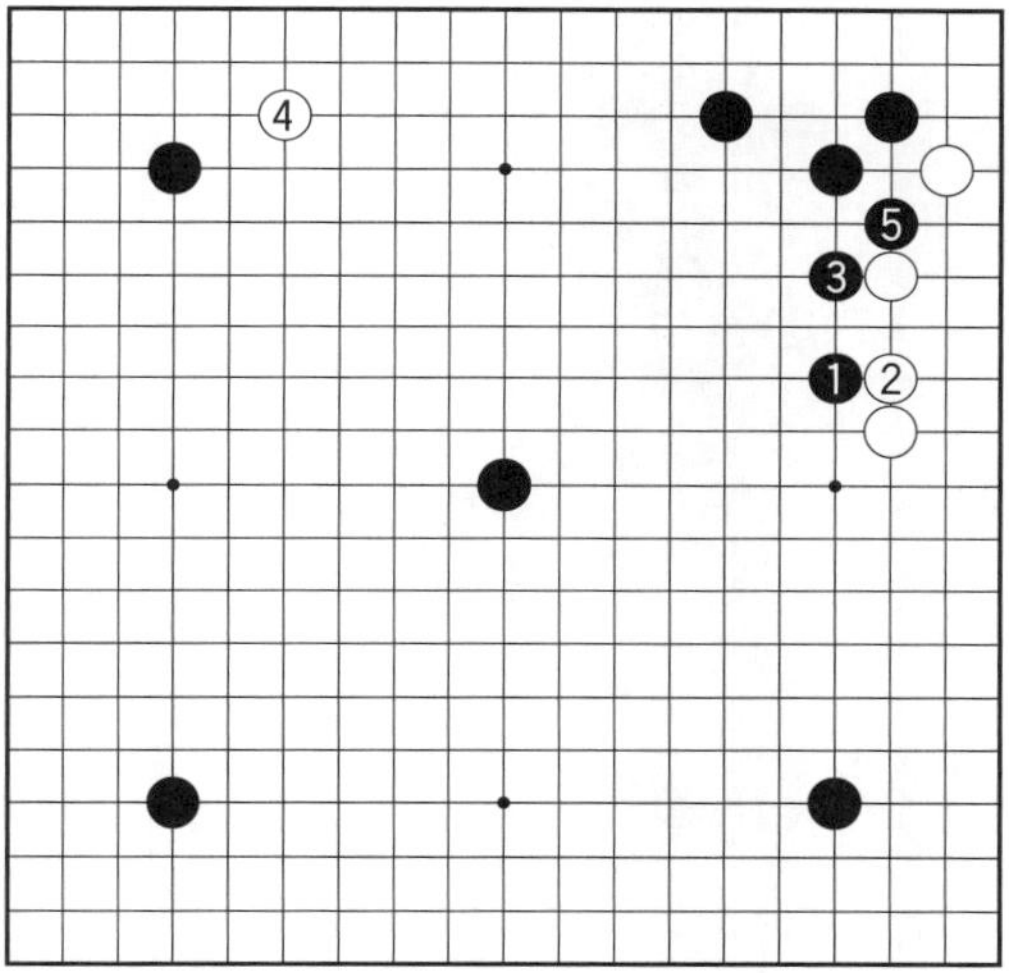

8図

白6と受けておき何事もないようですが、意外と白は辛い形です。後に黒aとツメられると白の眼形が乏しいのです。少なくとも白地は低くて非常に小さいですね。

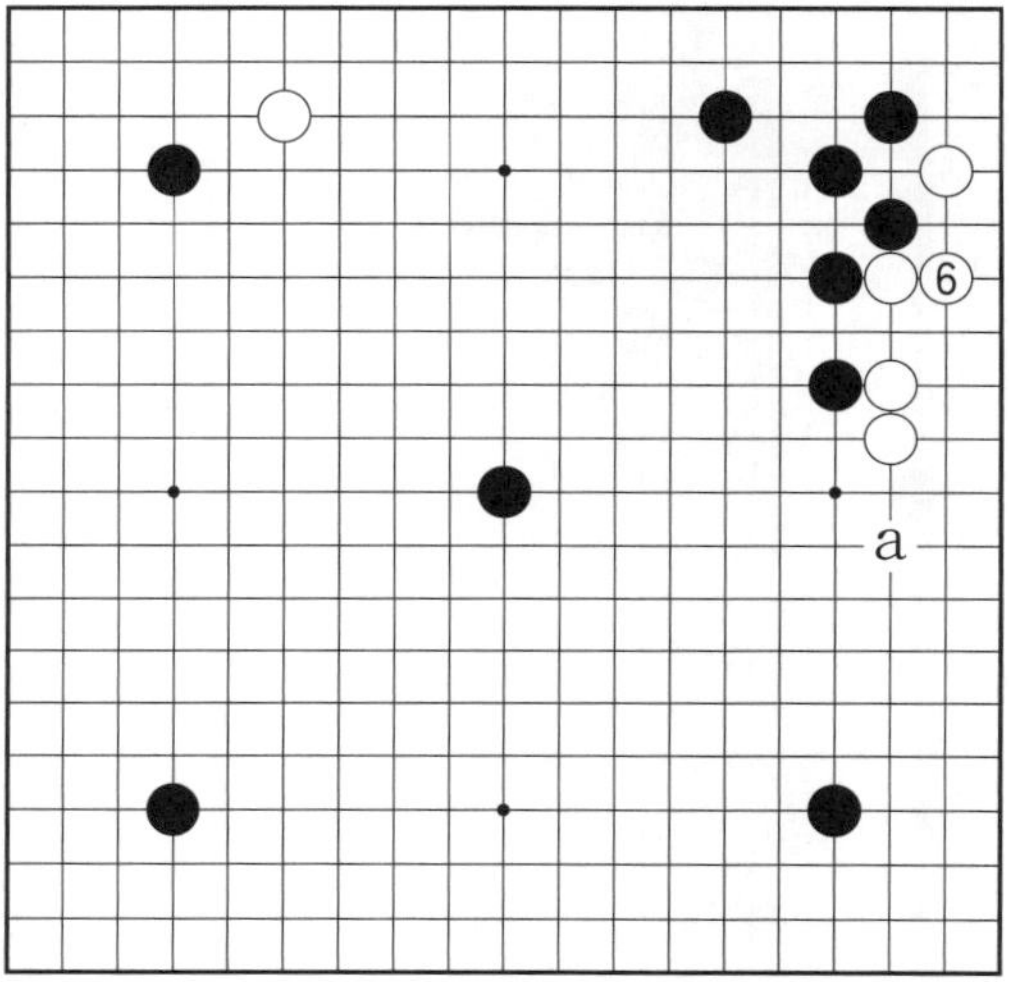

9図

では白6と反発してみましょう。その場合は遠慮なく黒9です。白10、12と切られても黒1の1子だけを捨てれば何の問題もありません。

なお、黒11では…

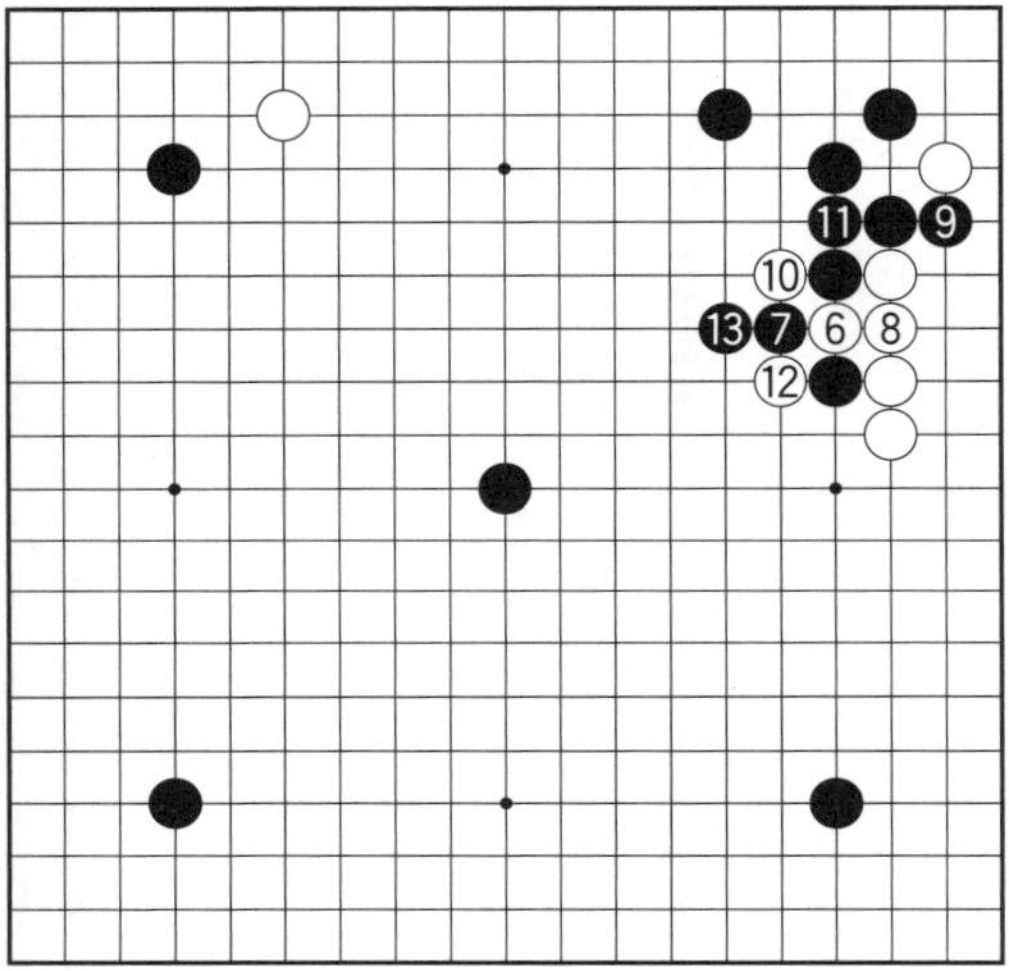

10図

11図の黒1、3とシボって打つのも格好良いですね。

続いて**12図**、白4に黒5で鉄壁が完成しました。

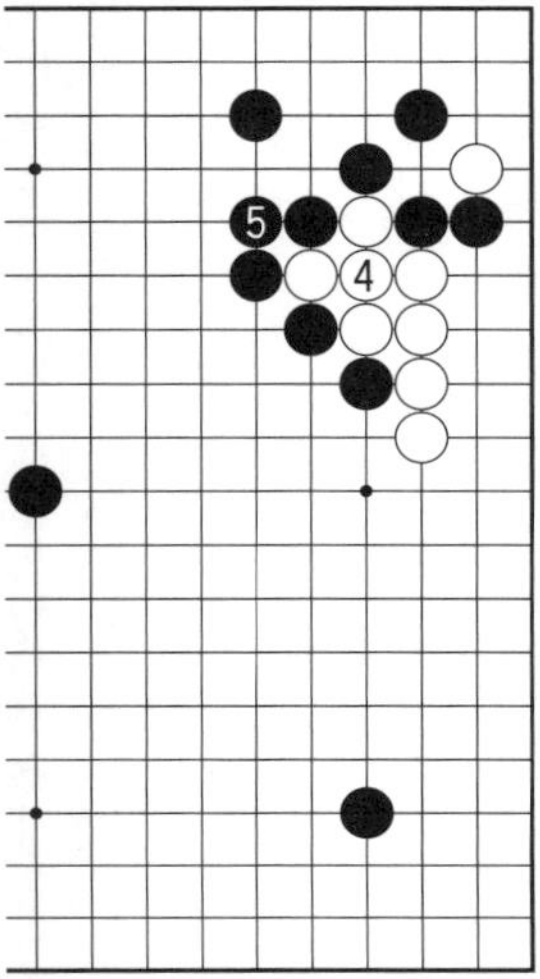

12図

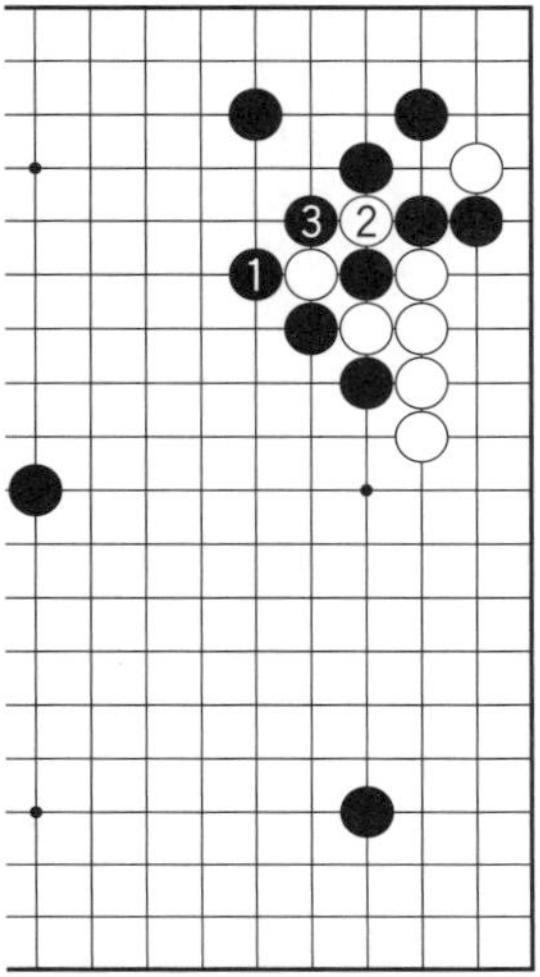

11図（手筋）

13図黒１には白２と反発するのが本来うわ手の態度です。以下白10まで乱戦模様にすればまずまずです。しかし…

13図黒７は**14図**の１が好手で、白は眼形を奪われて重い形。黒は余裕のある形です。

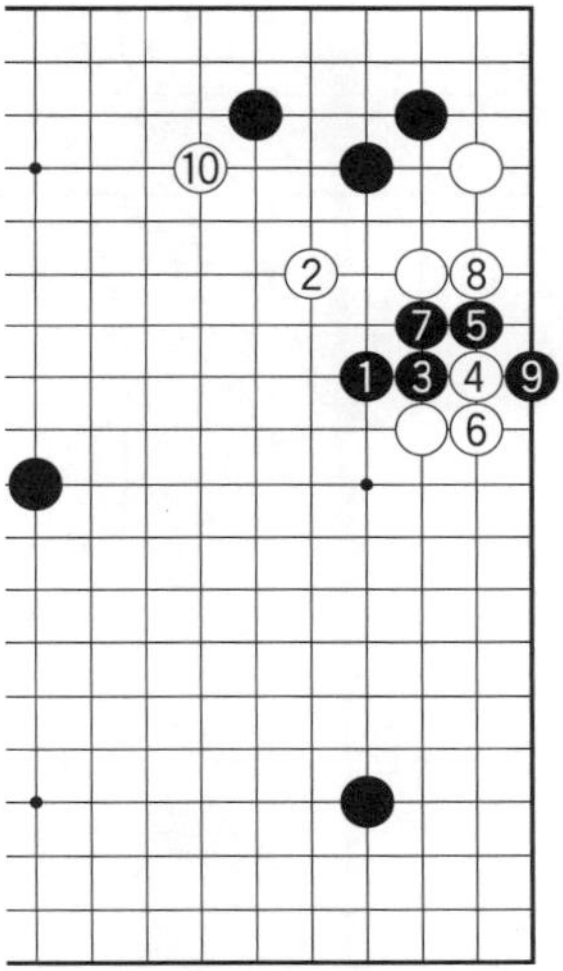

13図（うわ手の作戦）

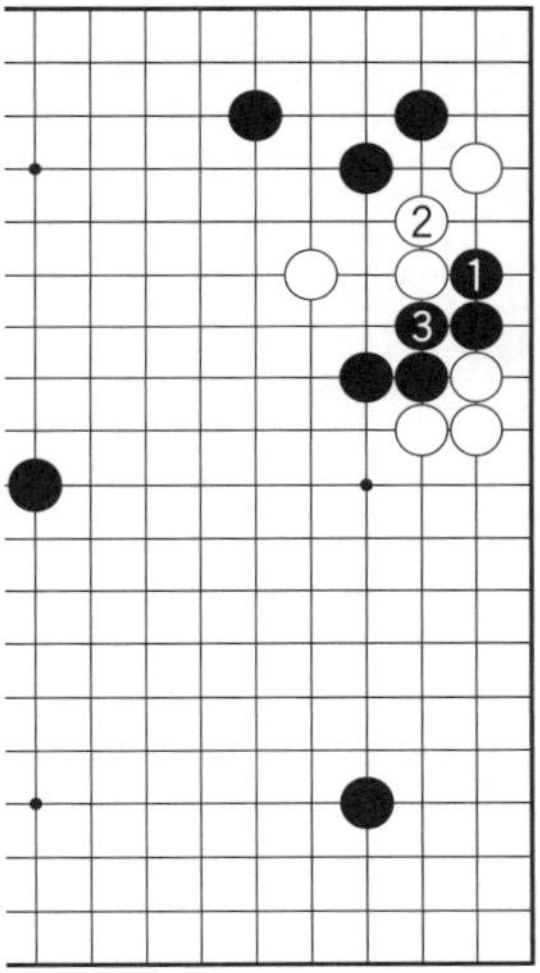

14図（対策）

やはり△が裂かれ形なので、分が悪い戦いを強いられます、

14図白２で、**16図**１のキリには黒２が好手です。これは白ほぼツブレです。

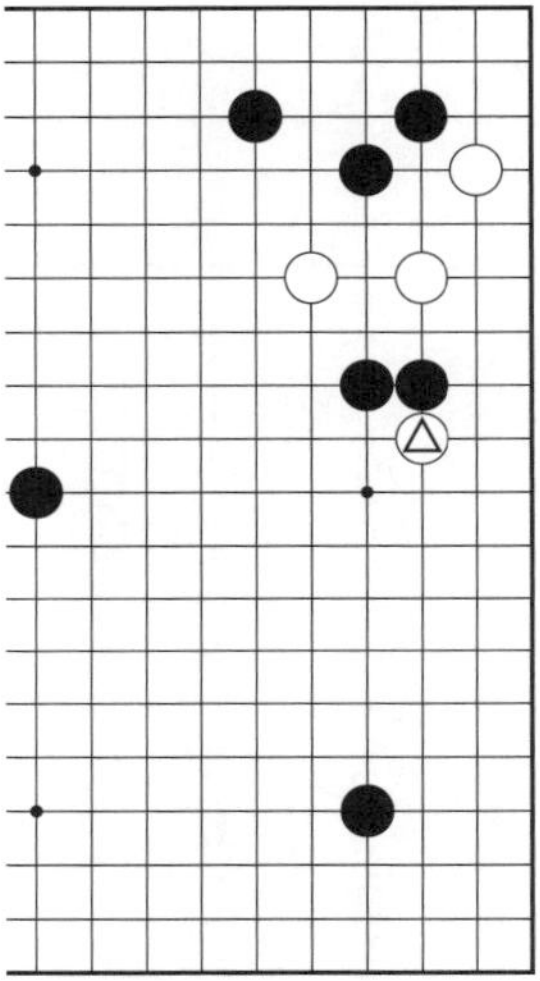

15図

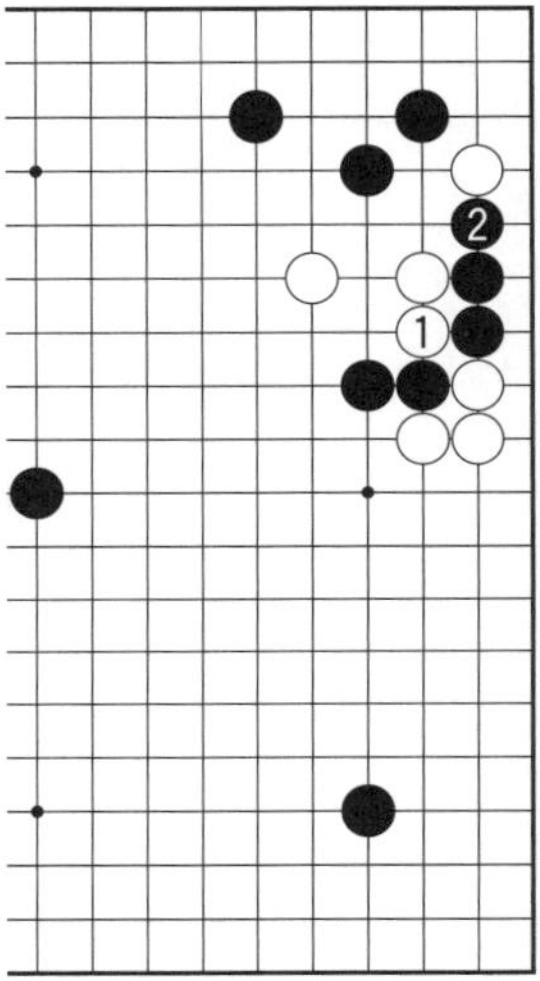

16図

【テーマ図2】打ってはいけない定石「その2」

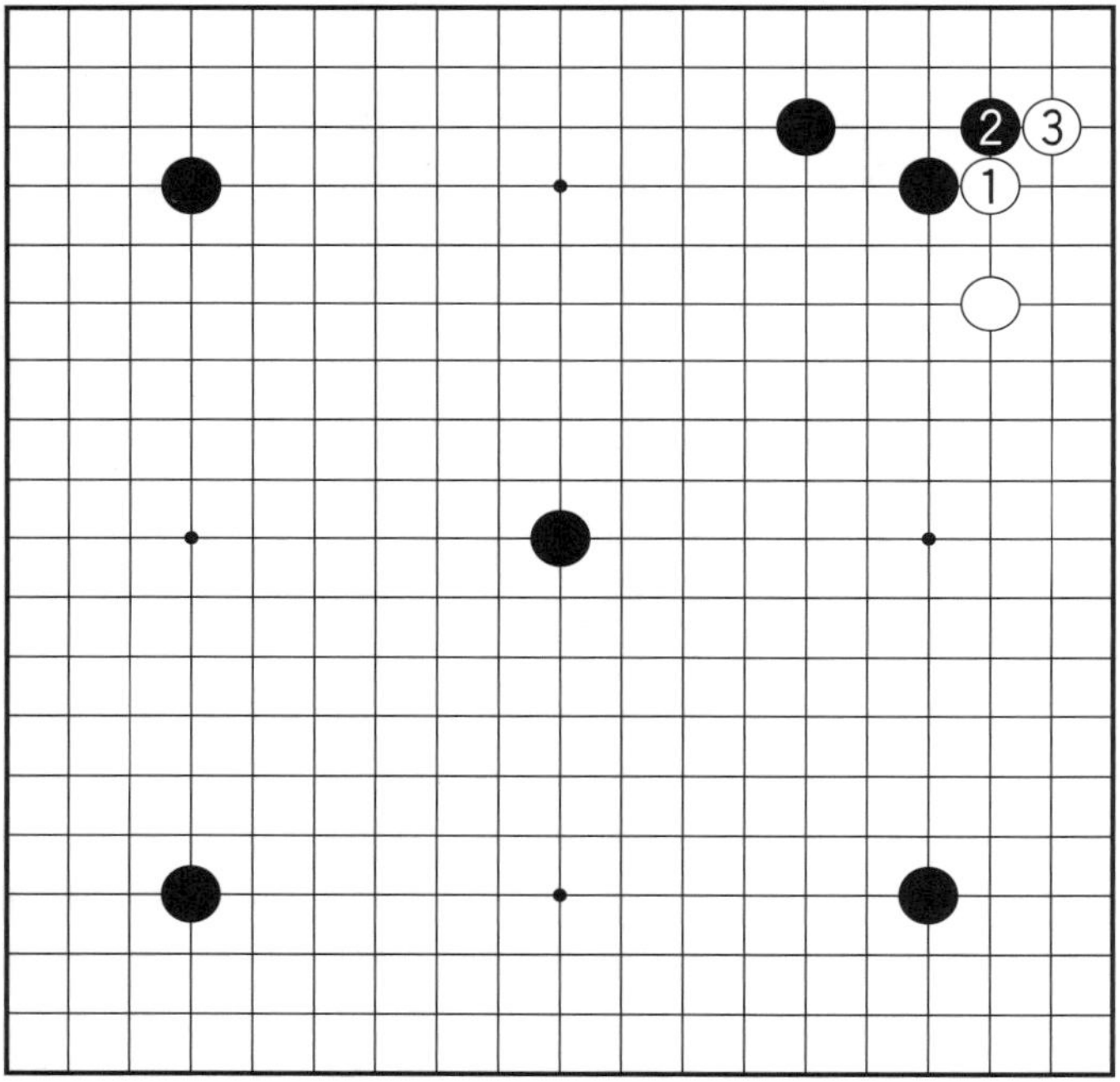

白1、3は、AIが好む現在流行の打ち方ですが、置き碁のうわ手の戦法としてはこれも相応しくありません。

黒4から10までお互い固め合う進行になります。部分的にはもちろん互角ですが、白から次の狙いが残りません。

しかも、打ってはいけない定石「その1」同様に黒10では…

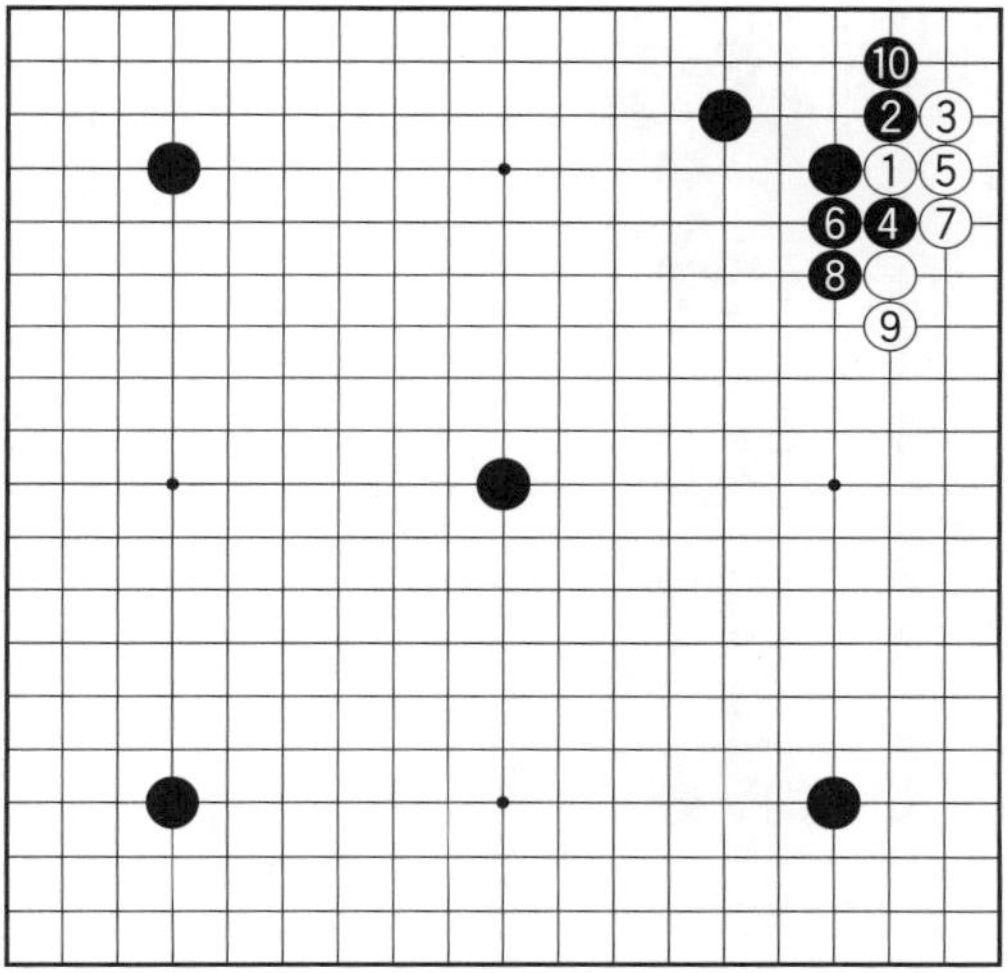

1図

黒10や、a、b、c、dがより一層好手です。
その理由はもうお分かりでしょう。

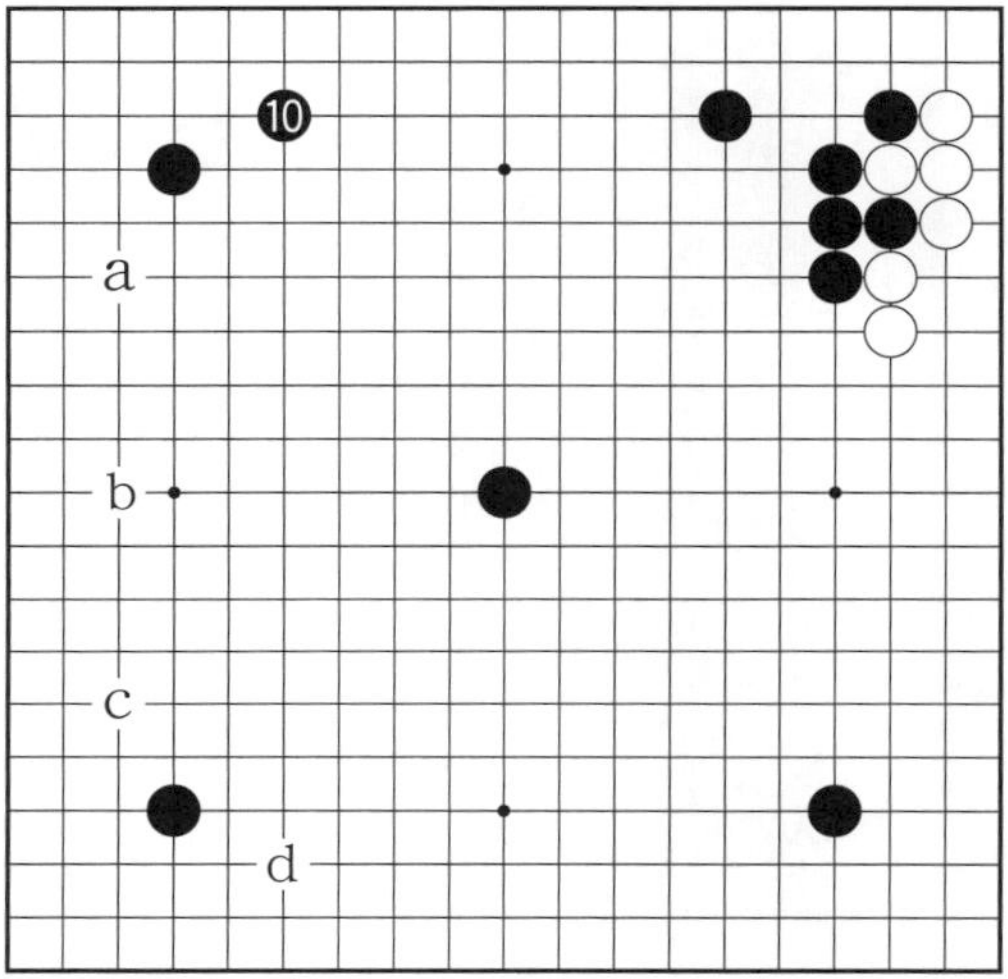

2図

白11と切られても黒12から捨石にして黒18と大場に先行すれば黒の優勢がどんどん拡大します。

この結果も、打ってはいけない定石その1と同様、白石が一ケ所に固まっていますね。

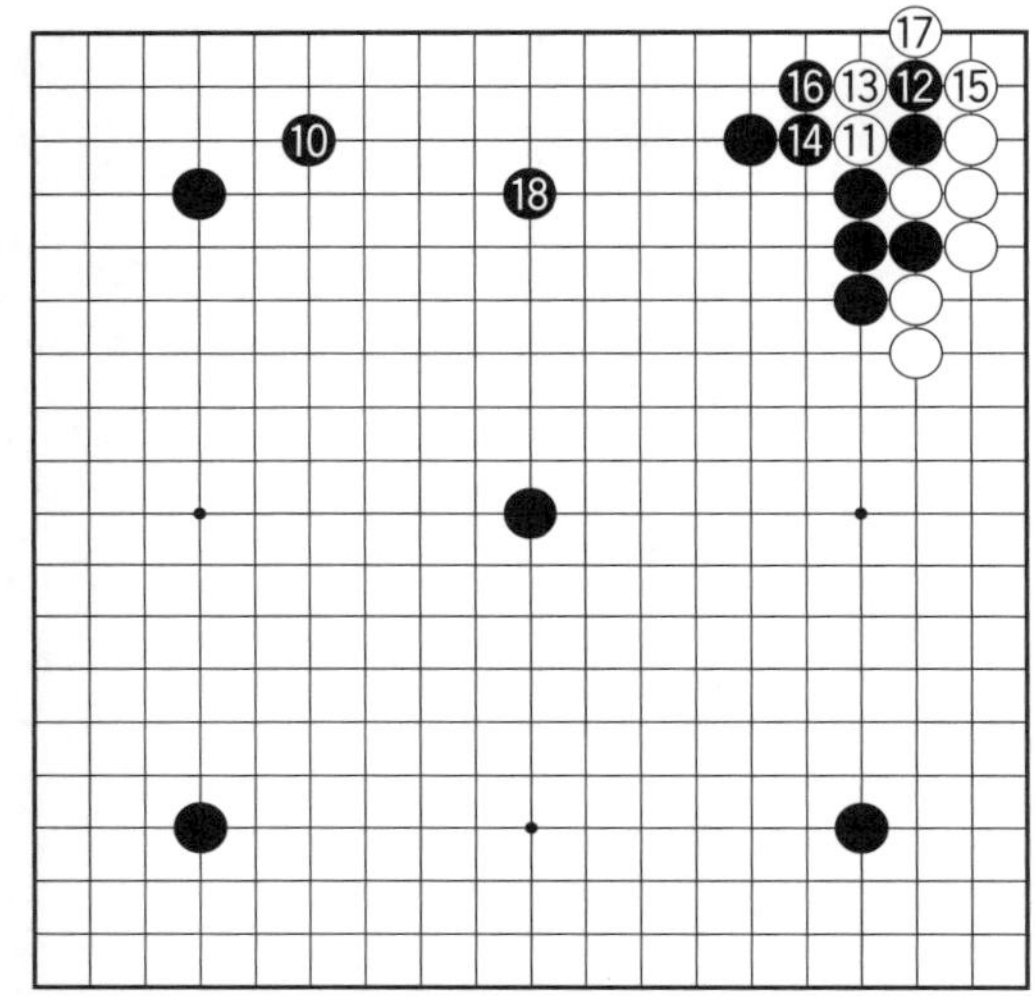

3図

ちなみに前図の黒12が有名な、『二目にして捨てよ』の手筋ですね。4図の黒1とアテてしまいそうですが、白a辺りの侵入具合が大いに違います。

ここで一句、

『鬼の居ぬ間に洗濯。した手には選択を』

その心、分かりやすい一本道は避けましょう。

調子に乗ってもう一句、

『石の家より木の家を。風のように隙間から』

お互いに固め合う進行はうわ手不利。なるべくのらりくらりと。

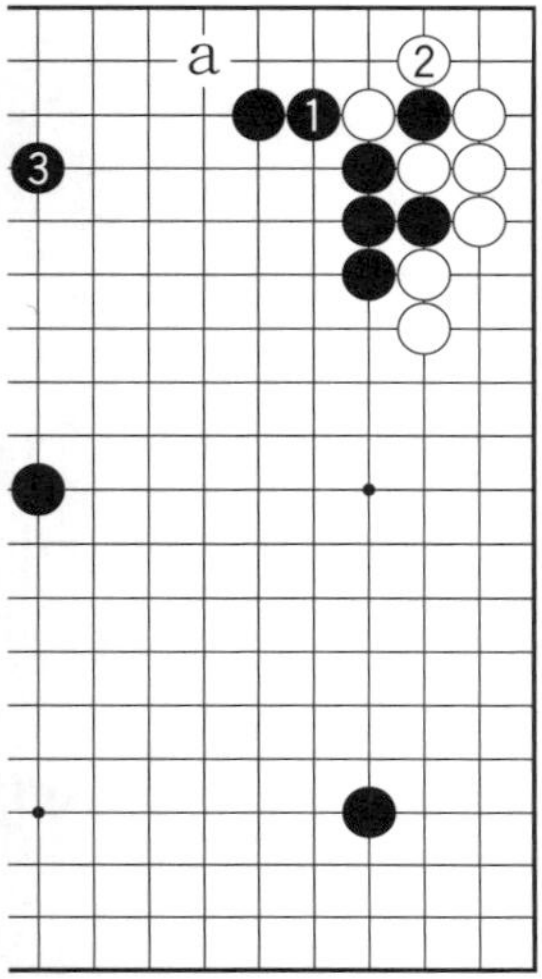

12図

【テーマ図3】打ってはいけない定石「その3」

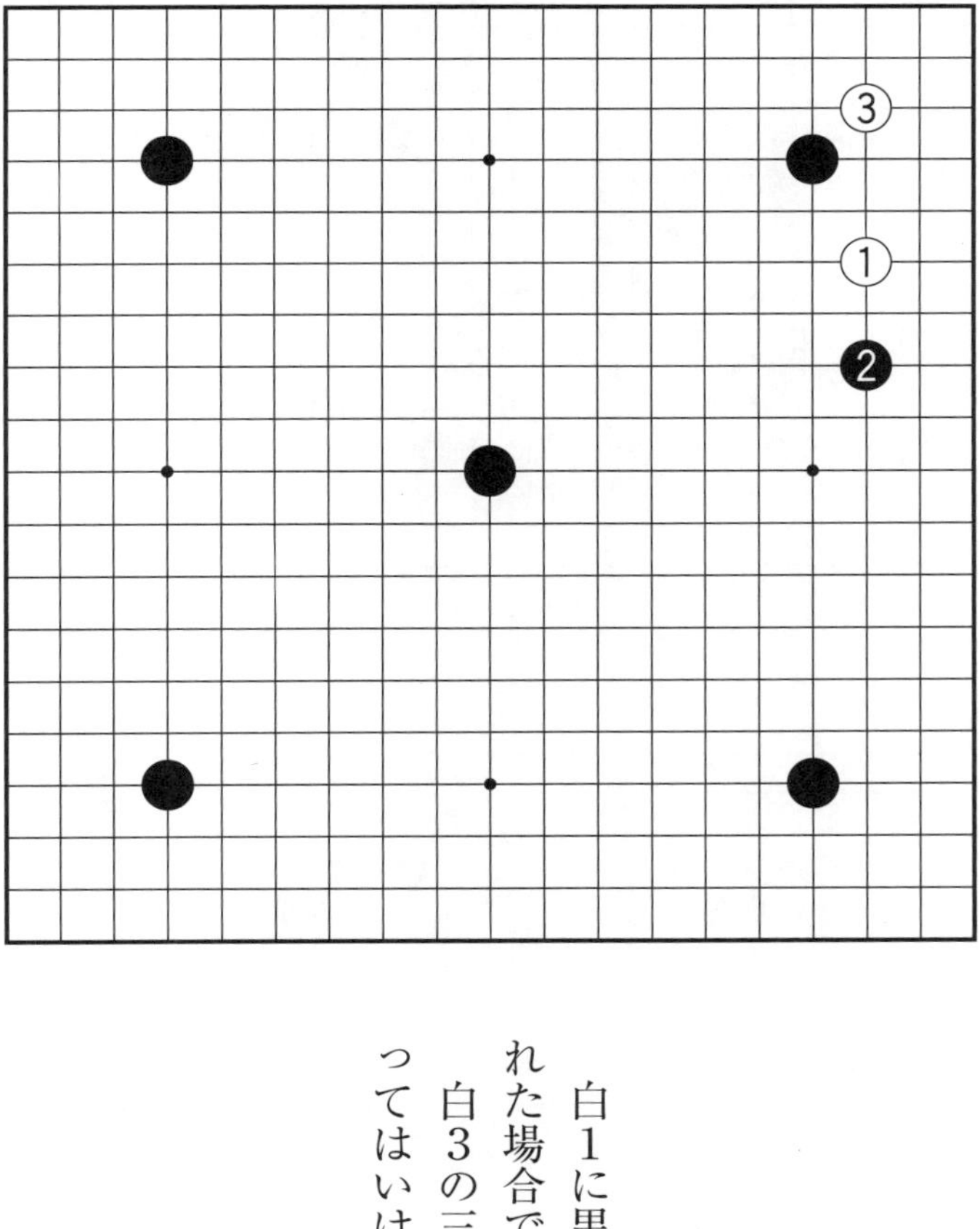

白1に黒2とハサまれた場合です。
白3の三々入りは打ってはいけません。

白11までこれも基本定石ですが、黒先手で12、あるいはa、b、c、dなどと大場に先行されて形勢悪化しています。

なお、黒10では…

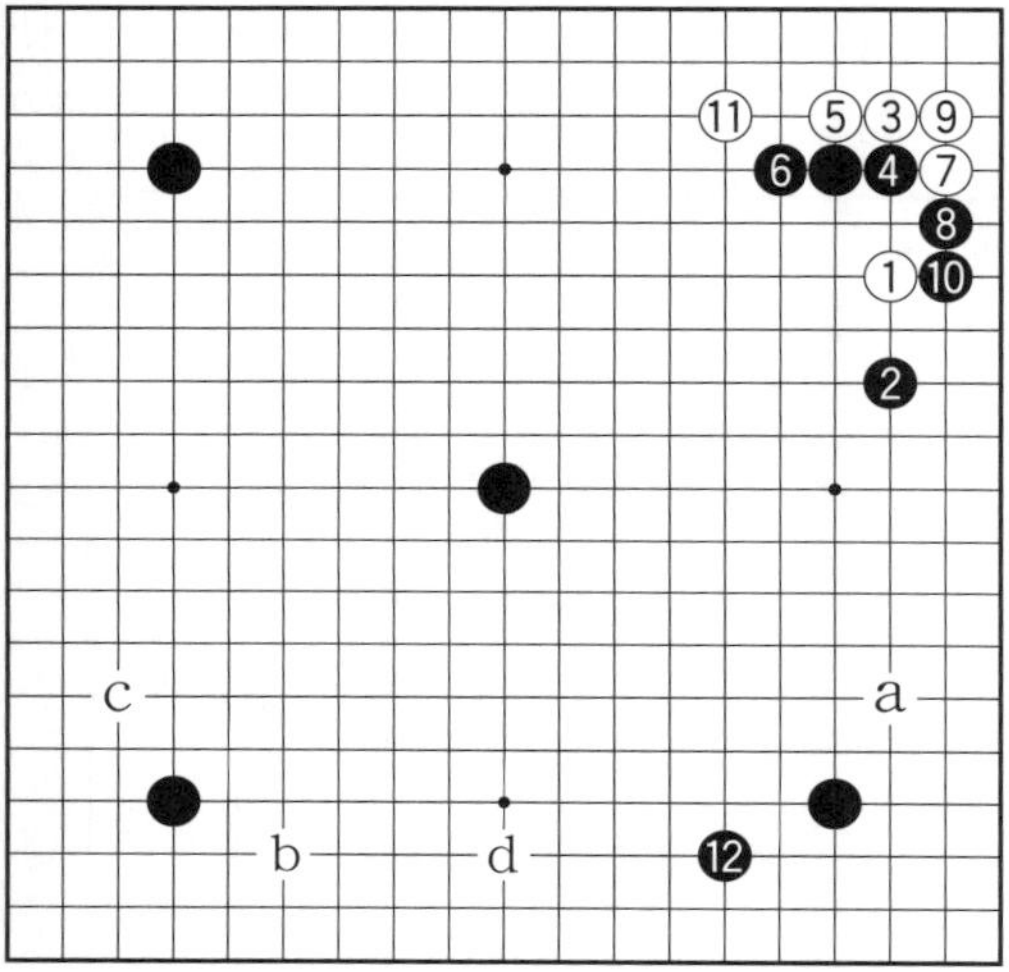

1図

2図、以前は黒1が定石とされていましたが、現在は前図の黒10が勝るとされています。

何故なら…

3図、後に白1を狙われます。

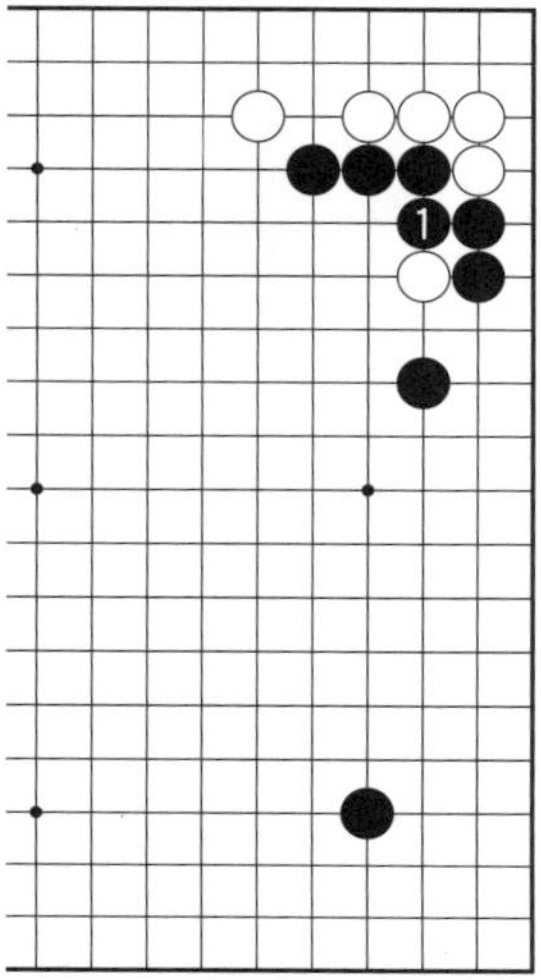

2図（以前の定石）

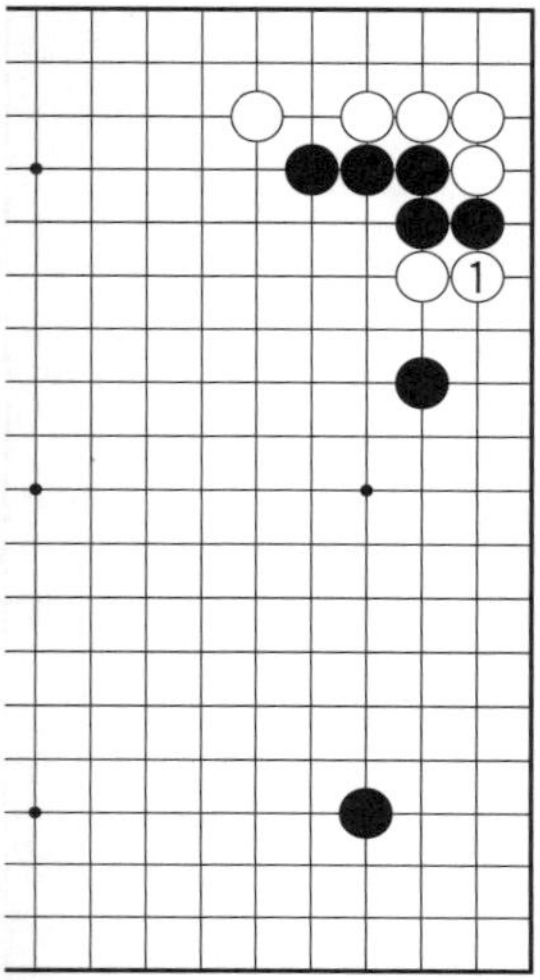

3図（定石後の狙い）

4図、単独では黒8まで上手くいきませんが、周囲の状況次第ではうるさいことになります。
例えば、**5図**の白1と打たれて、次にaを狙われると嫌味ですね。

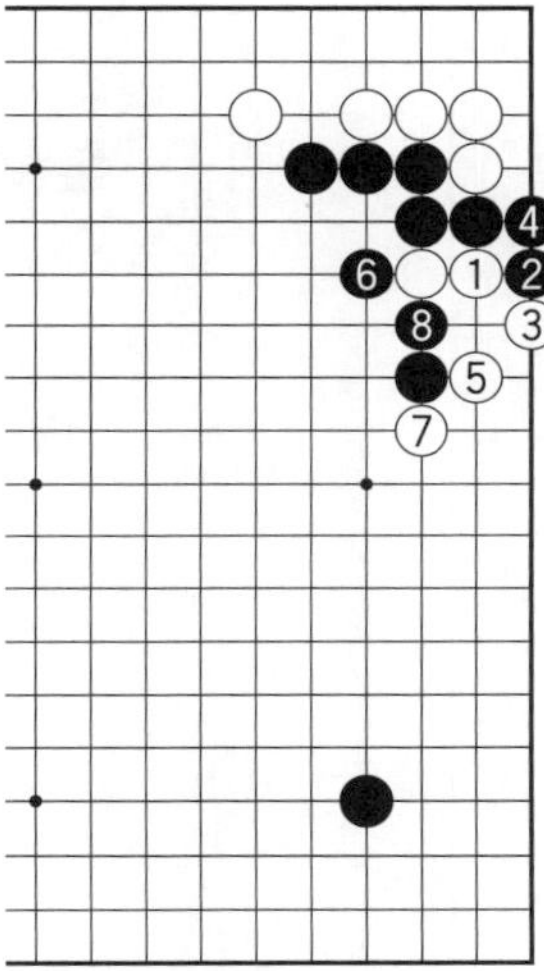

4図

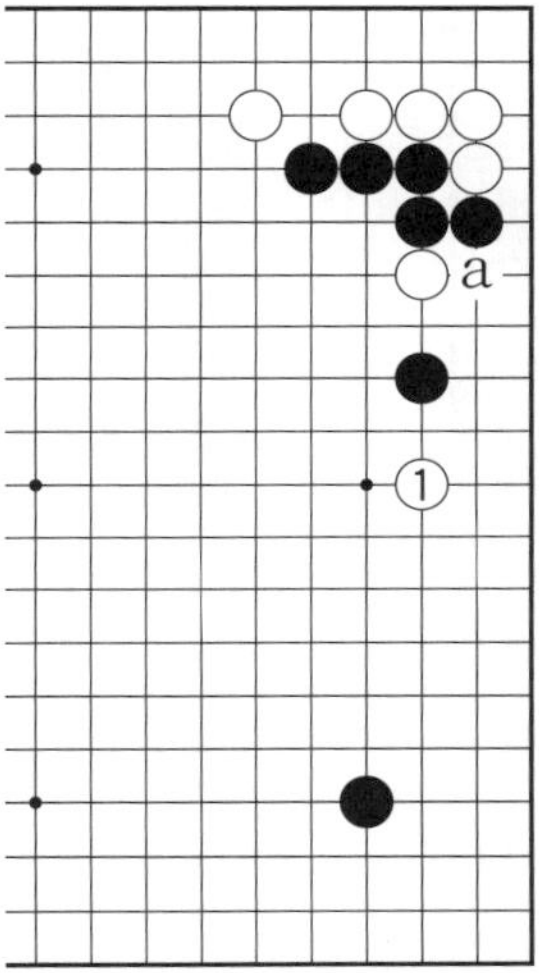

5図

6図、黒2の二間高バサミの時も同様です。
7図、従来通りの黒10、12でも良いですが、やはり白からaやbの嫌味が残ります。

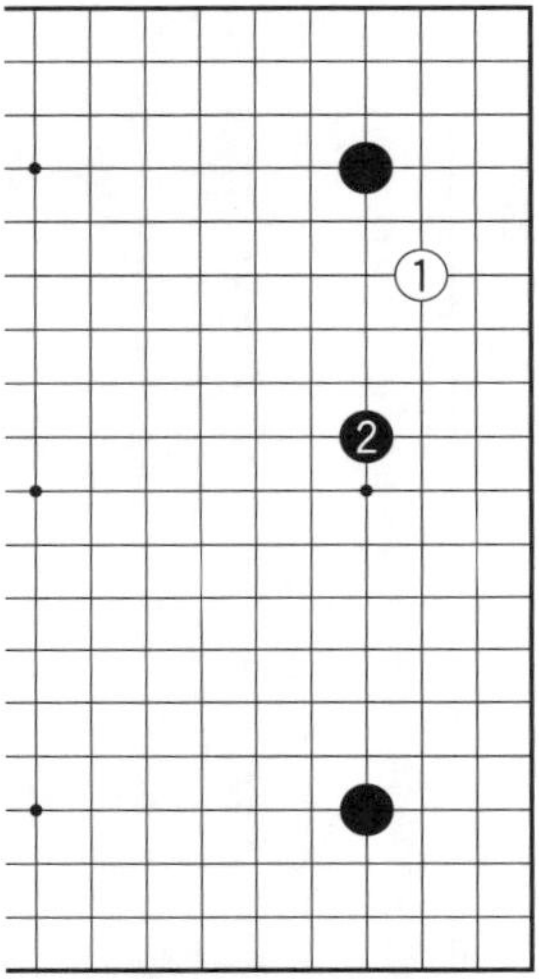

6図（二間高バサミ）

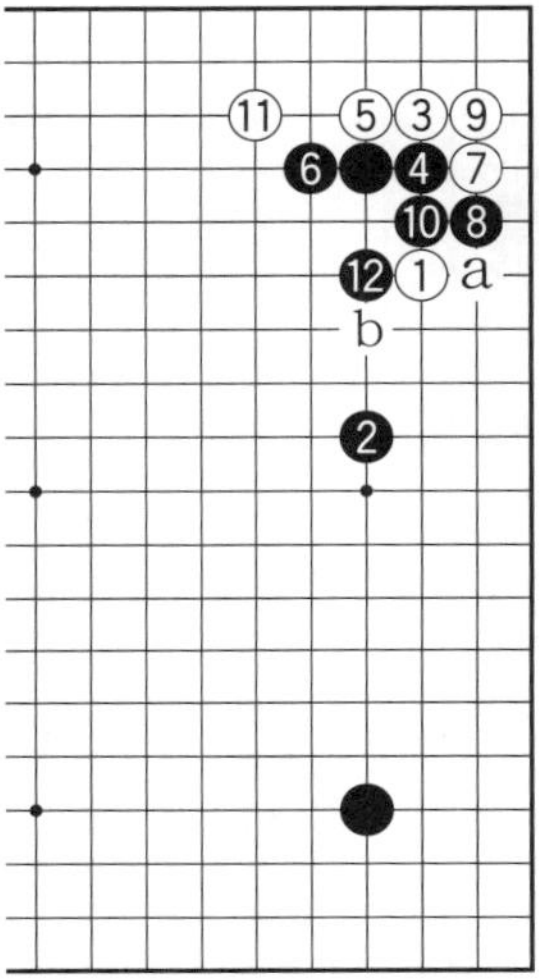

7図

ですから、**8図**の黒1、3と、よりガードを固める作戦はとても優秀です。
ただし、**9図**の白1と抵抗するとどうなるか知っておく必要がありますね。

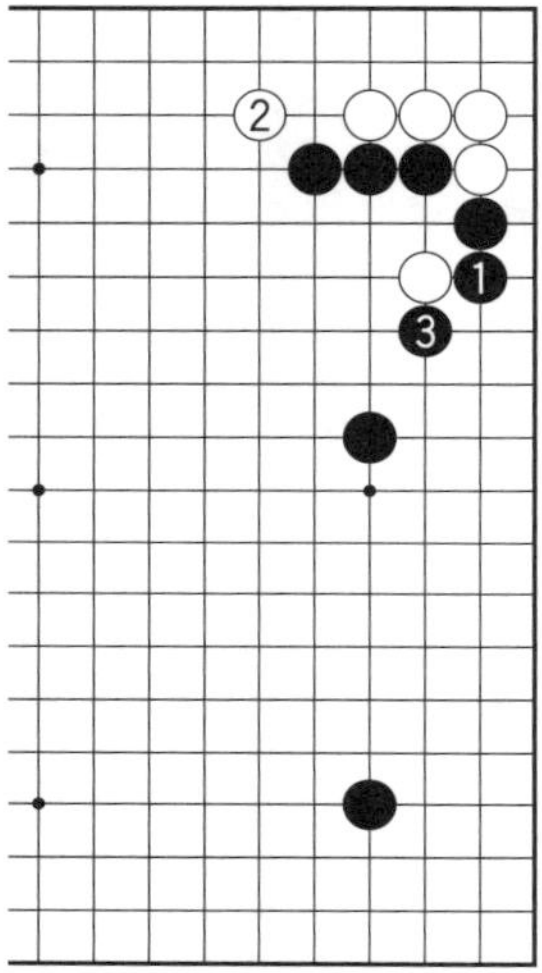

8図（優秀な作戦）

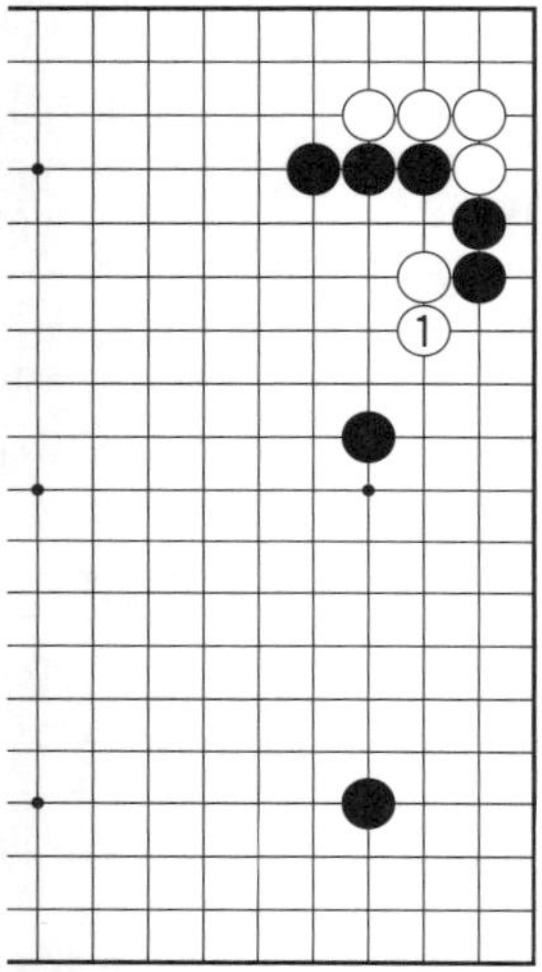

9図（白の抵抗1）

10図、黒1とハイ白2と引きつけます。そこで黒3が肝要です。白6なら黒7で盤石です。
10図の白6で**11図**の1とこちらを逃げれば、黒2、4が絶対先手で黒6まで黒十分です。

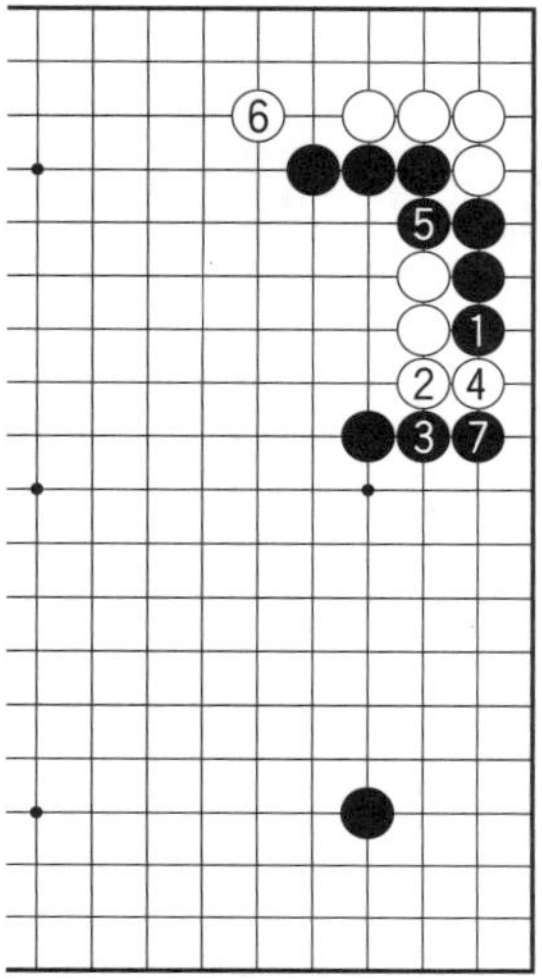

10図

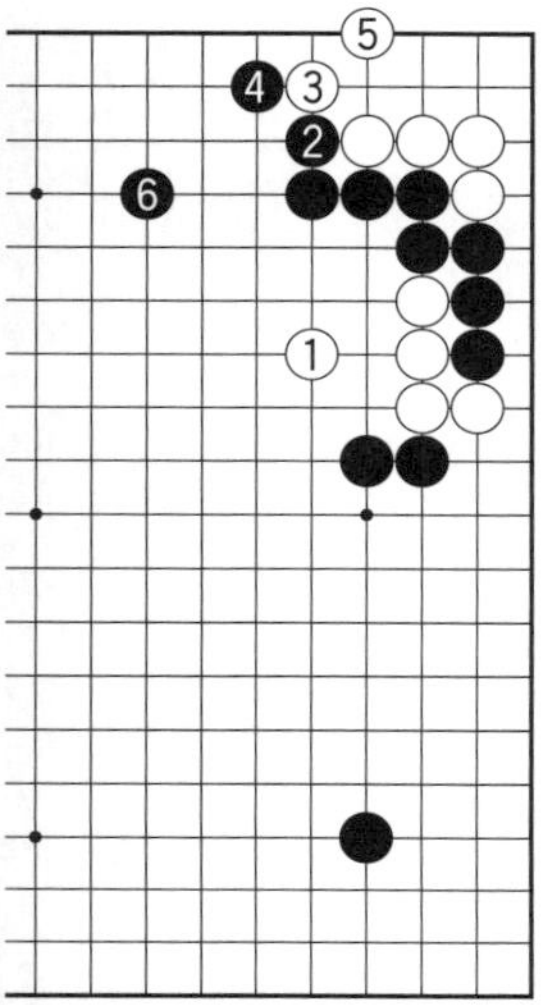

11図

11図の黒6では、**12図**の1とこちらで頑張っても良いでしょう。
13図、白1のトビの方が少々手ごわいですが、

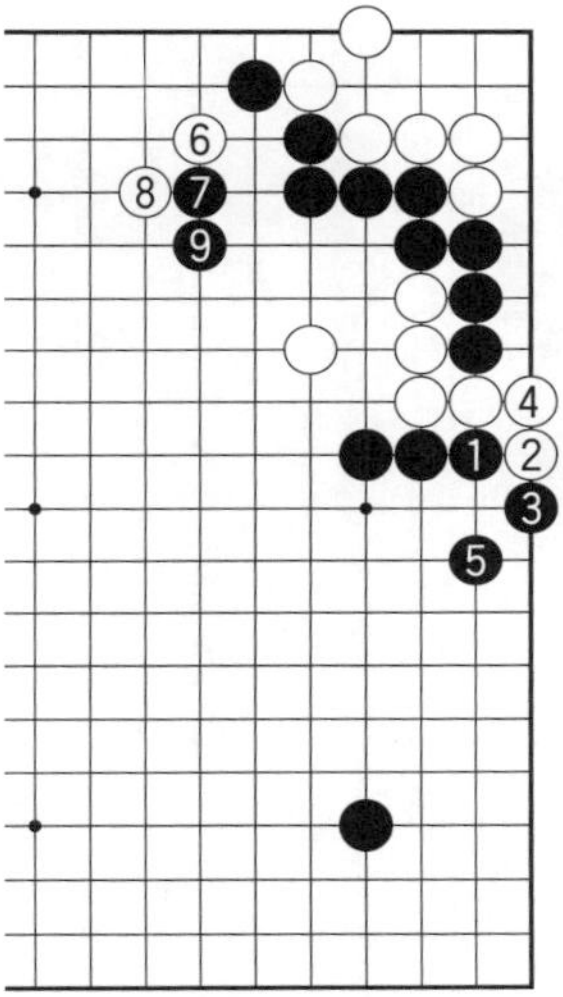

12図

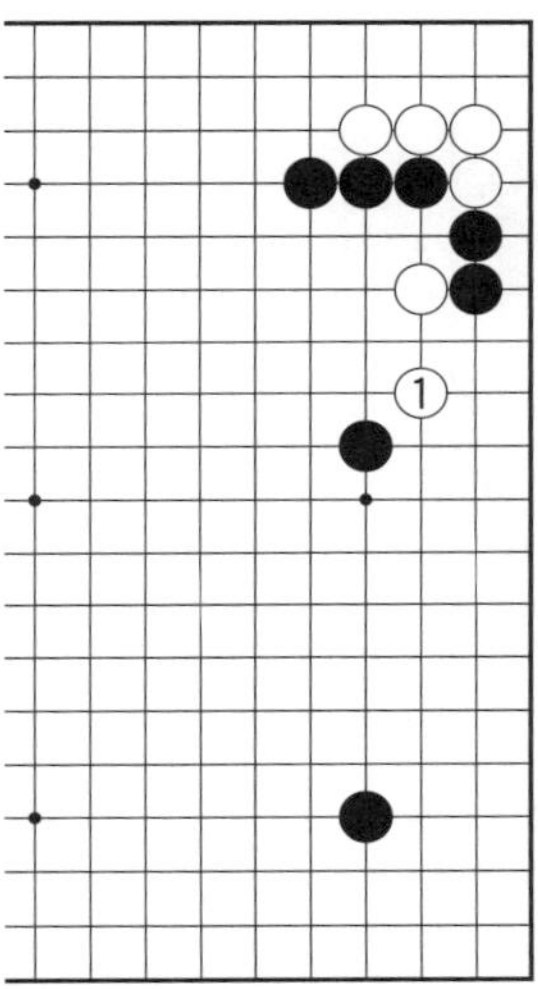

13図（白の抵抗２）

14図、黒1とオサえて受かっています。白2には黒3が肝要で、aとbが見合いになります。
15図、続いて白4、6くらいですが、黒7、9が先手で黒11とヒラかれては白さっぱりです。

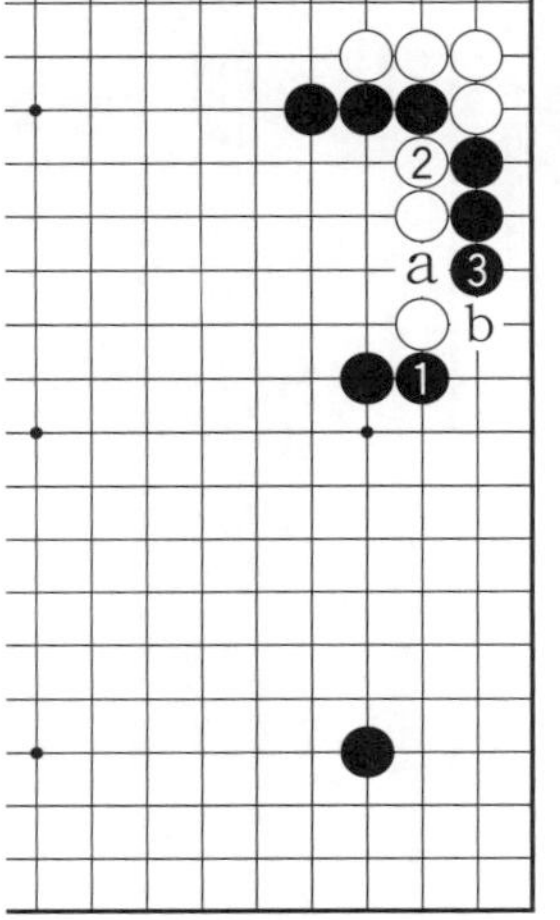

14図

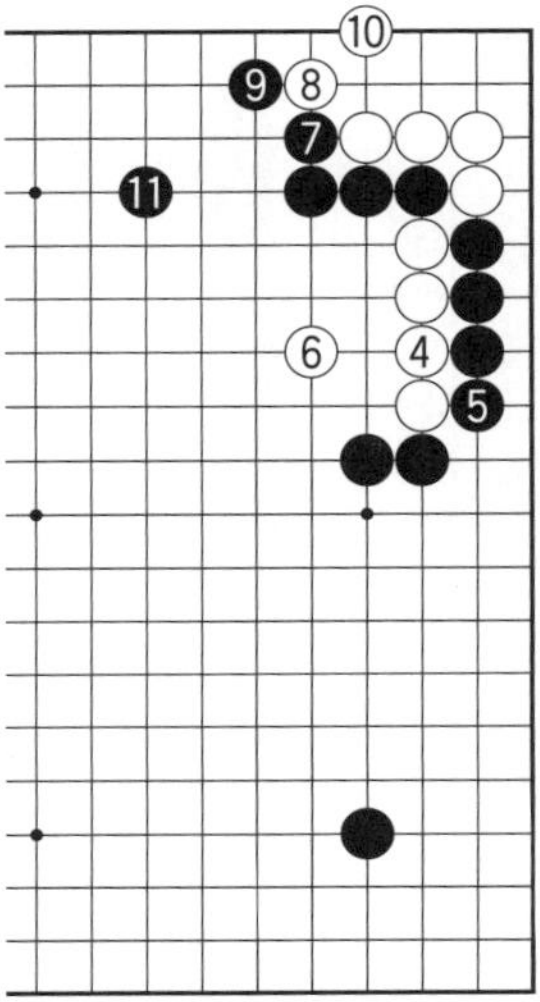

15図

16図白1、黒2を決めても、黒4と封鎖されて白苦しいです。仮に生きても良くないですが黒aの利きもあり、それも容易ではありません。
ここで、**17図**白1なら黒2がピッタリの好手です。白から手が出ないことを確認して下さい。

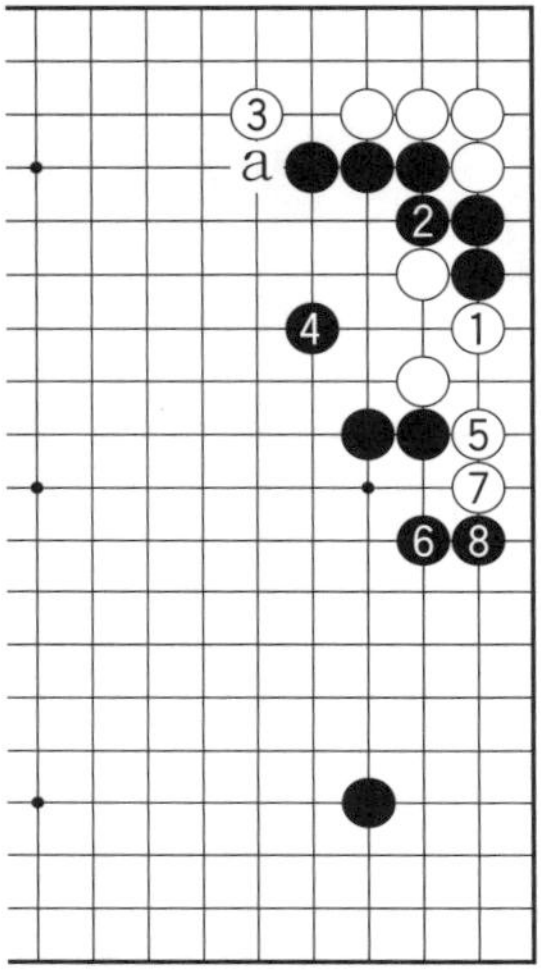

16図

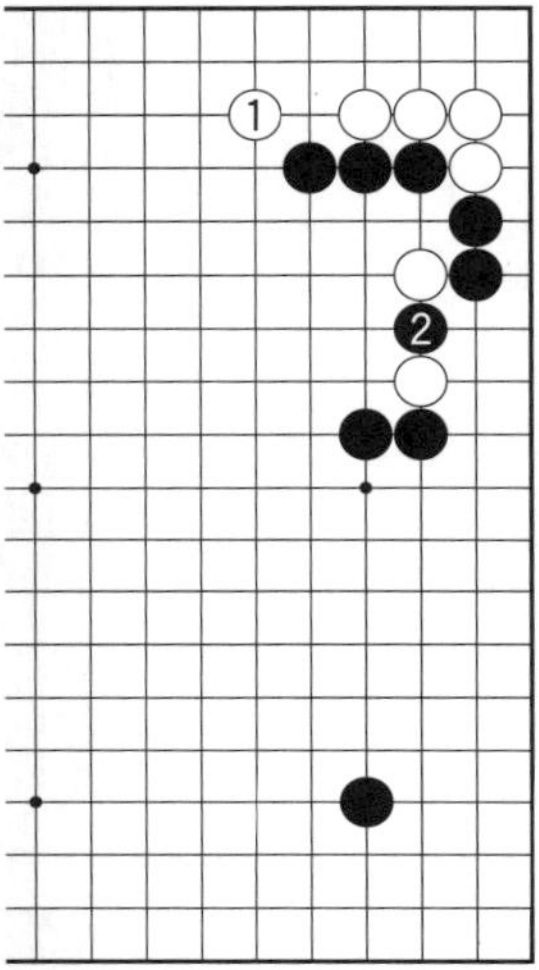

17図

18図、黒1の三間高バサミの場合はどうでしょうか。
19図黒9、11が従来の定石ですが、依然白からaやbなどの狙いが残るので…

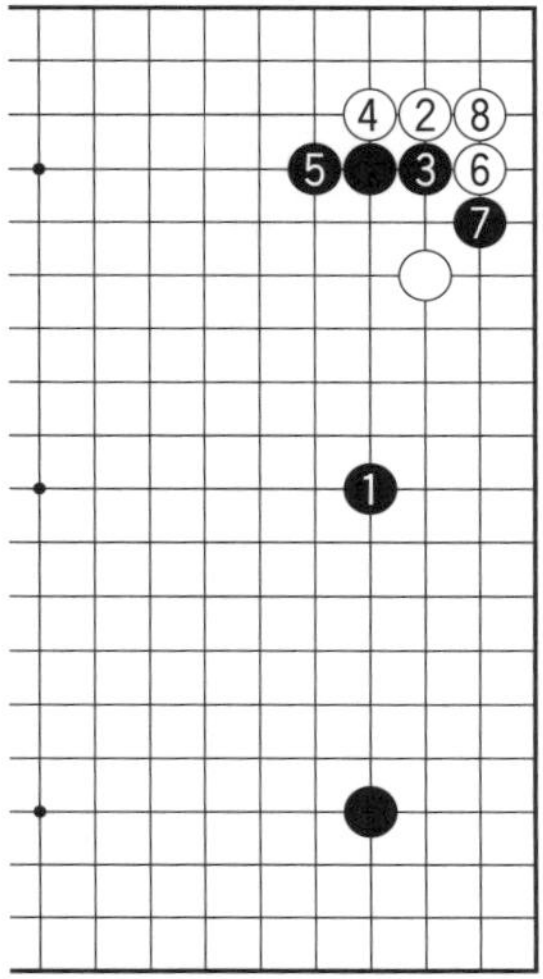

18図（三間高バサミ）

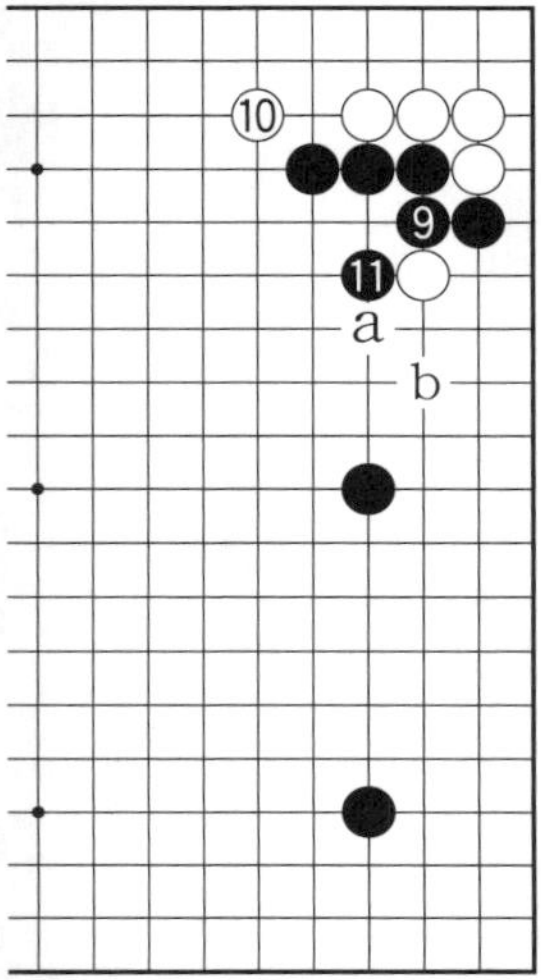

19図

20図、やはり黒1、3の連打の方が味が良いです。

21図、ここでも白1と打たれた時の対応を考えましょう。▲のハサミの位置の違いに気を付けましょう。

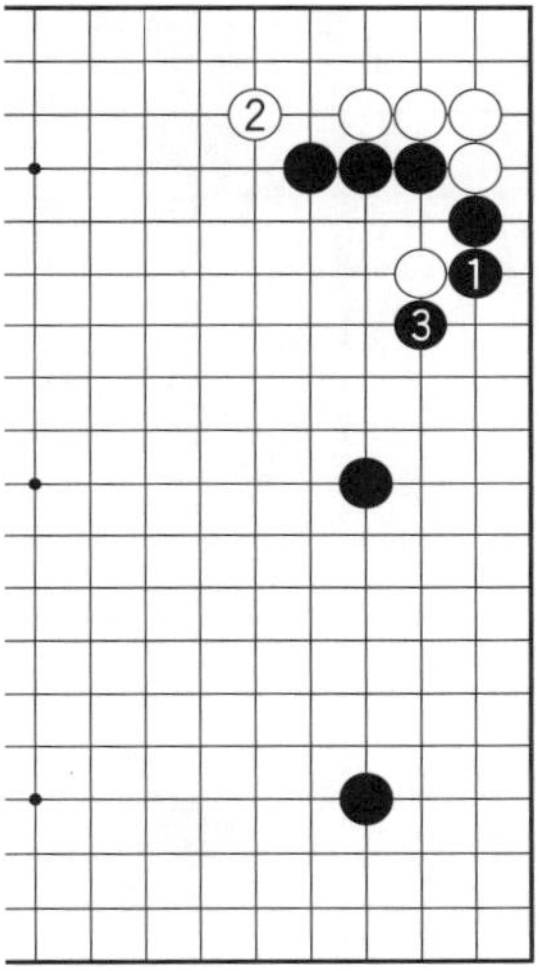

20図

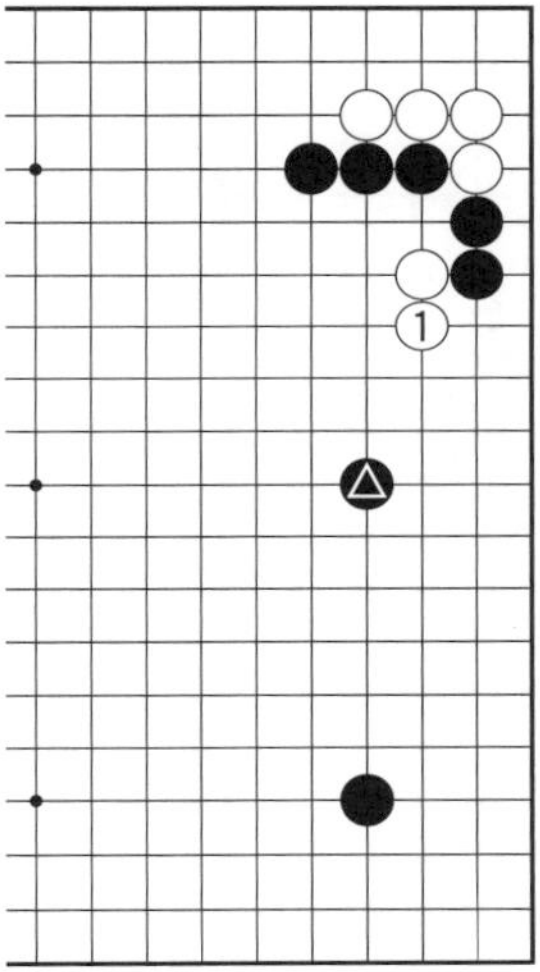

21図

22図の黒1、3が冷静な好手です。

23図、続いて白4と遮って来たら、待ってましたと黒5、7と反撃すれば白3子がもちません。

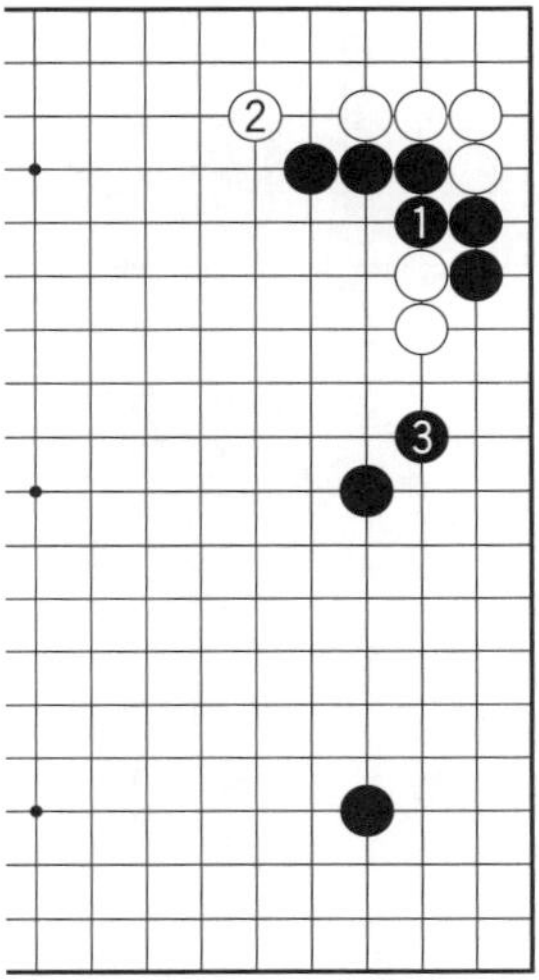

22図

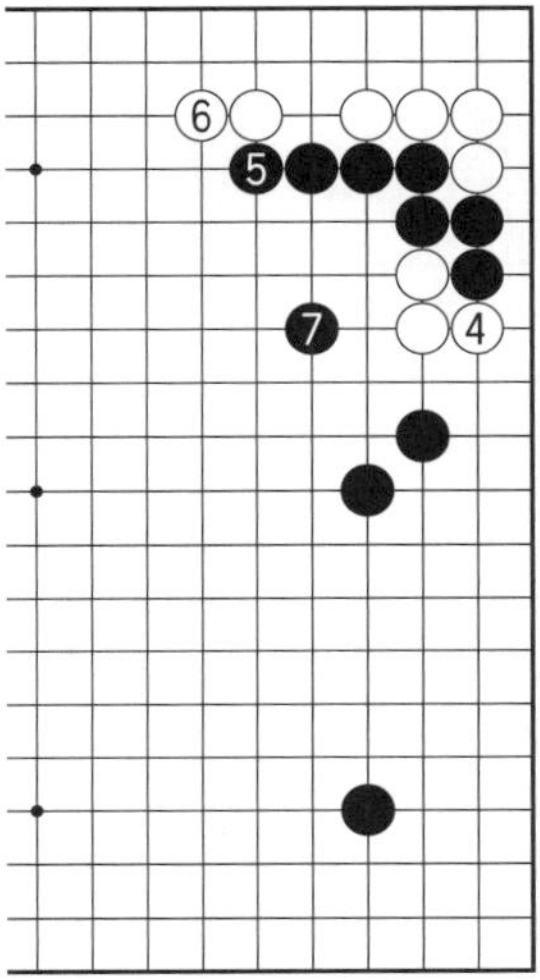

23図

【テーマ図4】打ってはいけない定石「山型」

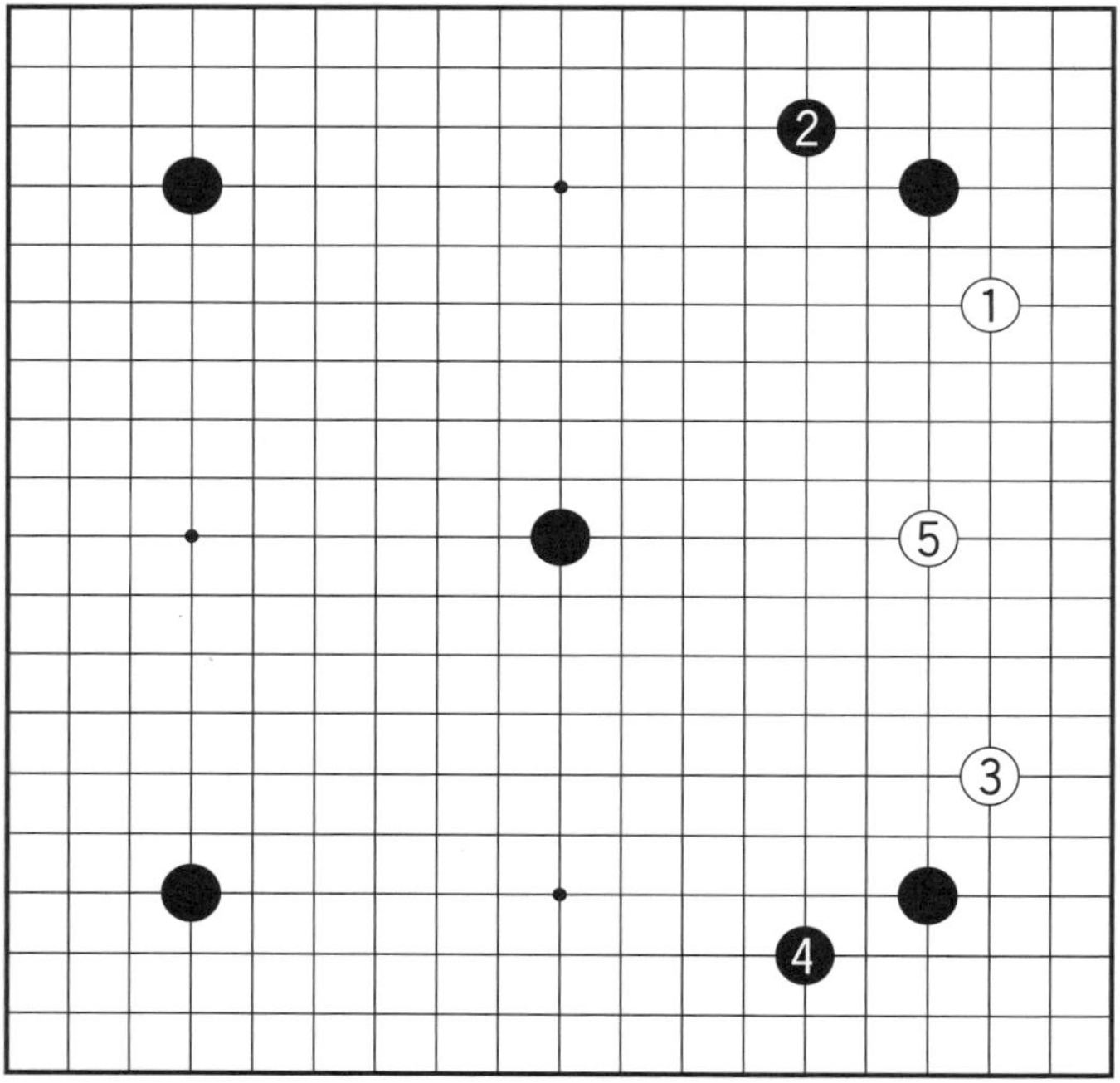

白の1、3、5の山型は辺を打つ場合の理想形とされていますが、実はあまり良い形とは言えないのです。
うわ手とすれば、もう一工夫する必要があります。

部分的に黒の6、8のツケノビが好手です。黒はとりあえず隅を確定地に出来ます。左辺も同様です。

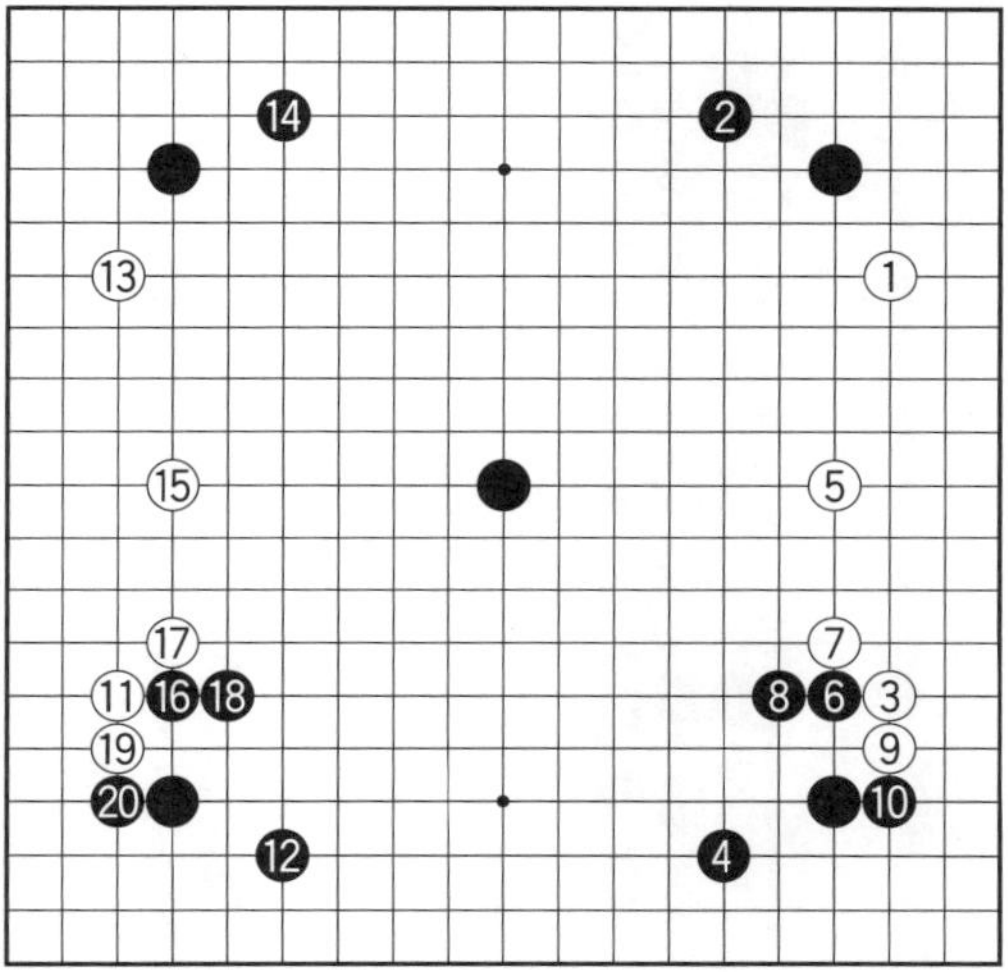

1図

仮に白21以下としました。続いて黒30、32と打ち、三隅でツケノビが出現しました。

では黒42までの局面を検証してみましょう。

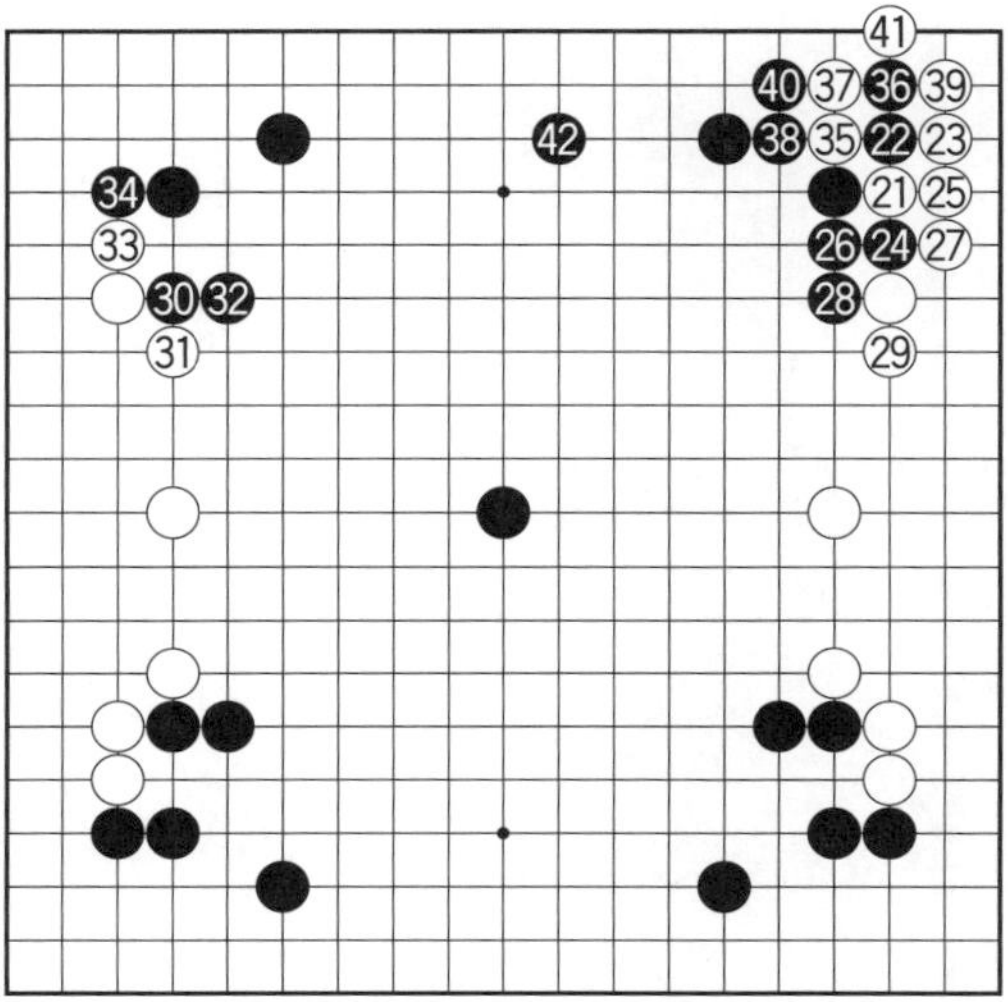

2図

白地△は右辺32目（アゲハマ2目）、左辺25目。計57目。左辺白は薄いですがおまけです。

黒地×は三隅が、13×3＝39目　上辺右寄りが5目。計44目。あとは上辺と下辺の模様ですが、安く見積もって10目ずつ。黒優勢です。

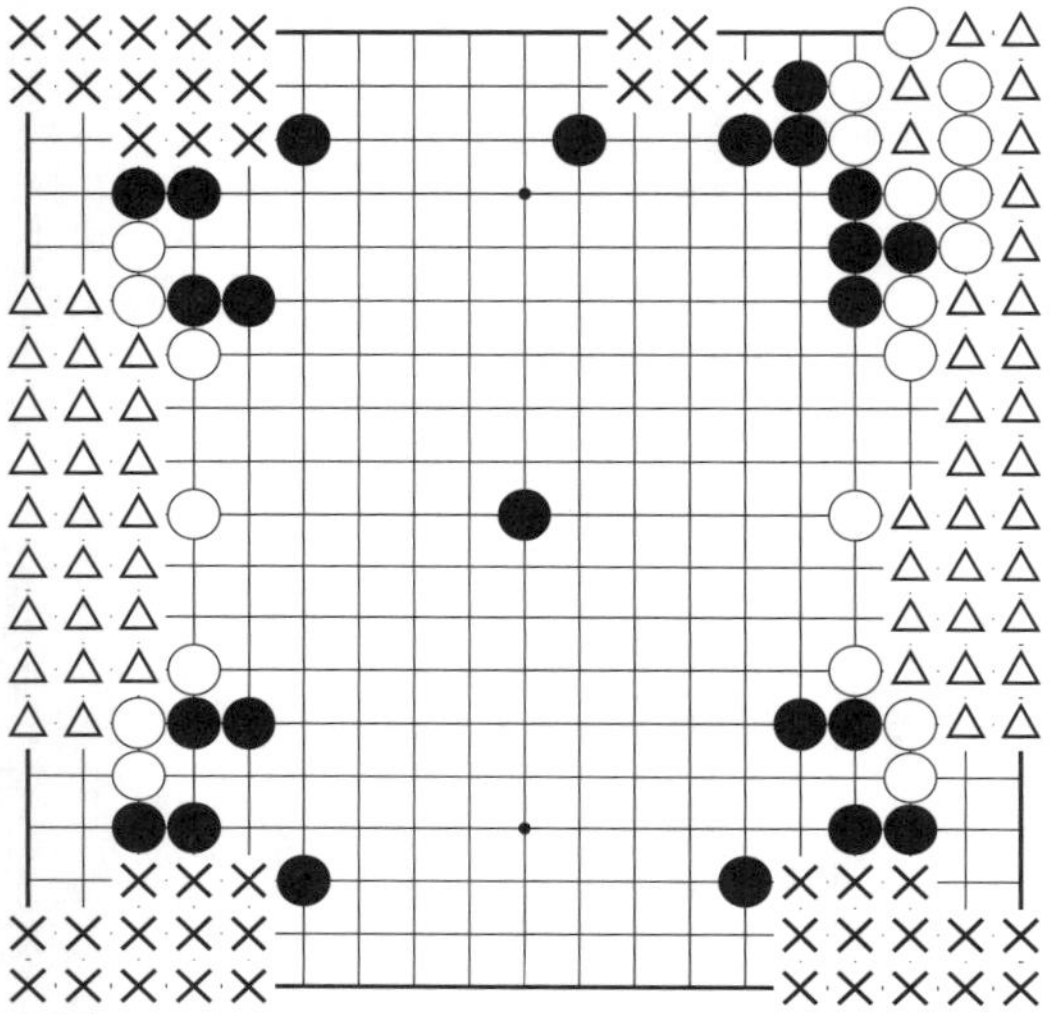

3図

そして黒にとってプラス材料がまだあります。この形では最低限でも黒1と切り込む手があります。そして黒3以下白10までが有名な「二目にして捨てよ」の手筋です。

黒の陣形が益々強化しました。白は◬が近くにいるために凝り形にされています。

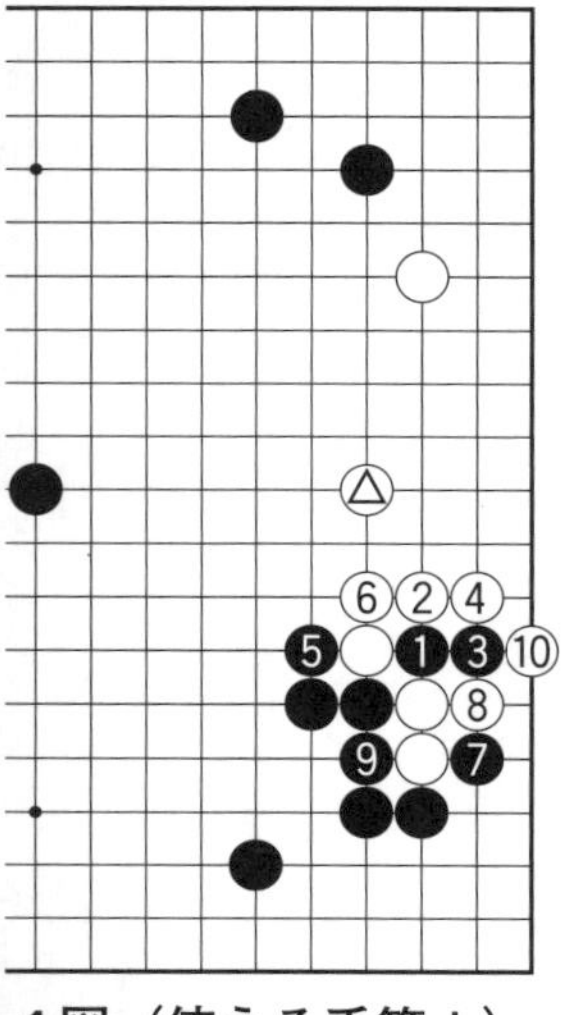

4図（使える手筋！）

ただしこの手段は、前図の◬がある場合限定です。**5図**のような場合に打つと、単なる利敵行為でしかありません。

6図、この場合は黒1や黒aと攻撃をしましょう。

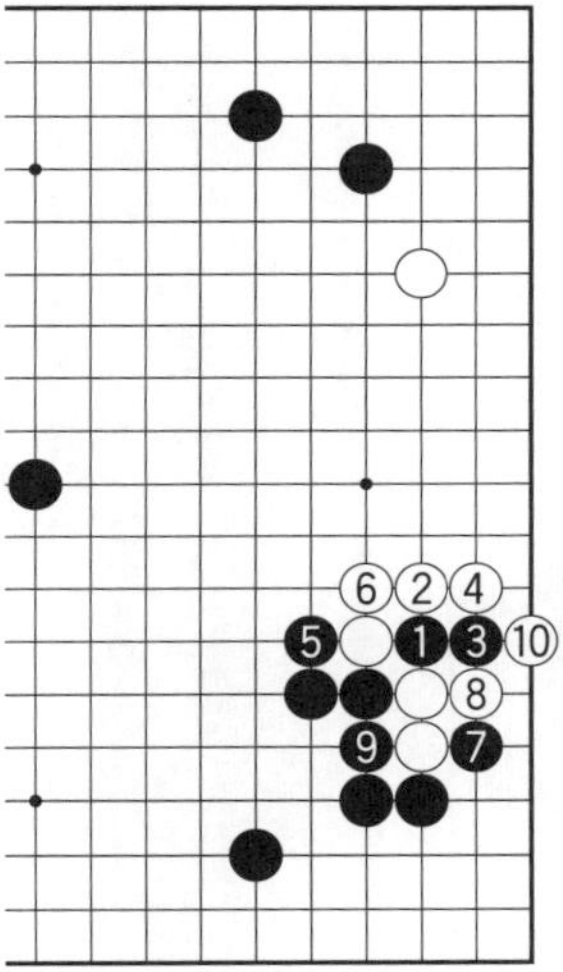

5図

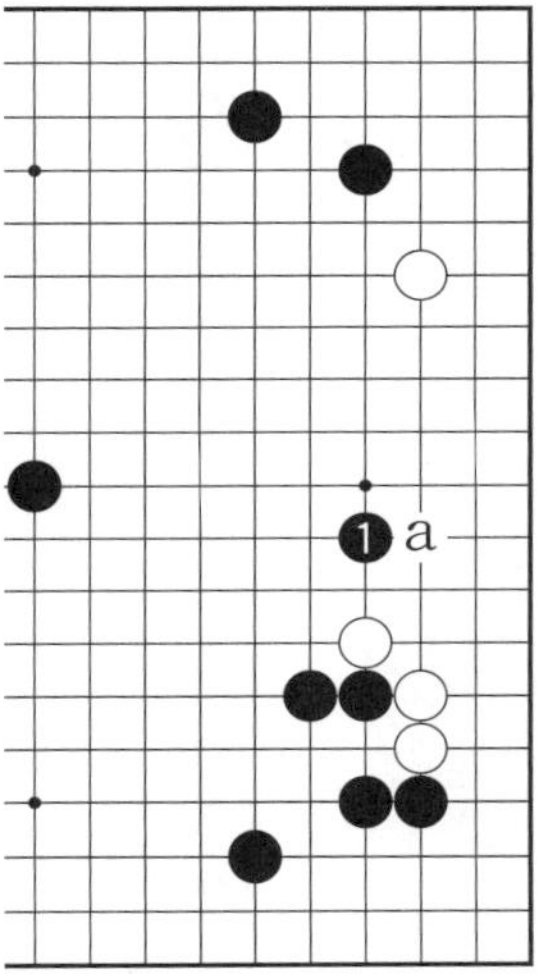

6図

もしも、**7図**のように◬と星下に位置しているとどうでしょうか。白2、4と喜んで取りに行くと同様に凝り形にされてしまいます。

8図、◬の位置にあれば、黒1には白2、4が正着。シメツケられることを避けられます。

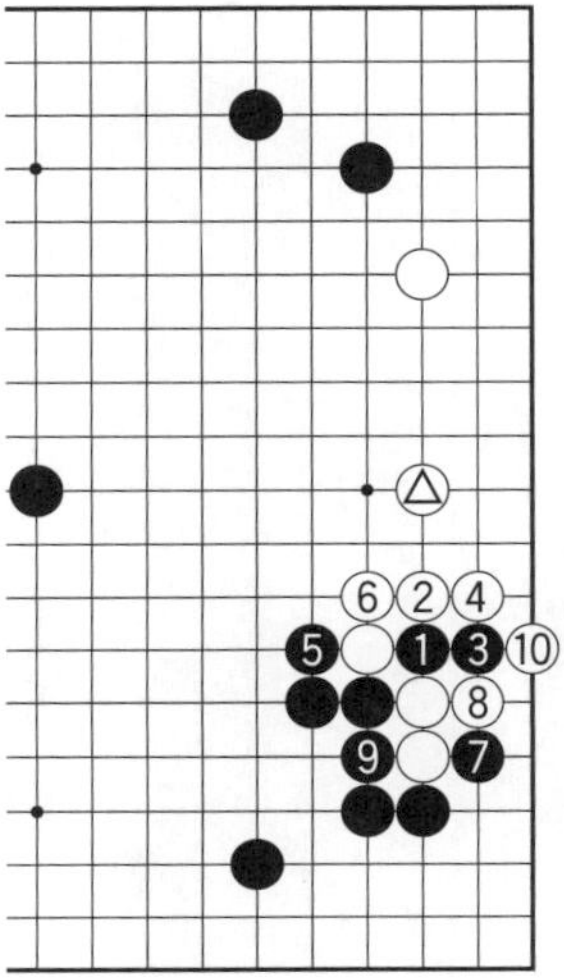

7図

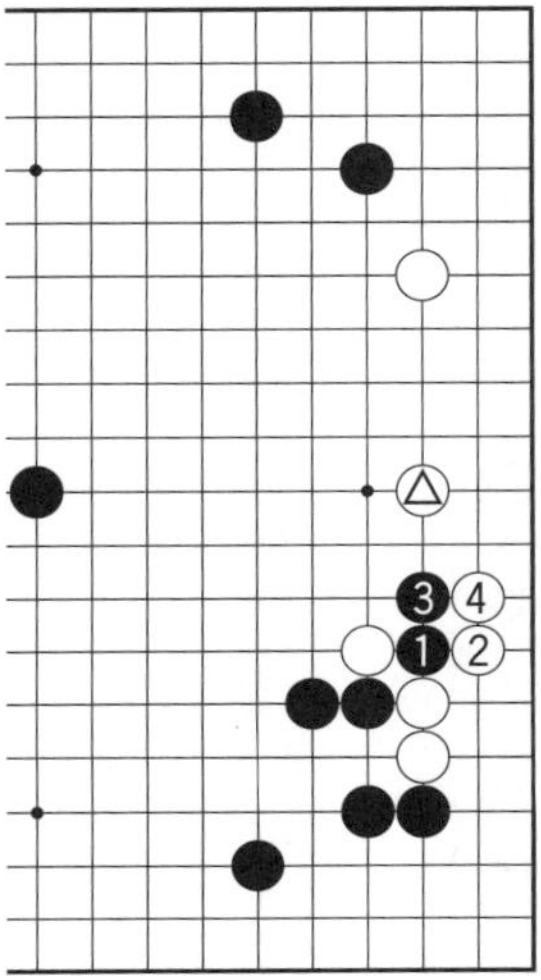

8図

9図、その後、黒7までゲタに取られて良いのか?という疑問もおありかと思いますが、図とは決定的な違いがありますね。それが何かお分かりでしょうか。

それは先手と後手です。うわ手は（もちろんした手も）先手先手と立ち回ることが一番肝要です。

10図、白石が星の位置ですと白4と上から黒を取りに行くしかありませんが、黒5から7の抵抗にあい中々上手くいきません。

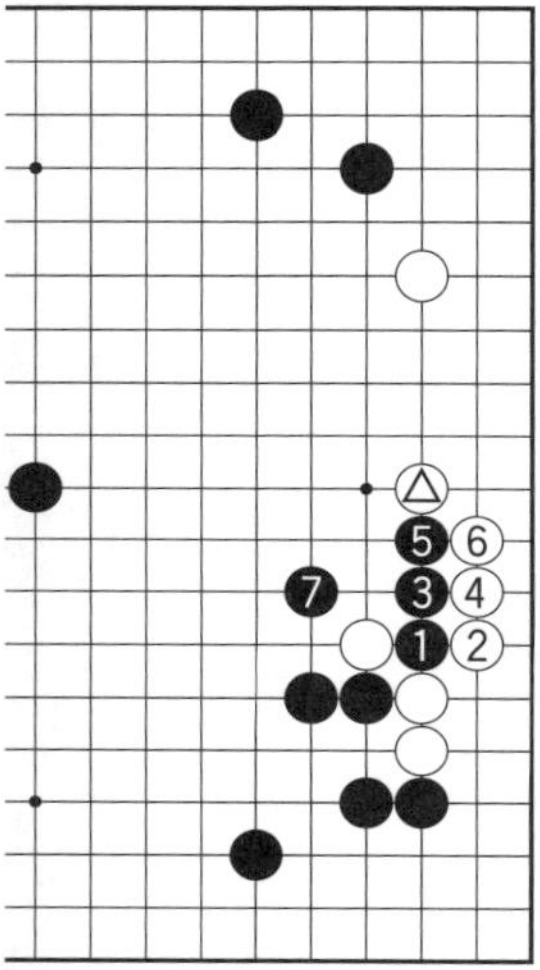

9図

続いて…

11図、白1からの攻め合いは黒勝ちです。ちなみに黒4が急所です。うっかり黒aとアテると、白4にはじかれてコウに粘られてしまいます。

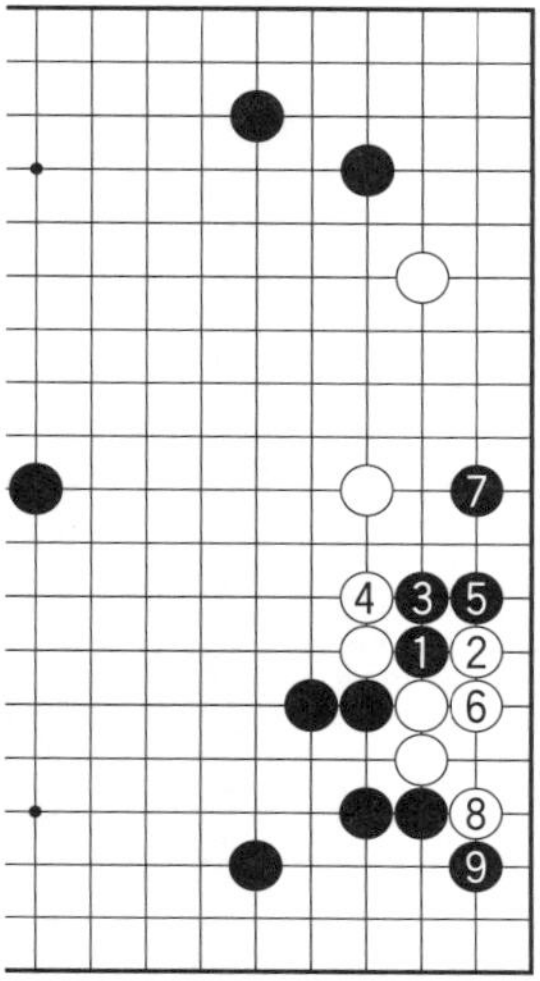

10図

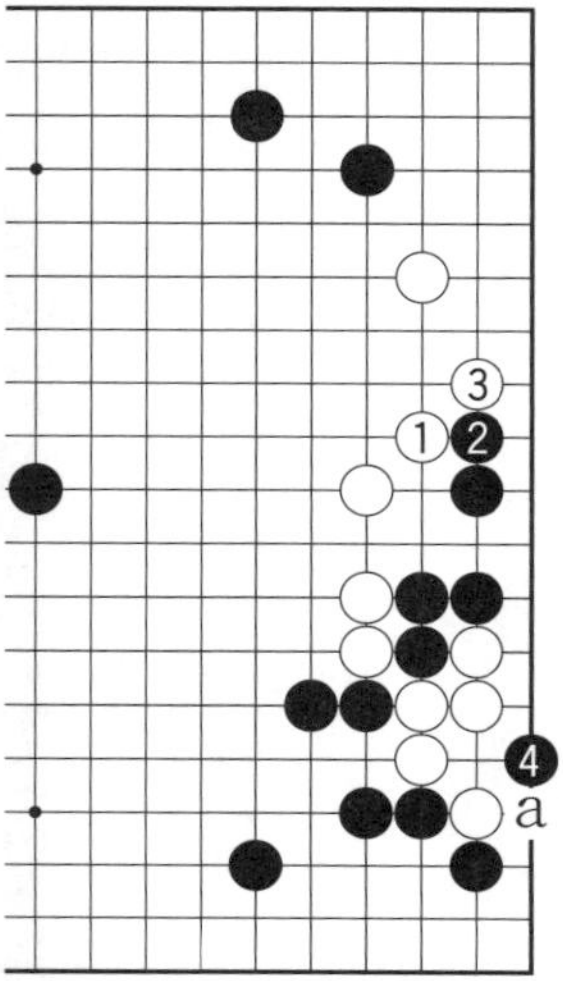

11図

ツケノビに対して白9と変化しても、白17まで一ケ所に凝らされてしまいます。

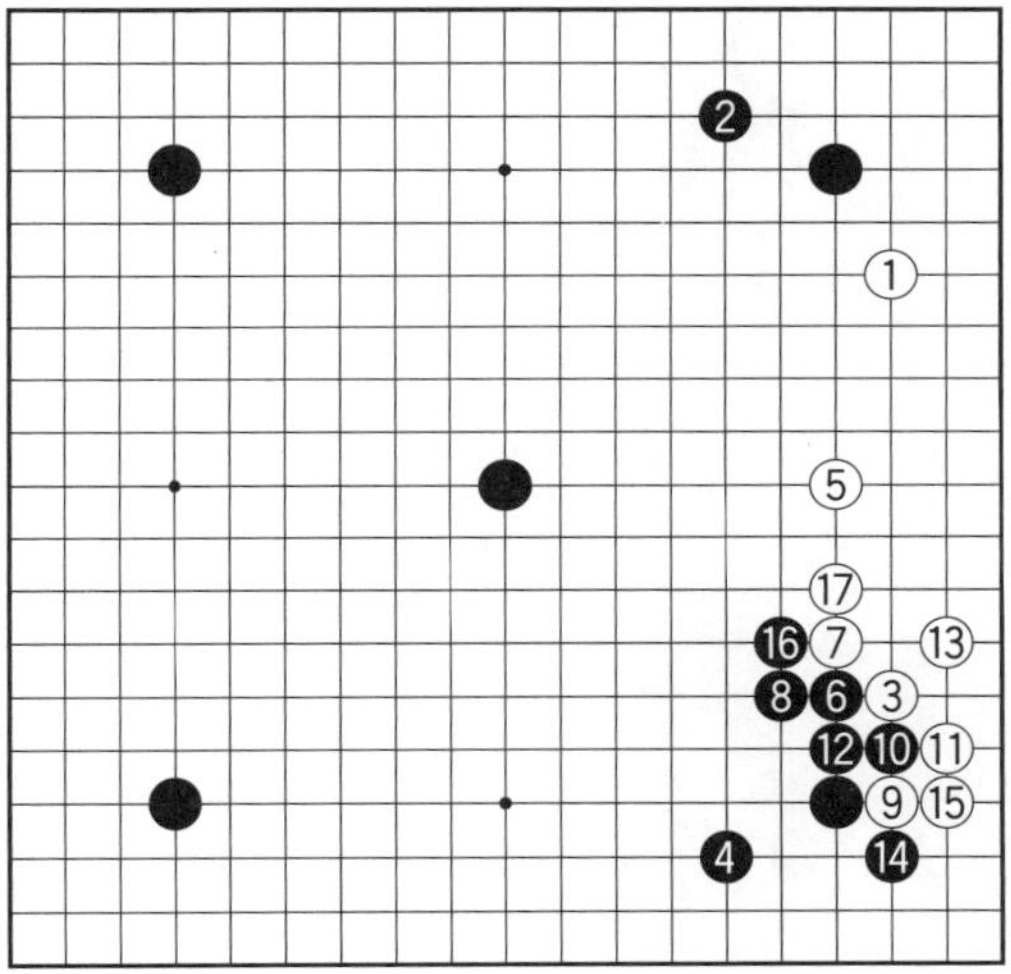

12図

白9と打っても全く同形になります。

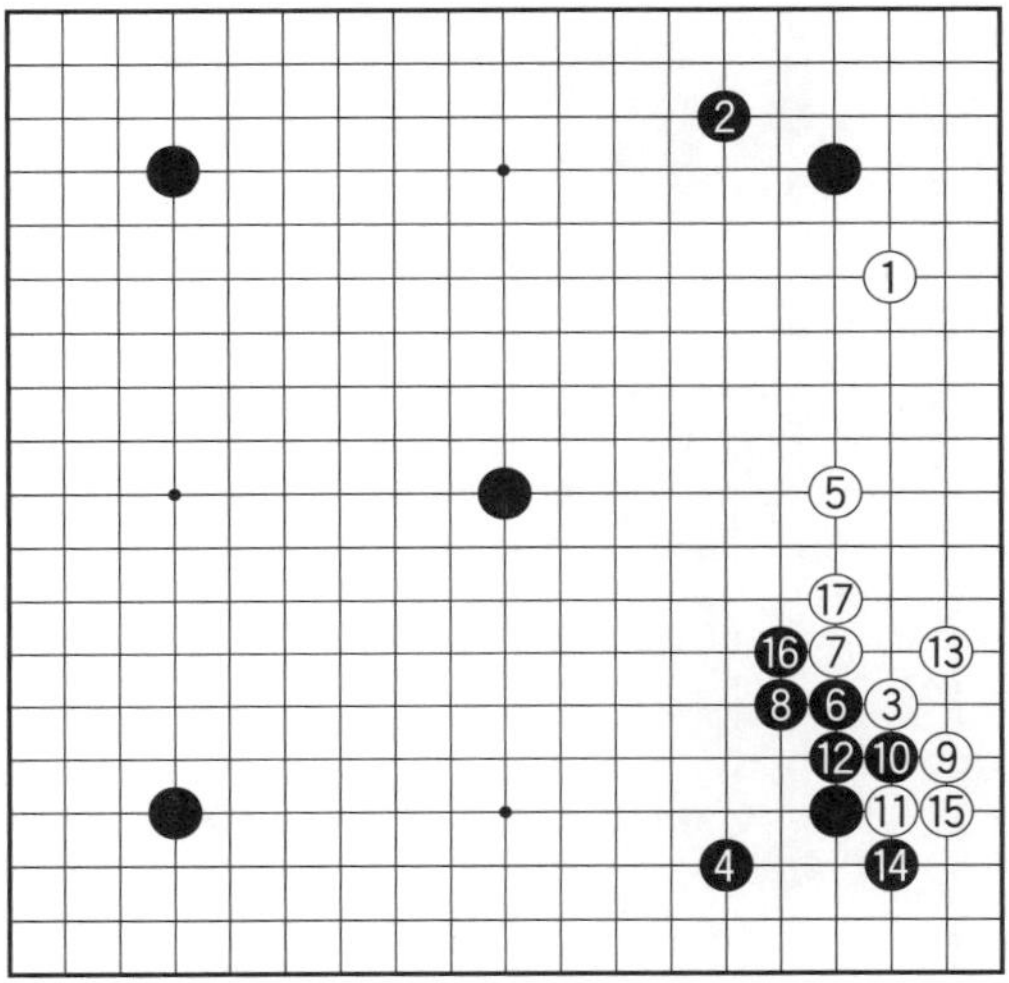

13図

黒は部分的には上記のツケノビが好手ですが、この段階では他の大場に向かうのが普通です。黒6やa、b、c、dいずれかの小ゲイマジマリがより良いでしょう。

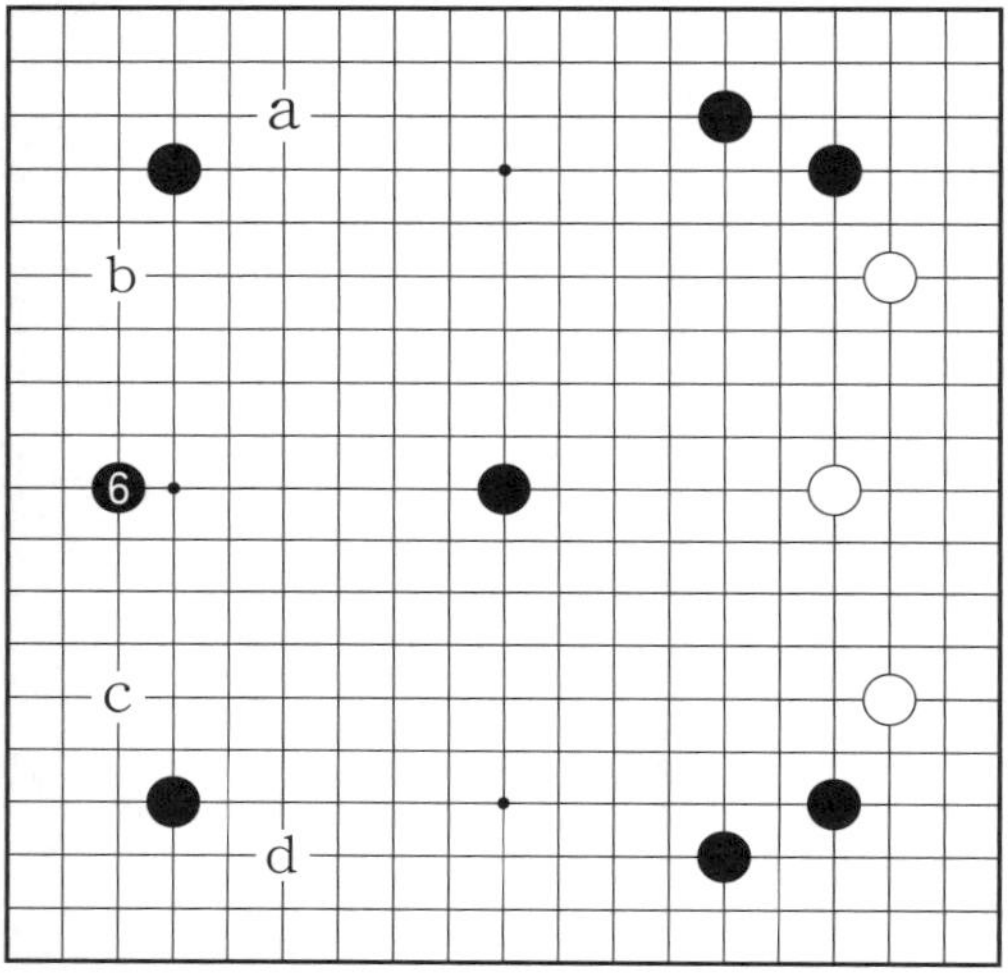

14図

白からの直接的な狙いは白1の三々入りくらいですが、黒は2から8とあっさり受け流していても腹は立ちません。

後にaの強烈な打ち込みが残ります。山型の欠陥です。

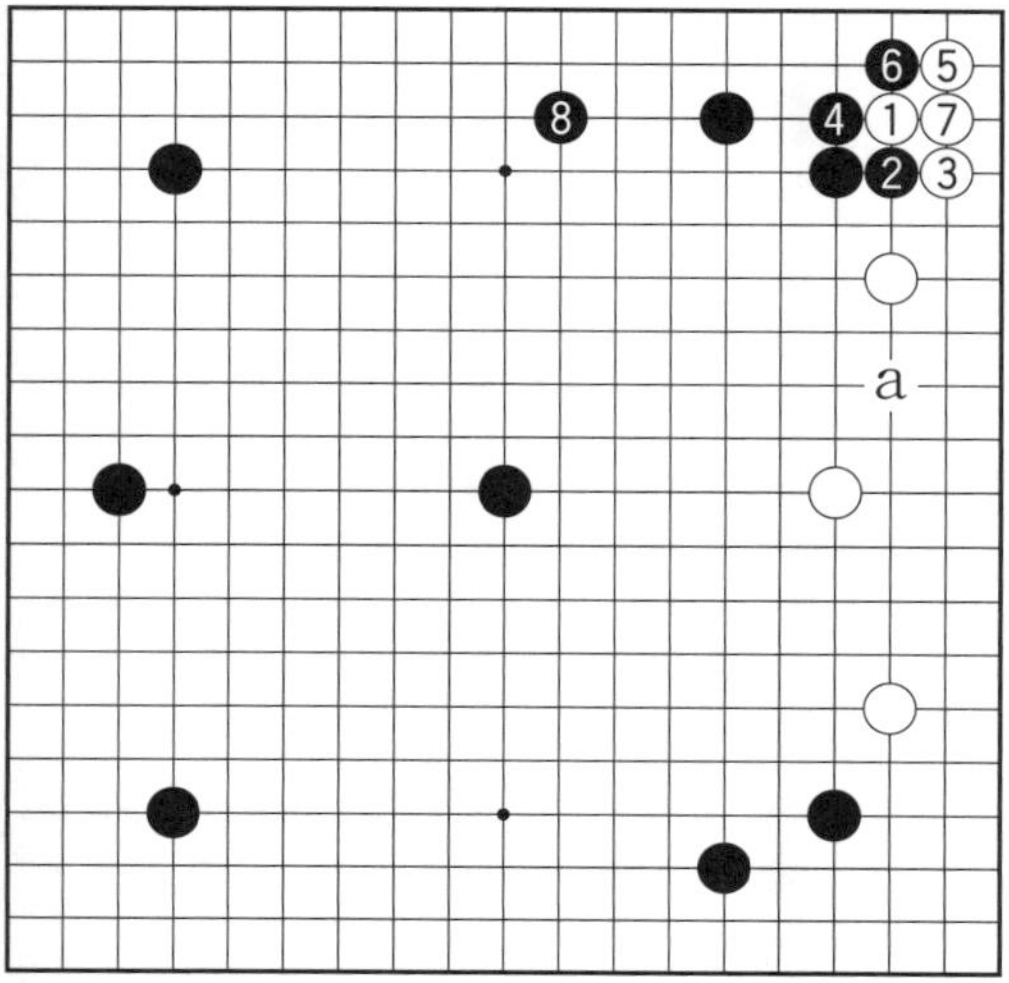

15図

16図、黒1の打ち込みの変化の一例です。黒3のワリコミが、黒9のシチョウ有利を見越した強手です。黒9ではaが最強手ですが、した手はそこまでする必要もないでしょう。

17図、黒4と遮って打つこともちろん可能ですが、得をするかどうかはわかりません。白9は**18図**の1という変化球もあります。

19図、続いて黒2なら、白3から5の大技があります。以下白13までとでもなれば、白は笑いが止まりませんね。

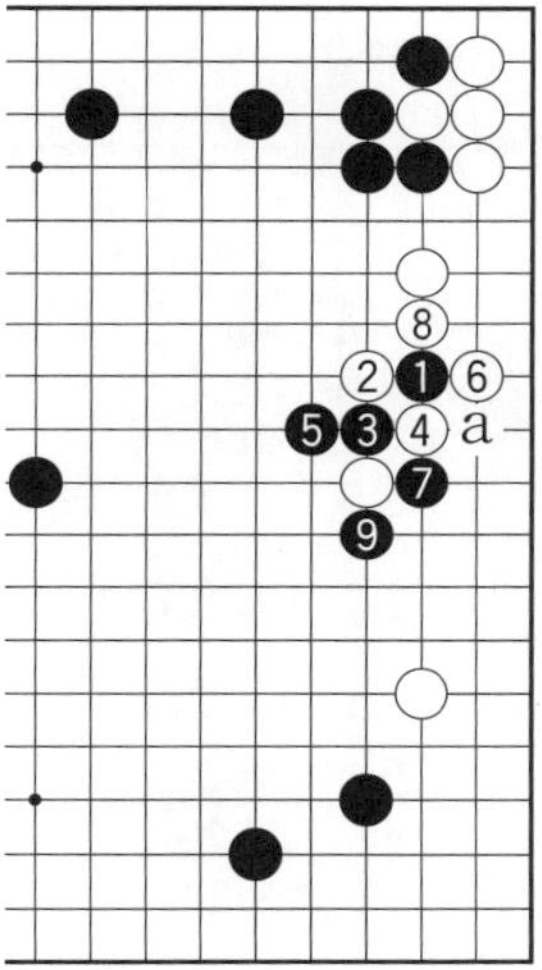

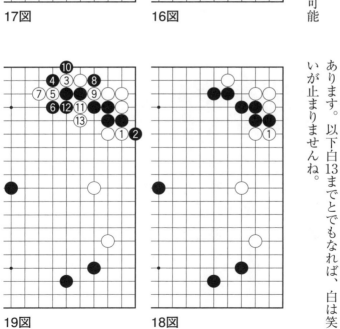

16図

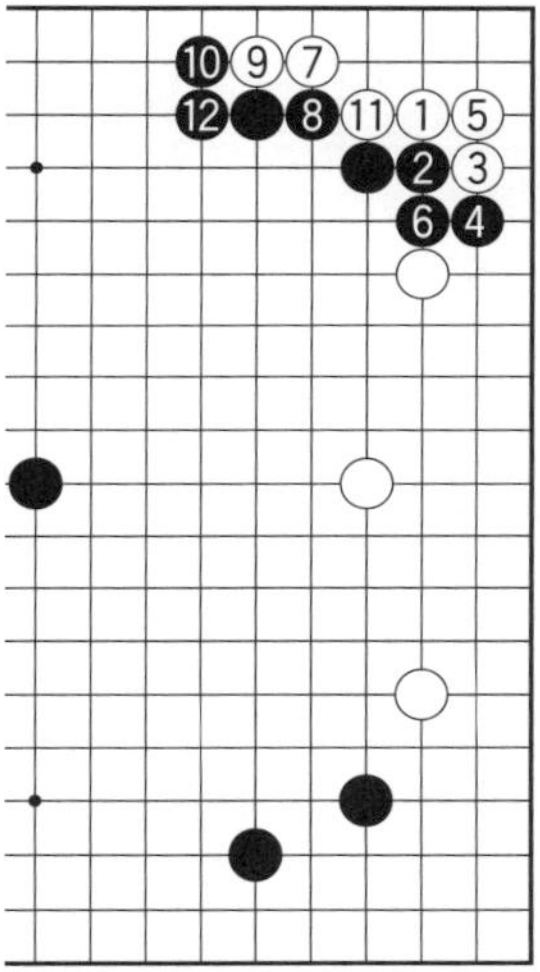

17図

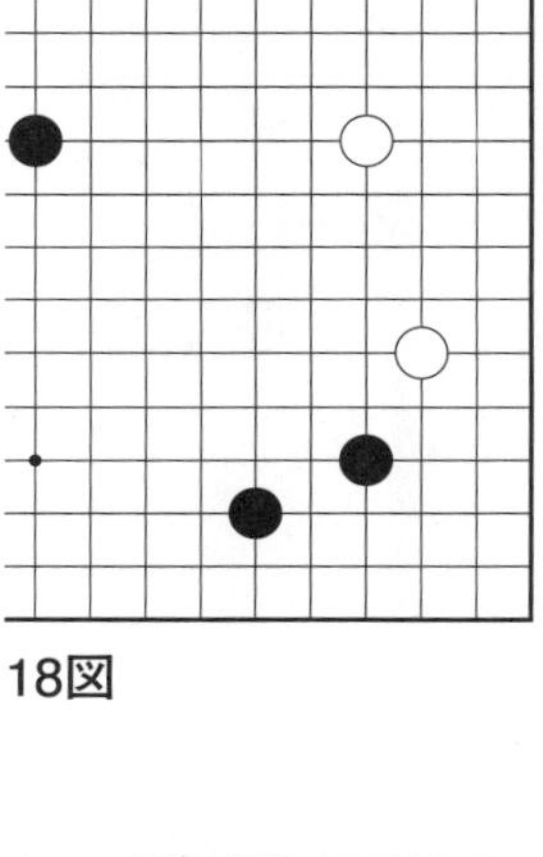

18図

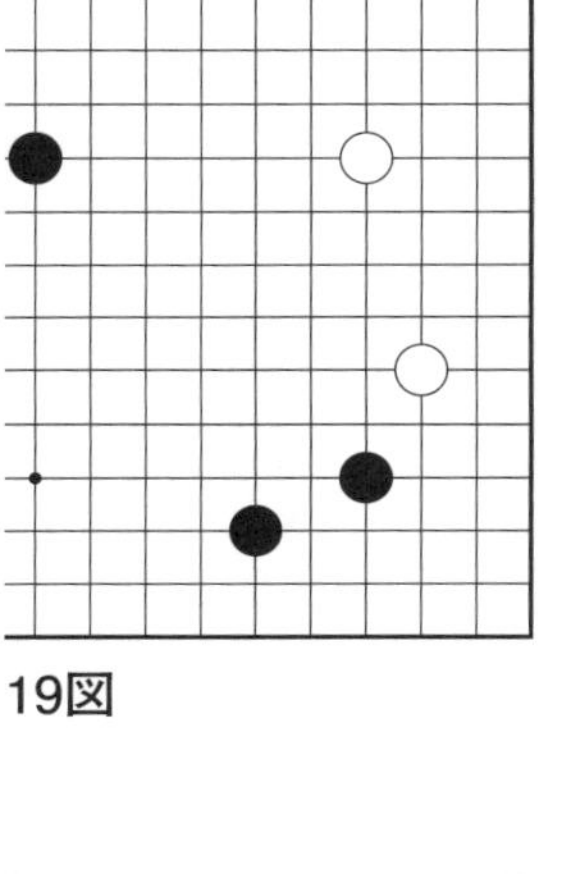

19図

うわ手の心得

一、むやみに形を決めない。

様々な狙いや可能性を残しましょう。

一、後手を引かない。

先手先手は囲碁の基本ですね。

一、選択肢の多い手を選ぶ。

相手を悩ませる訳ですね。

一、大きく構える。

焼きもちを焼かせましょう。

一、動きを止めない。

盤上所狭しと走り回って、相手の眼を回させます。

コラム1　広島暮らし（山本賢太郎）

私は二〇〇一年、21歳の時に大阪から広島に引っ越して来ました。その理由はこうです。

当時、日本棋院広島県本部から私の所属する日本棋院関西総本部に、「誰か一人、元気な若手棋士を広島に県本部師範として送り込んでほしい」という依頼がありました。広島県は昔からとても囲碁が盛んな所で、ファンの棋力水準も全国有数の高さを誇っています。その広島碁界を束ねる広島県本部は、更なる囲碁普及、そして棋力向上を目指す県下の囲碁愛好家のためにも指導者が必要と考えたのでしょう。そして何故か私に白羽の矢が立ったのです。流石に二つ返事でという訳にはいきません。散々悩みました。周りの方々にも相談しました。

「勉強環境が悪くなり、対局に悪影響が出るから止めとけ」

という意見の方も少なくありませんでした。

しかし最終的には若さの特権でエイ！　と決断しました。もし失敗してもまだまだやり直しが効く。それに私は鳥取県倉吉市出身なので、当時住んでいた大阪にそれほどまでには愛着が無かったことも要因の一つでした。また、

「行くからには広島に骨を埋めるつもりで頑張れよ！」

との声援が多い中で、私の師匠はこう言ってくれました。

「嫌になったらいつでも戻って来い。俺が賢太郎の代わりに皆様に頭を下げて回ってやる」

これは心強かったです。肩の力が少しだけ抜けました。

そうして始まった広島生活。最初は大下俊明さん（現広島県本部顧問）の会社の社員寮に特別に入れてもらいました。親元を離れて初めての一人暮らしは刺激的でした。最初のうちは張り切って料理もしてみました。魚を買ってきて鍋料理を作りました。それはとても美味しくて、「俺は料理の天才か」と思いました。

しかし後片付けは嫌いでした。と言うより洗い物は今まで一度もしたことがなく、自分の辞書にありませんでした。ですからごく自然に、そのまま鍋を放置しておきました。夏場でしたのでそのうちに異臭がしてきましたが、蓋を取る勇気が湧きません。しかし数日後、余りにも臭いが強烈になってきたので、周囲から苦情が来るのではと思い意を決し、そおっと蓋を取ると、なんとそこには今まで見たこともないお花畑が広がっていました…あまりにもおぞまし過ぎて鍋ごと捨てました。それ以来料理はしていません。この日ほど改めて母親の有難味を感じたことはありません。

それからというもの、寮の近くにある居酒屋で食事をするのが日課になりました。

ある夜のことです。その店で広島、阪神戦のナイトゲームのテレビ中継を見ていました。

プロ野球は子供の頃から阪神タイガースファン。阪神が得点した時に思わず、

「よっしゃぁー」

と声が出ますよね。すると間髪を入れず隣の席の強面のおっちゃんから、

「兄ちゃん、ここが何処か分かっとるんじゃろなぁ」

と一喝されました。

その日を境に即、宗旨替えです。

よそ者が異国の地で生き延びる為には手段は選べません。当分の間は周囲に気を遣う、にわかファンでしたが、それから苦節18年、今では

「俺はカープファンじゃけん」

と堂々と胸を張って言えます。

コラム2 華やかなる広島碁界（後藤俊午）

広島県は昔も今も、老若男女問わず囲碁が盛んな素敵な所です。中国地方の中核を担う100万都市、広島市ではプロ棋戦が3つも行われています。二〇〇六年から『広島アルミ杯若鯉戦』（協賛　広島アルミニウム工業株式会社）、二〇一一年に誕生した『フマキラー　囲碁マスターズカップ』（協賛　フマキラー株式会社）、二〇一七年に始まった非公式戦の『トライカップ　囲碁団体戦』（協賛　市橋工業株式会社）です。

二〇〇六年に囲碁が市技に制定された尾道市では、因島出身の偉人の名を冠した『本因坊秀策囲碁まつり』のメインイベントとして、二〇〇二年よりプロアマ混合戦の『本因坊秀策杯』が行われ、二〇一二年からは『女流秀策杯』も始まりました。

各種アマ大会のレベルも非常に高く、県出身の若者達が、続々とプロ入りしています。平田智也、吉川一、飯田純也、池本遼太、大森らんの諸君です（入段順、敬称略）。

県下の福山大学では二〇一三年から、また尾道市立大学では二〇一七年から、何れも講師に山本賢太郎五段を招いて囲碁を授業に取り入れています。世界文化遺産、厳島神社の千畳閣には、藤沢秀行名誉棋聖の書『磊磊』が奉納されています。宮島では二〇〇五年より『新春囲碁ゼミナールin宮島』が毎年行われ、人気を博しています。

地元廿日市では、保育園に囲碁を取り入れ幼児たちが親しんでいます。素晴らしい取り組みです。広瀬優一第43期新人王は、当地に住んでいた保育園時代に囲碁を覚えました。広島碁界の今後の発展を、心より祈念いたします。

第2章 堂々と王道をいく手段

この章では、ごく普通の手に見えてその実は奥の深い作戦を取り上げます。ですから互先の碁でももちろん有力な戦法です。是非ともマスターして頂き、実戦で試して下さい。

【テーマ図1】ツケフクレ

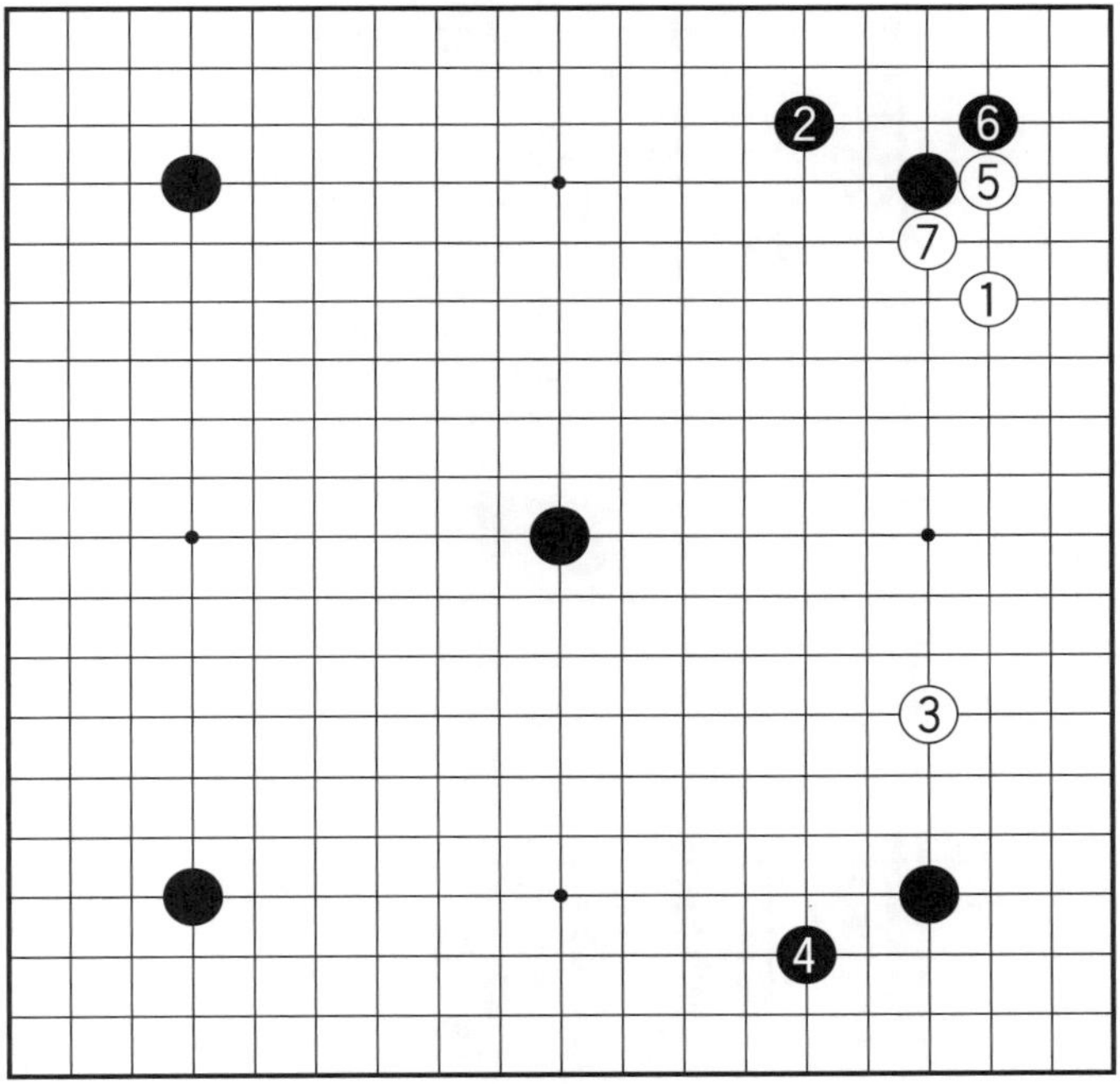

右上隅の形ではツケ二段ではなく、白5から7のツケフクレがお薦めです。

黒8のアテが最強です。それには当然、白9とコウに弾きます。
次いで…

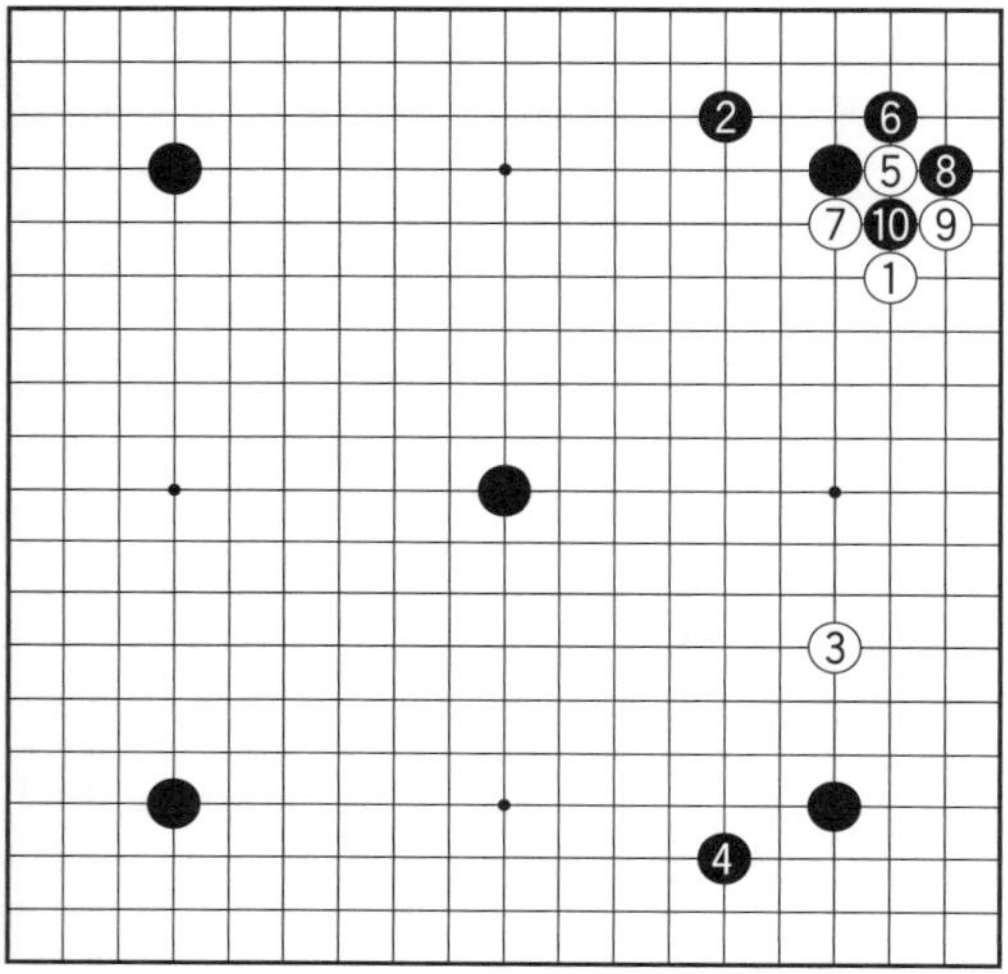

1図

白1のような軽めのコウ立てを打ちます。

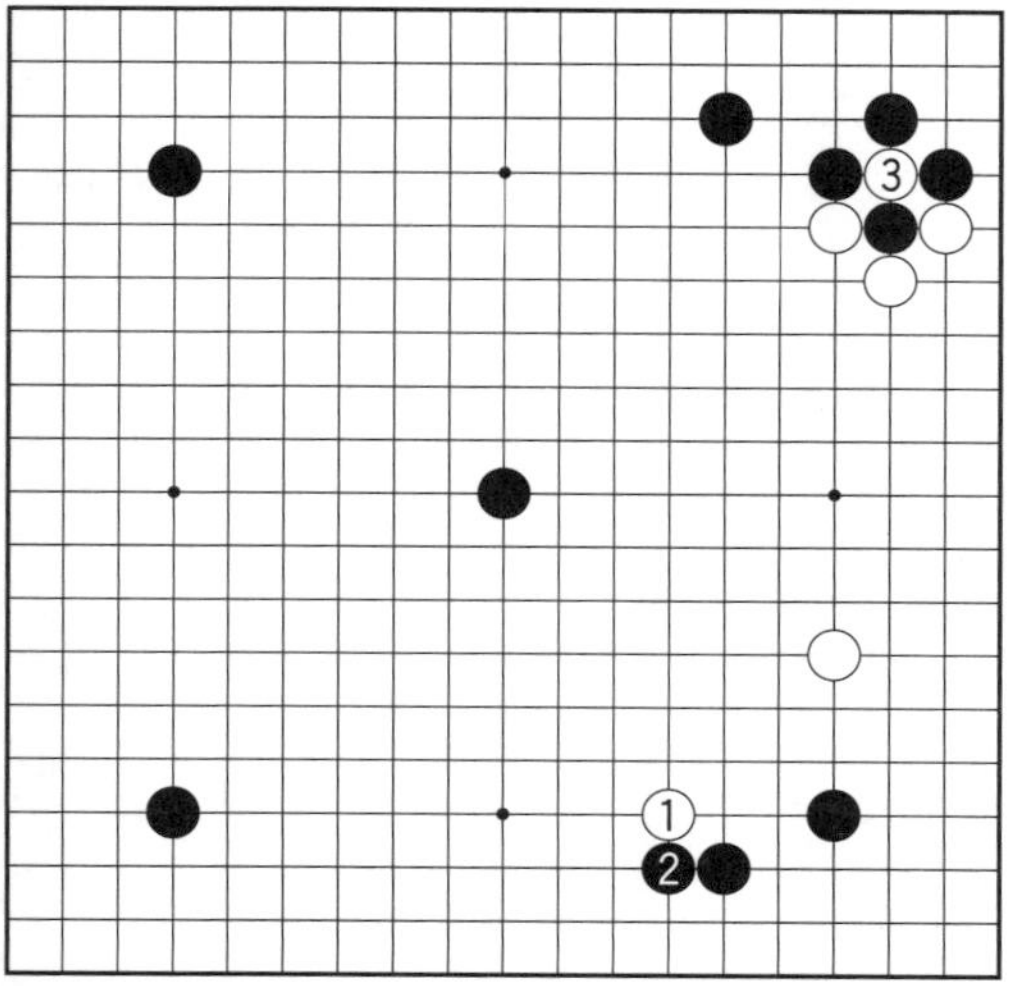

2図

3図、黒1と受けさせればそれだけで満足です。白の形に弾力が付きました。当然、後にaを狙います。

4図の黒1などでしたら、白2のタタキが気持ちの良い手です。

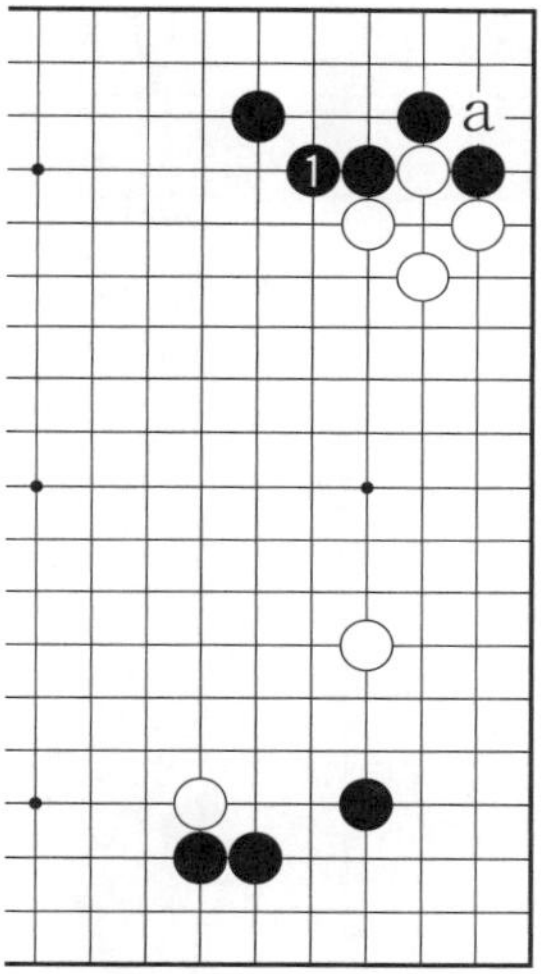

3図

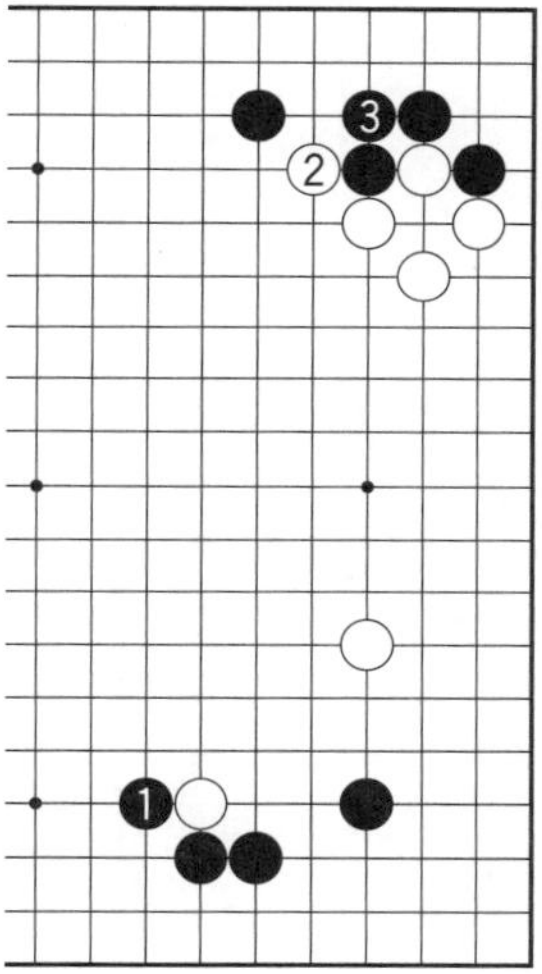

4図

5図、黒2と解消すれば白3、5とこちらを連打して文句なし。右上隅の白石は軽く見ます。

コウを嫌って**6図**の黒1やaと打たせれば、既に利かしです。bの仕掛けは依然残っています。黒は1図のように強くアテるべきです。

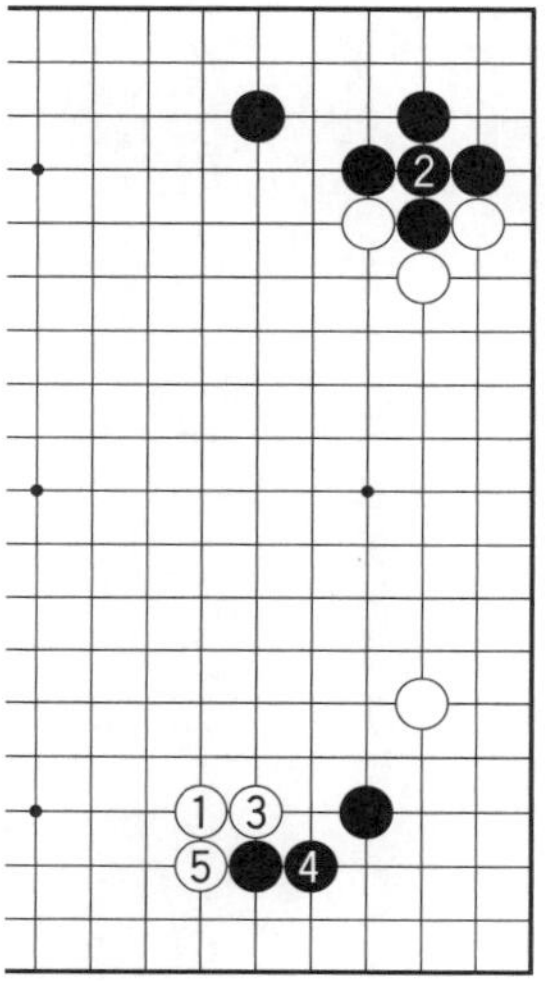

5図

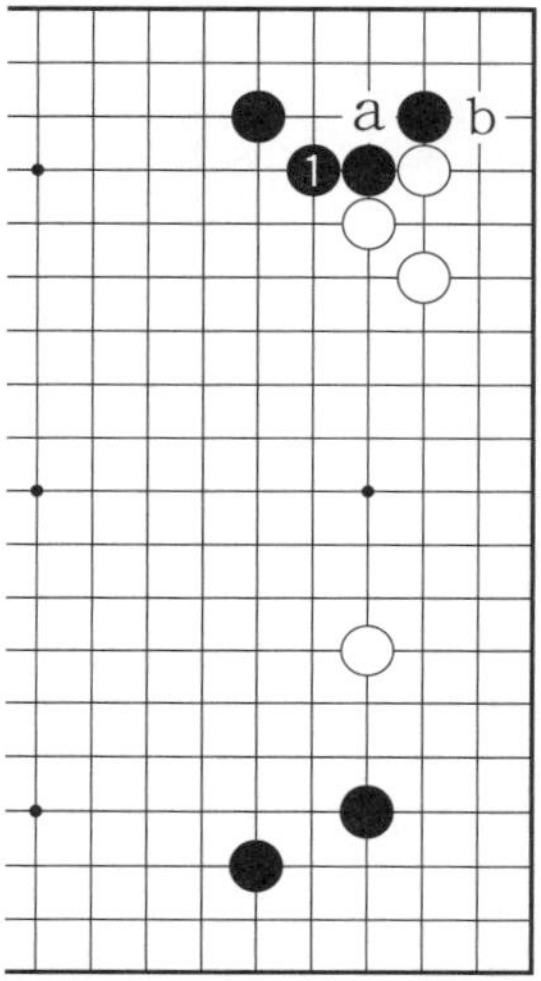

6図

【テーマ図2】両ガカリからの三々入り

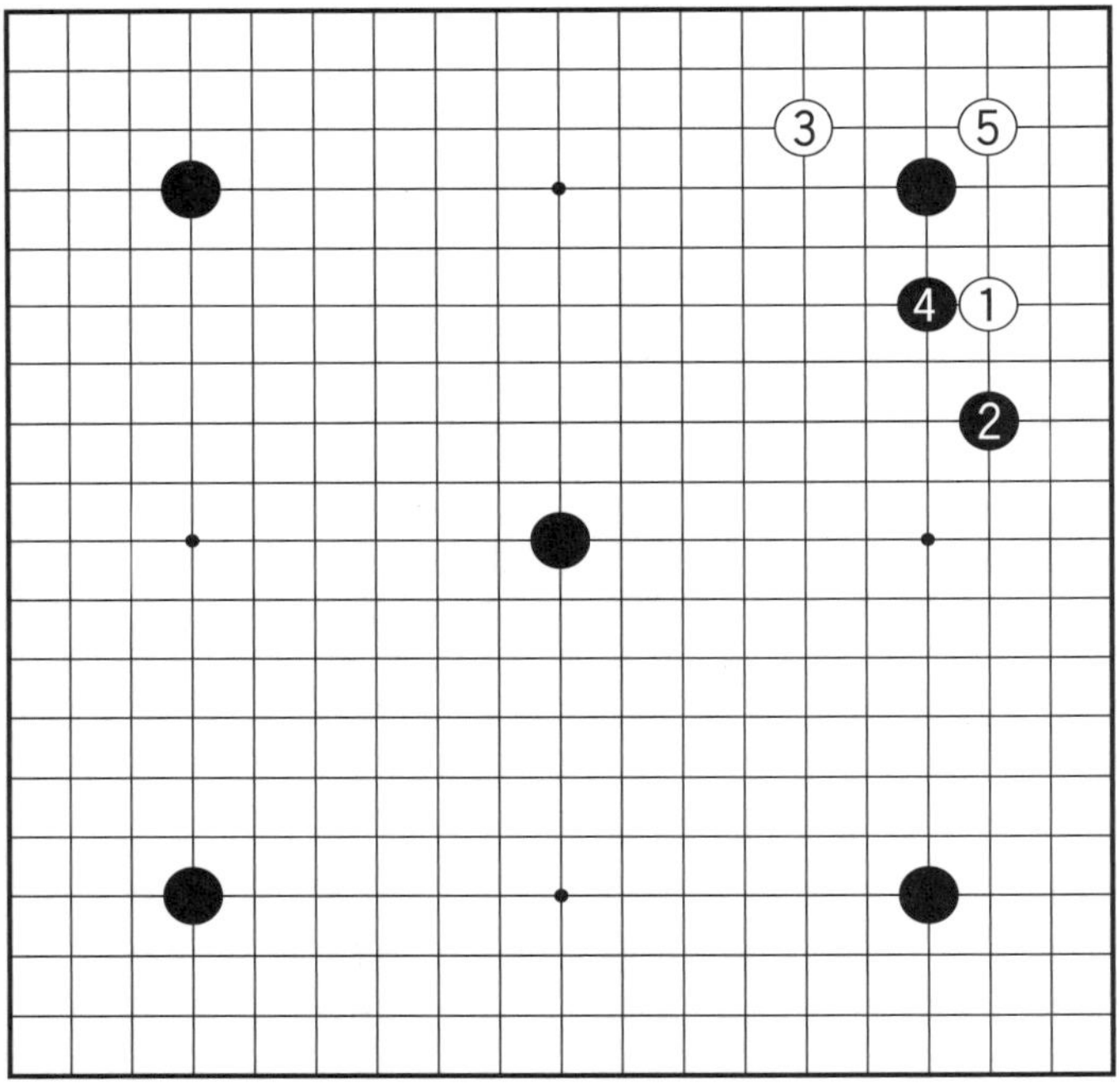

一章で説明したように、白3での三々入りは避けましょう。ここは一旦両ガカリから白5と三々に入ります。何故かお分かりでしょうか。

白5の三々入りに黒の応手はa、b、cの三通りあります。そこがうわ手の取るべき作戦に相応しいのです。相手を悩ませる訳ですね。

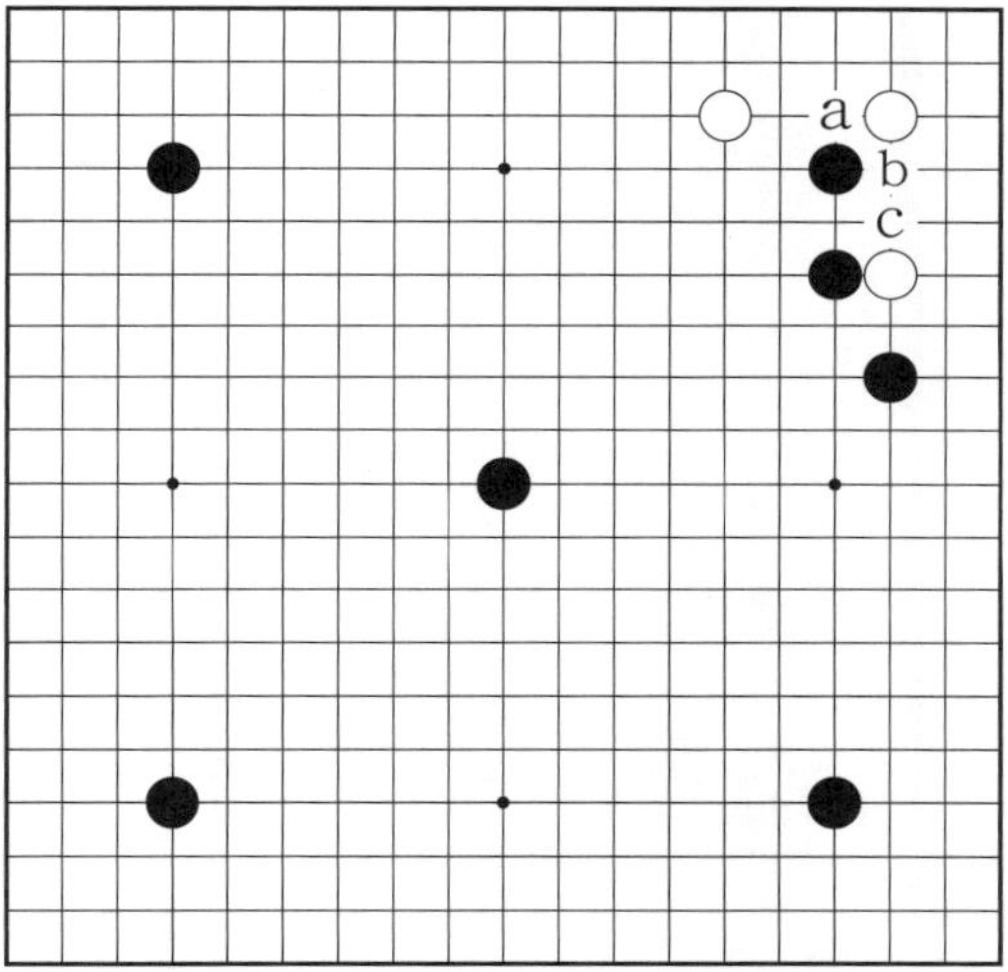

白の作戦（した手を悩ませる）

まずは、黒1のオサエです。

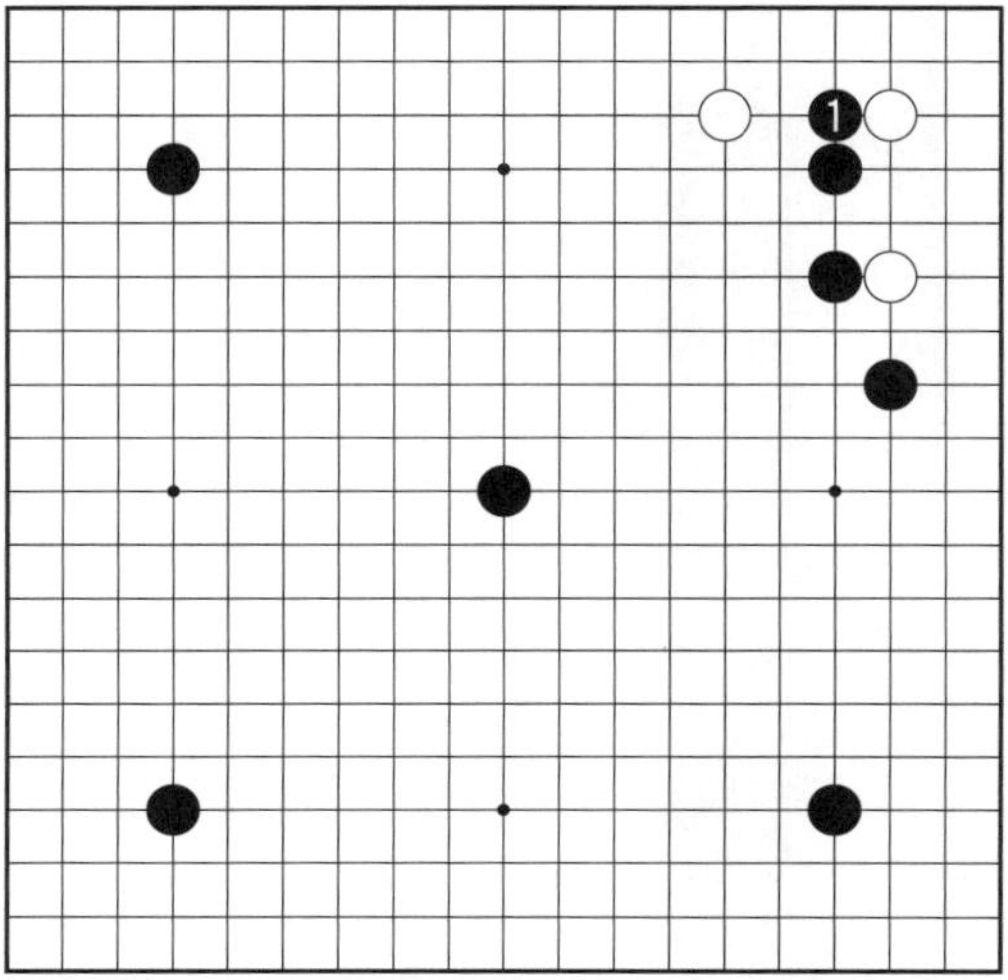

黒の応手 a

白は当然、**1図**の1とワタリます。黒2、4と普通の進行に見えますが、実は…

単に、**2図**黒1のツギが勝ります。余計なダメ詰めは避けるべきですし、黒aは良いコウ立てに使えます。白はbのハネ出しを狙います。

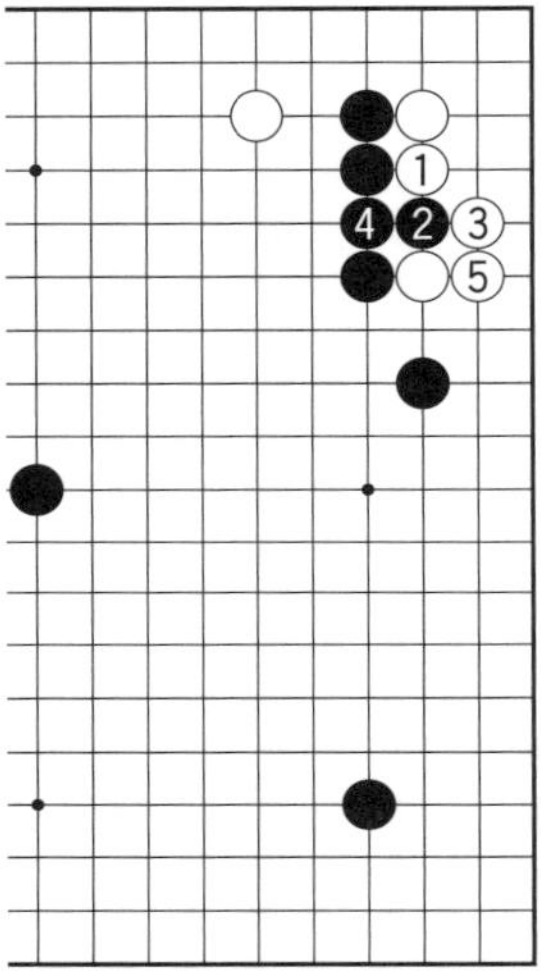

1図

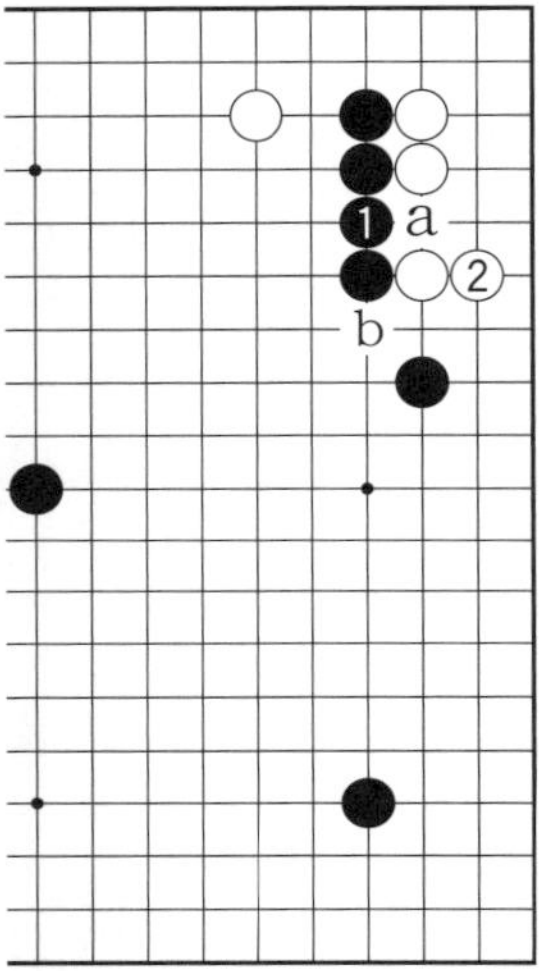

2図

黒1と素直に守れば、白2とヒラいておきます。

黒1の守り方は実は甘い。

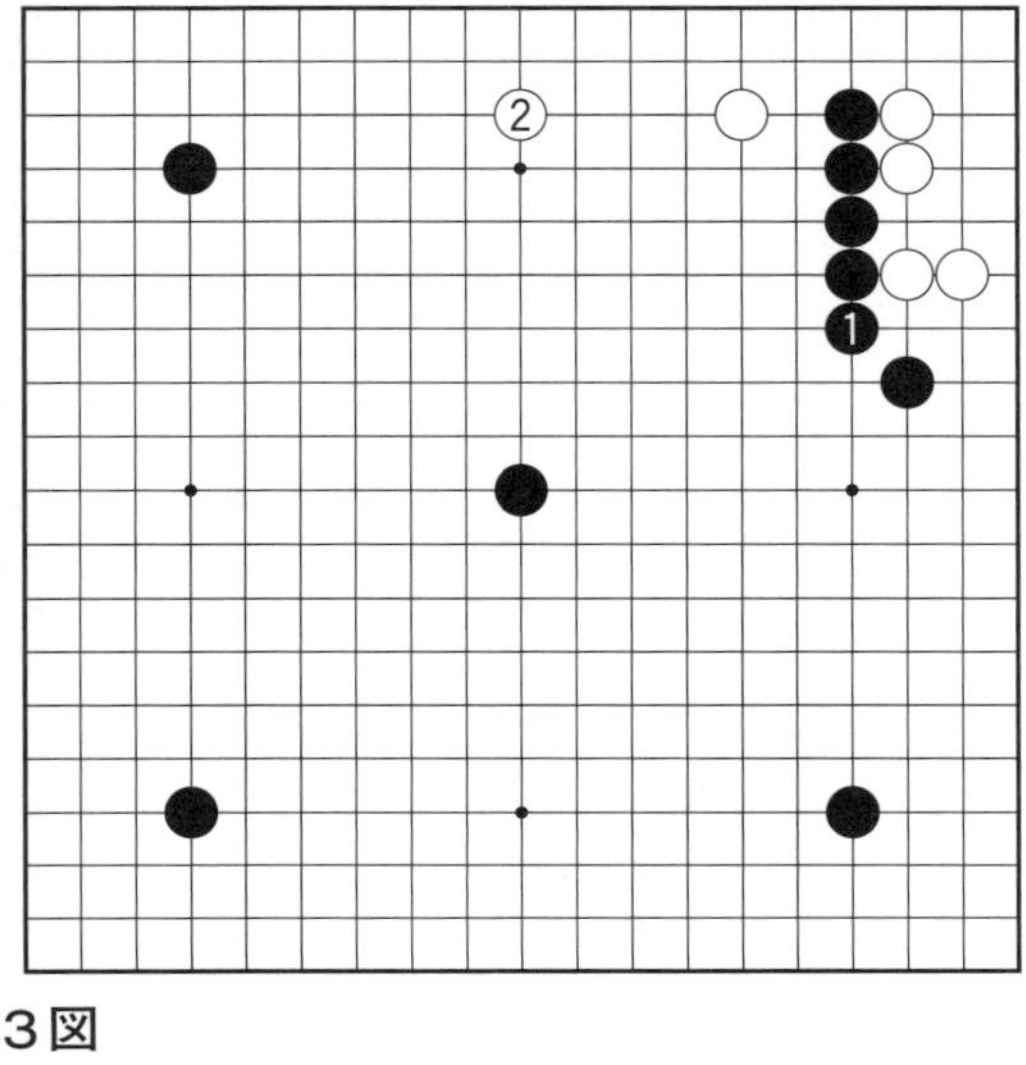

3図

この形は後に、**４図**の白1、黒2、白3と迫る手が楽しみです。攻められる可能性が残ってしまうのです。

５図の黒1が正着です。同じように白2なら……

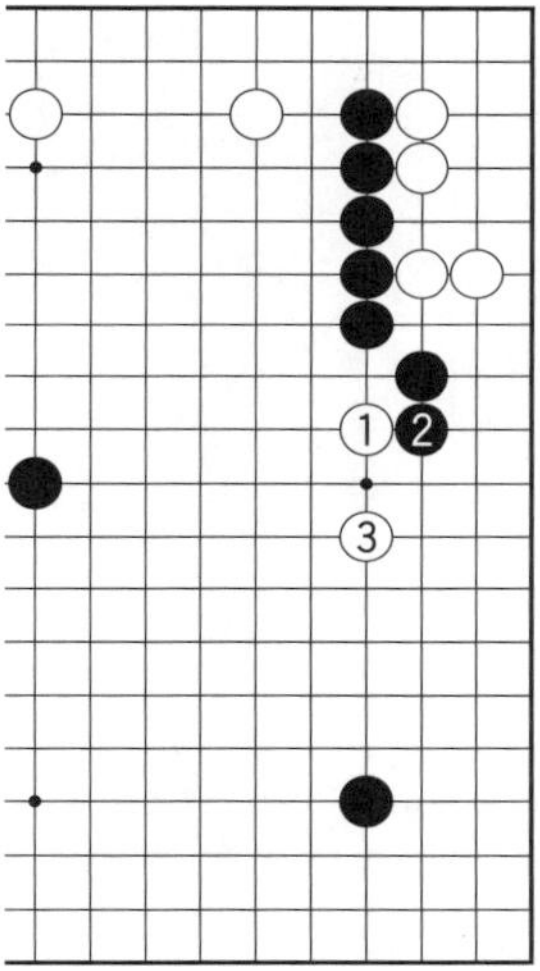

４図

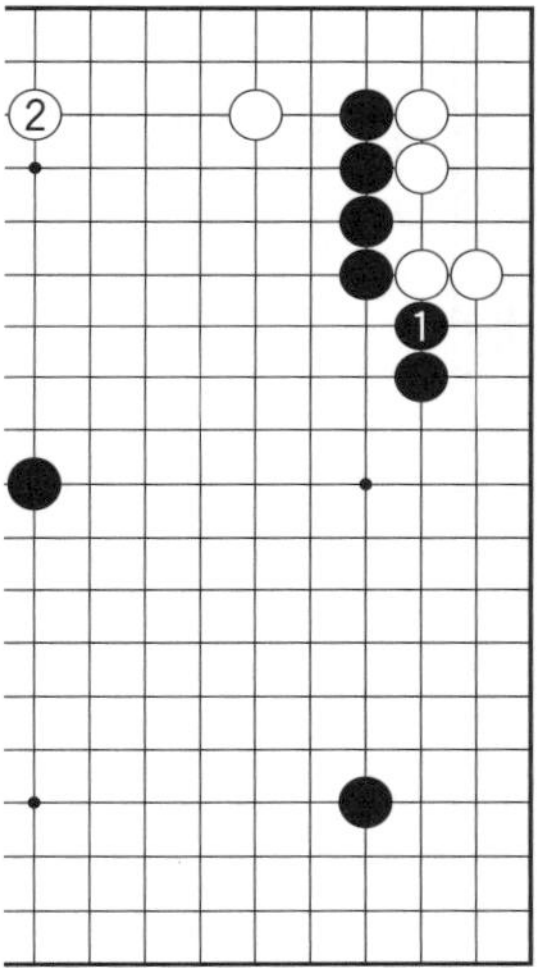

５図（正着）

６図の黒1、3のハネツギが先手の上に、黒5まで利きます。もしも白が手抜きした時、この詰碁はお分かりでしょうか？

７図の黒1が急所で、5まで白死ですね。

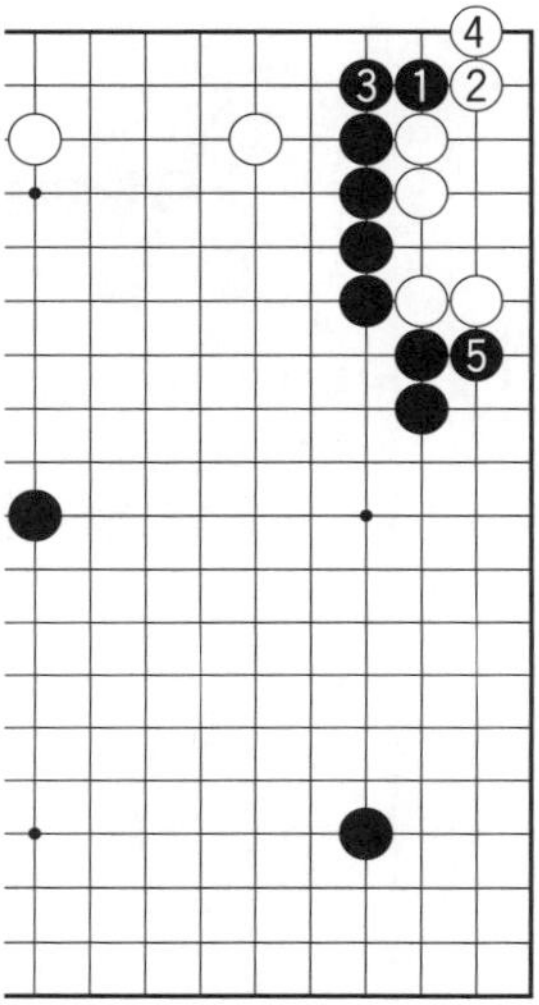

６図

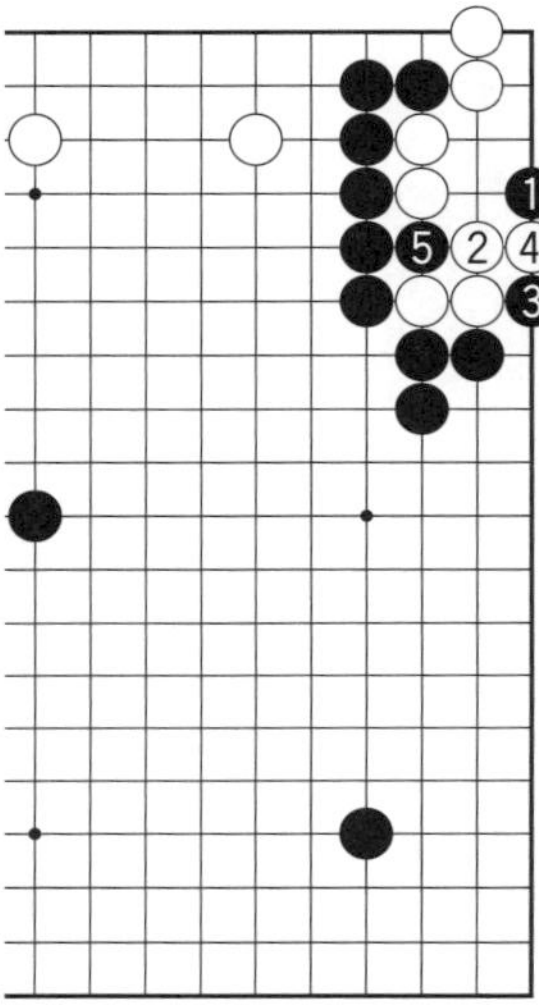

７図

8図、この時に▲と△の交換が大悪手と言うことがお分かり頂けると思います。

以上、白は**9図**の6、8を打つべきで、それから10とヒラきます。この形は白だけ実利を取って、黒に確定地を与えていないのが自慢です。

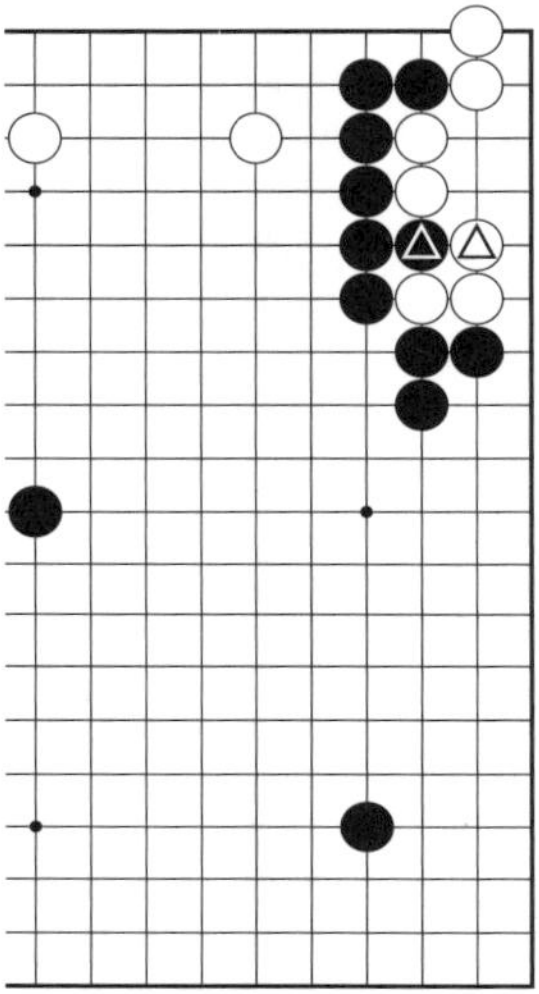

8図

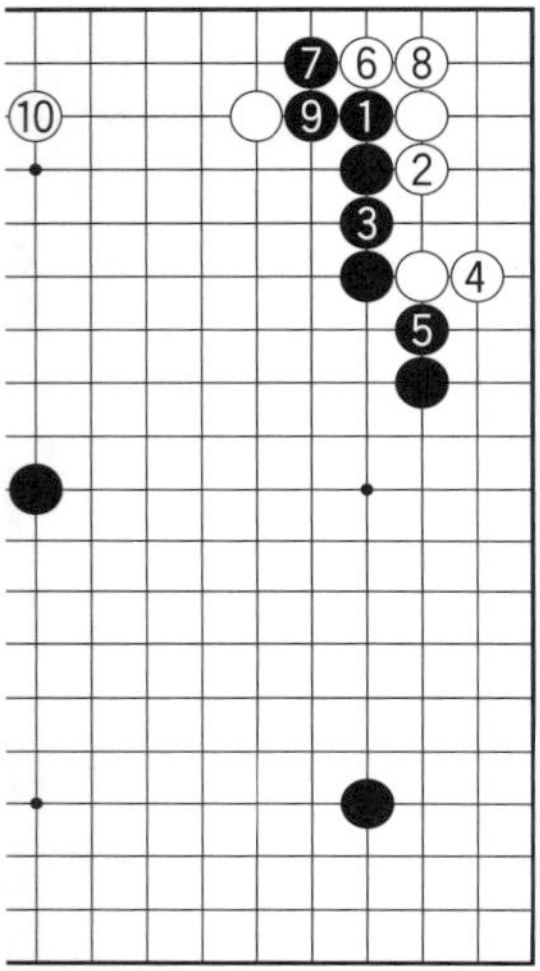

9図（白の正着）

次は黒1のオサエです。これは白先手で満足できます。では手順を変えて検証しましょう。

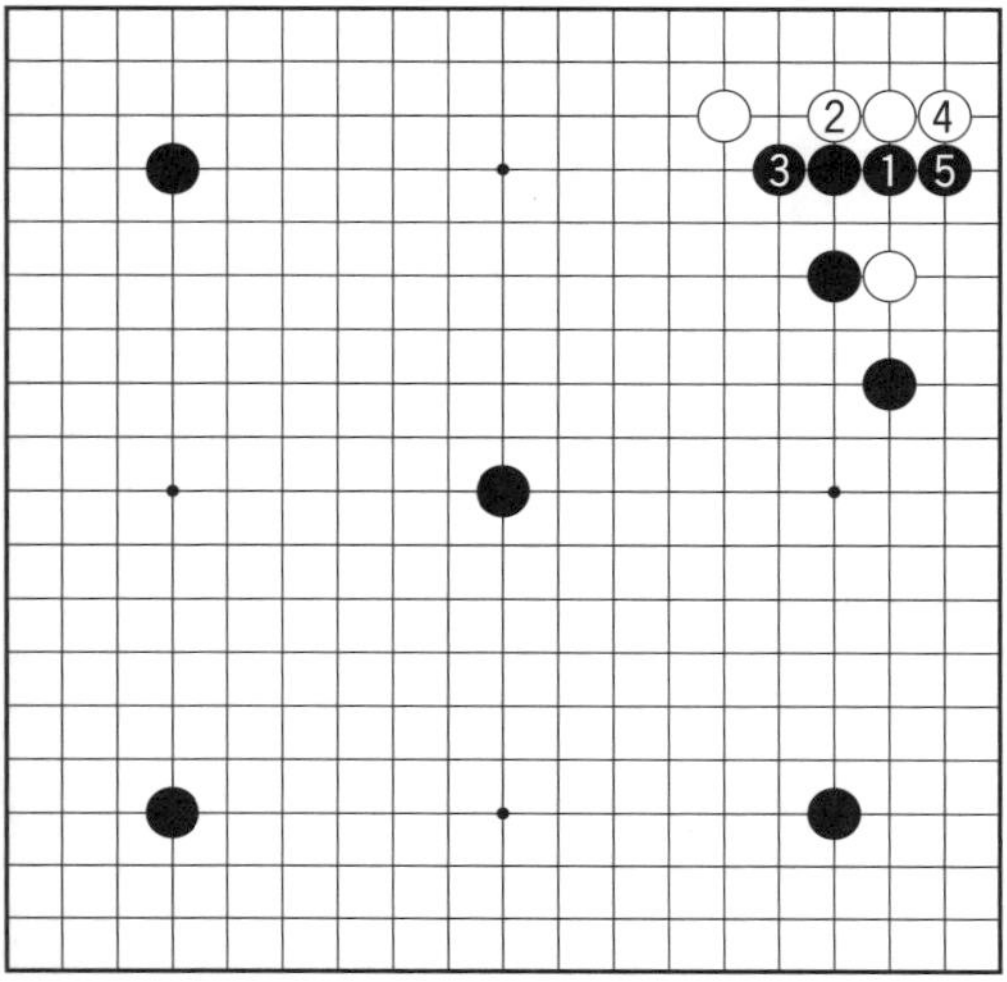

黒の応手b

１図、白１のカカリに黒２から８は甘そうです。白９と黒10の交換も、一見持ち込みのように見えますがそうではありません。

２図、白１、３と上から利かすことができます。また、後に白ａのツメから２が狙えます。

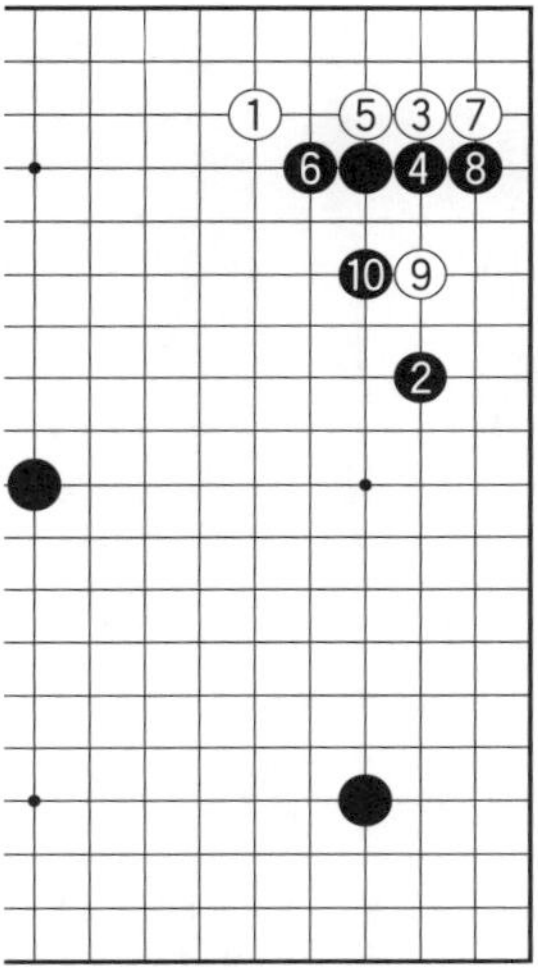

１図

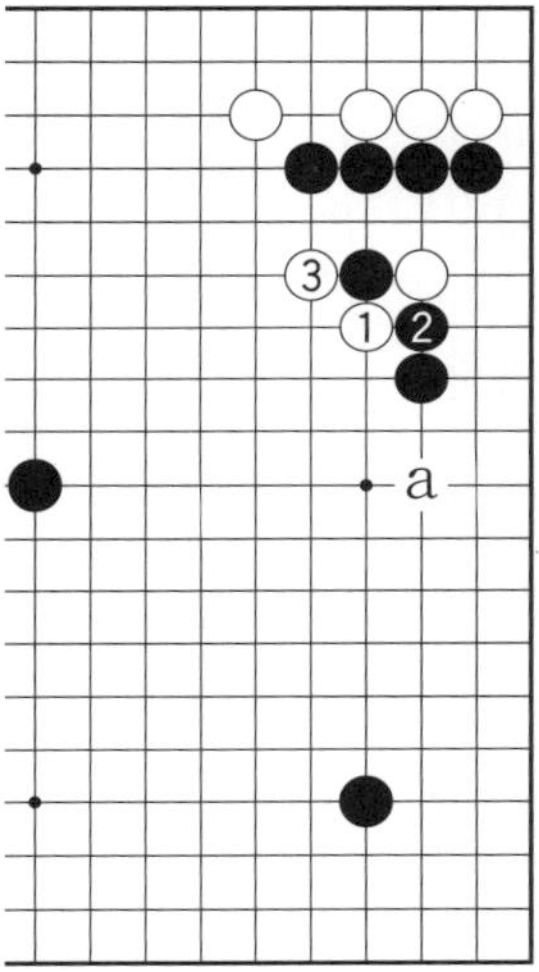

２図

最後に黒１のオサエです。白２で一段落、簡潔ですね。なお、△にはまだ活力があります。

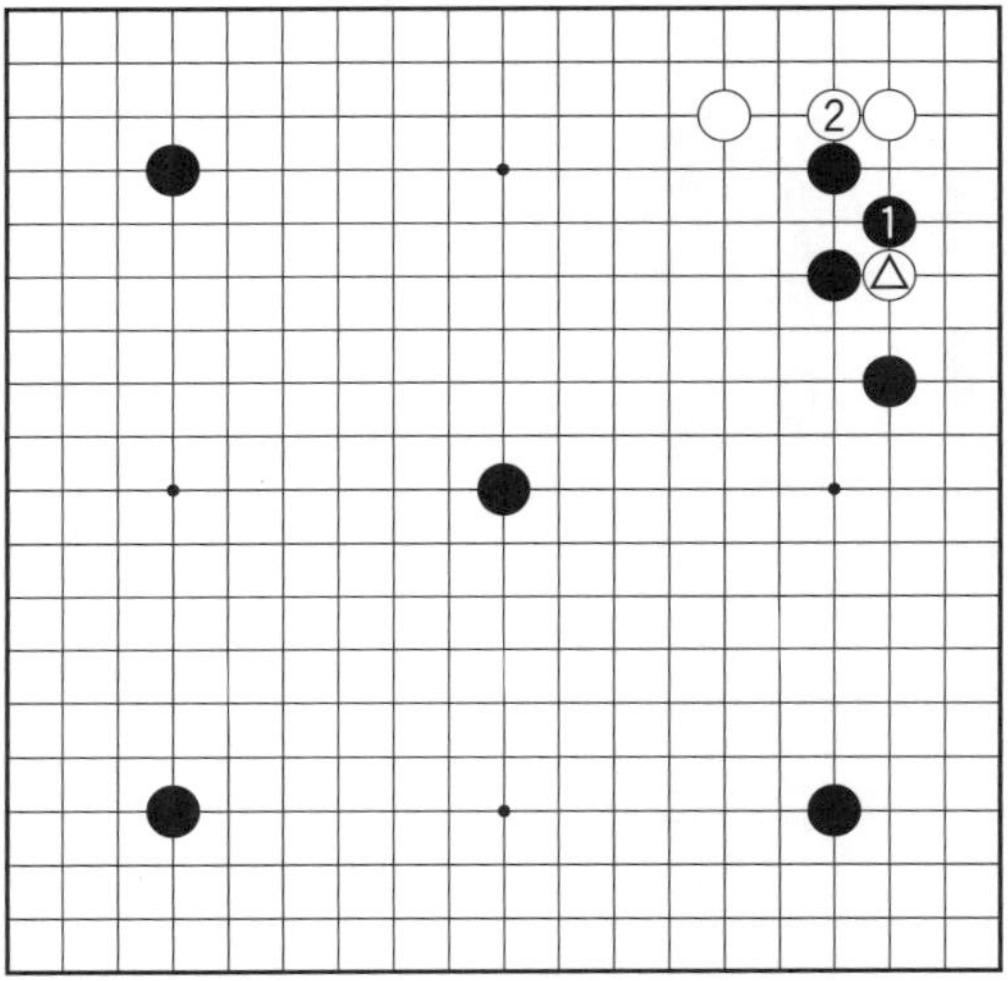

黒の応手ｃ

時機を見て、**１図**の白1から動き出すことが可能です。

２図、白13までの狙いが残っています。

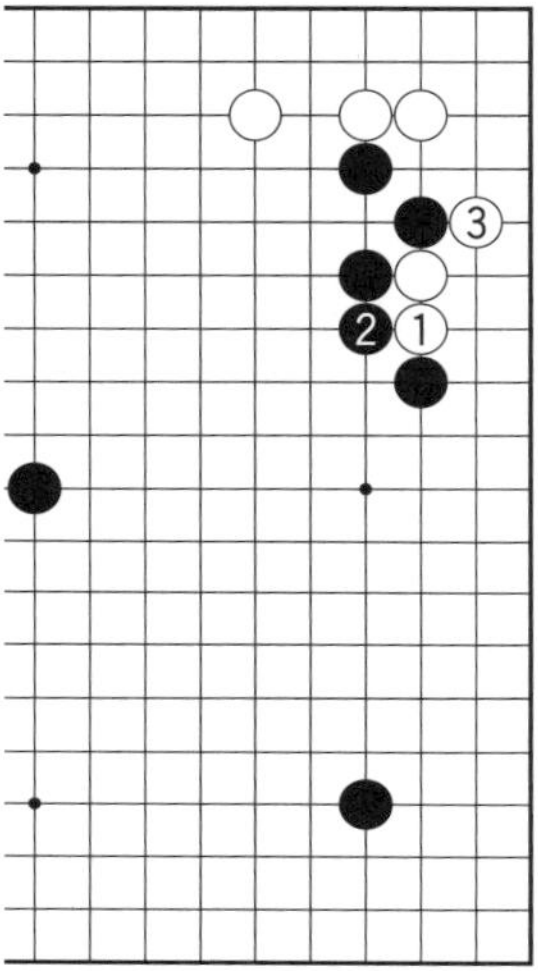
１図

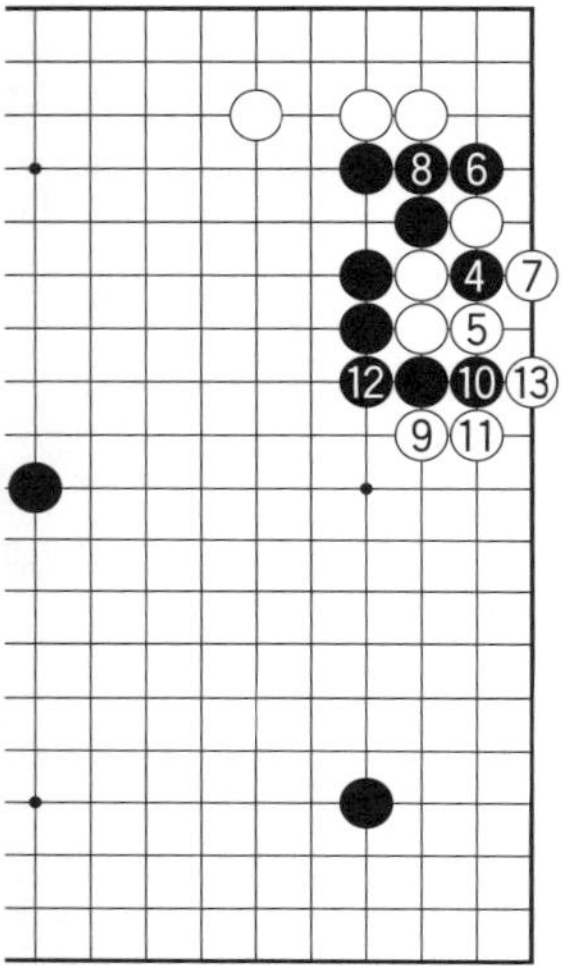
２図

二間高バサミの場合にも白3と両ガカリします。やはりaが残ります。

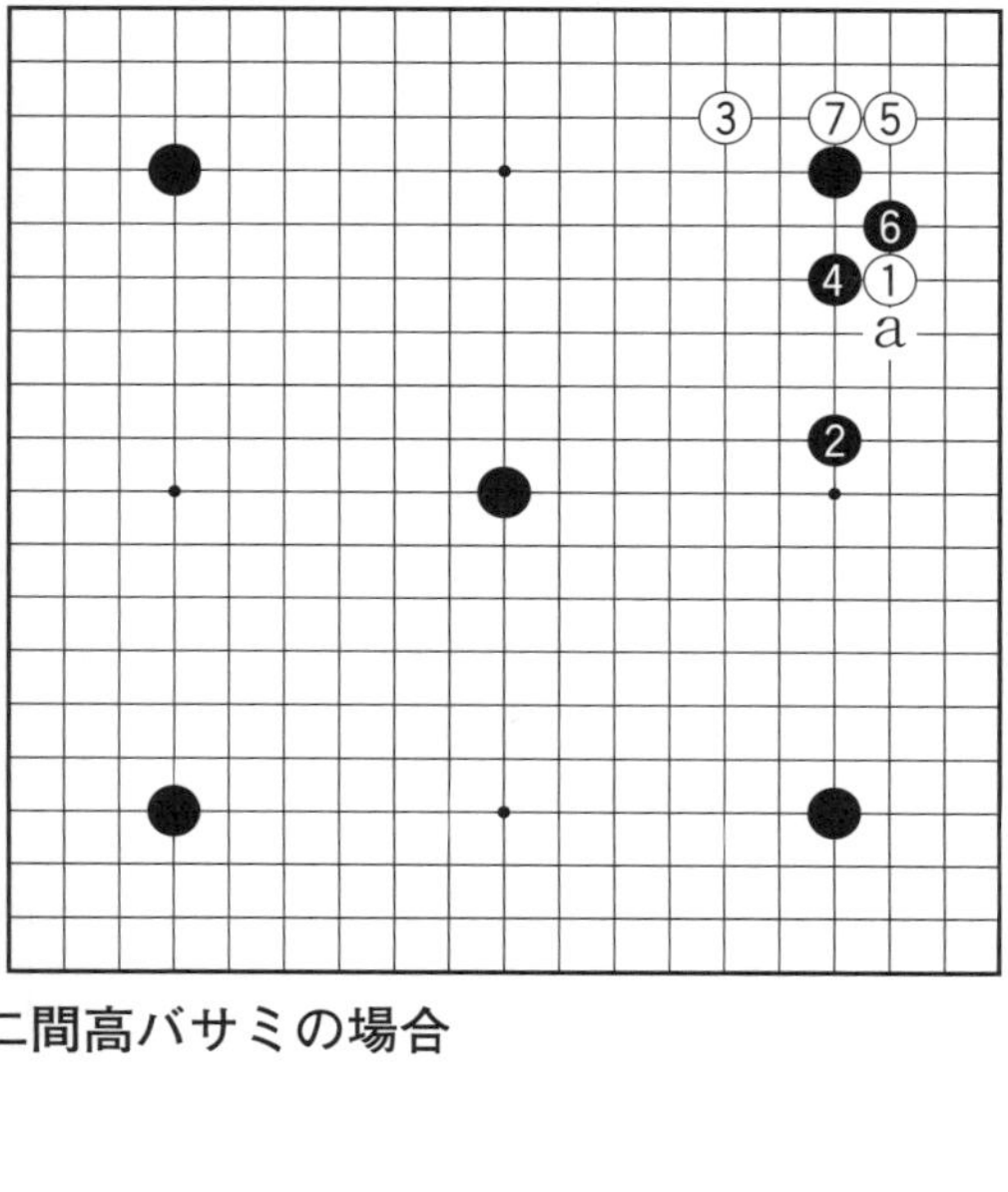
二間高バサミの場合

１図、続いて黒8と取るのは立派な一手ですが、白も先手なのでまあまあです。
局面が治まってしまうのを嫌えば、**２図**の白1から7まで競っていきます。なお、この白7が肝要です。

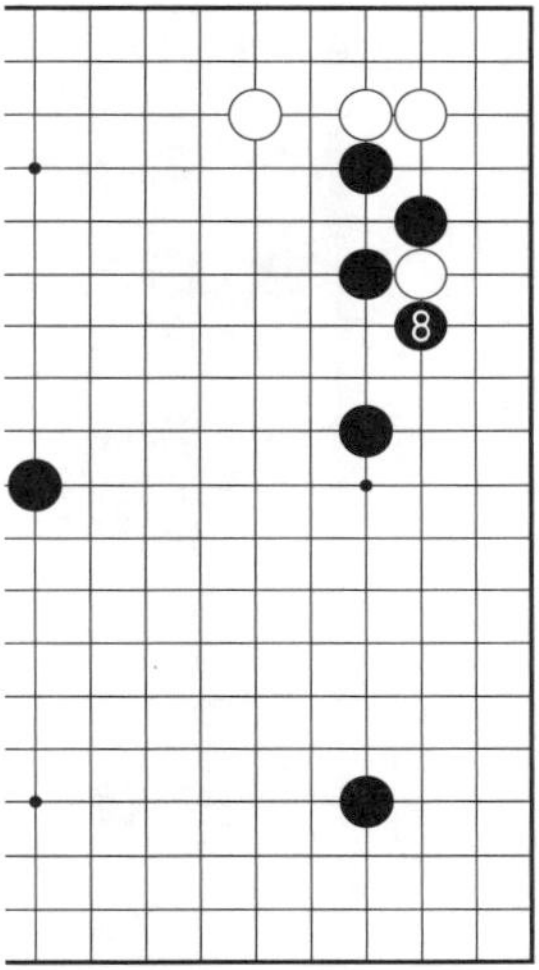

１図

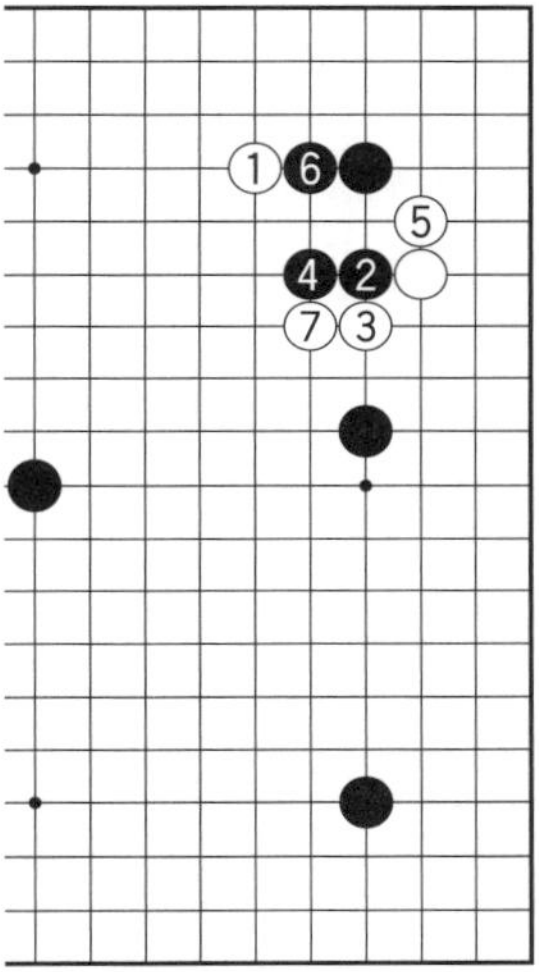

２図

普通は**３図**の白1と打つ所ですが、黒2で外が止まると黒が厚くなり白は面白くありません。
４図、2図の続きで黒1は根拠の急所ですが、白2、4から6と動き回ります。黒7と隅を生きるのは少し消極的。白は8と戦線拡大します。

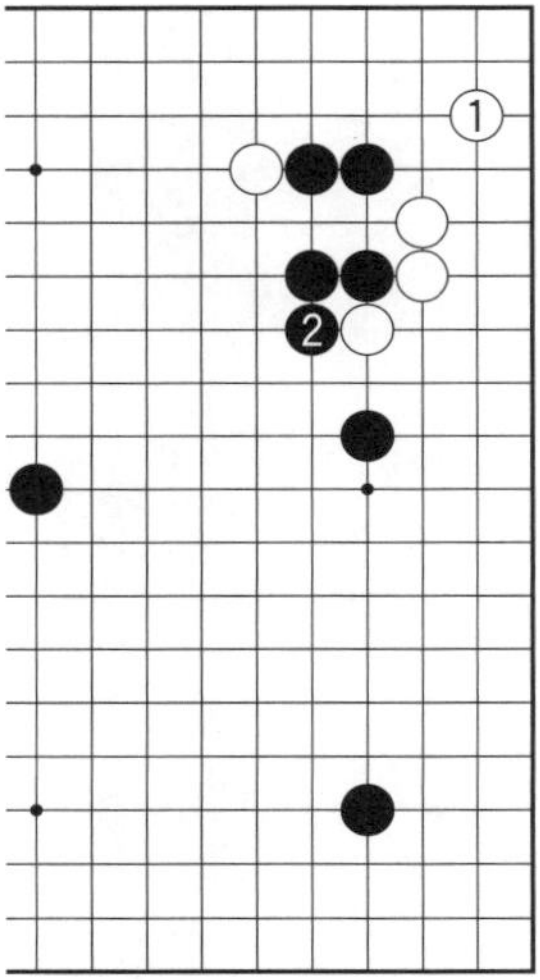

３図

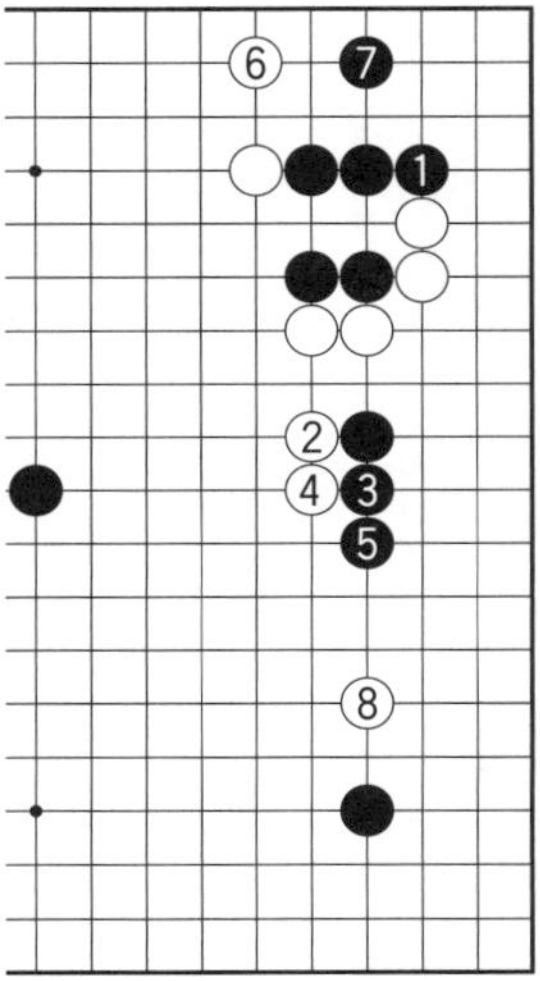

４図

この進行は私（山本）の4子局実戦譜です。ここまで黒に全く悪手はありません。ですから今のところ白は苦戦ですが、とにかく足を止めずに動き回るのがした手打ちのコツです。お相手はその内に目が回ってこられます。

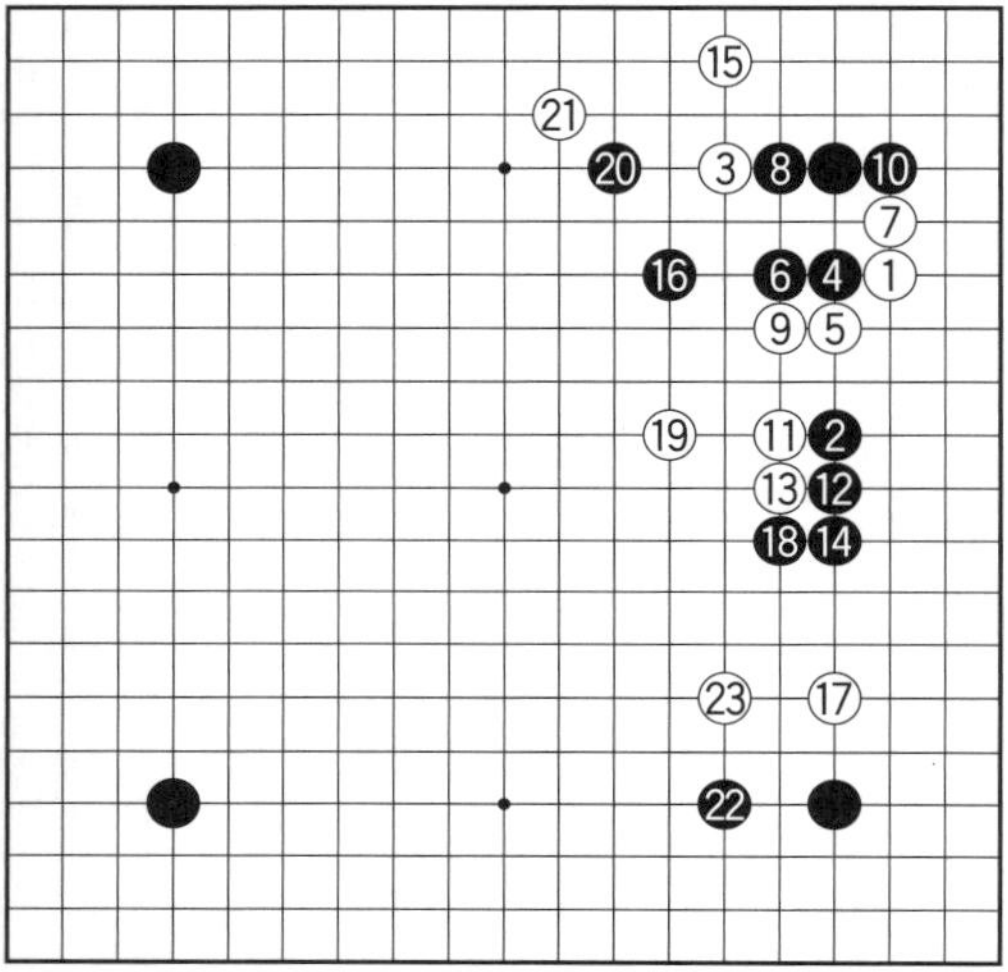

5図

次は星のハサミです。白3の両ガカリには黒4のコスミが中々有力です。白5の三々には手を抜いて黒6、8とどんどん大場に先行するのが良いでしょう。

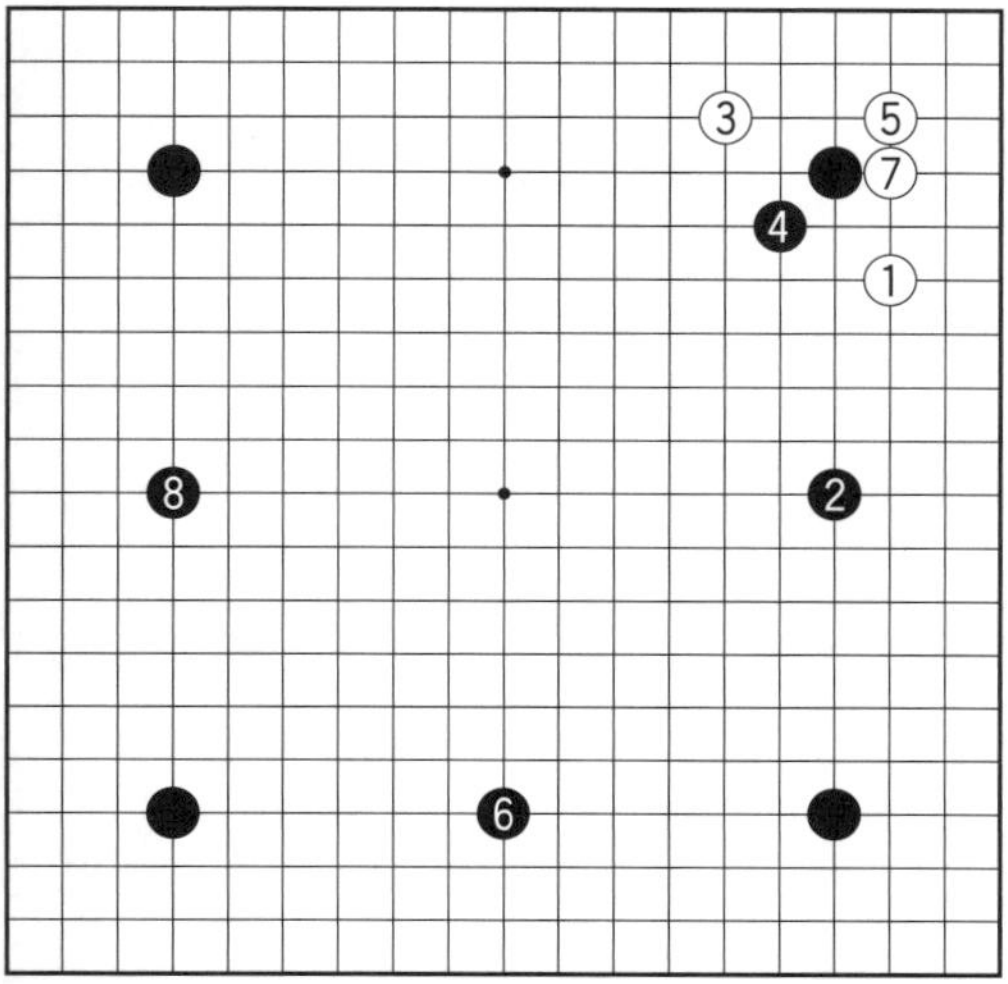

星のハサミ

この構えは好形です。攻略するのには中々骨が折れます。

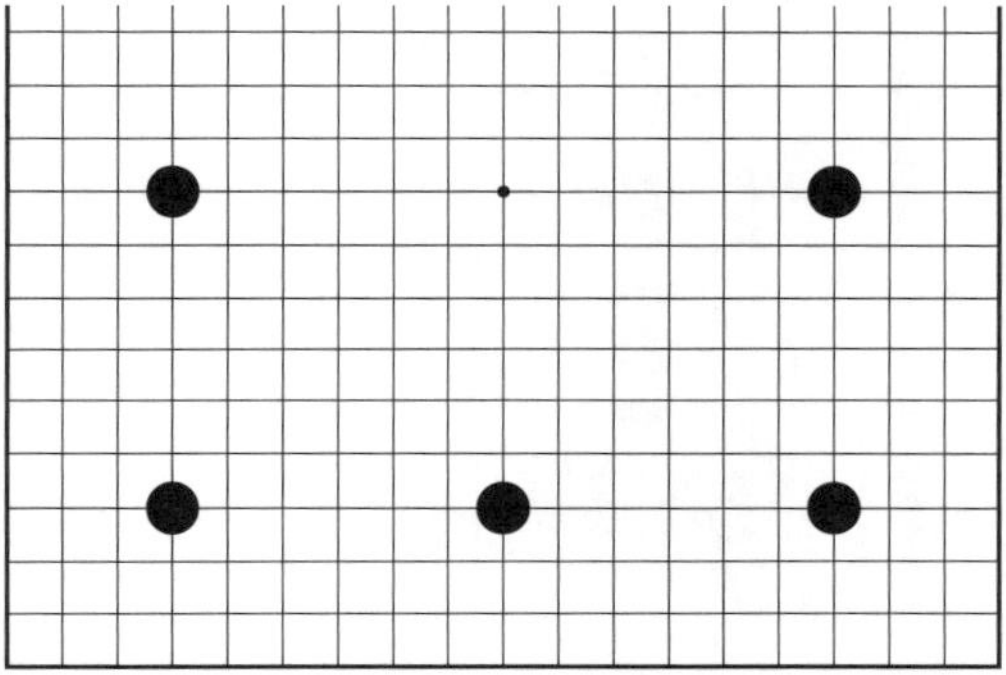

1図

白1の高い両ガカリがお薦めです。二間高バサミの時と違い、黒8に白9とノビることが出来ます。

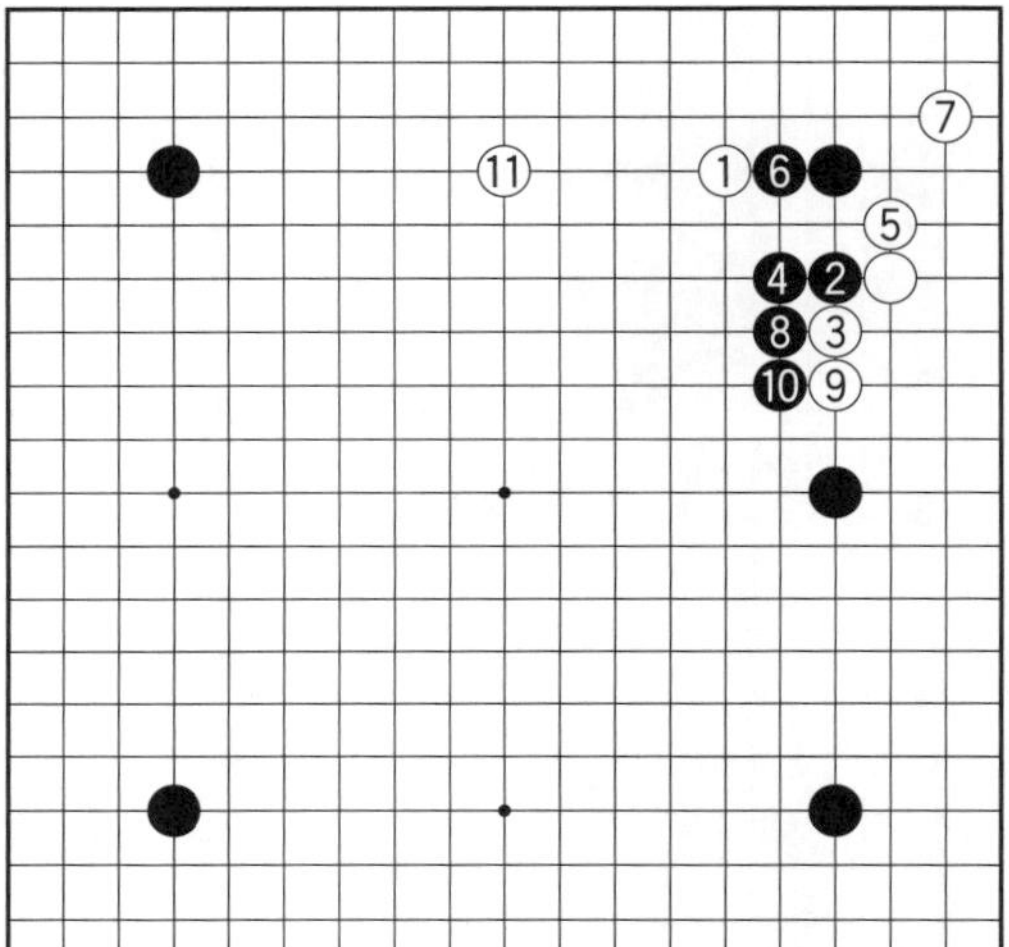

2図

この形は**3図**の黒1が好手とされています。白2と受けるのは、黒3で白まず過ぎます。何故なら…

4図、後に黒1から3があり、隅の白地が命からがらです。

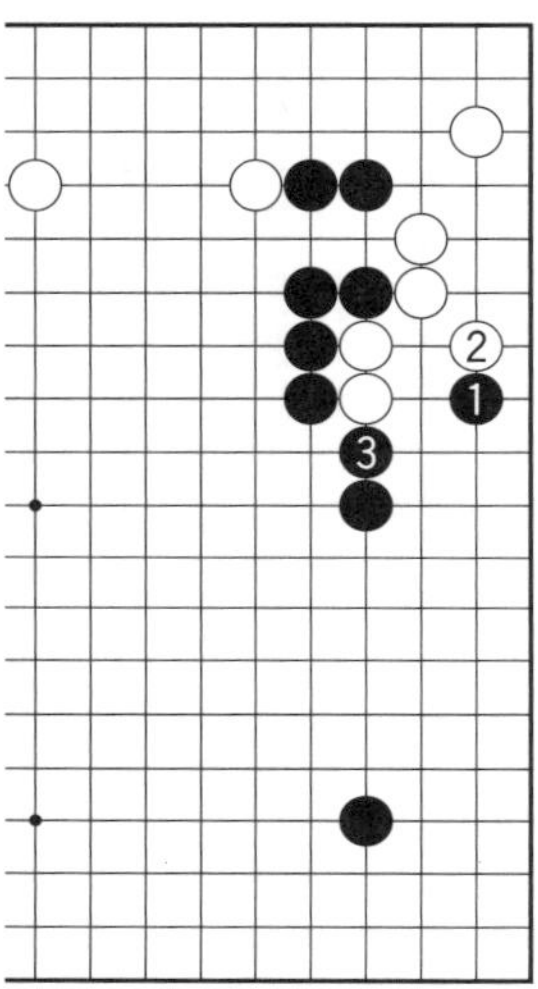

3図

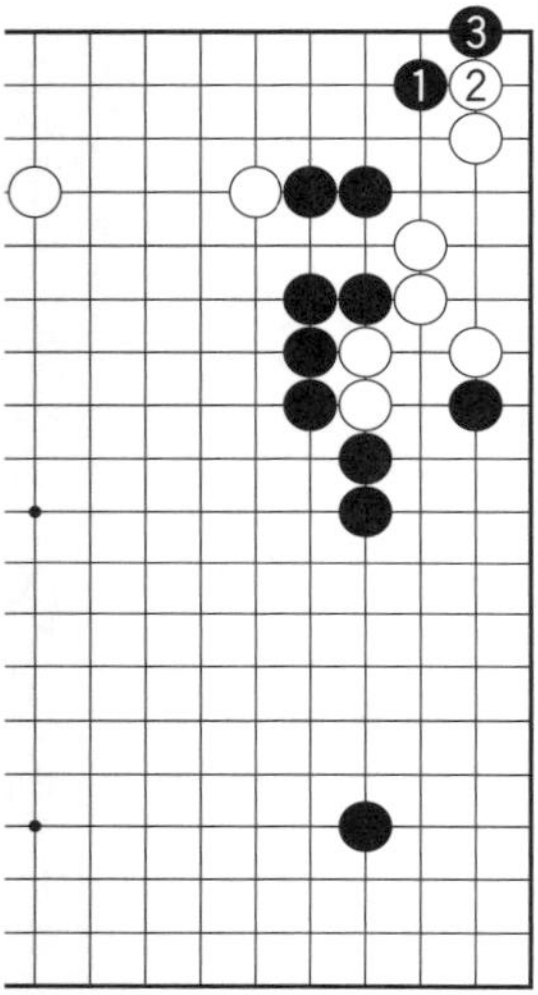

4図

5図、黒1に対しては、白2とありがたく頂きましょう。相手の手には基本的に反発することから考えましょう。

2図の白7で、**6図**の1から3の乱戦志向も有力です。お好みでどうぞ。

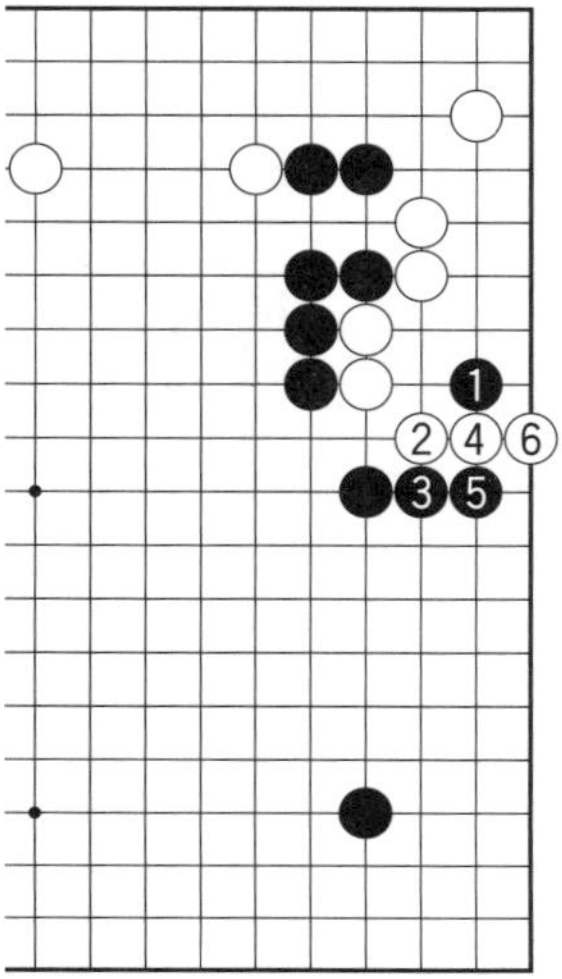

5図

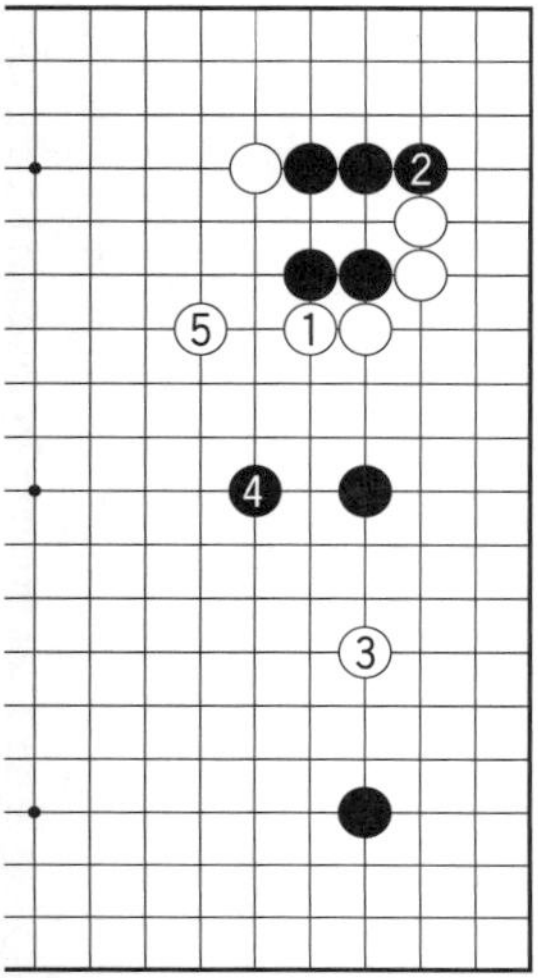

6図

【テーマ図３】山賢流「カカリから一間トビ」

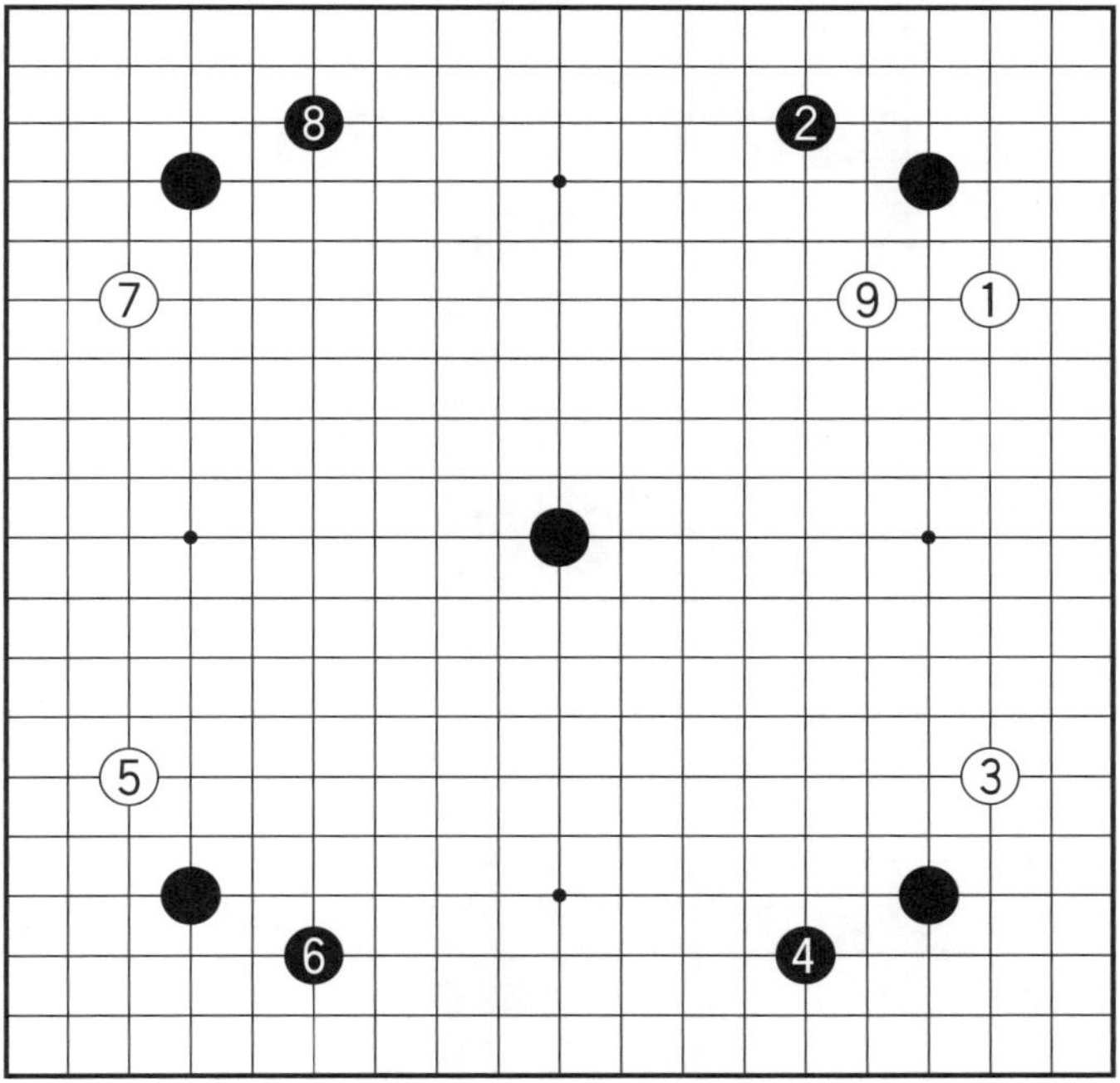

山型よりも中央への一間トビ白９が断然お薦めです。

黒1を誘っています。黒3も自然な手ですが、ここで白4が打ちたい手です。大きな戦いに引きずり込む作戦。こうなると、■の天元の石も急に不安になりませんか？

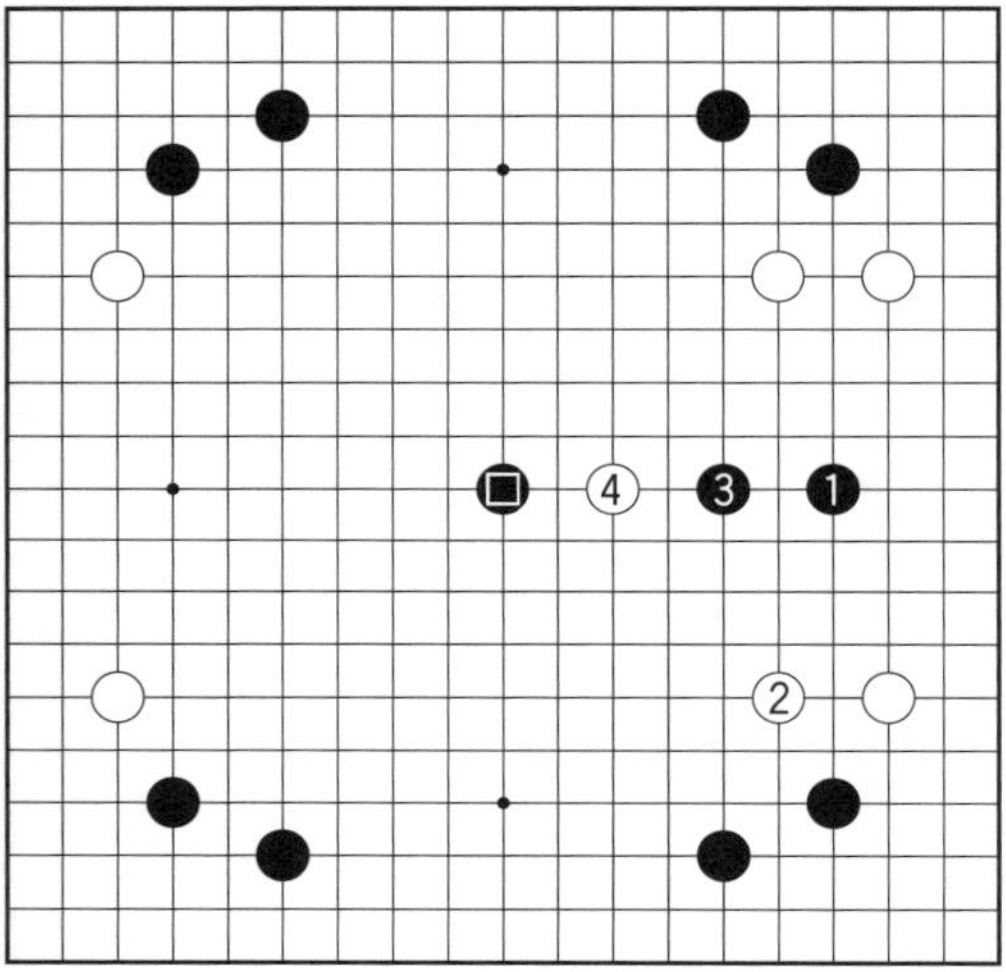

黒の応手1

隅に対しては白1の三々が狙いです。白9まで、ますは隅を白地化して、次に周りの黒に狙いを付けます。

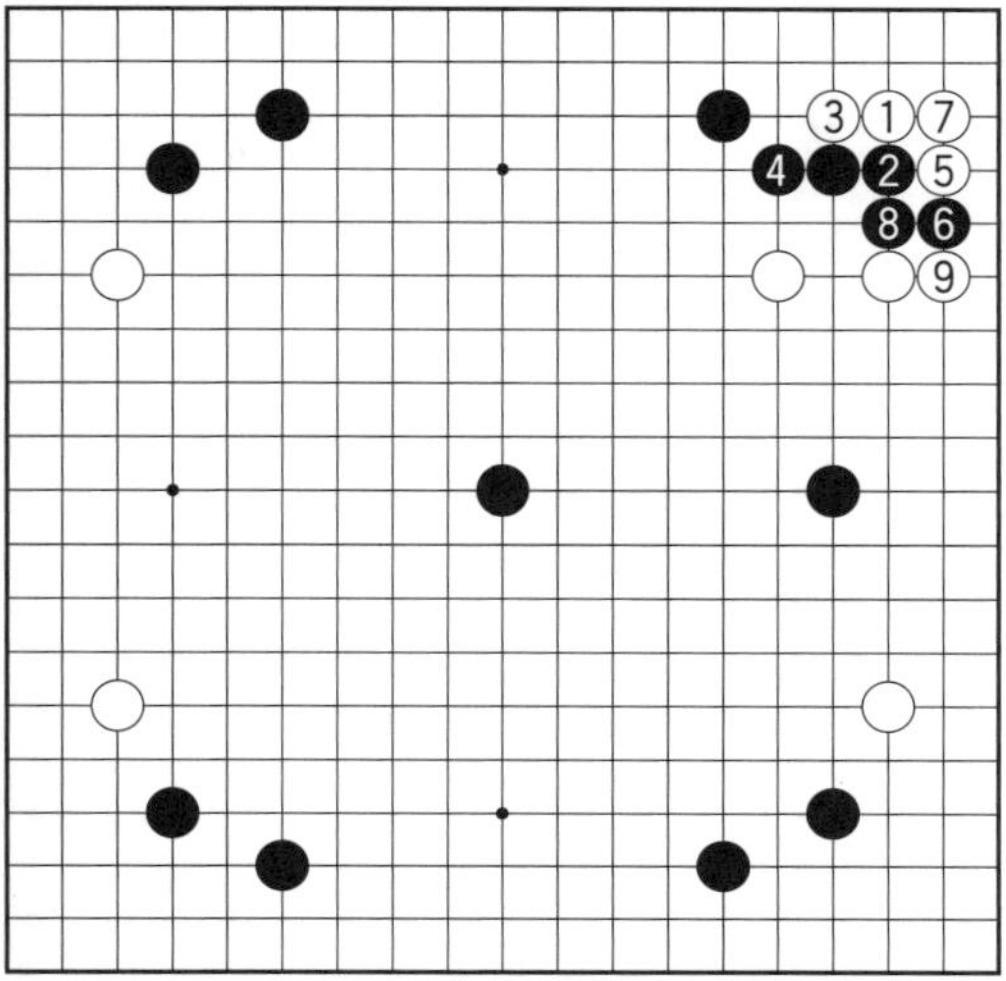

1図

続いて、黒1なら白2、4の要領です。

無理やりにでも挟撃体制に持ち込みます。続いて、黒5のコスミには白6とオサえます。aもあるので簡単には死にません。

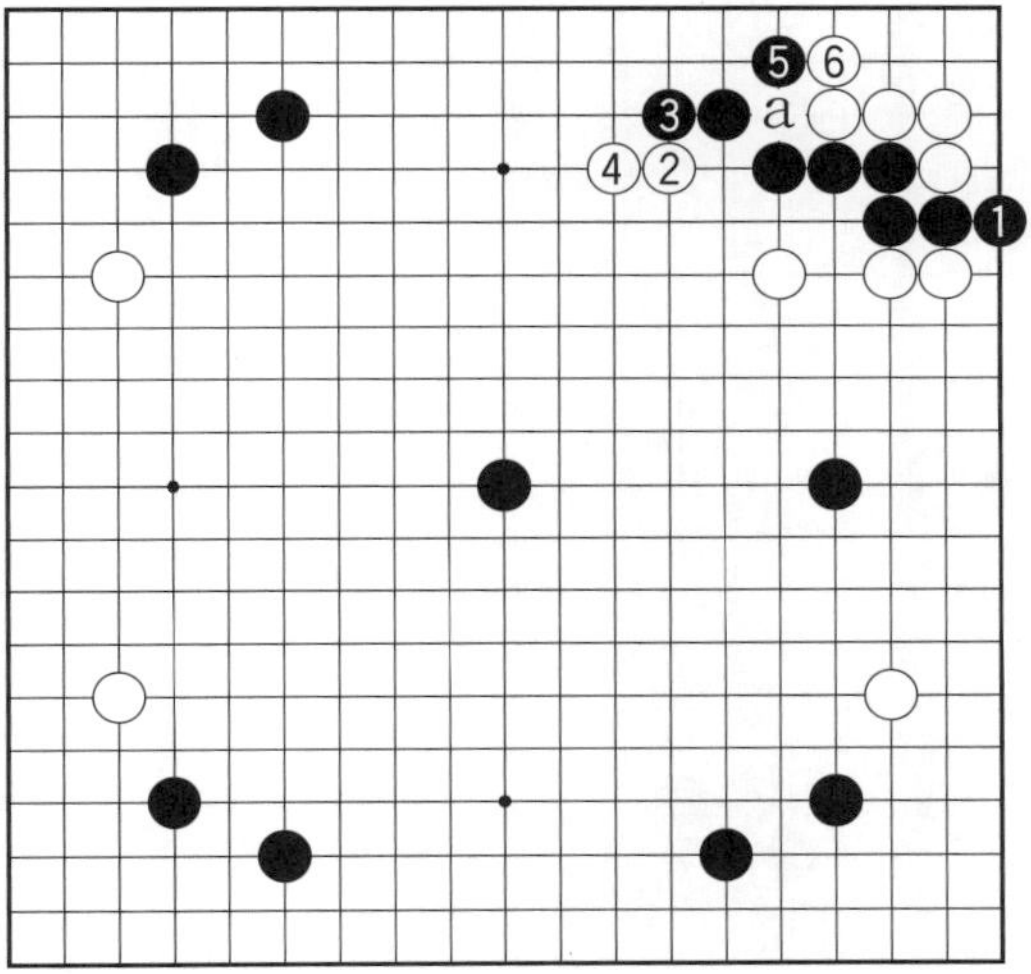

2図

黒1なら、一旦白2と受けておいて、■にプレッシャーを与えます。

この形はaが利きになり、隅の白が生きやすくなります。

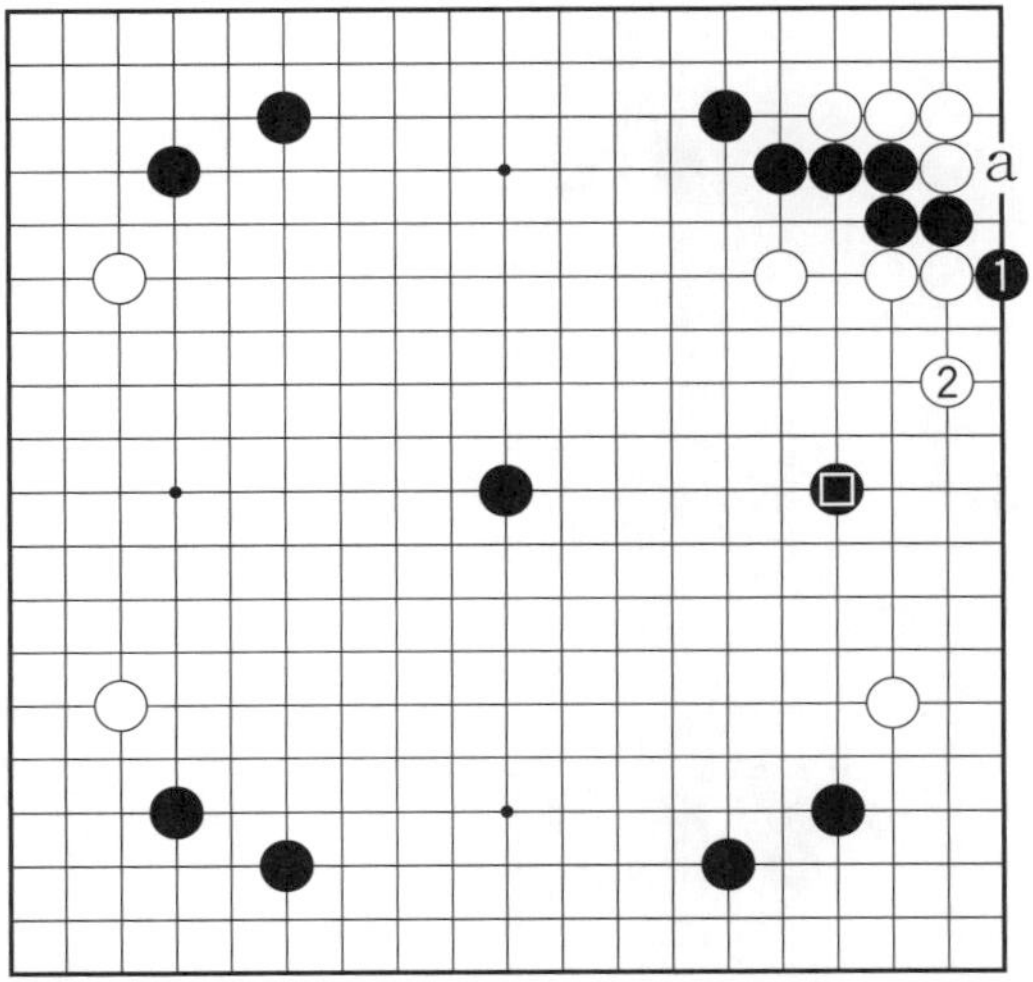

3図

黒1は冷静沈着な好手ですが、なおも白2と高圧します。黒の立場ならば、右辺の白模様がとてつもなく大きくなりそうでとても気になるでしょう。

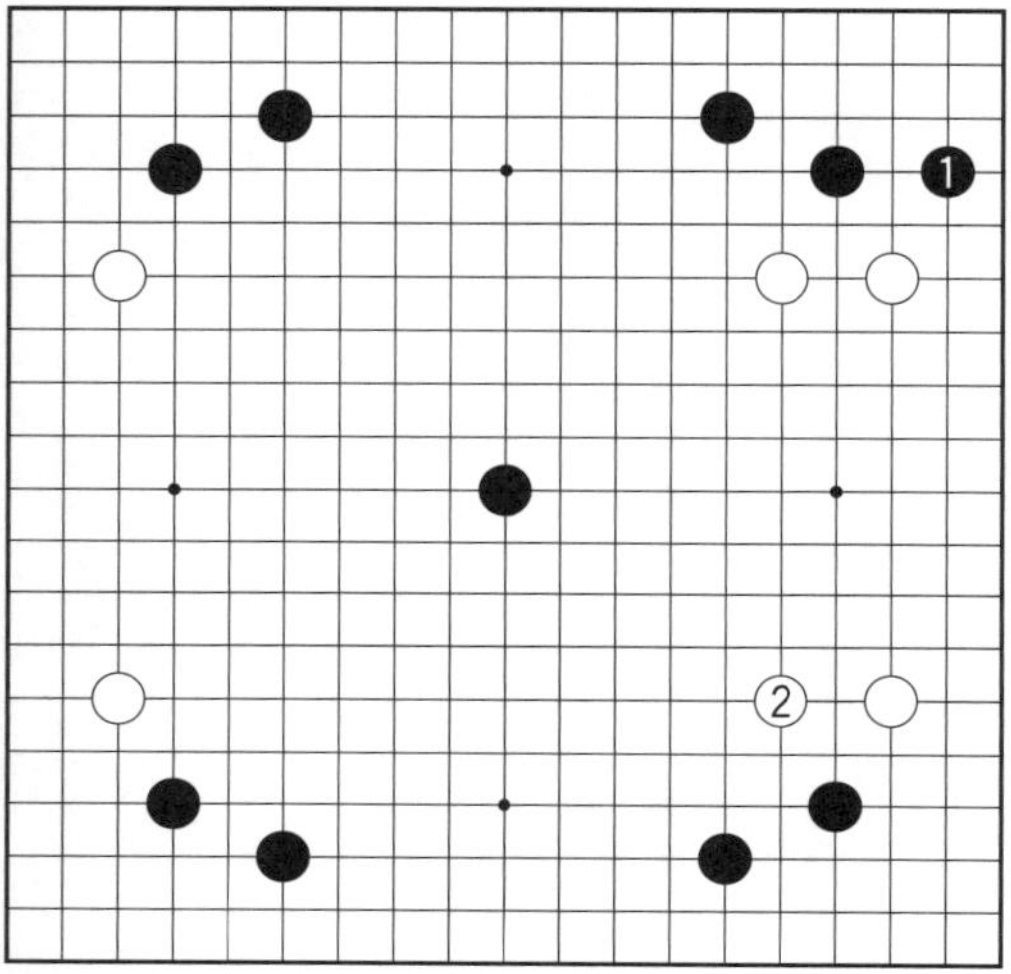

黒の応手２

黒1、3、5、7と徹底的に隅を固めました。堅実で侮れませんが、白8、10と大きく構えます。黒地は四隅確定ですが、これ以上は増えにくい形。白は辺と中央で勝負します。

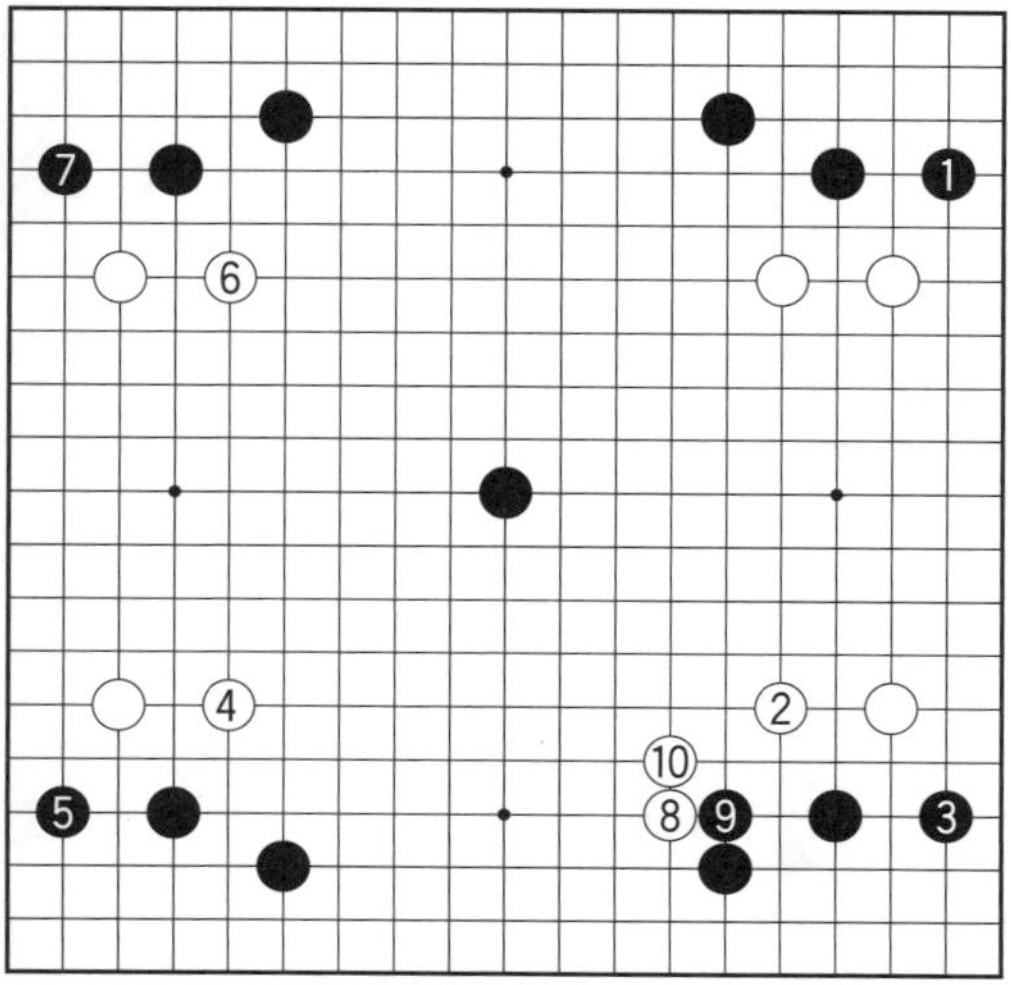

１図

そろそろ黒1などと入るタイミングでしょう。全く入らずに白の確定地になれば、黒は地合いで負けてしまう可能性があります。

白はここでどう攻めるかです。

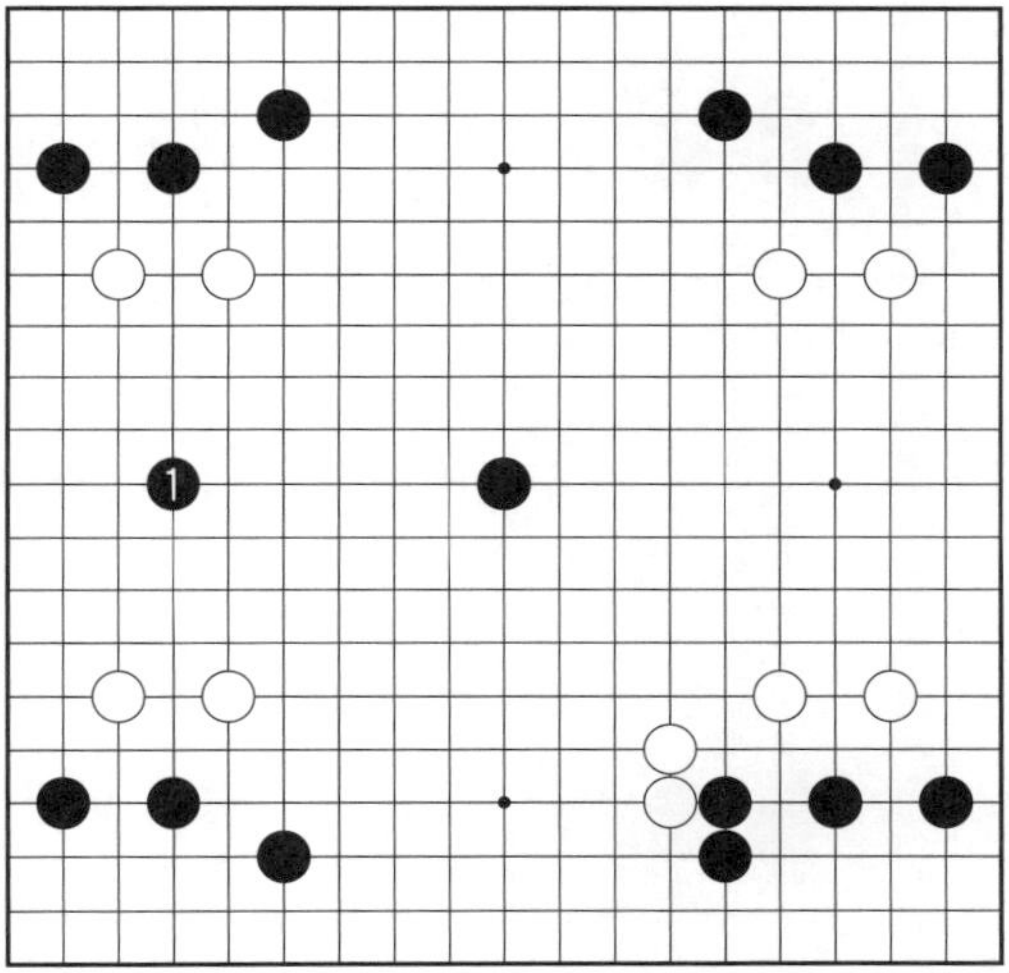

2図（黒の入り方1）

第一感は白1のボウシですね。黒2のツメも根拠を得る好手ですが、白3、5と利かしてから、白7、9と鷹揚に構えておきます。もちろん確定地は黒が多いですが、白は中央の模様で勝負する作戦です。

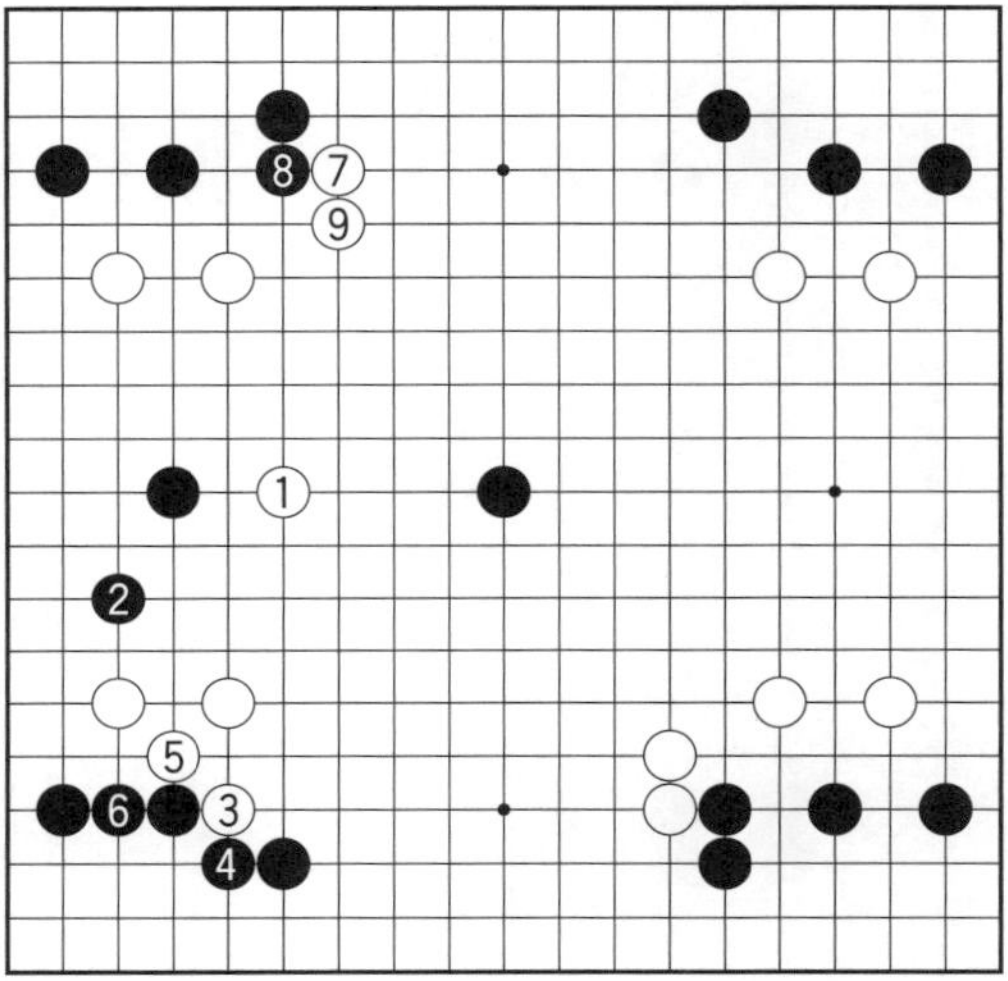

3図（第一感）

続いて、黒10と安定を図るくらいでしょうが、白11、13となおも高圧します。

何となく、■が孤立して心配でたまらなくなりませんか？

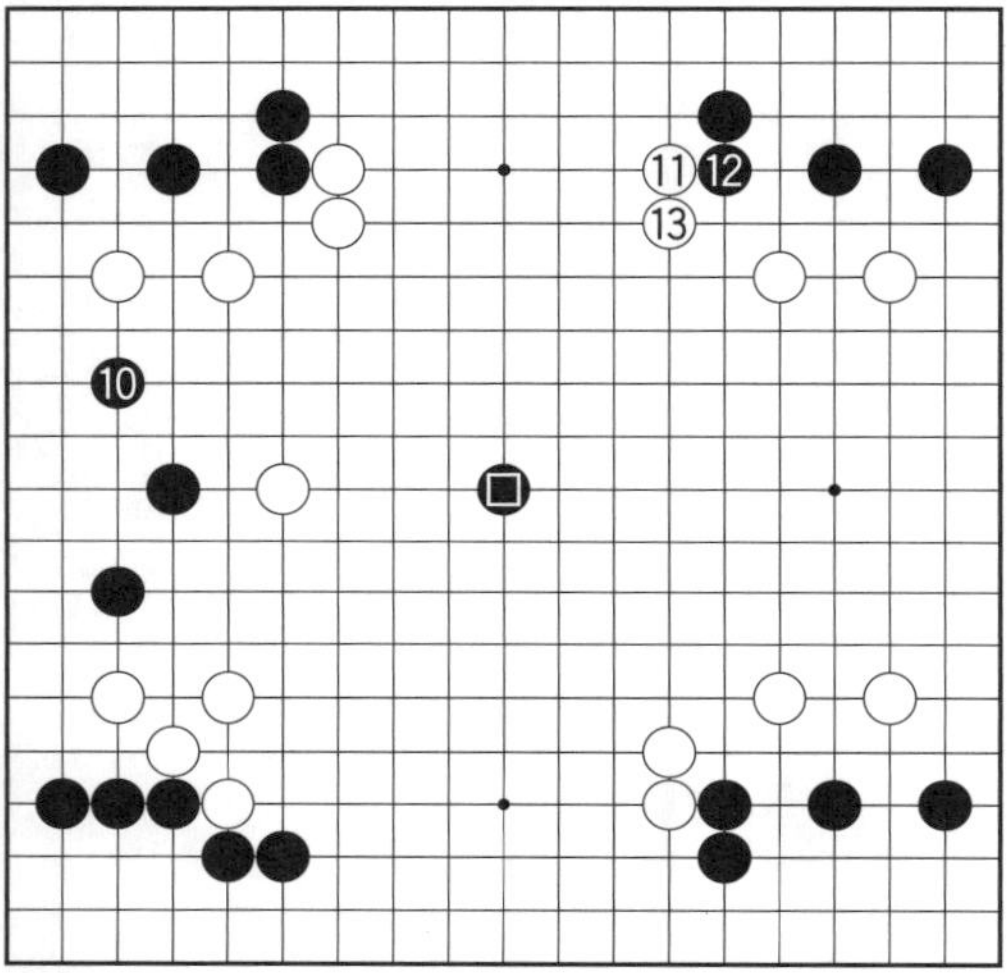

4図

3図の白7で、直接的な攻撃法は白1です。根拠を奪いに来られた黒はかなり動揺するでしょう。

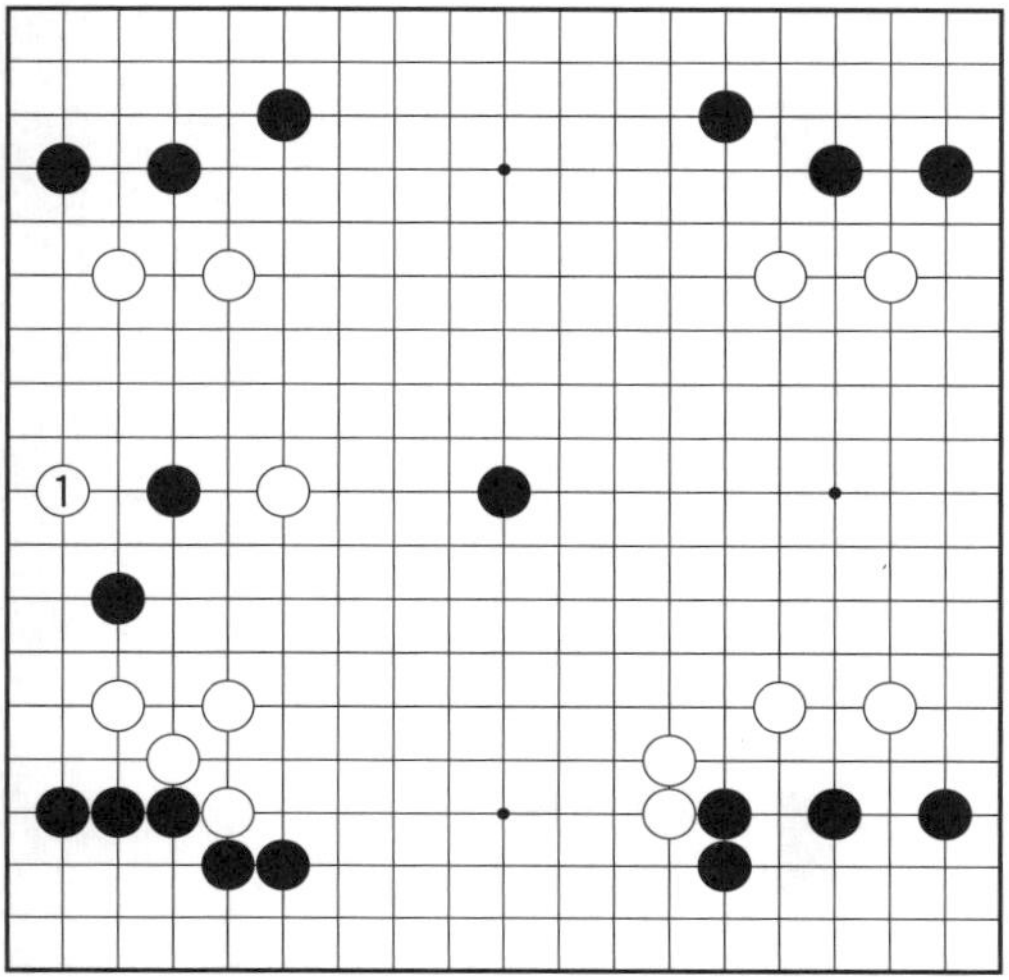

5図（おすすめ）

2図の局面で、白1がよりおすすめの手です。まずは黒に根拠を作らせないように意地悪をします。

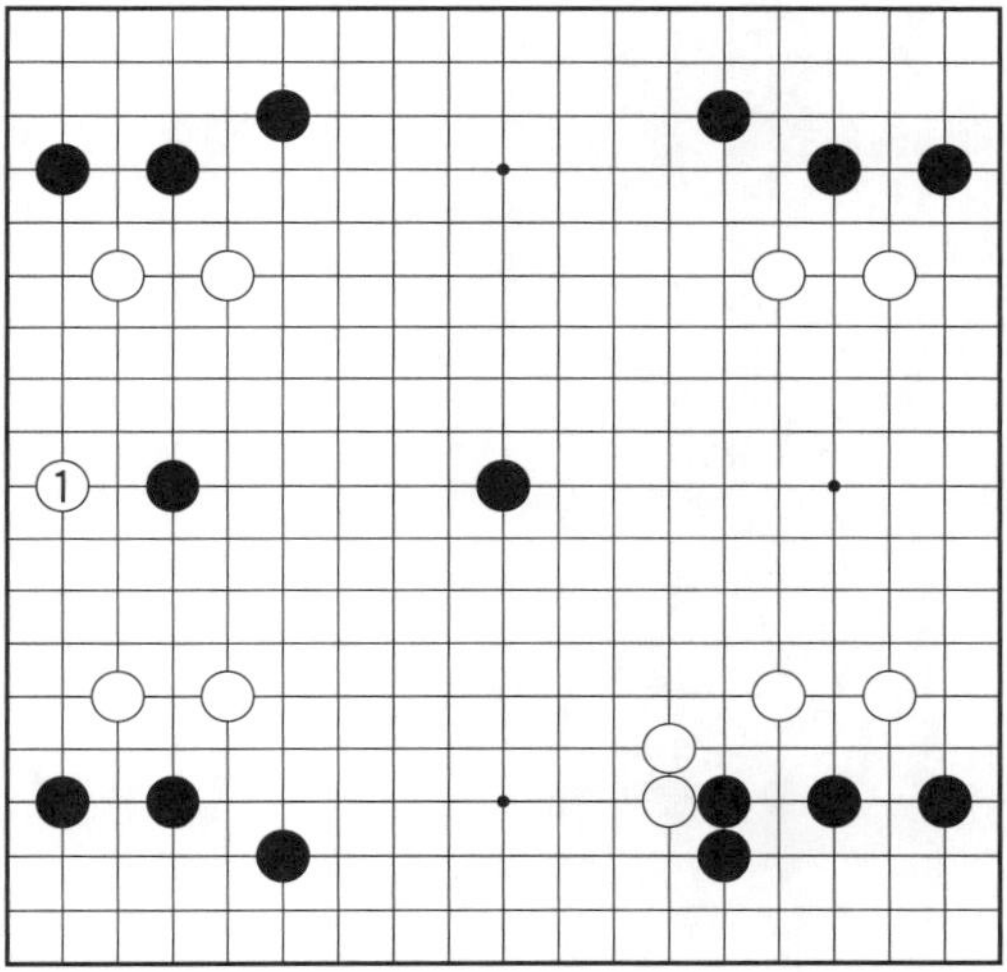

6図（超おすすめ）

素直な黒1には当然ながら白2ですね。これがいかにもピッタリの攻撃手で、にんまりしてしまいます。

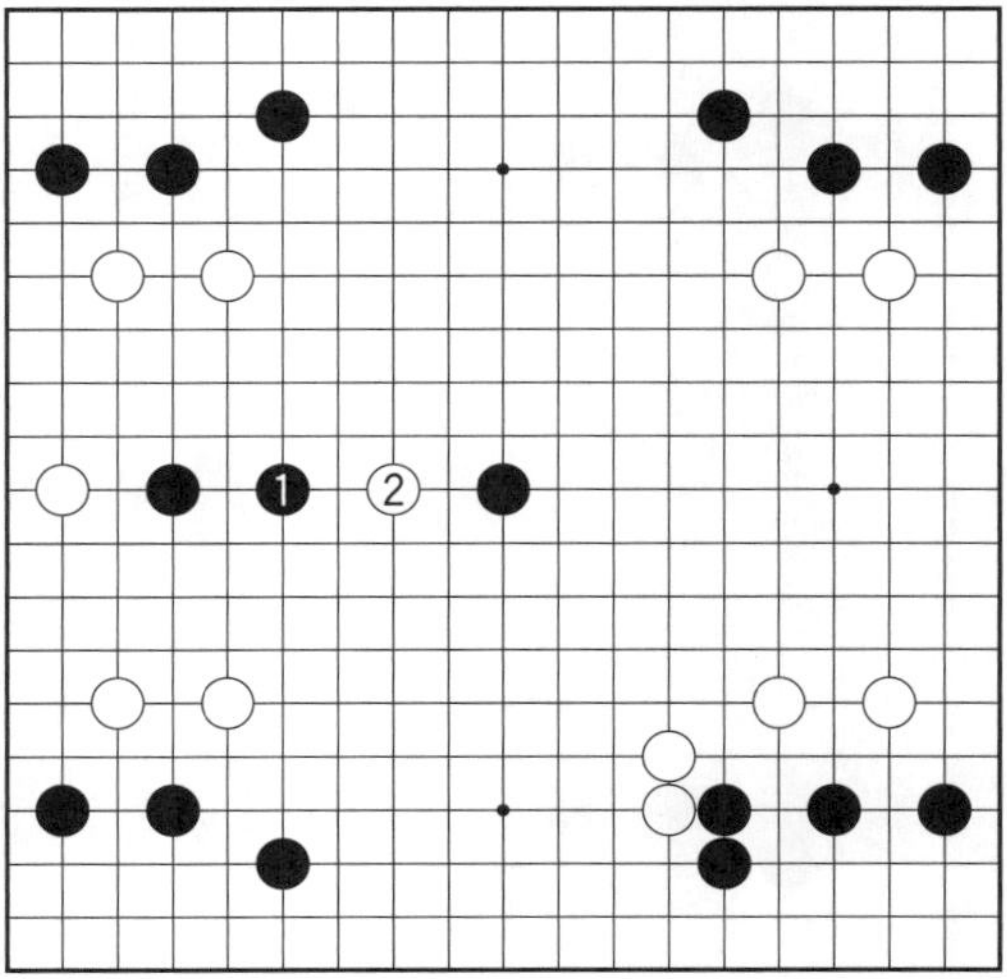

7図

黒1と天元の石に繋がろうとしても、当然ながら許しません。白2、4の強手が炸裂します。

黒aには白bで、シチョウに取られないことをご確認ください。

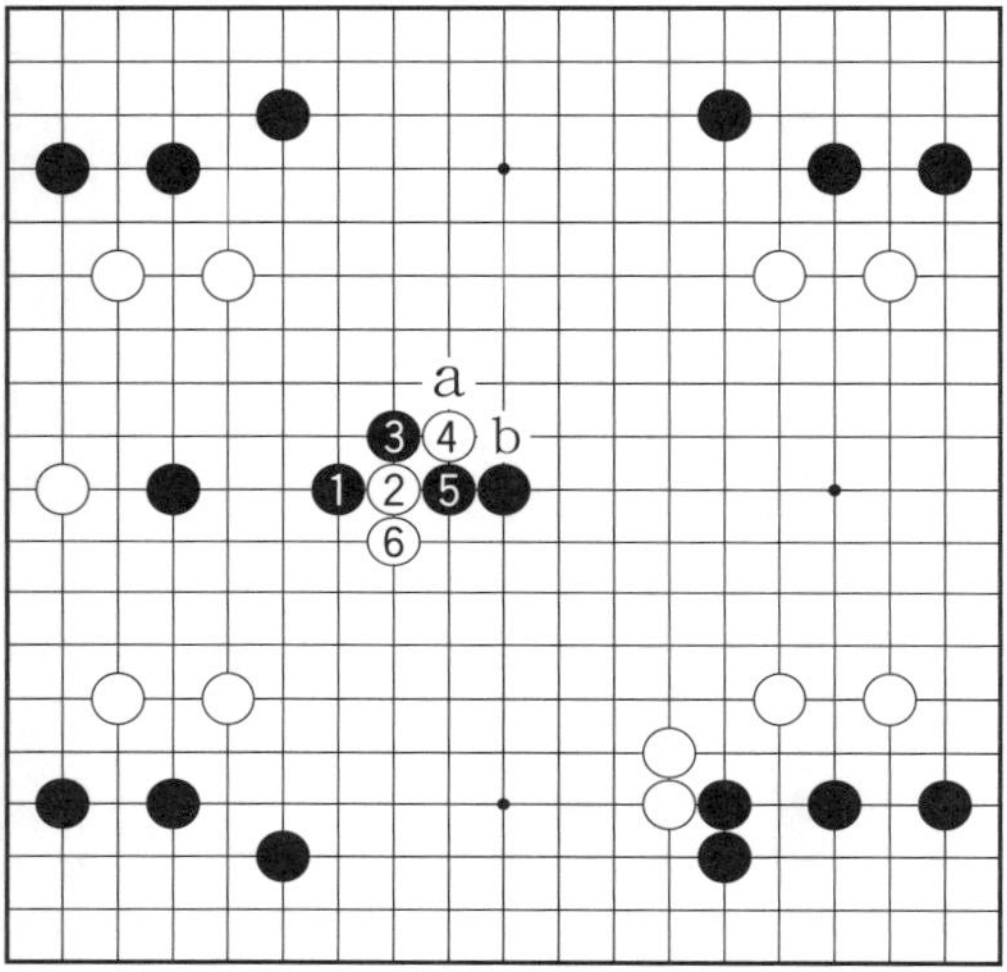

8図

かと言って、黒1と深入りすれば白2のボウシがより一層厳しくなります。白4、6から白8がいかにもピッタリです。

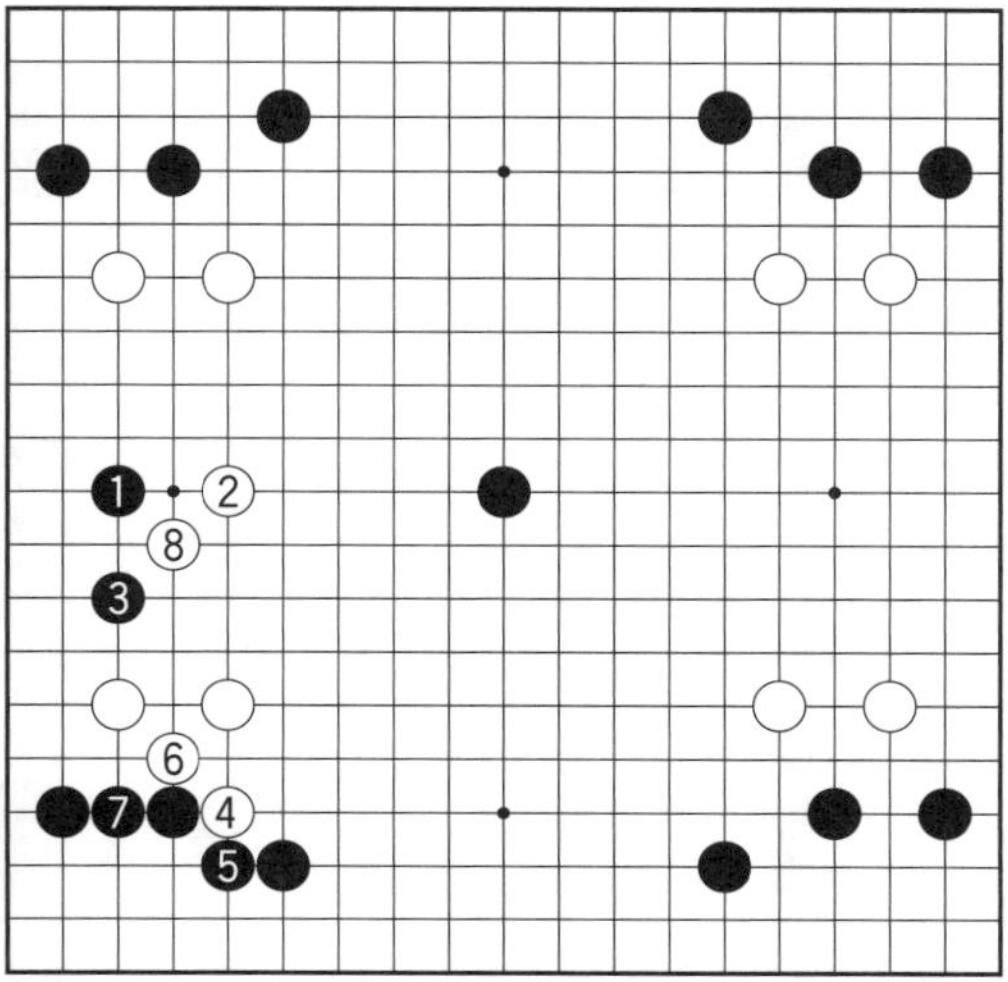

9図（黒の入り方2）

黒1と遠慮して高く消しに来た場合には、ありがたく白2と受けておきます。
黒1は、まだまだ不安定な石ですね。

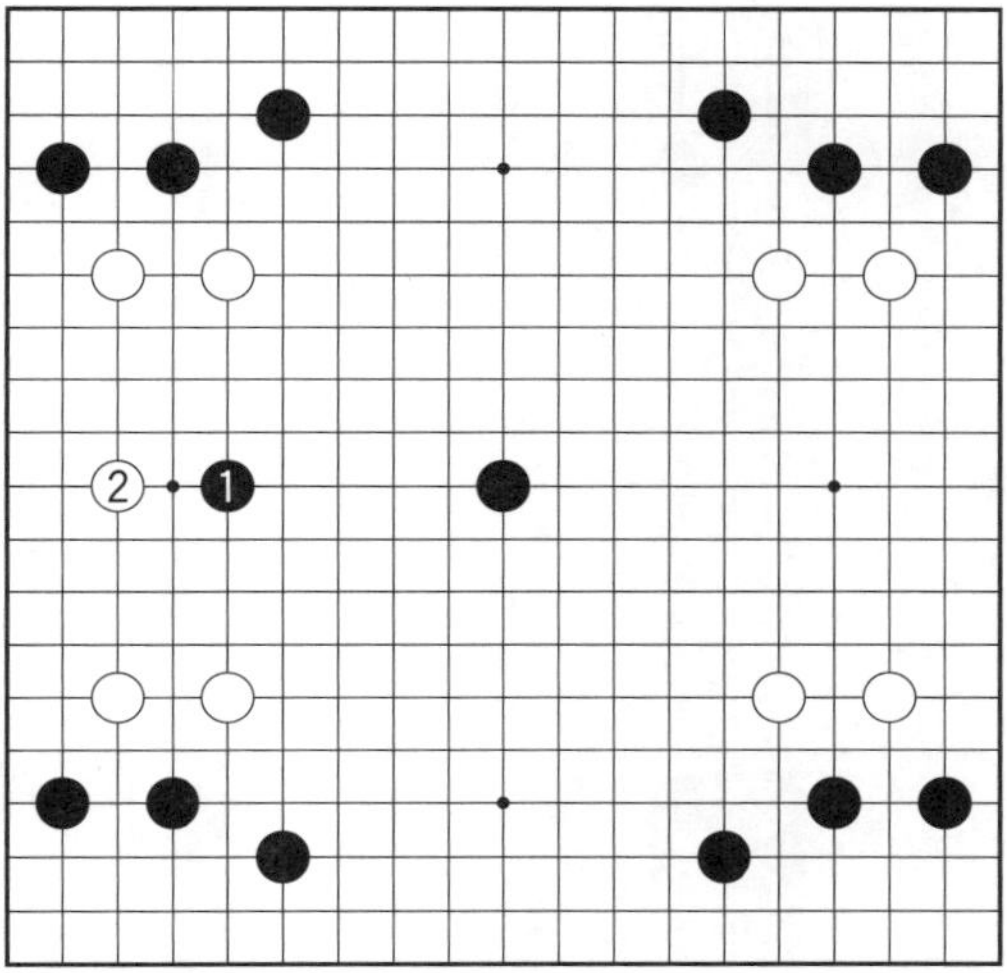

10図（黒の入り方3）

もちろん、白2と先制攻撃することも可能です。
お好みで好きな方をどうぞ。

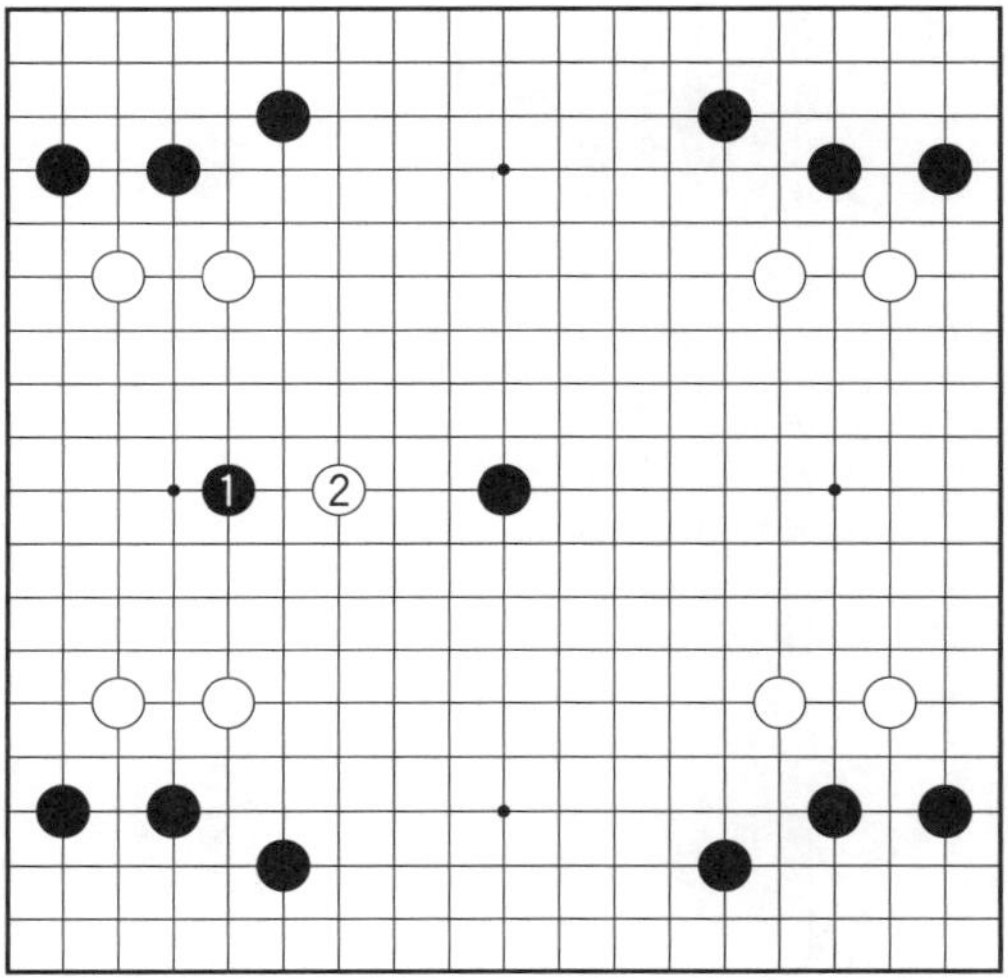

11図

使える知識として、隅も解説します。
隅のこの形は、白に手が回れば白1が良い手です。

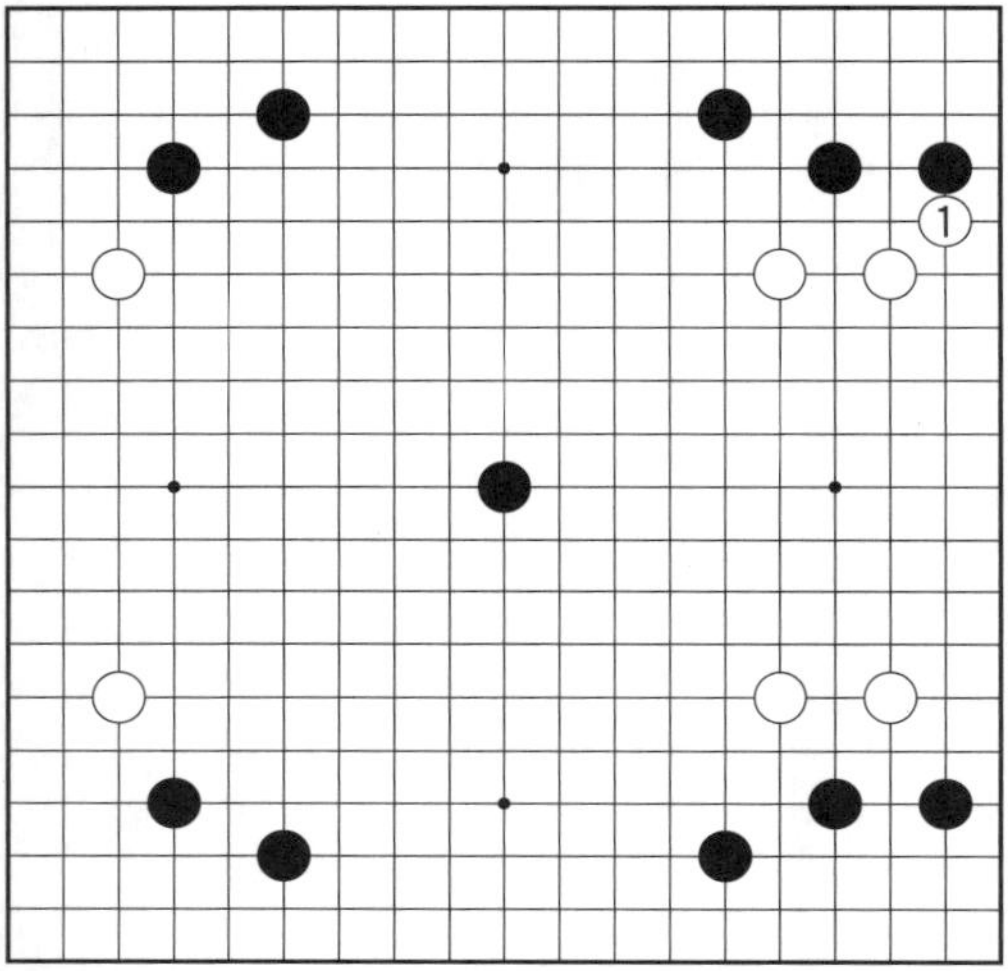

隅の形

1図、黒が手抜きすると、白1以下黒地が大きく減ります。

2図、黒1やaと受ければ部分的には無事ですが、白2、4で右辺が効率よく最大限に囲えました。最初に山型に囲わなくて大正解ですね。

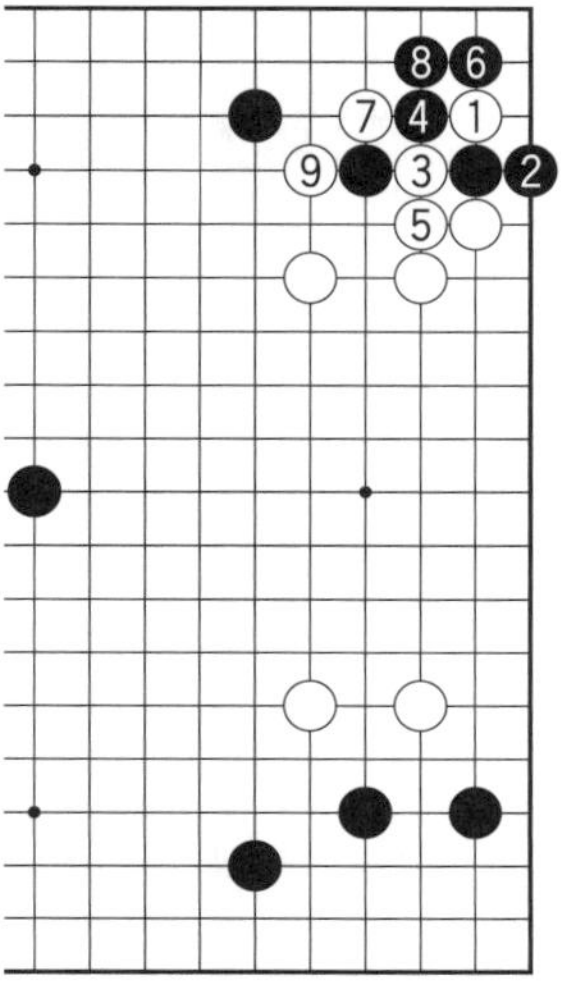

1図

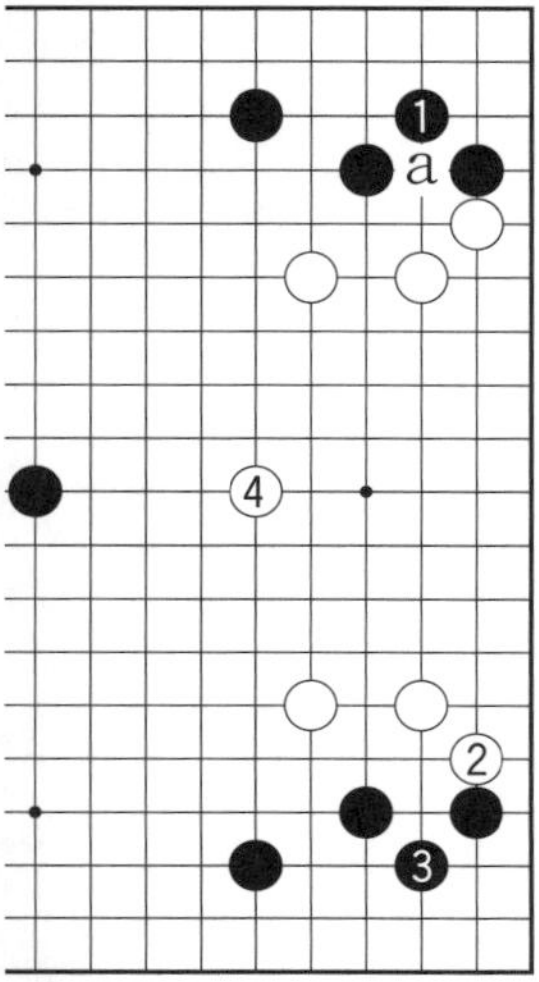

2図

３図の黒１には白２とツイでおきます。

４図、後に白１が痛烈に黒地をえぐる手段になります。

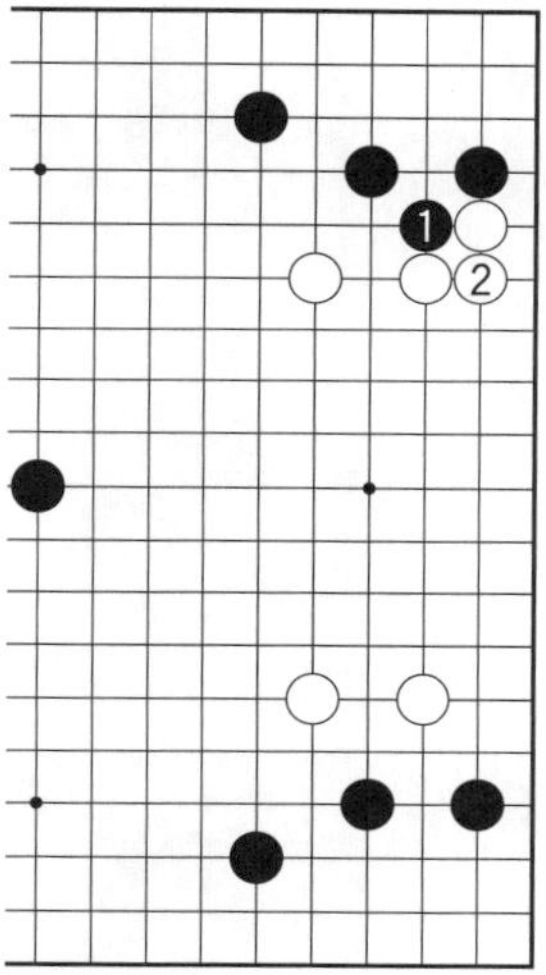

３図

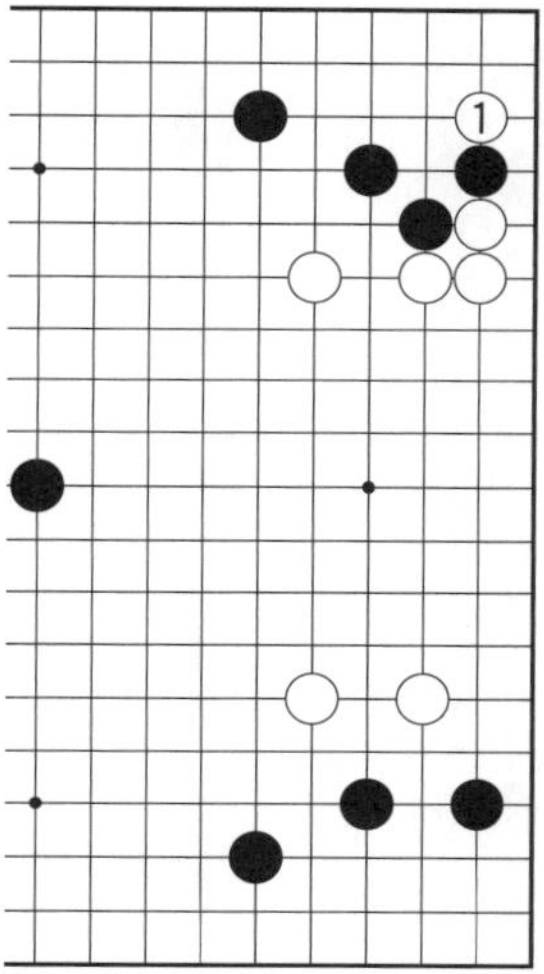

４図

５図の黒１から最強に頑張ると、白６、８の逆襲があります。

続けて、**６図**の黒１から一気に攻め合いです。

一見すると黒一手勝ちのようですが…

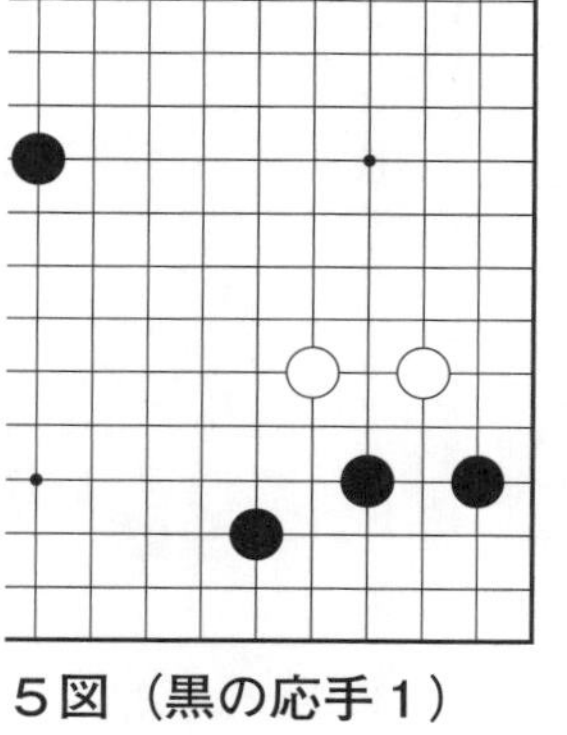

５図（黒の応手１）

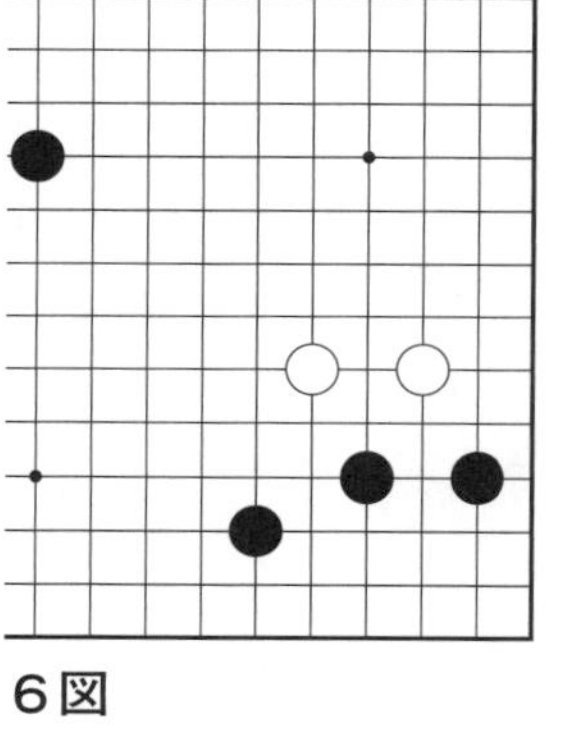

６図

7図、白8が妙手です。黒9は白10で簡単に取られます。

8図、とはいえ、黒9と緩めると、逆転で攻め合い白勝ち。

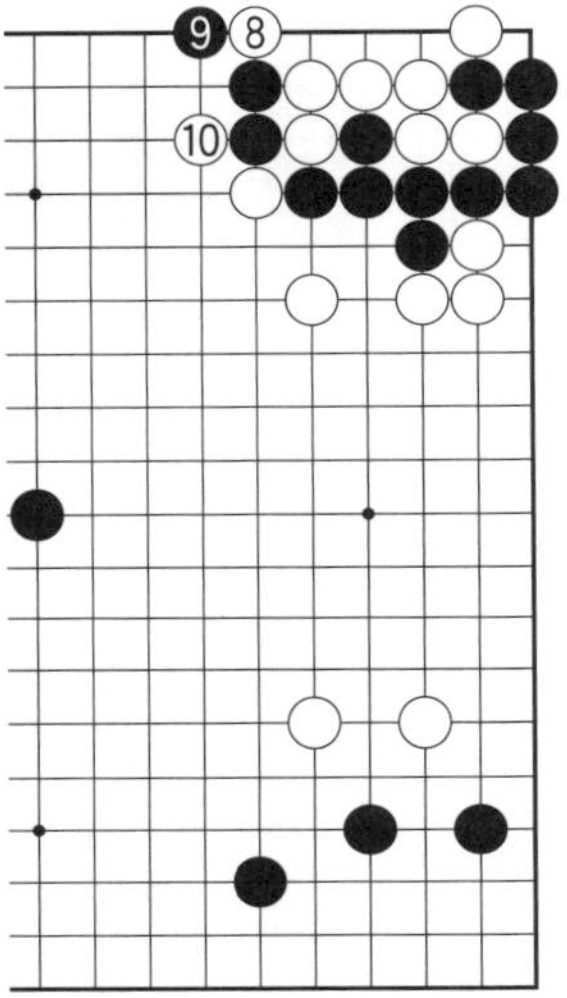

7図

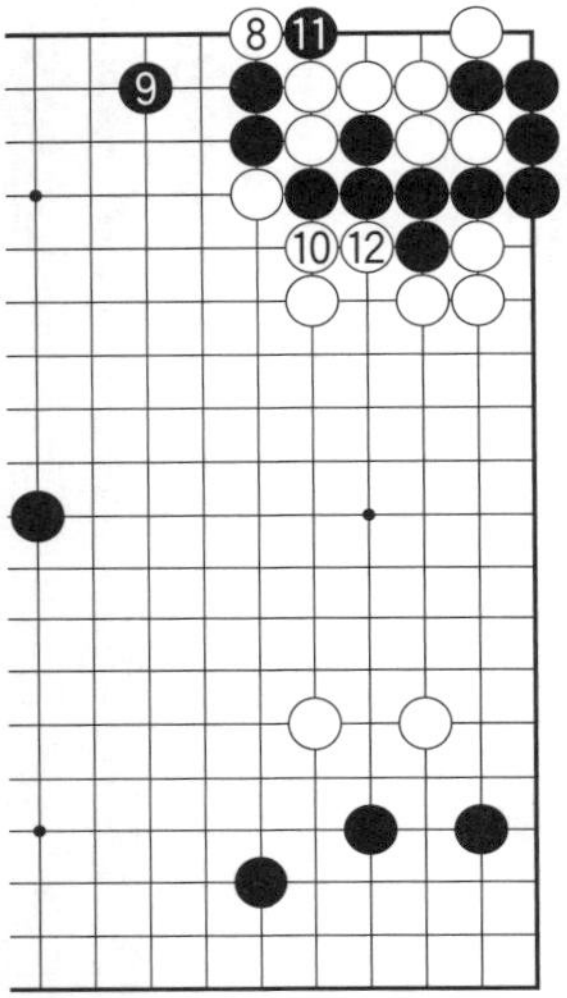

8図

9図の黒9、11が最善ですが…

10図、白12から18まで黒にとって命懸けの大変なコウになります。

置き碁では基本的にコウはうわ手が歓迎です。覚えておきましょう。

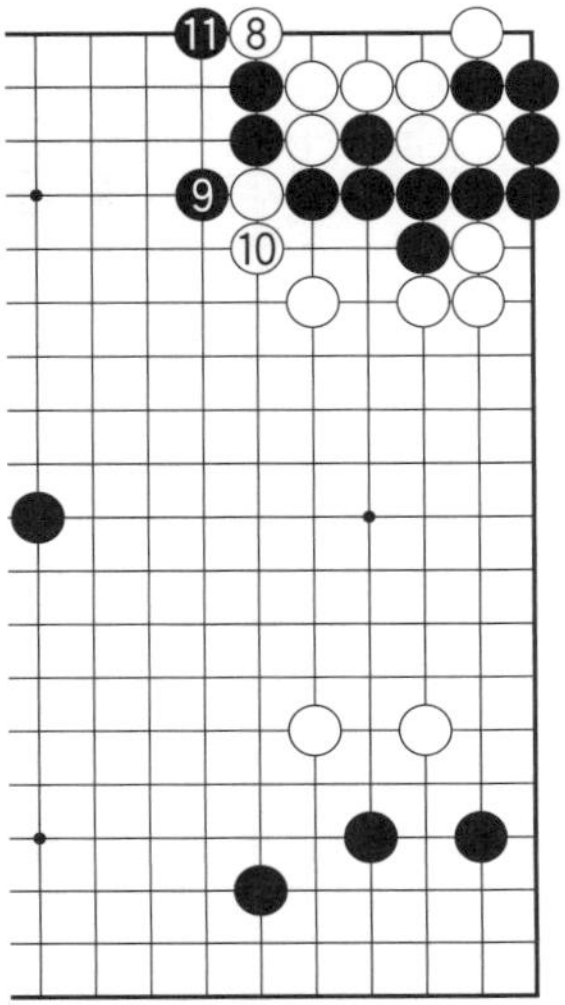

9図

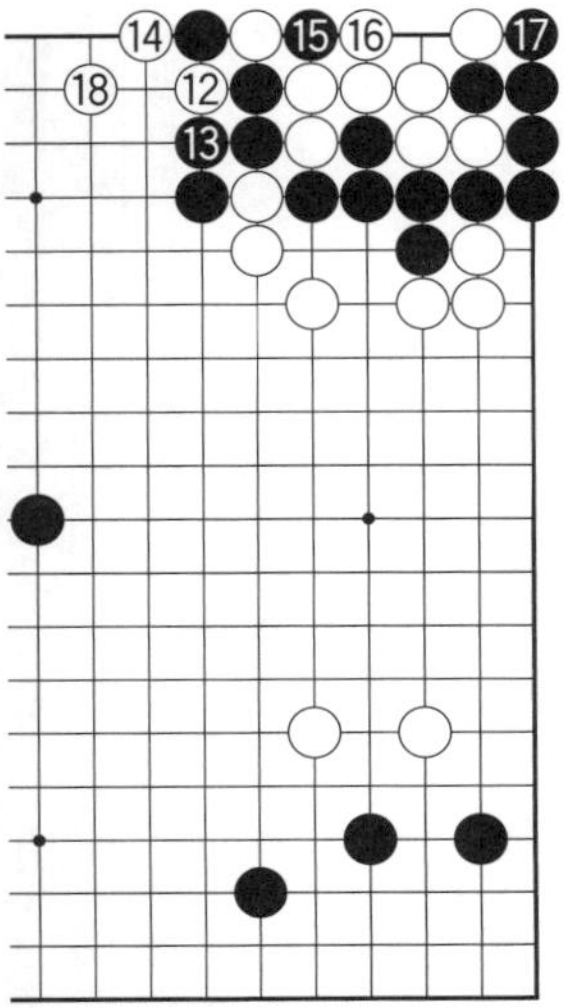

10図（双方最善）

5図の黒5で**11図**の1には、白2から6と素直に生きても良いですし…

12図のように、白4から上辺で得を図る手も有力です。

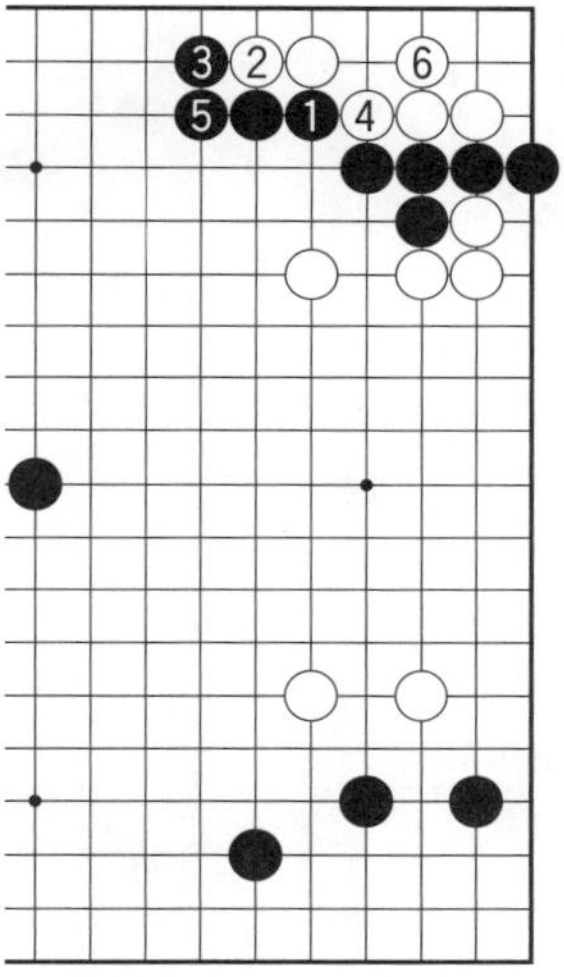

11図

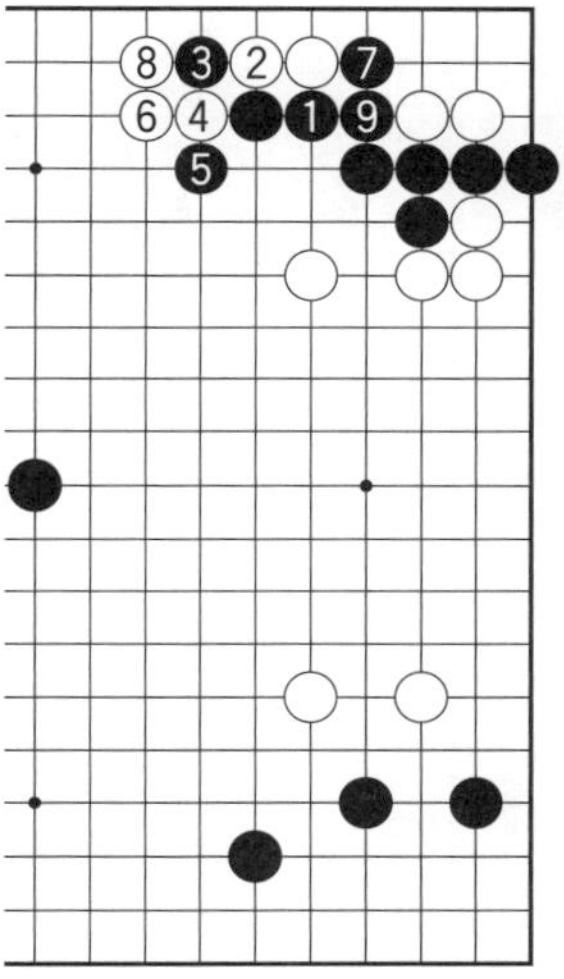

12図

13図、黒1なら白2、4そして白6が良い手。簡単に生きてaの断点も残り、白文句なしです。

14図の黒1と受ければ、当然ながら喜んで白2とワタリます。黒は■がアタリになっているのもうっとうしいでしょう。

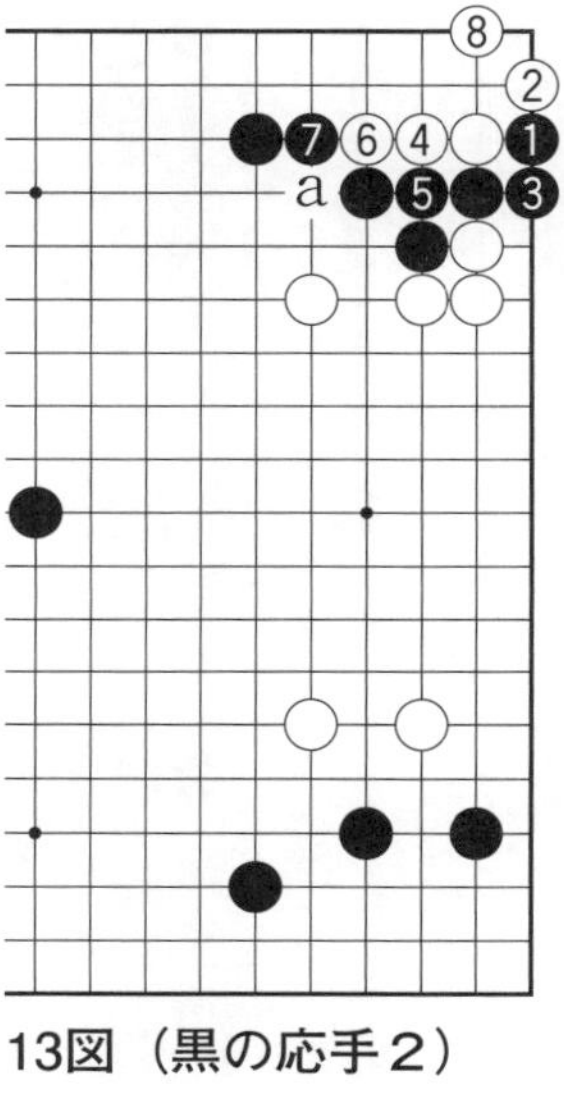

13図（黒の応手2）

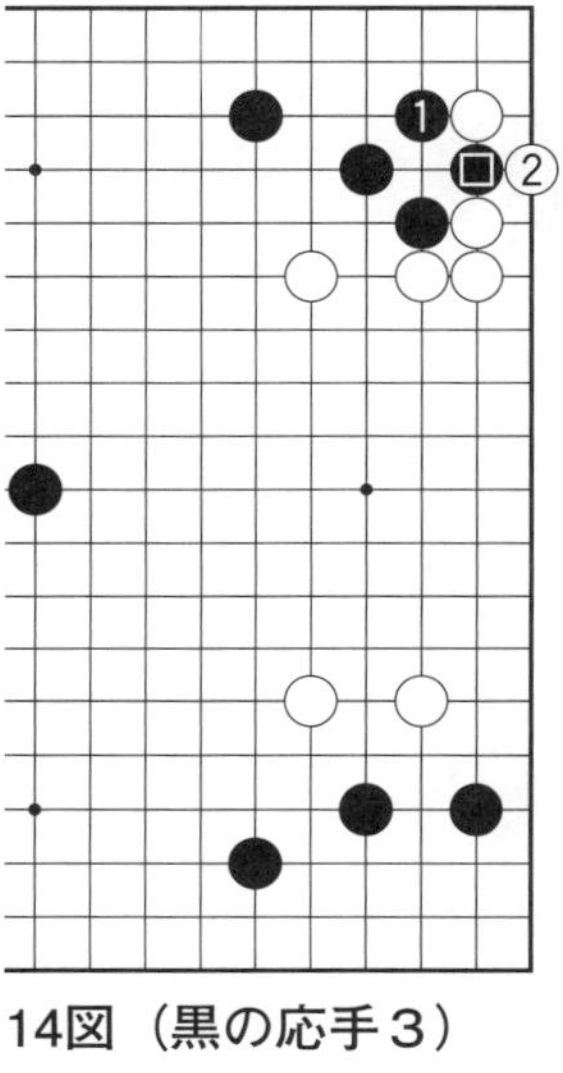

14図（黒の応手3）

15図、黒3とツガせれば先手で大きく侵入して大満足です。

3図のあと、部分的には**16図**の黒1、3と受けるくらいですが、白4以下同形に導いて右辺を最高に効率よく盛り上げます。

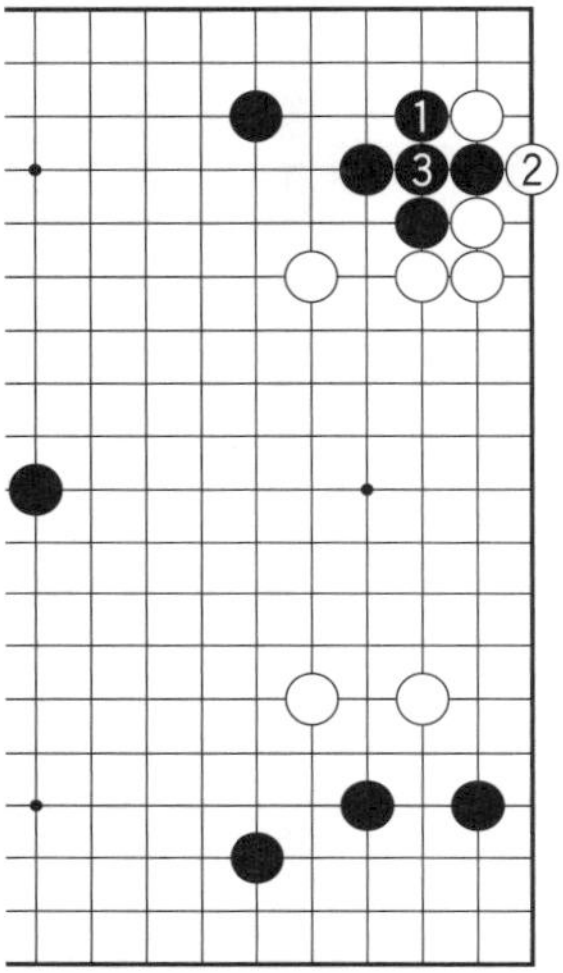
15図

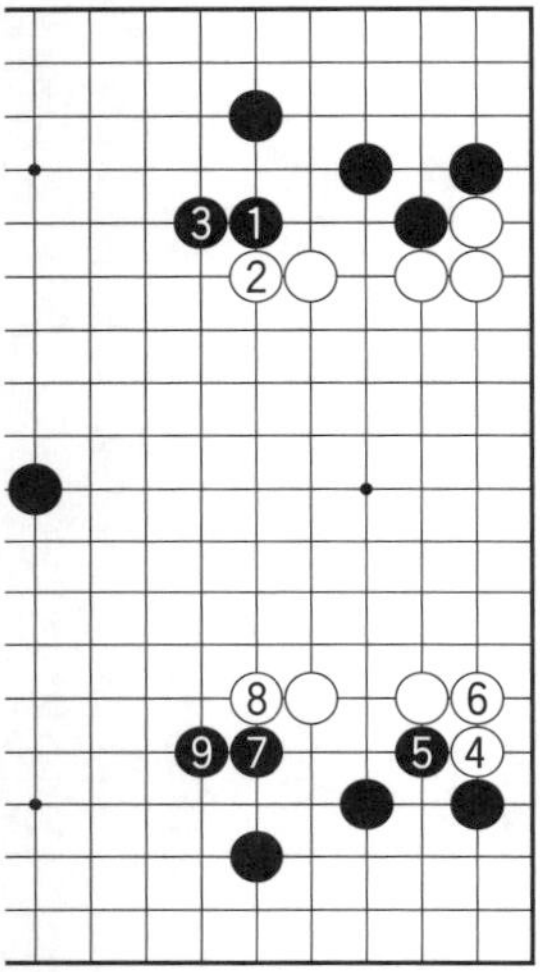
16図

17図、しかも隅にはまだ白1から9と、aのコウを狙って手を付ける手段があります。場合によっては、**18図**の白1、3と揺さぶる手も有力です。

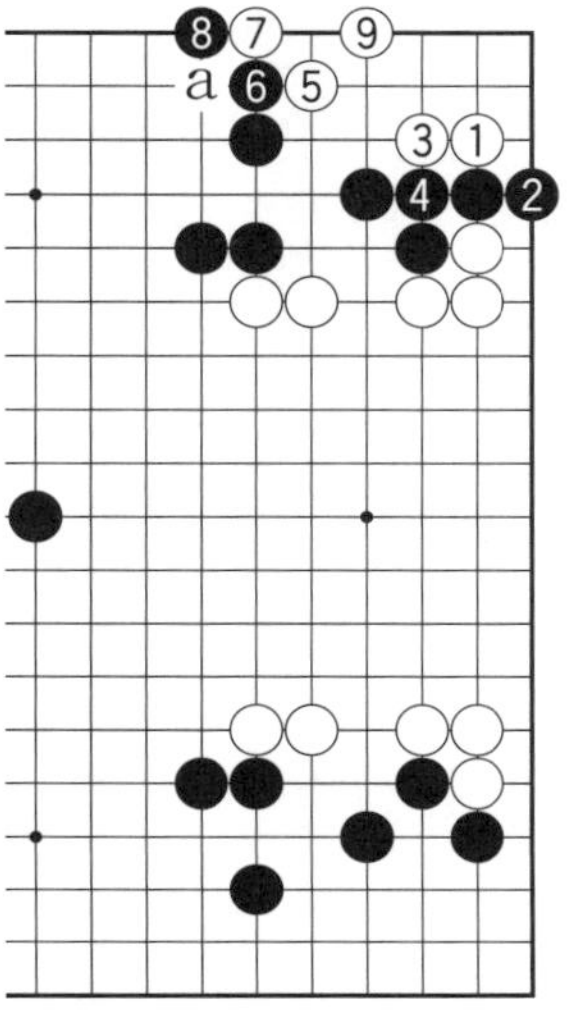
17図

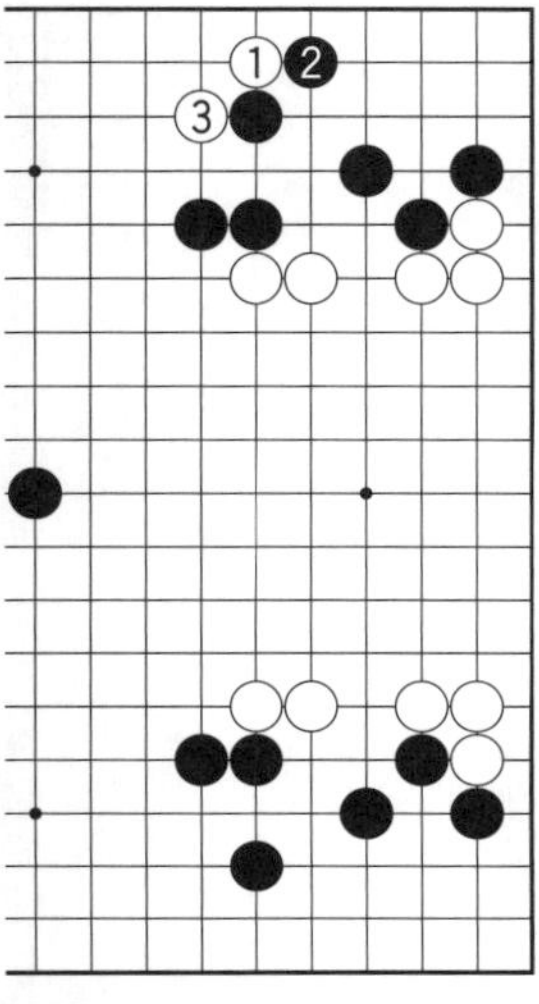
18図

黒１のコスミツケには白２とサガっておきます。後に…

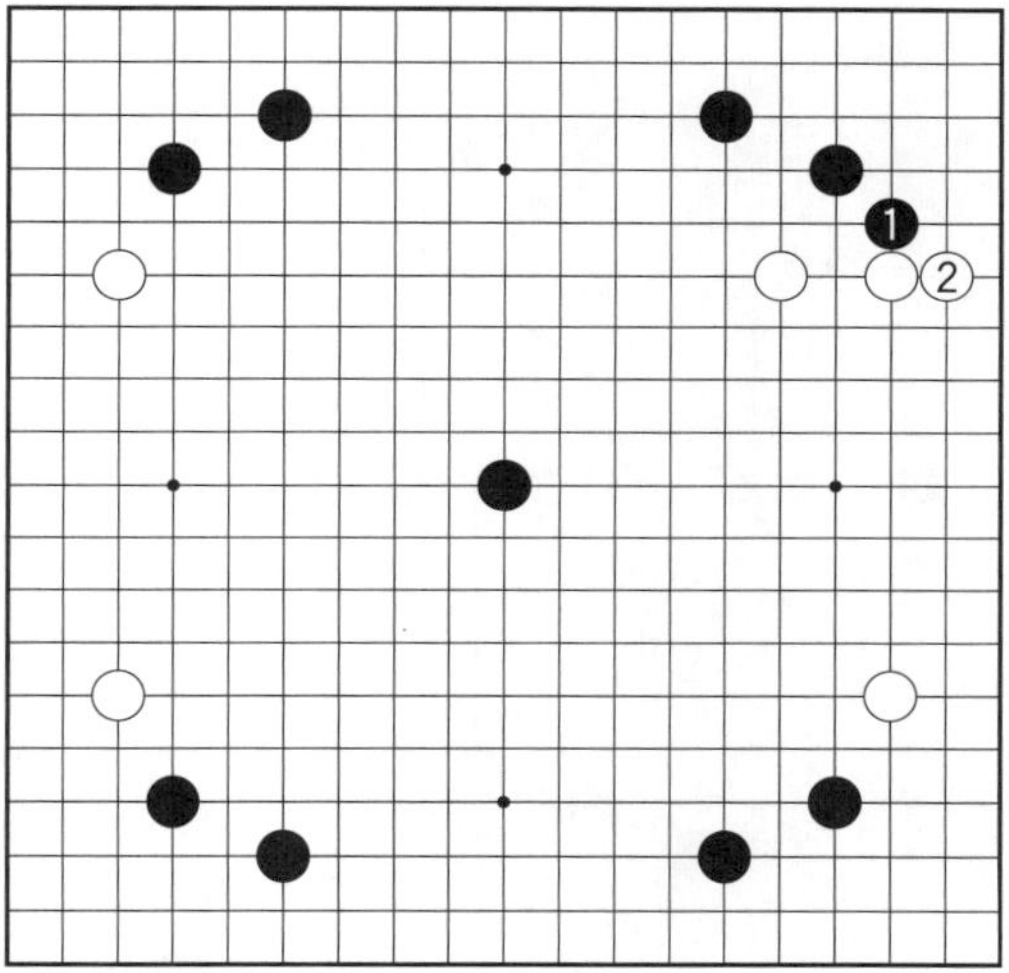

黒の応手３

白１の三々で隅をがらがらに出来ます。詳しい変化を次図から解説します。

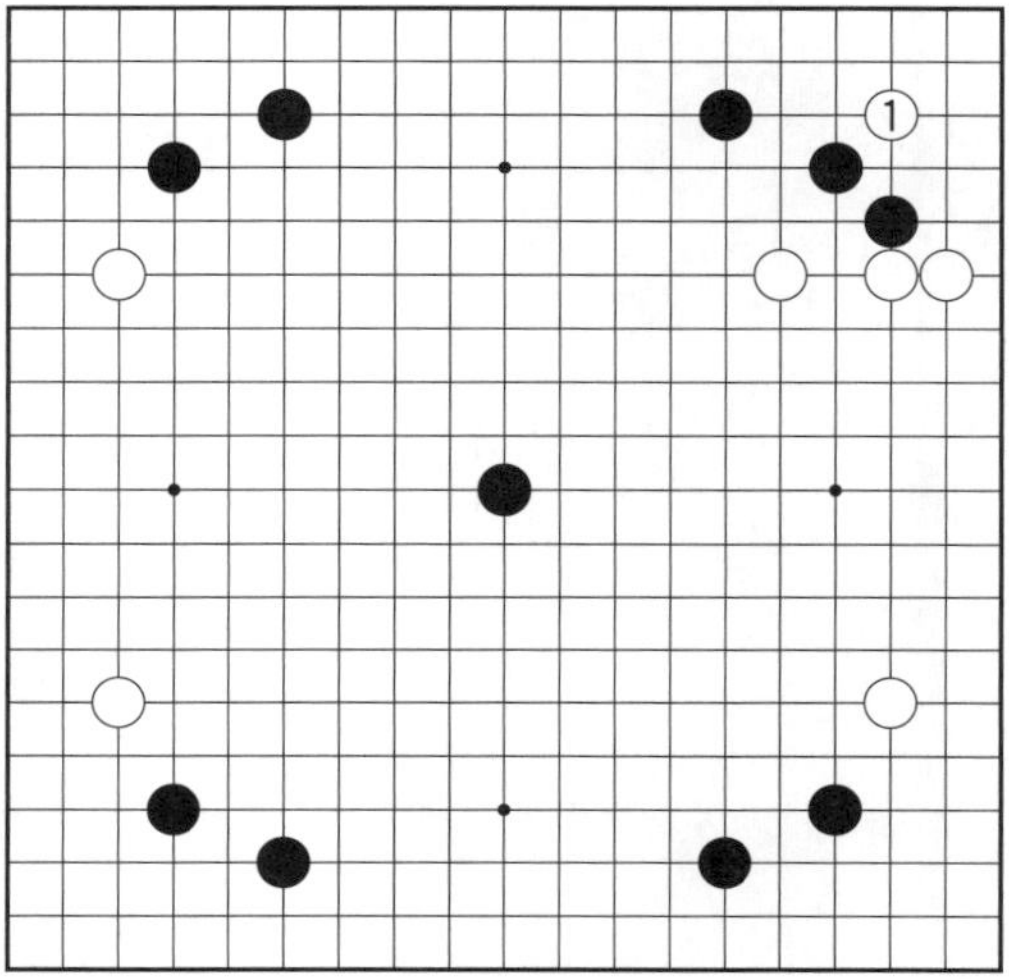

１図

黒2の受けなら**2図**の白3や、**3図**の白3、5で文句なしです。

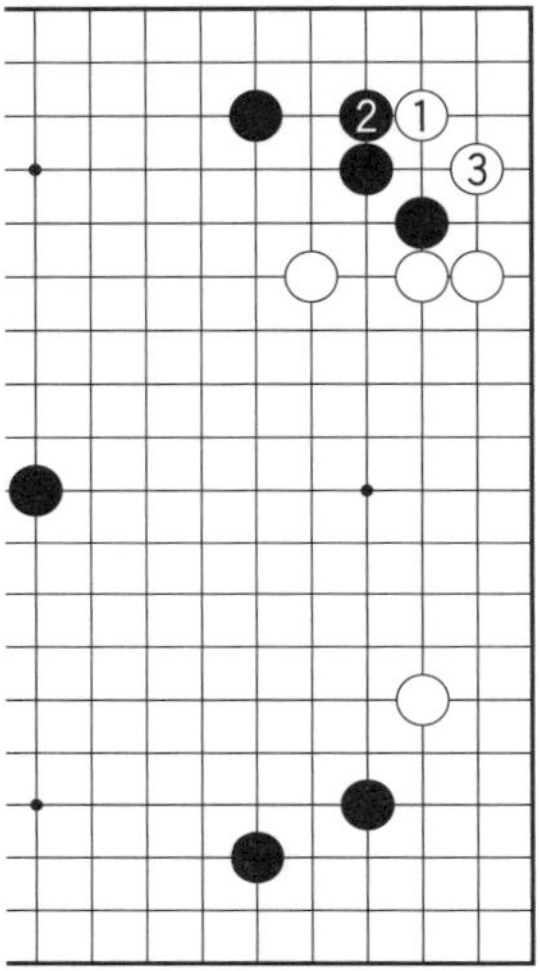

2図

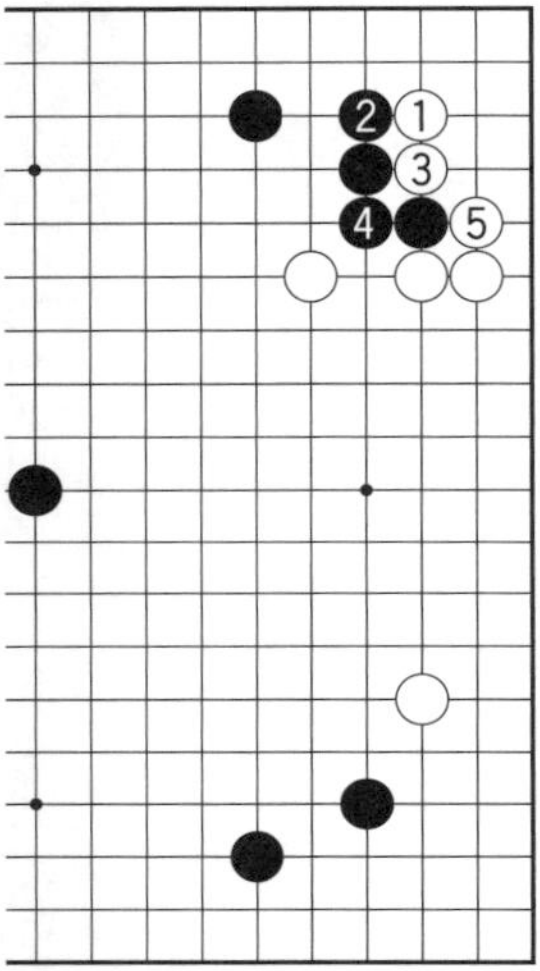

3図

4図の黒1と遮ってきても、白2以下8まで、隅で大きく生きることができます。黒3で**5図**の1と頑張ってきたら、遠慮なく白2と切っていきます。

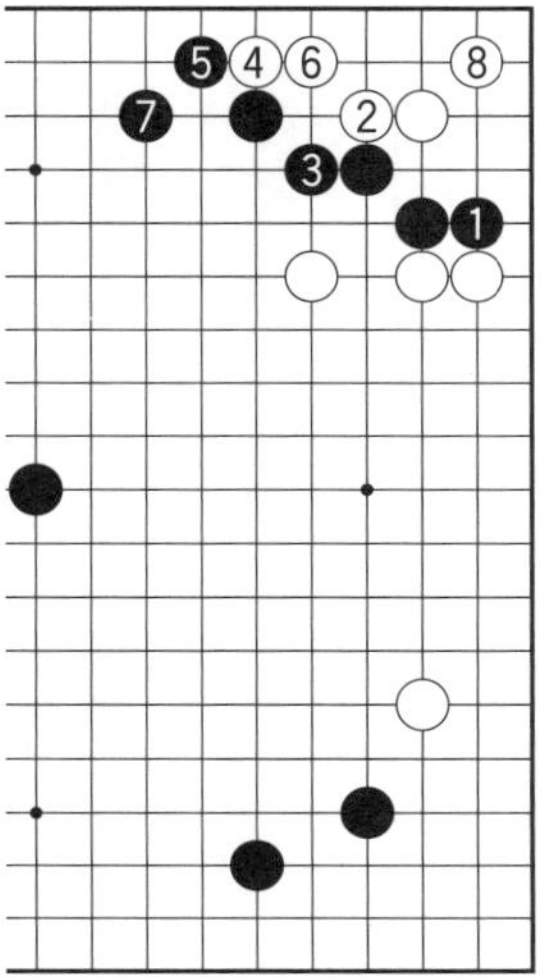

4図

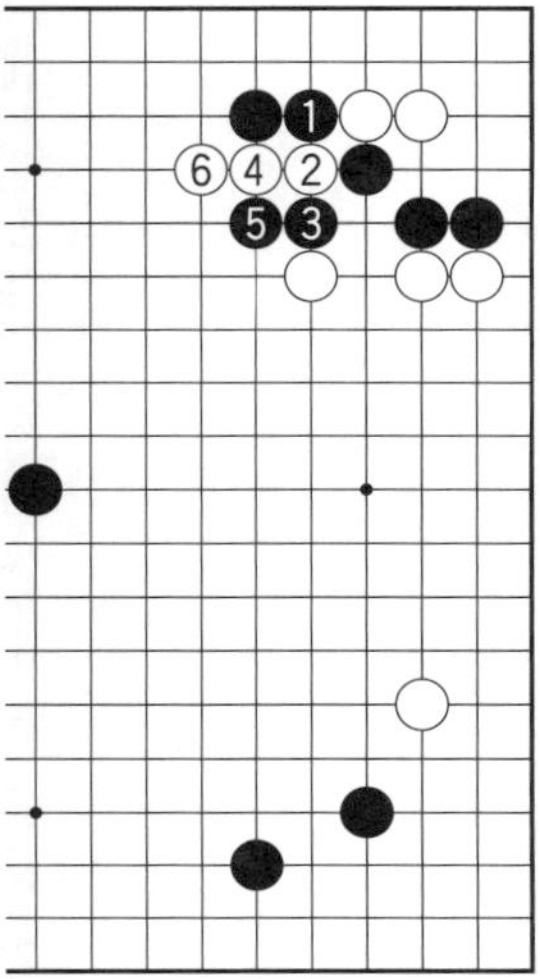

5図

6図、以下一例ですが、黒がツブレてもおかしくありません。

4図の白2では、**7図**の1とスベる手もあります。

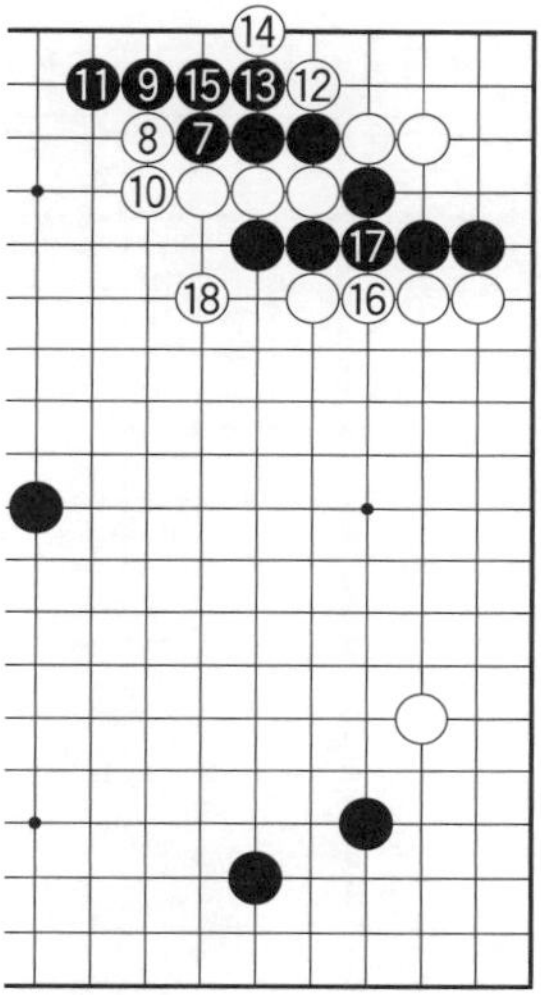

6図

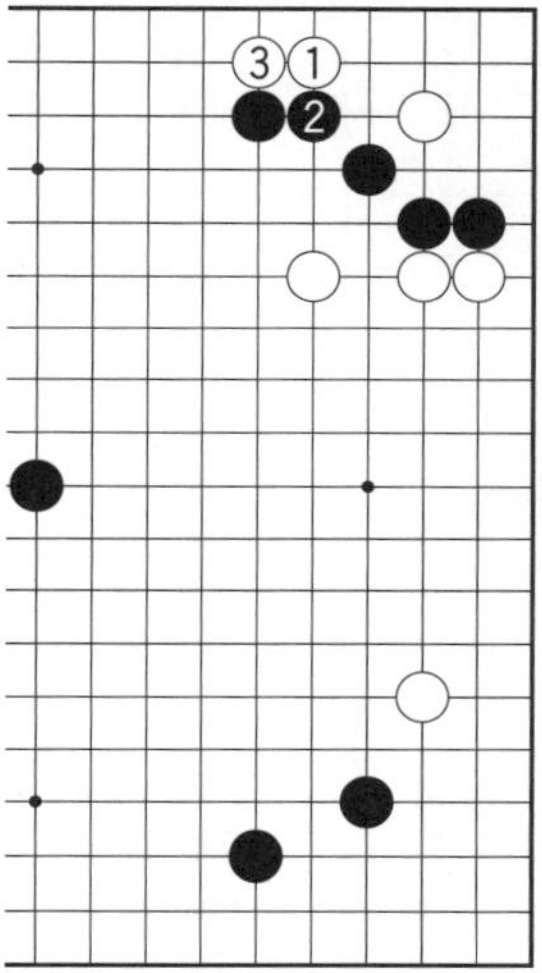

7図

続いて**8図**の黒4とオサえると、白5の切りが入って、黒困難です。黒4は**9図**1のハネ出しが正着ですが、白2から上辺に展開出来ます。

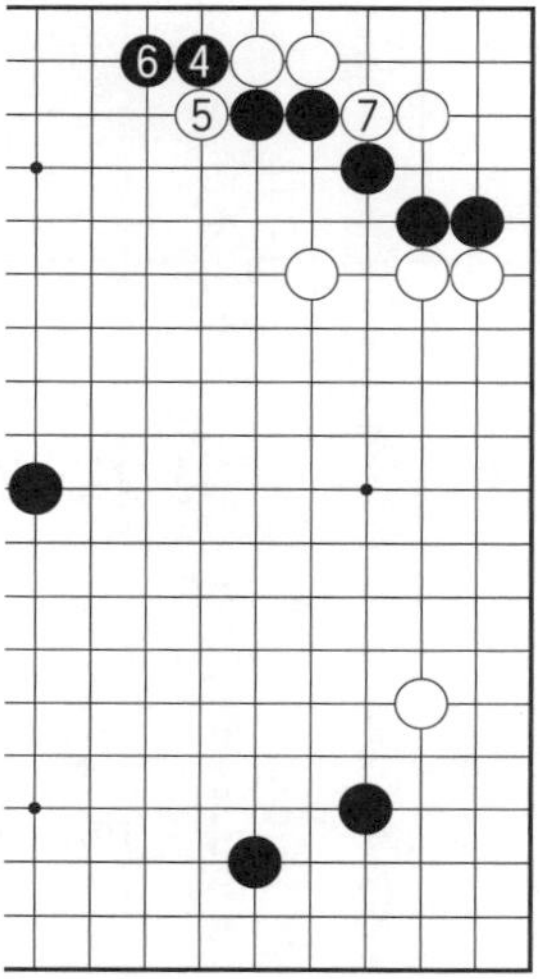

8図

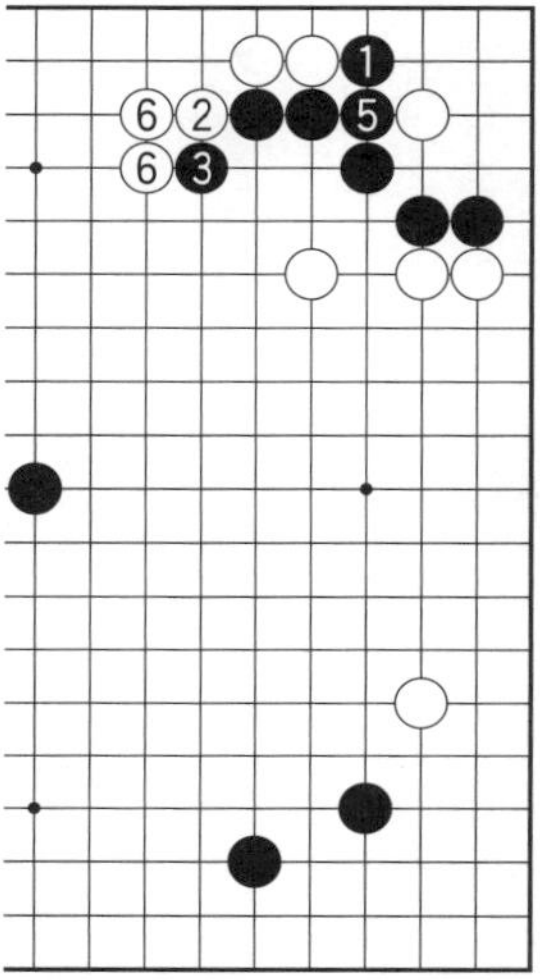

9図

【テーマ図４】山賢流「高目定石」

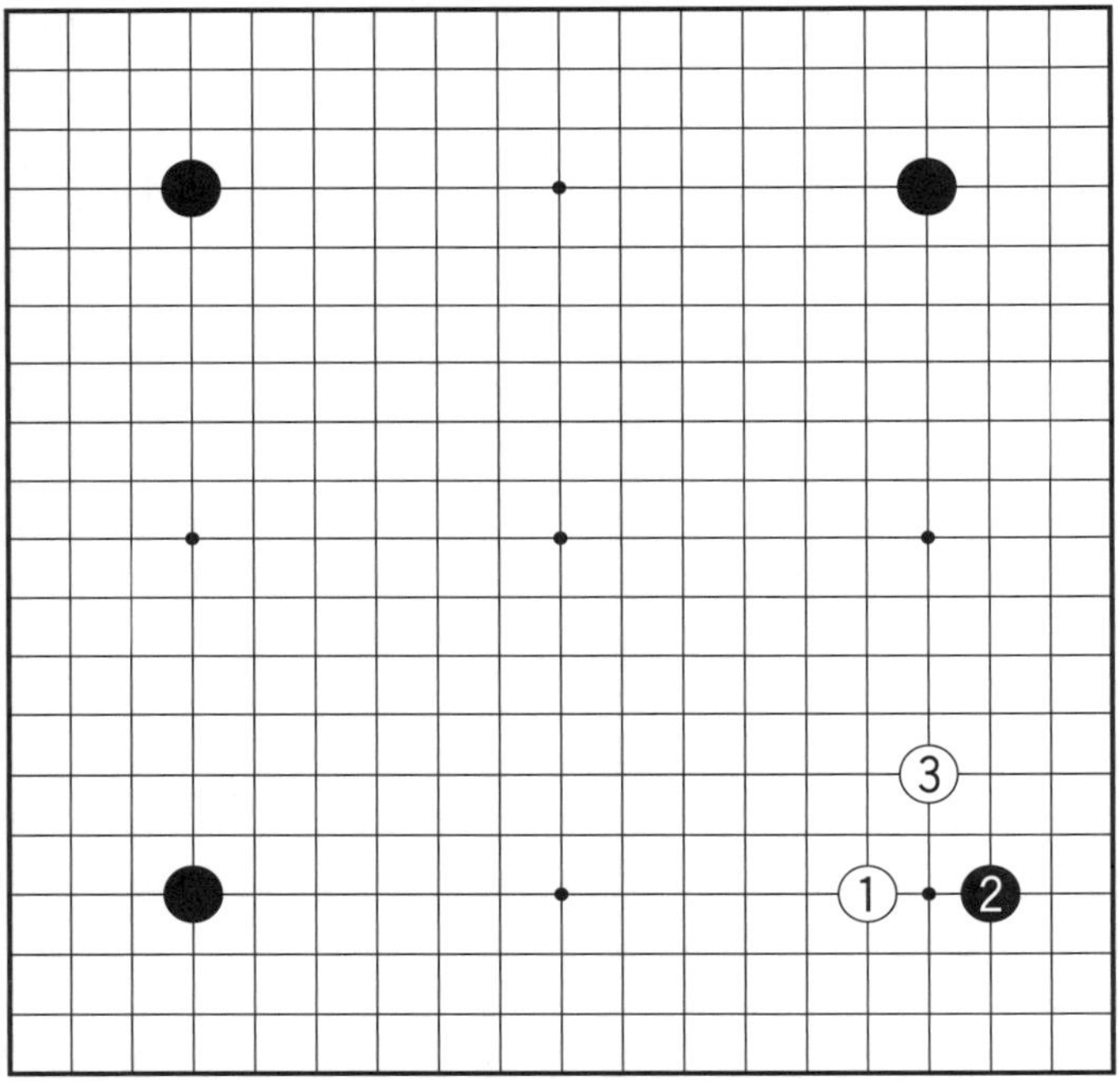

次は三子局を題材にしました。

私、山本賢太郎は三子局の場合は、白１の高目を愛用しています。黒２のカカリには必ず白３と高圧します。

黒1、3とツケ引いた時に、白4の基本定石ではなく…

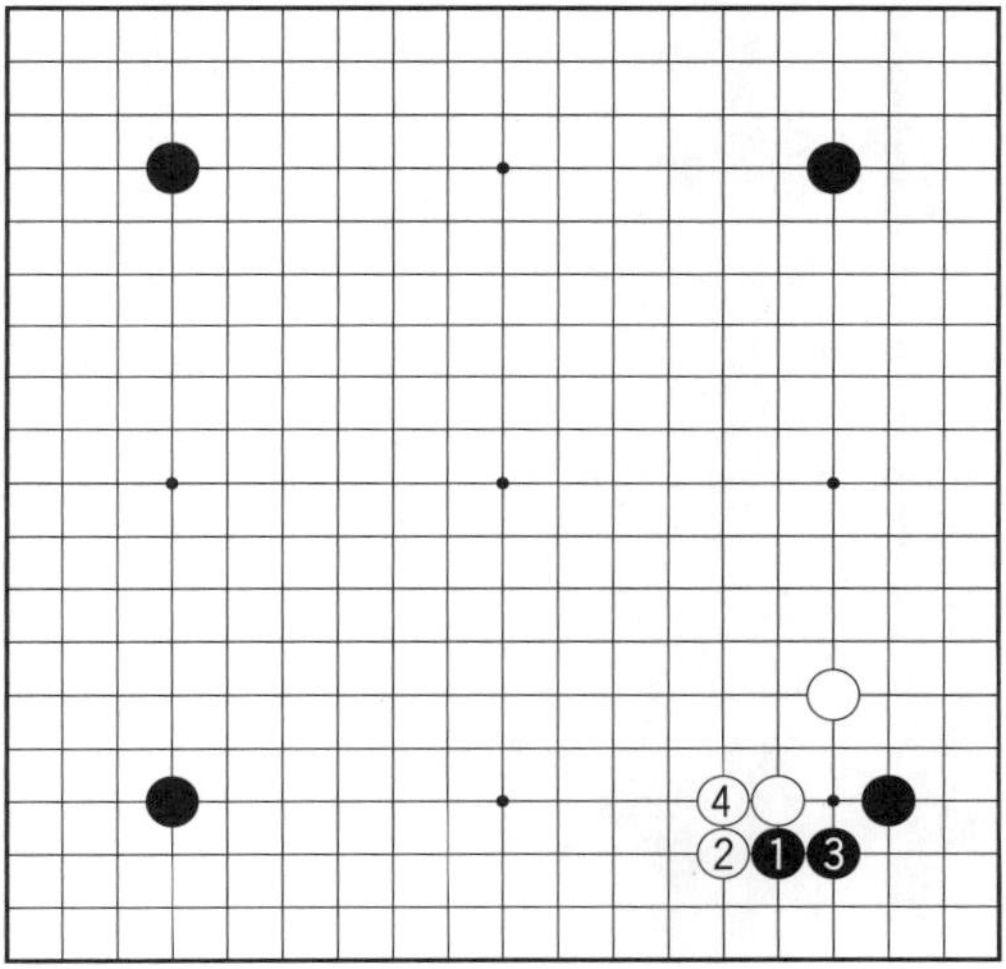

１図

白1のサガリが打ちたい手です。前図とどう違ってくるのか検証しましょう。

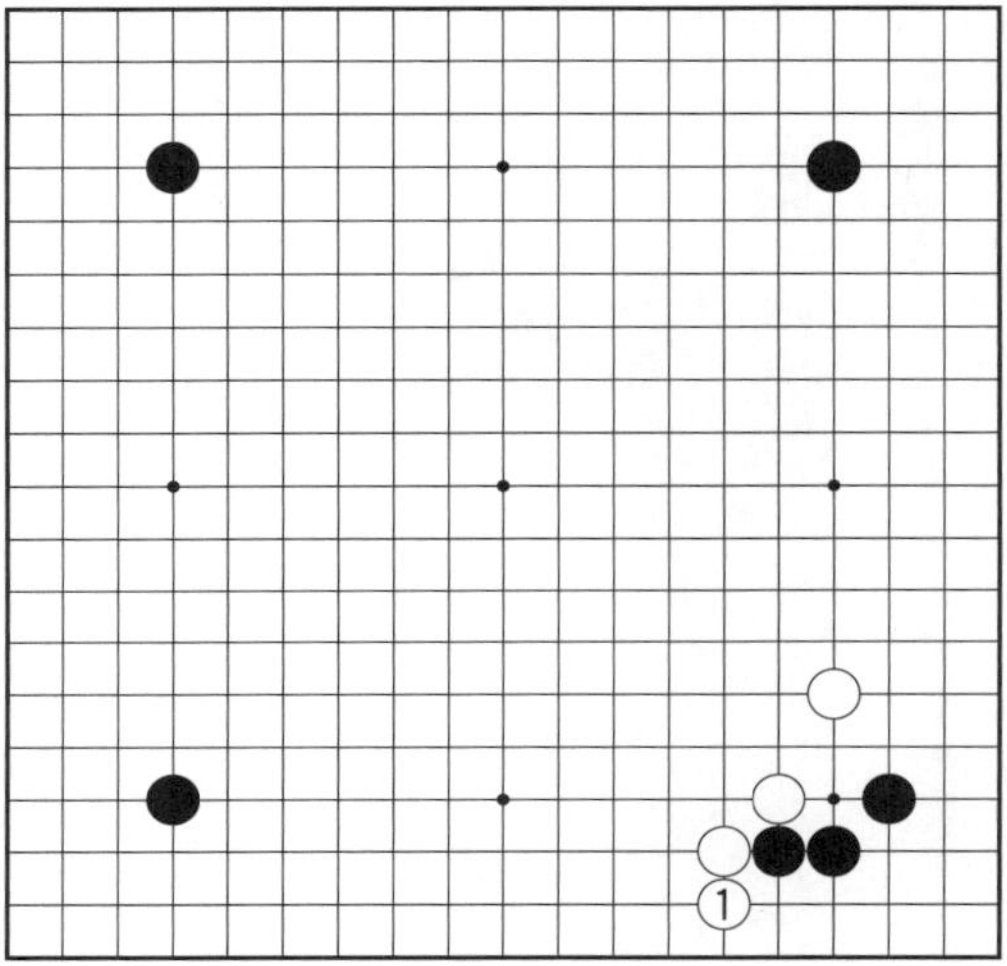

２図（おすすめの手）

まず黒が1などと隅を手抜きしてきたら、すかさず白2と脅しをかけます。この形は黒相当悩みそうです。

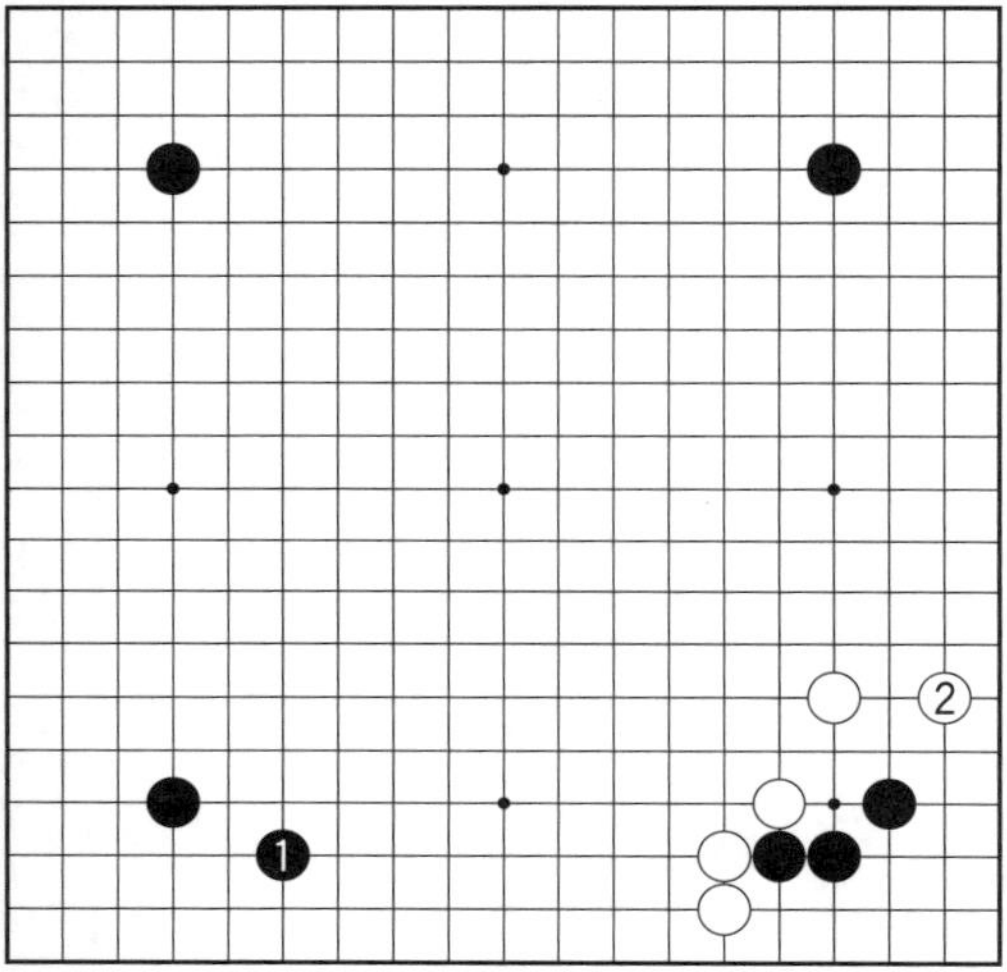

3図

4図、黒1なら白2あるいは白aと置かれて、死ぬとは言えないにしても、只事では済まないでしょう。

5図の黒1とこちらをオサえても、白2や白aで同様でしょう。

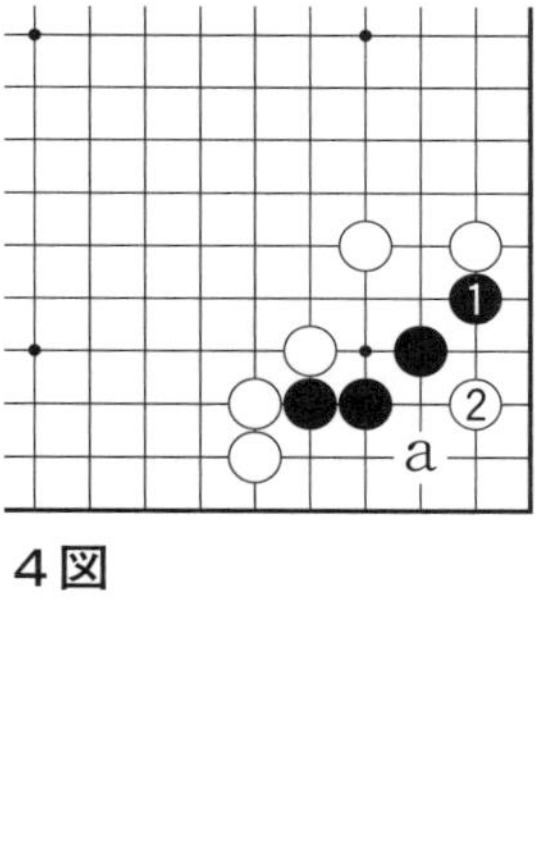

4図

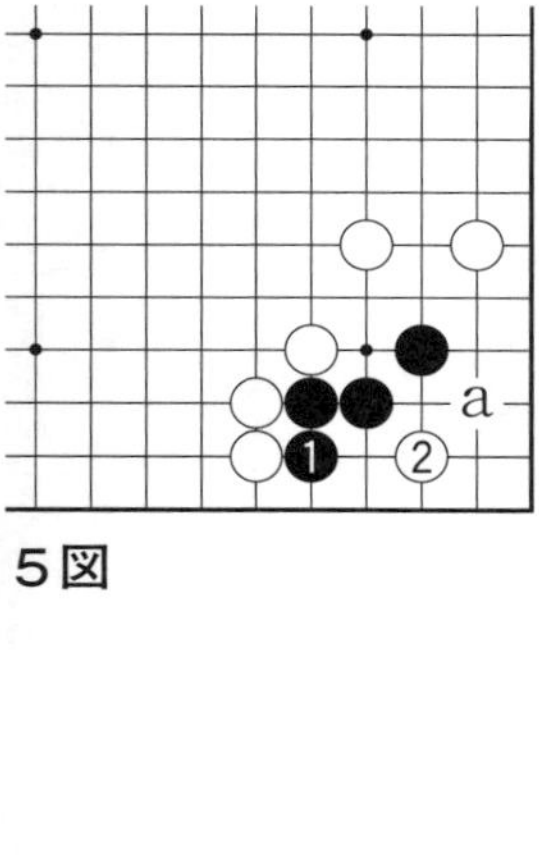

5図

以上のように、隅のアジが悪すぎるので、黒1がほぼ絶対でしょう。

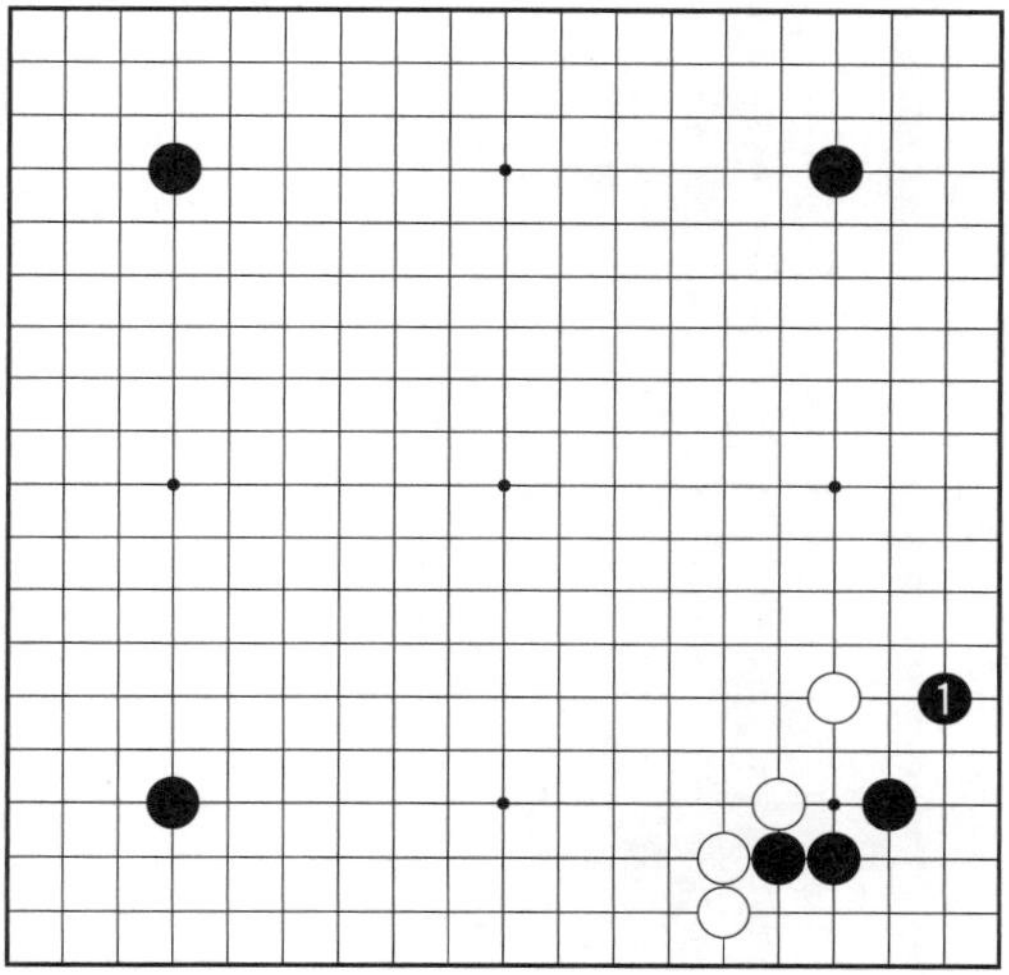

6図

7図、この形は△のサガリを生かして、常に白1が狙いです。

8図、まあ、最低限白1のサルスベリで黒地を少し減らせますね。

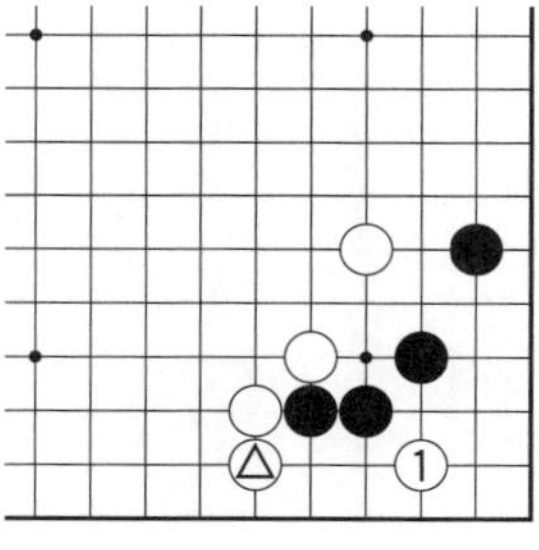

7図

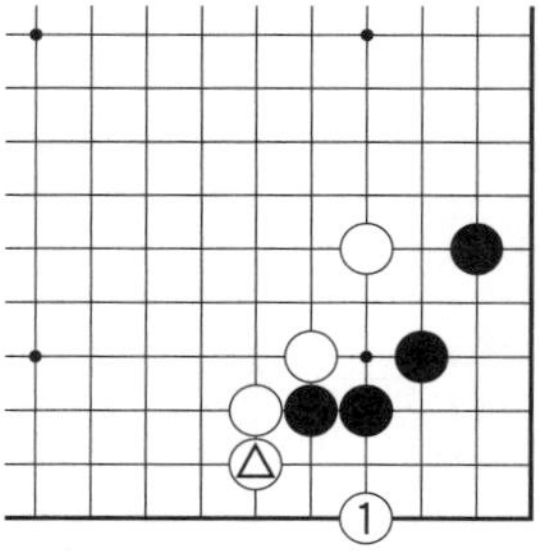

8図

9図、部分的に白2と追及するとどうなるでしょうか。

続いて**10図**の黒1は気合いのハネ出し。白6までとなって、果たして隅は大丈夫でしょうか？

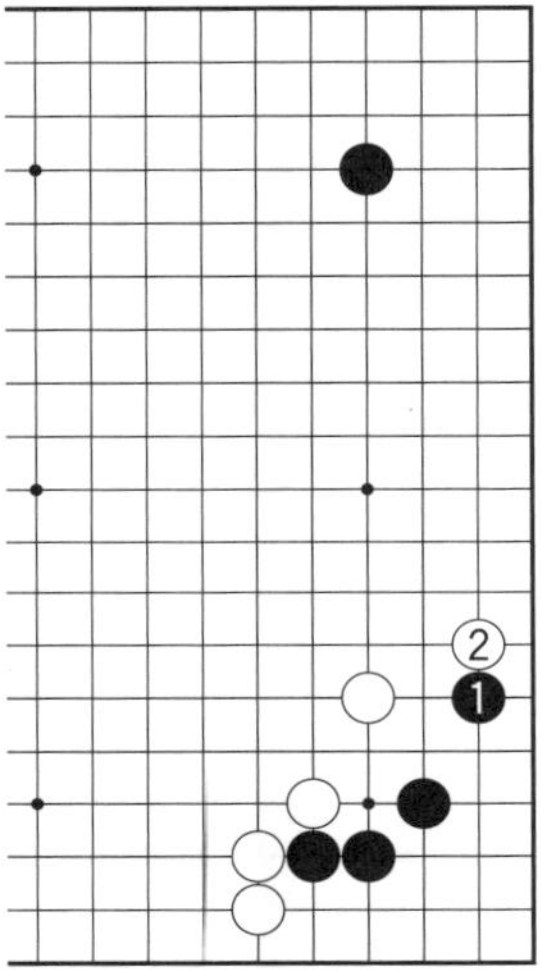

9図（ツケは成立する？）

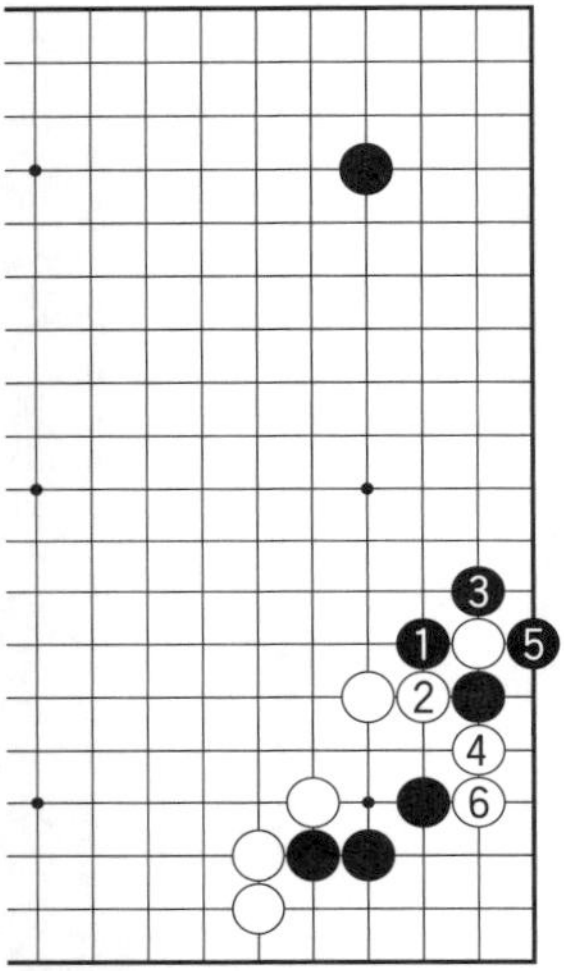

10図（黒の応手1）

11図の黒1、3と広げるのは、白4以下の攻めで中手です。黒aの切り味があるので取れるとは限りませんが、かなり際どいです。

12図黒1の眼持ちのほうがやっかいでしょうか。黒3は白2、4なら、黒5、7と脱出出来ます。

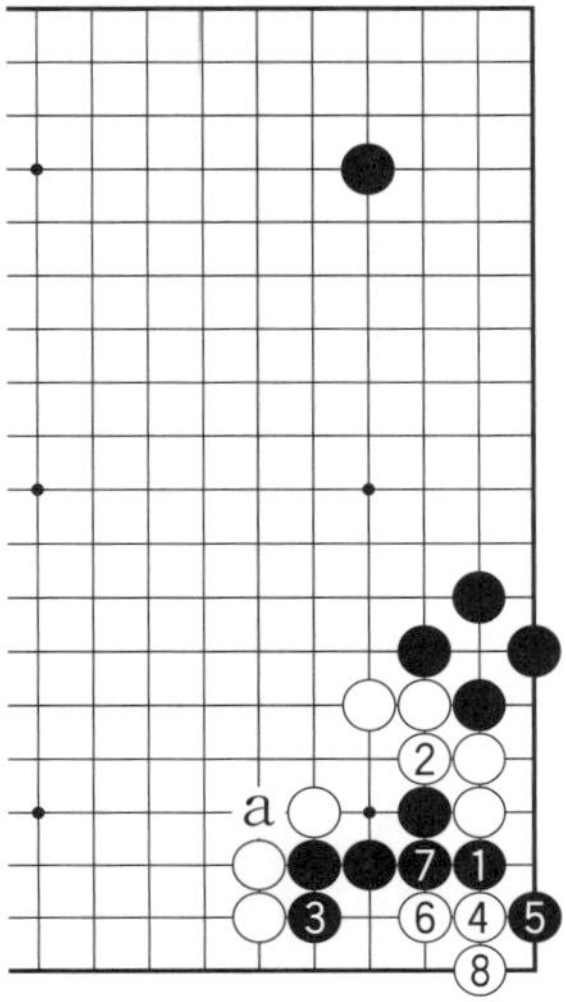

11図

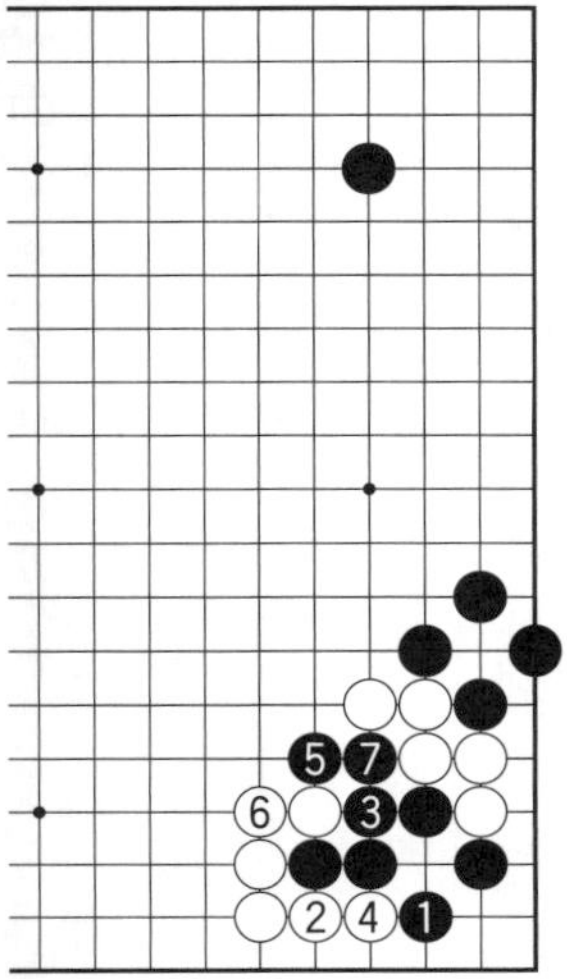

12図

前図の白2では**13図**の1と外側に働きかけます。黒が呑気に2、4と受けると、今度こそ白11まで頓死してしまいます。黒2は**14図**の1と守る必要があります。そこで白2とカケれば、白に楽しみが多いでしょう。

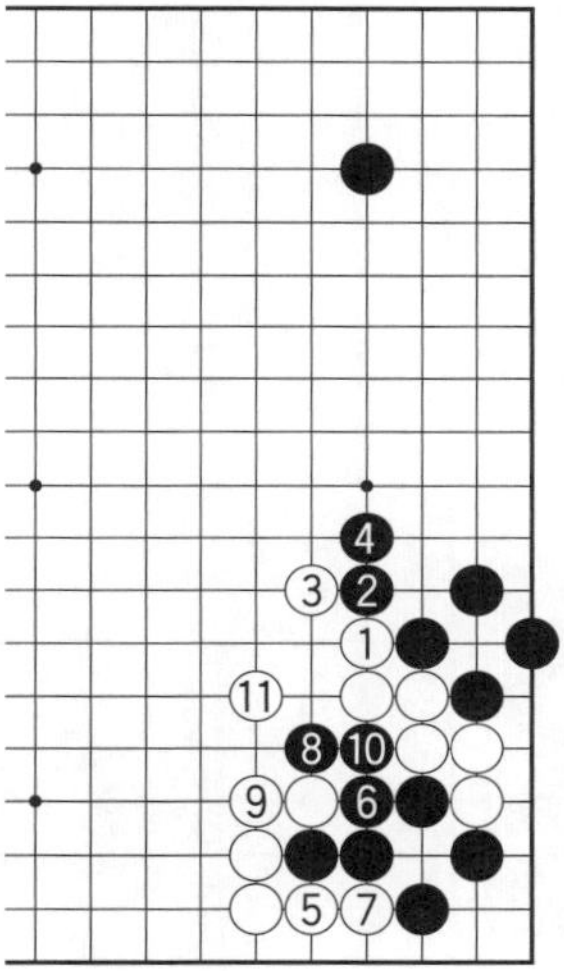

13図

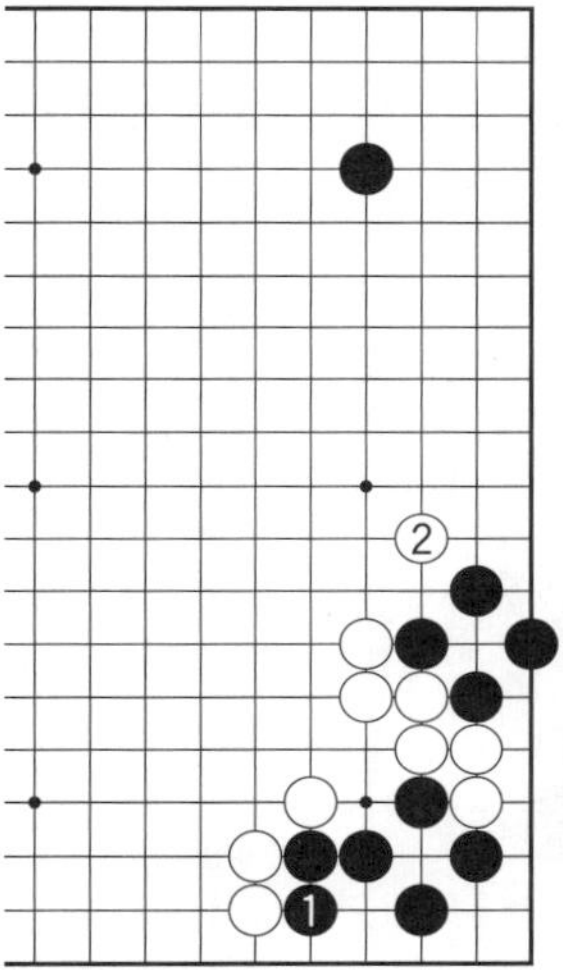

14図

11図黒1で、**15図**の黒1から3の反撃はどうでしょうか？
16図、ここで白4は論外ですね。黒7までシチョウです。

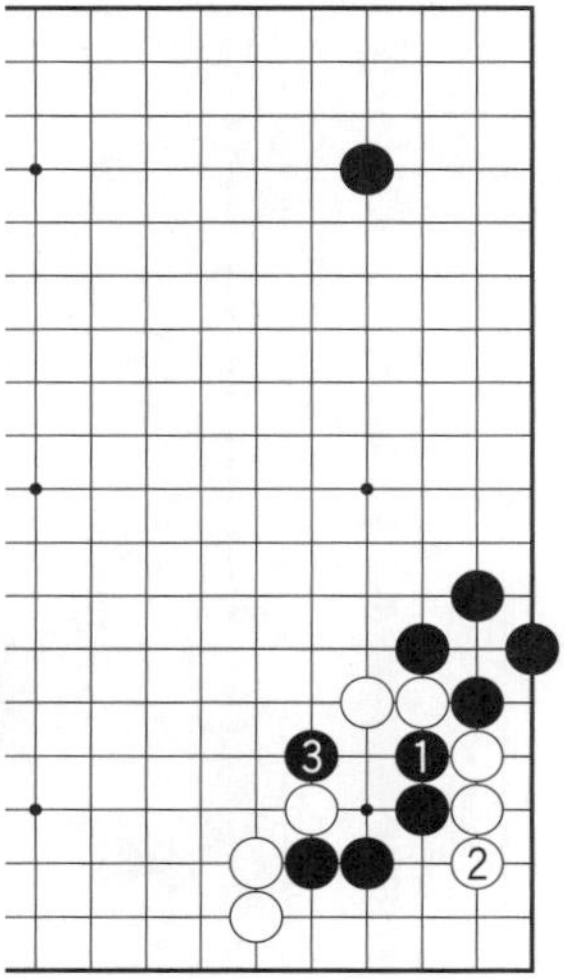

15図

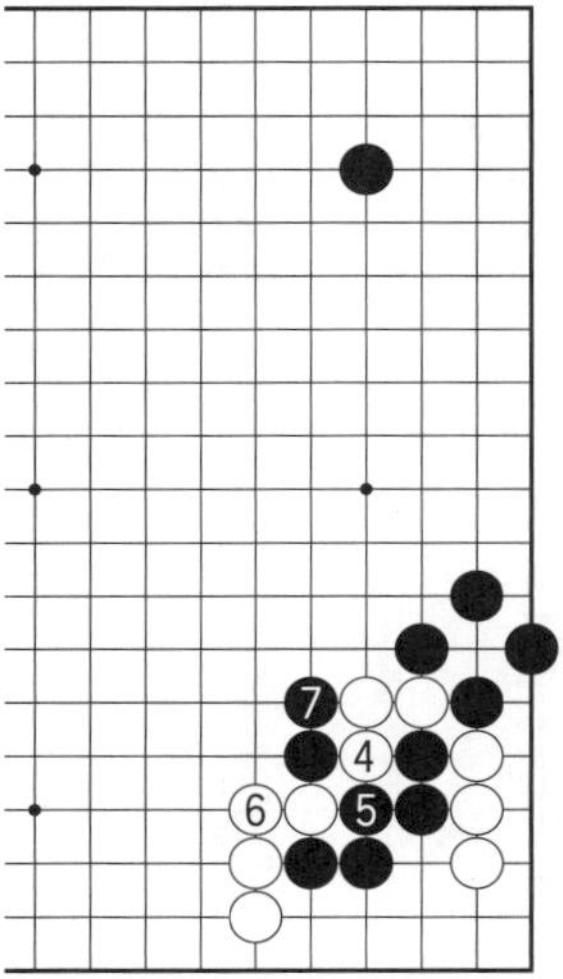

16図

前図白4は**17図**の白1が正着です。

18図、続いて、黒6からのコウに頼るしかありませんが、白11まで黒持ちません。

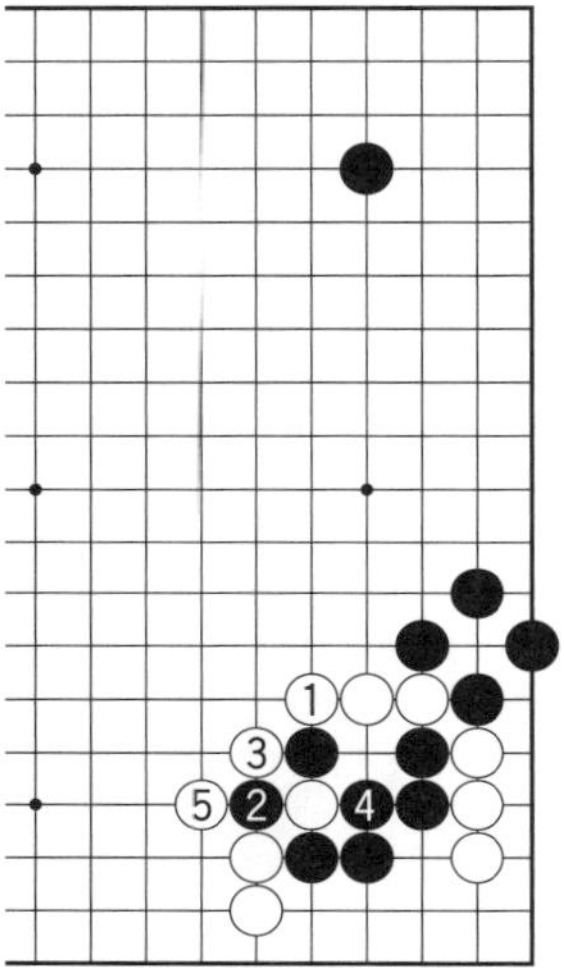

17図

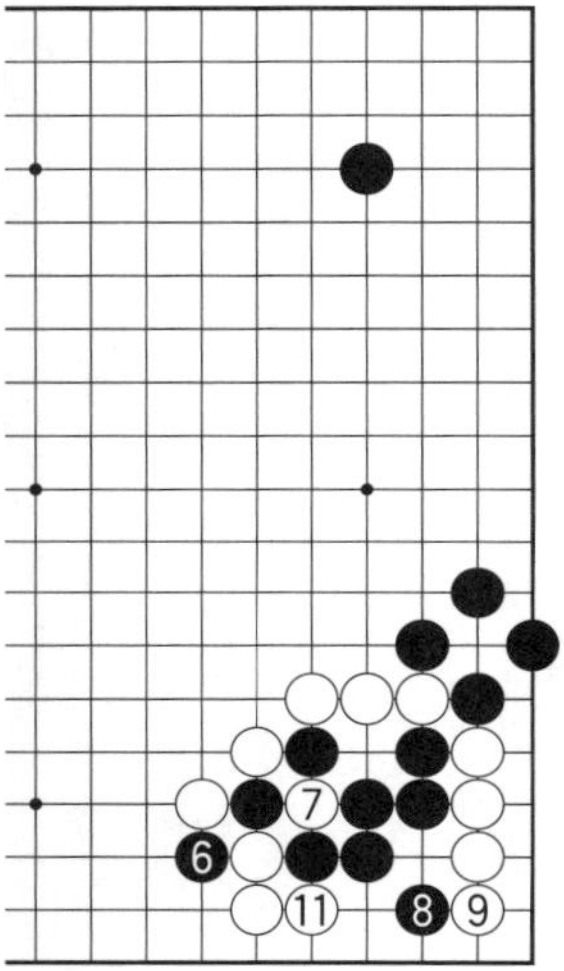

18図　⑩（7の左）

19図、ここで黒4とヒクのは白5でシチョウですね。ご確認ください。

応手1は黒に良い図ができませんでした。

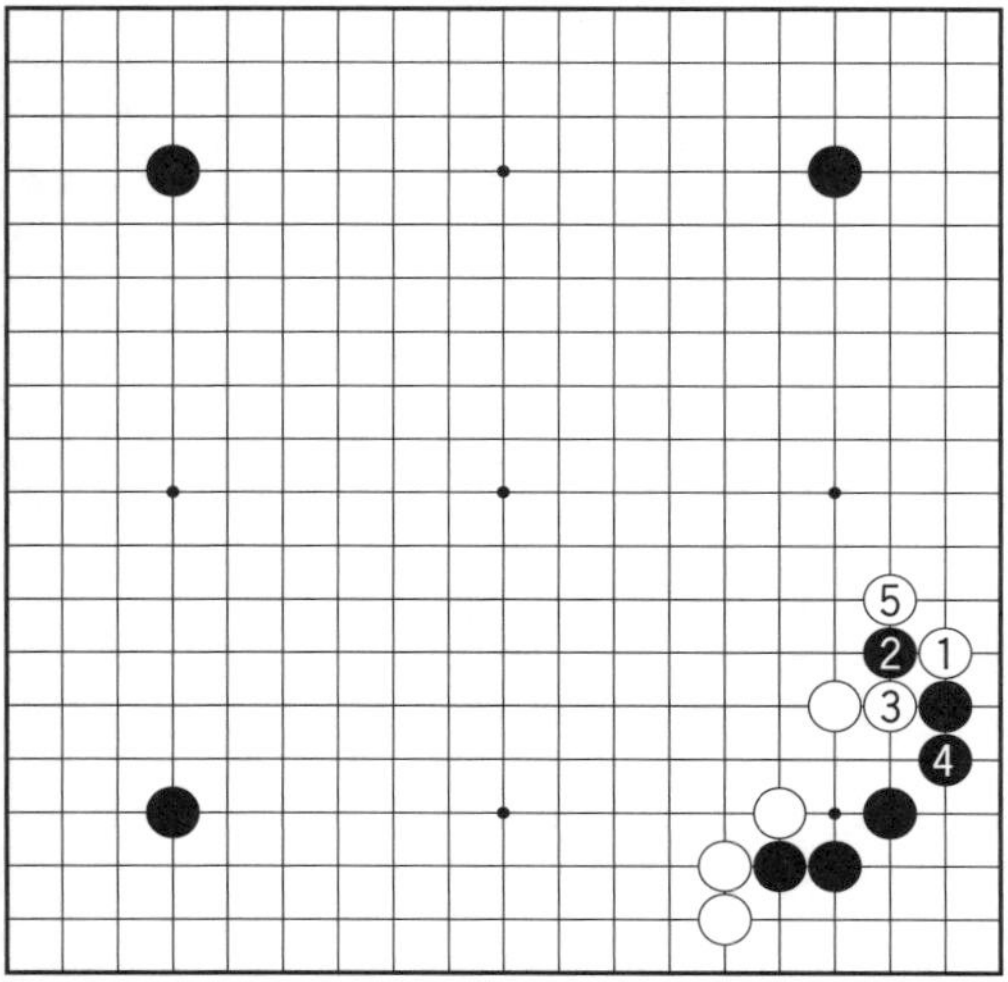

19図

20図、△のツケには黒1、3がもうひとつの応手。こちらのほうが良い抵抗です。

21図、続いて白4とこちらを受けると、黒5、7が妙手で、白ツブれてしまいます。

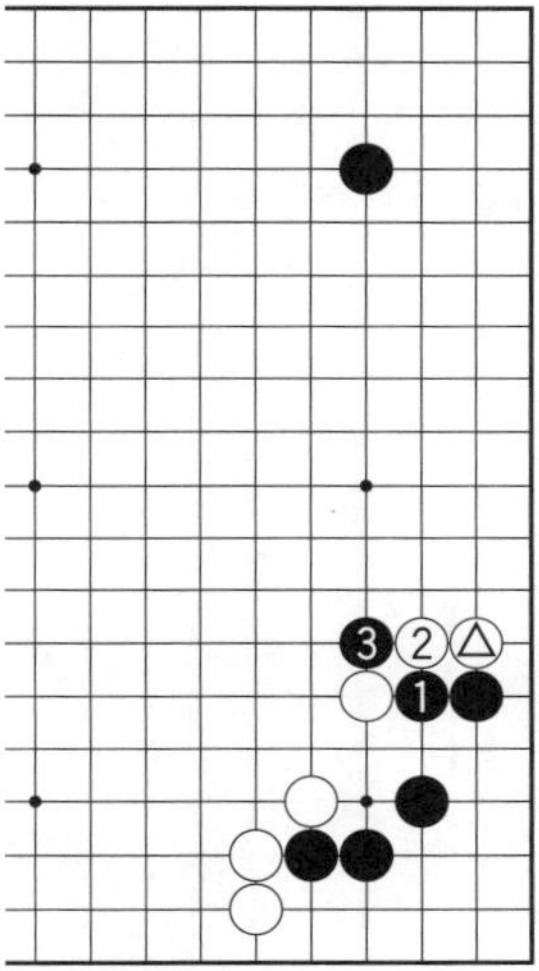

20図（黒の応手２）

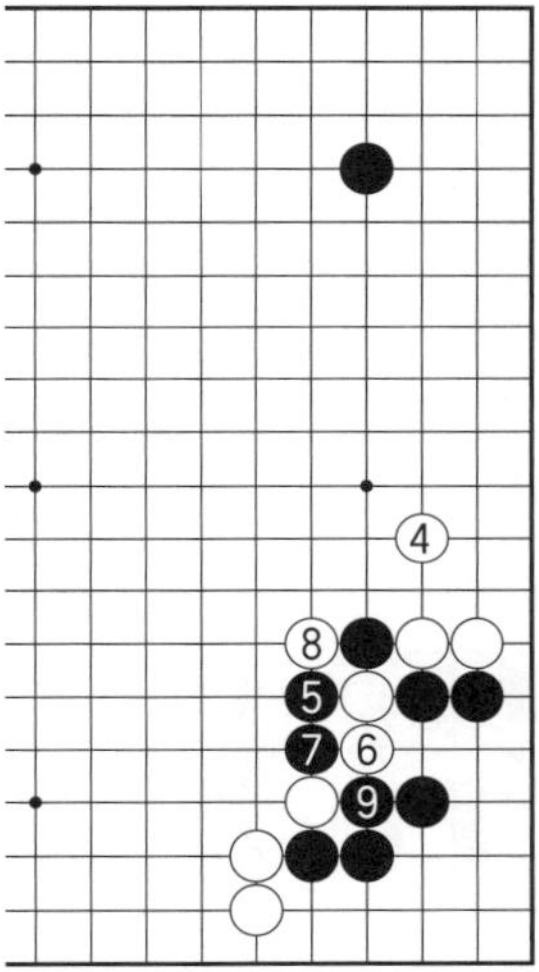

21図

前図白4は**22図**の1とノビるのが自然な手です。黒2の素直なノビでは、白3と受けて楽です。**23図**、続いて黒4なら隅は無事ですが、白5と揺さぶりを掛けてから7と押して、白もやれそうです。

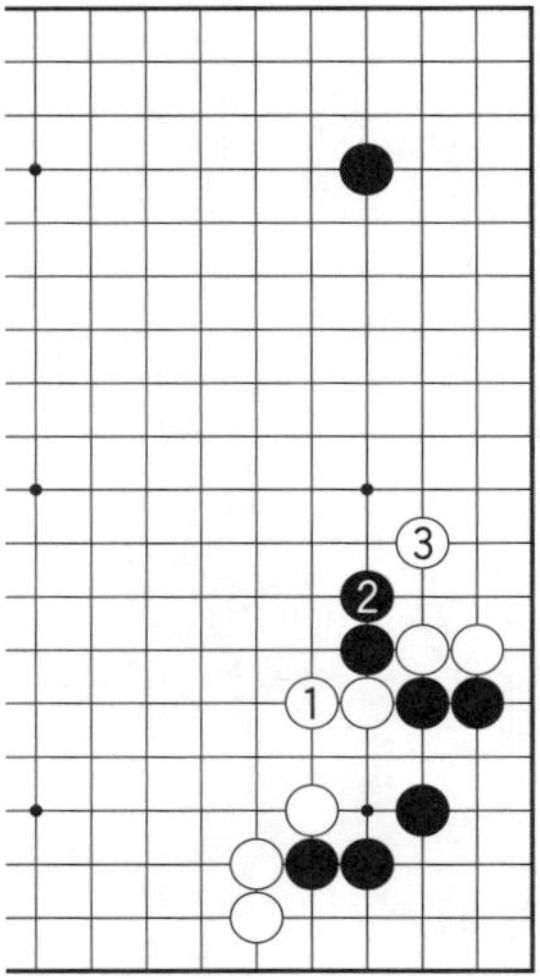

22図

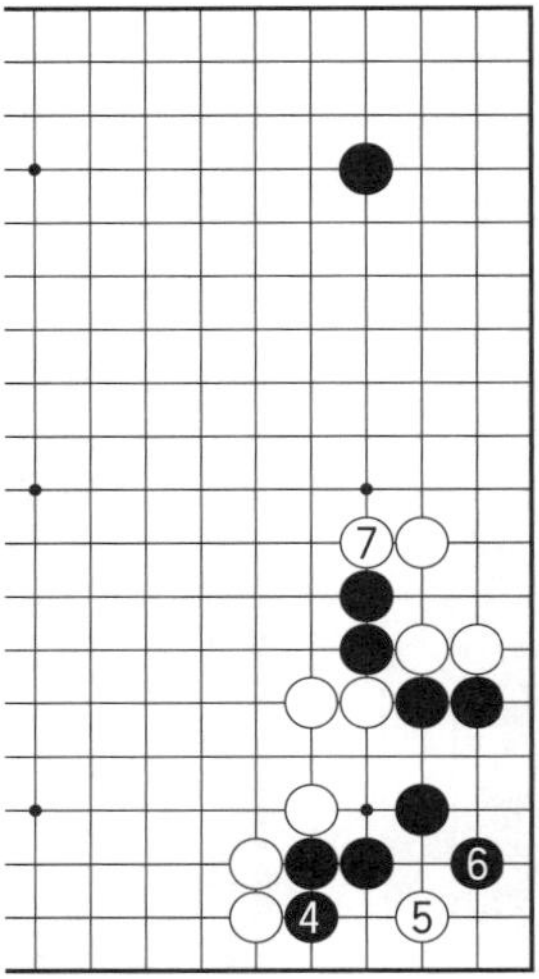

23図

24図、黒1のハネが強手で白は低位をハワされます。不本意ですが、白16のオキに全てを掛けます。続いて…

25図、黒1から一気に攻め合いにいくと、白6まで黒攻め合い負けです。黒3は…

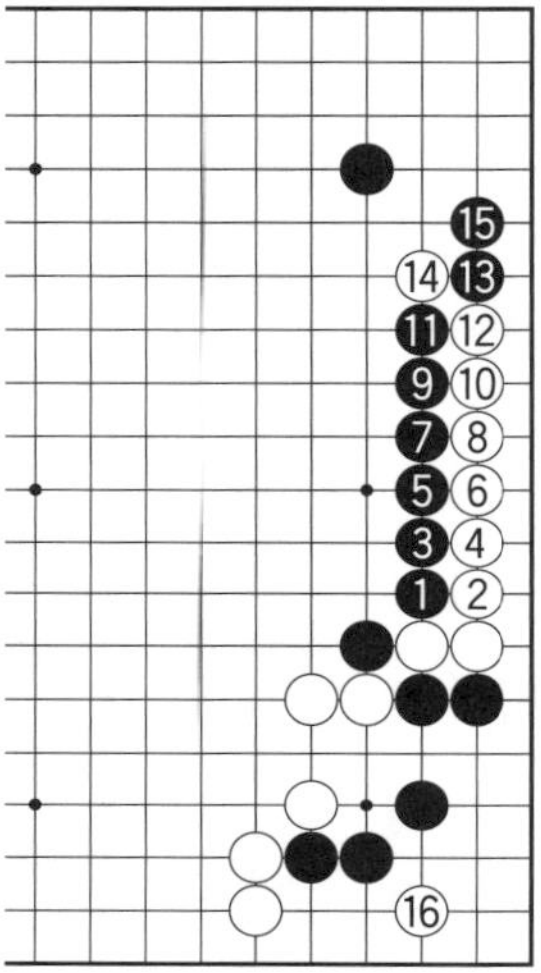

24図

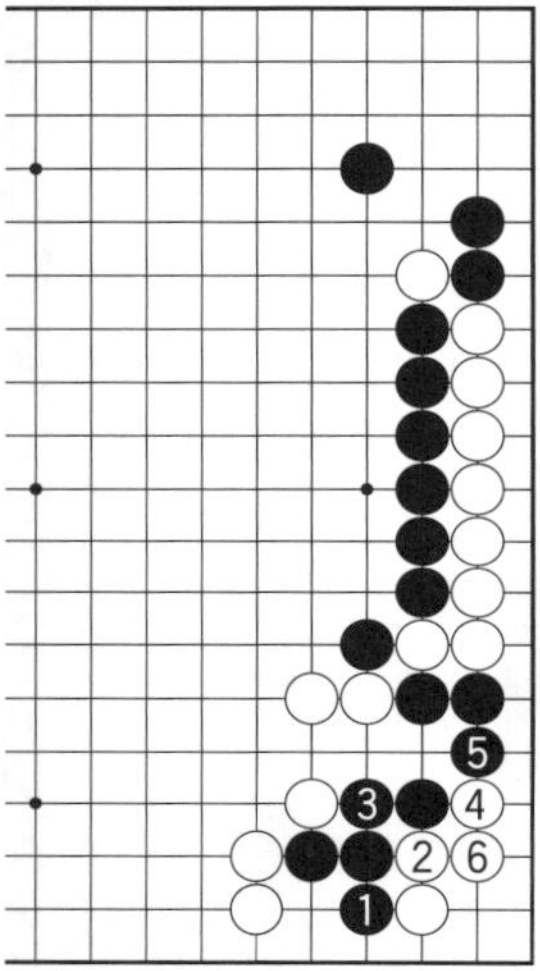

25図

26図の黒1が手筋です。しかし白2、4が利き、白6でaとbを見合いにします。

27図の黒1から7まで打っておいて、黒9以下白を取りに行くとどうでしょうか？

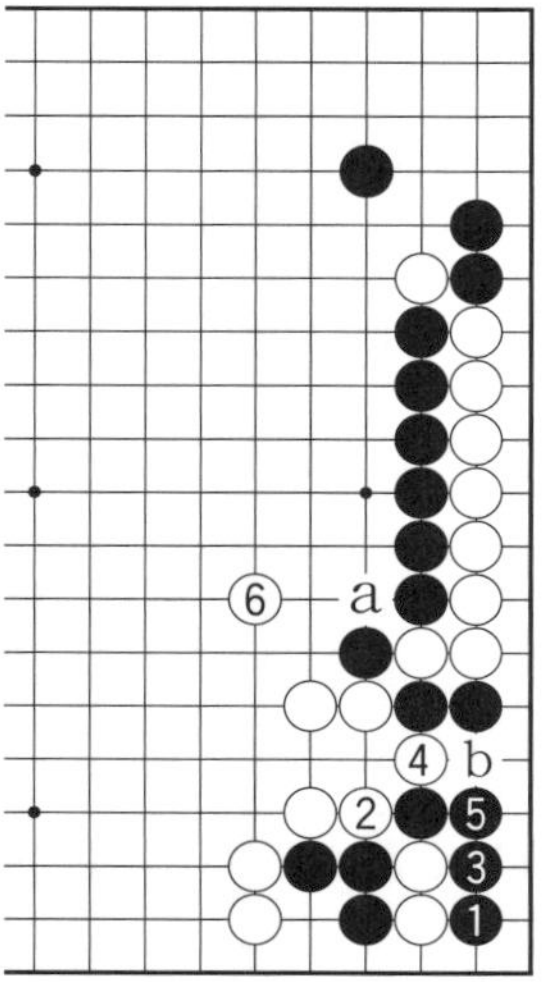

26図

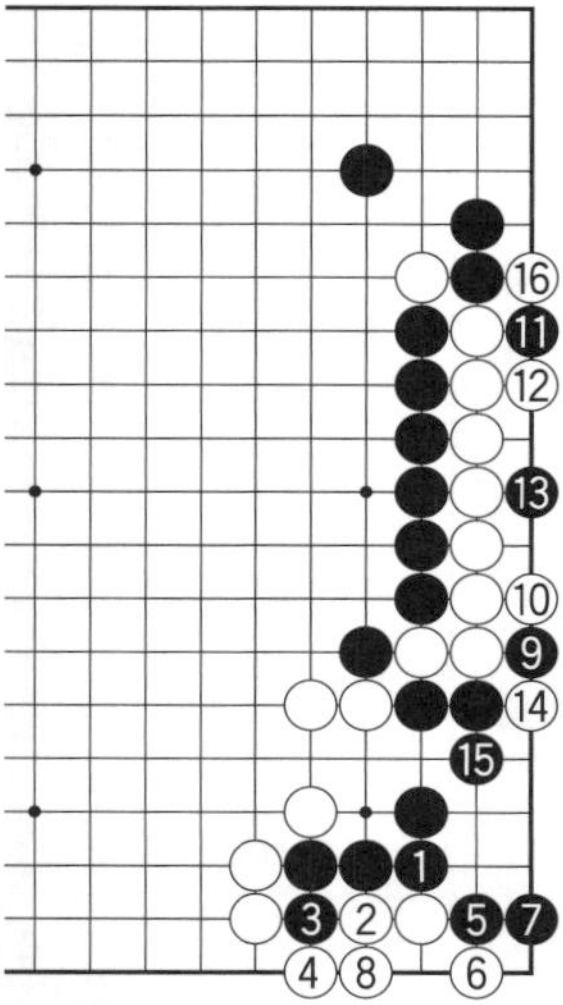

27図

28図、続いて黒1と緩める必要があります。黒aとオサえると白1に困ります。以下白6まで、コウ付きの非常に複雑な攻め合いです。黒が大変でしょう。

24図黒13で**29図**1とノビても、白2が狙い。

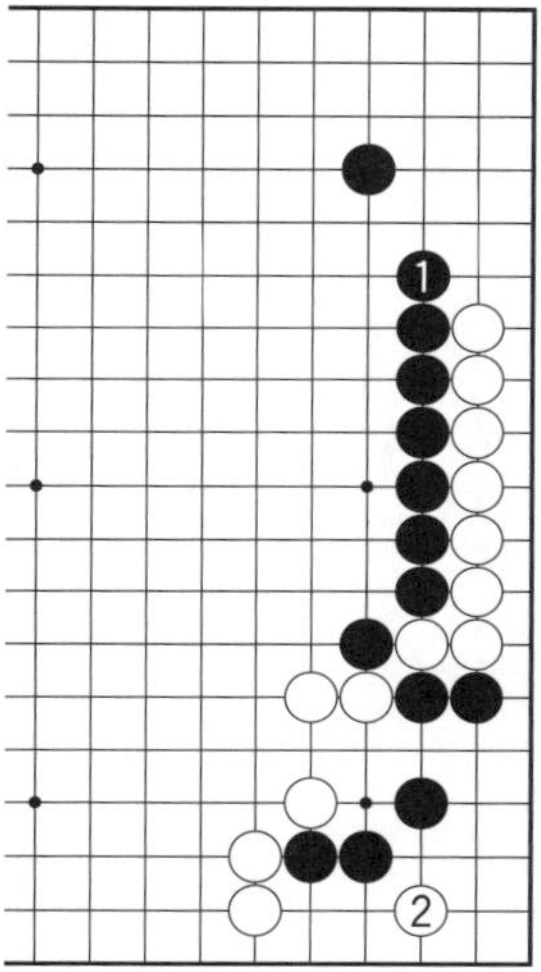

29図

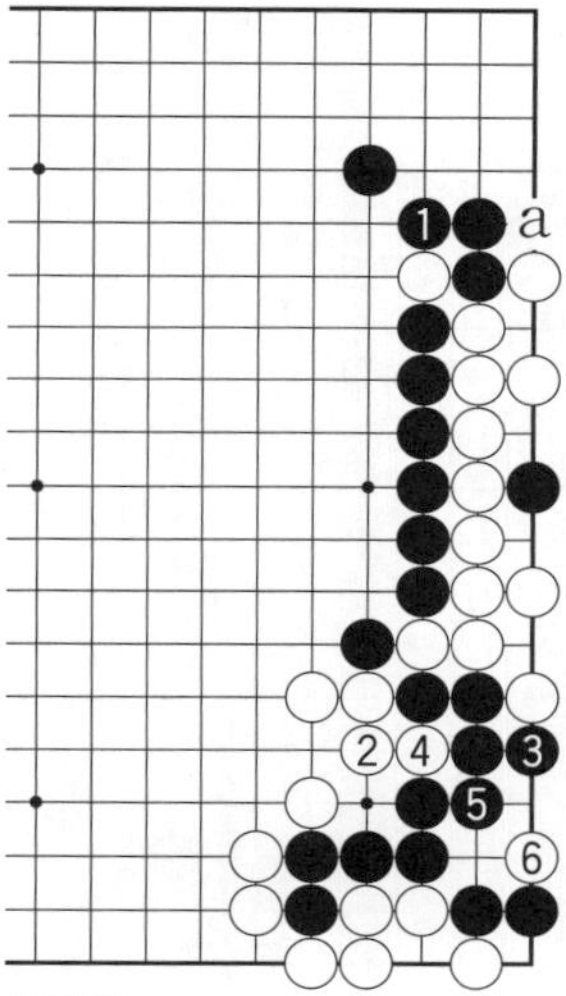

28図

以上のように、白aとすぐにツケていく手も有力ですが、白1からの中央作戦もやってみたい手で、これが山賢流です。

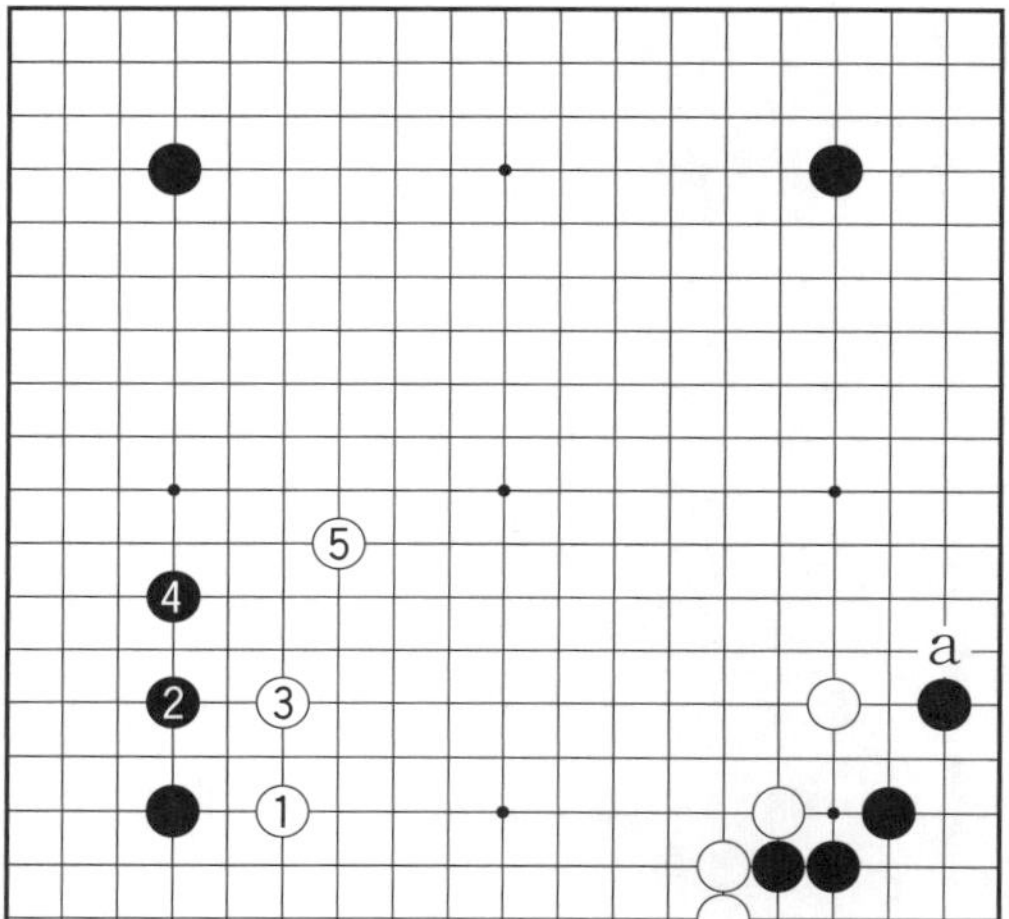

山賢流

あるいはこの白1、3です。こちらはGTO流です。

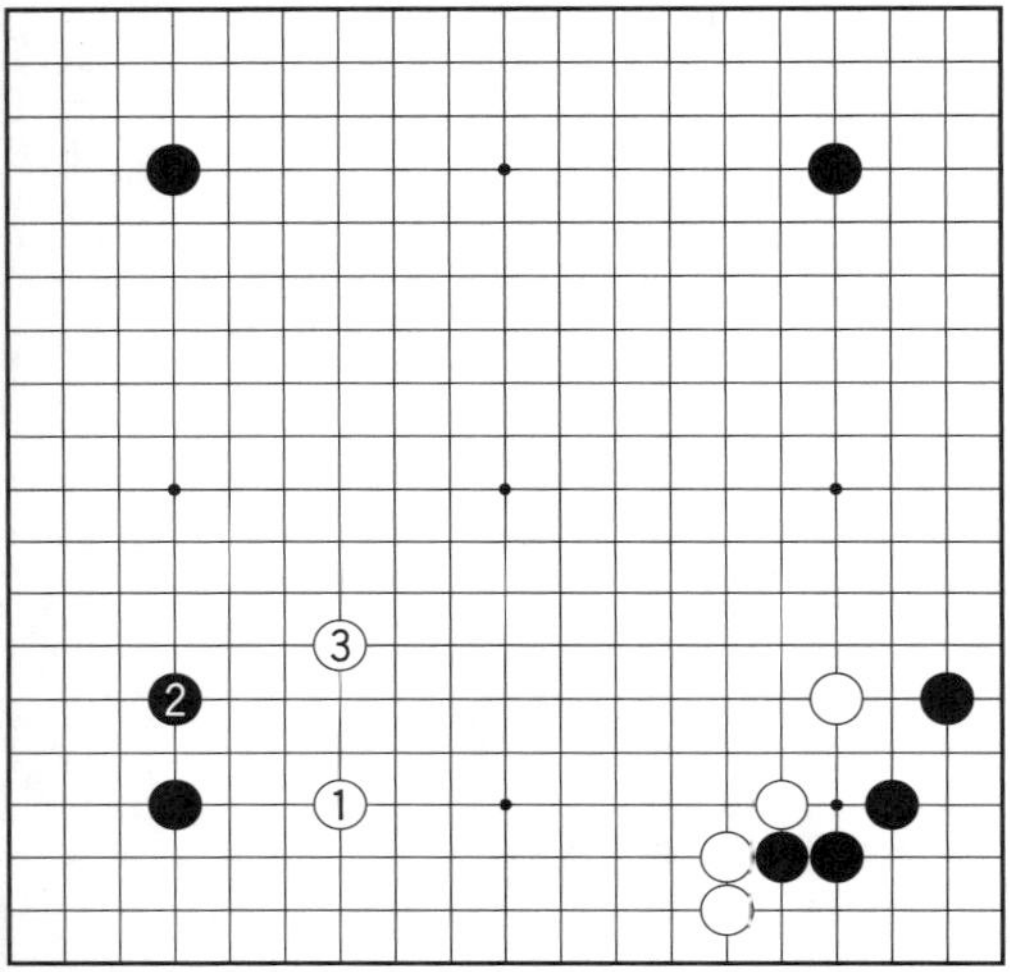

GTO流

白の狙いは、黒1の切りを仕掛けてくることです。存分に広げて、入ってくるのを誘っています。

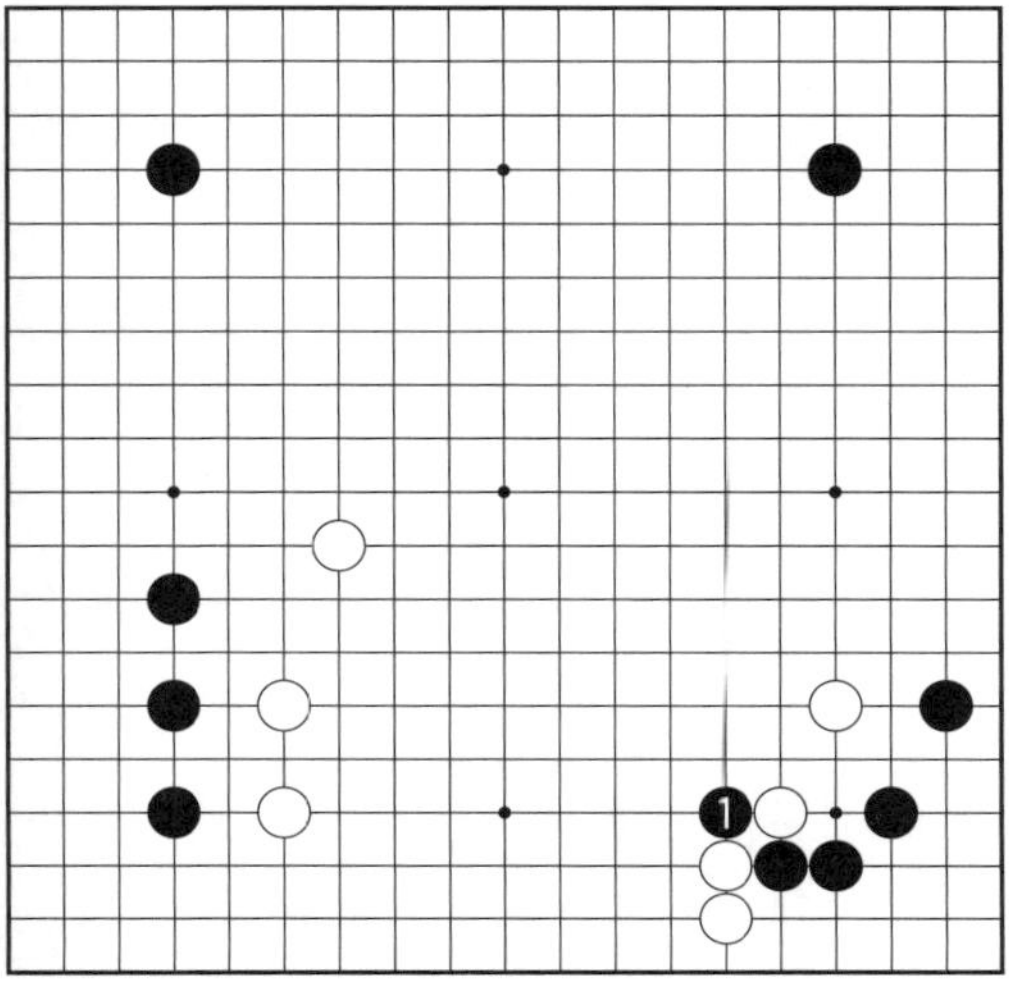

1図

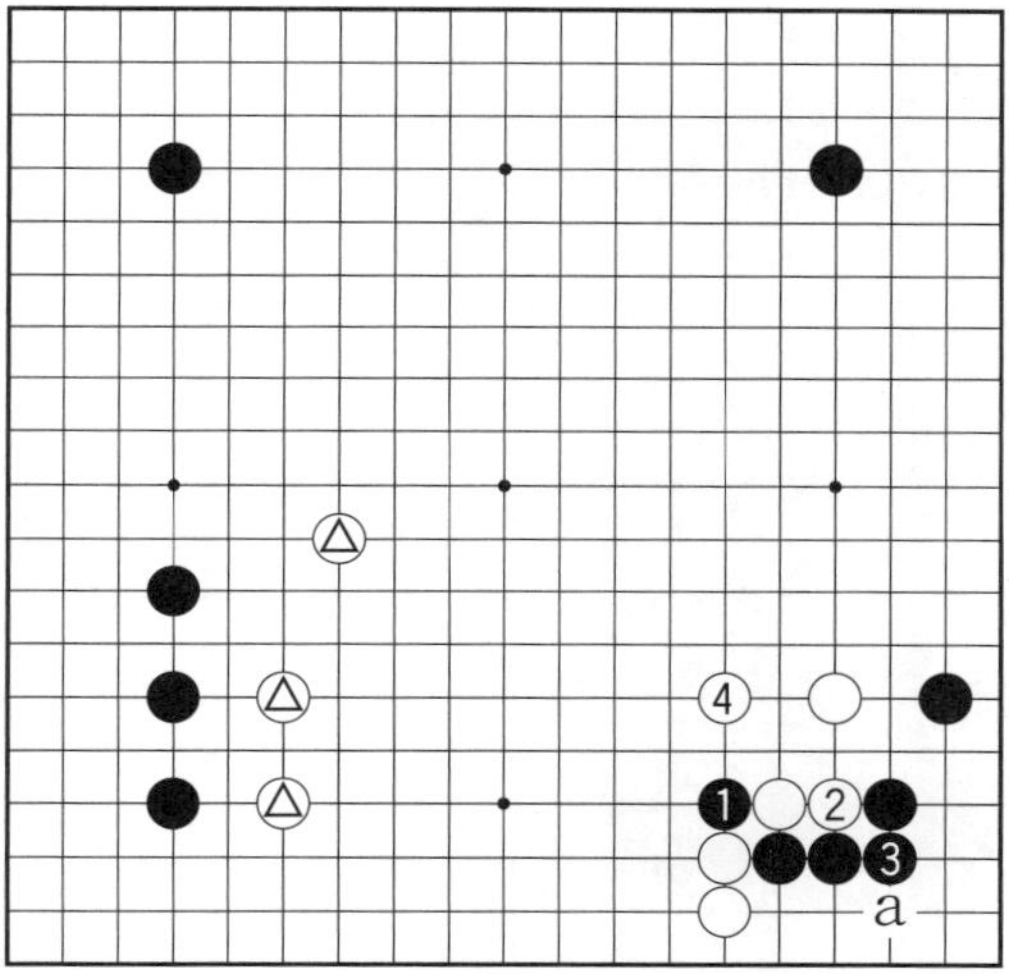

2図

白は2、4と打ってみます。戦いに引きずり込み、△を生かす展開に持ち込みたいですね。

なお、黒3ではaのカケツギもあります。どちらが正着でしょうか。

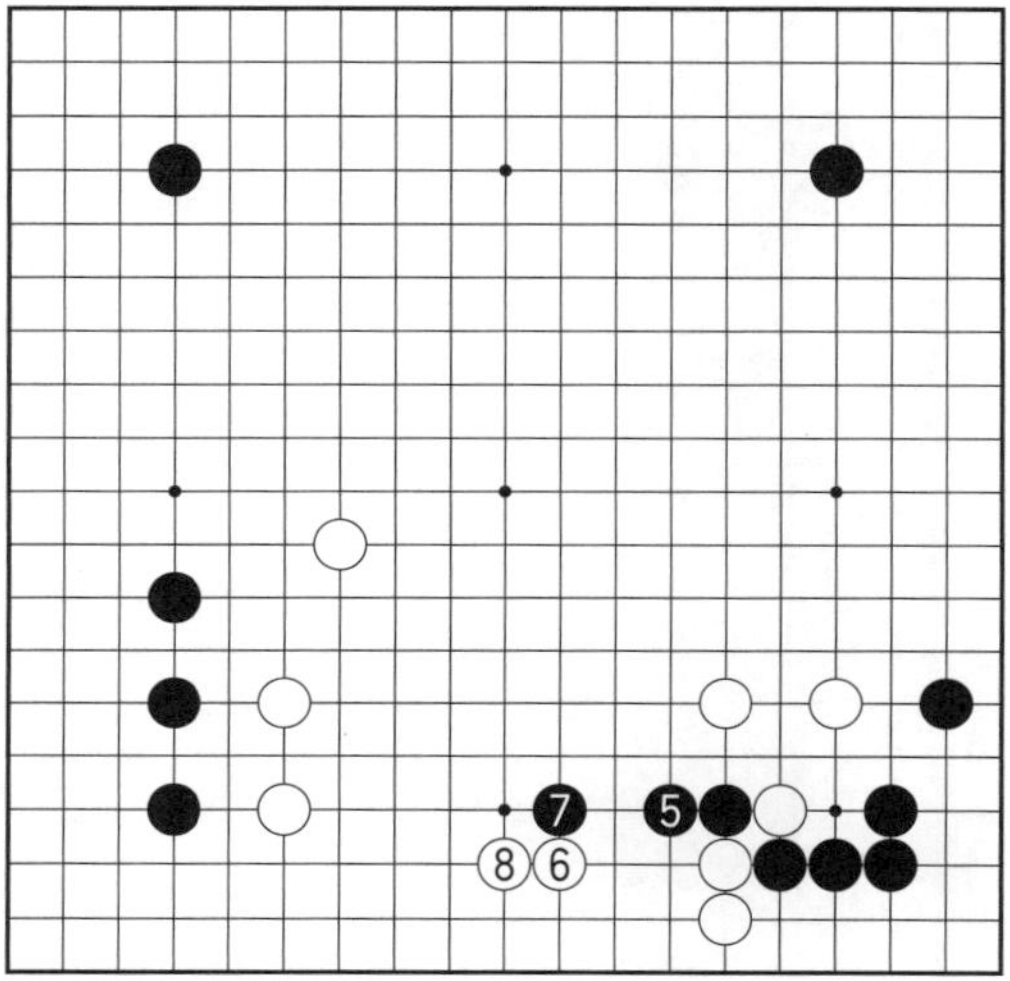

3図

続いて、黒5のノビなら白6、8で攻撃態勢を取ります。

ちなみに、ＧＴＯ流ならこうなります。

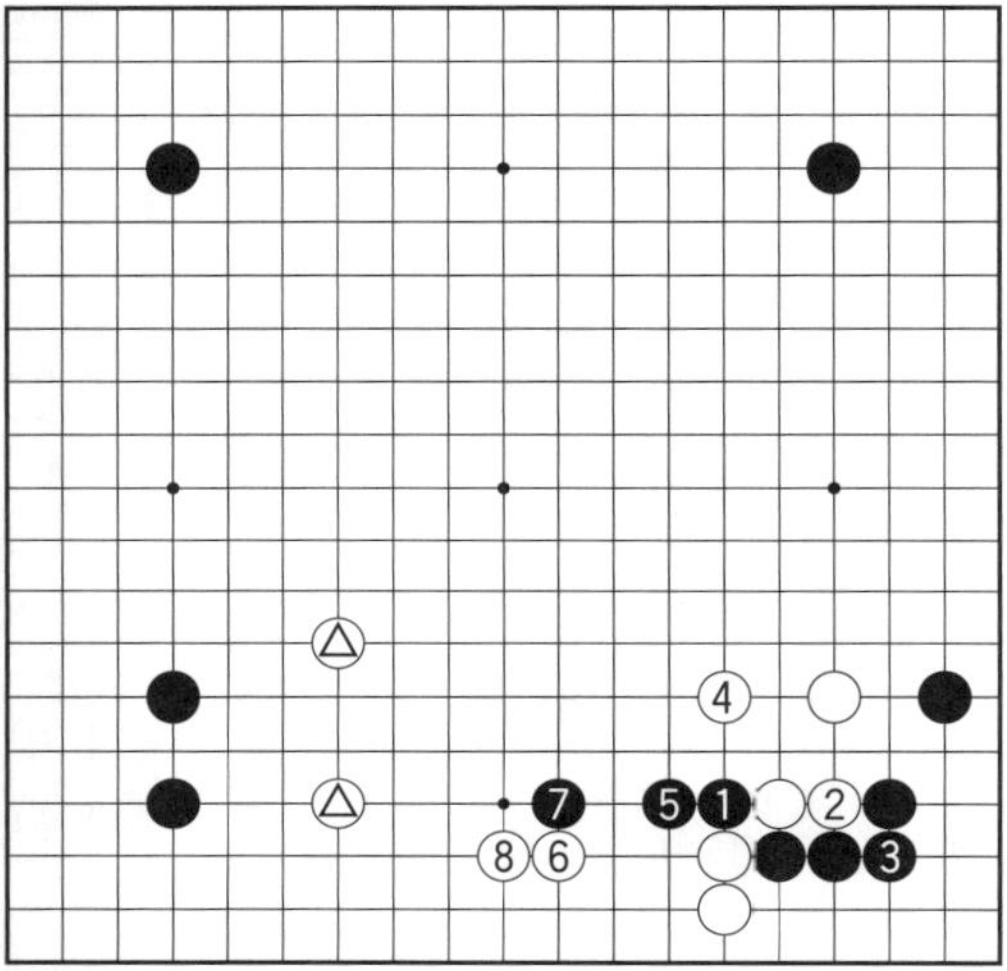

４図（ＧＴＯ流の進行）

３図の黒５は、１が有力です。白２とツグと黒３とハネられて、以下白参ってしまいます。

というわけで…

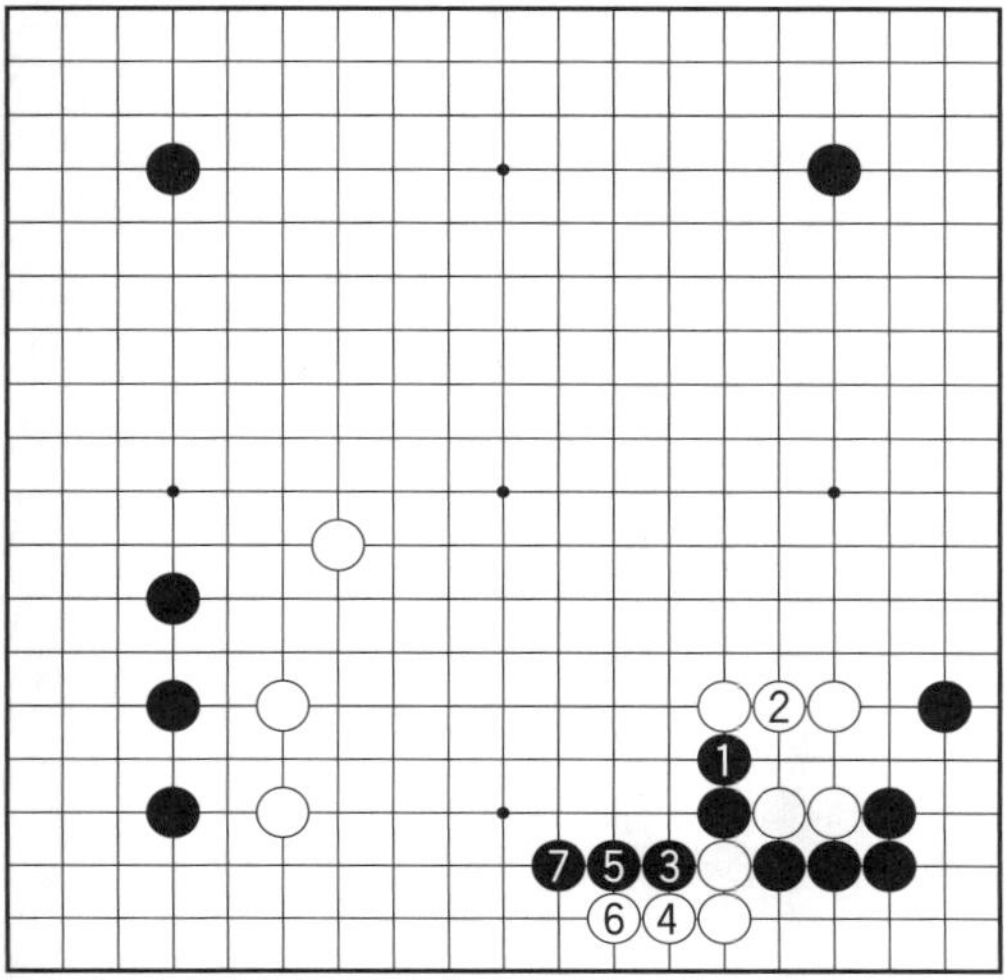

５図

前図の白2では、1とダメを詰めておかないといけません。黒4なら白5と受けて安心です。黒4では…

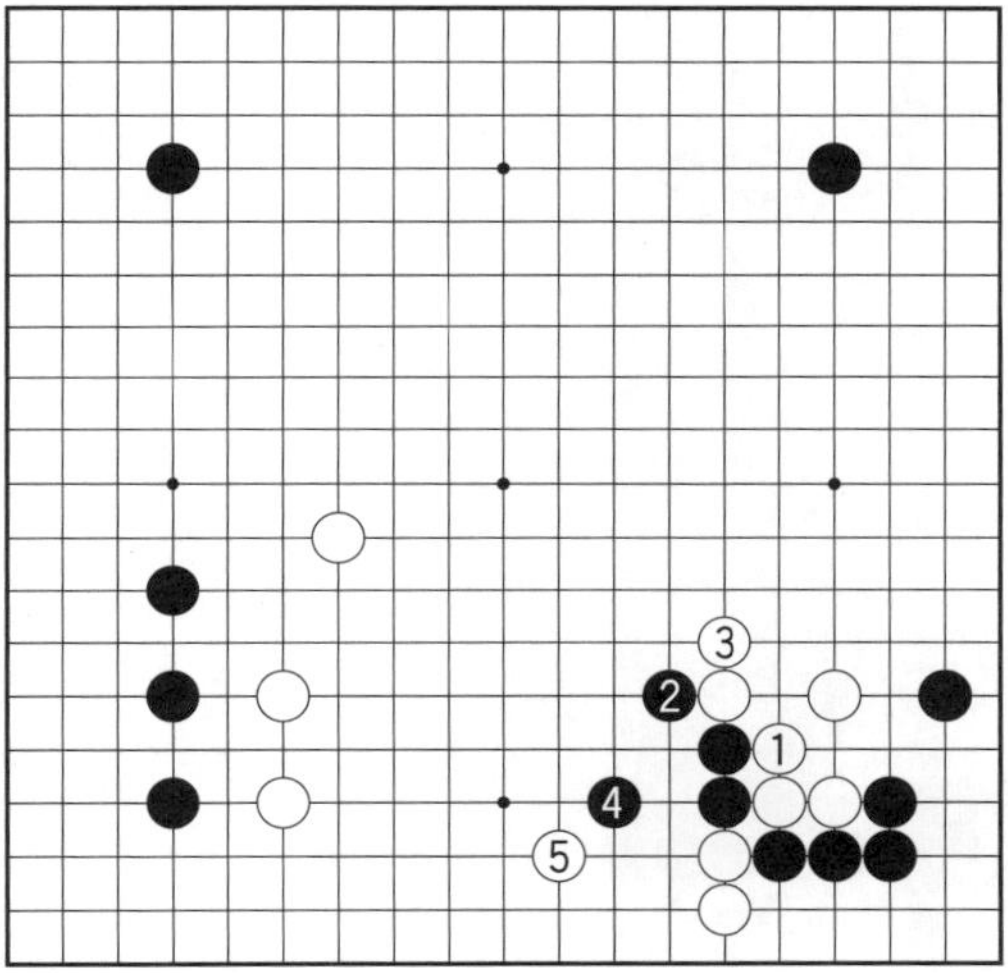

6図

やはり、黒は1、3が強手です。白も4、6と踏ん張ります。

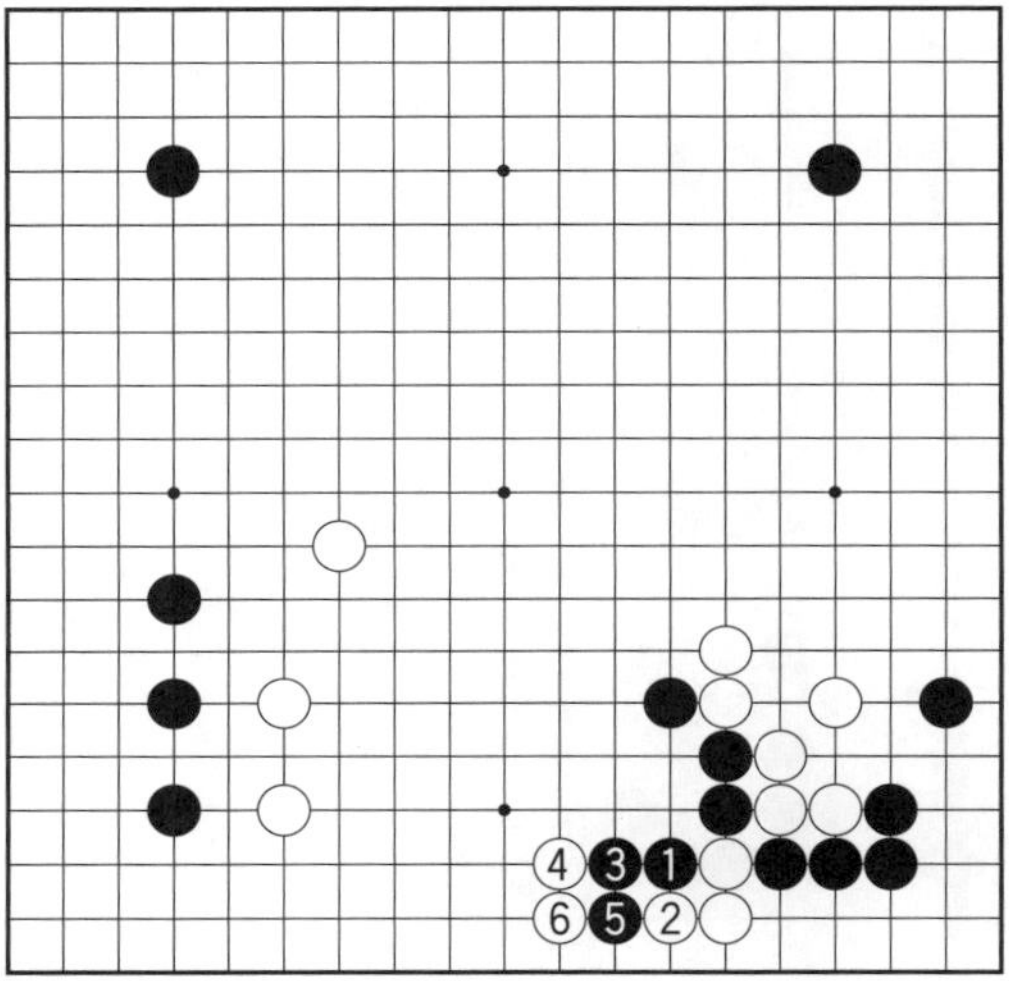

7図

続いて、黒7、9はやむを得ません。
白は12とウッテガエシを防ぐ必要があります。
黒は13、15と中央をくつろがせて上手くいきました。

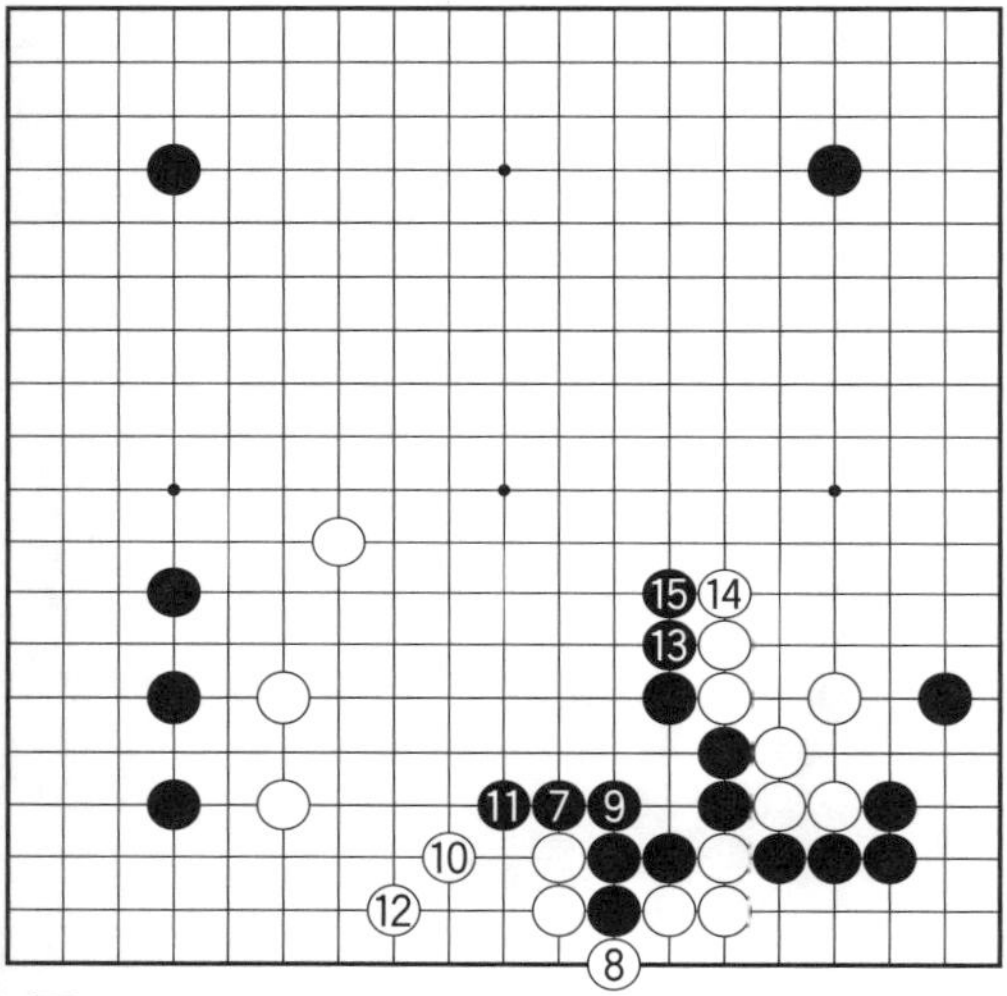

8図

6図の白3では、1から力づくでいくのも面白い手段です。

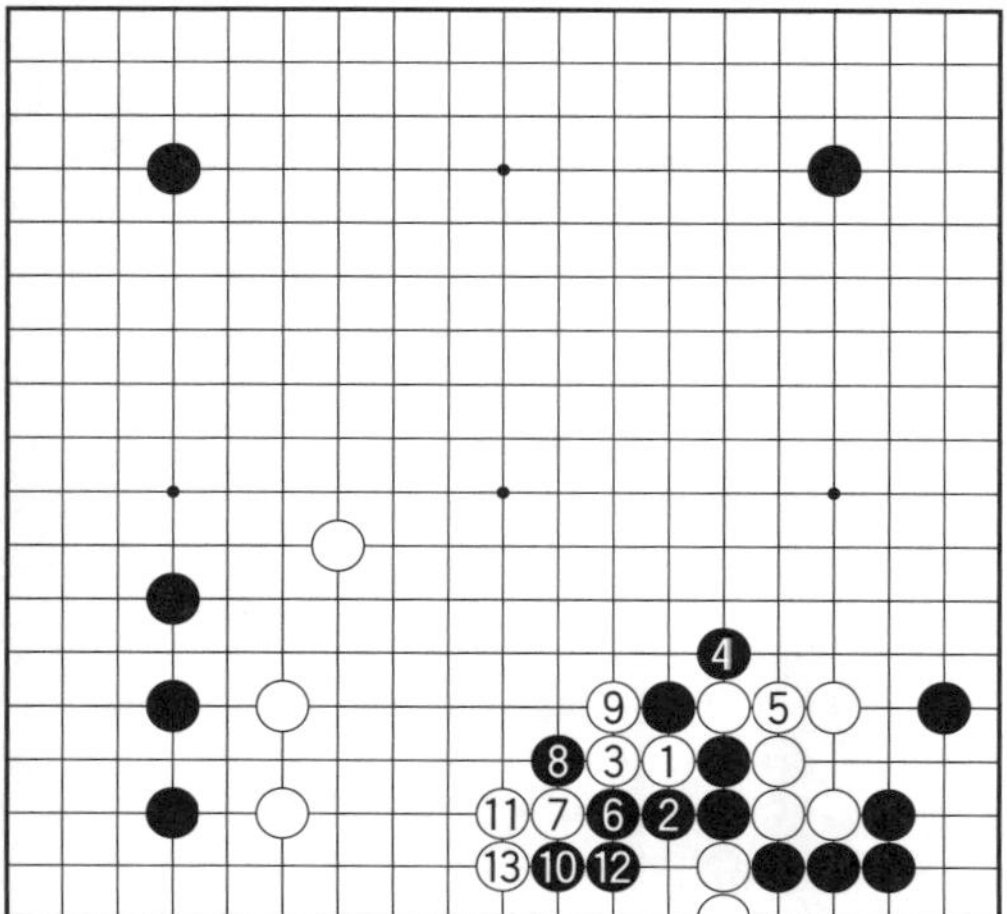

9図

続いて、黒1とツグと白2以下、攻め合い白勝ちです。△がぴったり、シチョウアタリになっていますね。

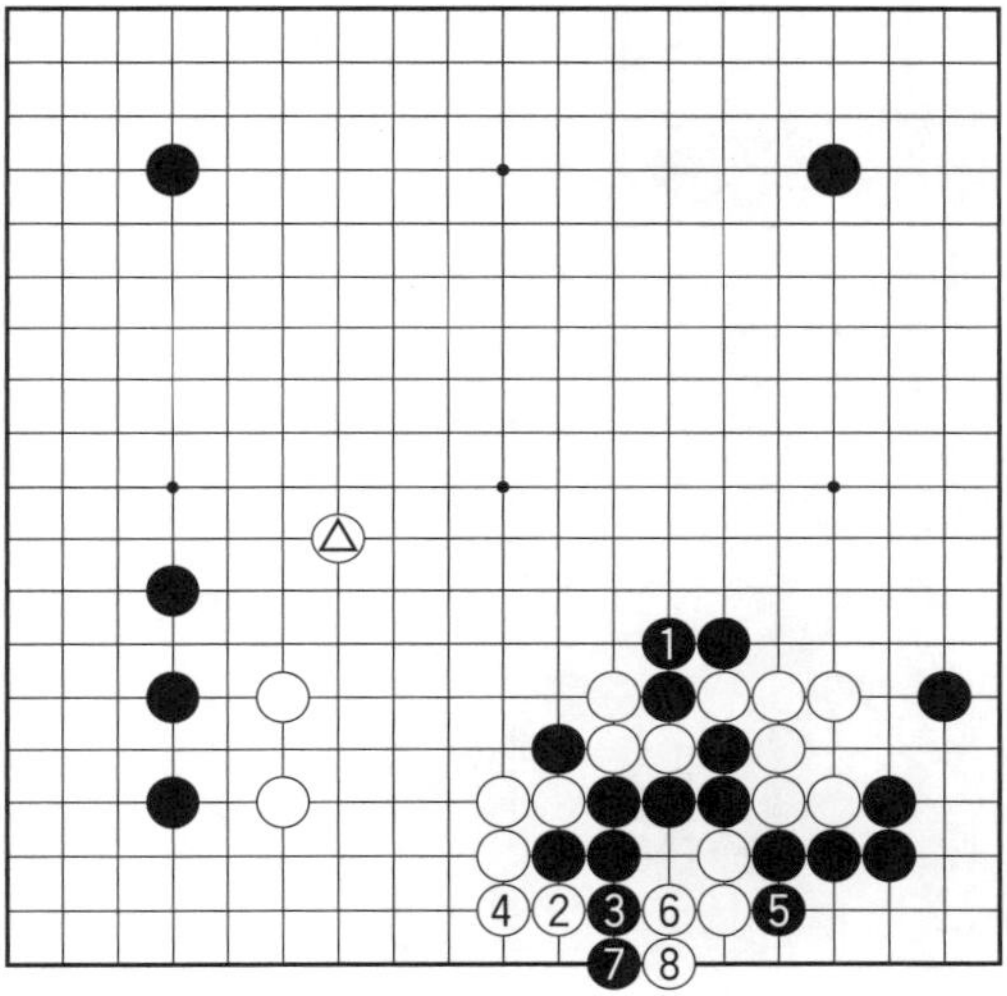

10図

黒1から取りにいけば攻め合いは黒勝ちですが、白6とポン抜ければ白やれます。

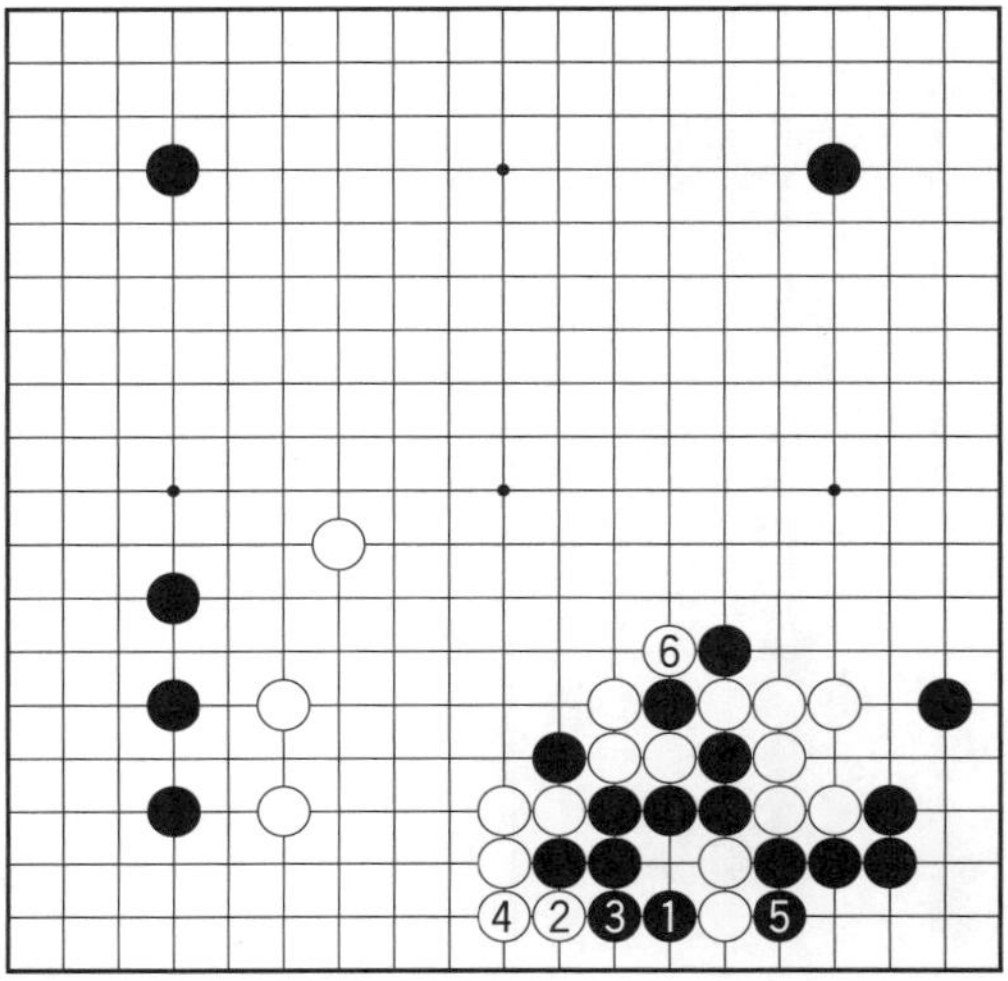

11図

ここは、黒1、3のハネツギが最強かつ最善の応手です。

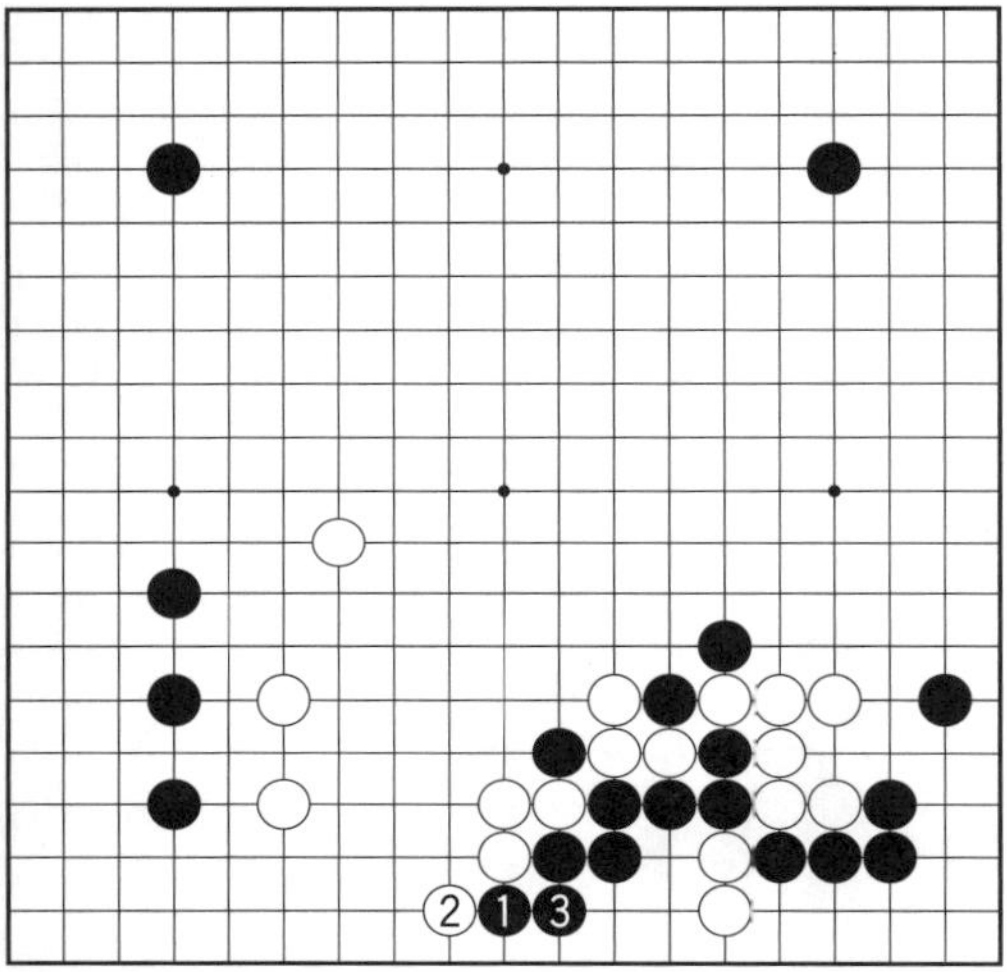

12図

続いて、白1と黒を取りに行くと、黒2の切りから反撃されて、白がツブレてしまいます。

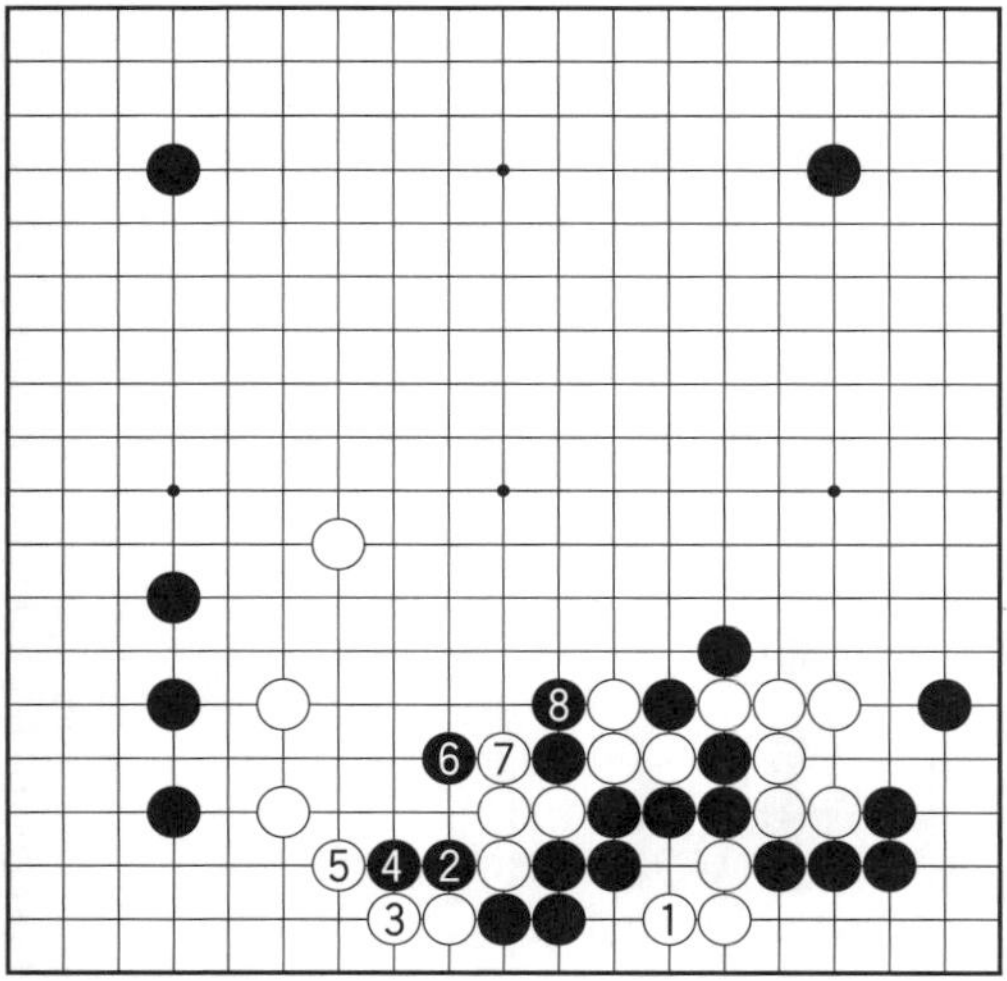

13図

ここで白1とポン抜いても、黒2の切りが一本入るとアジの悪さが残ります。黒4で実利が大きく、これは白悪いです。

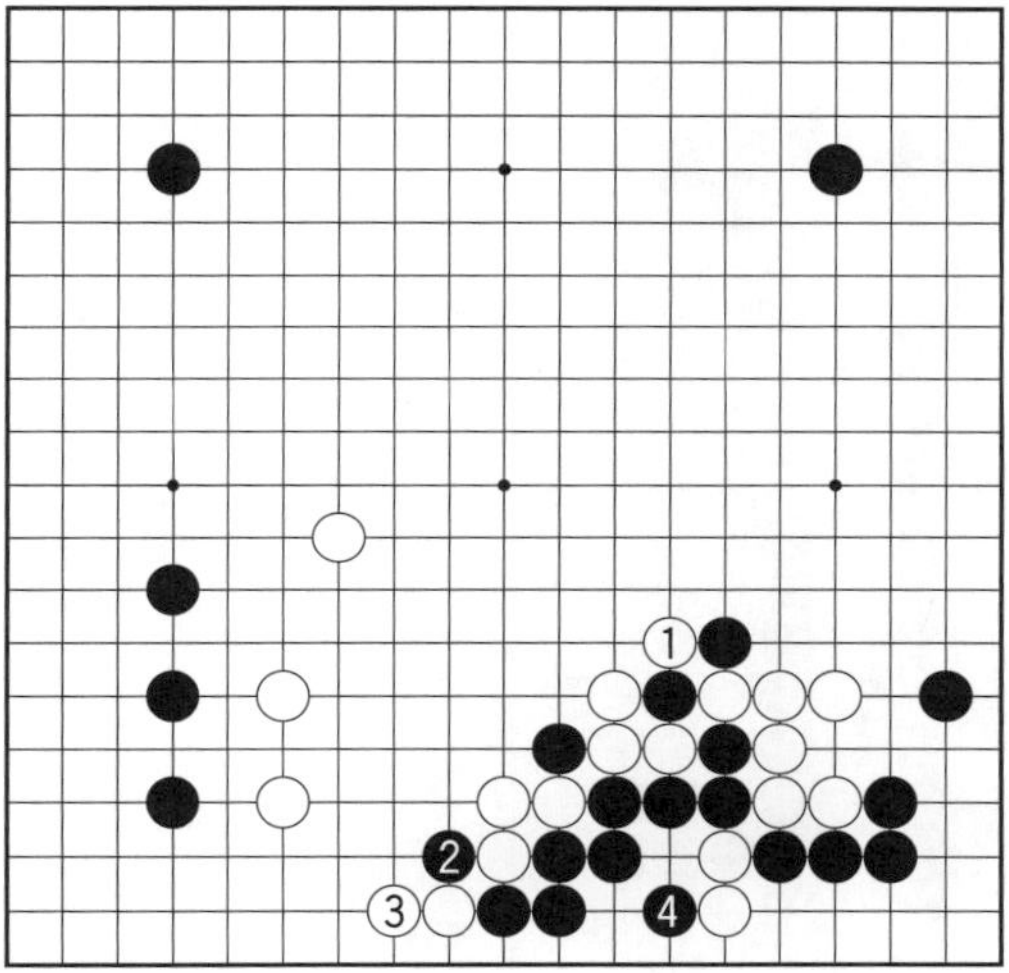

14図

なので、白1と一旦守ってから、3で一段落。若干、白が少し地に甘いかもしれません。ただし、白の厚みも立派なので、黒が正しく打てる可能性も考慮して、試してみる価値は大いにあるでしょう。

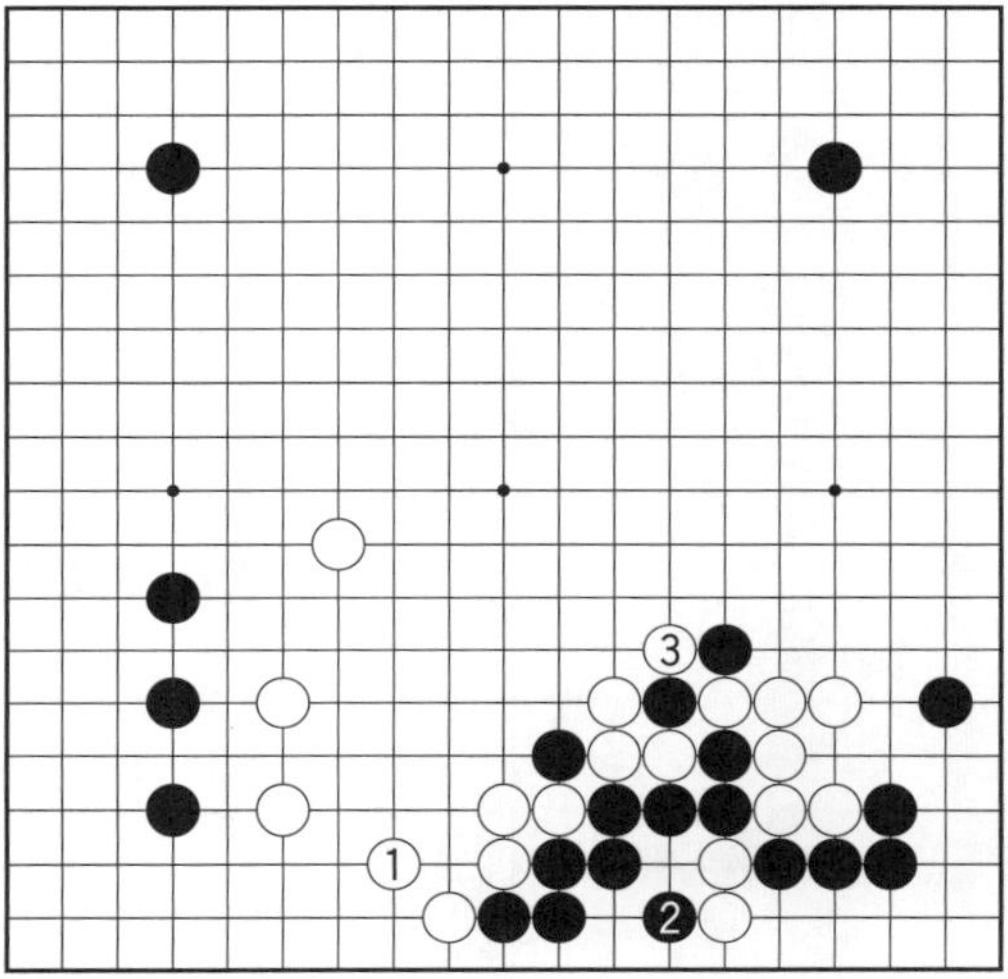

15図

黒1から3までは再掲。ここで、白4が本手です。白8とトベば、以下14までの進行です。まだまだ中央の黒石を狙っています。

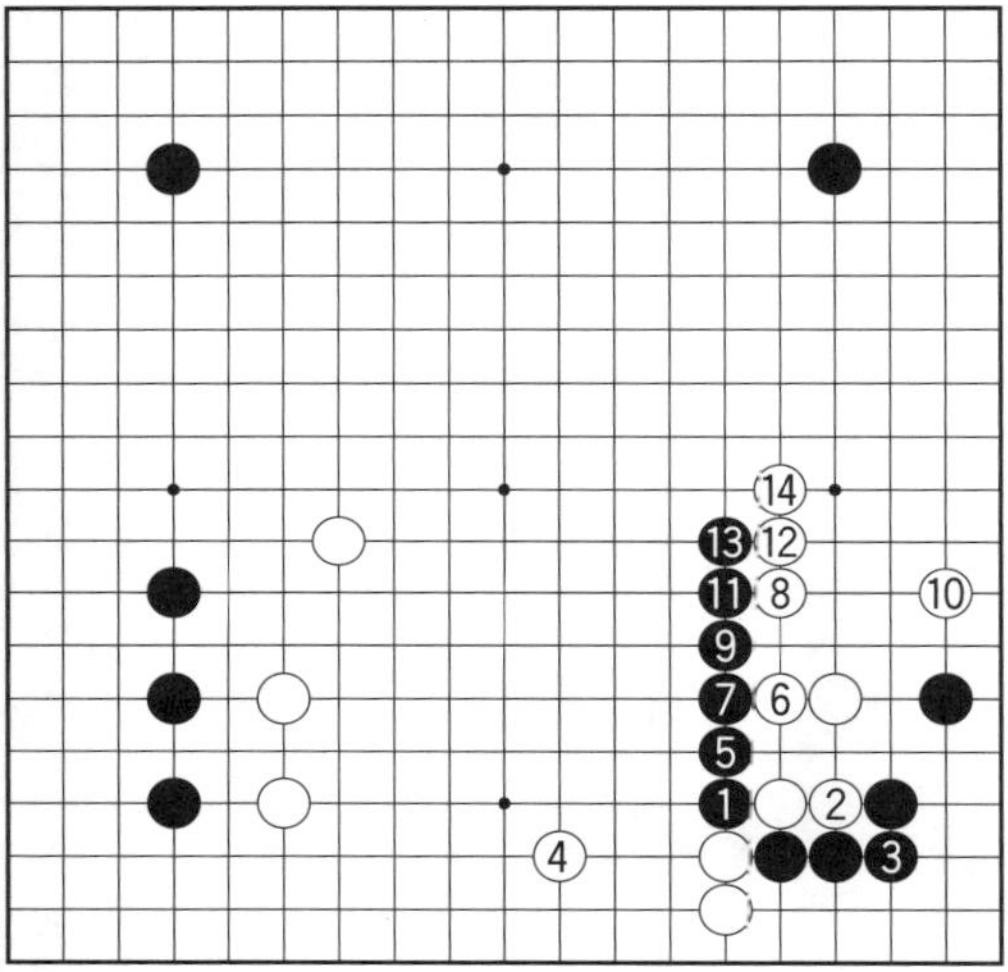

16図

前図の白8では、1とハネて頑張りたいですが、どうなるでしょうか?

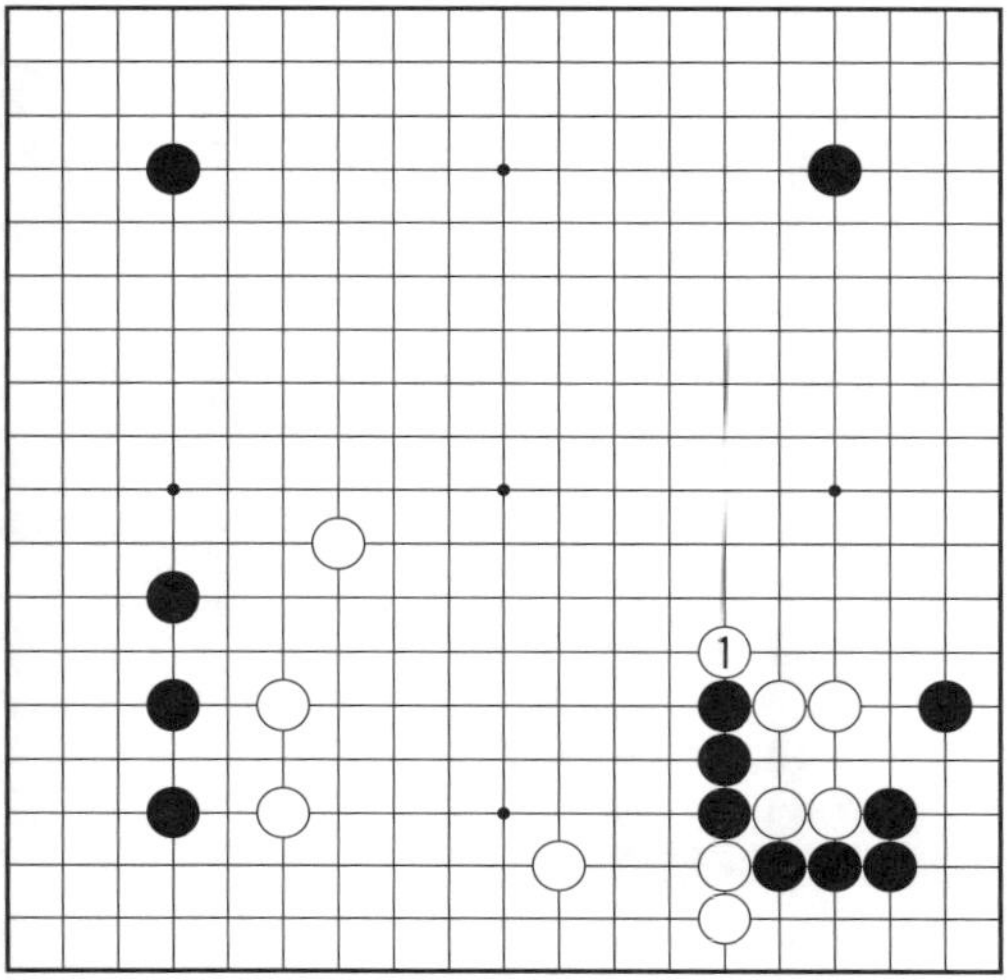

17図

おとなしく黒２のハネなら、白７まで16図より勝ります。

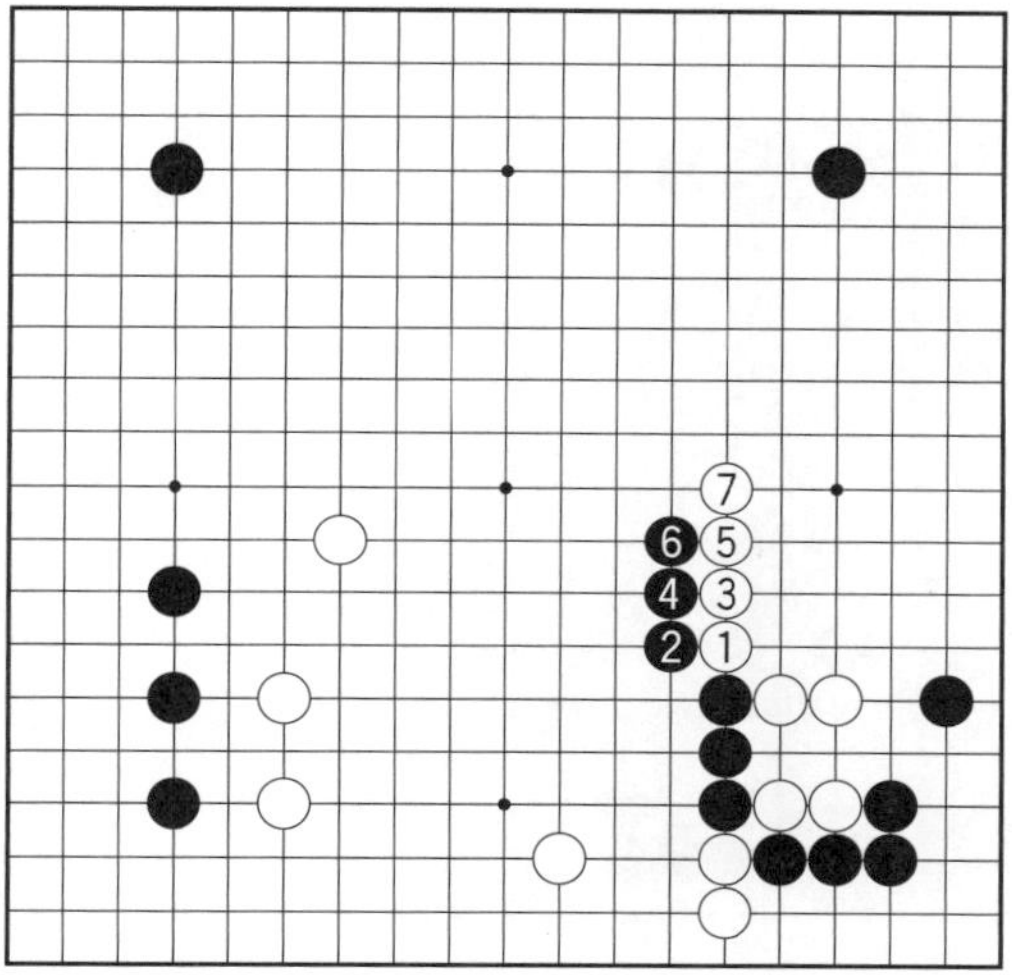

18図

前図の黒２では、１の切りが鋭い手です。白２と取らせて、黒３に白は５とはツゲません。ただし、黒５と白２子を取られては痛いようですが、白４のポン抜きも立派な形。いい加減の分かれでしょう。

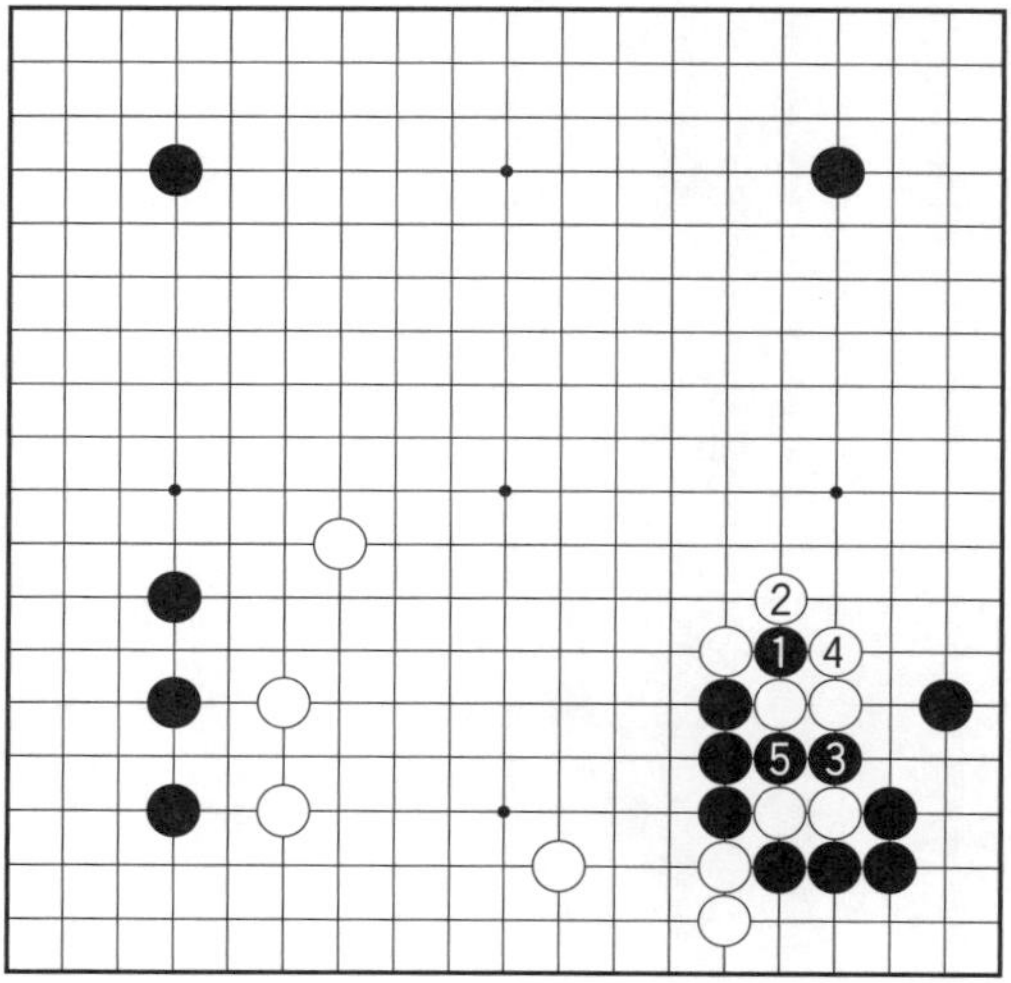

19図

白1とあくまでも頑張ると、黒8まで白がツブれてしまいます。

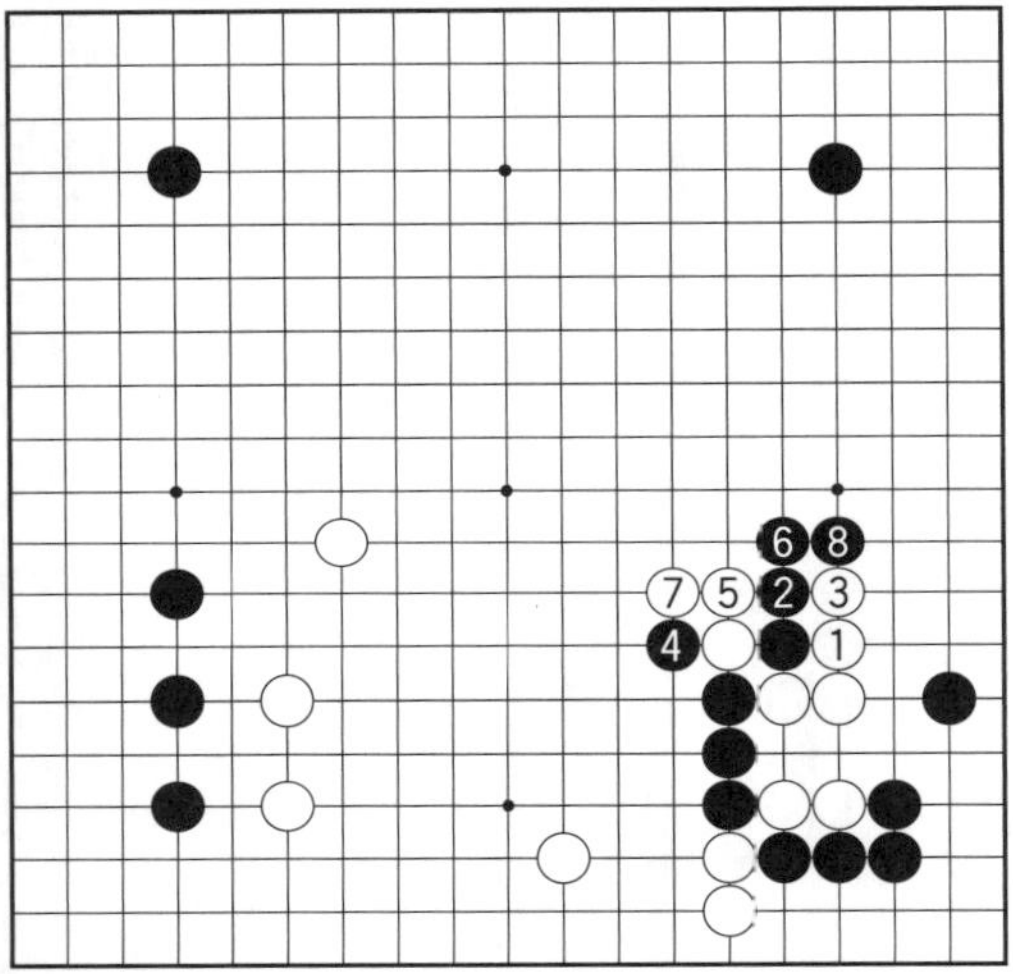

20図

ところで、話を2図に戻ります。
実は、黒3のツギ方はカケツギが少し勝る意味があります。

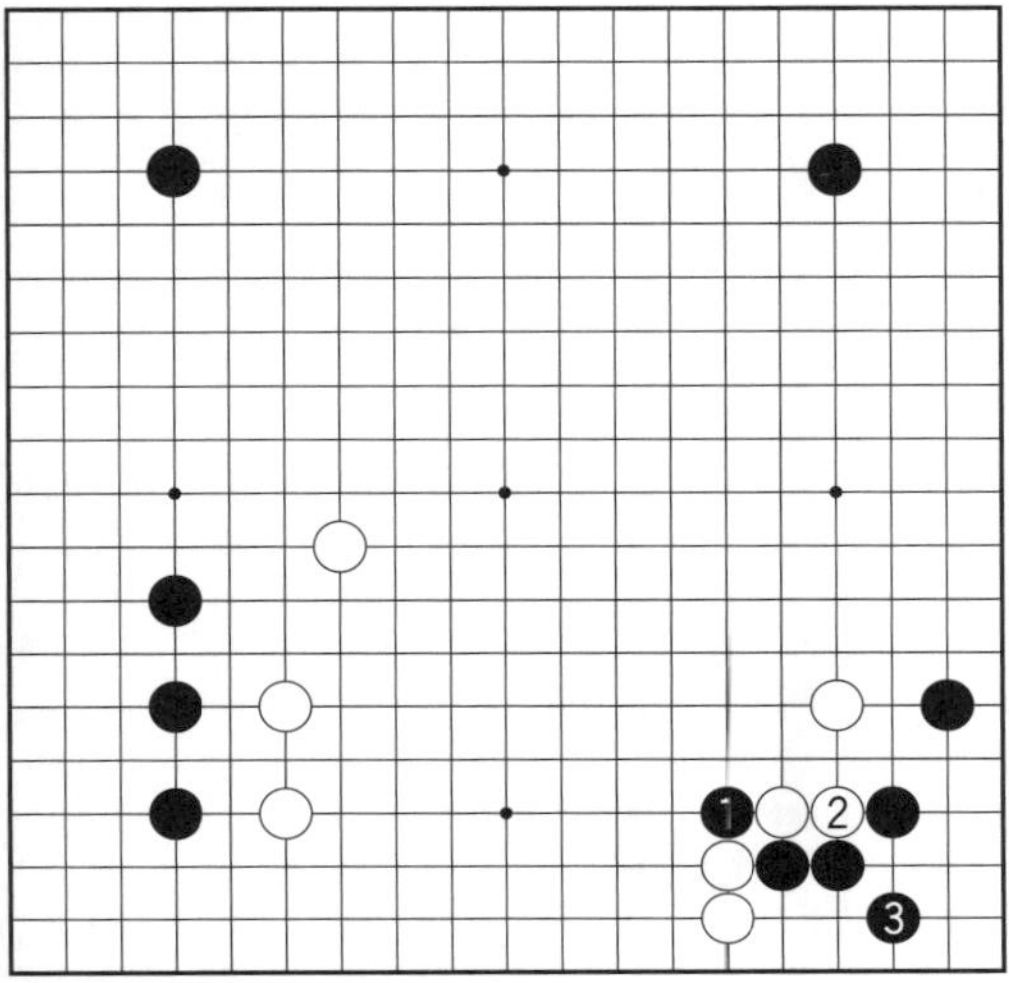

21図（高段者が悩む話）

例えば19図の進行になったとしましょう。その時に■がａにあると、サルスベリが残りますので、5目程損をする可能性があります。実は、囲碁はこういう繊細な部分もとても大切です。

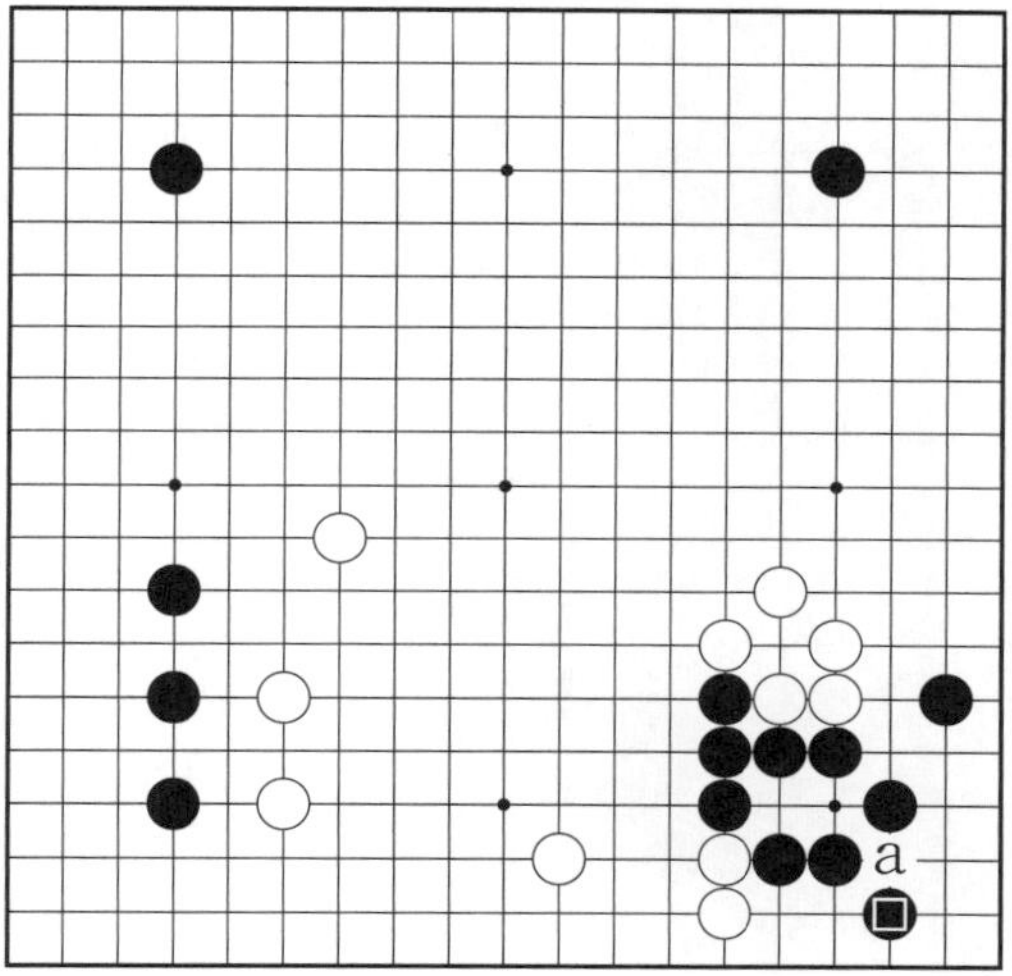

22図

しかし一方では、後に白ａとツケてこられた時に少し悪影響が出る可能性もあります。とても矛盾しているようですが、あまり深刻に考えないようにしましょう。こんなことで悩むのはプロだけで良いのです。

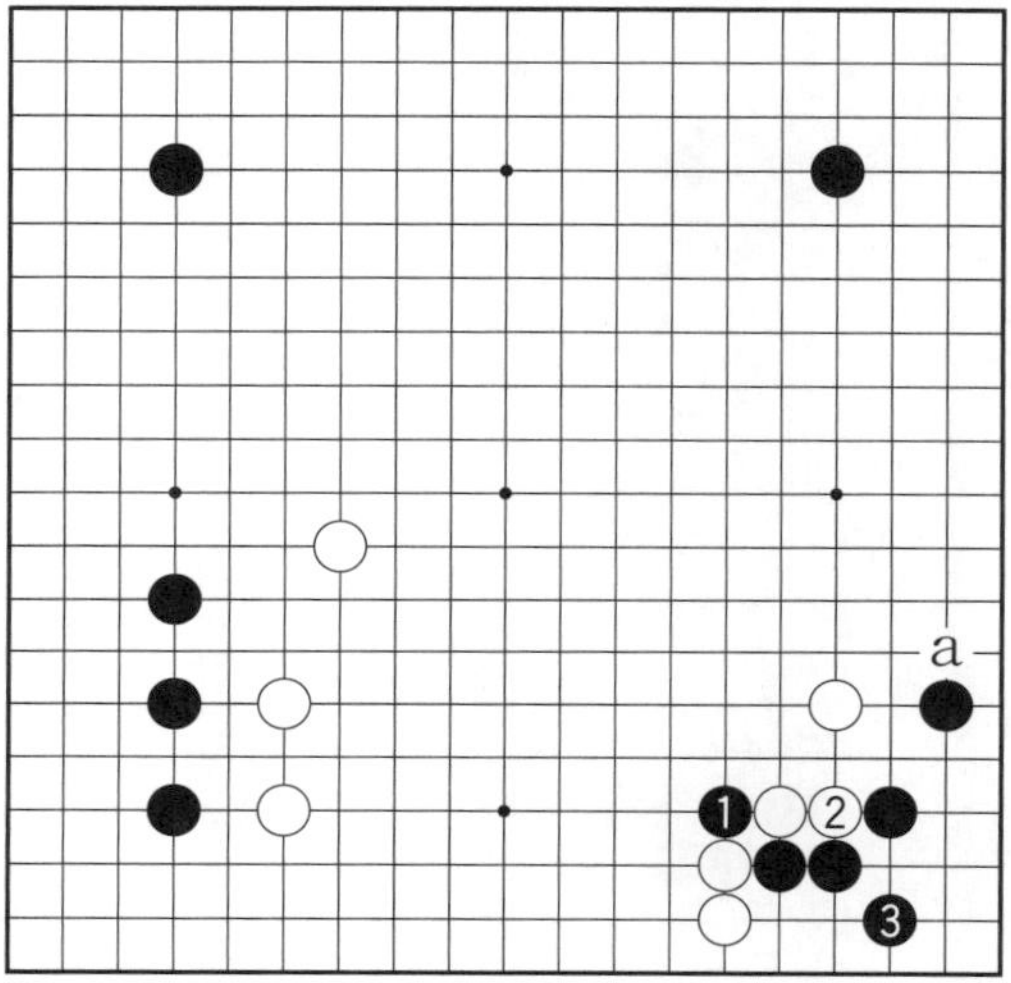

23図

ここまでを踏まえて、黒1と切られたときは白2が格好良い手です。一体どういう意味でしょうか。

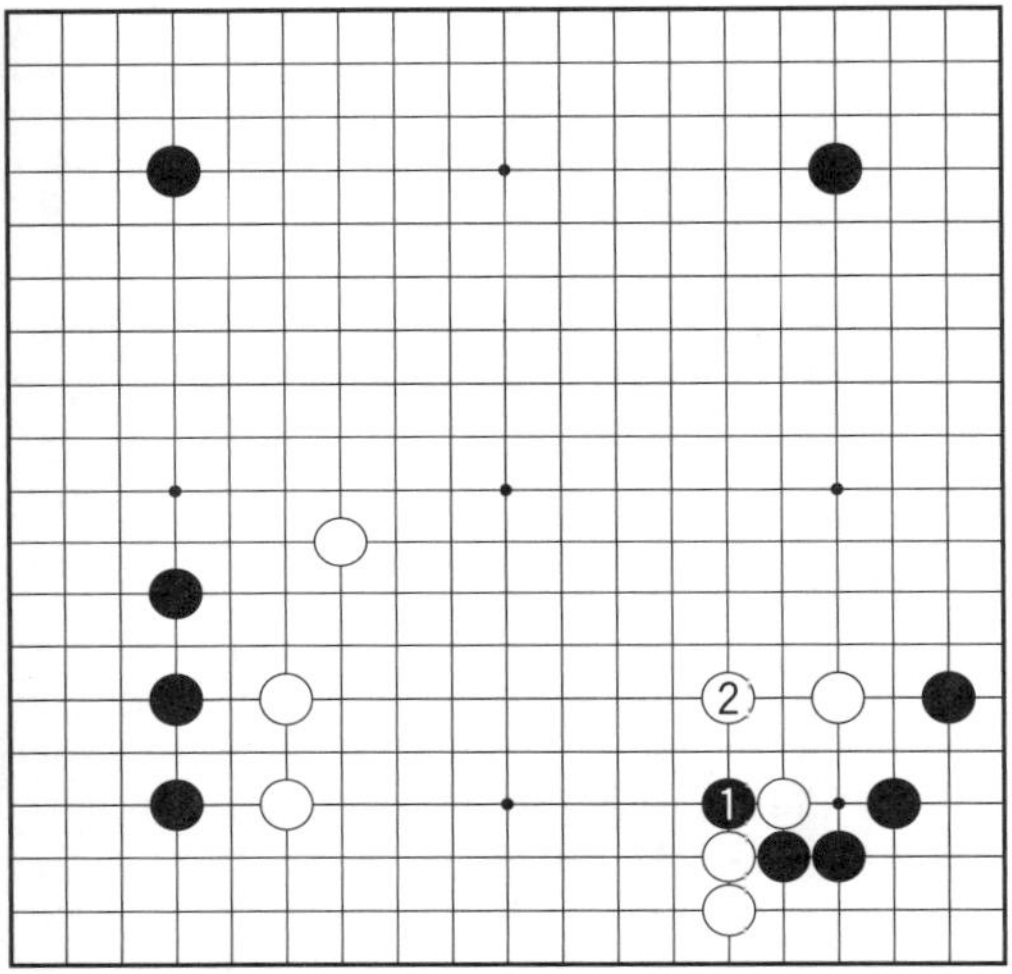

24図（山賢流の本流）

黒3と、「一目取れ～」と誘っています。思惑通り白6までになれば、白模様が引き締まります。

さらに、白6ではaと厚かましく打つことも出来ます。

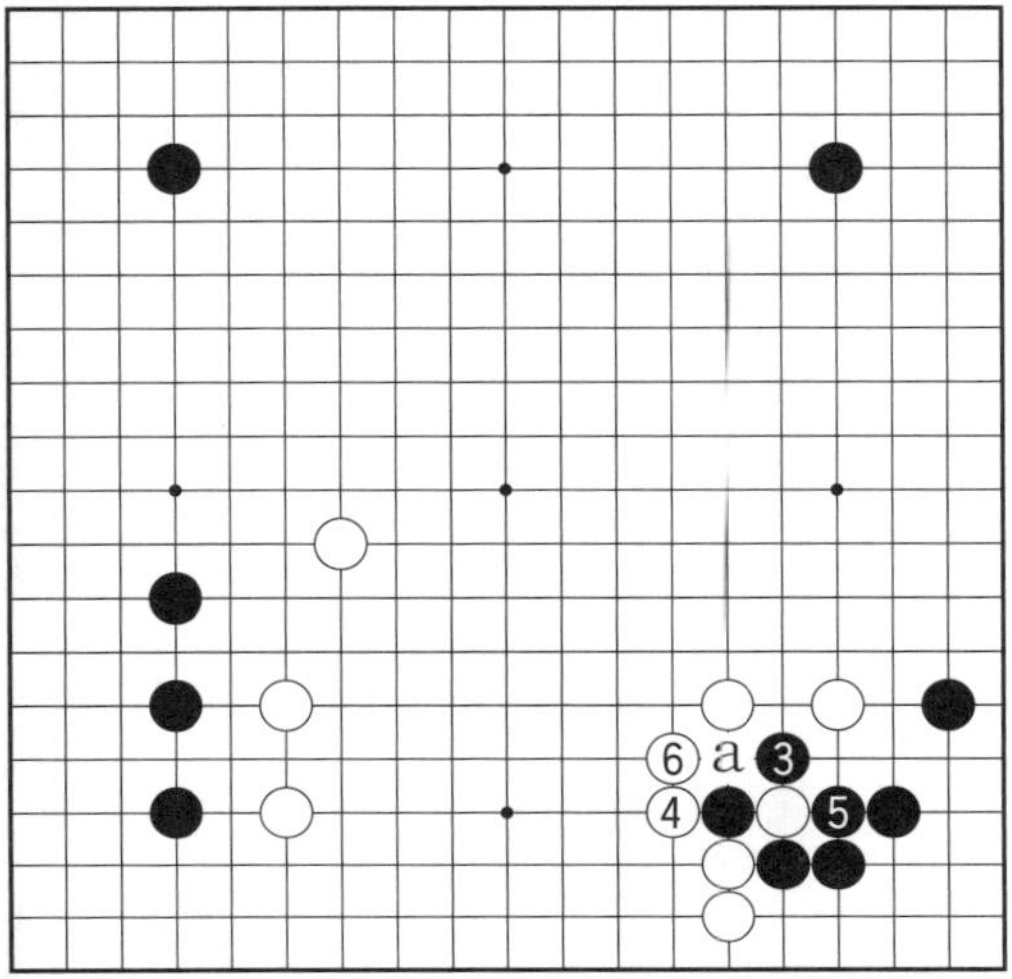

25図

黒1とノビるのは、白2、4で白が有利な図に戻ります。

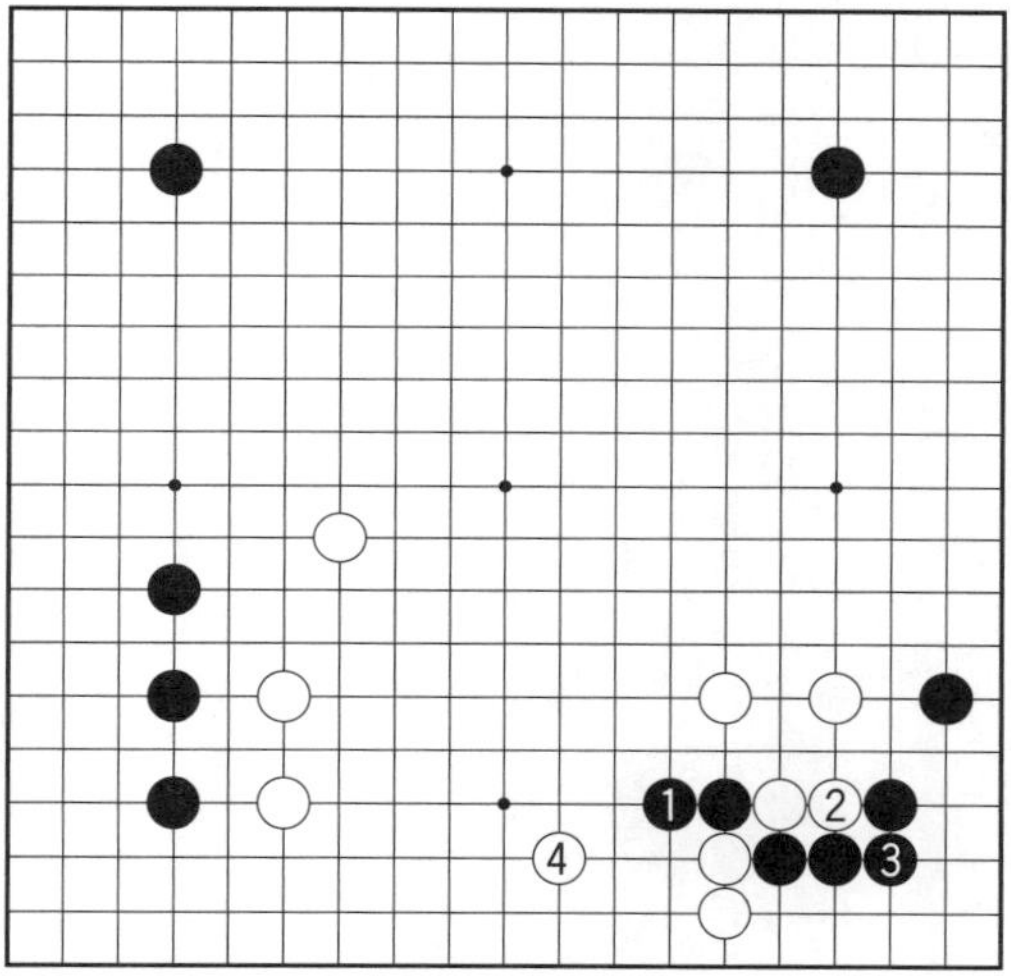

26図

気づける人がいるのかという、一見筋の悪そうな黒1が強手です。

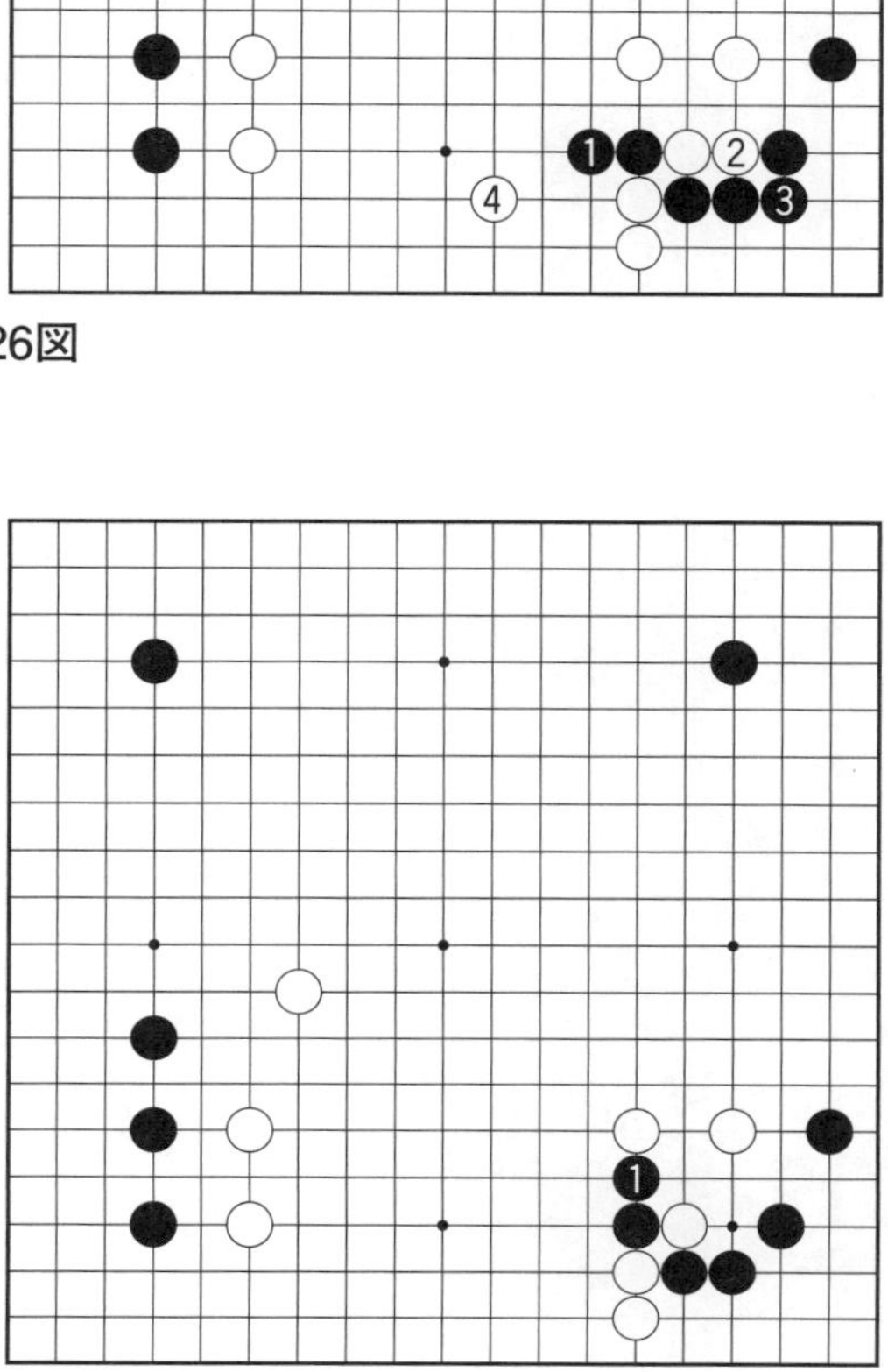

27図

この進行で6図に戻されてしまいます。しかし良く見ると、少し違いがありますね。

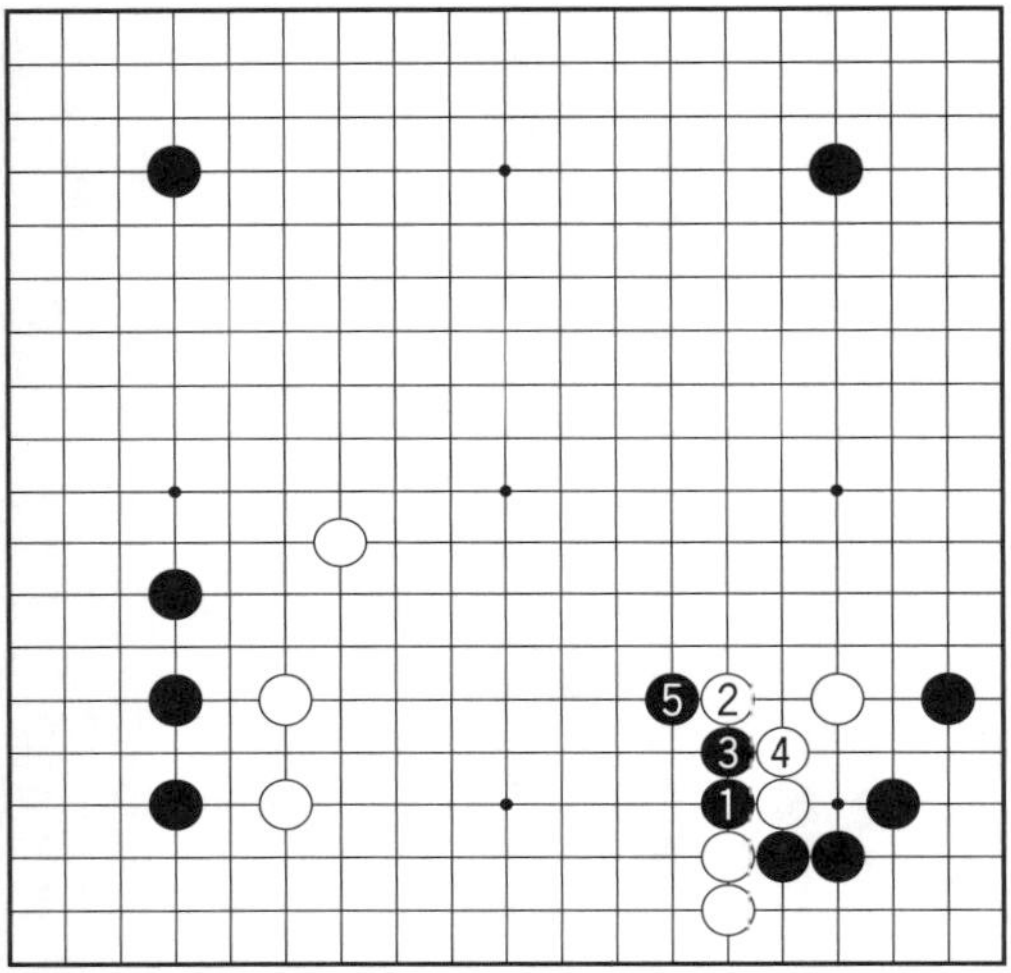

28図

続いて、白は1と強く頑張ってみます。その時はaの地点に白石はない方が良いのです。ダメ詰まりは時として命取りになりますので。

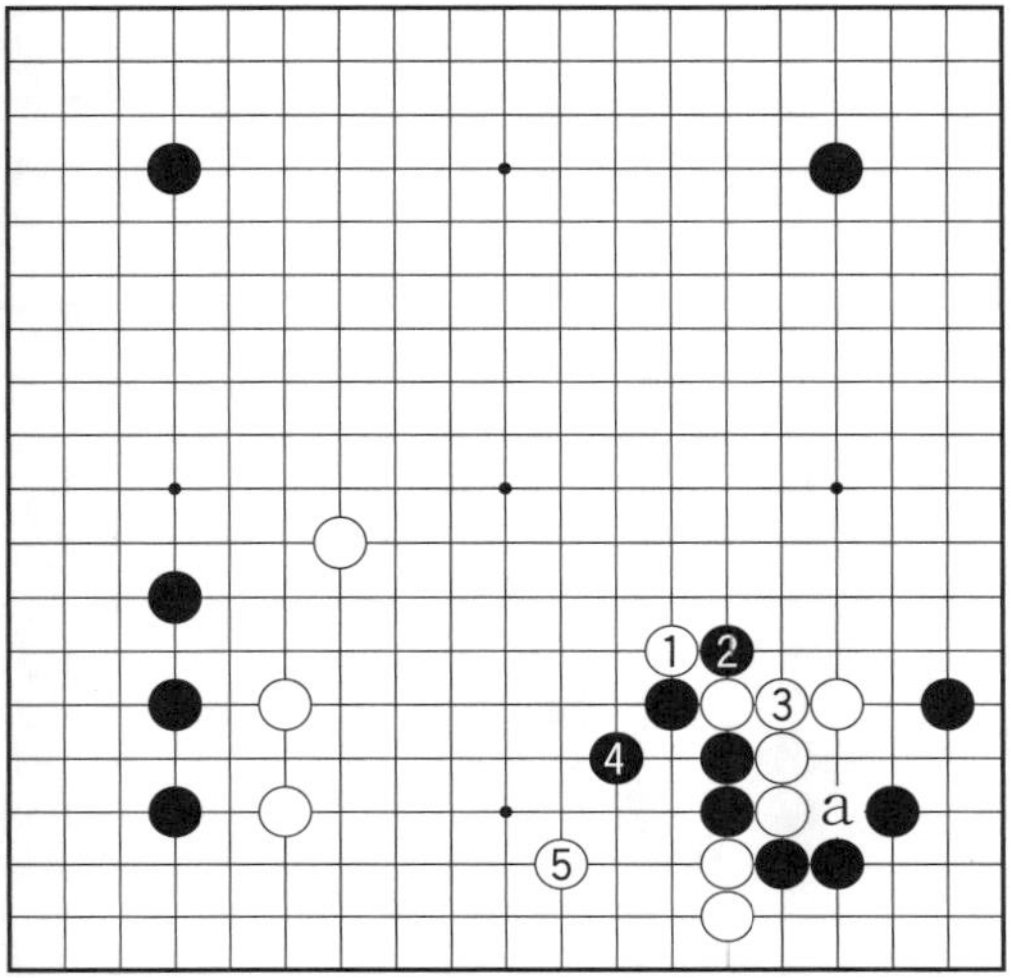

29図

このような進行なら白もやれそうです。

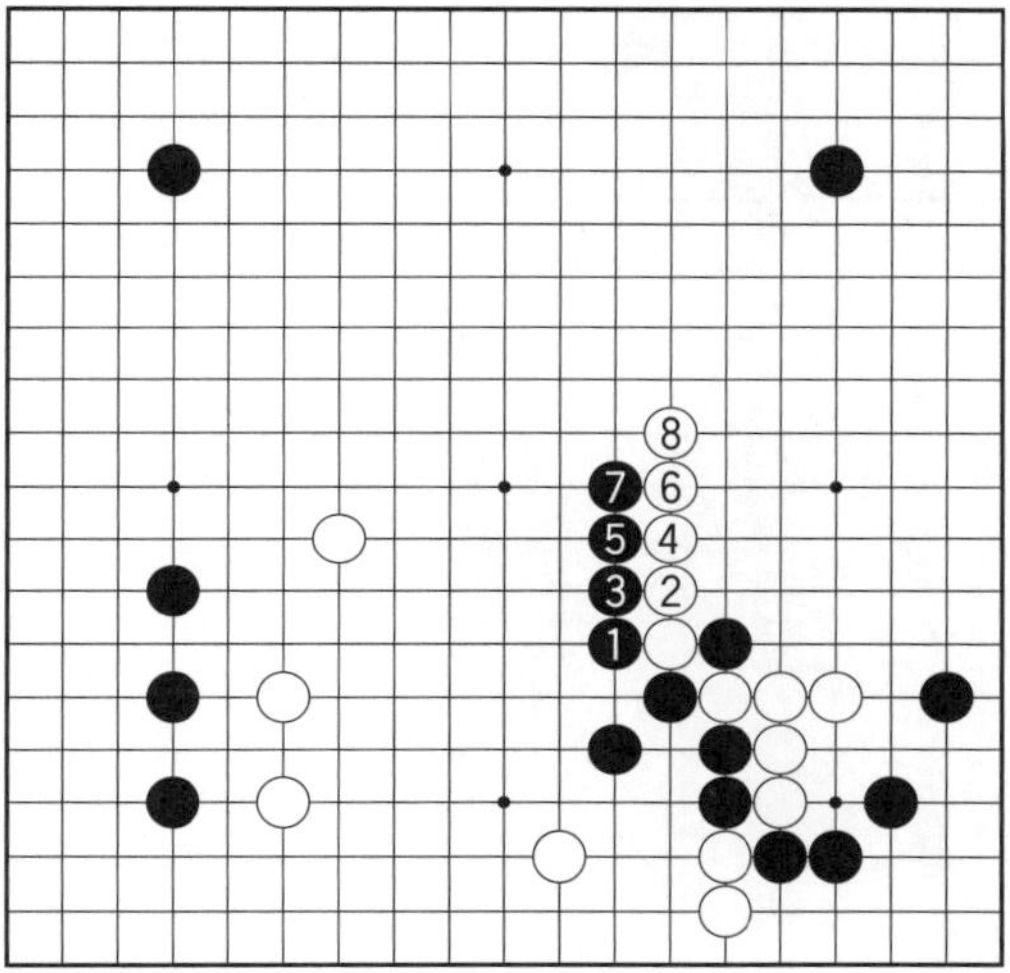

30図

黒が勇気を出して、１と打てるかどうか。白４までとなって、これはもう大乱戦ですね。ただし、戦いになるのは、うわ手として歓迎する展開です。

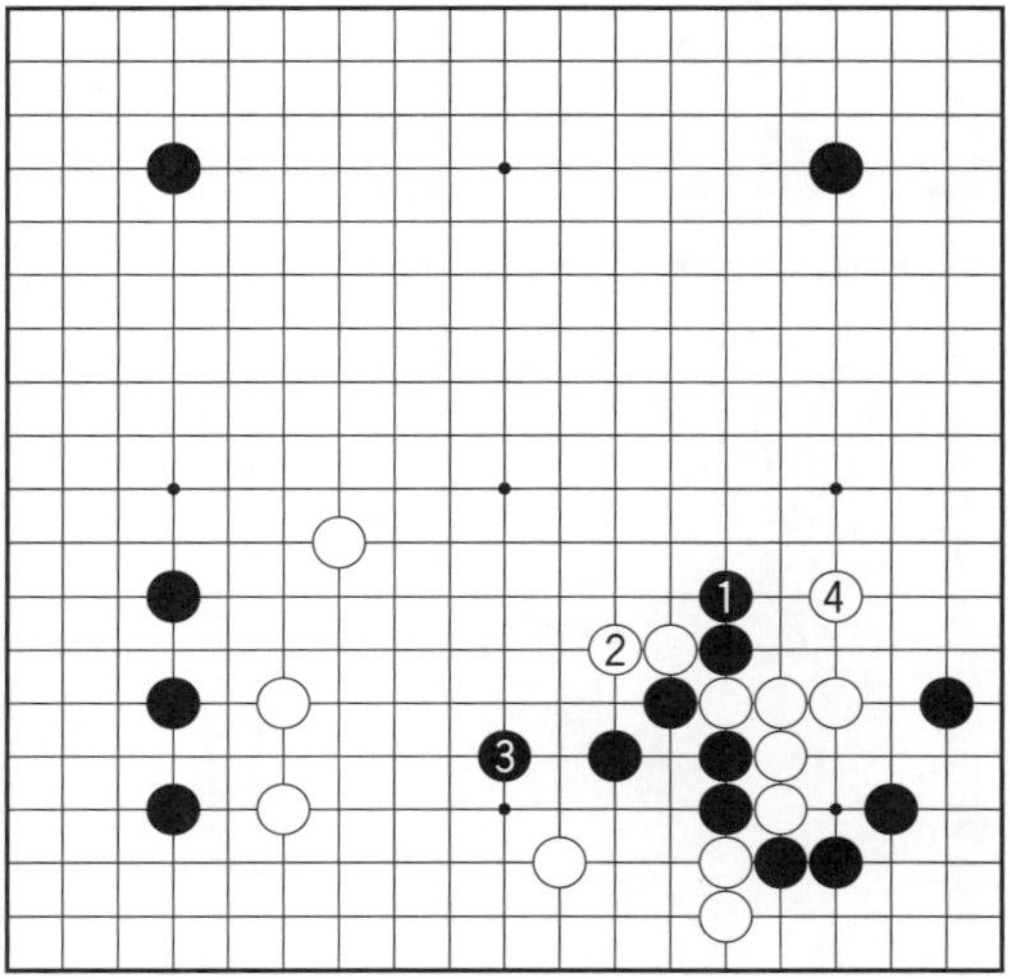

31図

【テーマ図5】山賢流「隅への侵入方法」

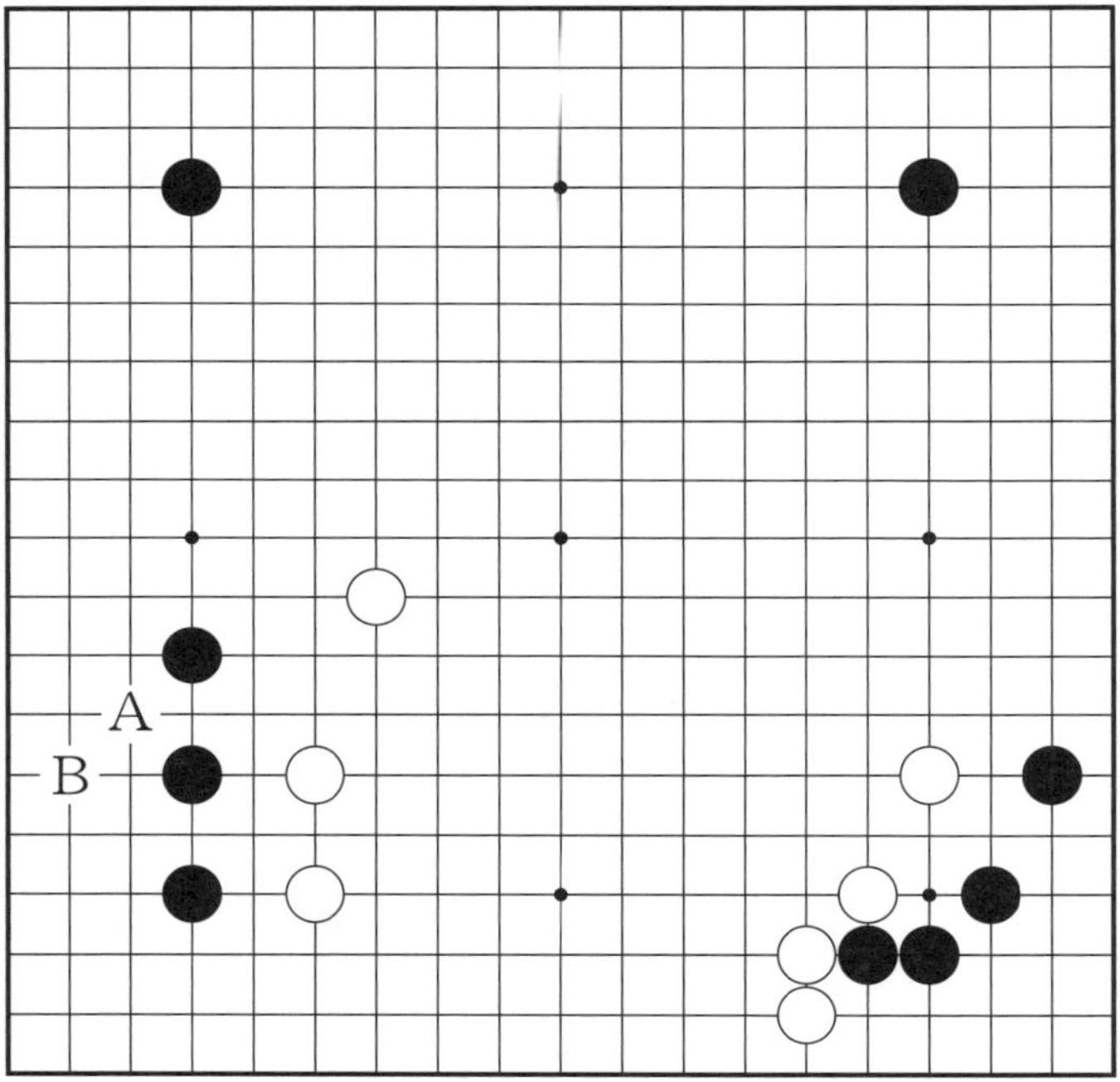

次に左下隅の黒の構えへの侵入方法を考えましょう。

AとBを紹介します。

おすすめはBです。

1図、白1のノゾキに対して、黒2のツギが黒の応手の候補。それには、白3の三々入りです。続いて**2図**、白7とハネた時に△が働いてきます。

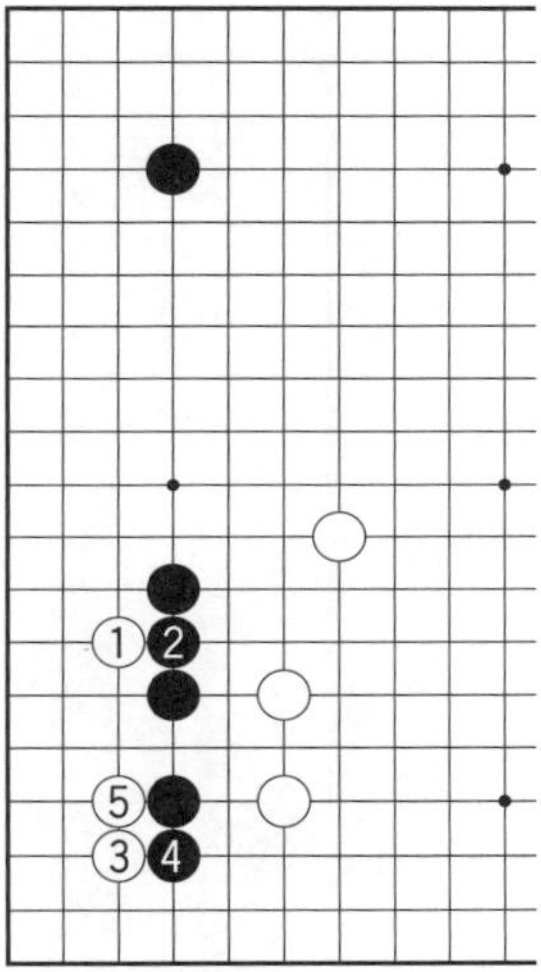

1図（黒の応手1）

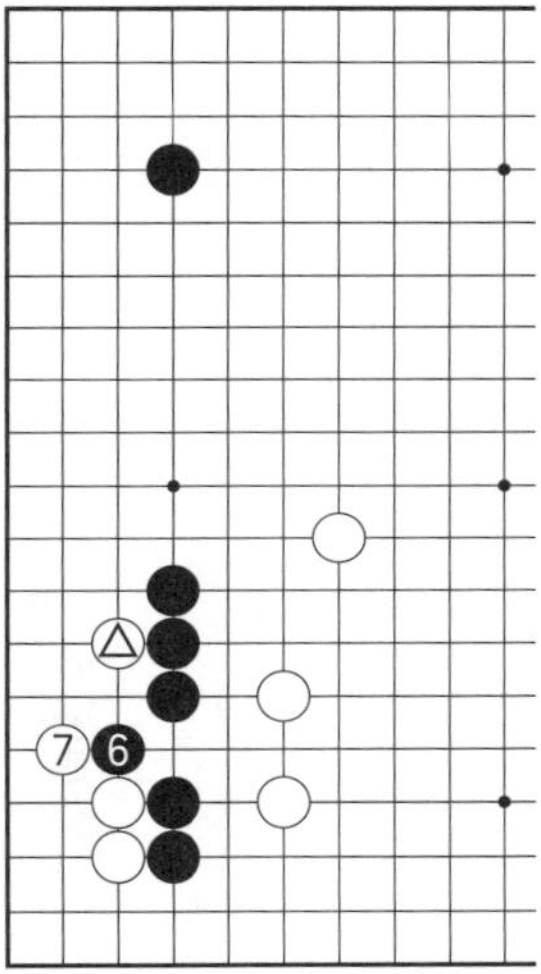

2図

3図、ここで黒8は筋悪の大悪手です。白9で黒地はがらがらです。

4図の黒8が手筋ですね。白9から13となるでしょう。そして、白15がaを狙って利くかがポイントです。

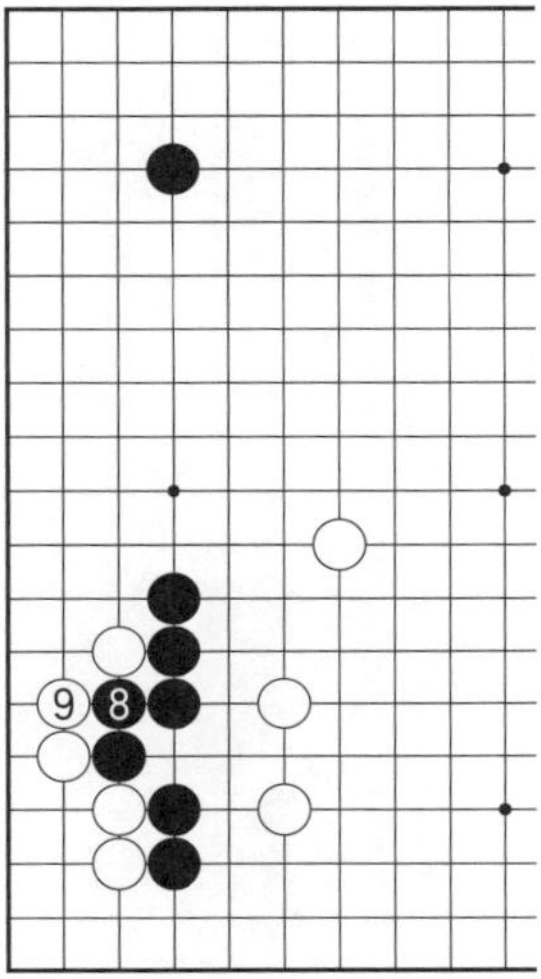

3図

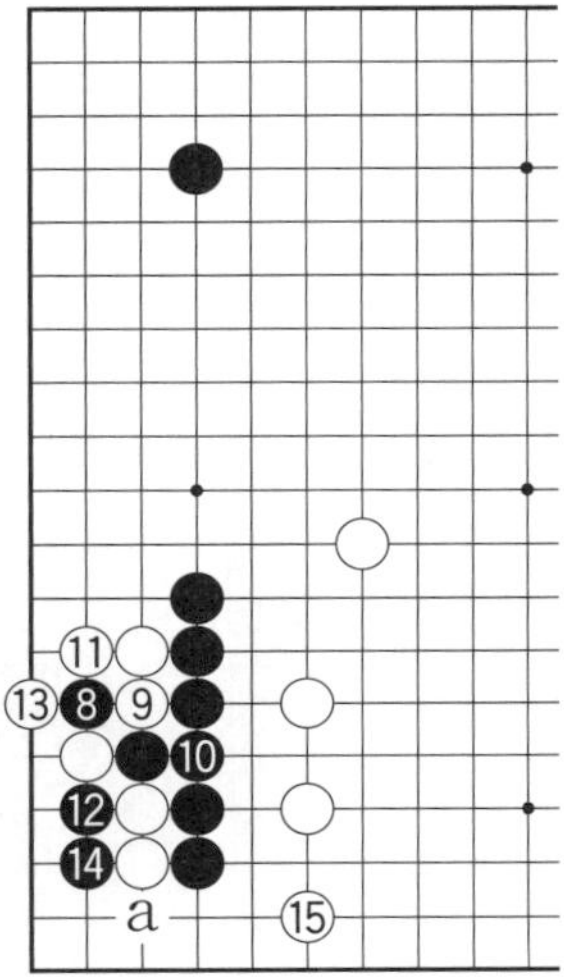

4図

5図、黒16と受ければ、白17とヒラきます。黒地を十分に荒らしました。黒16で**6図**の1と反発して取りにいくと、どうなるでしょうか。黒9までの攻め合いは…

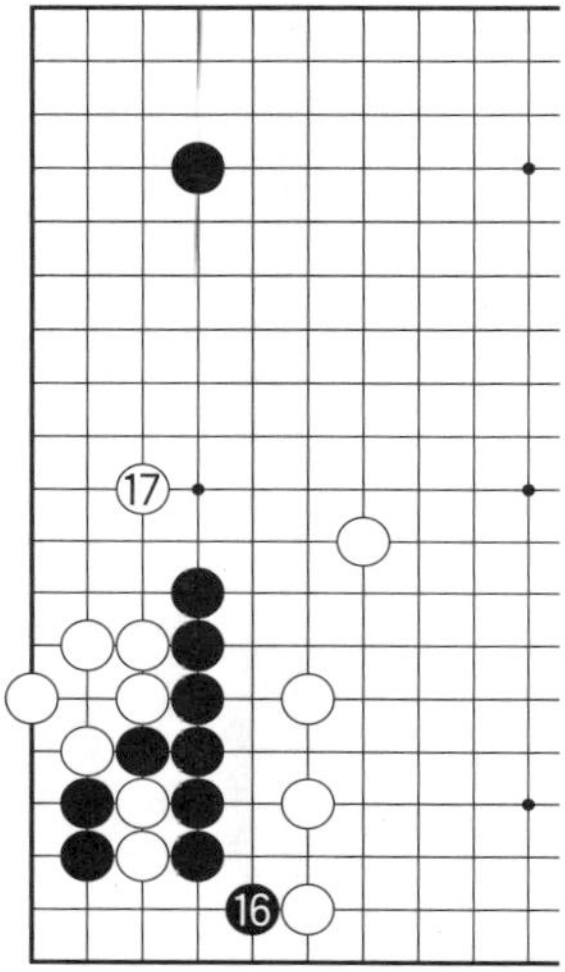

5図

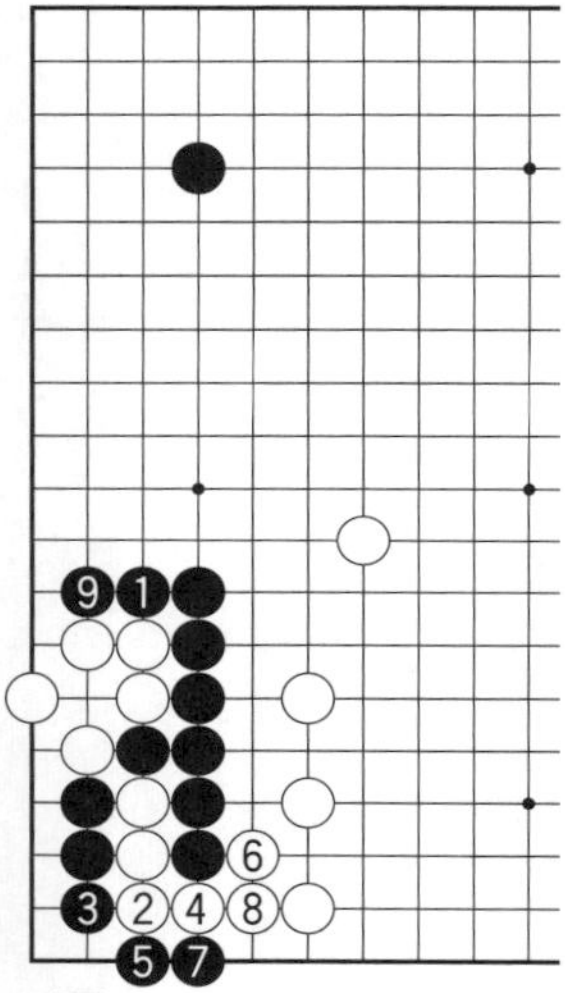

6図

7図、白1、3の好手でコウになります。白が有利な二段コウなので、黒失敗です。

8図、白7のとき黒8のハネは有力です。その心は…

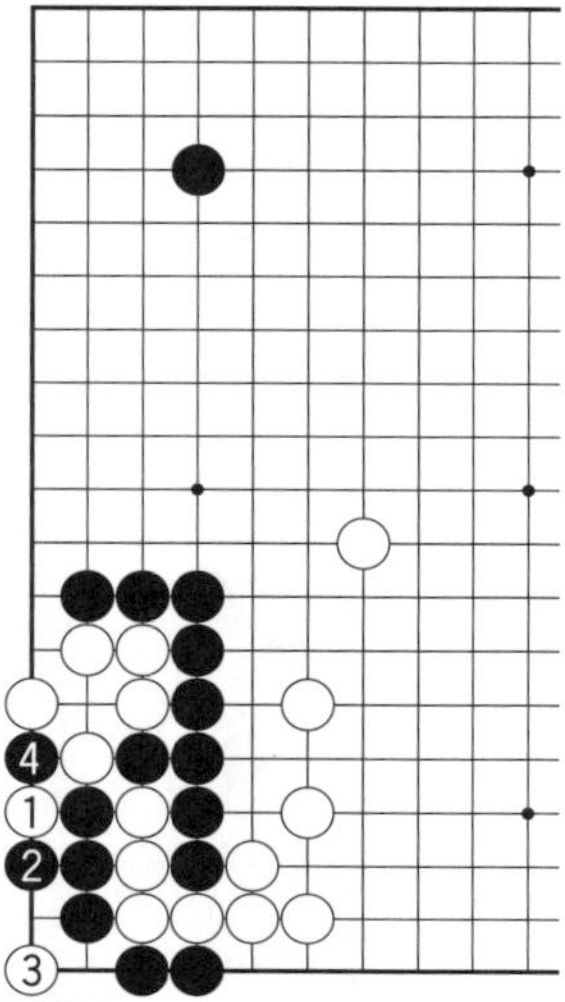

7図

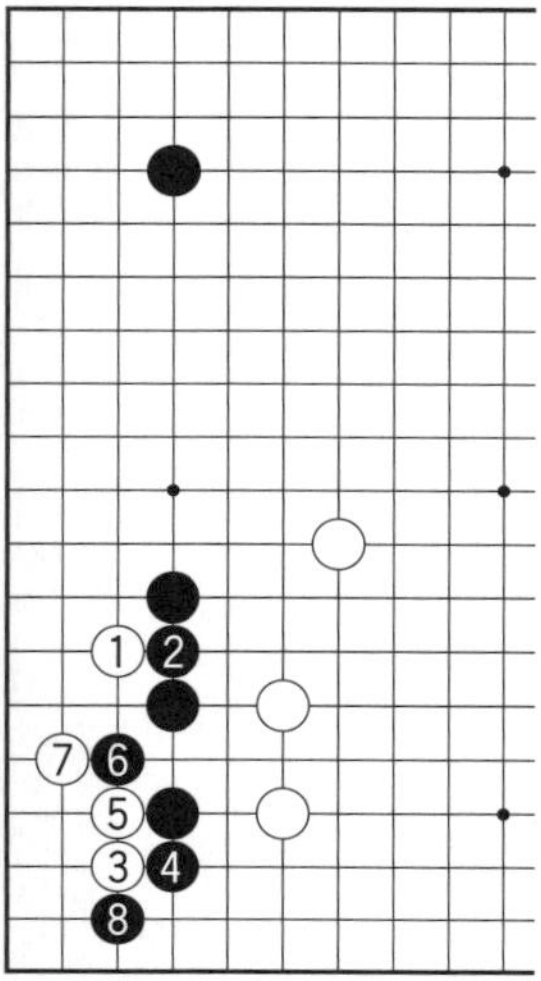

8図

9図、白9と換わってからの黒10が狙いです。これが意外と変化が多い形です。

続いて、**10図**の白11はハマリ。黒16と抜かれては大失敗です。ここは…

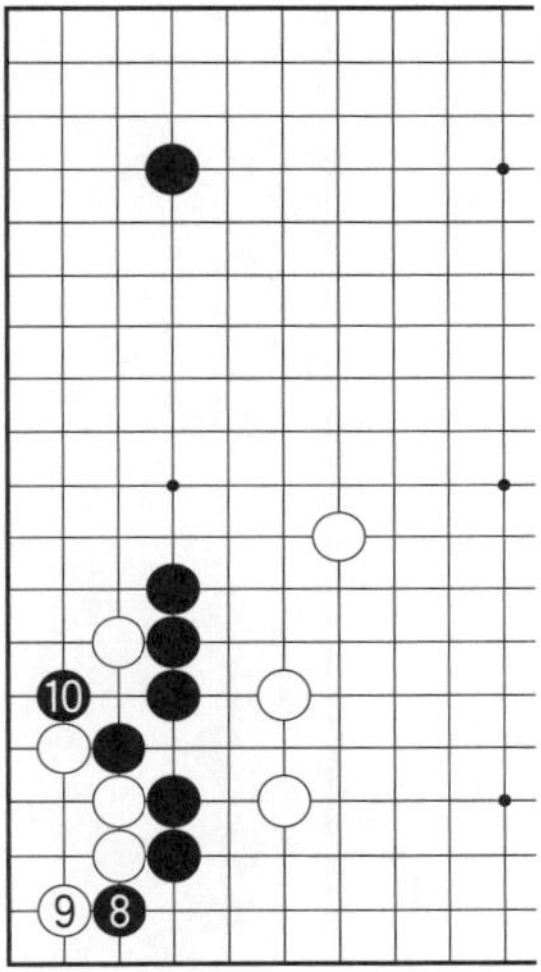

9図

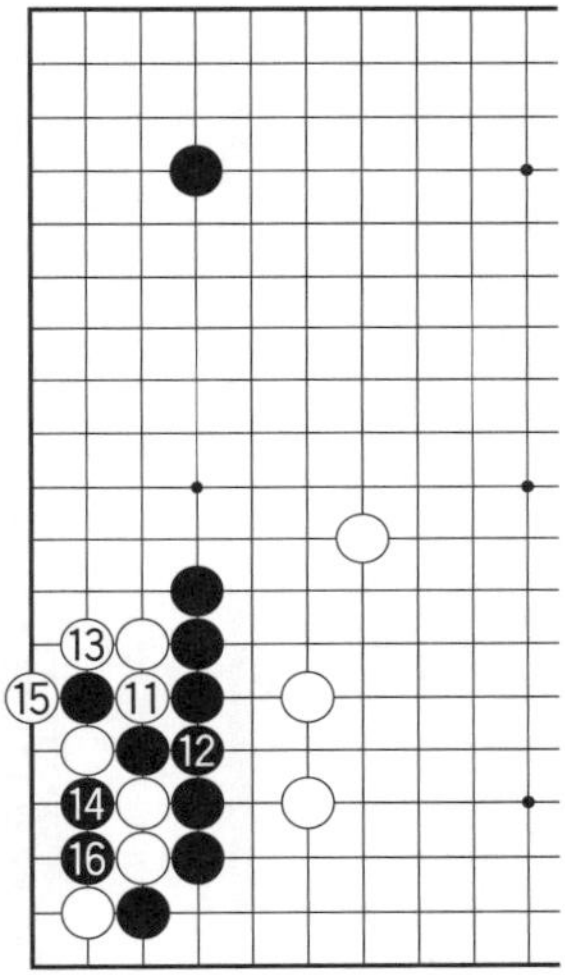

10図

11図の白1が正着です。手拍子で黒2とオサえると、白3でaとbの切りが見合いになり黒参ります。黒2は**12図**1の切りが好手です。黒5までになると、黒1と白2の利かしが効果抜群ですね。これは白がつらいので…

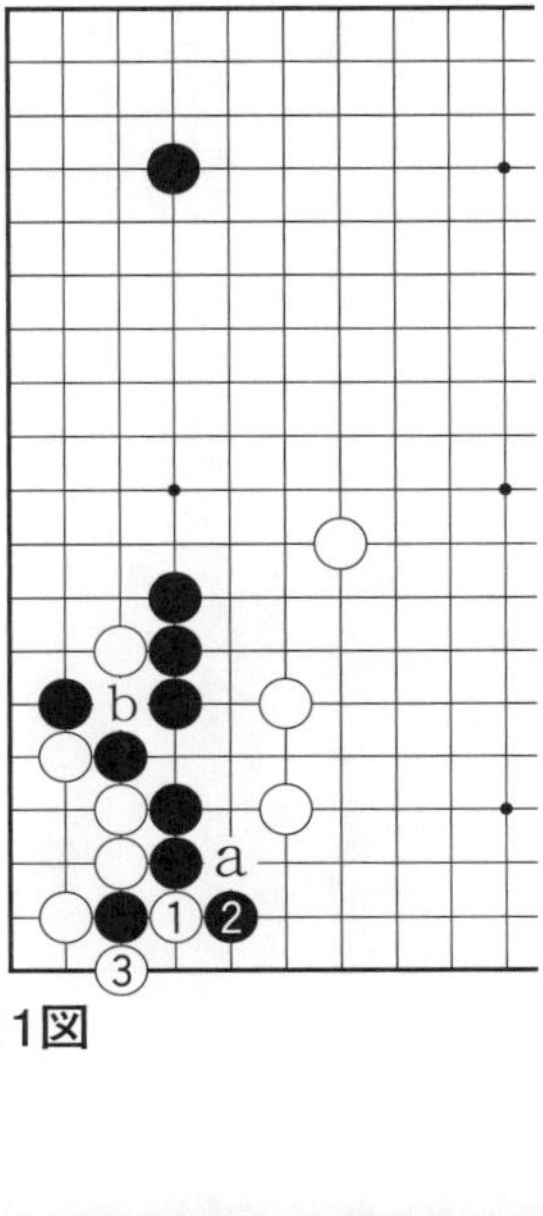

11図

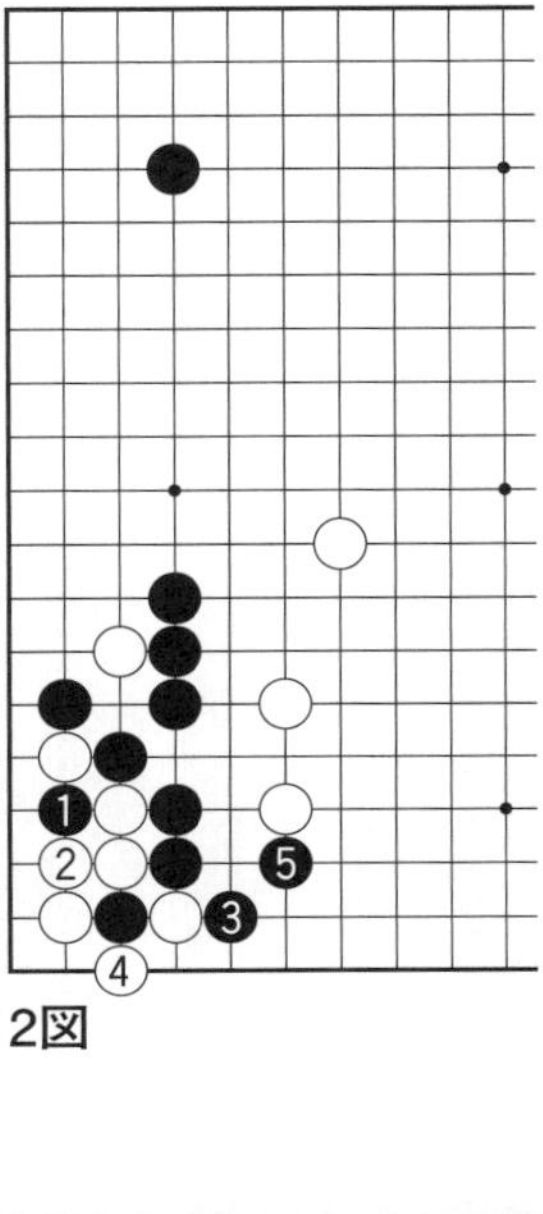

12図

13図の白1、3が正着です。この図も黒地を十分に荒らしました。

14図、白1から5までのとき、黒6は一見、筋が良さそうですが、白7、9の時に…

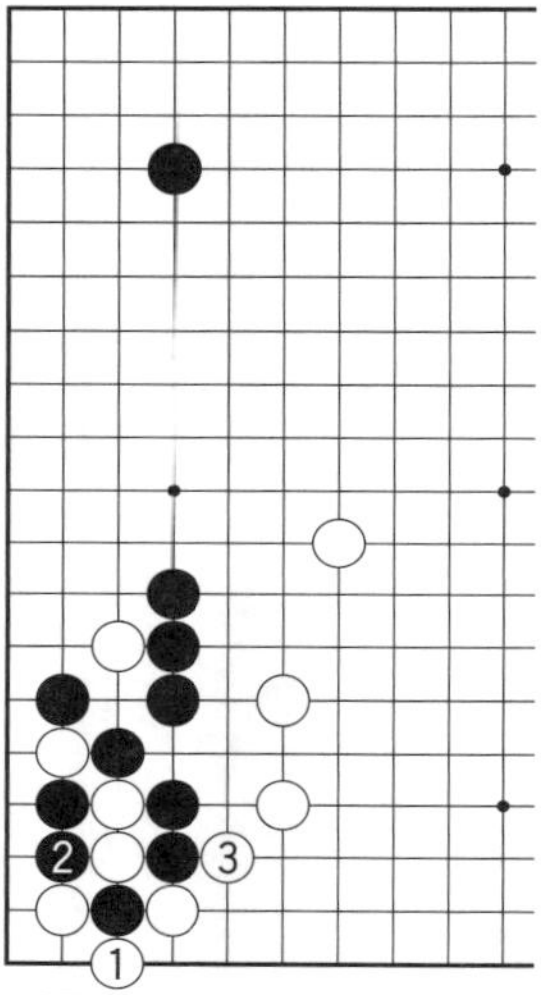

13図

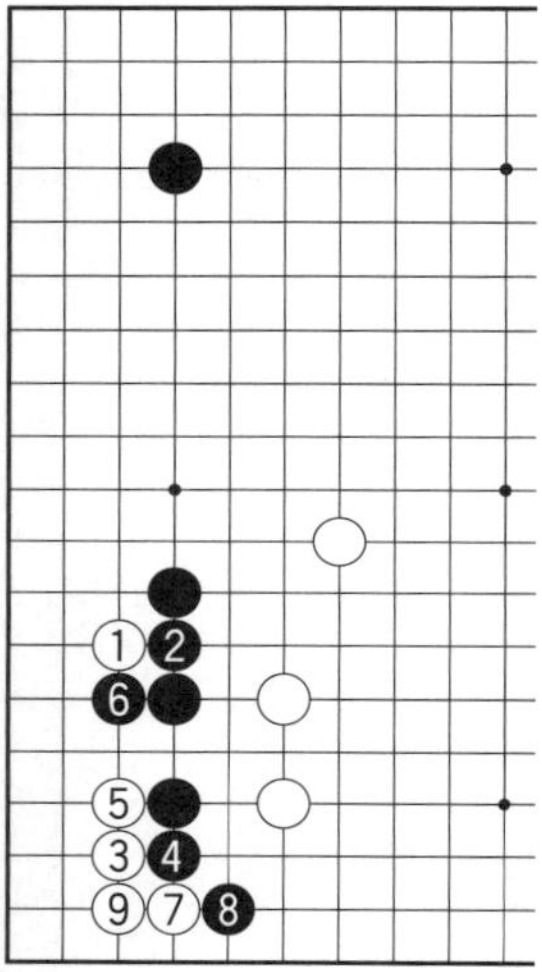

14図

15図、黒10には白11、13の強手が炸裂します。とはいえ、**16図**の黒10、12はいかにも愚形ですね。

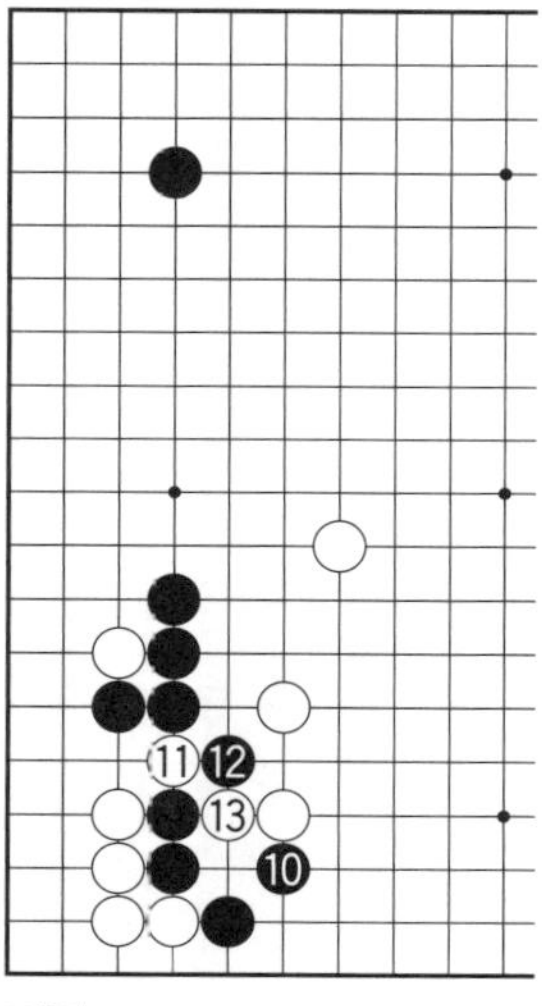

15図

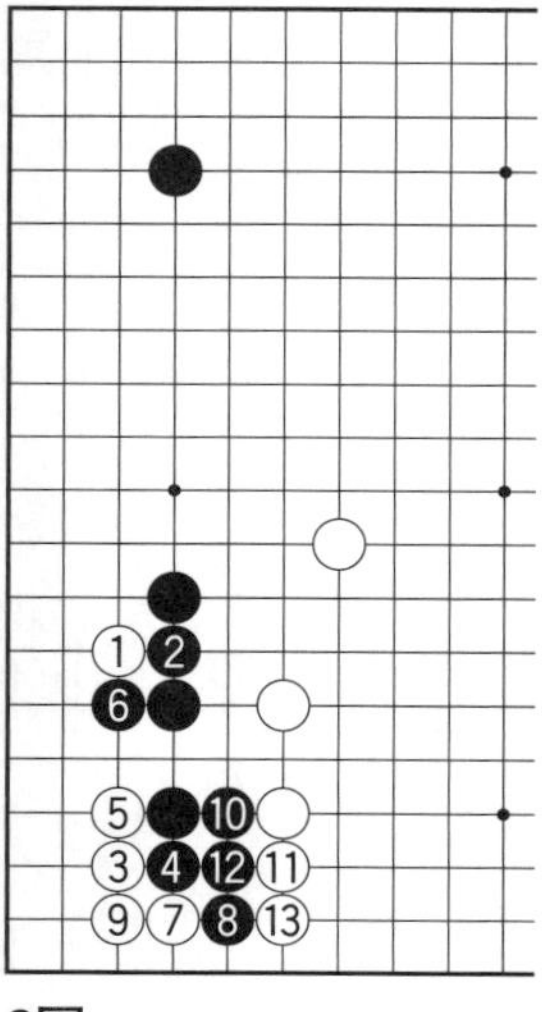

16図

まだしも、**17図**の黒10ですが、白11、13で白はやはり満足出来る結果です。

18図、黒の応手として2も考えられます。これは固い受け方です。

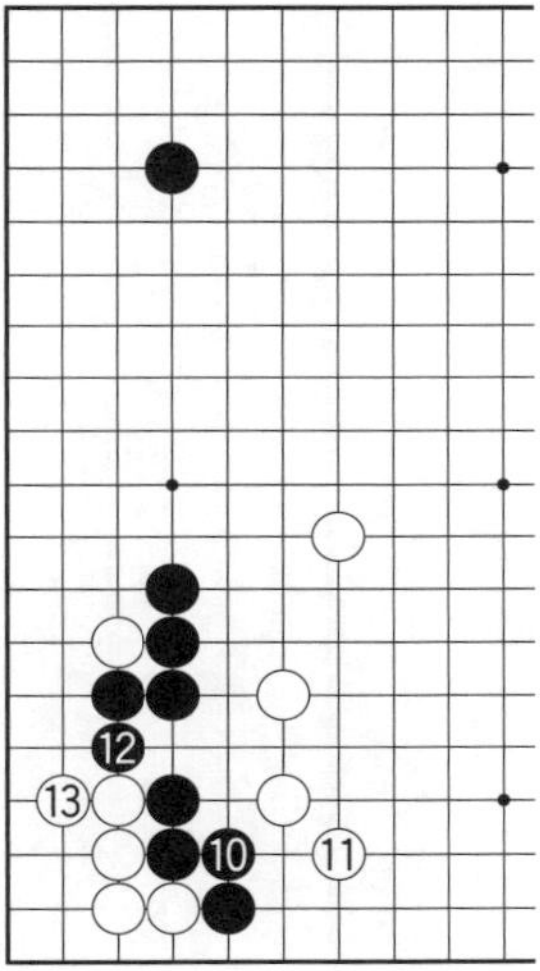

17図

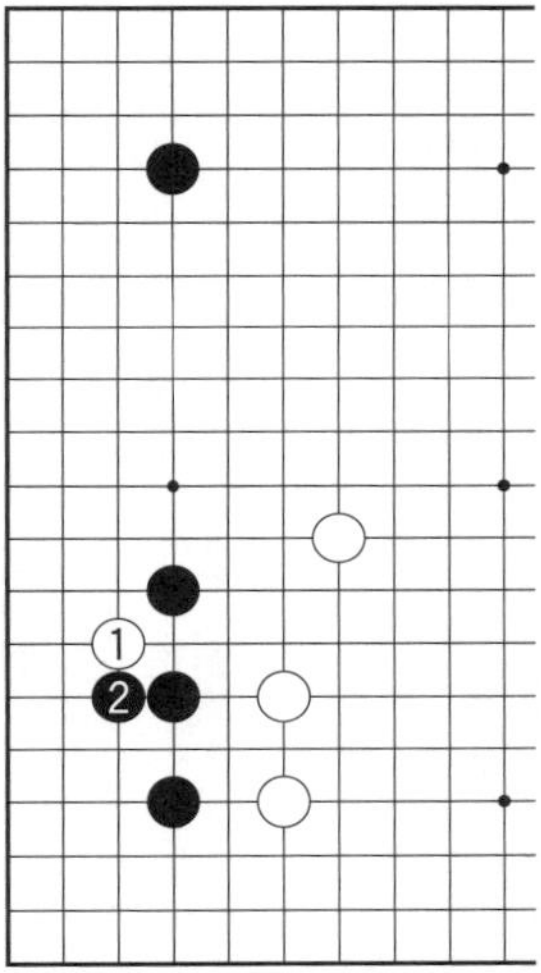

18図（黒の応手２）

この場合、**19図**白3の三々入りは苦しいですね。

20図の白3、5と外から利かすくらいです。これで満足です。

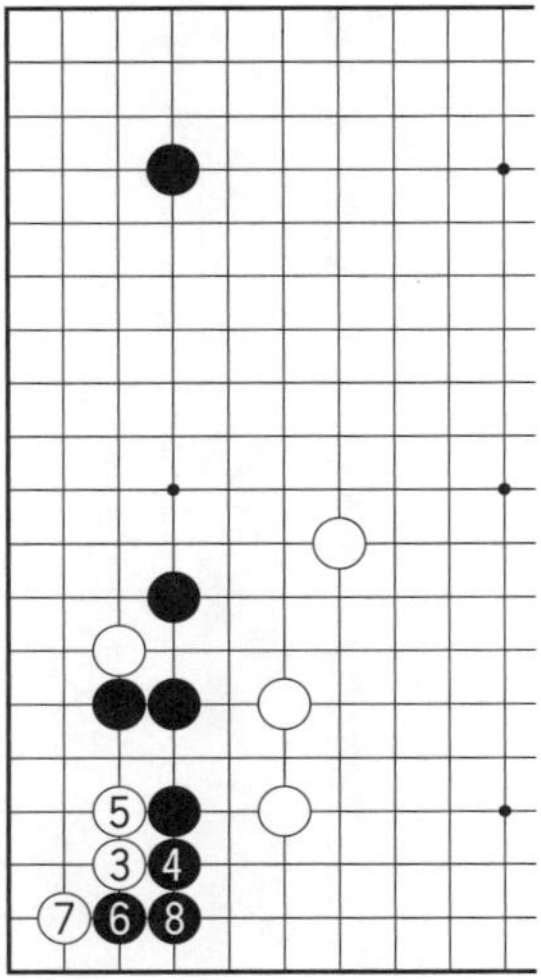

19図

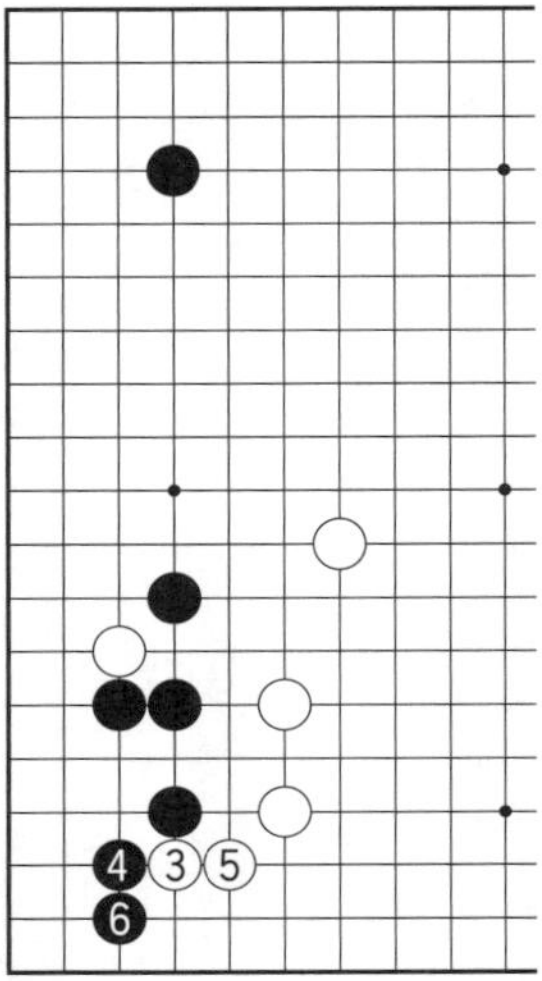

20図

少し欲張って、ついでに**21図**の白3も利かしておきたい所ですが…

22図の黒1と反発してくるでしょう。白は2、4とやはり三々入りです。

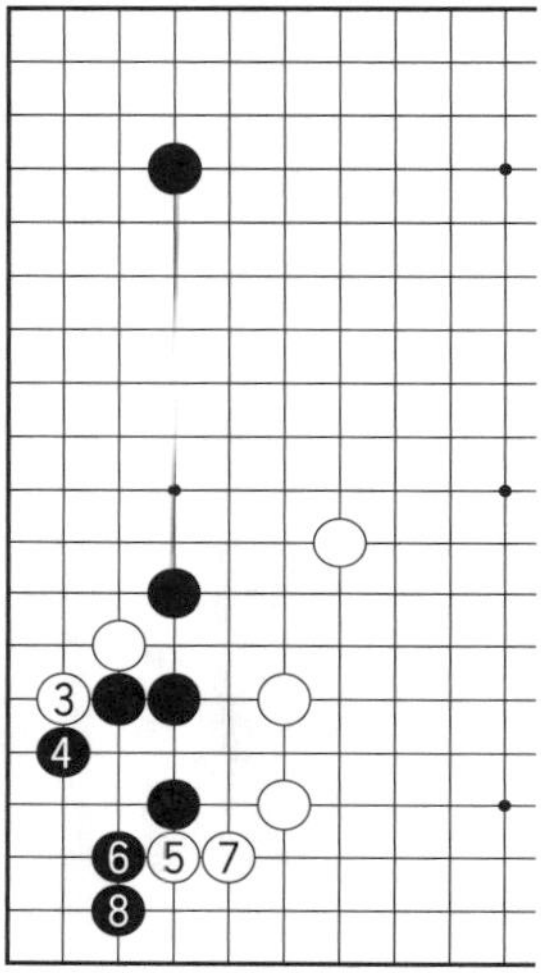

21図

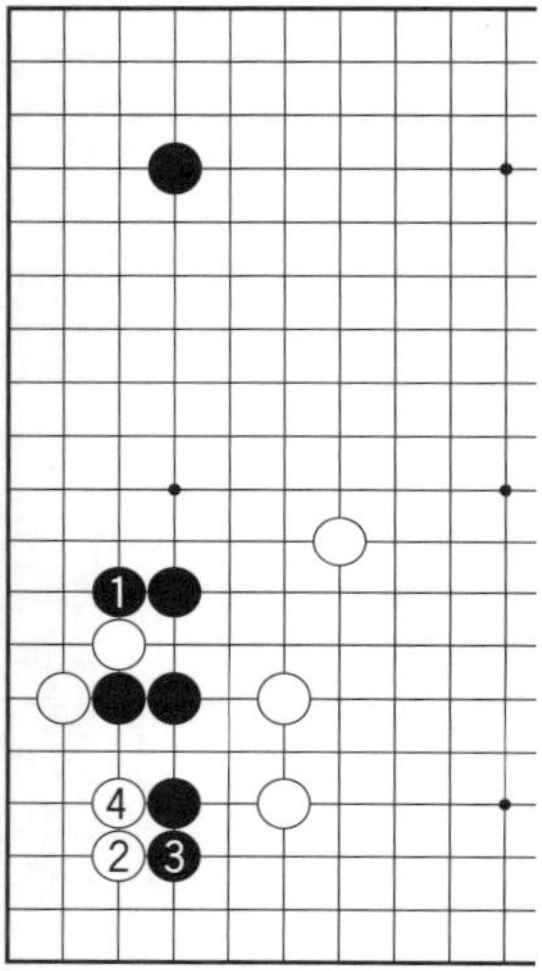

22図

23図、ここで黒5なら白6、8からやはり狙いの10があります。

黒は**24図**の5、7が冷静です。この形は黒もまあまあでしょうか。

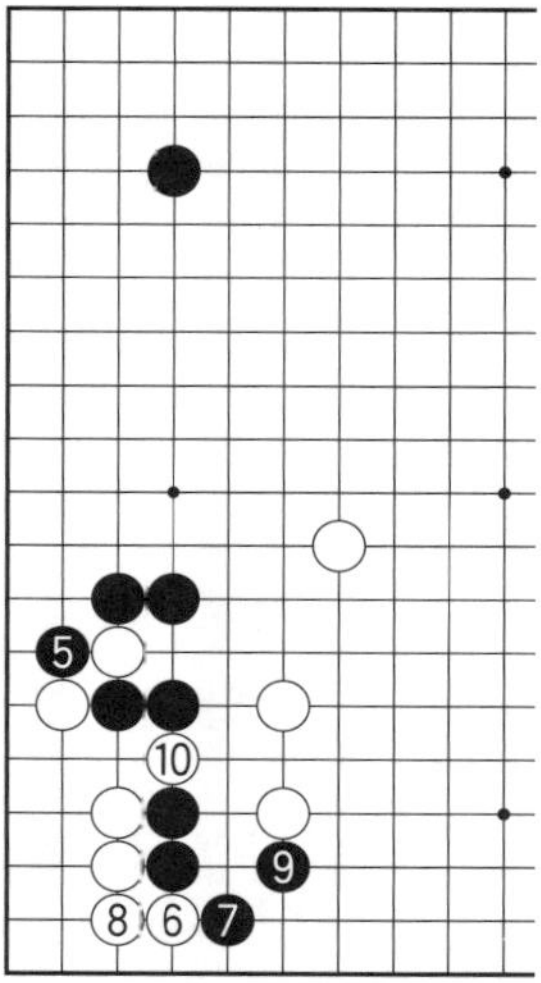

23図

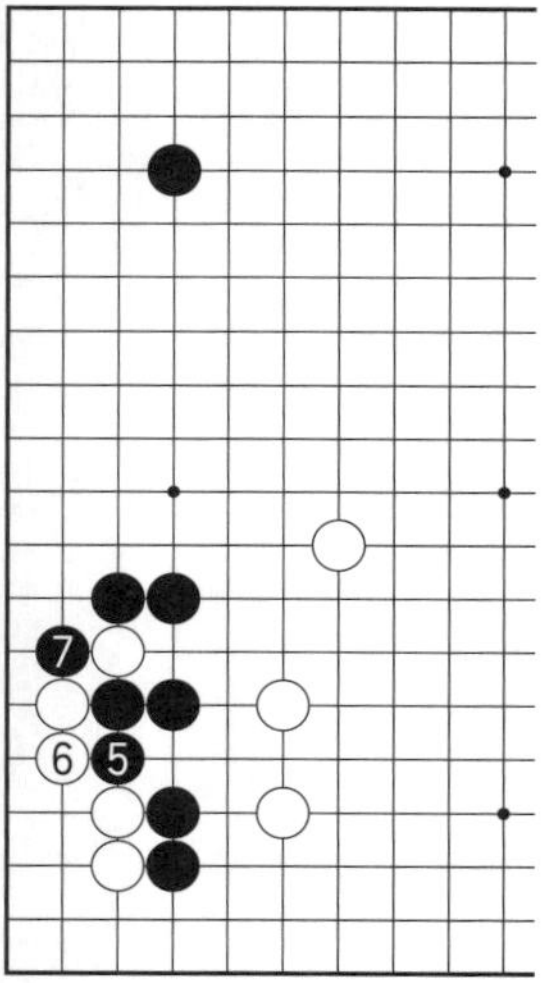

24図

25図、黒2が最強の応手です。対して白は、どうサバきますか。

26図、例のように白1、3と三々に入ると…

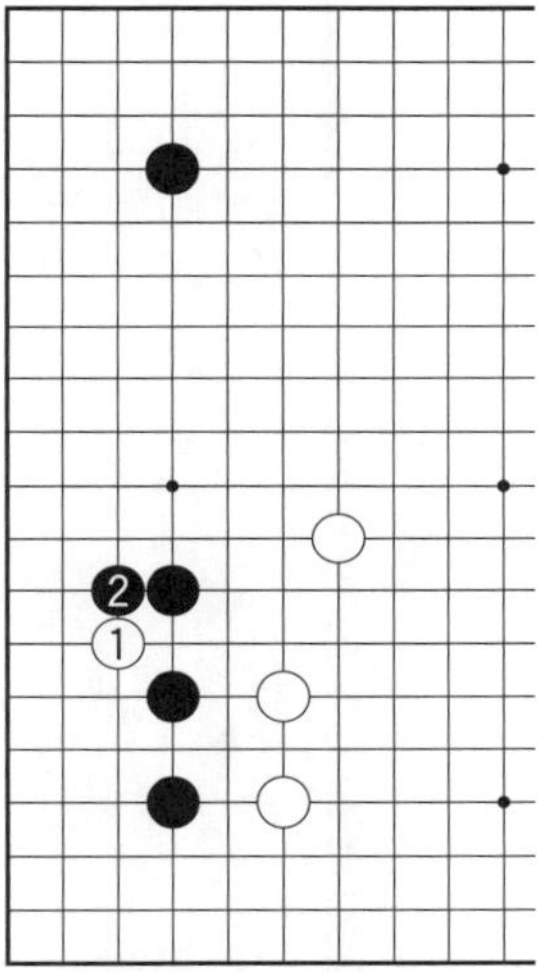

25図（黒の応手３）

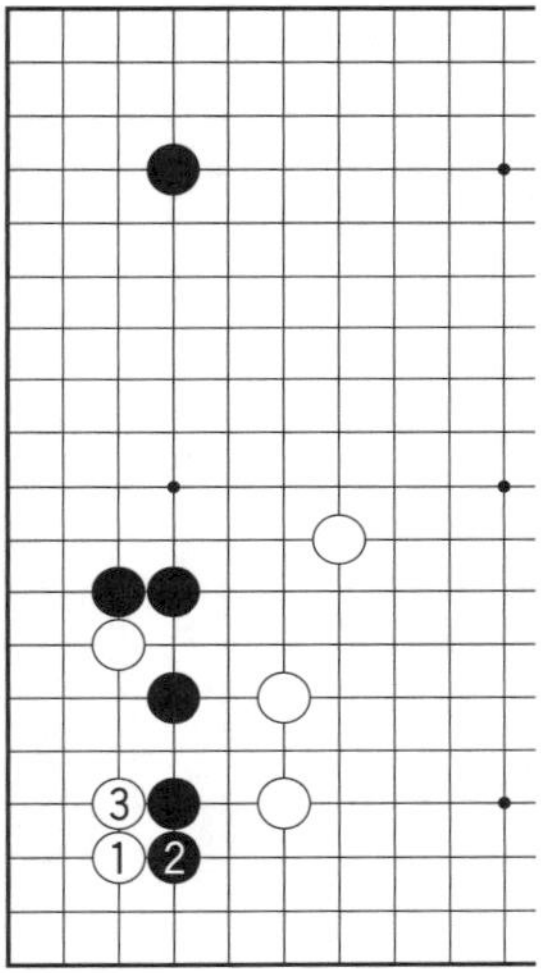

26図

27図、黒14まで5図と似ています。△とaとの違いですね。続いて…

28図の白1から出切っていきたいですが、黒8まで成功とは言えません。そこで…

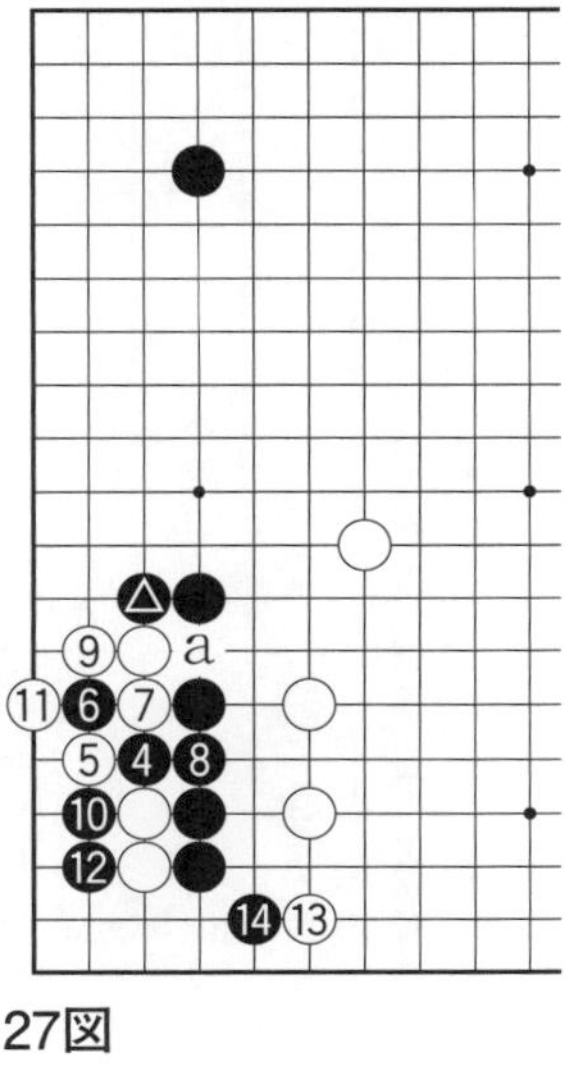

27図

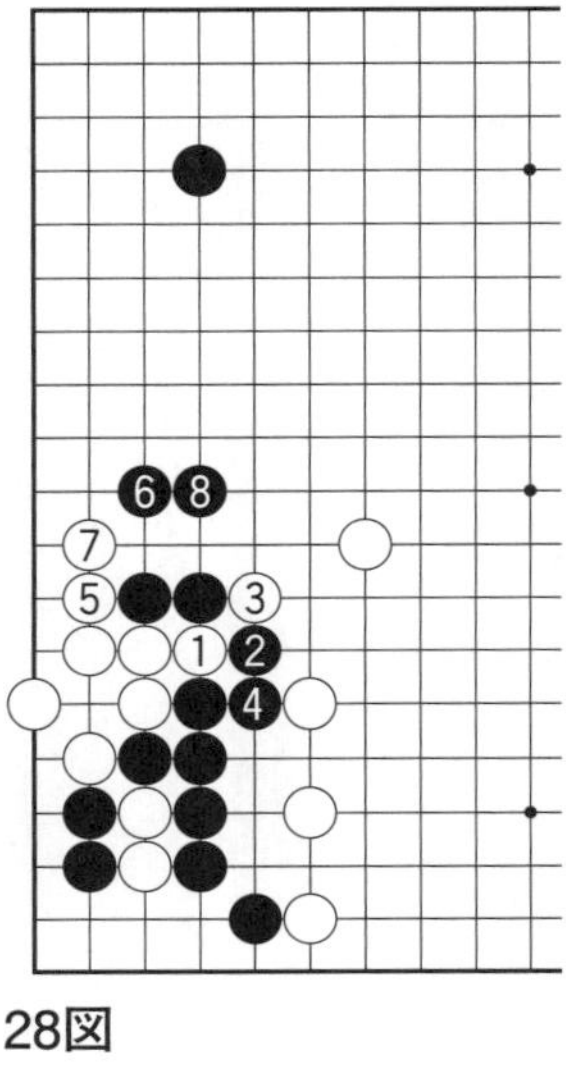

28図

27図の白7で、29図の1とこちらにハネてみます。
30図、白7までとなれば、白の理想形です。
黒4では…

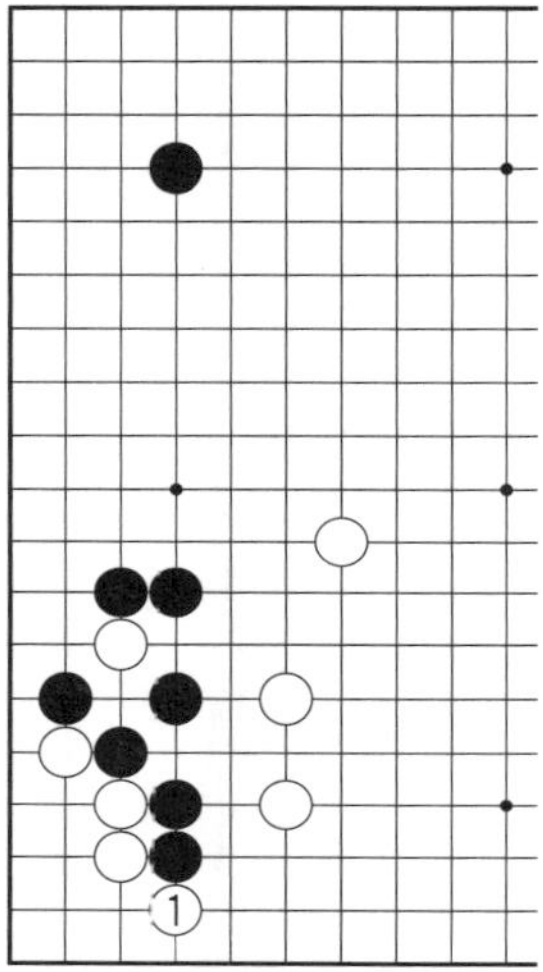
29図

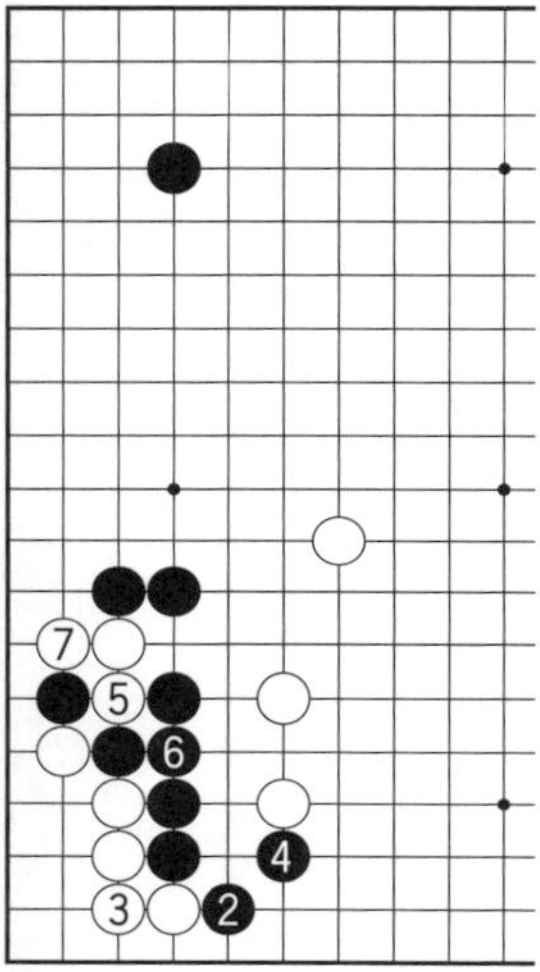
30図

31図の黒1と切り、白2に黒3と抵抗するとどうなるでしょうか？
以下、32図の白14まで難解な攻め合いになります。難解とは言っても、黒が危険でしょう。

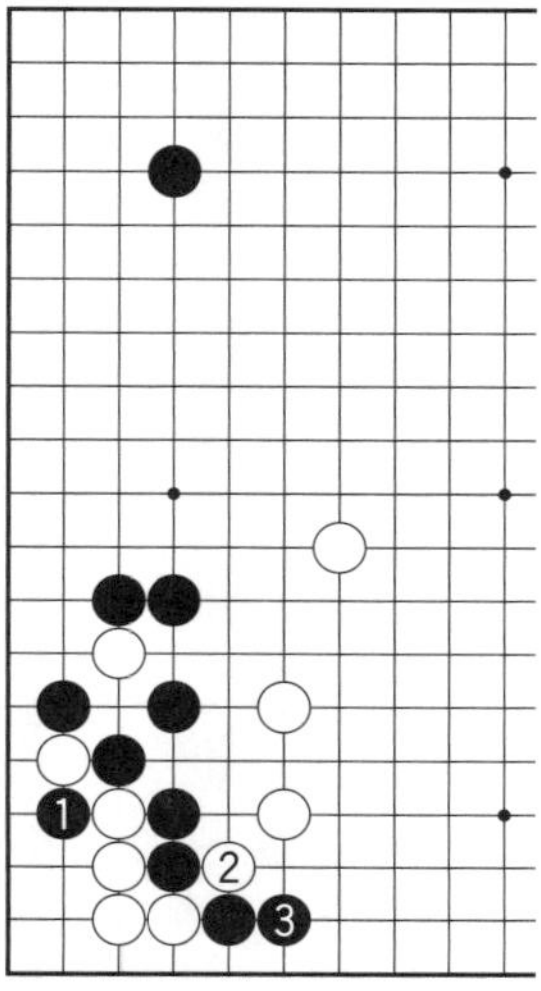
31図

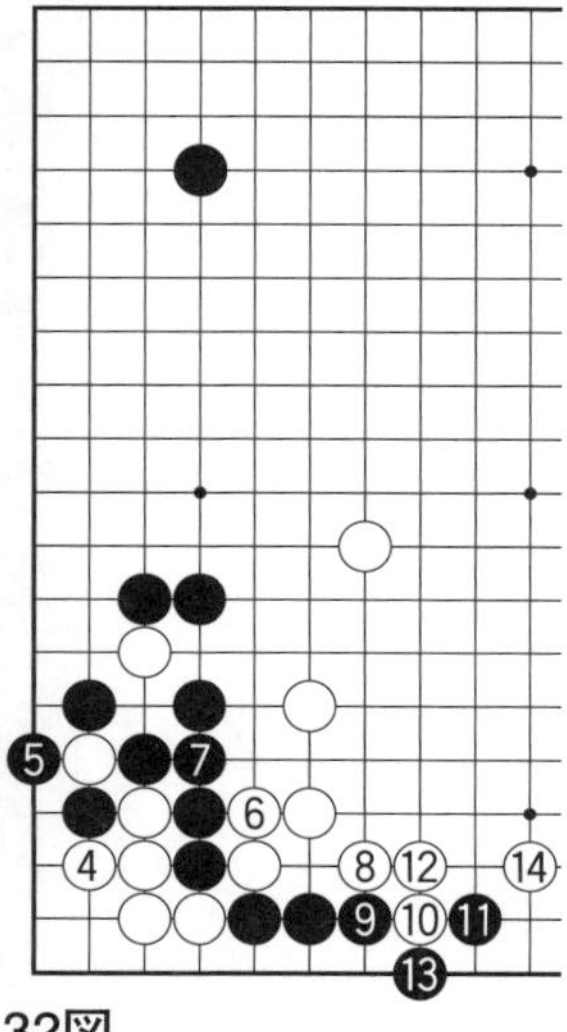
32図

33図、29図の白1とハネた、この瞬間に黒1の切りが好手です。

34図、白2と換わってから、黒3とオサえれば黒が成功です。白2は…

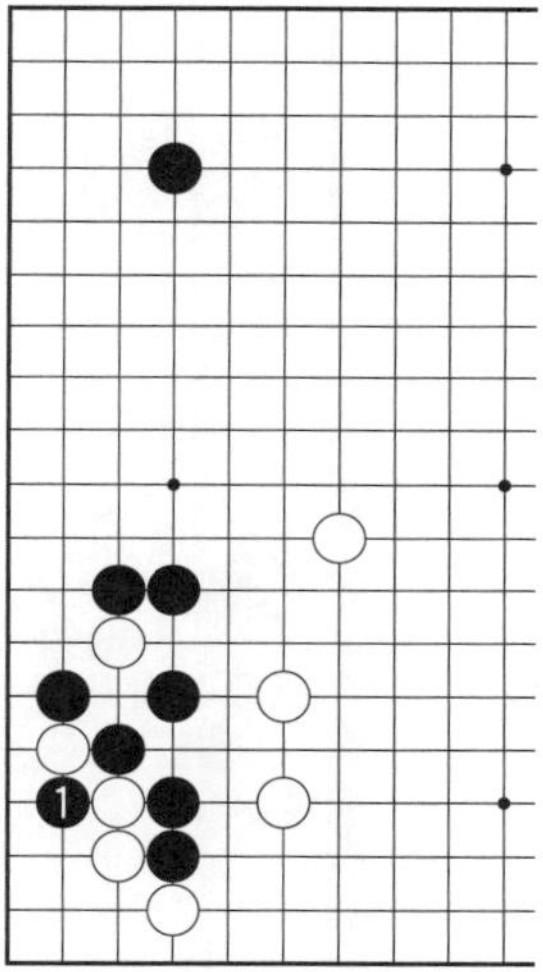

33図

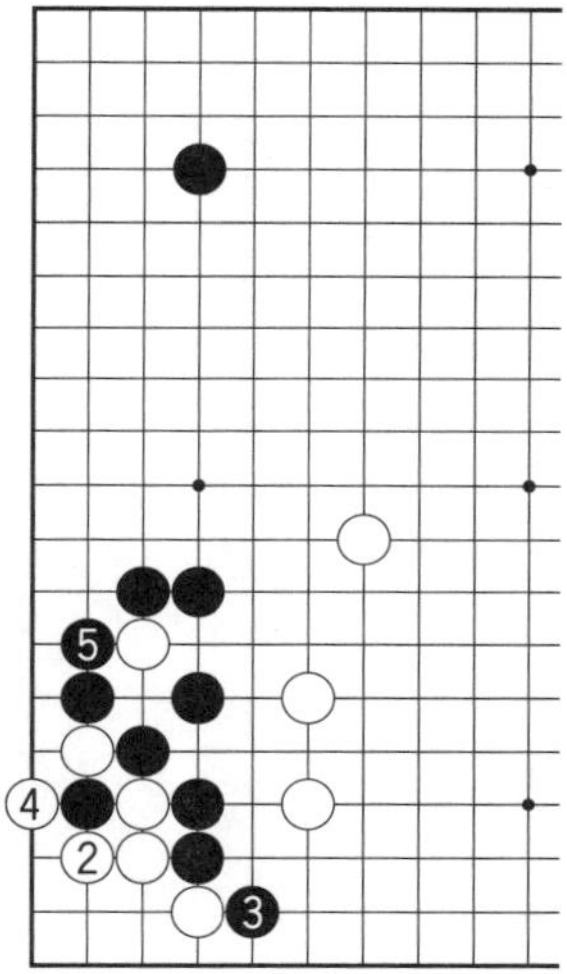

34図

35図の白2が正着で、黒3、白4となります。なお、白4はもう小さく、手抜きで他に打つ方が良いでしょう。

36図、26図の白3では、1とこちらにハウのが良いでしょう。黒2に白3で生きます。

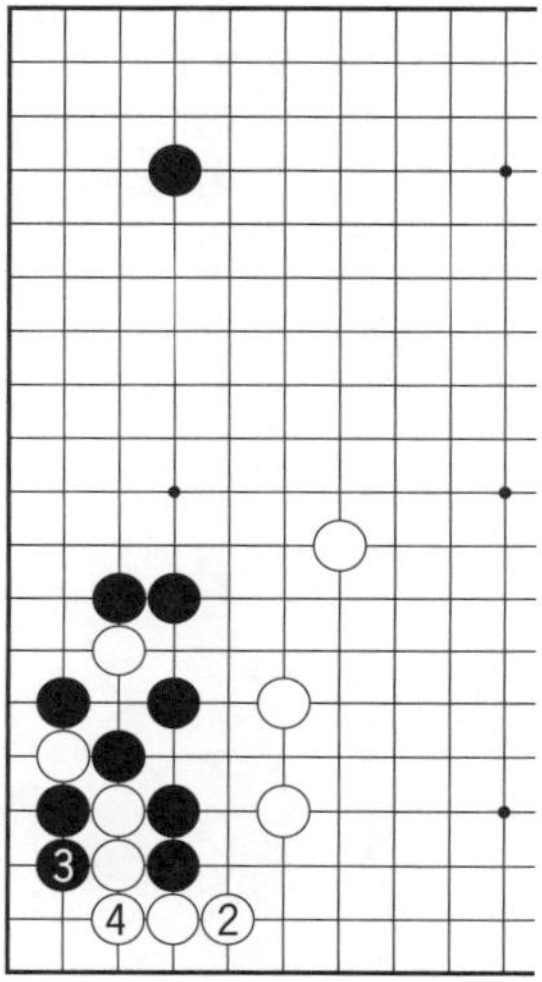

35図

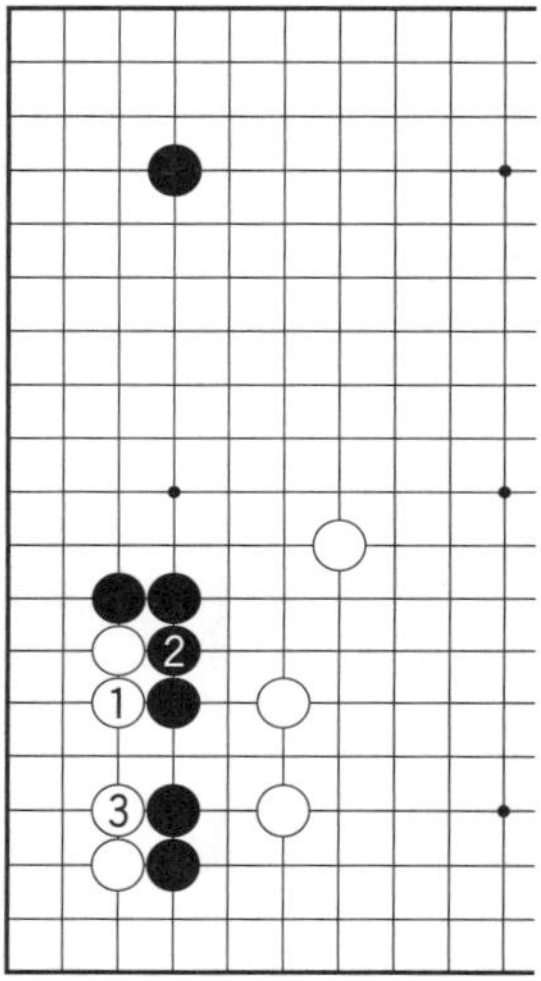

36図

37図、黒2、4と抵抗すると白15までこれも難解な戦いになります。続いて…

38図の白19までとなりますか。いずれにせよ、乱戦に持ち込めばうわ手はしめたものです。

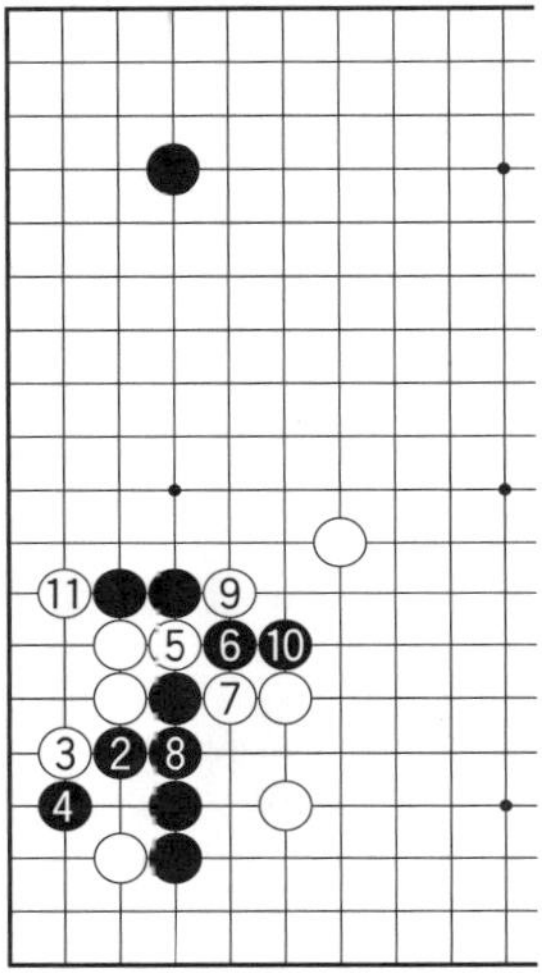

37図

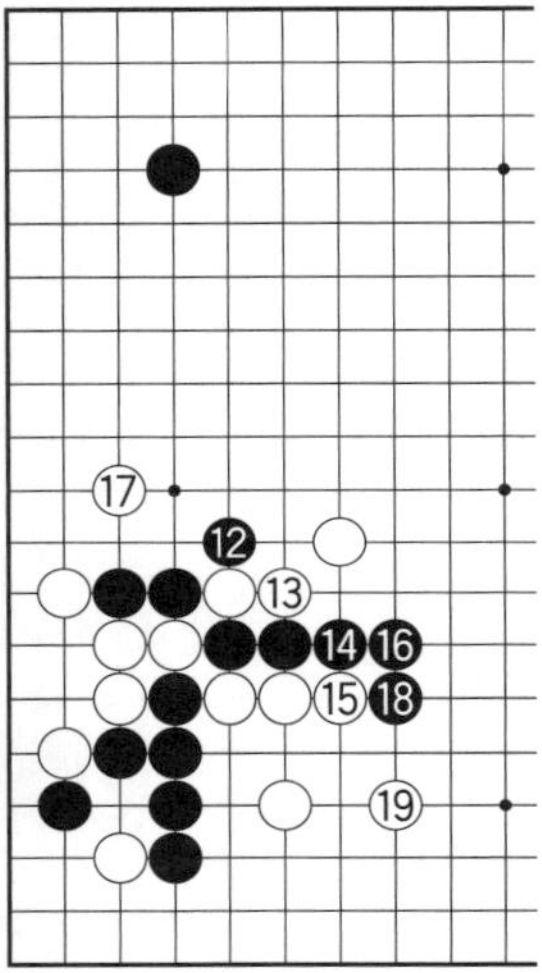

38図

これが自慢の手、白1です。
次にaとbを見合いにしています。

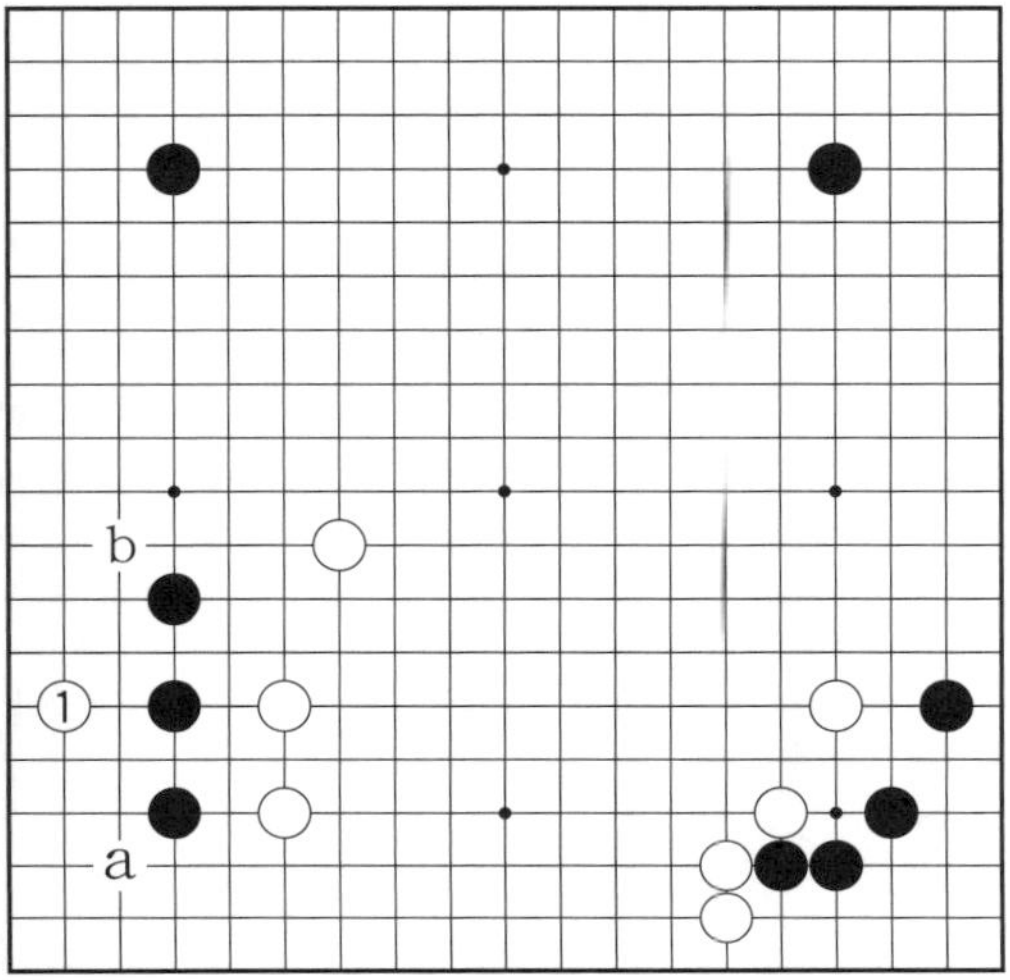

超おすすめ

1図、黒2と外からの受けには、当然の三々入りですが、白5のサガリが肝要です。以下、白13まで生きます。この生き方なら…

2図黒1の進出に、白2、4と抵抗出来ます。次に白aとワタれるのが工夫の跡です。

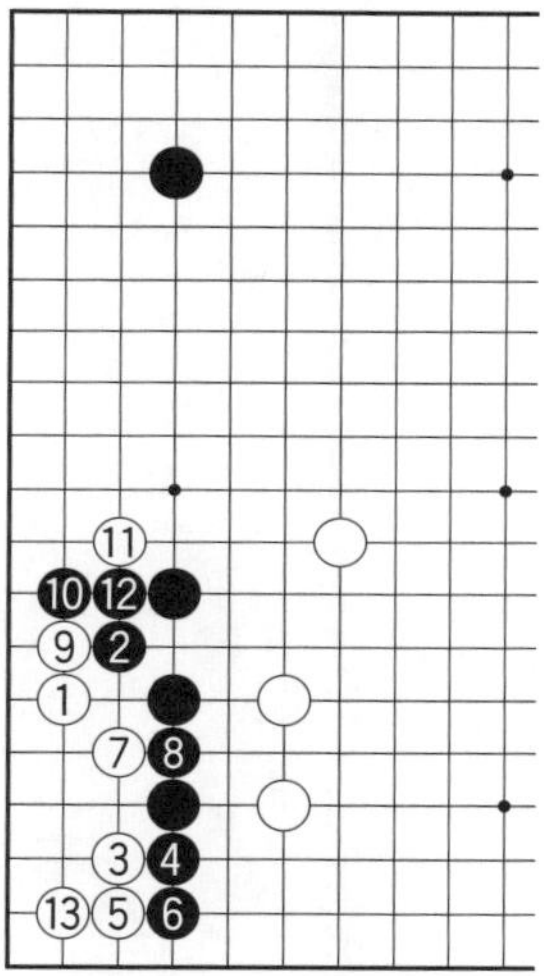

1図（黒の応手1）

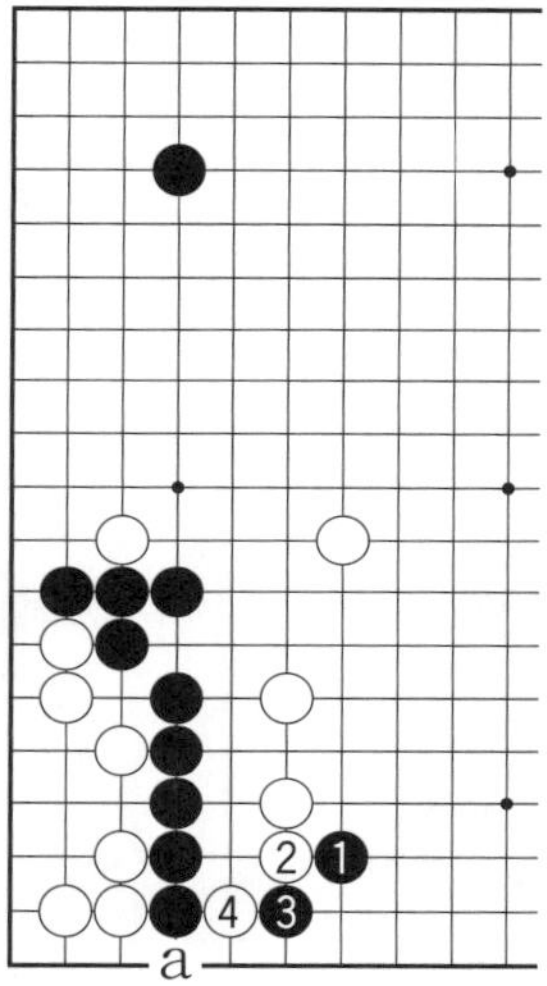

2図

1図の白5では、**3図**の1と打ってしまいそうですが、黒2、4から10とトビ出されると、白13のワリコミが無力化してしまいます。

1図の黒6で、**4図**1、3の攻撃は白8、10の反撃があるので怖くありません。

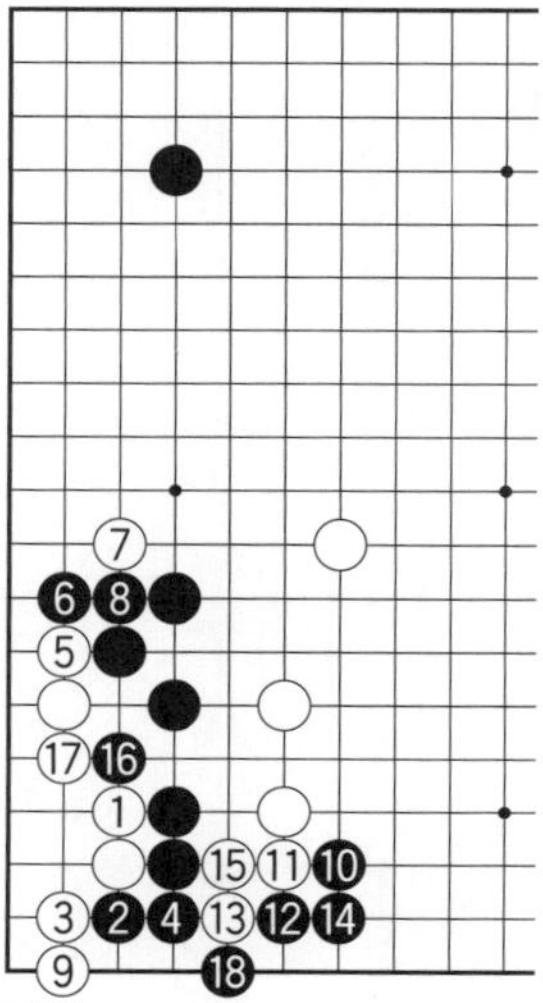

3図

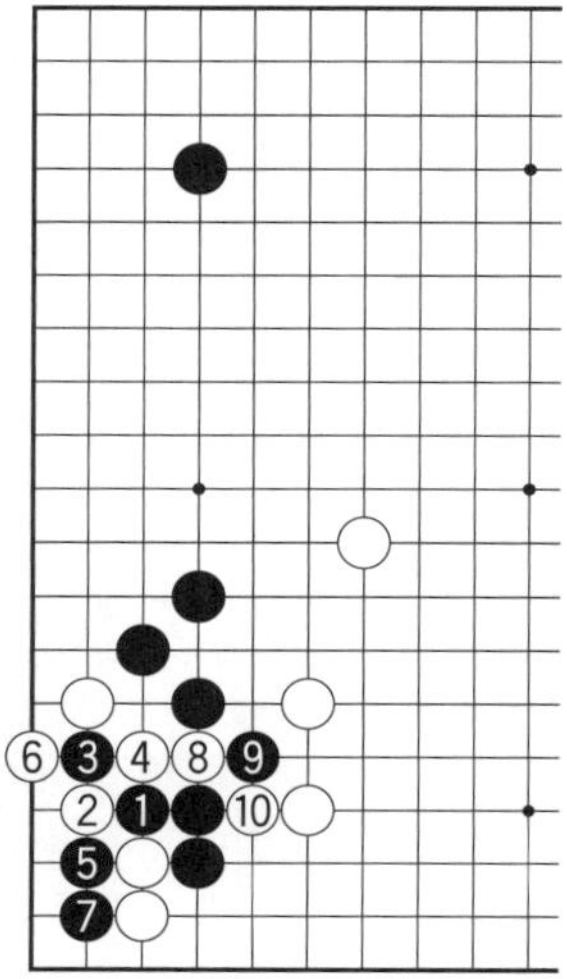

4図

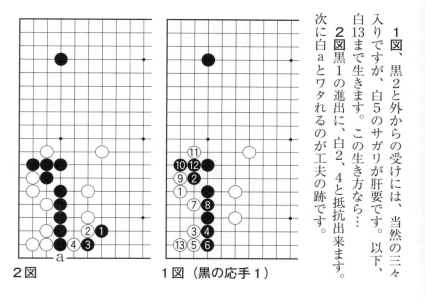

また1図の白5では、**5図**1のハネツギもあります。白5が先手で白7に回れます。

6図、白1に対して黒2と隅を守れば、白3とこちらに脱出します。

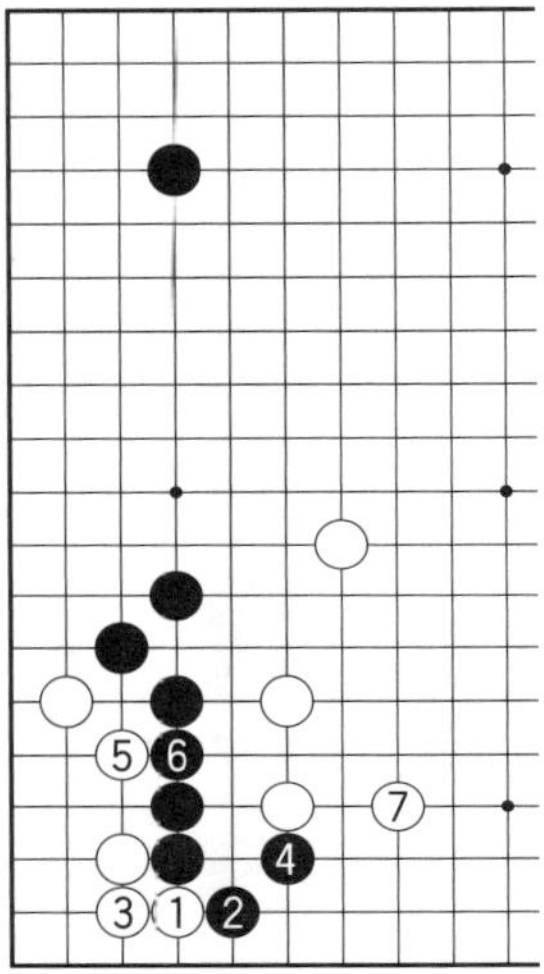

5図

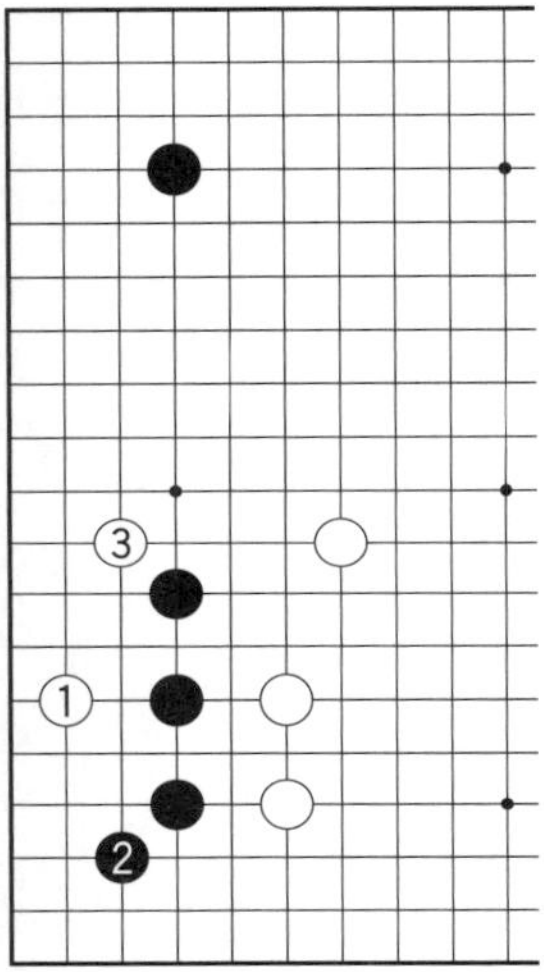

6図（黒の応手2）

以下、**7図**の白7までなら白大成功です。左下はもう黒地より白地の方が多いくらいですね。

8図、黒4、6という体当たり的な攻撃は怖くありません。白7、9と喜んでポン抜いておきます。

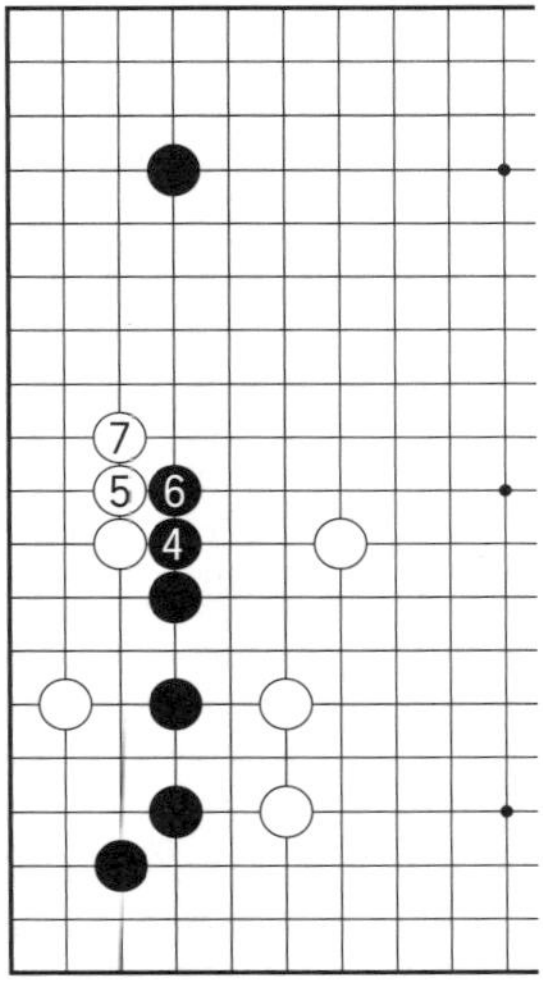

7図

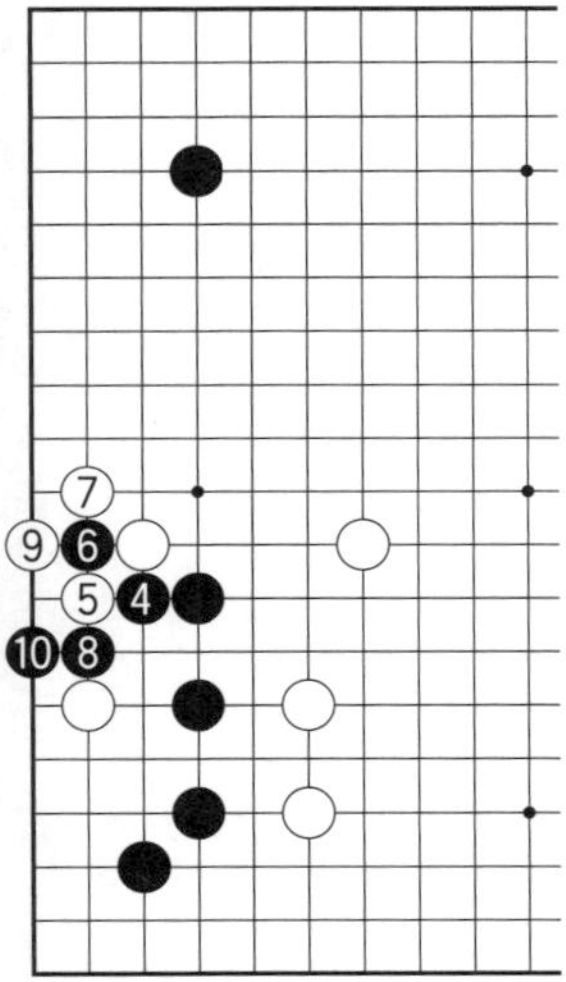

8図

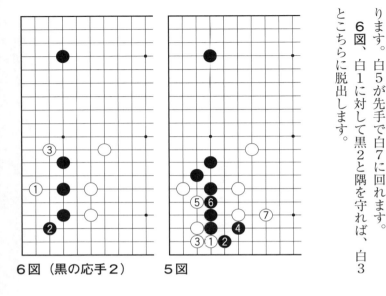

９図も同様です。格言にある「切った方を取れ」ですね。

10図の黒４は中々考えた手です。この方が筋は良いです。

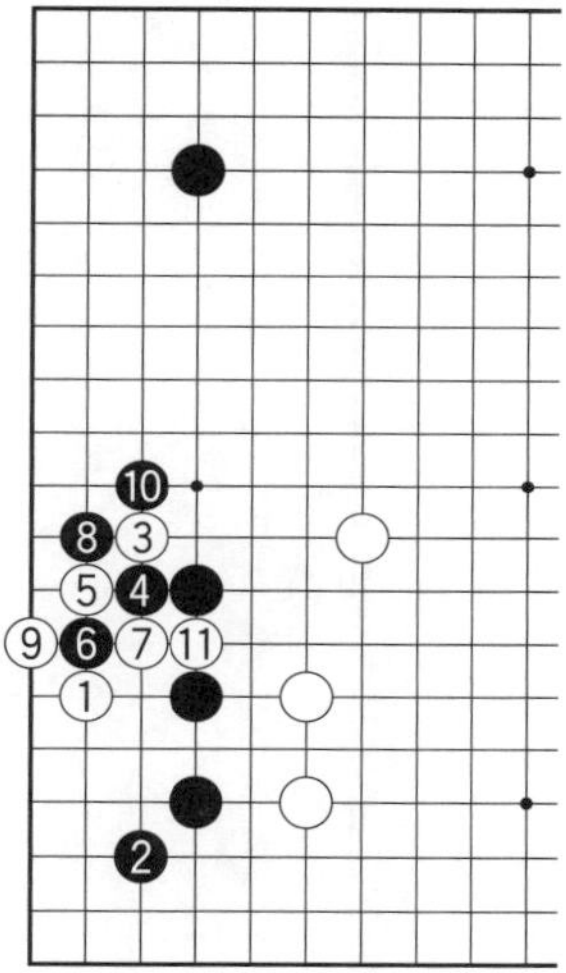

９図

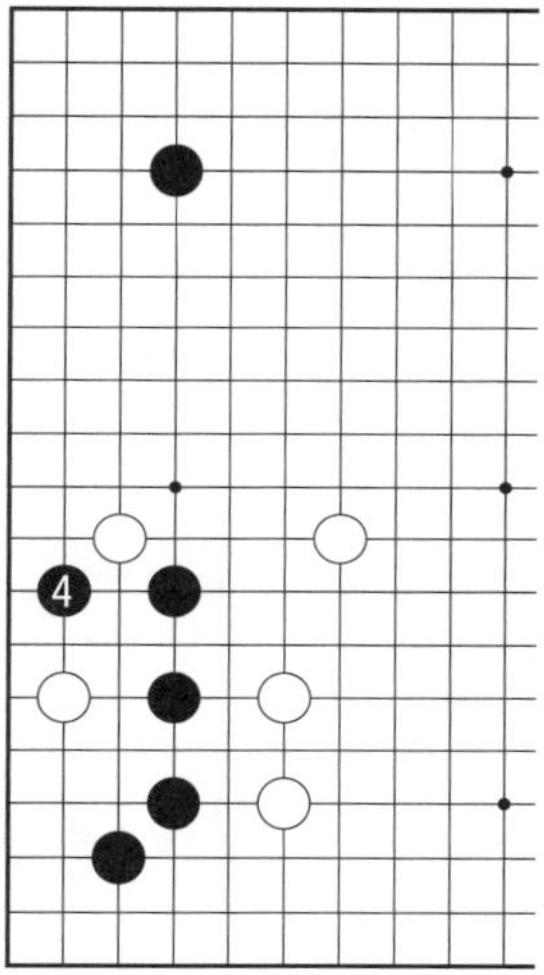

10図

11図、白５、７と出切れば一気に激突です。続いて…

12図、黒20まで白２子は取れますが、二線を六本もハッての黒地は大したことなく、白21に転戦して白満足でしょう。

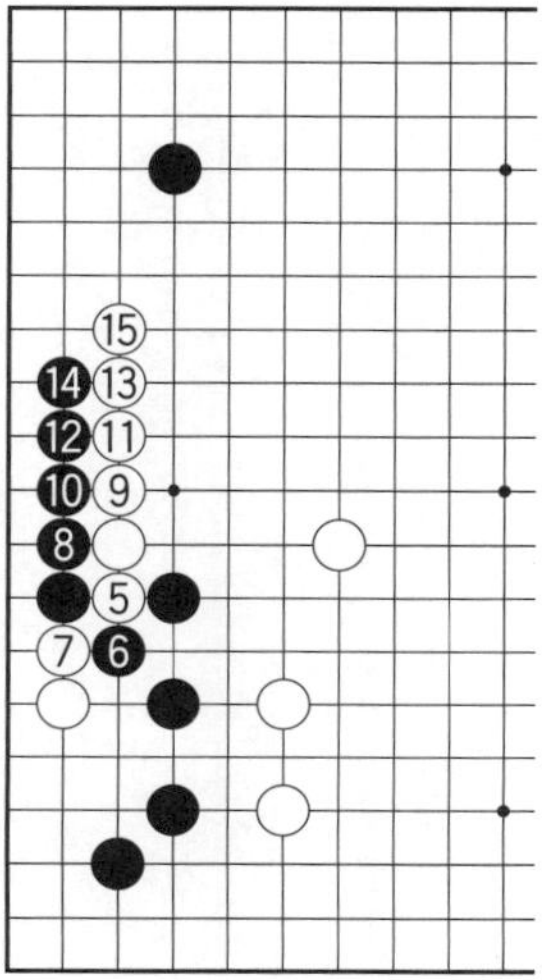

11図

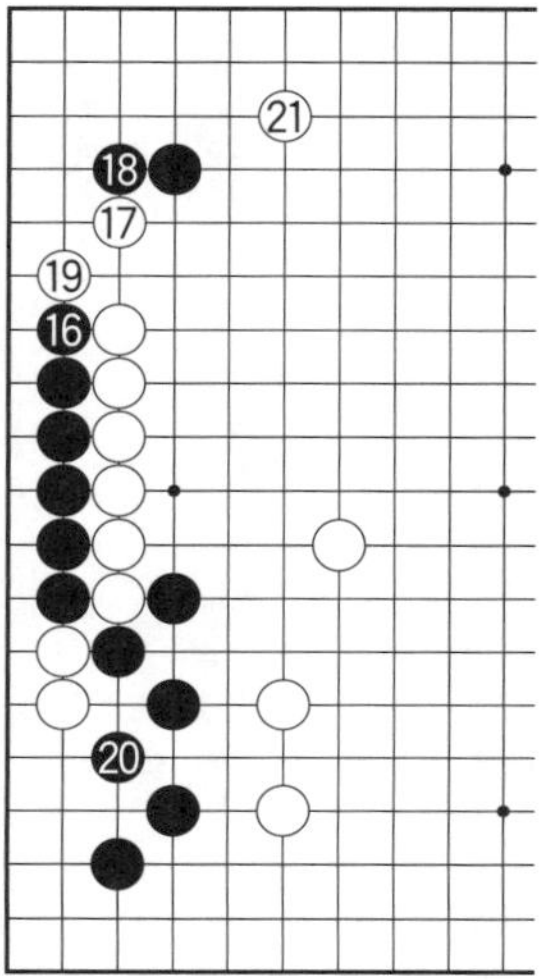

12図

13図、11図の白7では、aの切りを見て、白1と絡んでいくことも可能です。した手にとっては嫌な手でしょう。

14図、黒2は両方受けようとする強い手です。

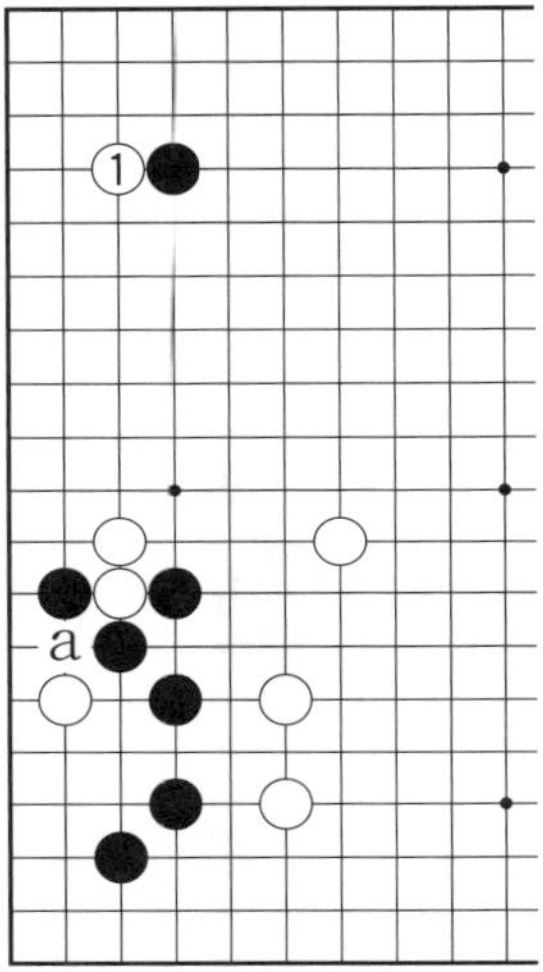

13図

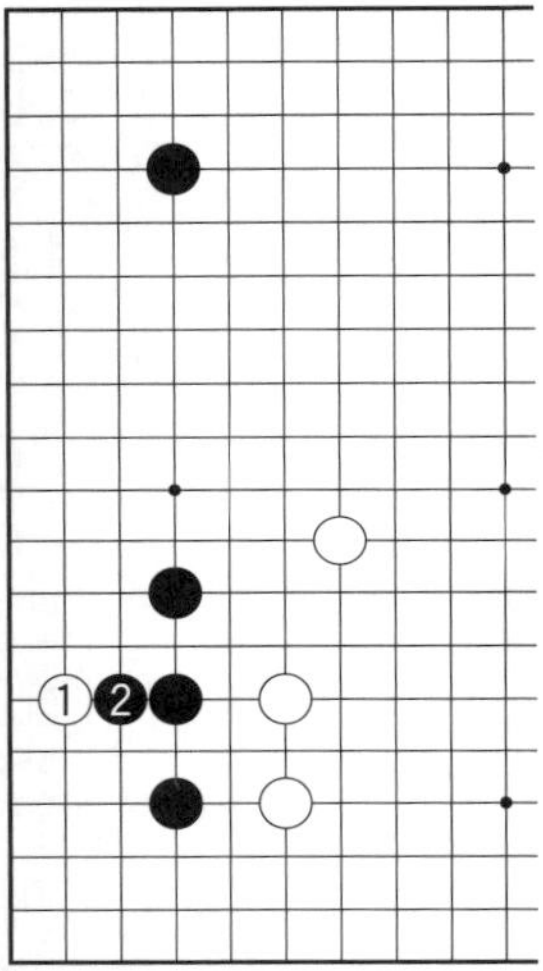

14図（黒の応手３）

しかし、**15図**の白3、5で、△の存在が黒を悩ませます。

16図、エイ！ とばかり黒6、8と食いつくと白9でハマリです。

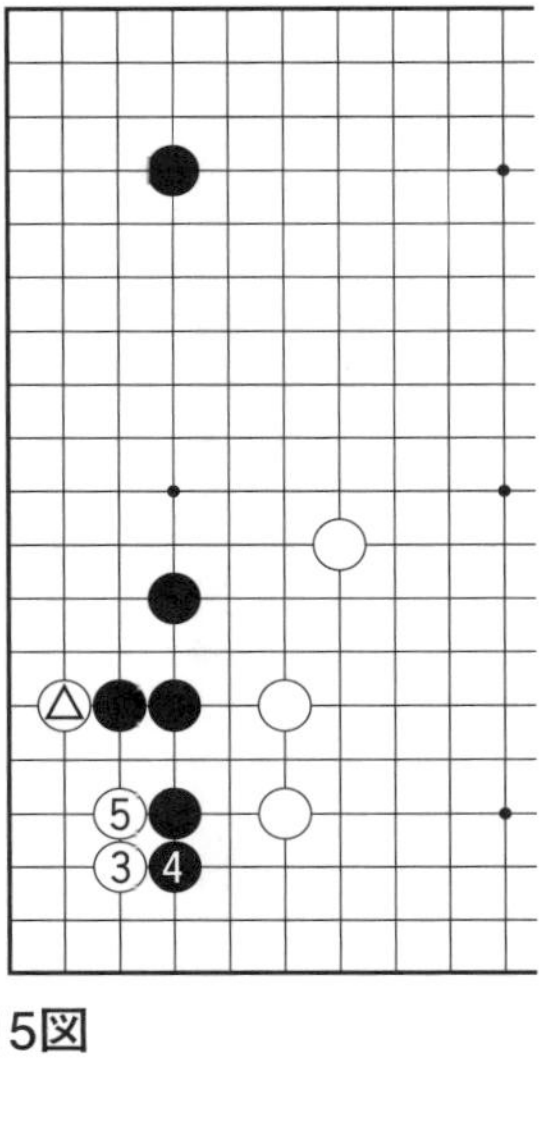

15図

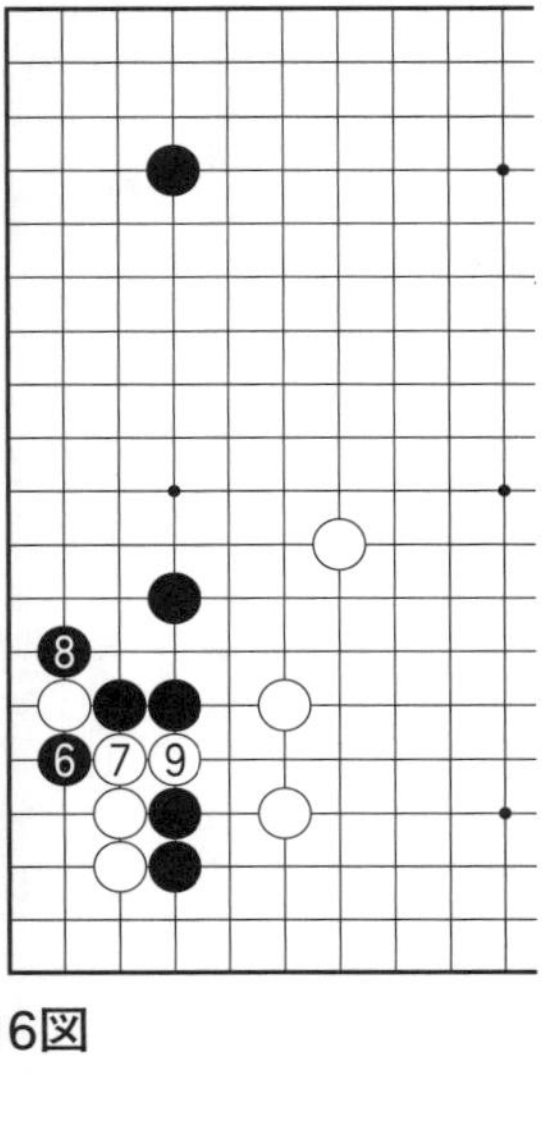

16図

17図の黒6と謝っても、白7、9と追及の手を緩めません。

18図、続いて黒10には、白11から筋良く切るか、あるいは…

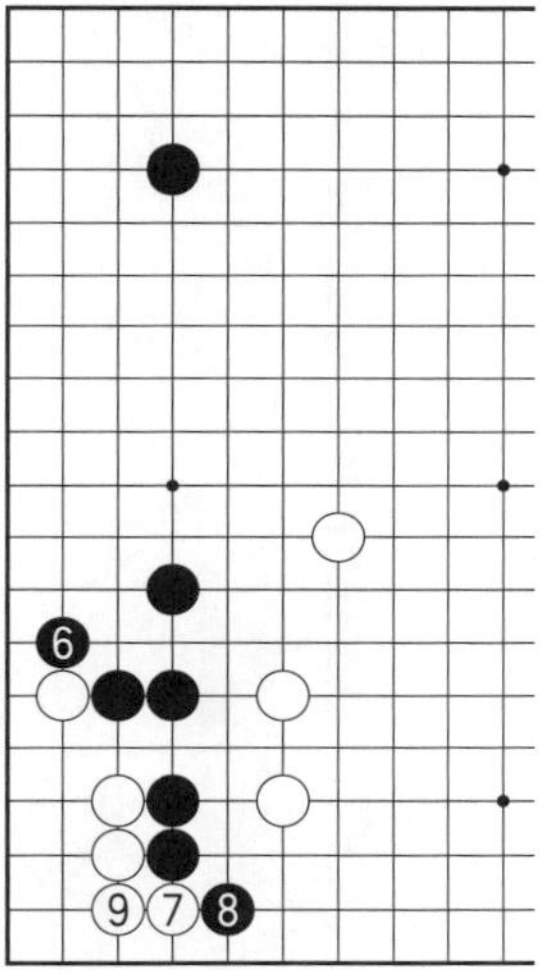

17図

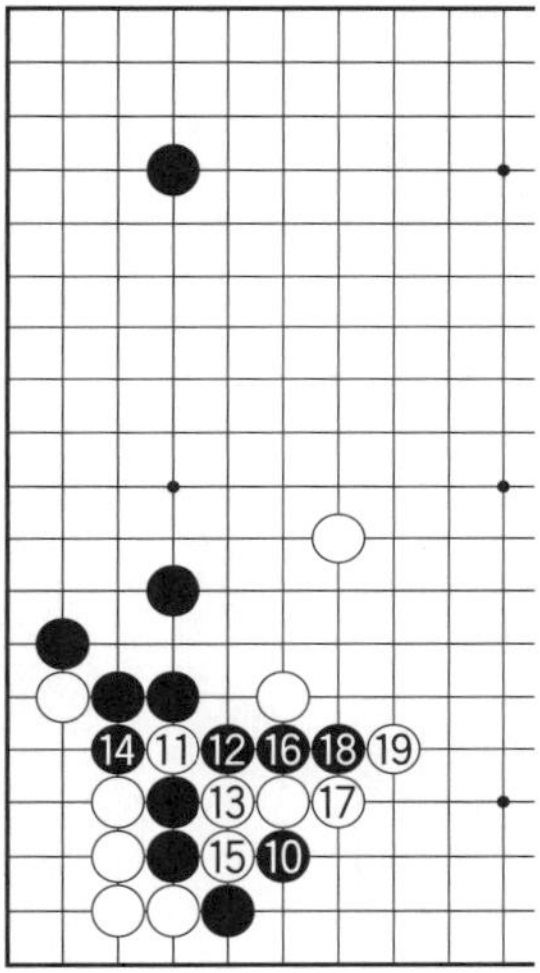

18図

19図のように、白11からゴリゴリ切っていく手も考えられます。

18図の黒10で、**20図**の1とツイでも、白2は成立します。切っていかずに白aと打っても十分です。

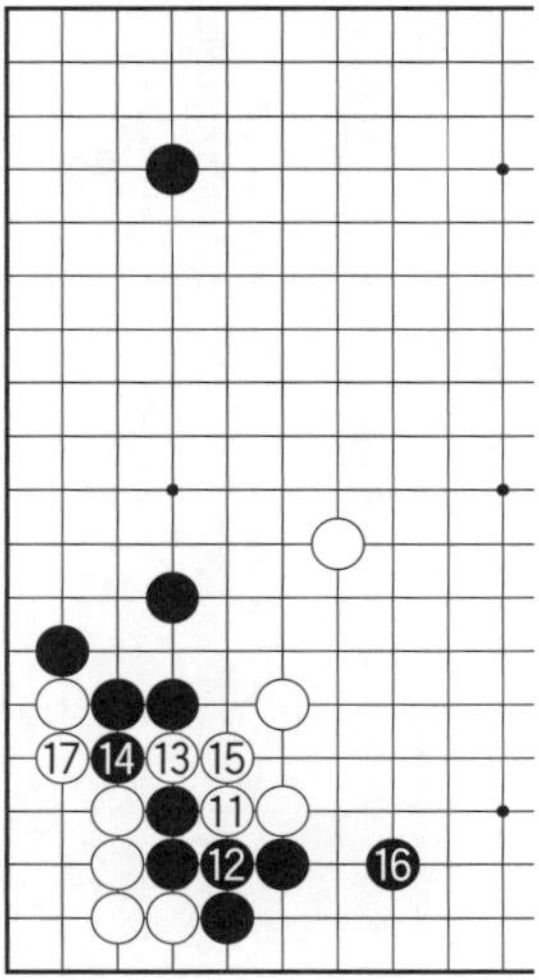

19図

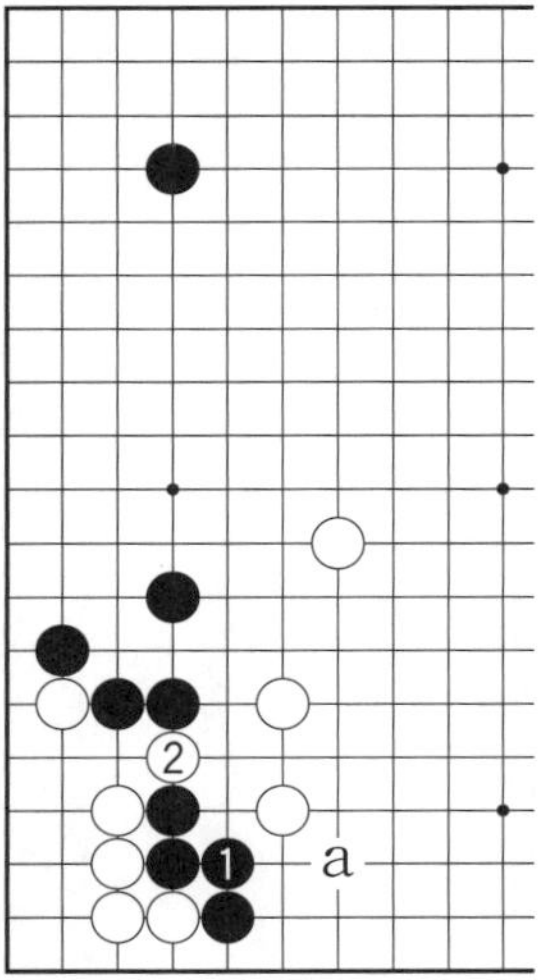

20図

21図の黒1なら固いですが、以下白6まで黒は愚形にされて、その上実利を奪われて泣けてきますね。黒5で、**22図**の5とハネてくれれば、白6のサガリが利いて8まで。いずれにしても黒は悲しい形です。

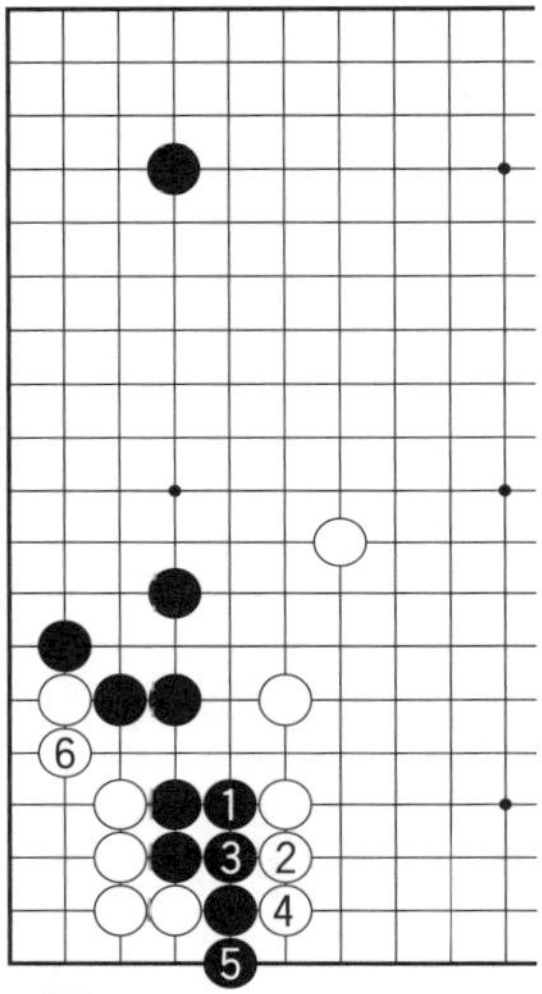

21図

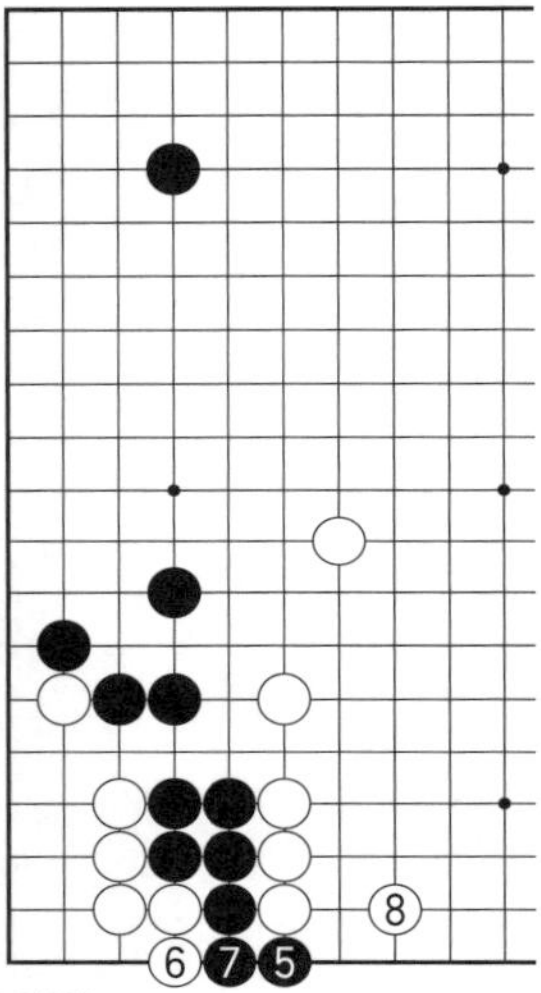

22図

結論です。白1は見事に成立します。相手の地模様の中に深々と侵入して、がらがらに荒らすのはとても楽しいですね。

置き碁、互先関係なく、この形が出現したら是非使ってみてください。

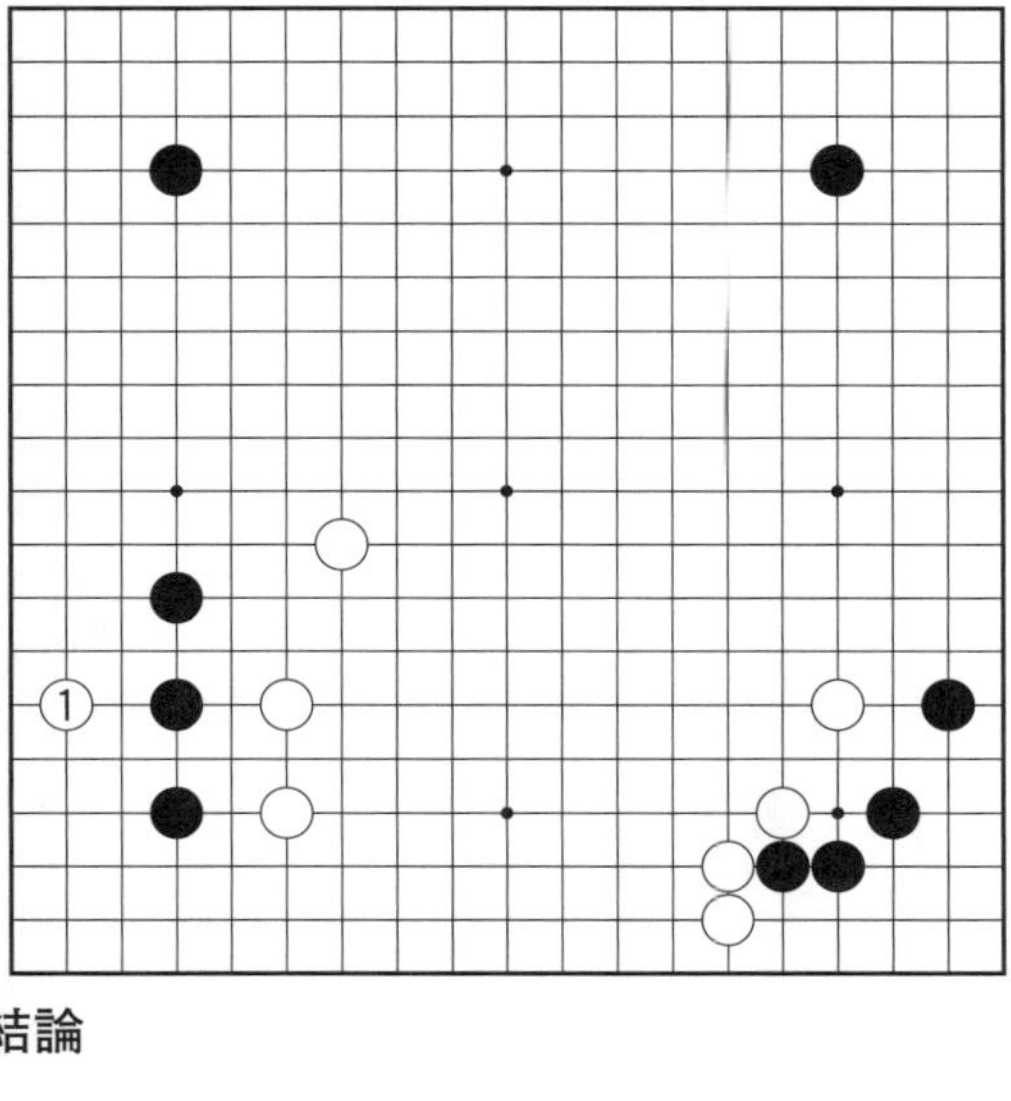

結論

コラム3 広島アルミ杯若鯉杯誕生前夜（後藤俊午）

あれは二〇〇五年の秋でした。当時（今も？）広島県下で絶大なる人気を博していた井澤秋乃（現四段）が、山口県に仕事で出向いているとの情報を得た浅本氏は早速、「帰りに広島に寄りんしゃい。どうせ帰り道じゃけんの」と流川の行きつけの粋なお店「乾杯」に誘いました。

見た目と違い左党の井澤さんは、広島の美酒の魅力にふらふらと途中下車し駆けつけました。そこに同席していたのが、広島アルミニウム工業社長の田島文治氏と同重役の四方純雄氏、そして山本賢太郎五段でした。いつもの気の置けない面子での会食は盛り上がり、話題も尽きませんでした。そして二〇〇三年に無くなった大手合の話になりました。

日本棋院では80年間、大手合によって昇段を争う制度を取り入れていましたが、近年の財政難によりスポンサーのついていない大手合を廃止し、勝ち星やタイトル戦の成績で昇段する制度に変更したのです。そのために若手棋士は年間10局程度の真剣勝負の機会を失いました。井澤、山本の両若手（当時）がそのことを嘆いているのを一堂じっと聞いていましたが、ついにとんでもないことが起きました。

唐突に田島社長の男気が炸裂したのです。

「じゃあワシが若手のために棋戦を作っちゃる！」

そうして誕生したのが、『広島アルミ杯・若鯉戦』です。二〇〇六年に第1回が開始され、記念すべき初代若鯉には謝依旻二段（当時）が輝いています。その後の彼女の大活躍は言うまでもないでしょう。

現在13回を迎えており、歴代の優勝者は皆、一般棋戦でも頭角を表しています。文字通り若手の登竜門となった本棋戦は厳しい予選を経て、広島市で行われる本戦に15人が参加できるのですが、我が山本賢太郎五段は、スポンサー推薦枠で常に本戦シードで参加しています。そして4年連続一回戦敗退という快挙を成し遂げたのです。地元の期待を一身に背負って、それに背き続けた賢太郎は、『アルミ杯若鯉戦』が近付いてくると心身に異常をきたすという所まで追い込まれていました。

そして、そろそろ年齢制限（参加資格30歳未満）が迫ってきた中での出場となった二〇一〇年の第5回大会で、何と決勝進出を果たしたのです。決勝戦の相手は寺山怜二段（当時）でした。彼はその後も二〇一五年の10回大会で優勝し、その翌年にはNHK杯でも準優勝しています。

会場を埋め尽くした山本応援団の懸命の声援も空しく決勝戦で敗れた賢太郎でしたが、背水の陣で臨んだ大会で『アルミ杯若鯉戦』に名を残すことが出来ました。しかし当時はまだ『忖度』という言葉が知られていなかったのが残念です。なあ寺山くん。

第3章

奇襲戦法

この章では相手があっと驚く手段を集めてみました。心理的な効果抜群かと思います。

しかも正しく応対されても別に悪くなりません。楽しいことばかりです。何度も読み返して全てご自分のものにして下さい。

そして碁敵との実戦などで是非お試し下さい。困惑する相手の顔を想像するとワクワクすると思います。

【テーマ図1】山賢流「奇手三間トビ」

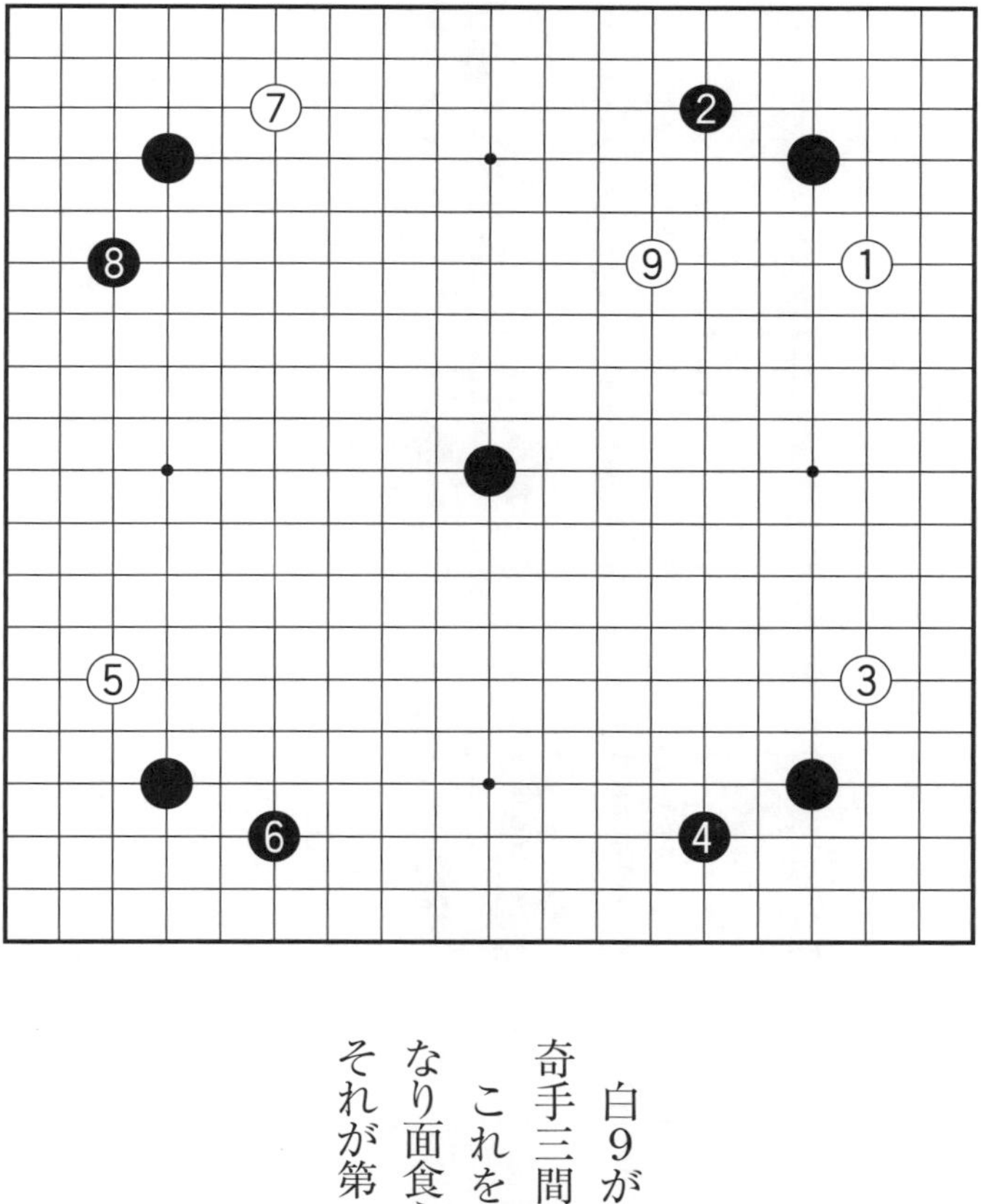

白9が本邦初公開の奇手三間トビです。
これを打たれたらかなり面食らうでしょう。
それが第一の狙いです。

いかにも黒1を誘っています。

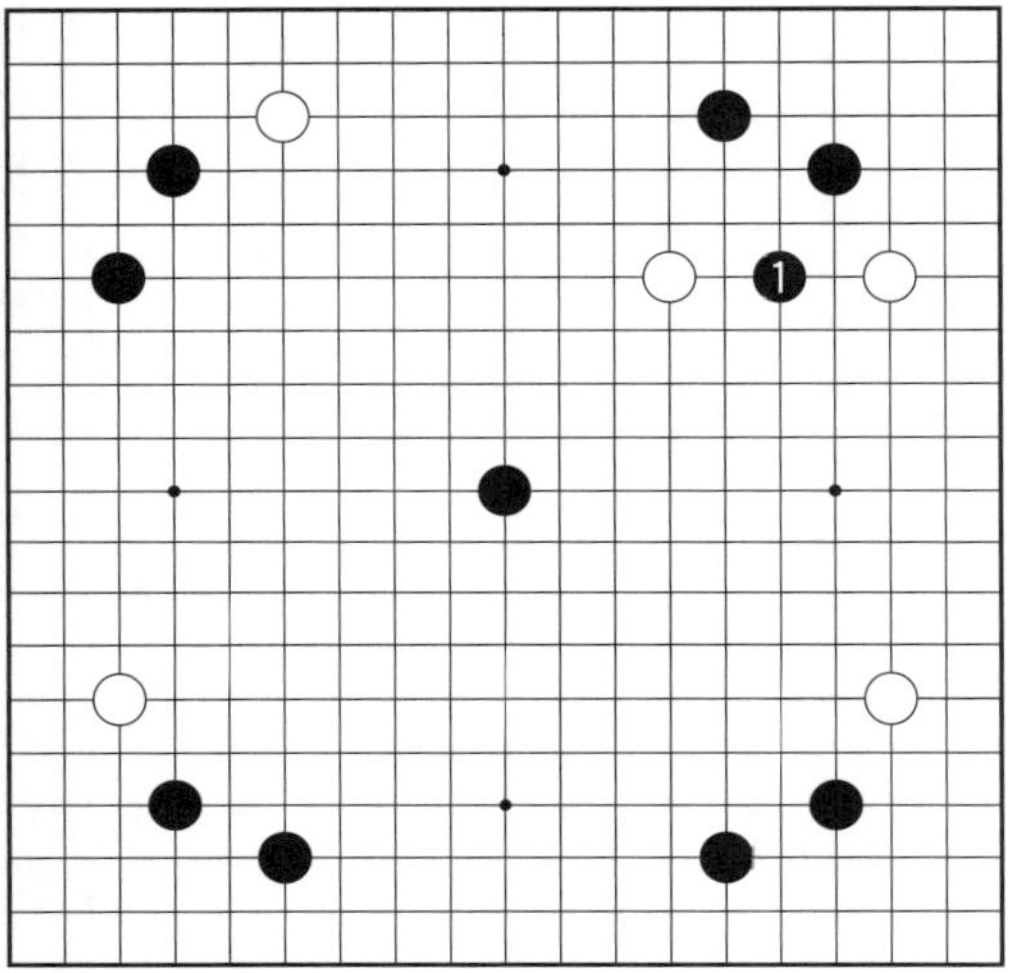

1図（黒の応手1）

これは白2から外勢を張る打ち方です。

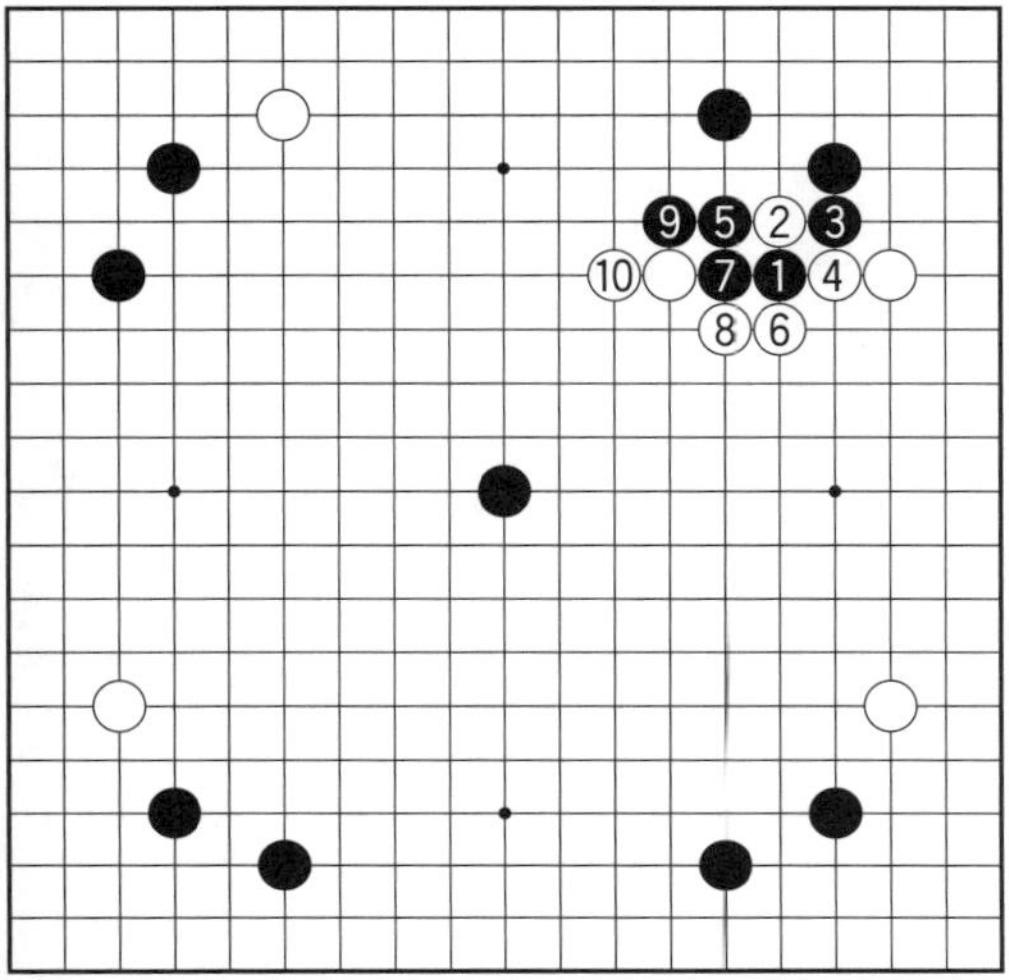

2図

前図の黒5で1と頑張ってくれば、白6から黒9が厳しそうですが、白10以下でシノげるでしょう。

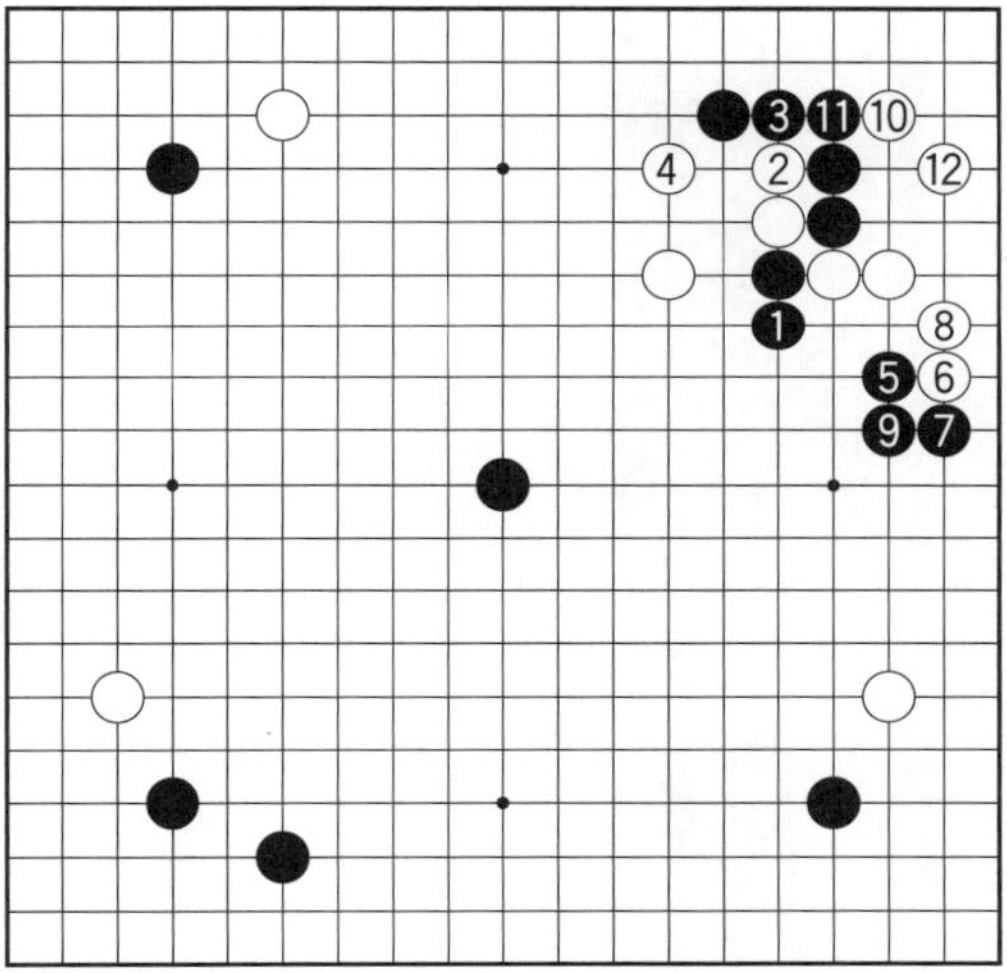

3図

白は1から乱闘に持ち込む作戦も有力です。続いて…

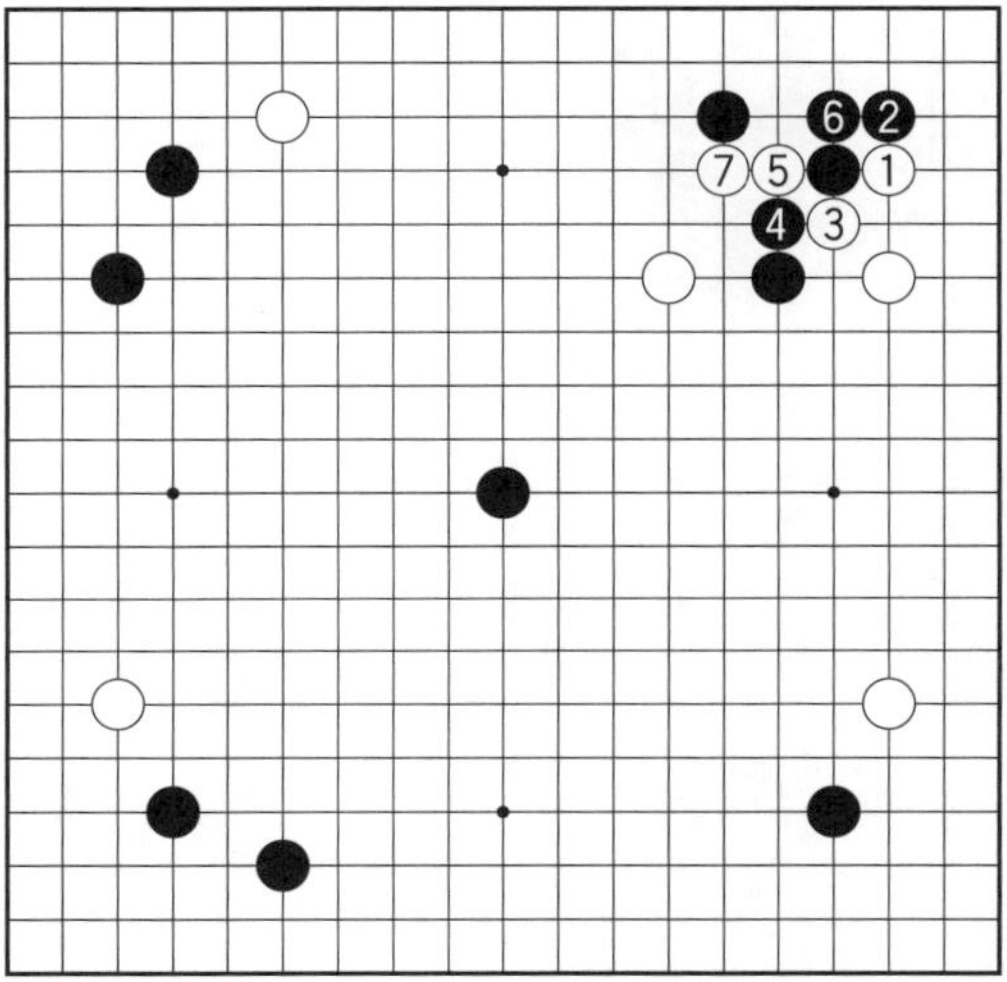

4図

黒8、10なら白11まで。黒2子を切り離すことに成功しました。

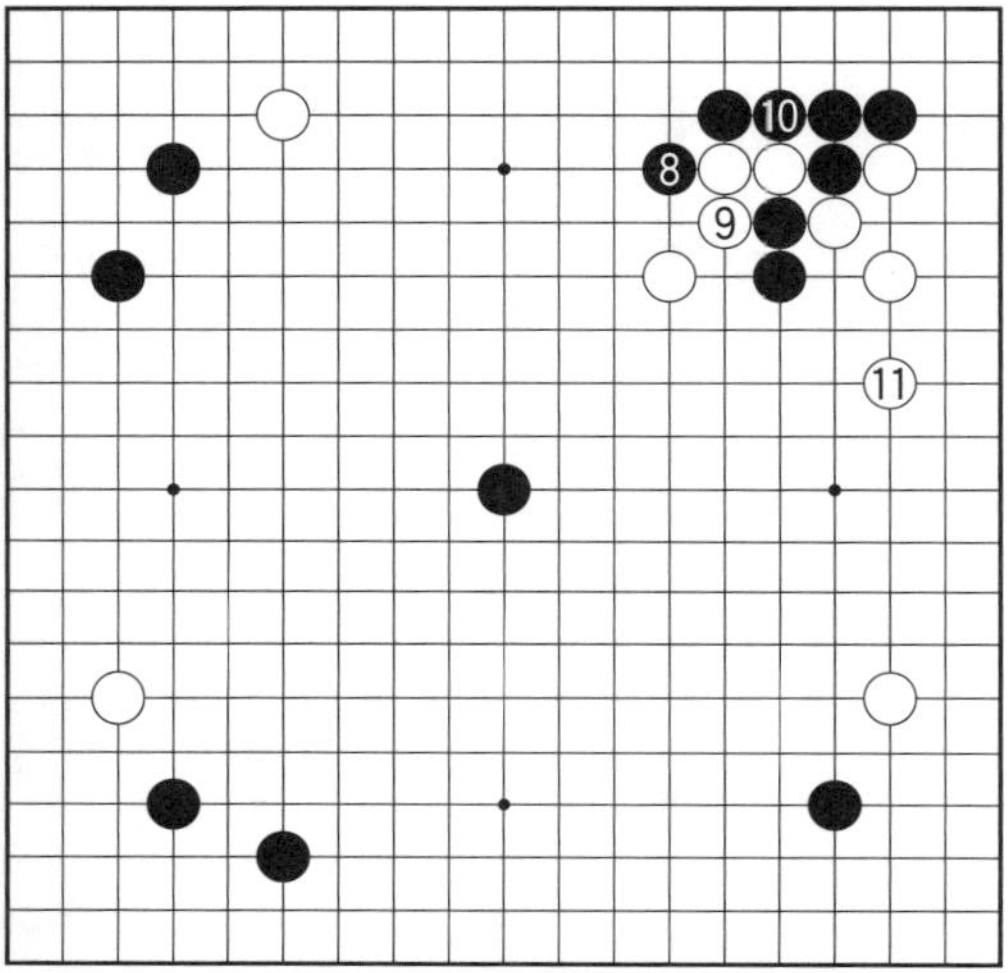

5図

前図黒8で単に1でも、白2で支障なしです。黒3から出てこられても、白8まで柳に風です。

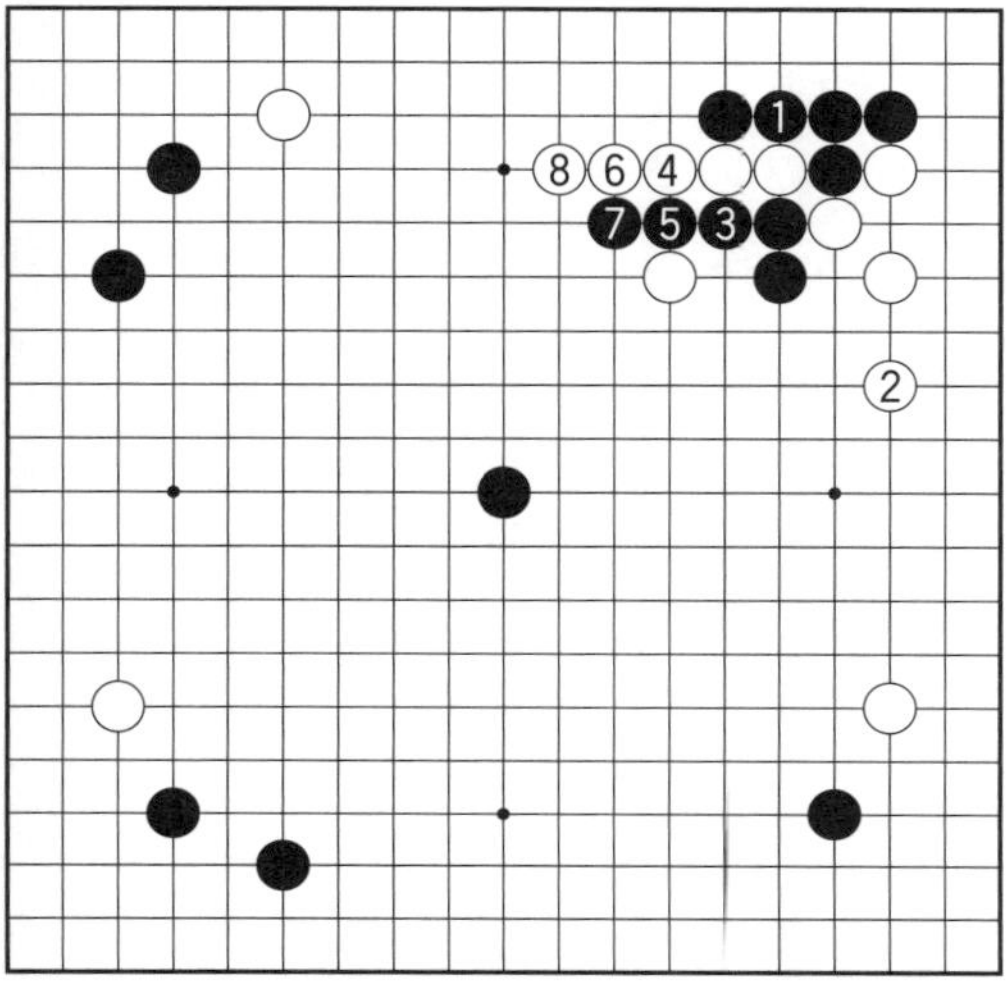

6図

前図黒3で1は筋の良い打ち方ですが、白10まで一応耐えています。なお、白2では一旦放置して他に回る作戦もあります。

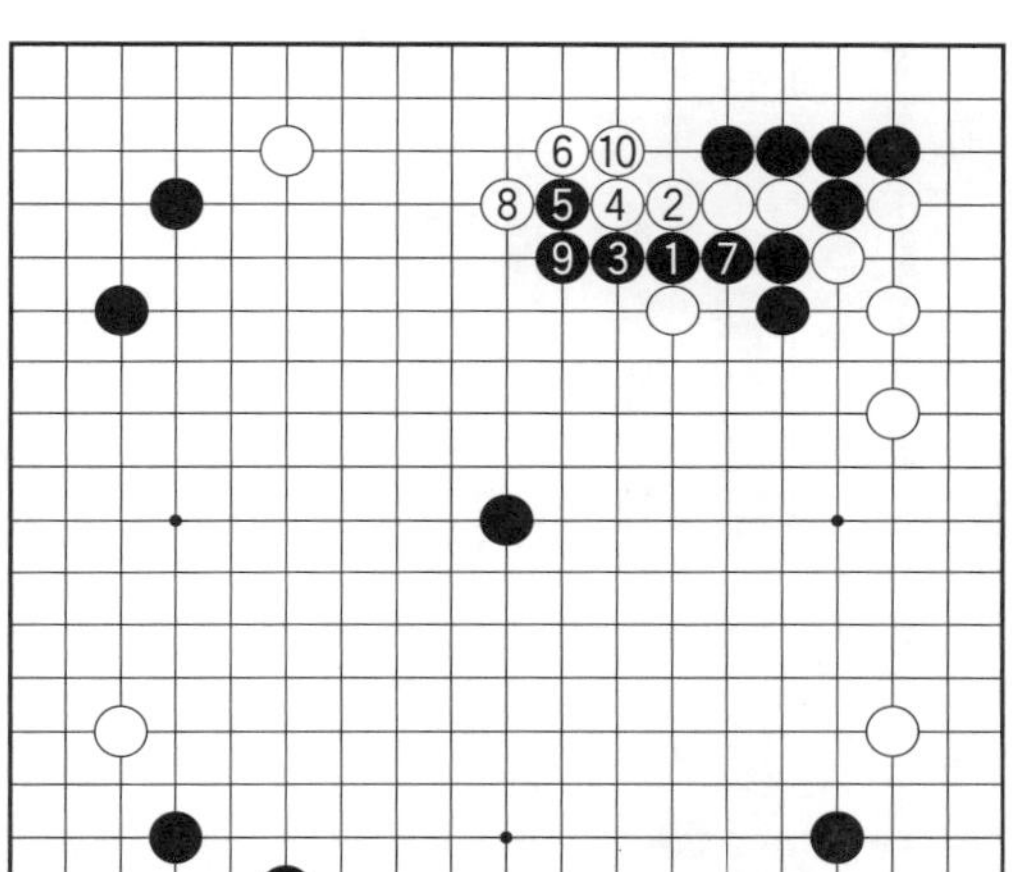

7図

黒3と緩めれば、ありがたく白4と隅の実利を頂きます。

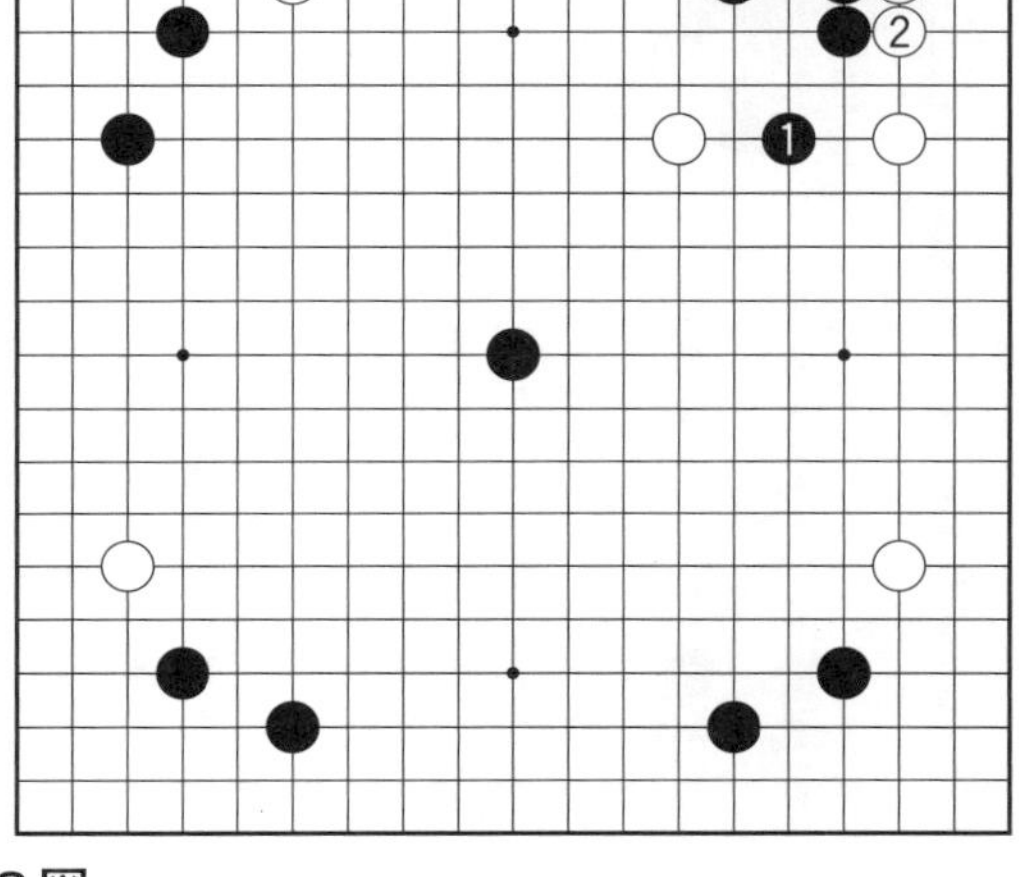

8図

この白2、4も是非打ってみたい手です。

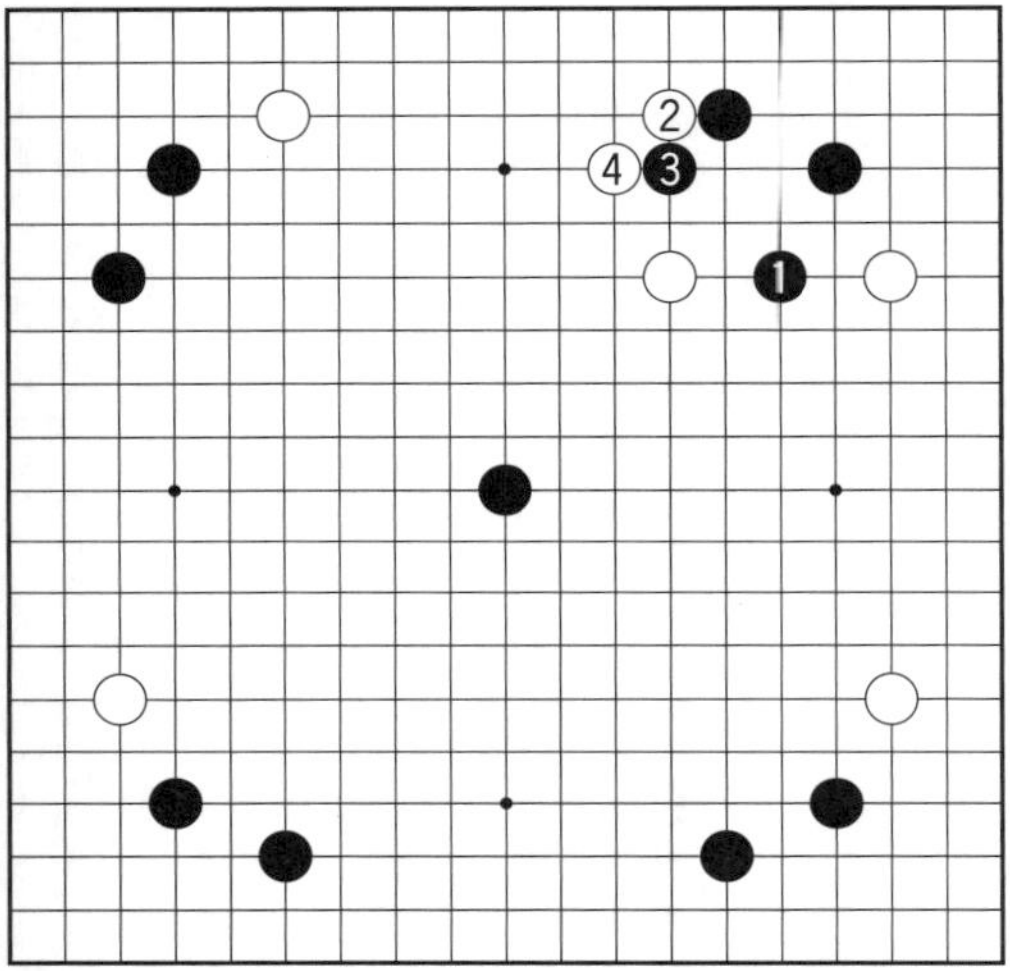

9図

黒5の切りと自然な流れですが、白10、12まで上辺と隅の両方で地を稼ぎます。

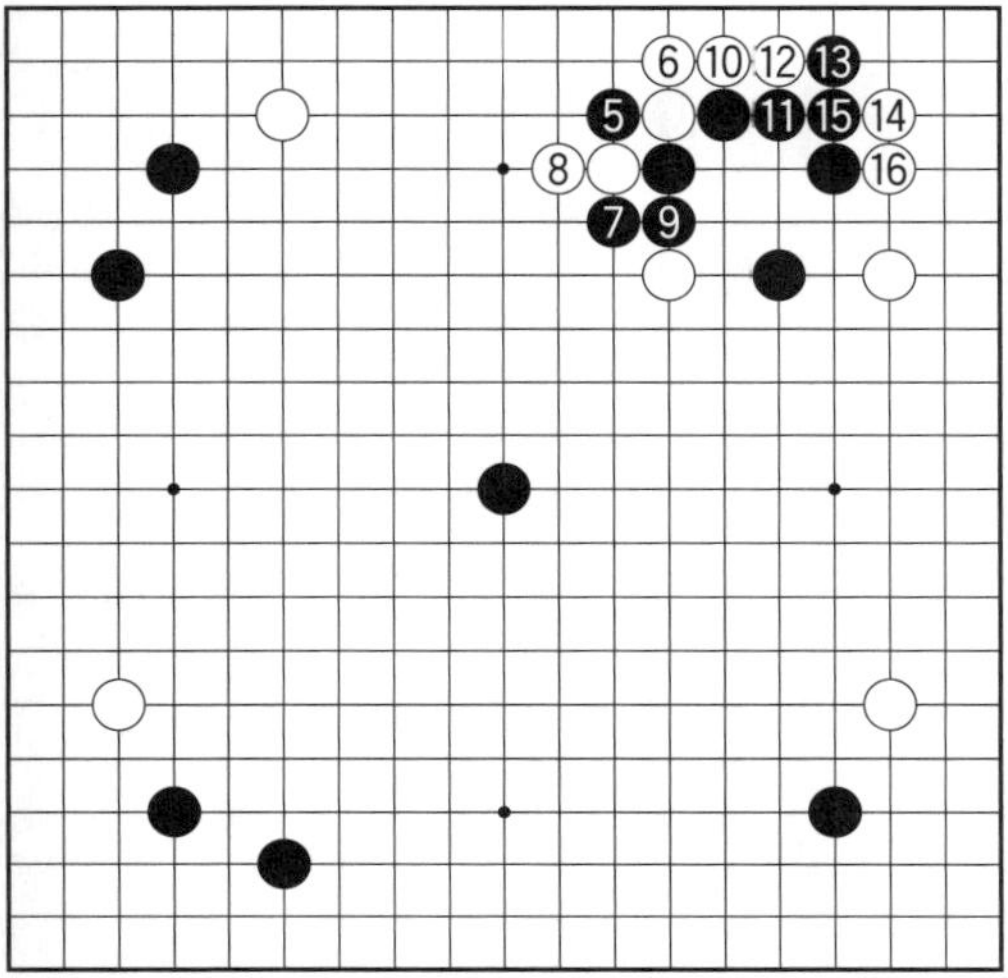

10図

黒5と固く打てば、白6、8と黒をより凝り形にします。

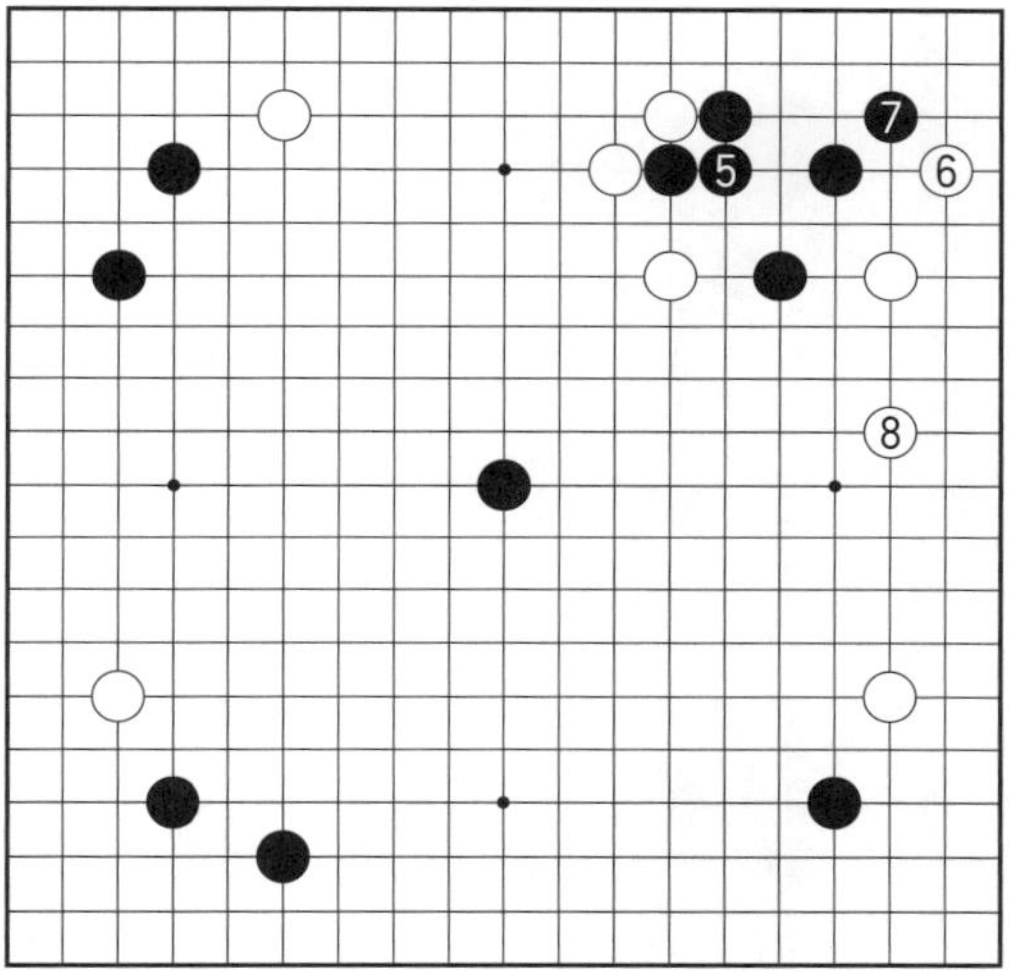

11図

前図の黒7で1と切られても、しつこく白2、4と絡んでいきます。うわ手にとって、負担の少ないコウは常に歓迎です。

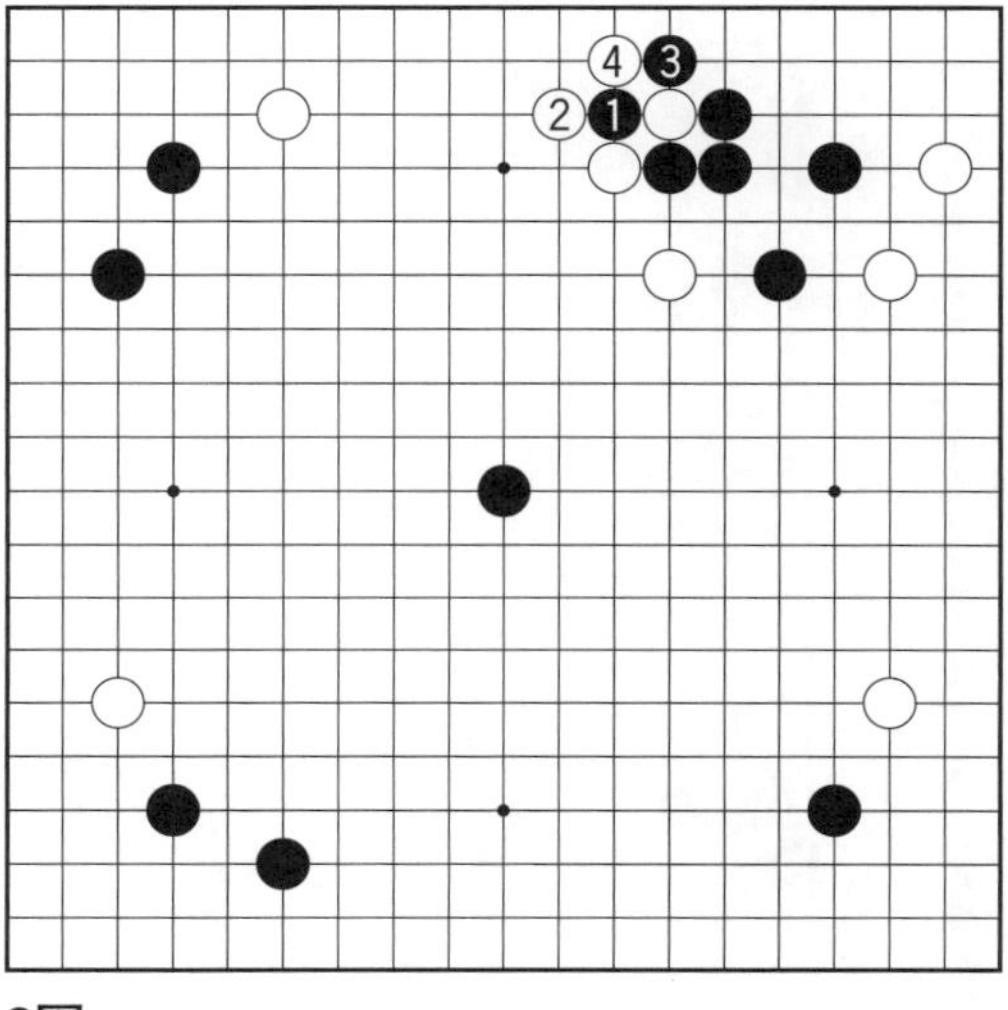

12図

黒1には、白2から4でも良いですし…

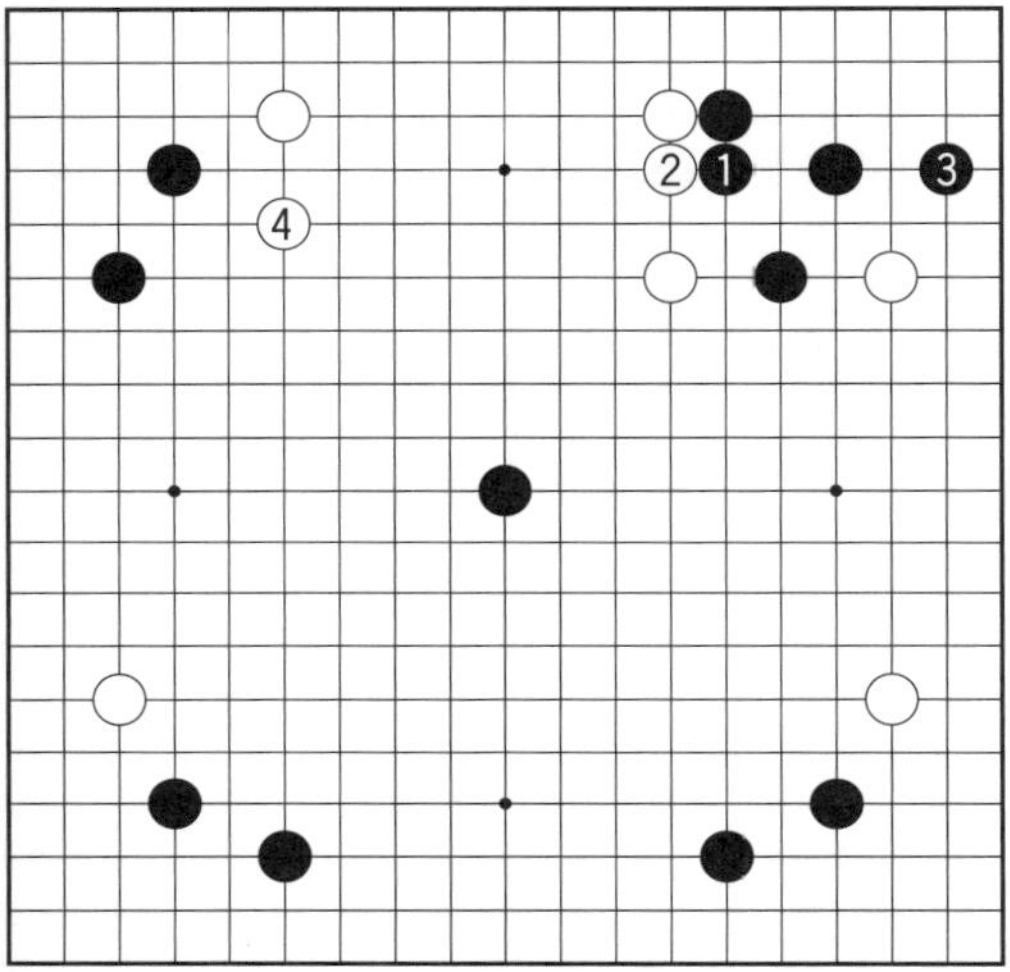

13図

白2と変則的に攻める手も有力です。黒3には白4でも11図に戻ります。もちろん、白4以外の手もあります。

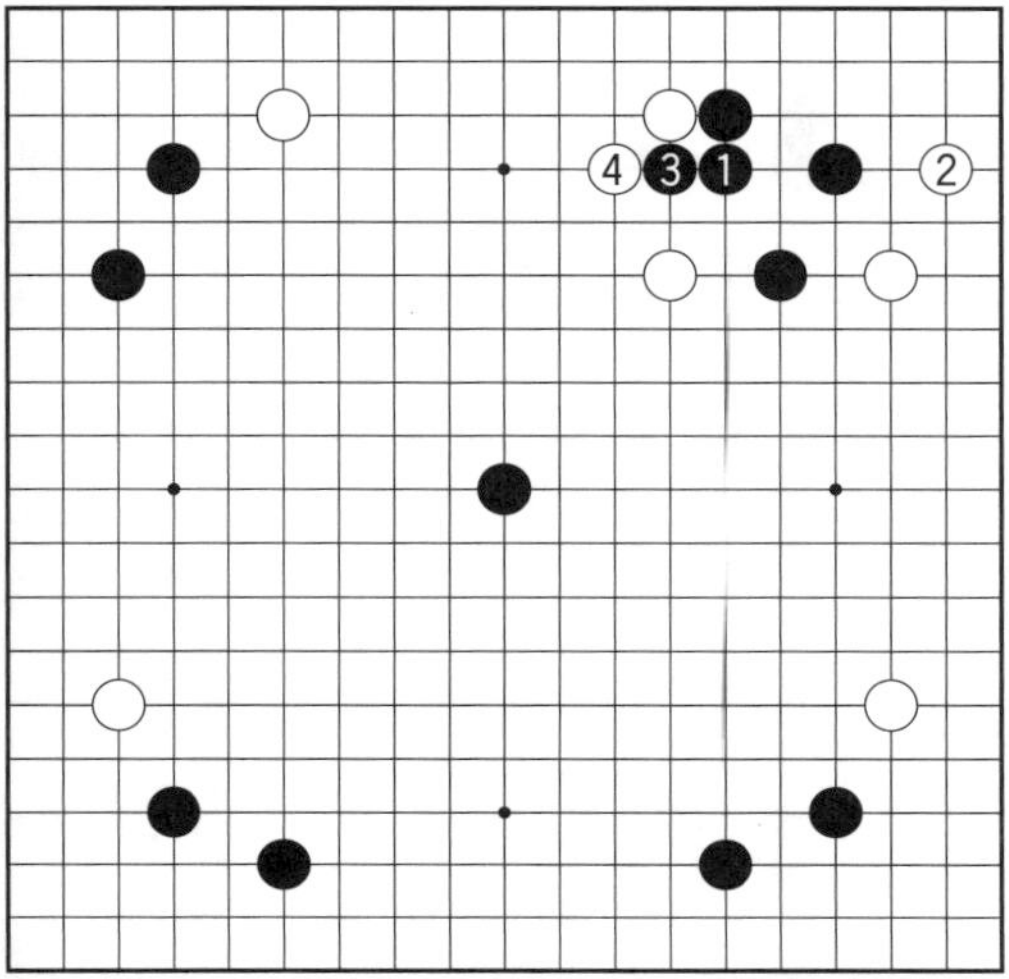

14図

黒1、3、5のツケノビの方が固い打ち方です。しかし白6で中央のラインが止まるので、一応白満足できるでしょう。

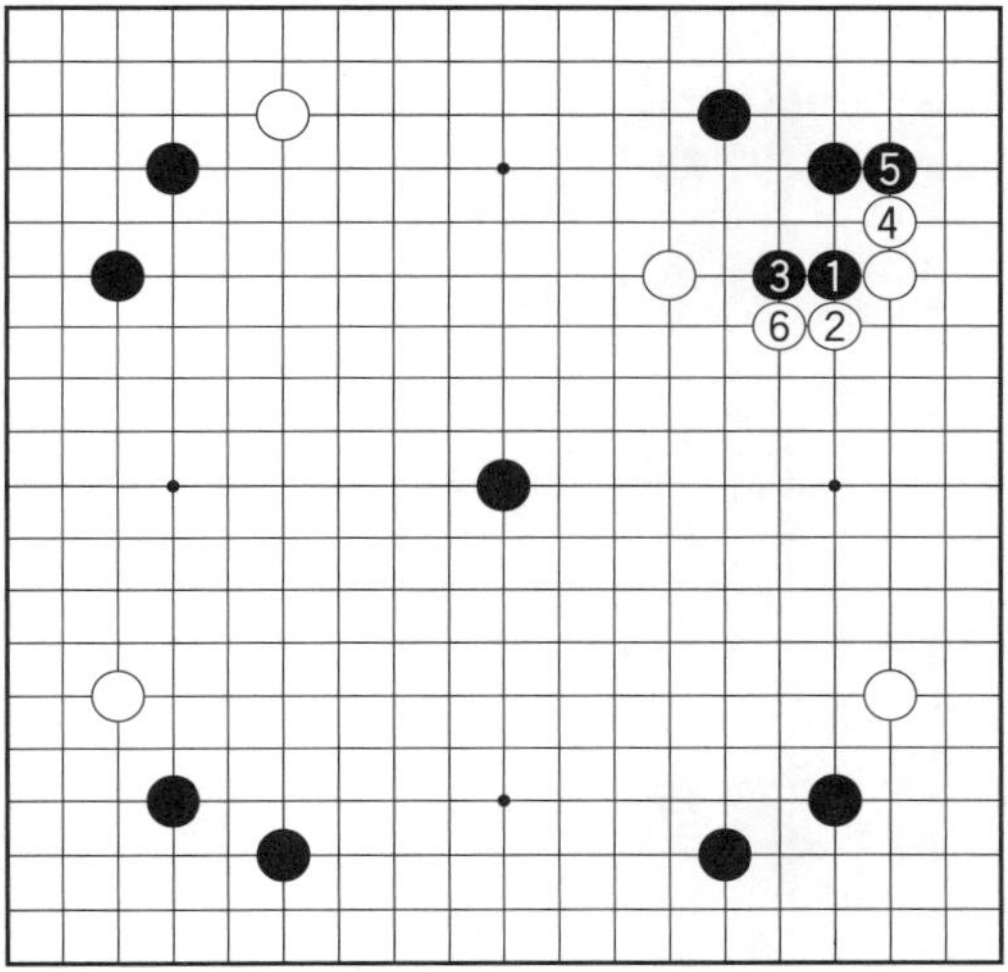
15図（黒の応手２）

これはある方との実戦譜です。要の黒2子が抜けてしまいました。黒11では13などと守る必要がありましたね。

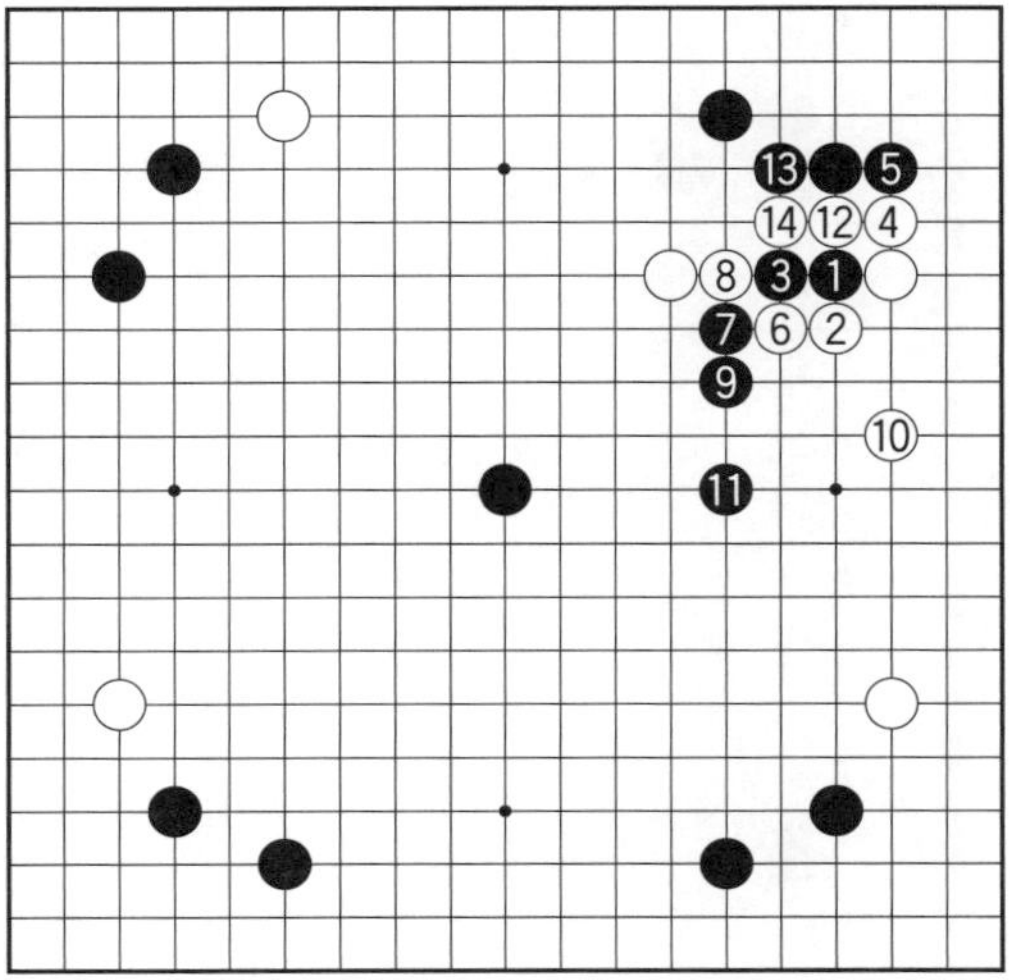
16図

黒1は消極的なようですが、堅実な良い手です。この場合は…

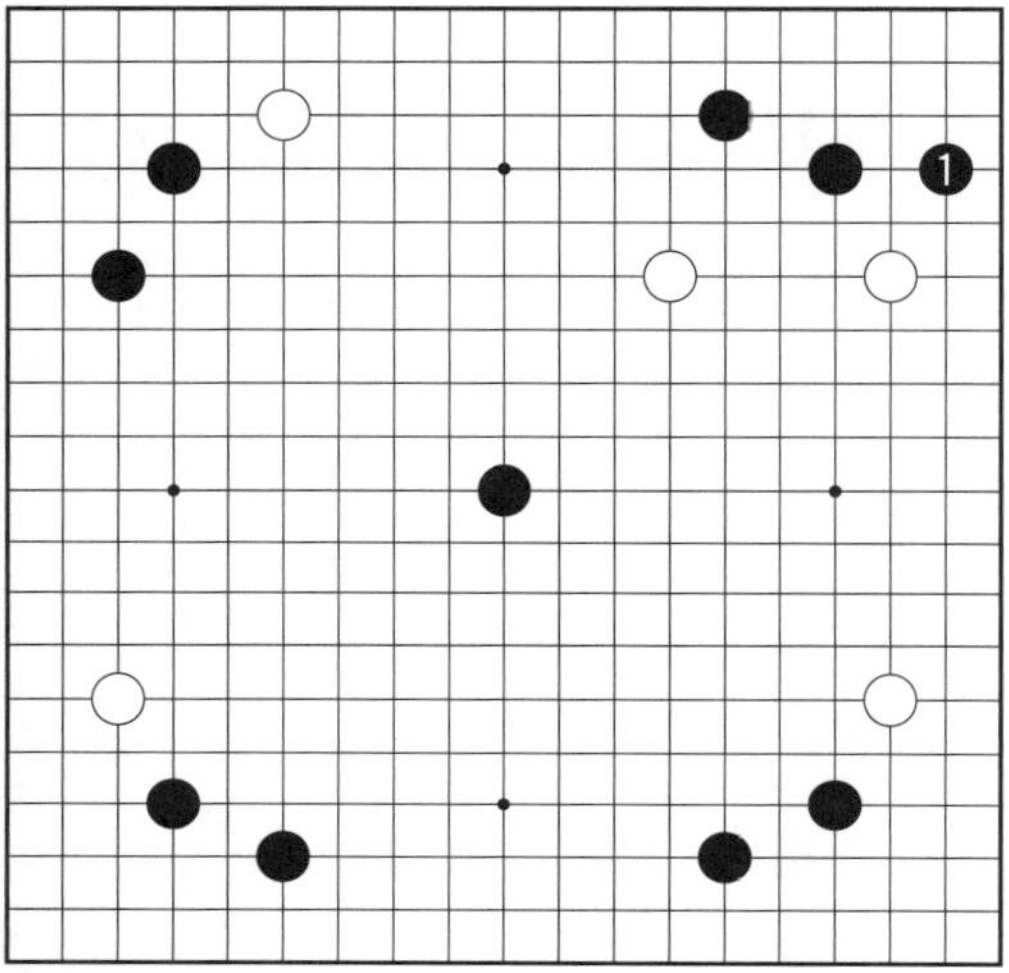

17図（黒の応手３）

やはり白2と横腹にツケます。あくまでも固く黒3なら白4で外側と止めておきます。

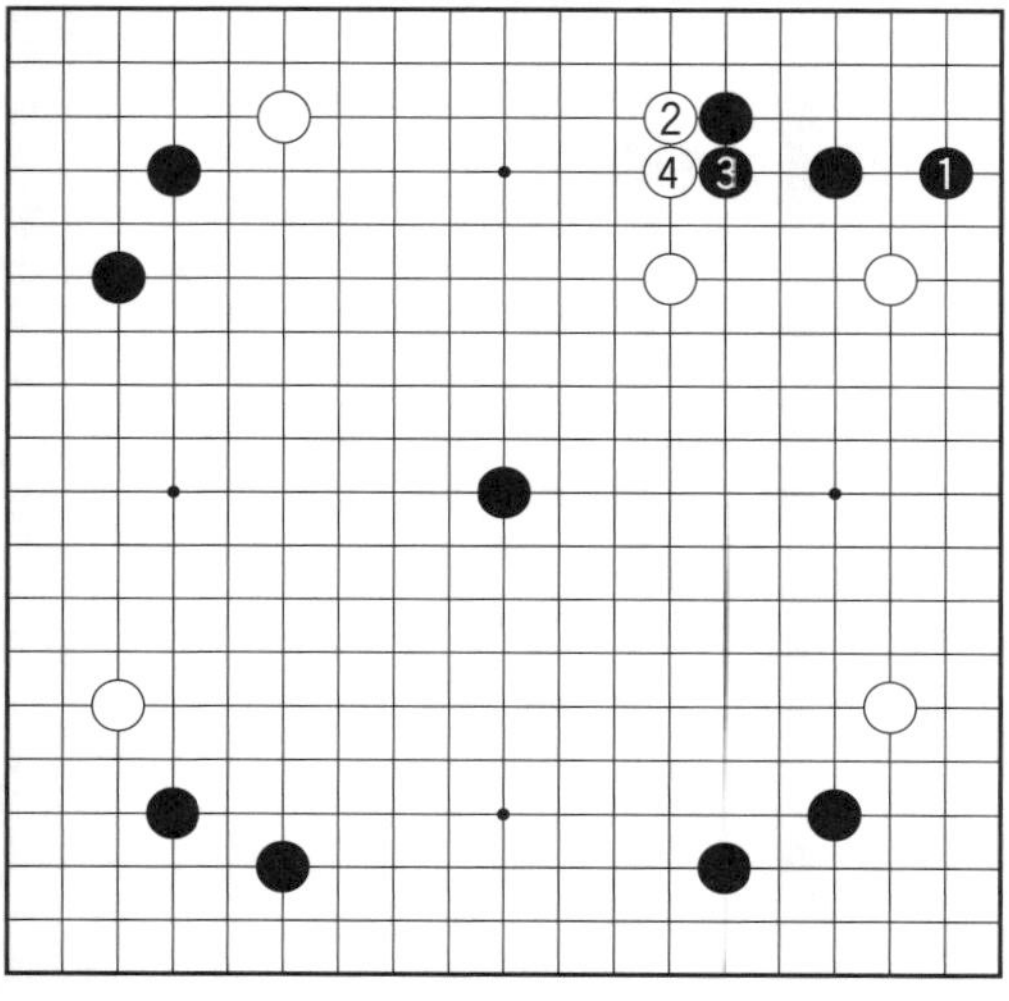

18図

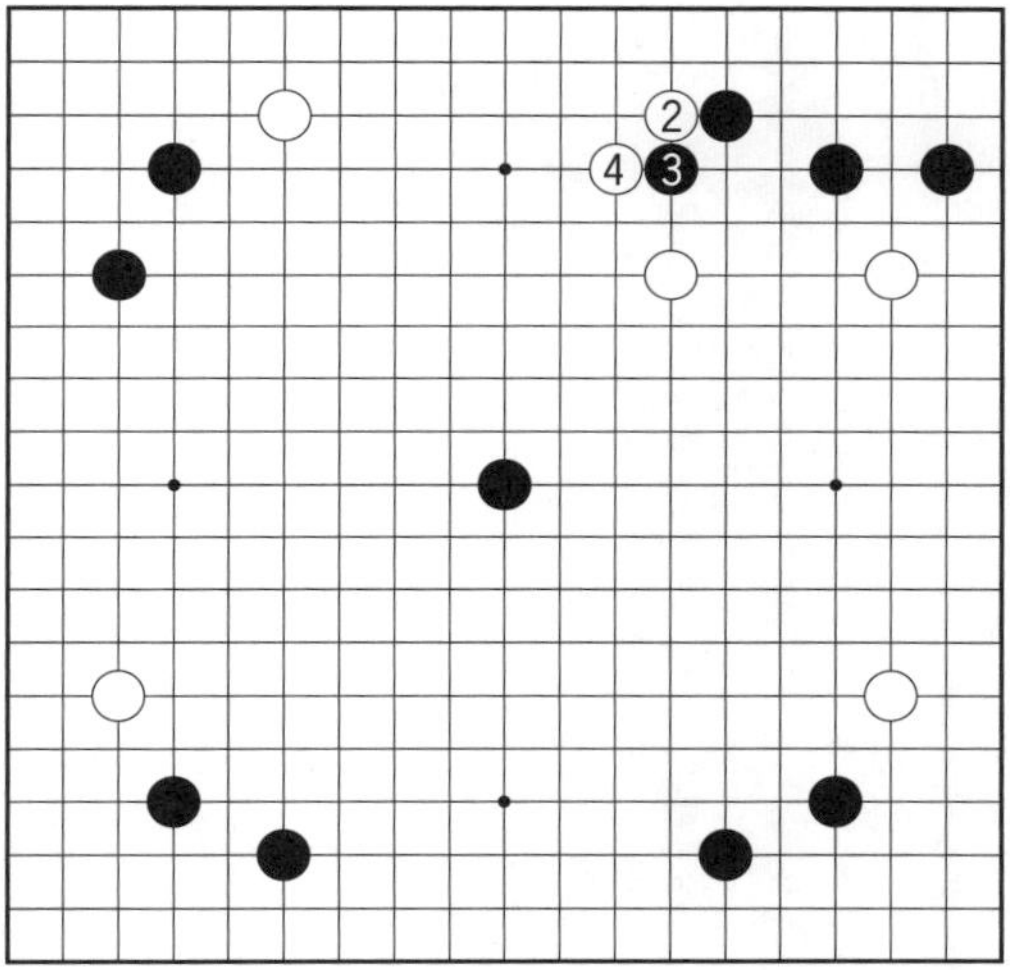

19図

黒の反発には白４のハネ返しです。続いて…

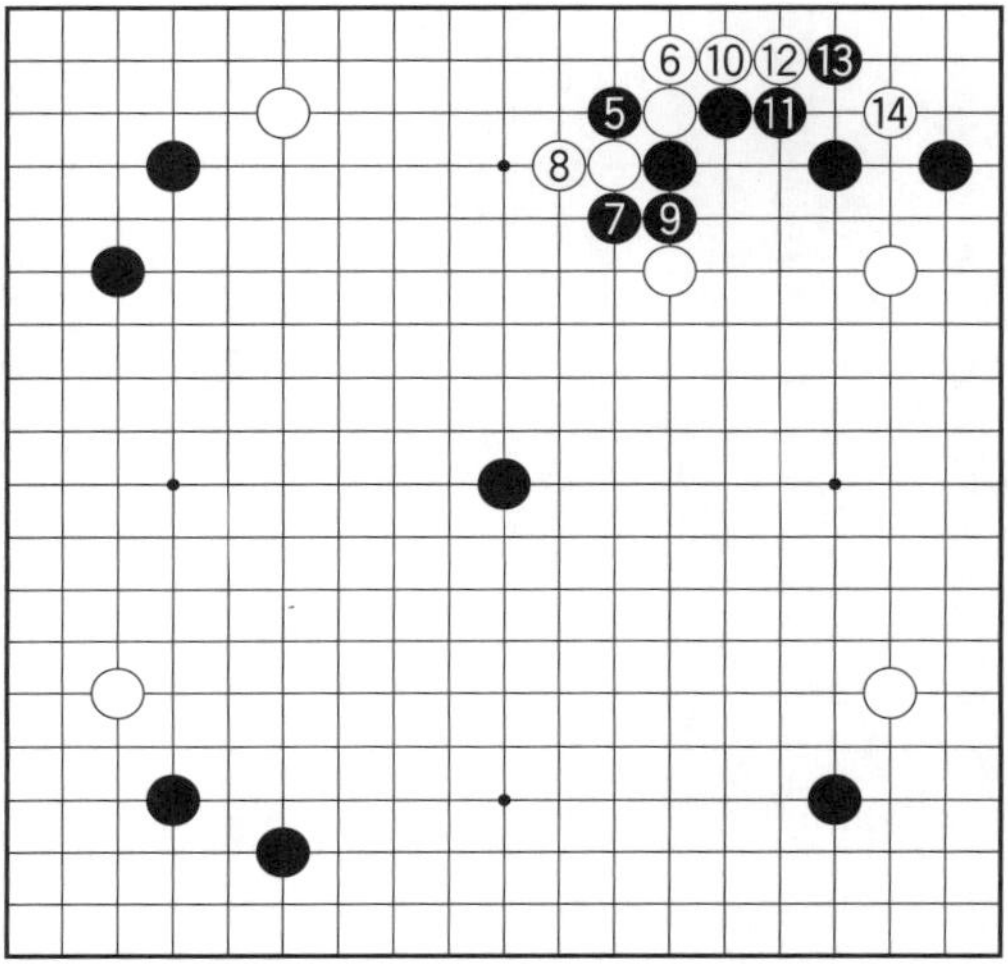

20図

黒５、７、９とはみ出してくれれば、白10以下14のノゾキが楽しみです。

前図の黒7では1が厳しい手に見えますが、実はそれを待っています。

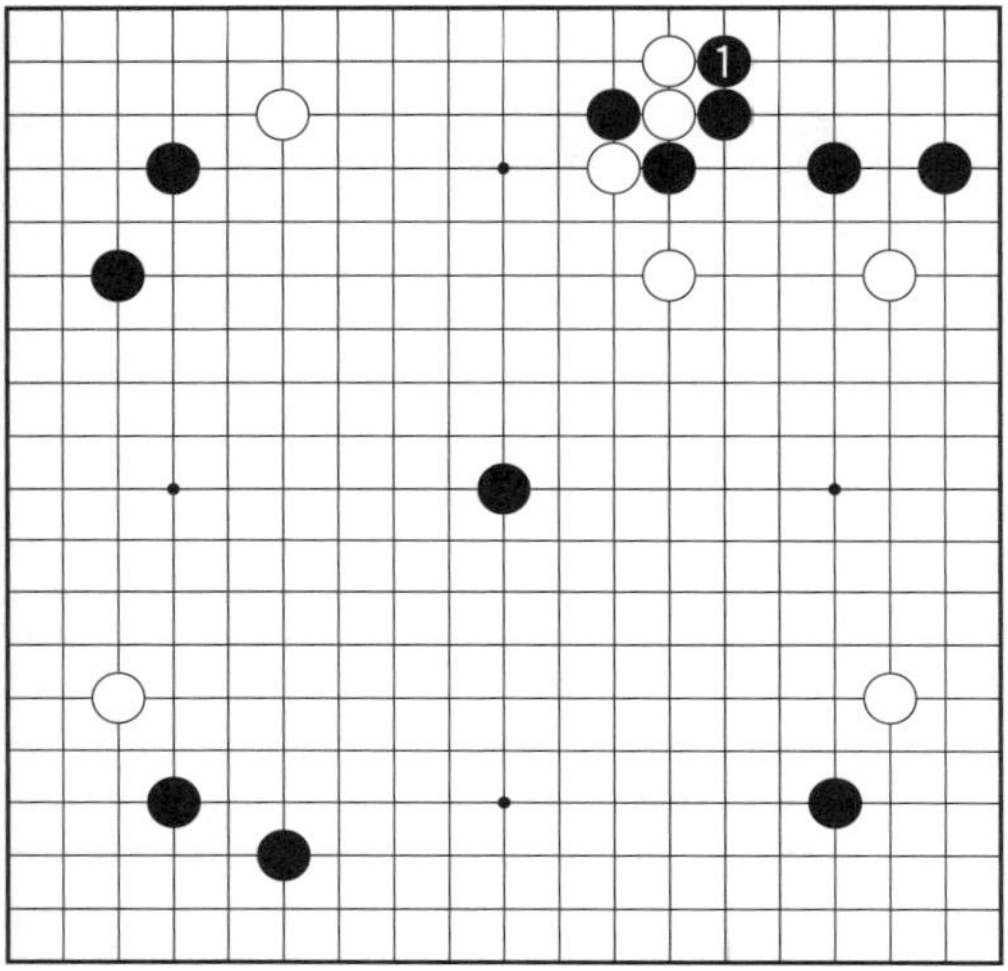

21図

白2、4の反撃が強烈です。

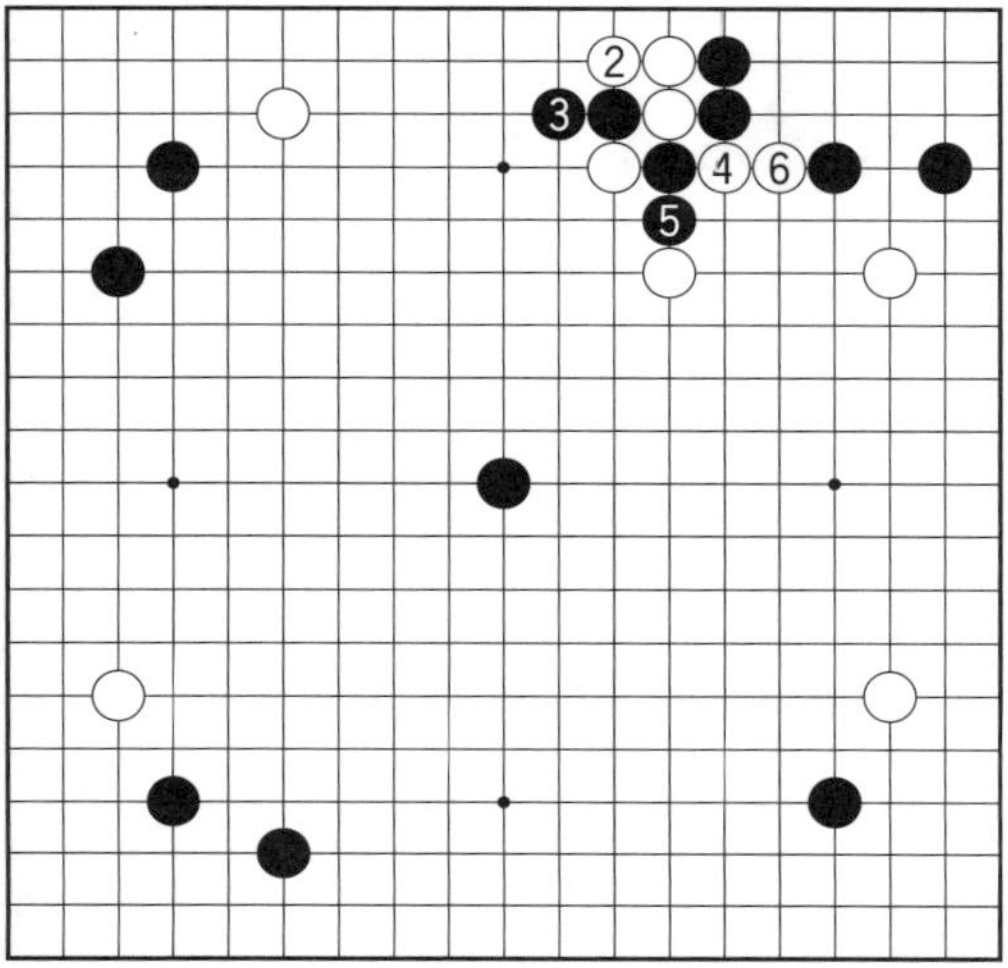

22図

以下長くなりますが、ほぼ一本道で、白28、30とシボって成功です。

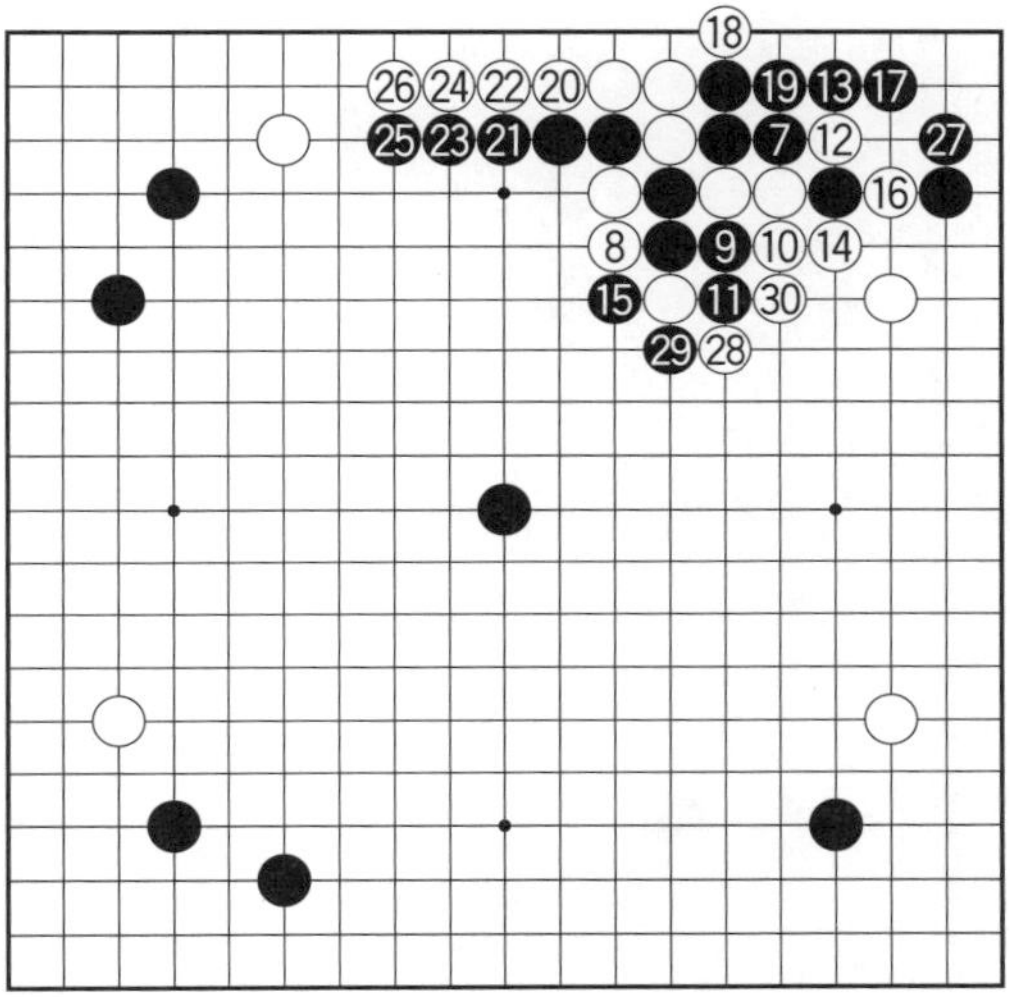

23図

△の三間トビを生かすために、白4の切りがより打ってみたい手です。

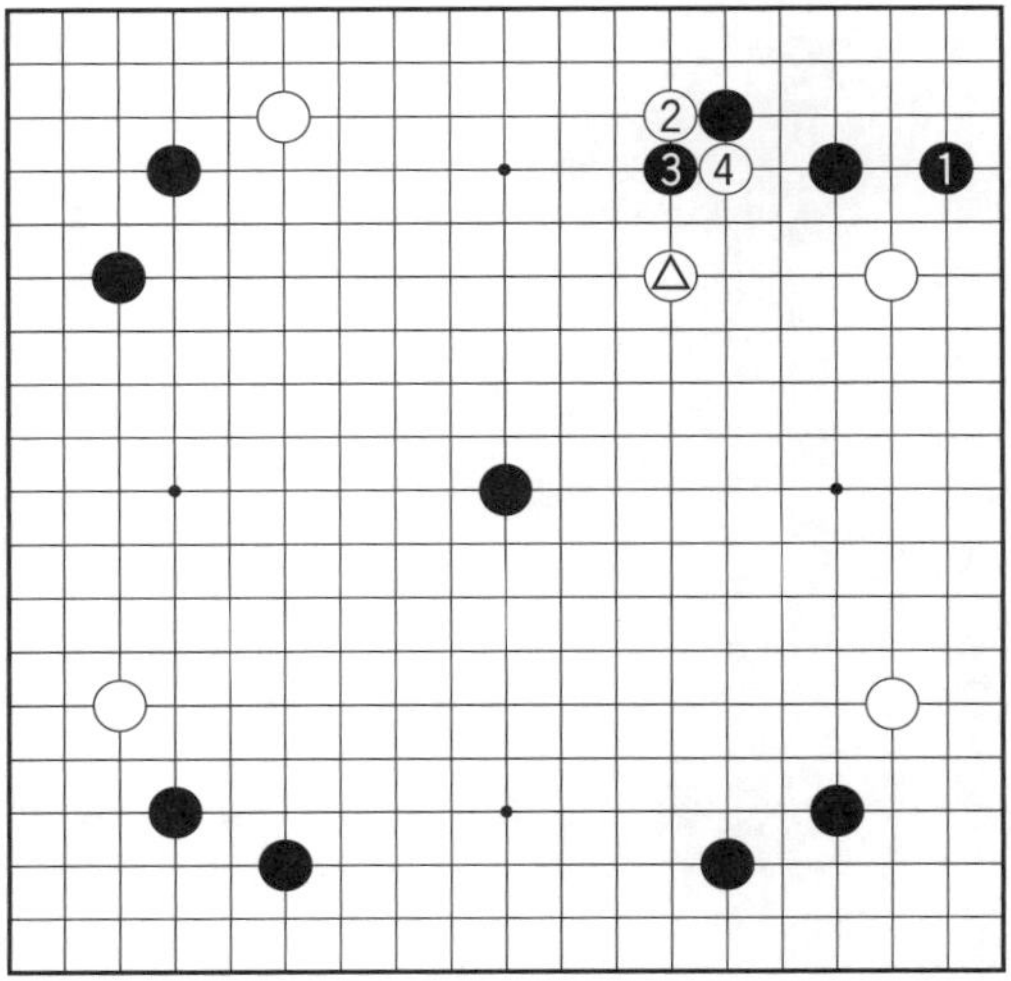

24図

こうなると相当ややこしいです。黒の立場ですと目が回りそうです。

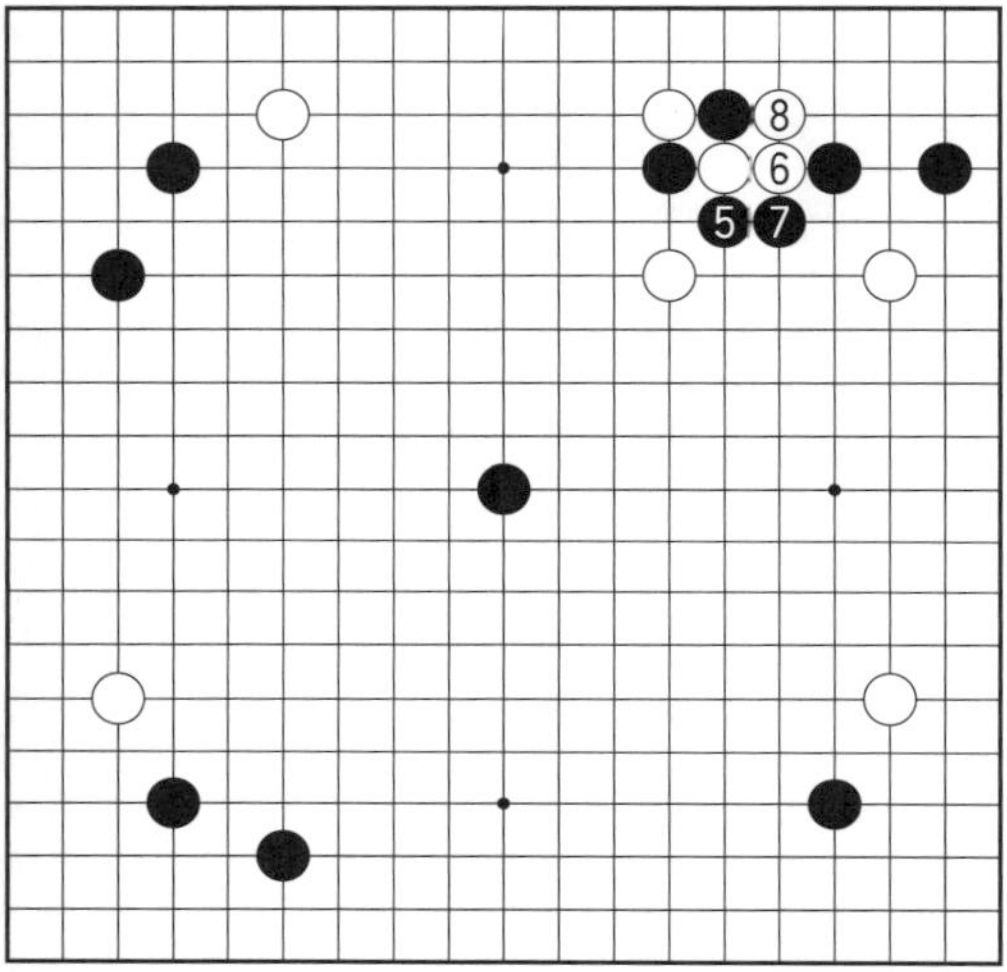

25図

黒9からあくまでも頑張ると、白24まで見事にツブれます。白aとbが見合いですね。

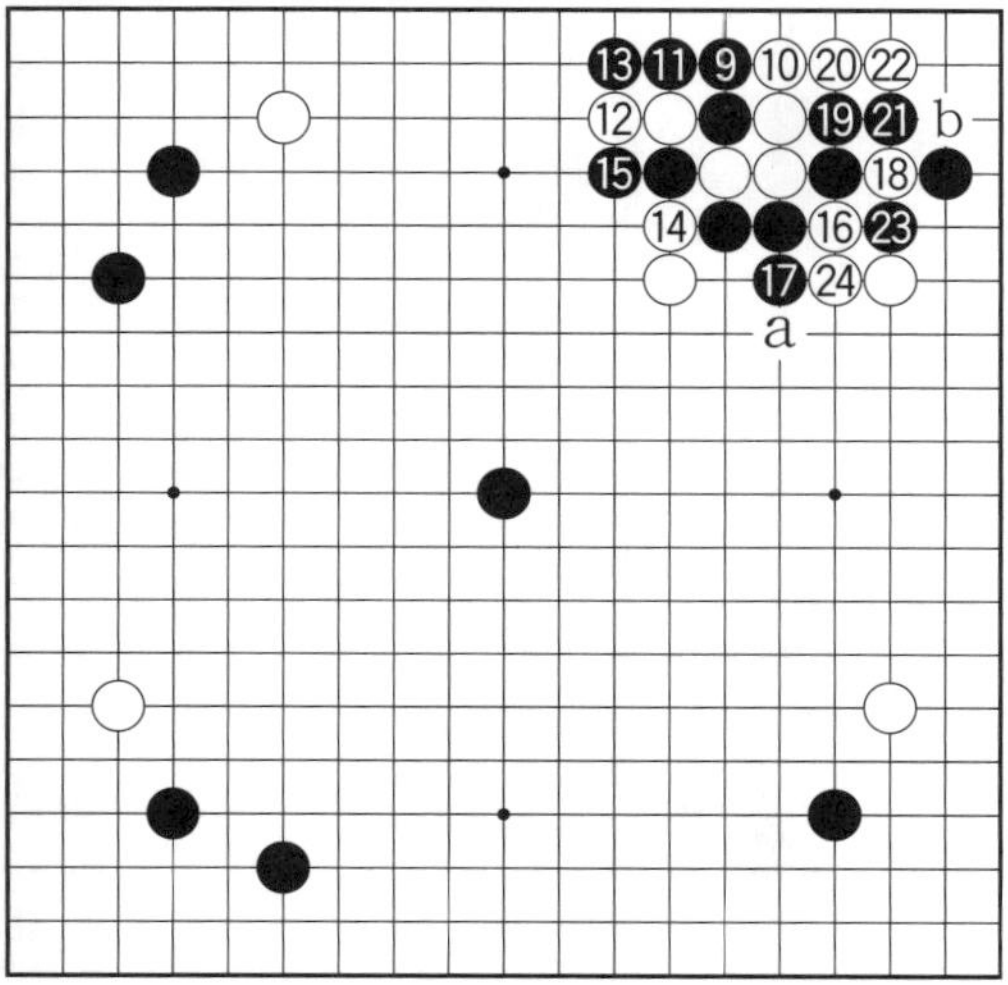

26図

前図の黒9で1から5と打っても、白6と切って戦線拡大します。

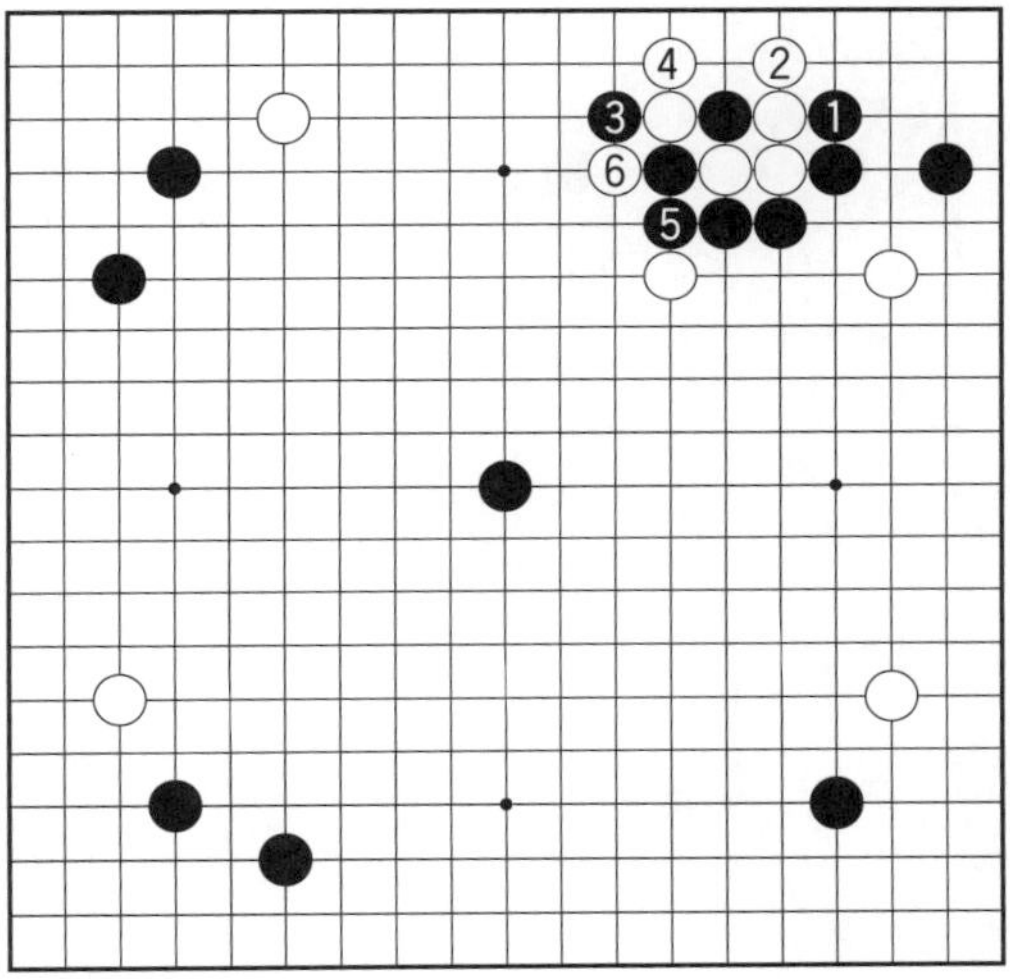

27図

黒7から抵抗しても、白10で生きておきます。次に白aの切りと白bの押しが見合いで、黒が心配でしょう。

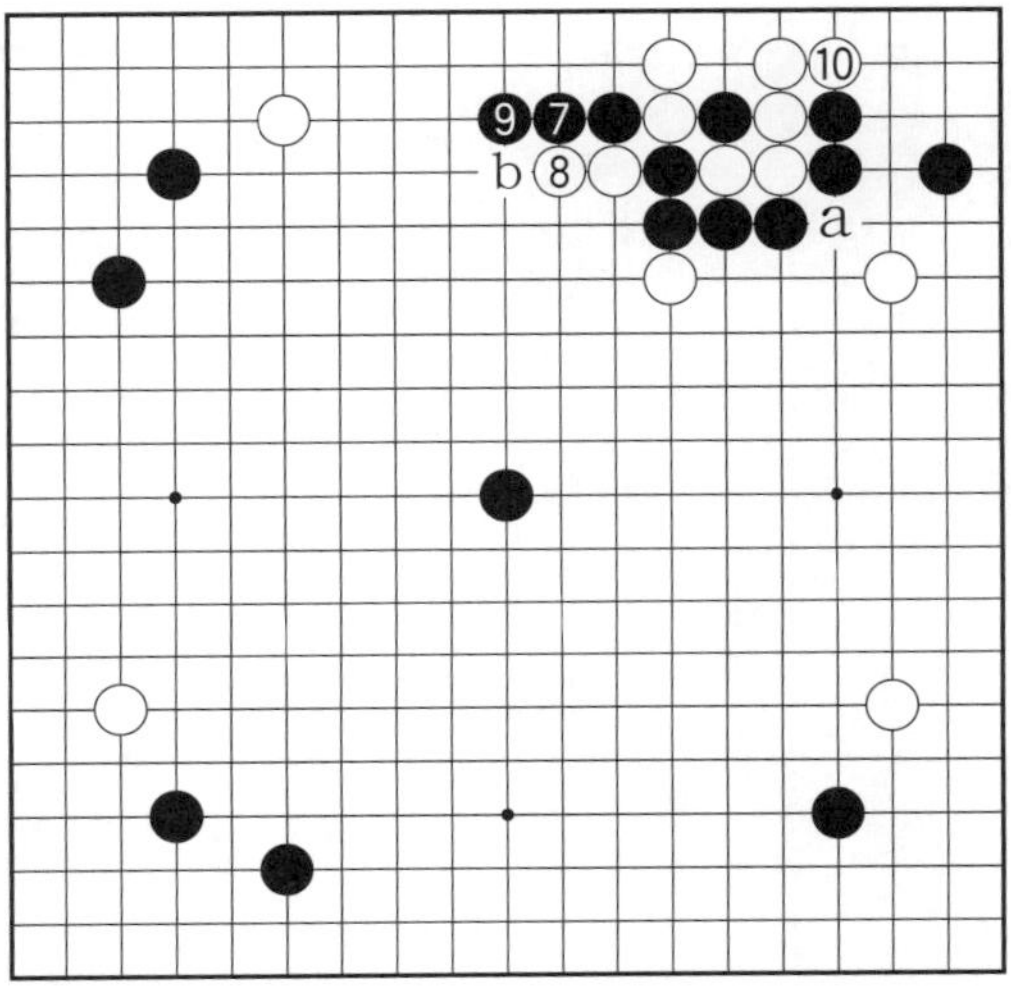

28図

25図の黒7で1の下アテには、白6が好手です。次に白aと切ればシチョウで取れますね。

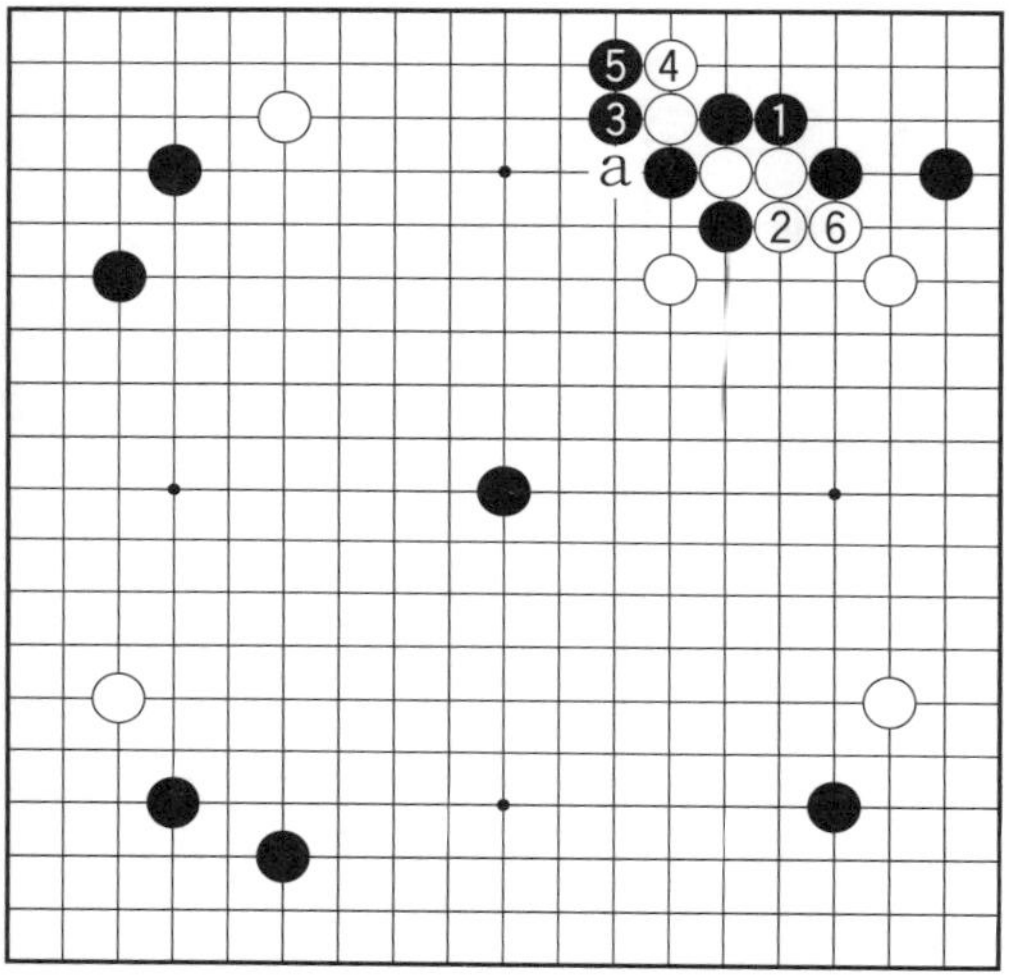

29図

黒7と取るしかありませんが、以下白14まで大成功です。

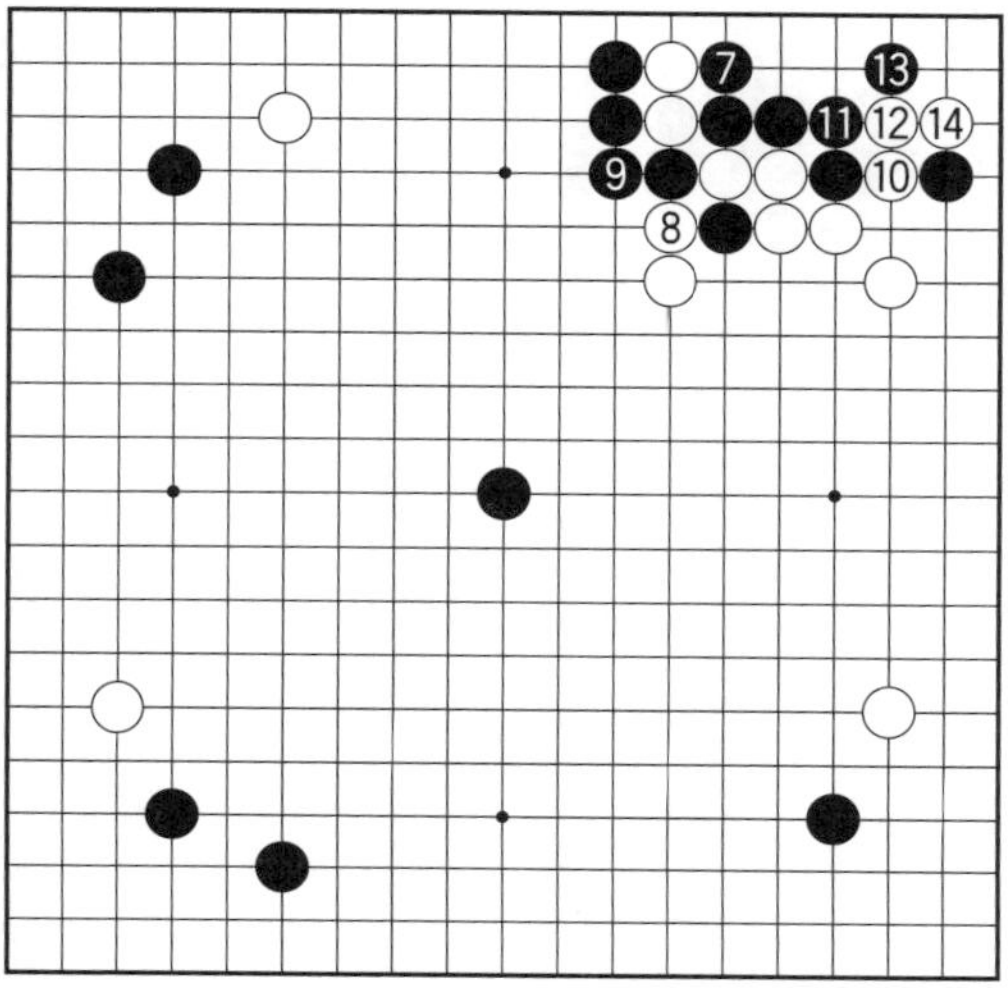
30図

29図の黒3で1、3は頑張った良い打ち方です。以下白10まで白もまずまずでしょう。

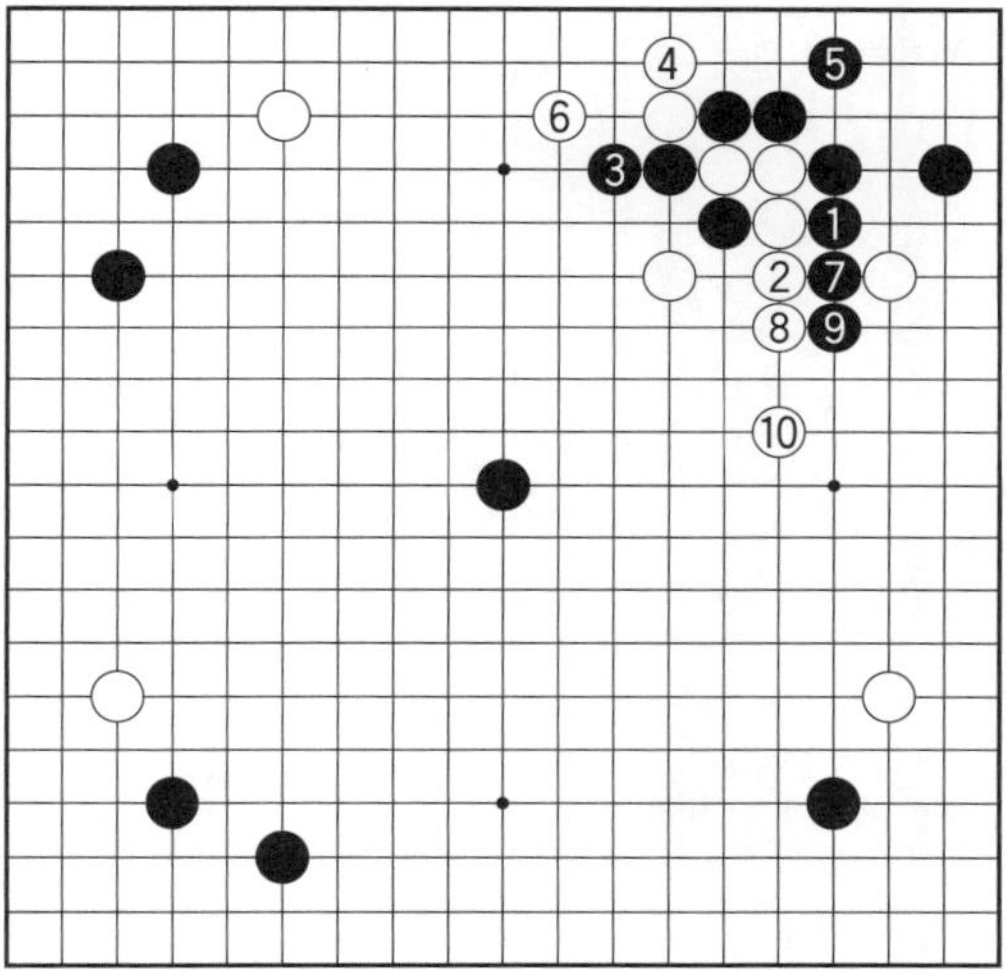

31図

25図の黒5で1と謝った場合は、もしシチョウが悪くても白6、8と封鎖して十分過ぎます。

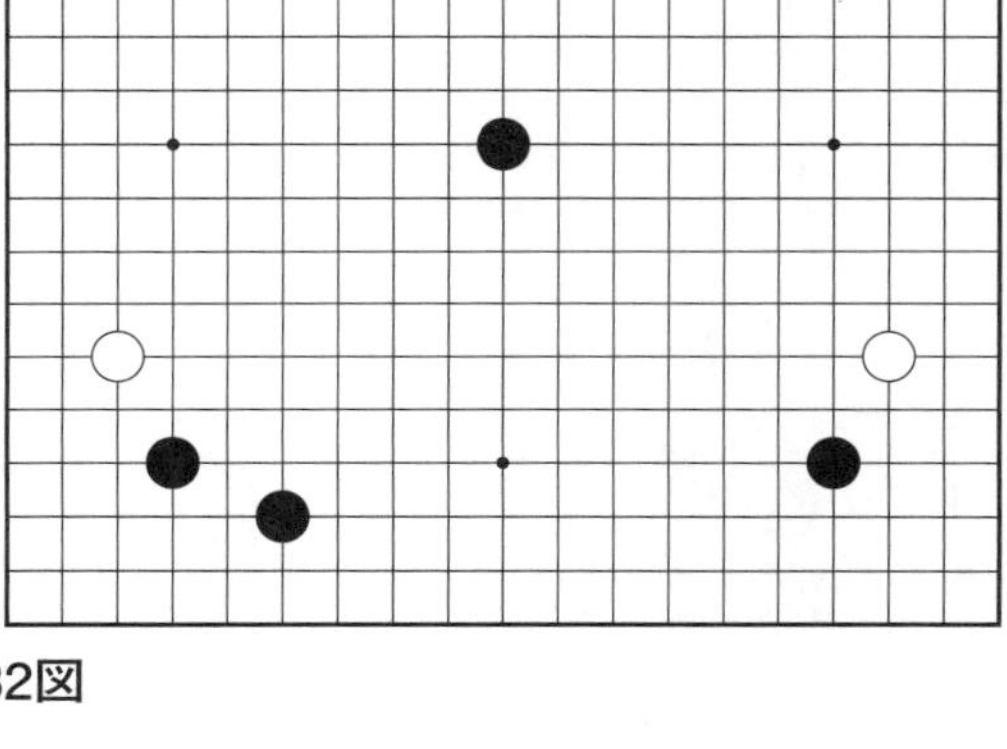

32図

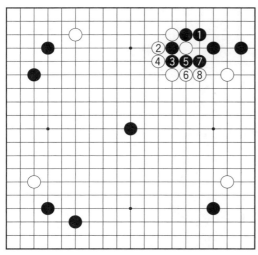

前図の白6ではもっと格好良く、白1から先手でシメツケることも可能です。

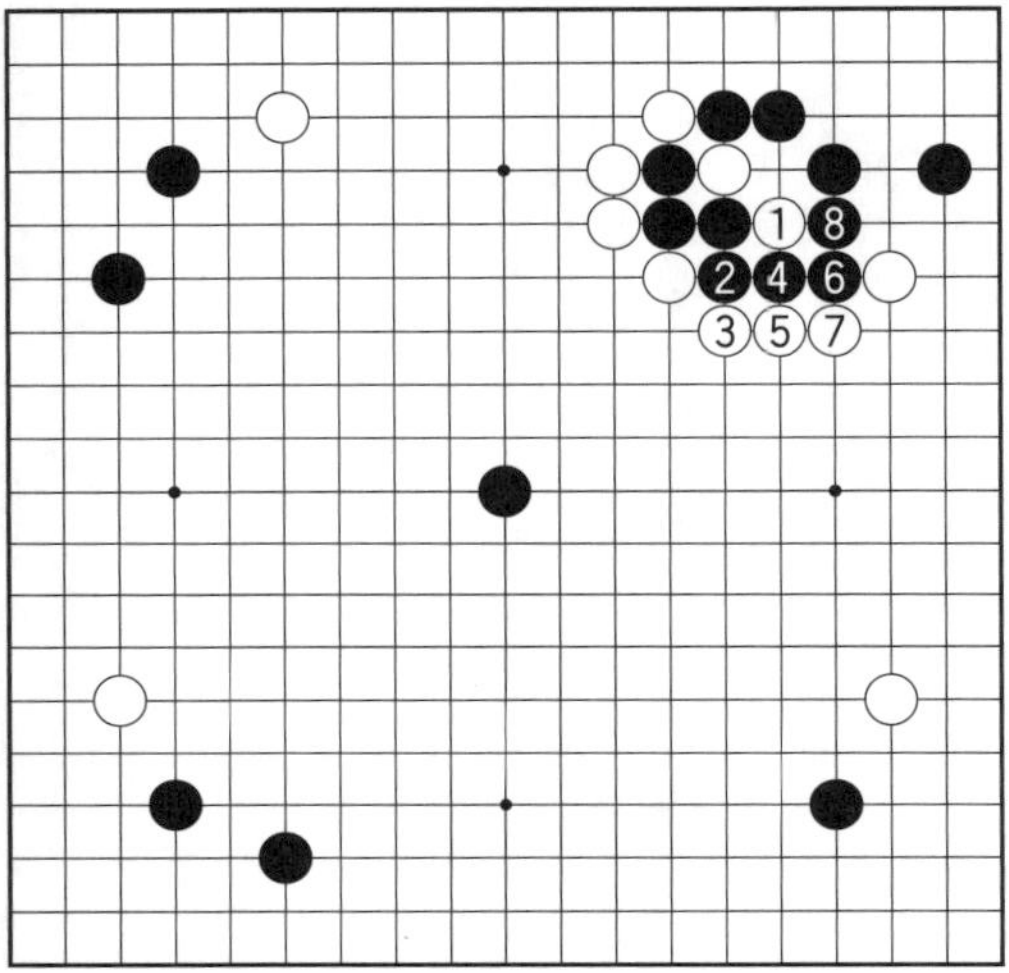

33図

△があるこの場合には、黒3の下ハネが筋の良い打ち方でしょうか。

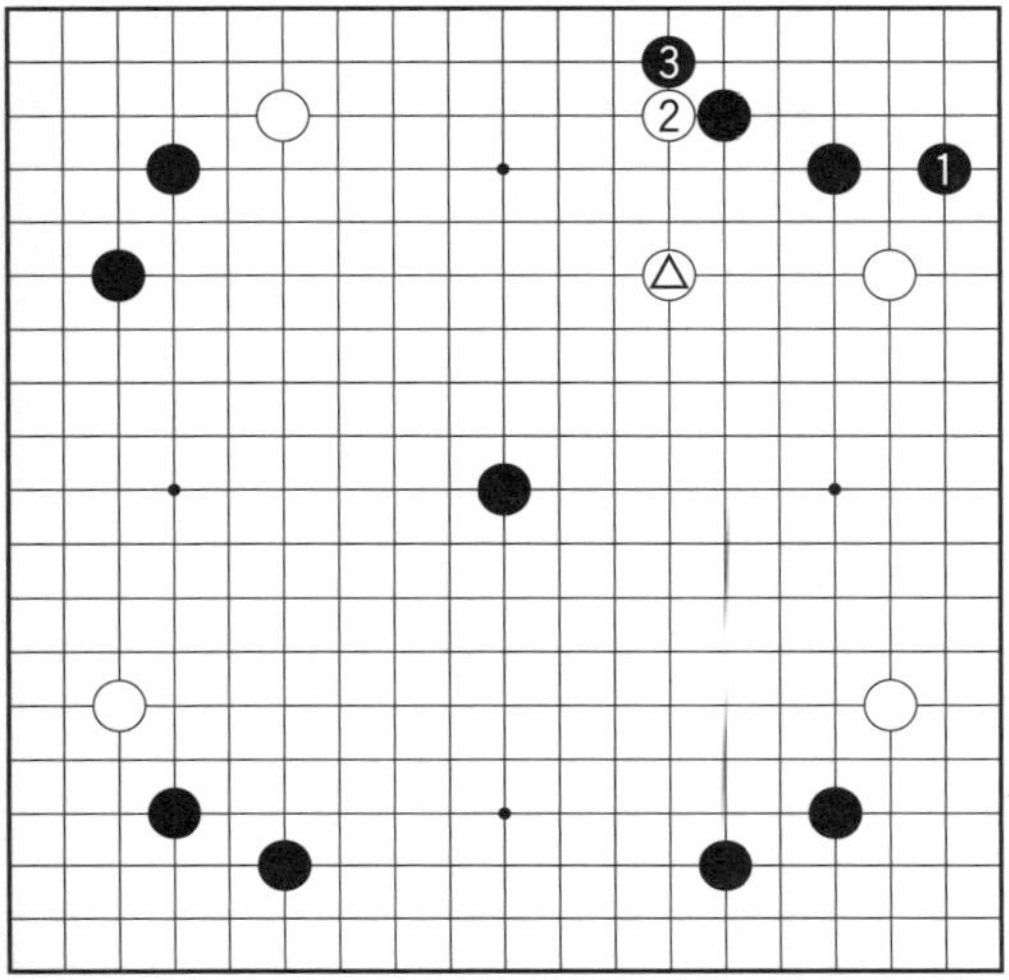

34図（黒の好手）

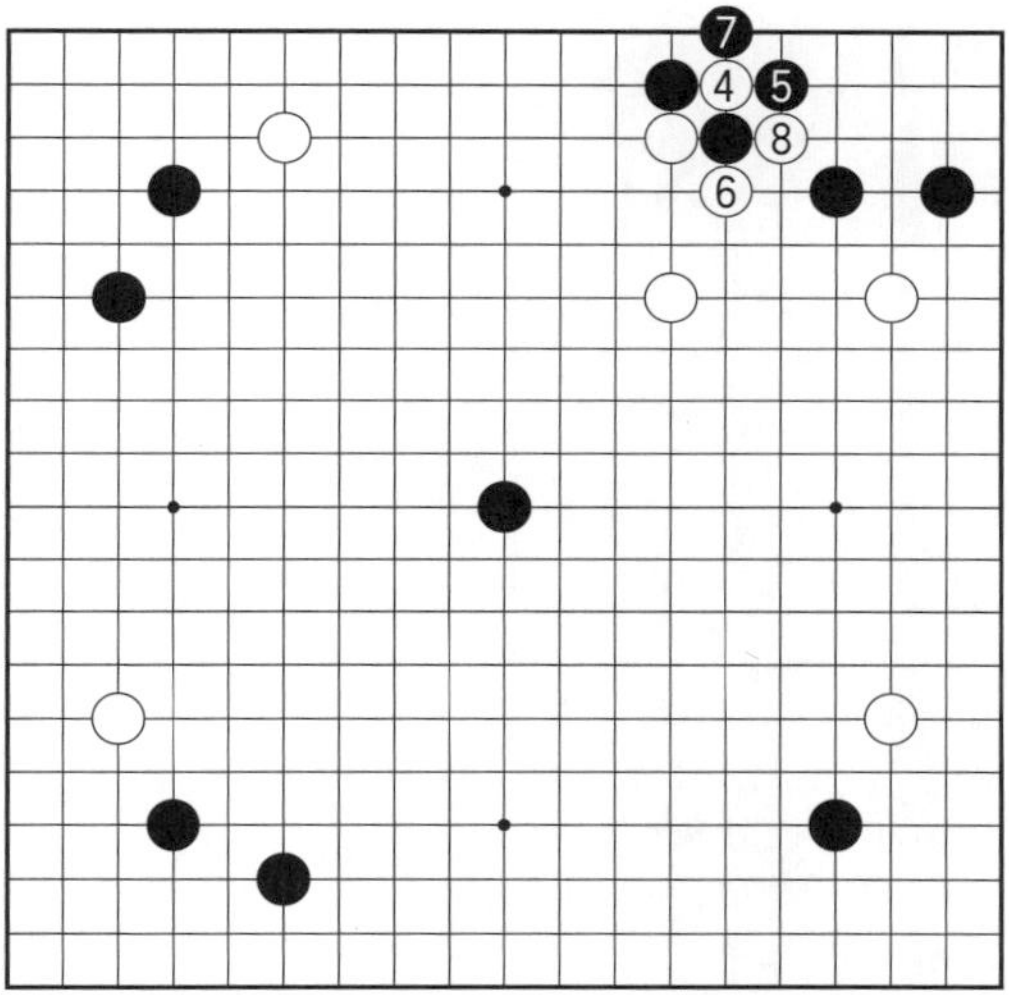

36図

白は4から8と軽く利かすくらいですね。

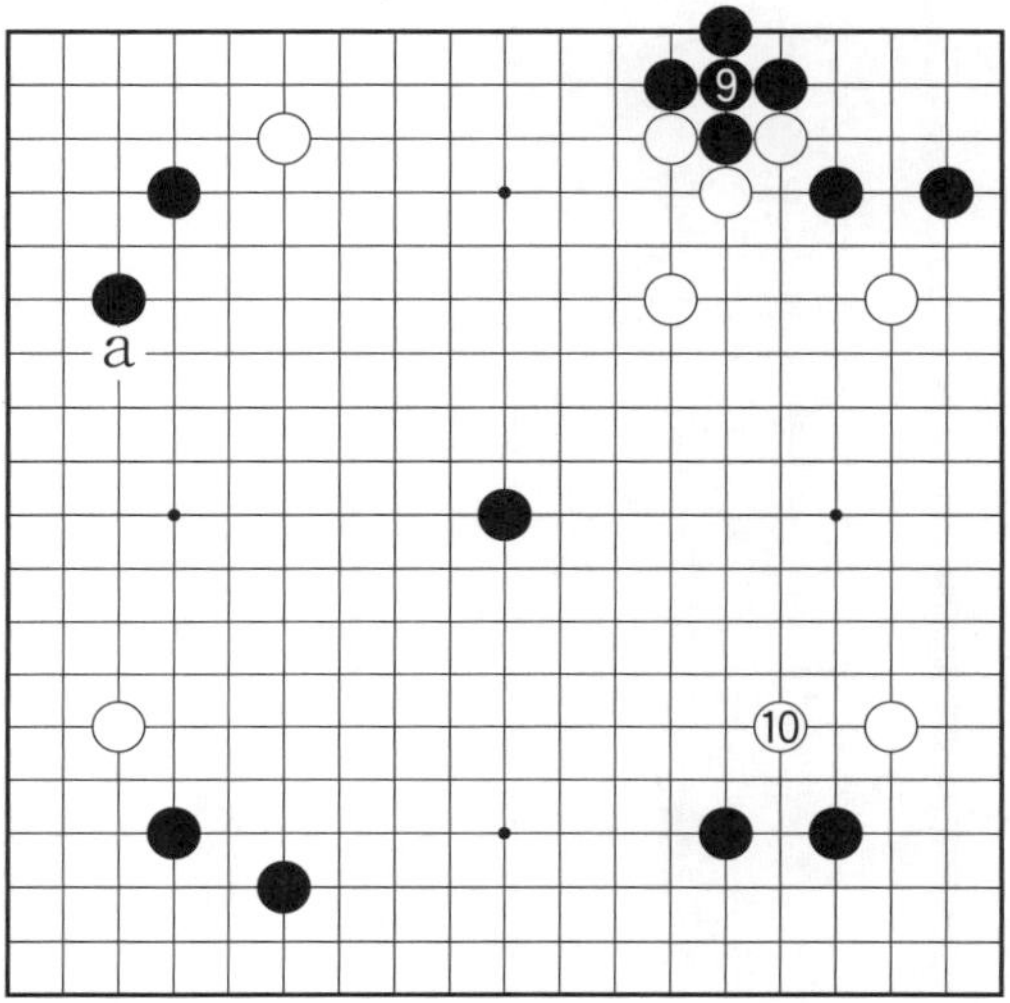

36図

黒9とツガせて、白10やaなどと他所に回りましょう。

黒1は冷静な良いヒラキです。
しかし…

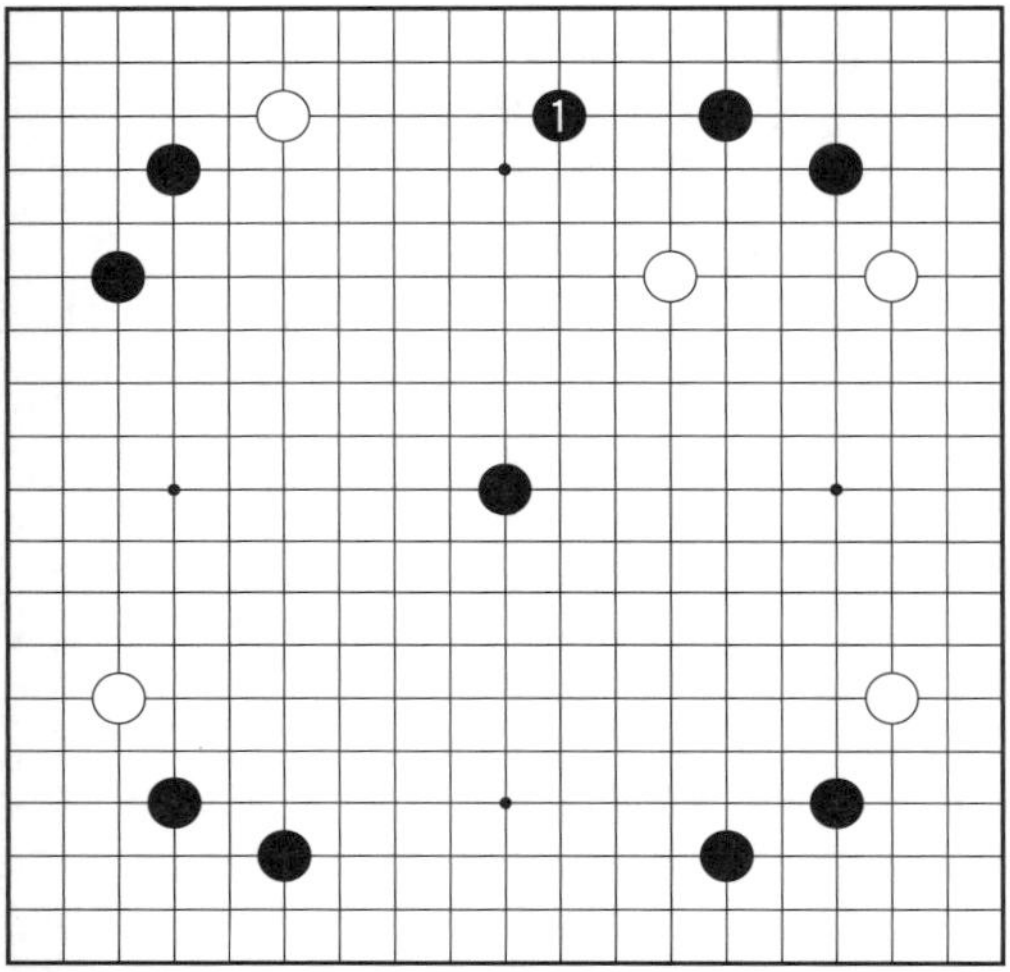

37図（黒の応手４）

しつこく白2、4と仕掛けていきます。

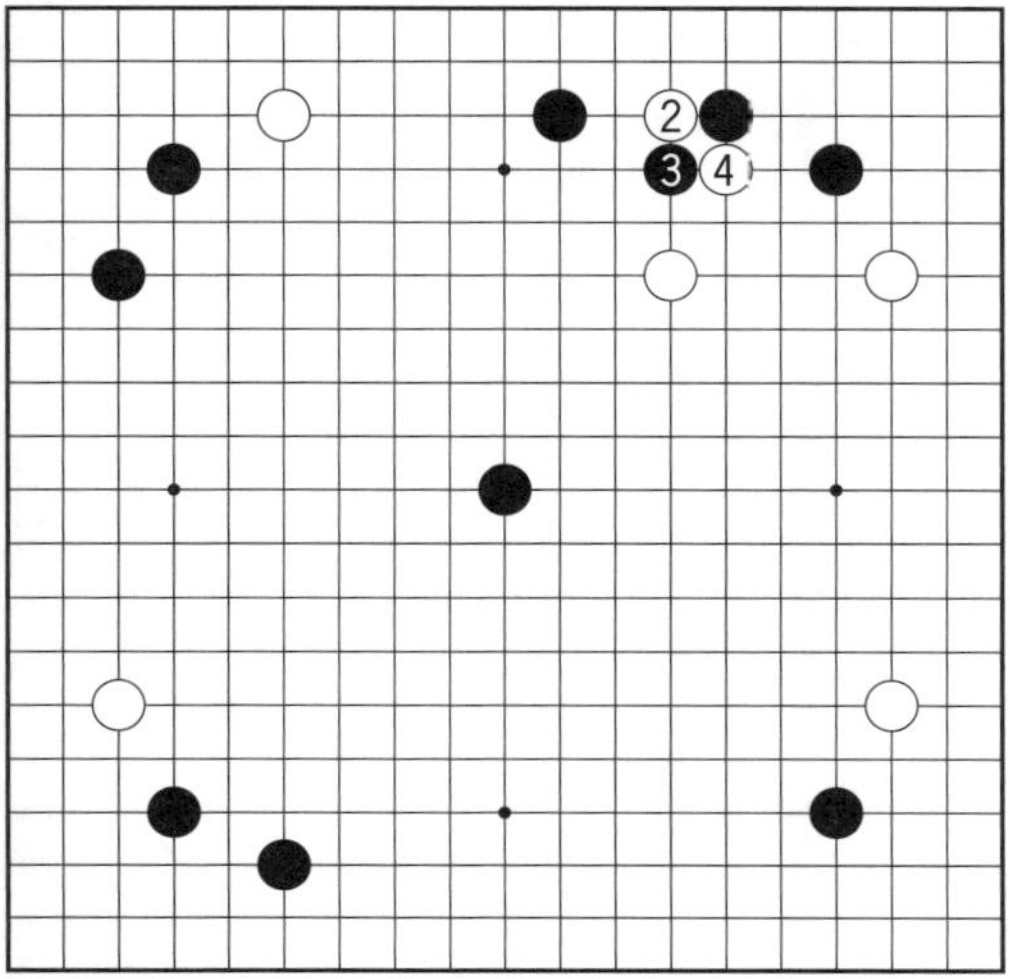

38図

黒5なら上辺を裂きます。

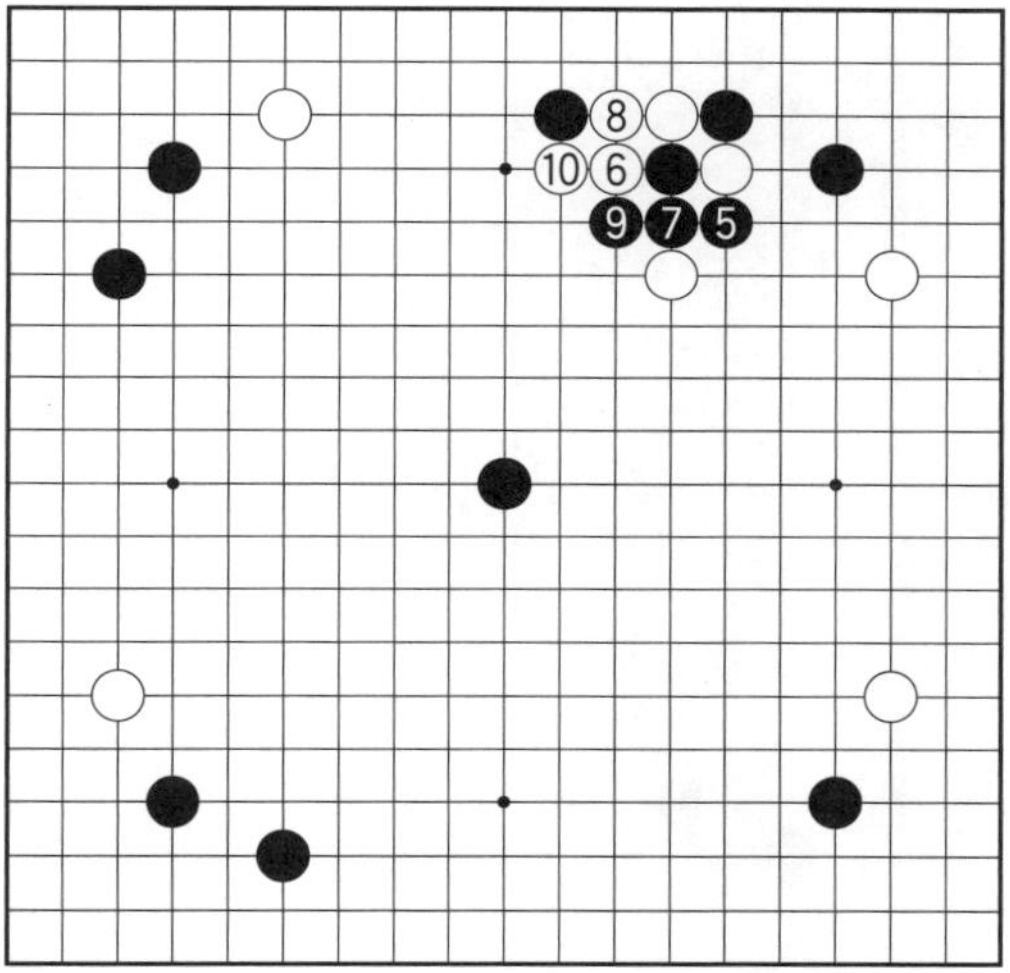

39図

前図の黒5で1なら、隅を破ります。

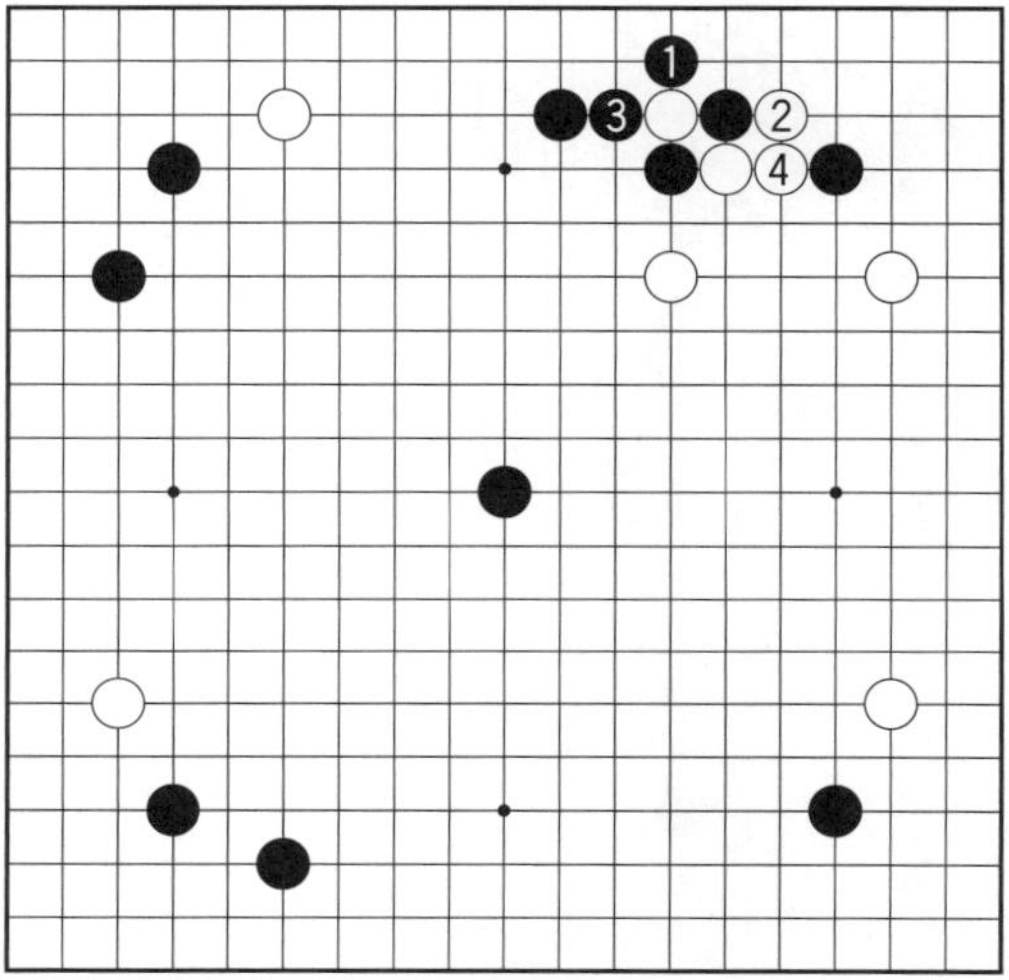

40図

白1のツケに黒2と下から受ければ、白3と切って仕掛けていきます。
黒4なら白5、7で成功。

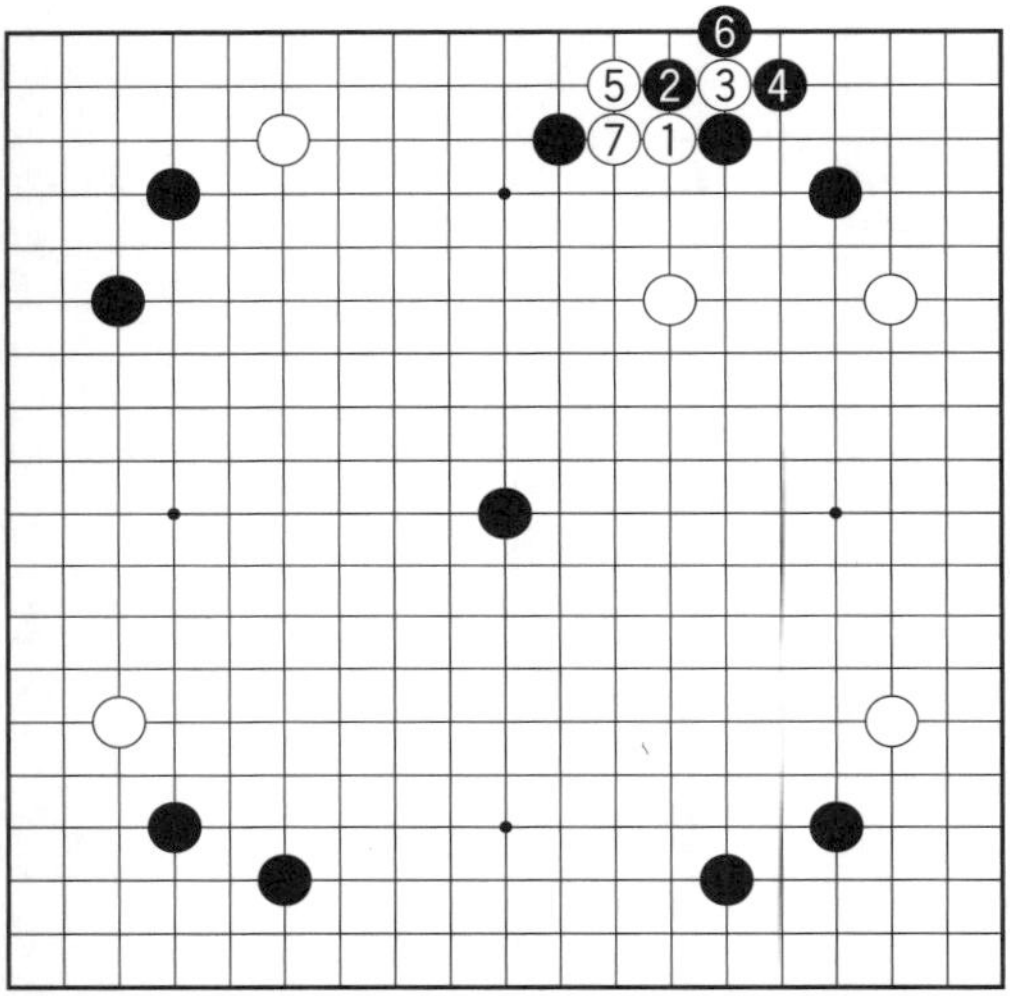

41図

前図の黒4では1が最強の抵抗ですが、白8まで隅に入って次にaやbを狙います。

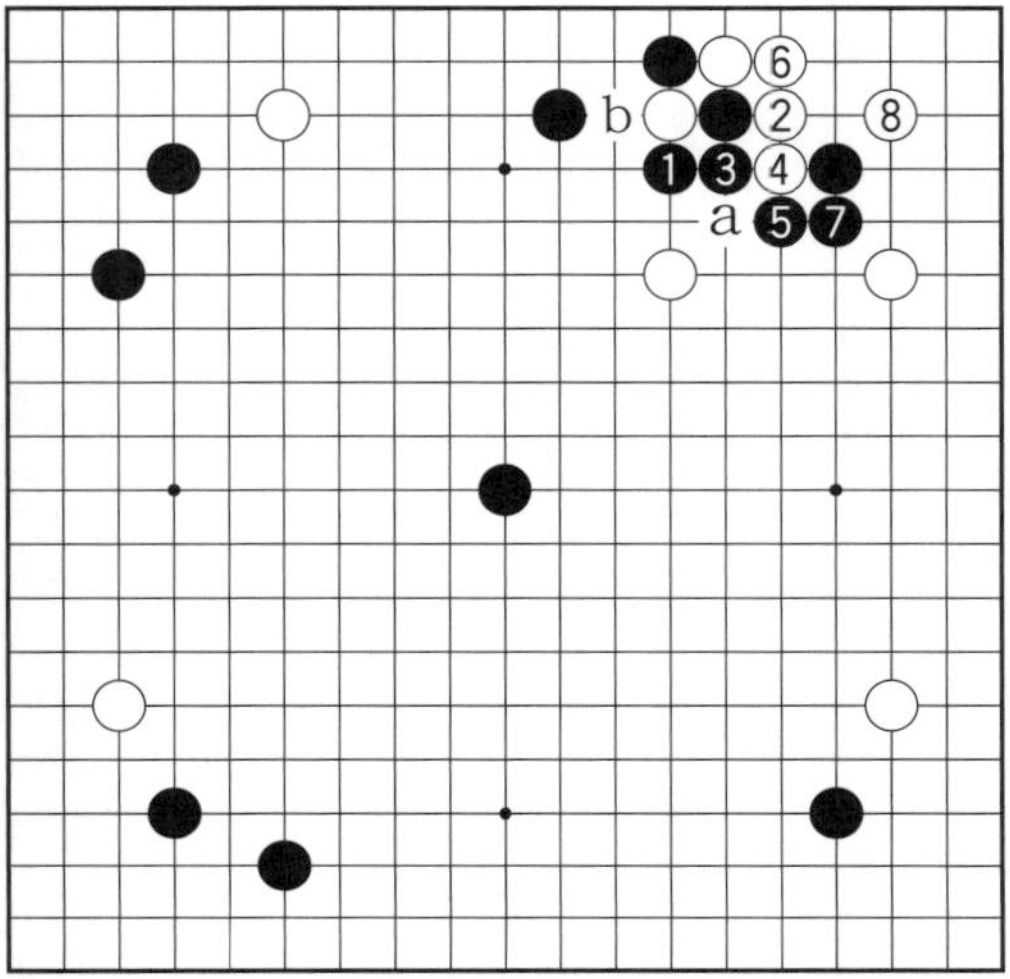

42図

【テーマ図２】二間ガカリのすすめ

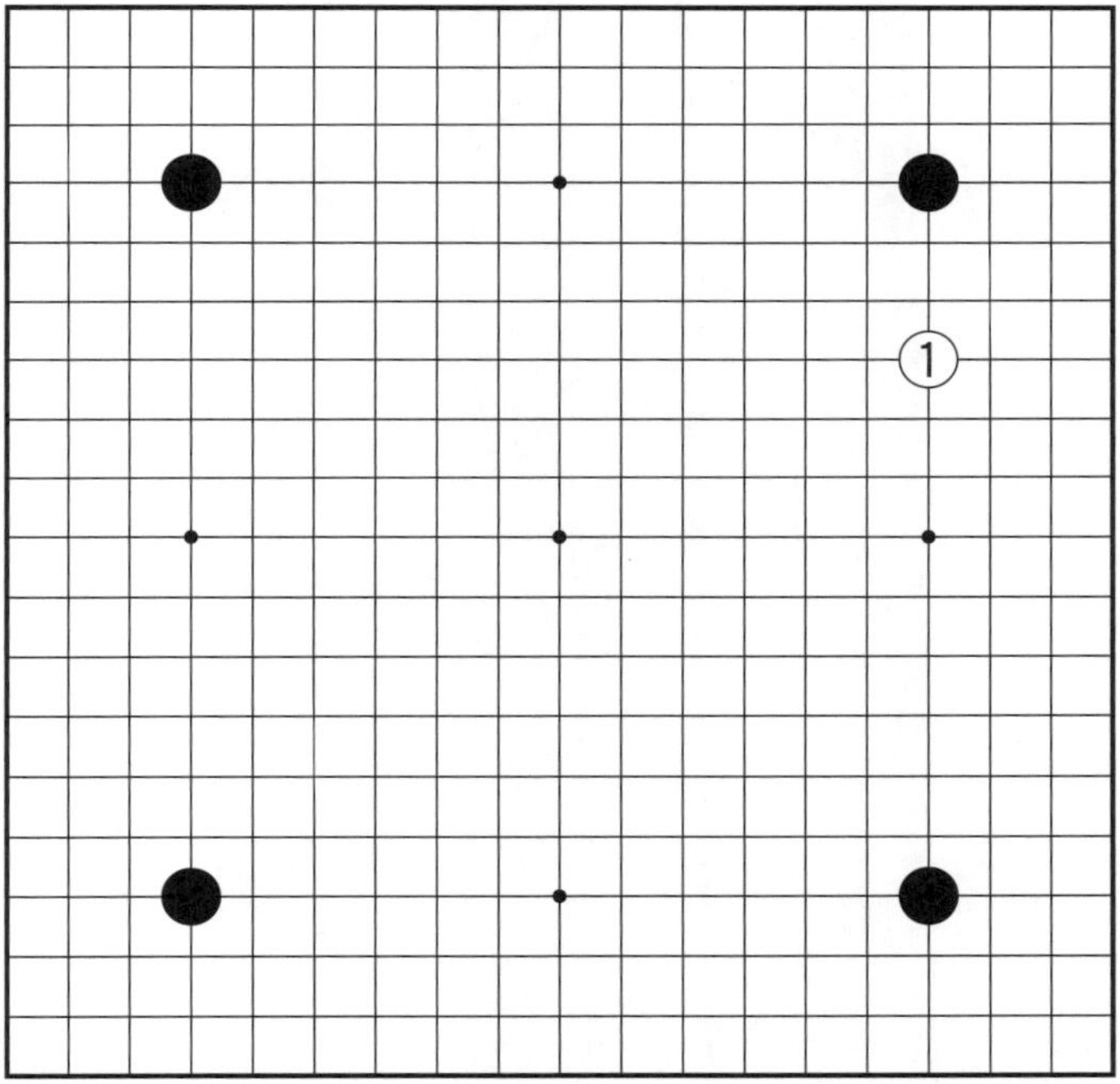

星へのカカリ方は二間が有力です。この手自体はごく普通ですが、その後を乞うご期待です。

４子局の場合で調べてみましょう。

【小テーマ図１】一間受け

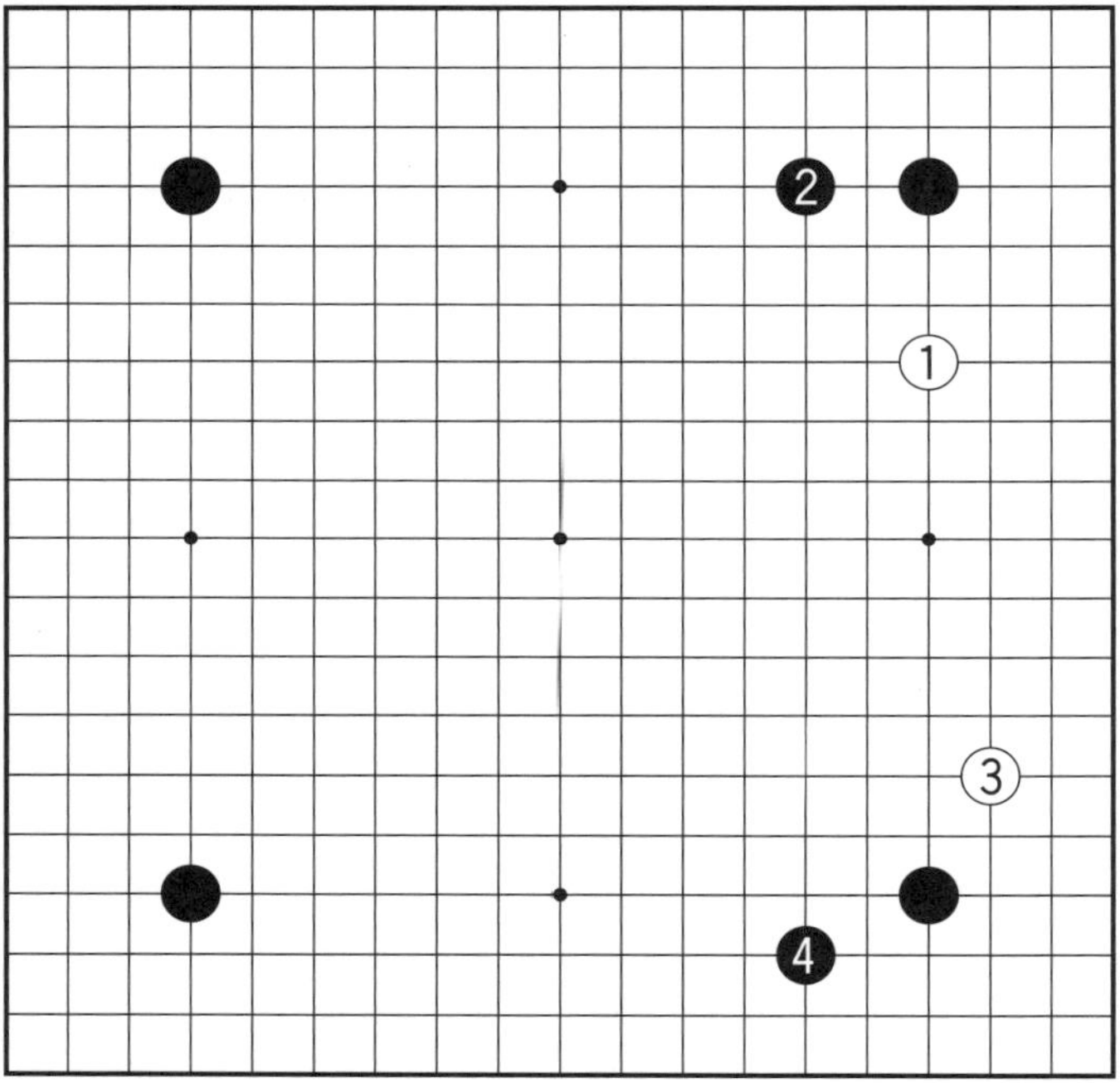

まずは黒２の一間受けです。白３とこちらは小ゲイマにカカってみました。もちろんこちらも二間ガカリでも構いません。

この形において白5はよくある手ですが…

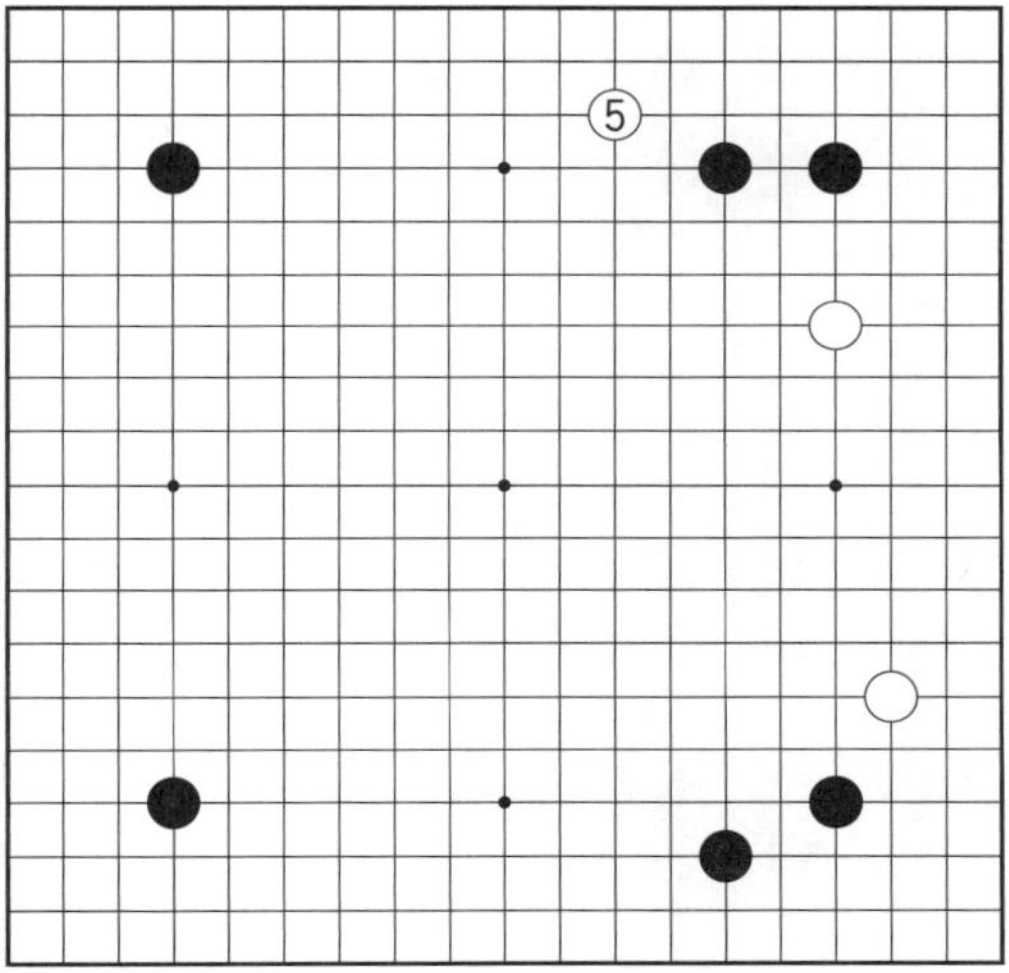

導入1

黒6、8と受けられてもいま一つです。

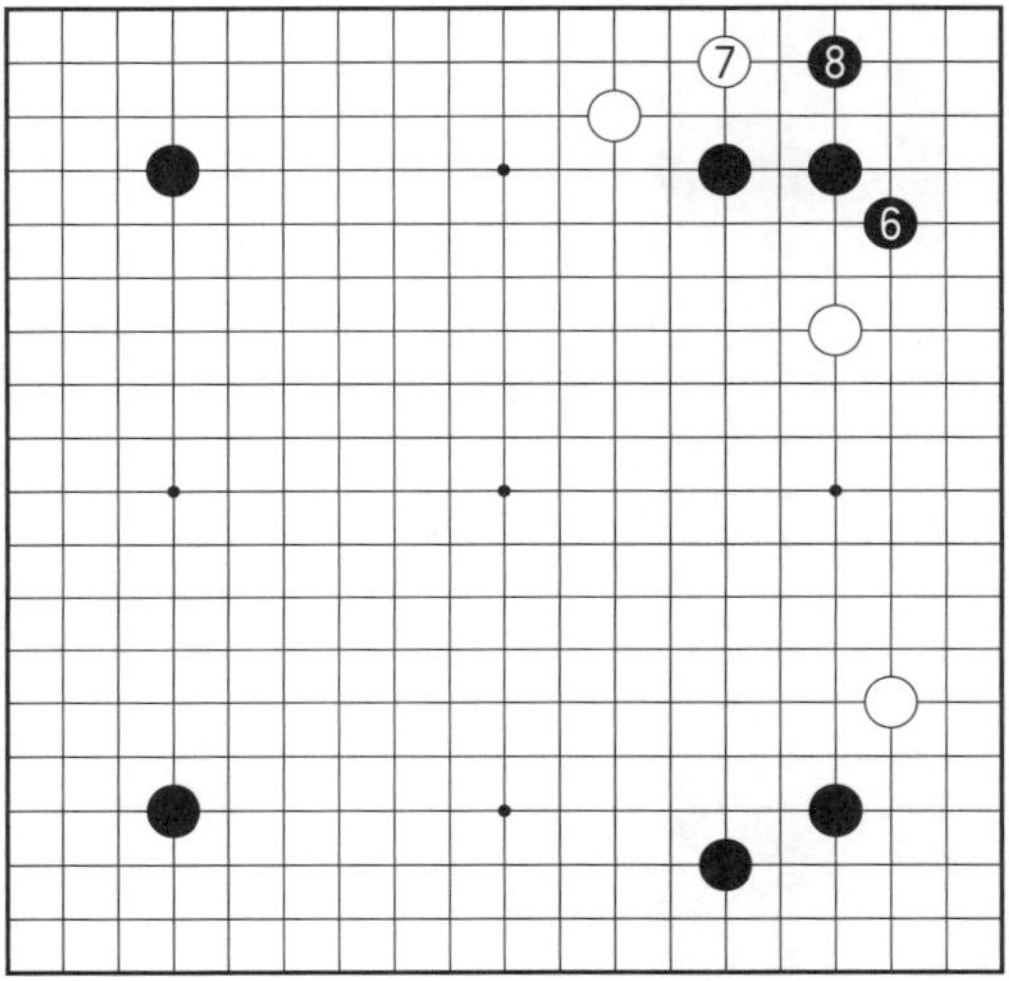

導入2

この形は黒1のツメが厳しいので、白ａなどと打たざるを得ず大勢に遅れます。

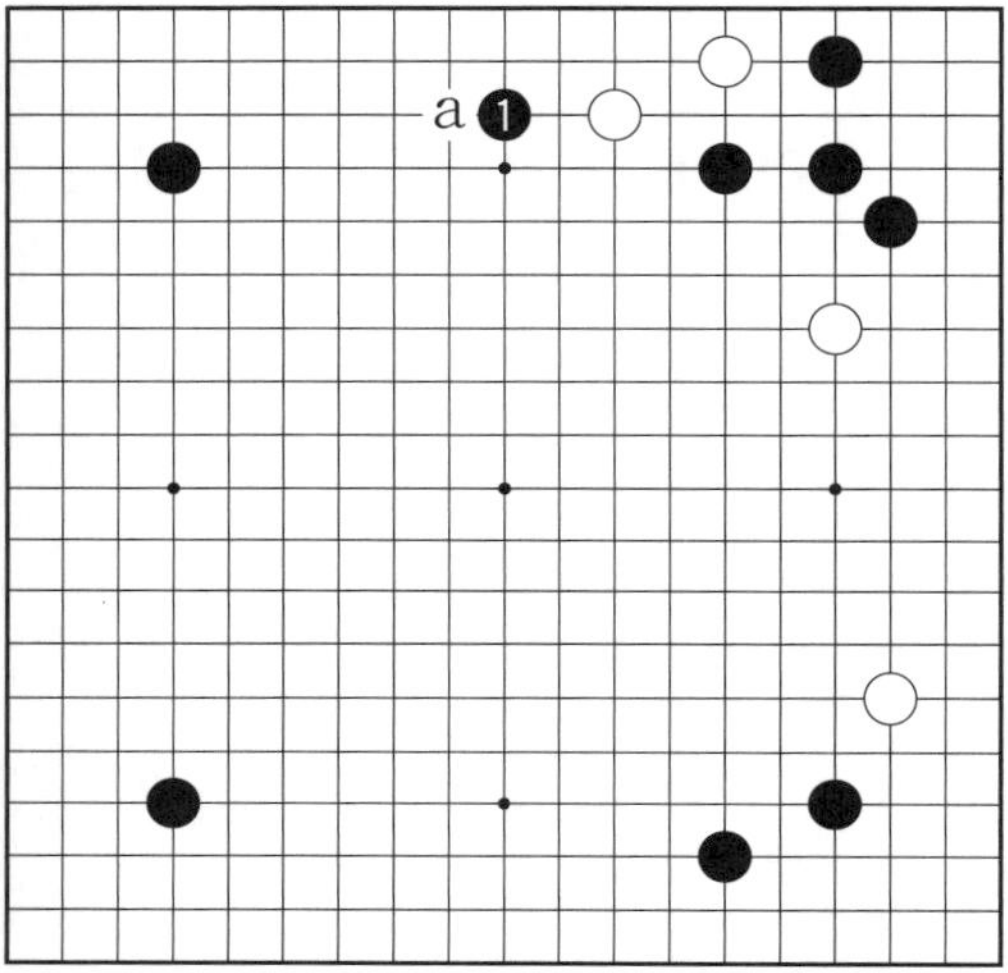

導入3

ＧＴＯ流ではここでａ、ｂやｃの低空飛行が一押しです。

では順番に検証していきましょう。

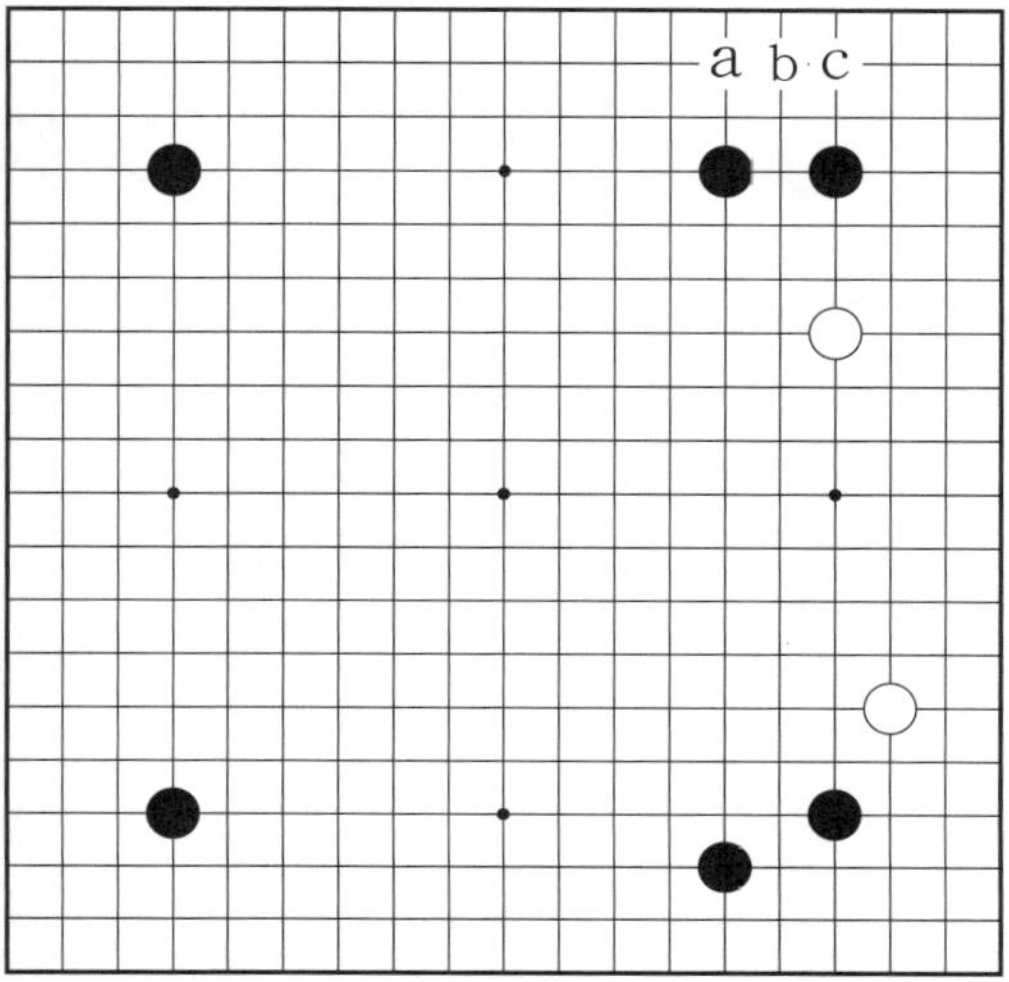

導入4

まずは白1から。

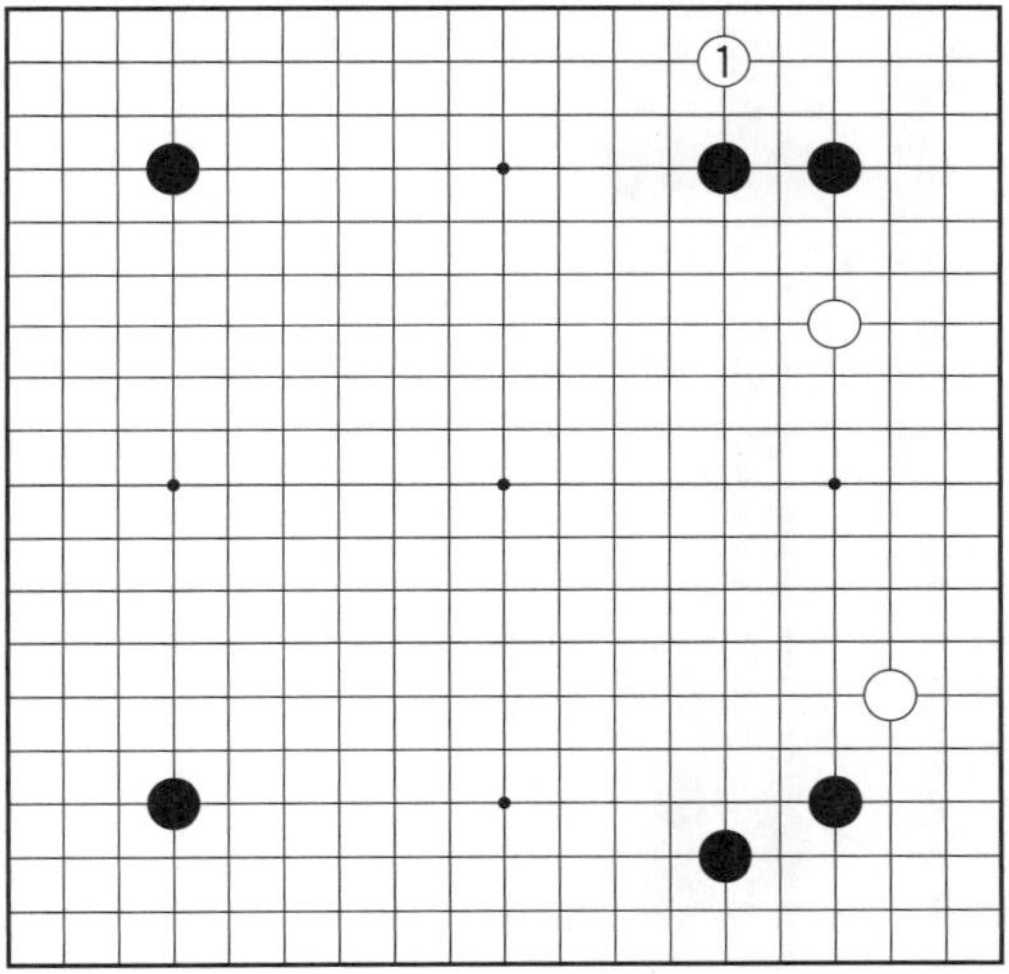

白の候補a

黒2の素直な受けには、白3からどんどん利かしていきます。

もしくは…

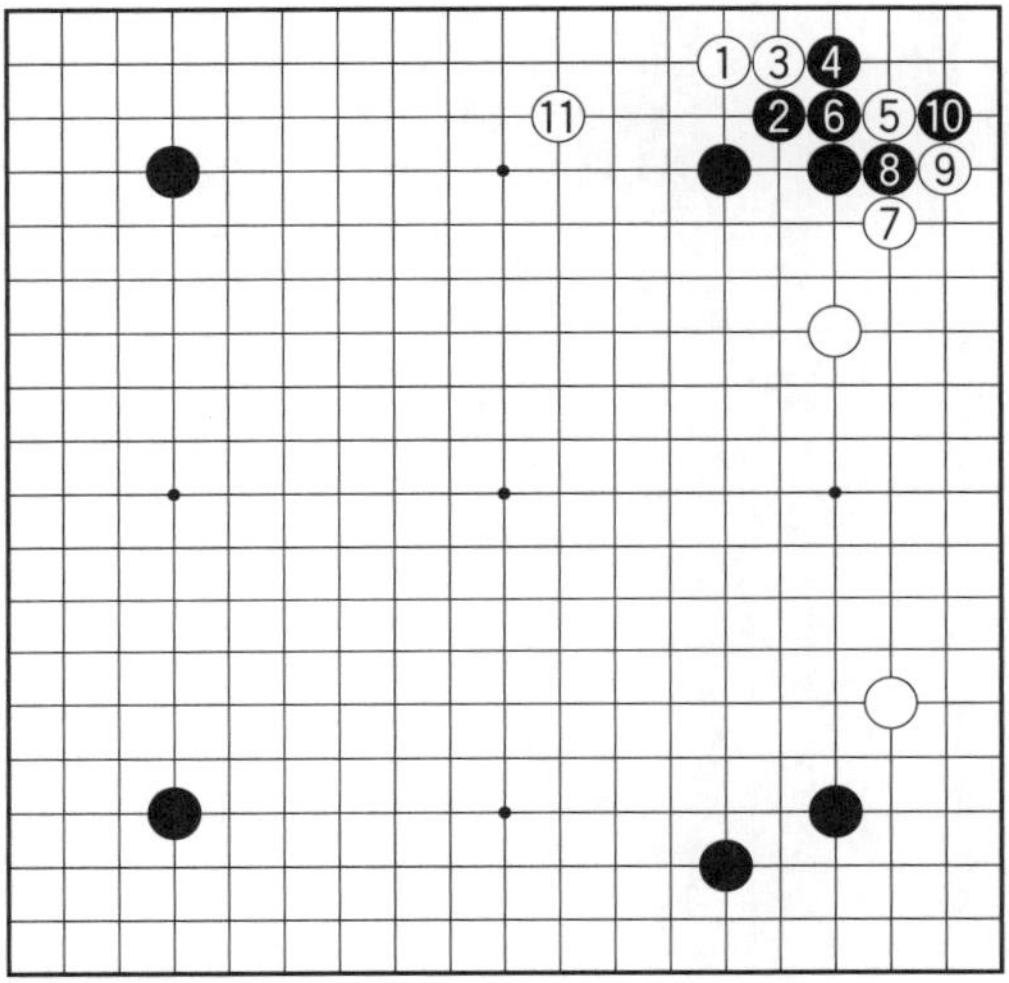

1図（黒の応手1）

白3以下軽く利かして、白7にヒラいておきます。なお、白7ではaと、より軽く打つ手もあります。決してbと打ってはいけません。ハサまれると、石が重くなってしまいます。

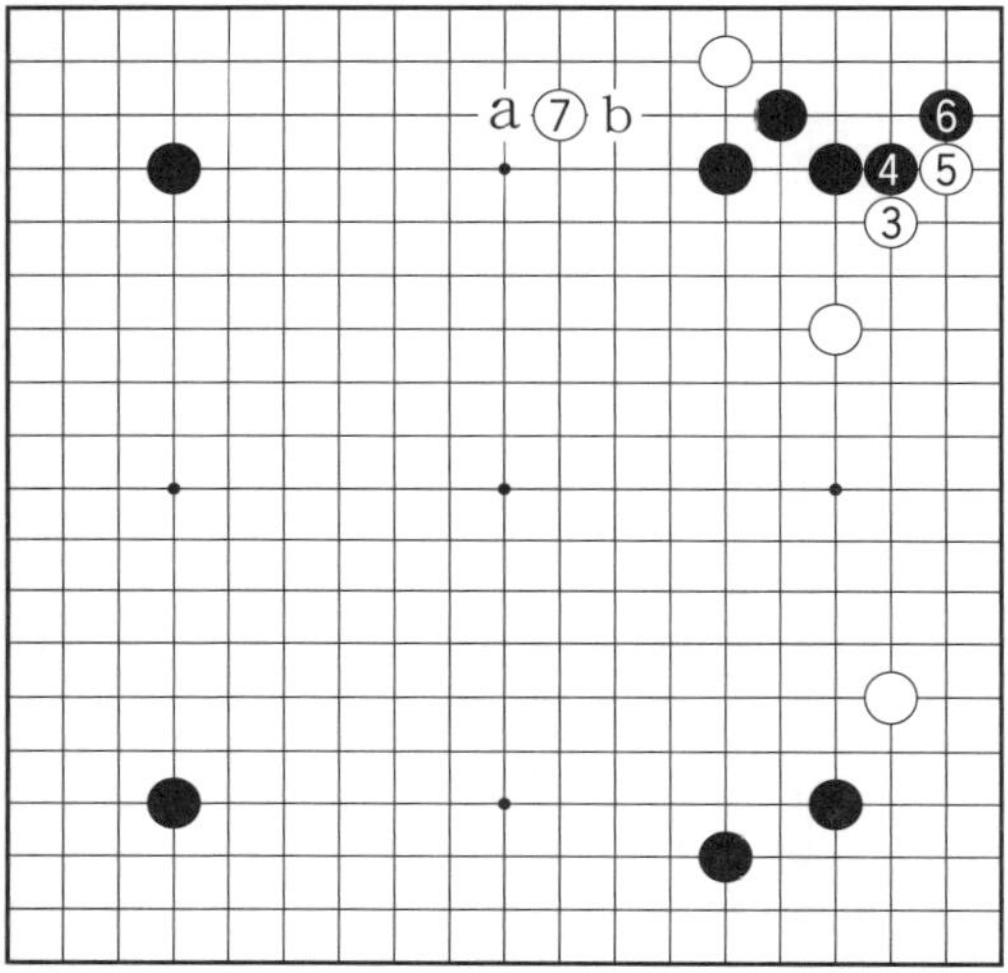

2図

後に、**3図**の白1から3とコウで揺さぶりをかける狙いがあります。

4図、黒4とコウを謝っても白5と追及します。

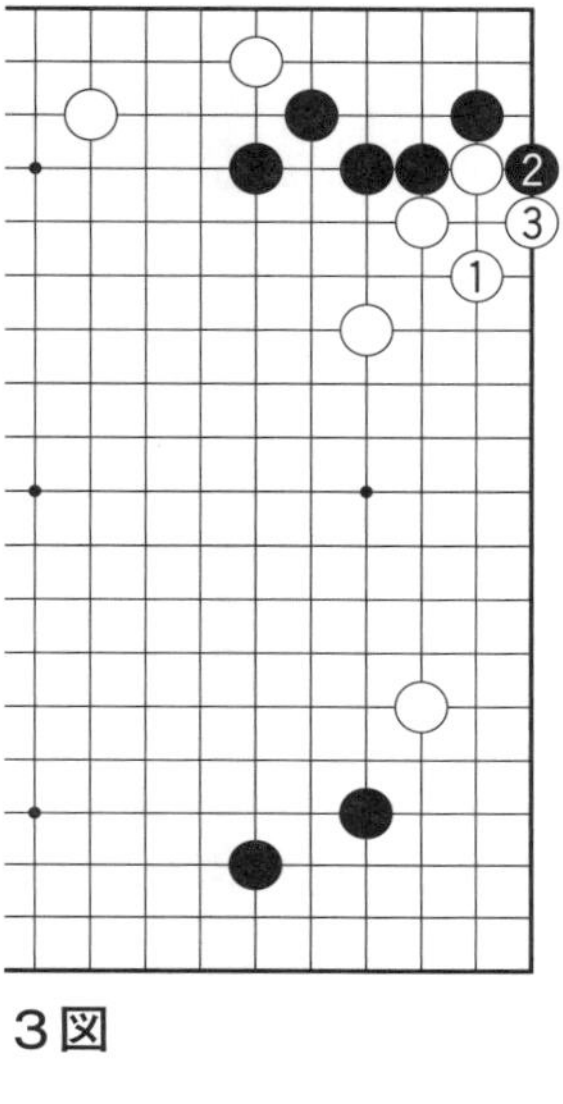
3図

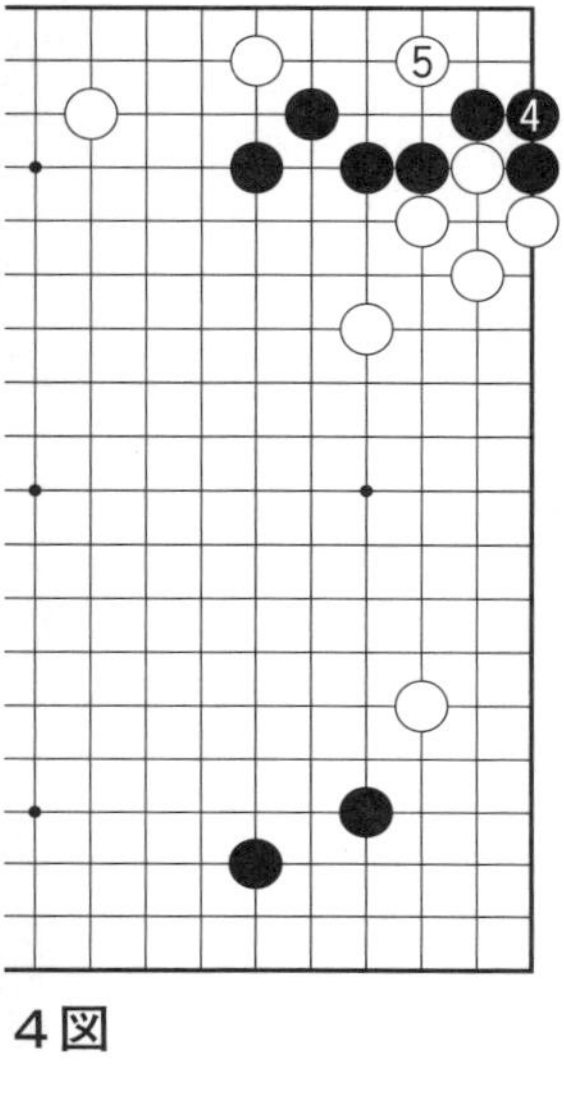
4図

5図の黒2と受けても白3以下白7まで大同小異です。

なお、黒6では**6図**の1が白を重くする好手です。この場合は白4と構えておきましょう。

仮に黒5と打たれても…

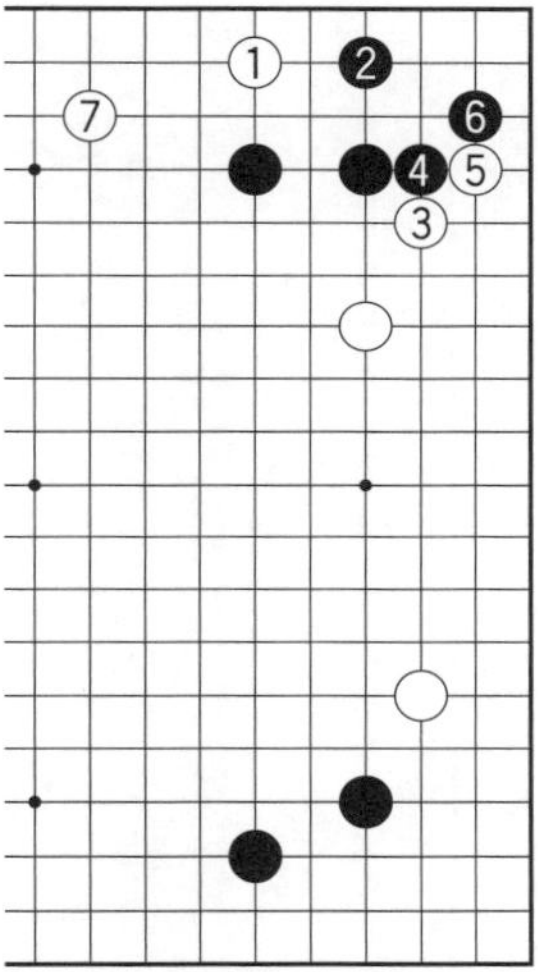

5図（黒の応手２）

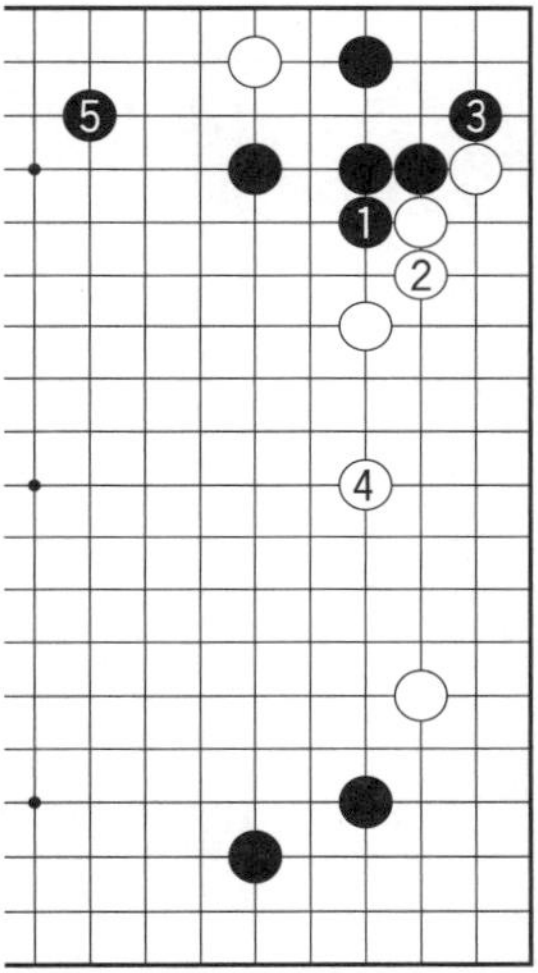

6図

7図、この形から白1と無茶な所に入ったのに、黒2と受けたことになります。白は打ち得で、後で外から少しだけ活用すれば良いのです。

8図、黒2と受けた場合には白3と右上隅に力を入れて、次にaを狙っても良いでしょう。

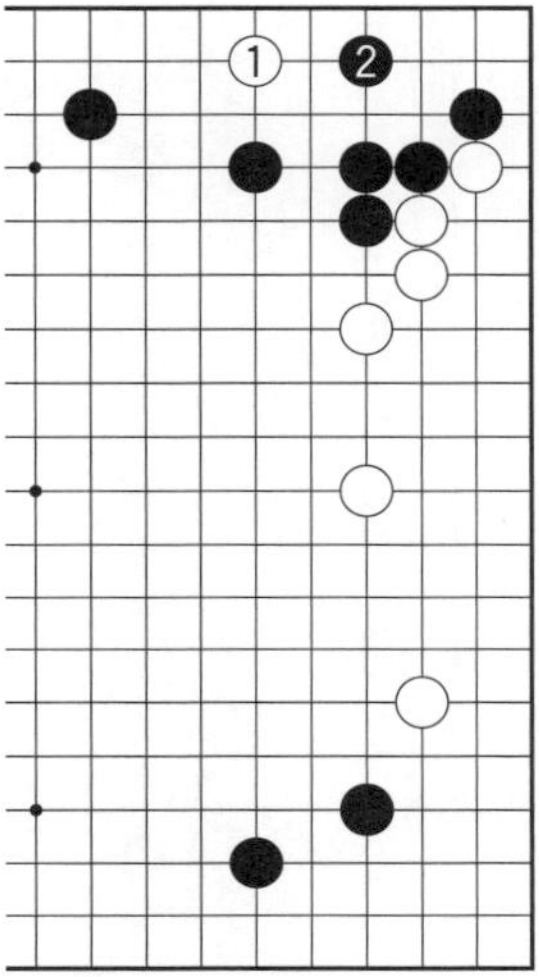

7図

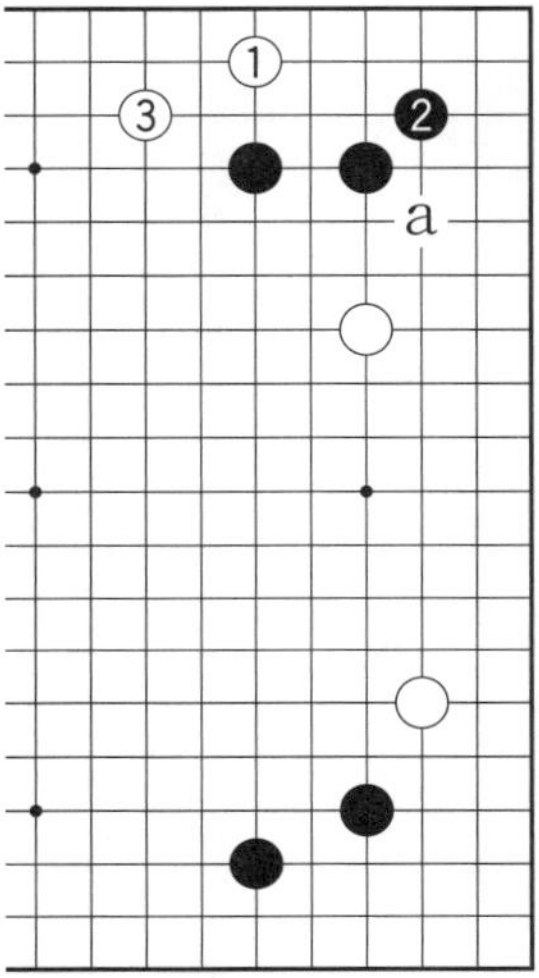

8図（黒の応手３）

9図、黒2のツケには白3、5とすぐに追及するのは黒6まで上手くいきません。
この場合は**10図**の白1と、こちらから揺さぶりをかけます。

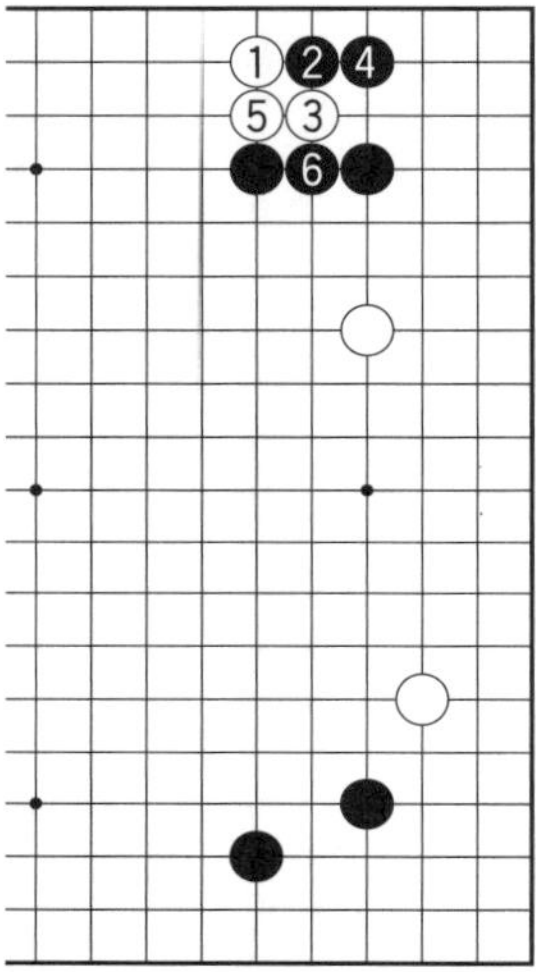

9図（黒の応手4）

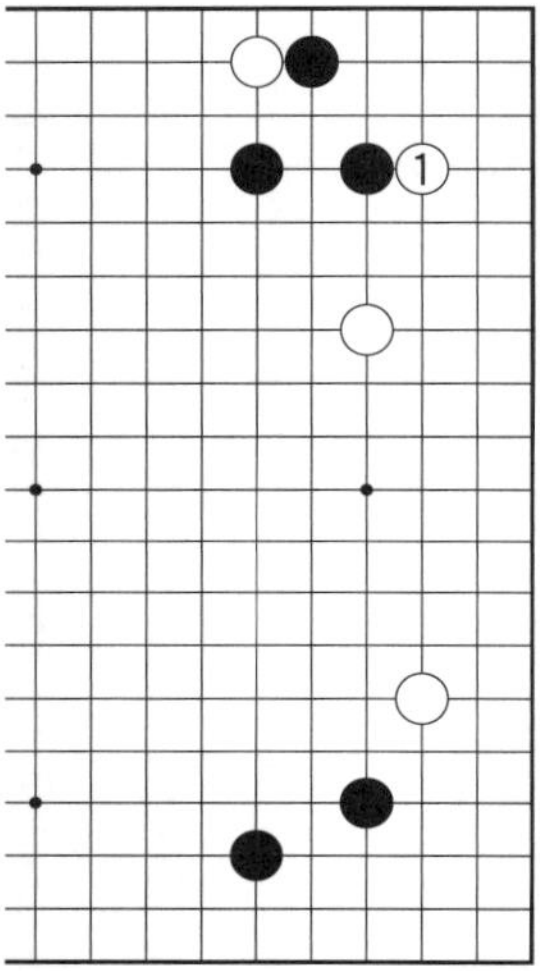

10図

11図、黒2と内から受けさせれば、大いに利かしです。この形なら後にaが嫌味でしょう。
黒2で、**12図**の1と反発すれば白2と切り、十分に紛れている形です。

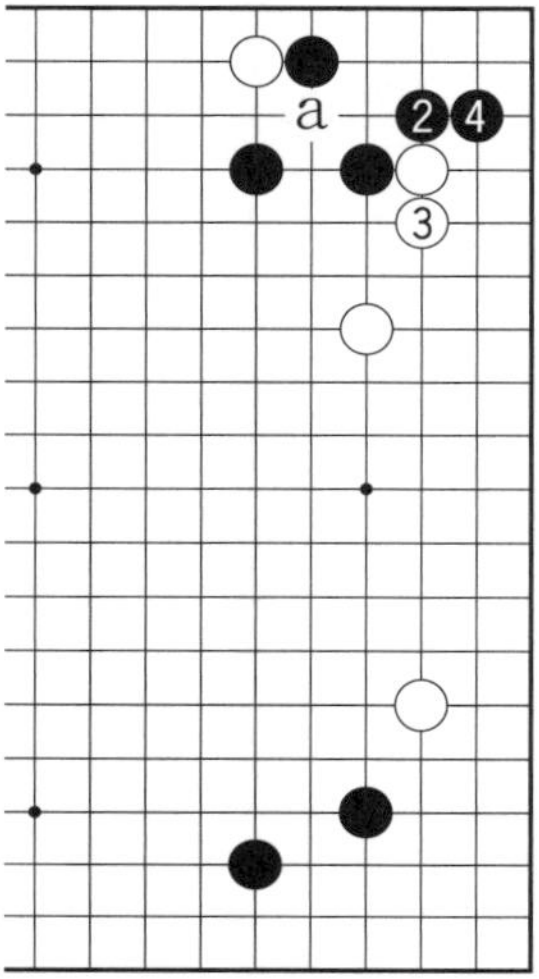

11図

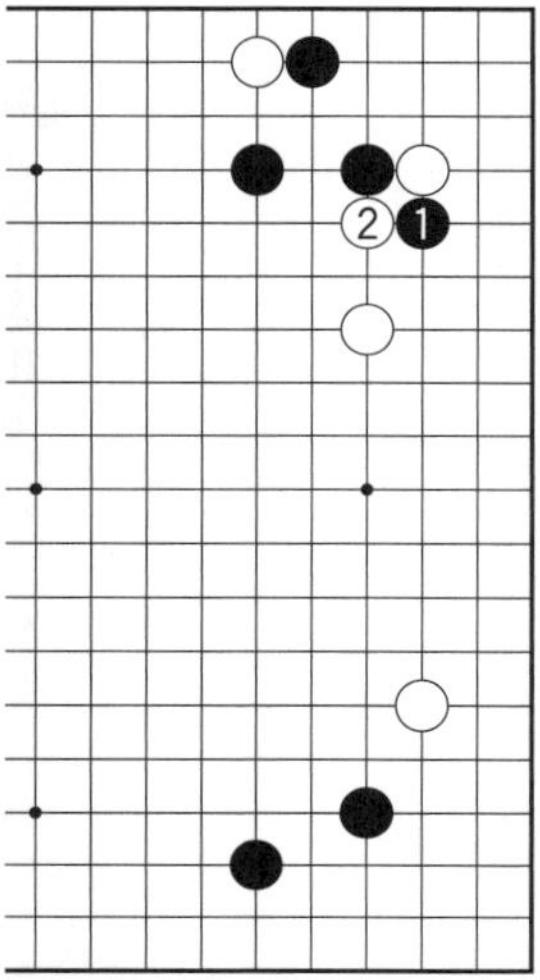

12図

13図、ここで一度原点に戻ります。白1とすぐにツケる手を調べてみましょう。なお、これは白がなかなかよくなりません。

14図、黒2、4、6と受けていても特に腹は立ちません。しかし…

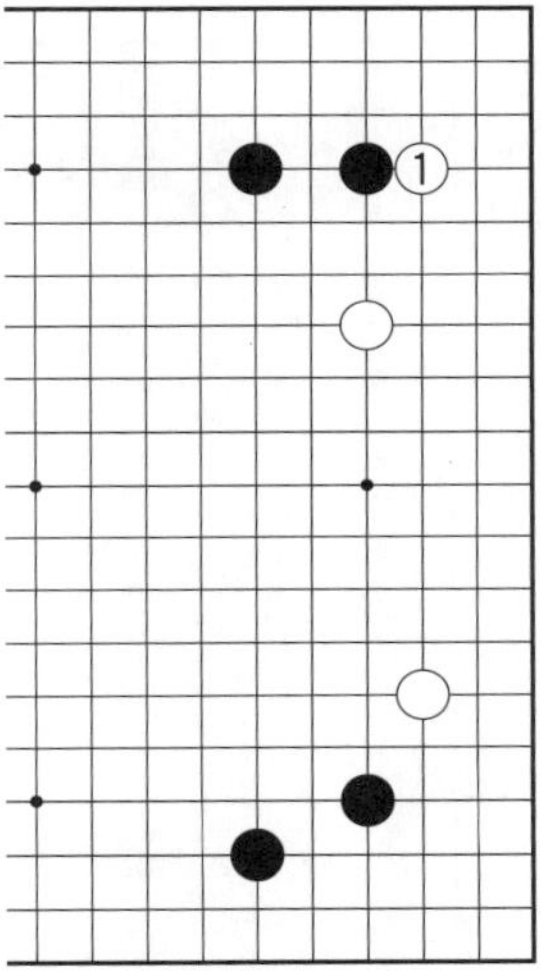

13図（原点へ）

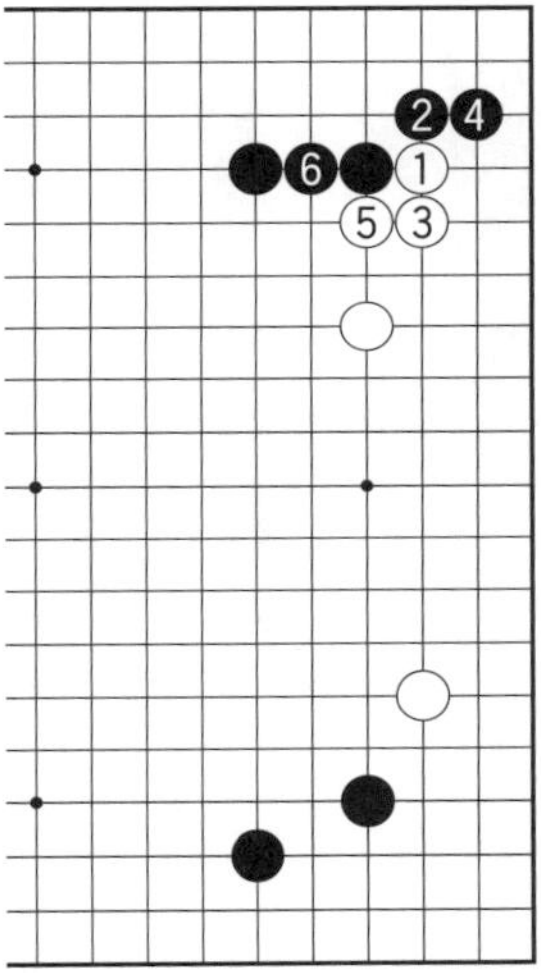

14図

15図、この形において白1のツケに対しては、黒2、4が最強最善の抵抗とされています。

16図、続いて白5には黒6が好手です。白7、9と隅に生きにいくと…

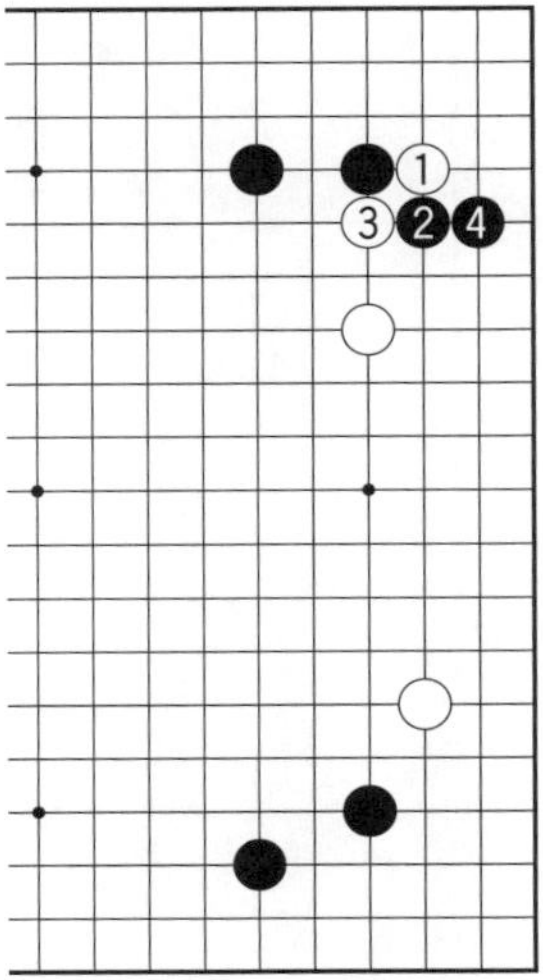

15図

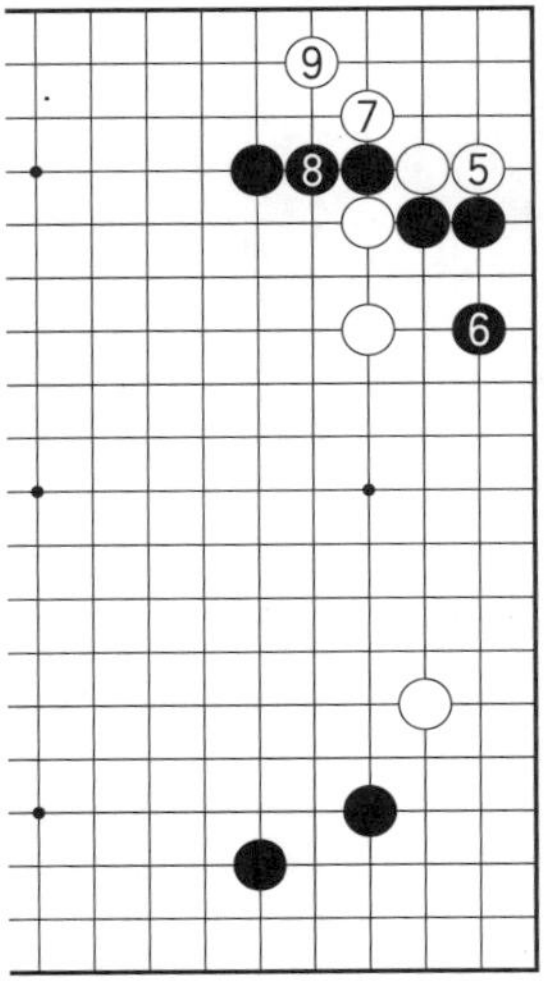

16図

17図、黒10からが上手い捨石作戦で、先手で黒20に回られては失敗に終わります。
16図の白5で、**18図**1、3の抵抗はどうなるでしょうか。これは結構難解です。

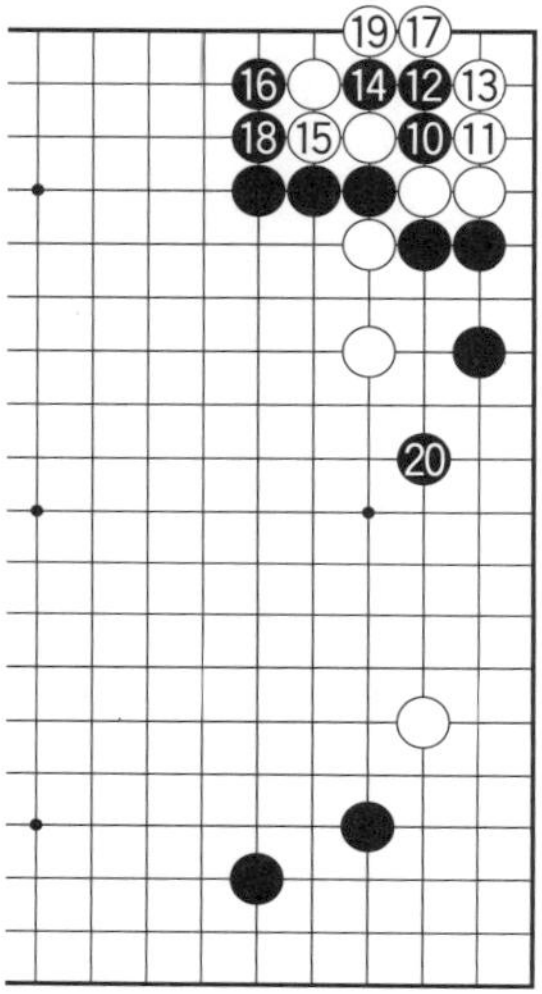

17図

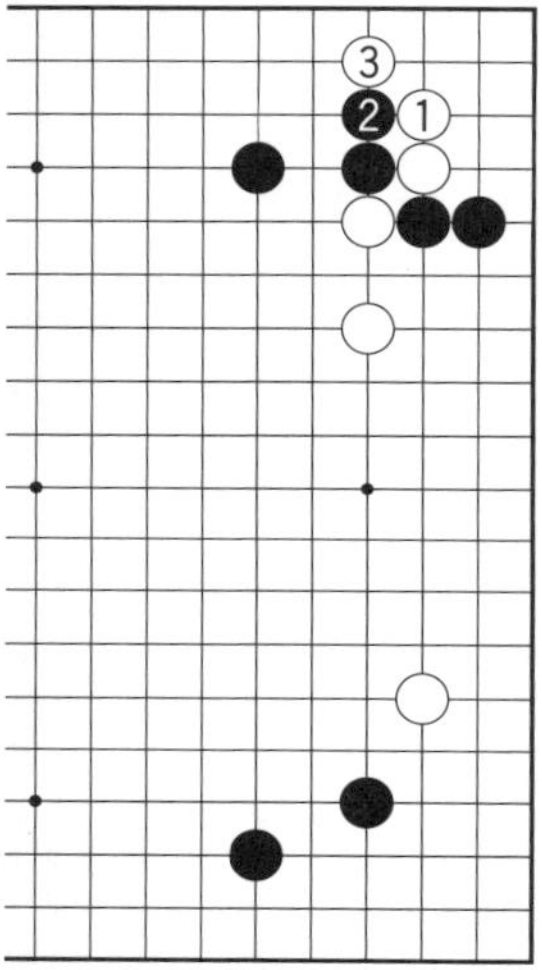

18図

19図、黒4に白5なら、黒6のトビ出しが好手です。白13まで隅を生きられますが、黒14まで厚みが強大です。
白5で、**20図**の1はどうなるでしょうか

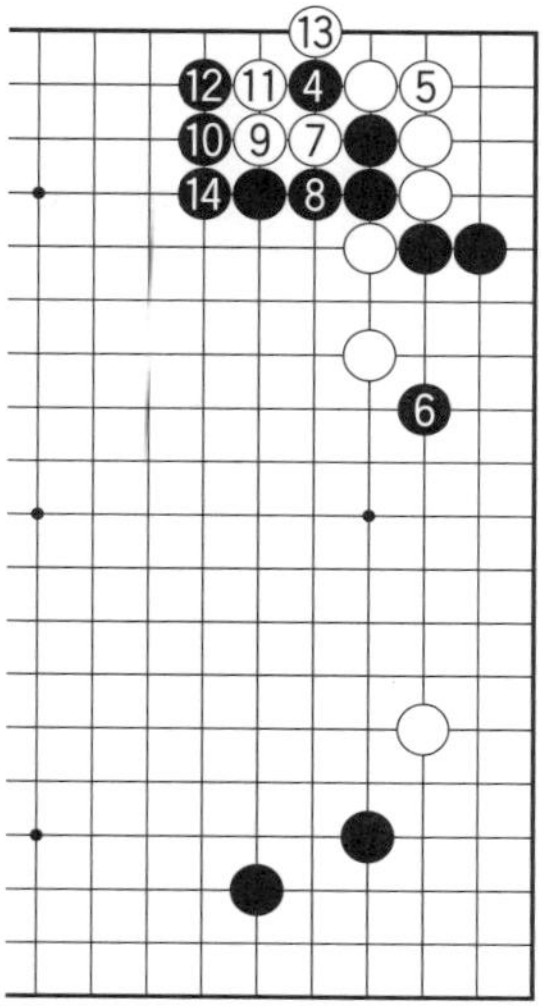

19図

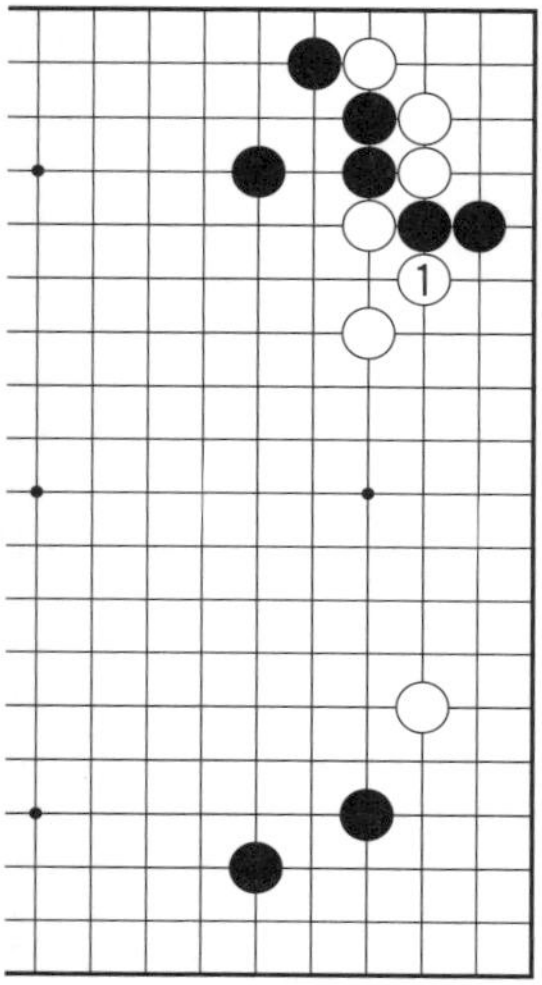

20図

21図、黒２以下の攻め合いになります。これは黒が有利です。

22図、白は９、11と外側に脱出を計るしかありません。ここで…

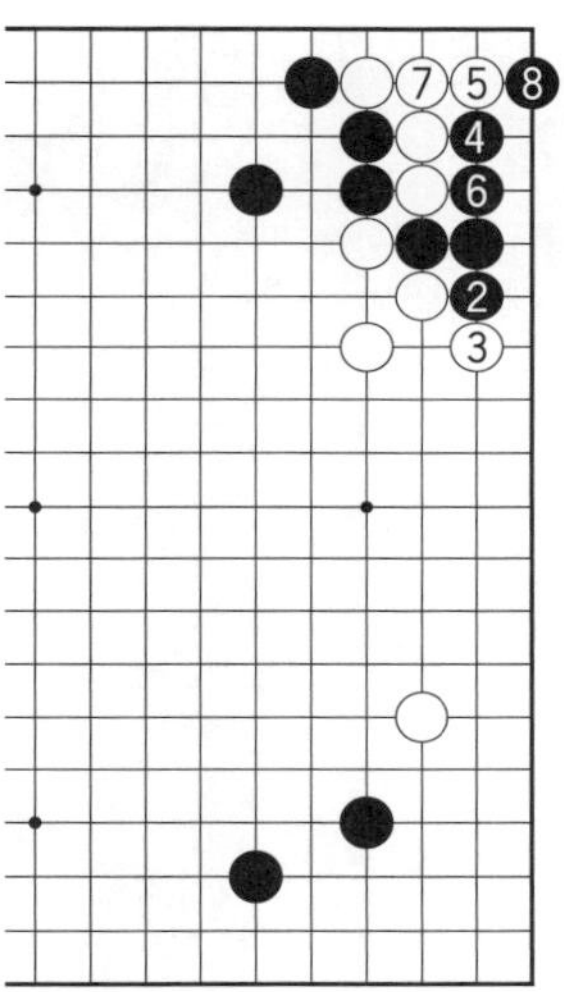

21図

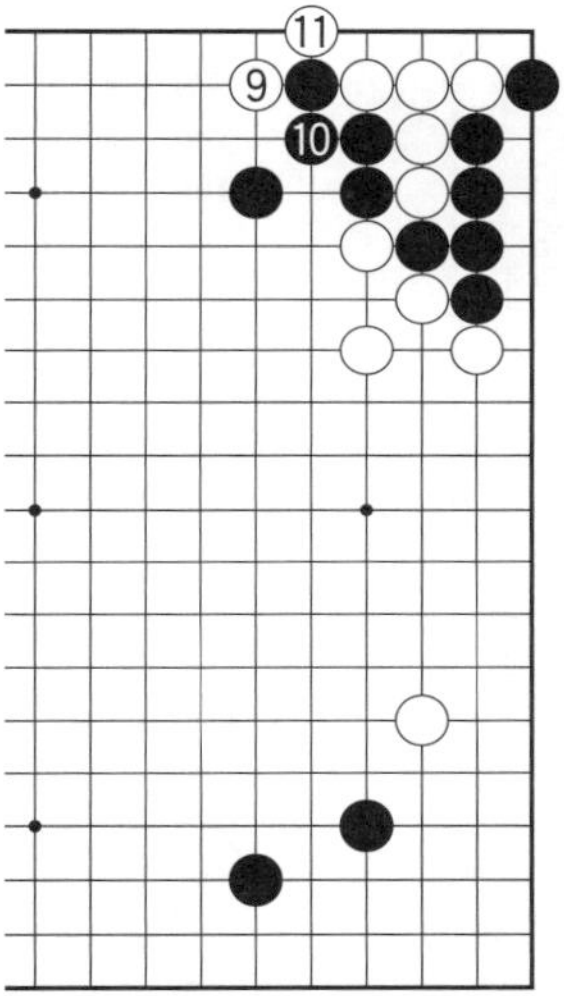

22図

23図、黒12、14のコウが決め手になります。黒16のソバコウがピッタリ。続いて…

24図、黒18の時にもし大きなコウダテがなければ、白ツブレです。

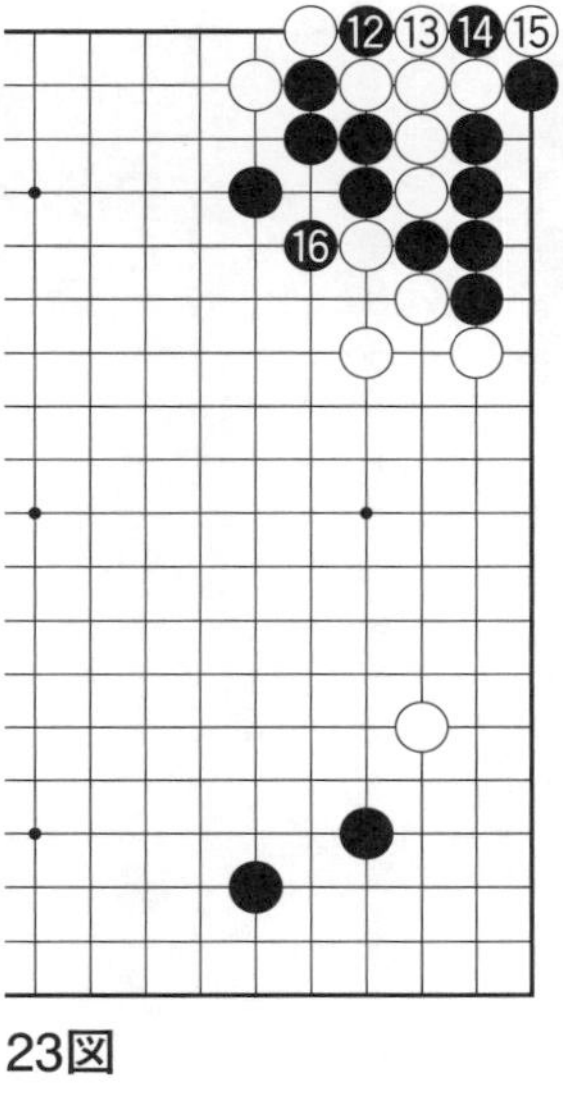

23図

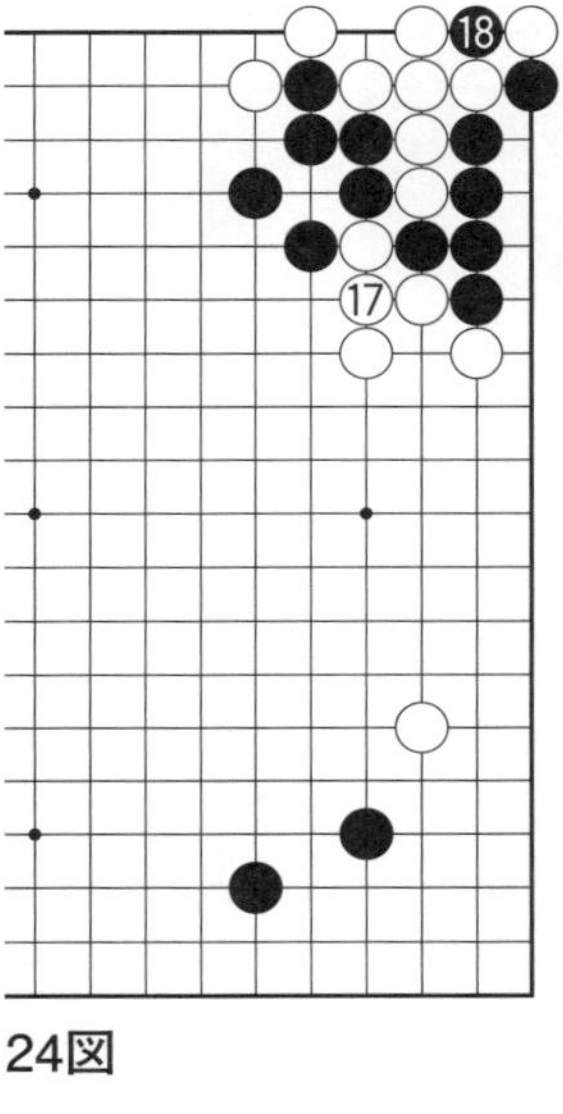

24図

25図、白5以下は無策です。ただ黒に大きな地を与えただけです。

26図、ちなみに白3はサバキのハネですが、黒4、6が強い抵抗手段です。

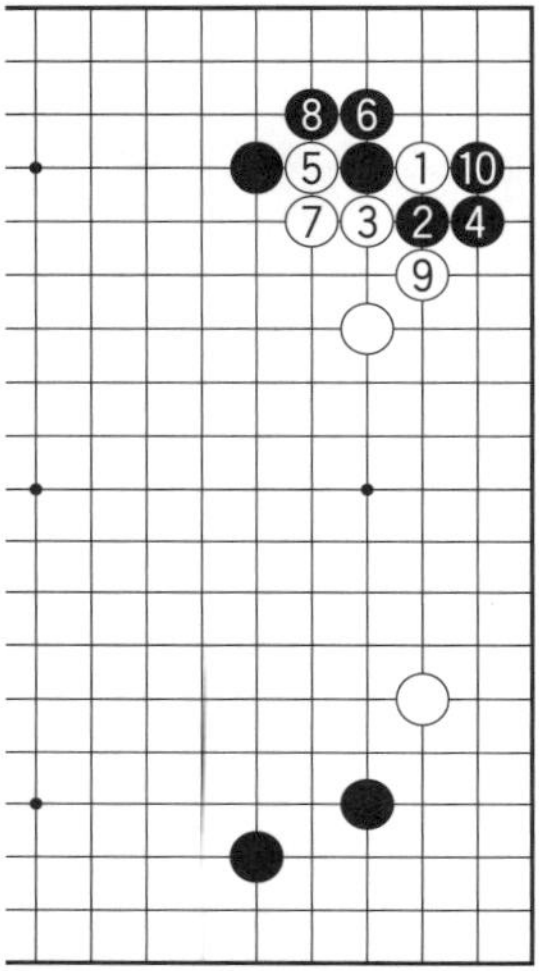

25図

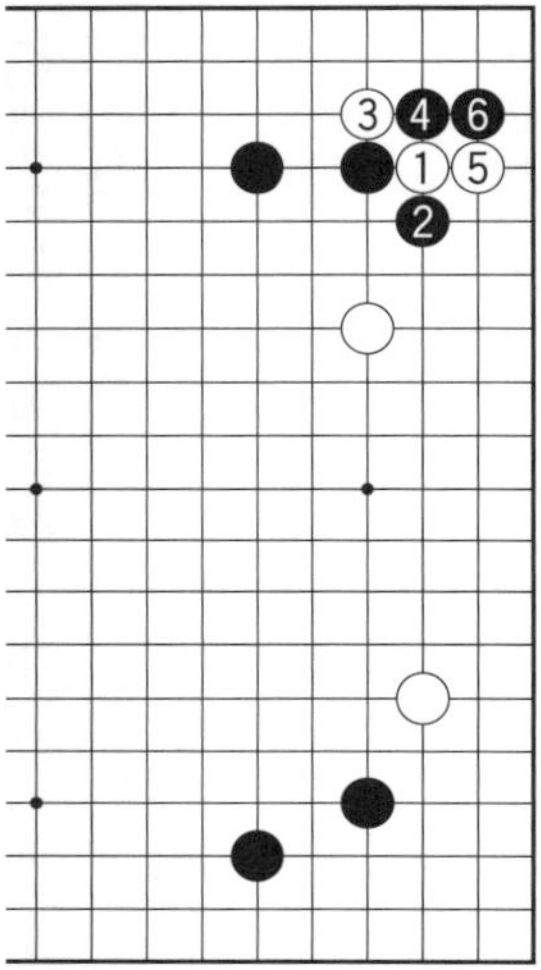

26図

27図、白7には黒8以下徹底抗戦されます。

28図、続いて白19から戦っても、黒24から黒26が手数を伸ばす好手で、黒30まで取られてしまいます。

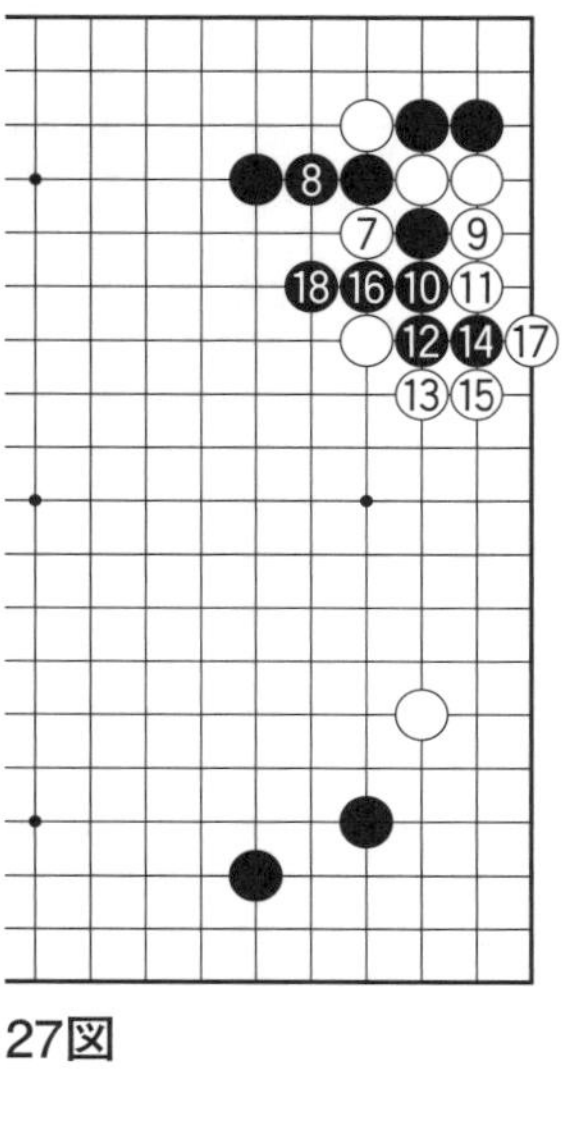

27図

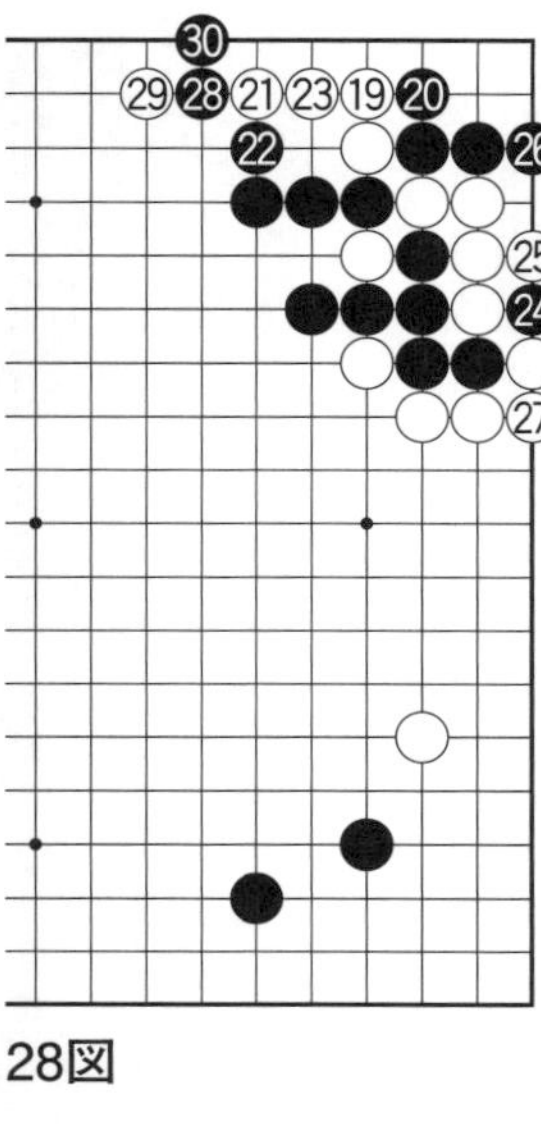

28図

27図の白13で、**29図**の1以下なら隅は取れますが、黒の外勢が圧倒的に勝ります。

30図、本題に戻ります。黒が最強に抵抗した形ですが、白aと黒bの交換があれば話は変わってきます。

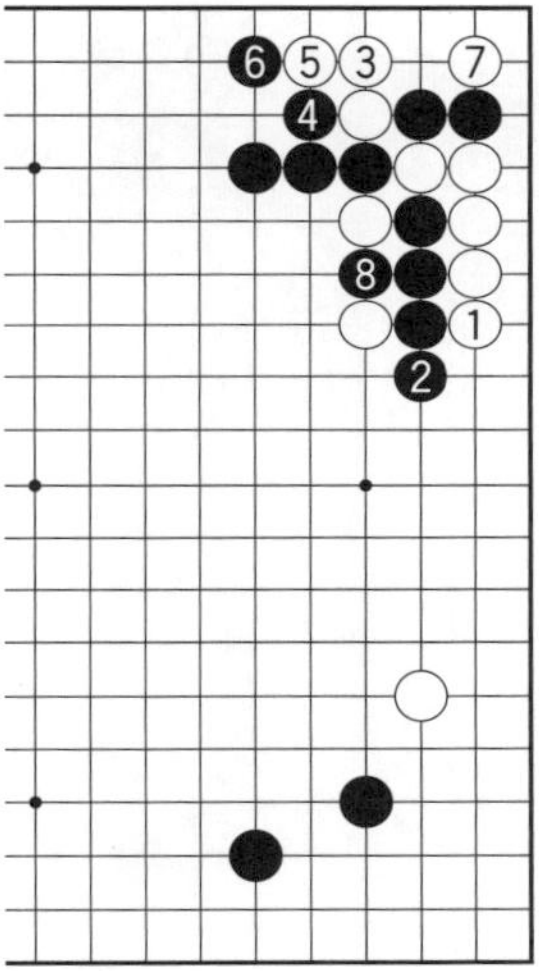

29図

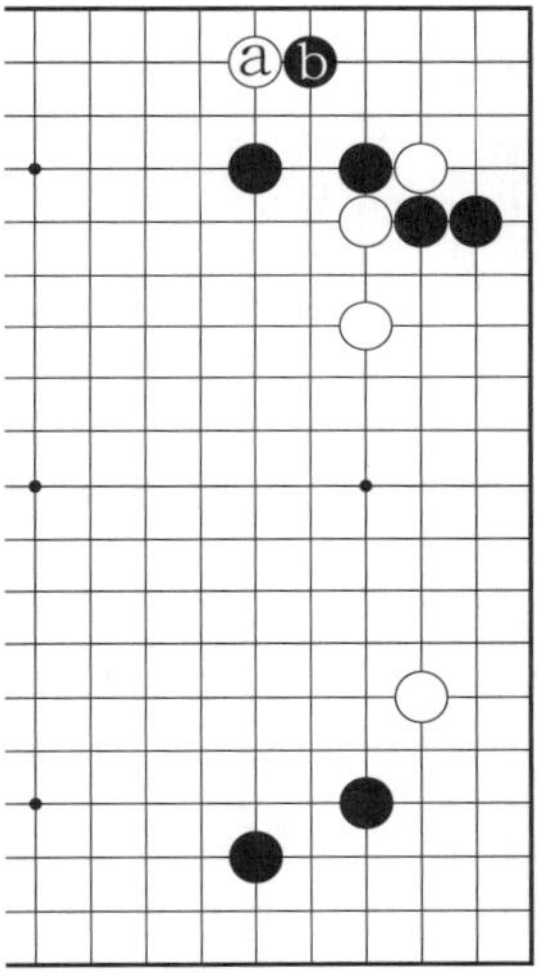

30図（12図に戻る）

例えば、**31図**の白1から5まで、▲と△が黒の悪手になっていますね。

32図の白1、3も有力です。

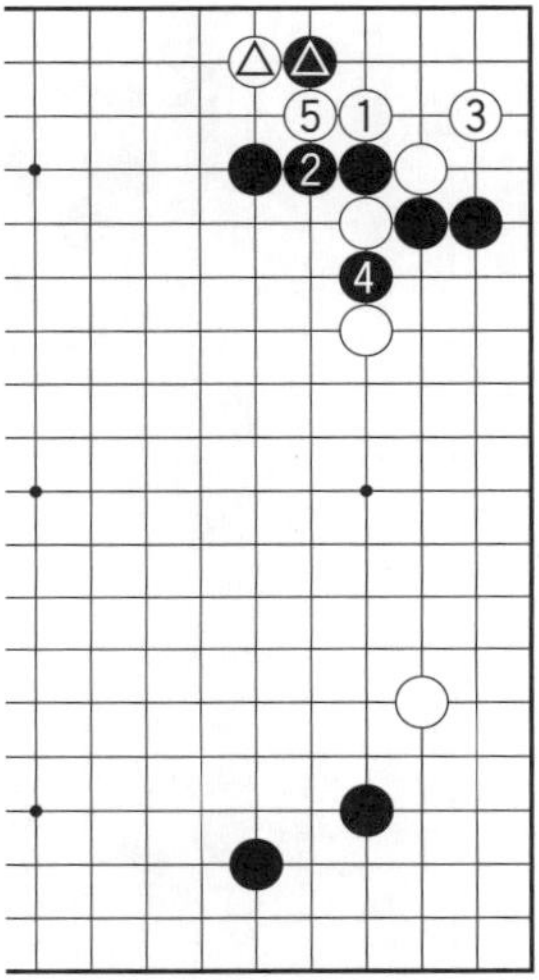

31図

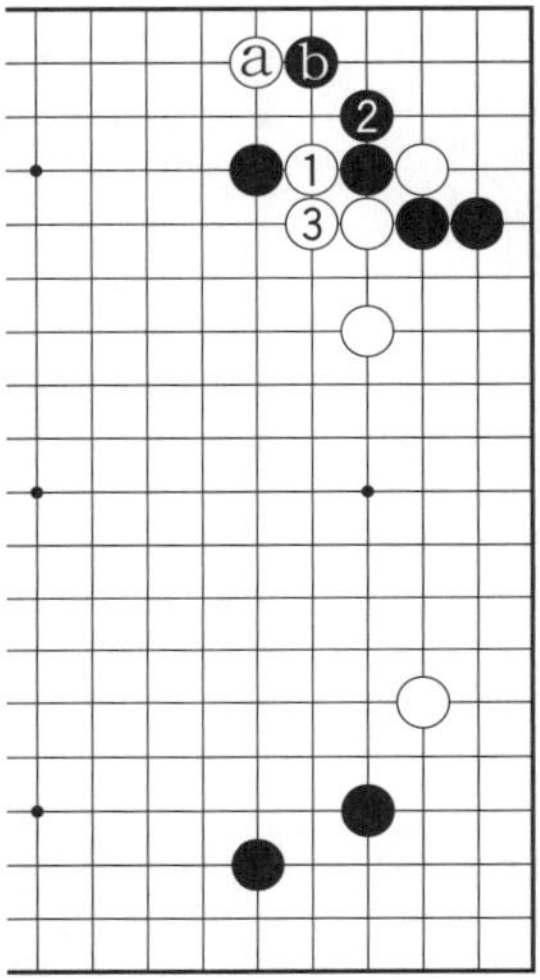

32図

33図、続いて黒4と緩まざるを得ません。白9と◬を引っ張り出すことが出来ます。

34図、黒2と外から攻めて来たら、当然三々に入ります。黒4は白9まで白地が大きくて大成功です。黒4では…

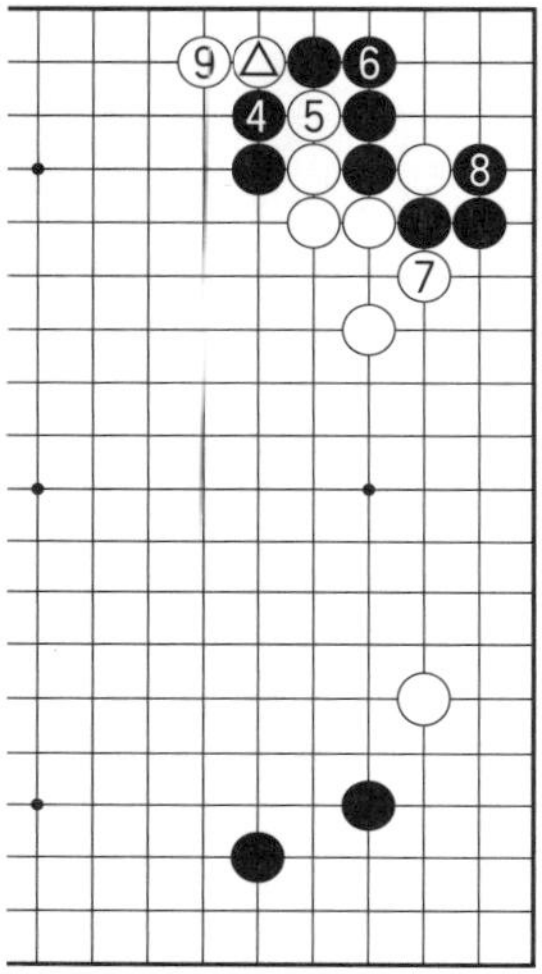

33図

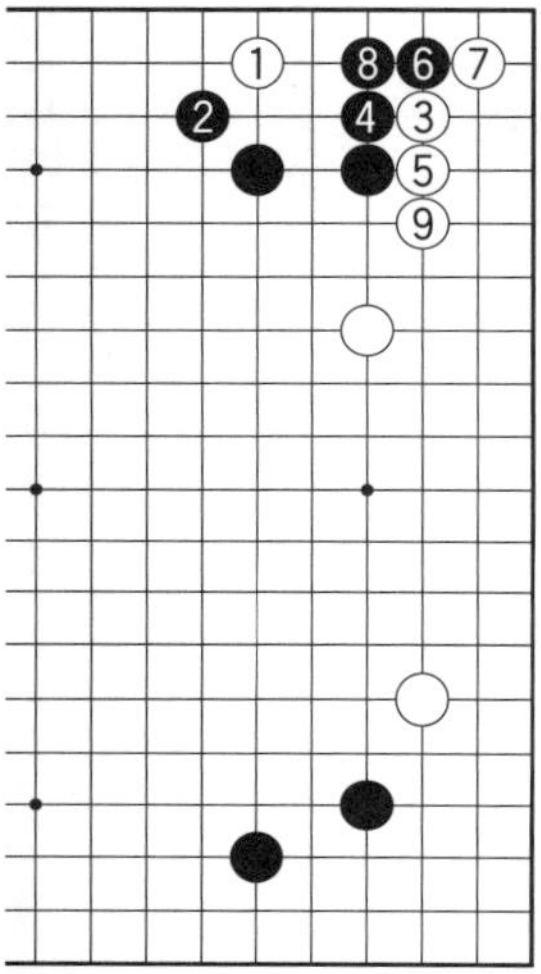

34図（黒の応手５）

35図の黒1が正着です。対して白は2が強手で、白8と強硬に切っていくか…。**36図**の白1、3と展開するのも良いでしょう。白3ではaのトビも、もちろんお薦めです。

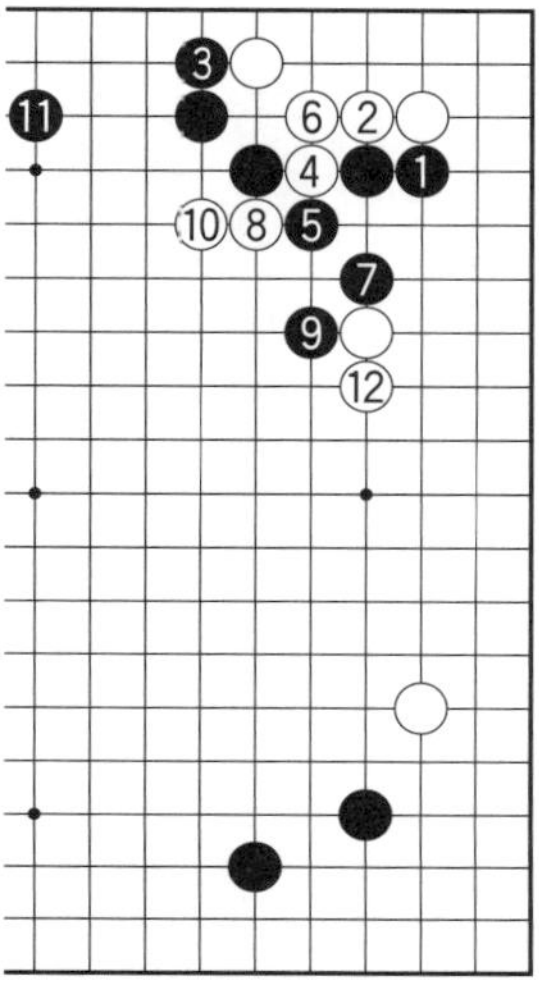

35図

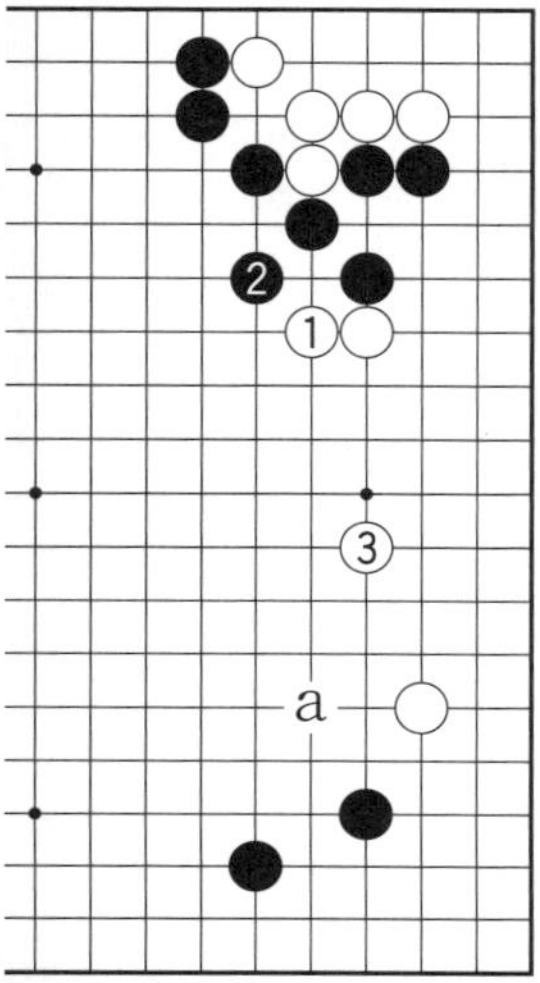

36図

なお、35図の白2は、**37図**の1がよりおすすめです。黒2なら白3で大成功。

38図、黒2と反発すれば、当然白3です。

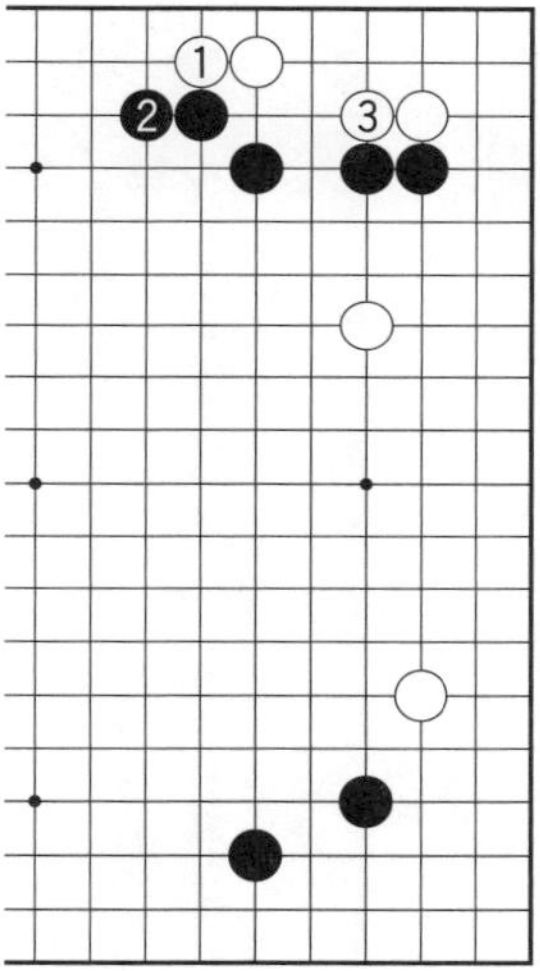

37図

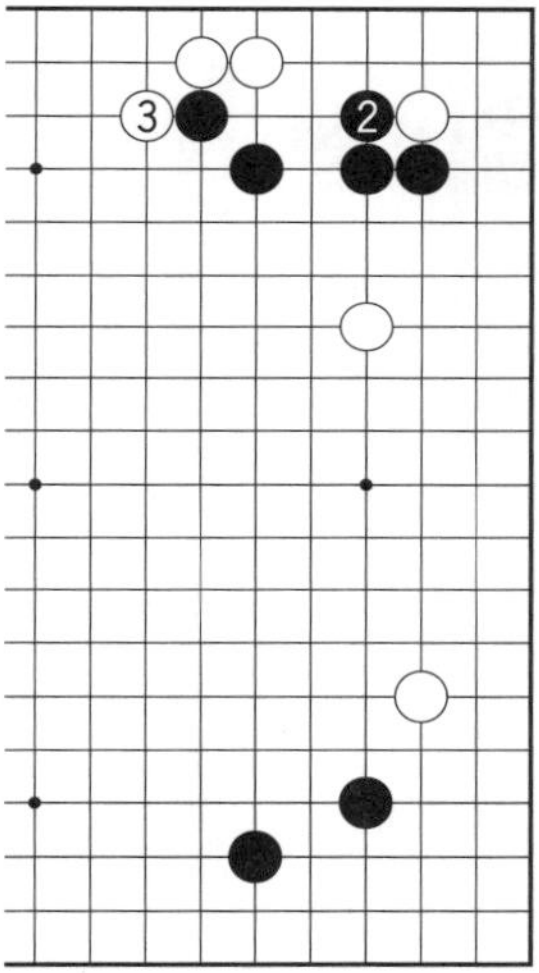

38図

39図、この形は◬が死に切っていません。白1以下コウに持ち込む手が残っています。

40図、黒2のツキアタリには…

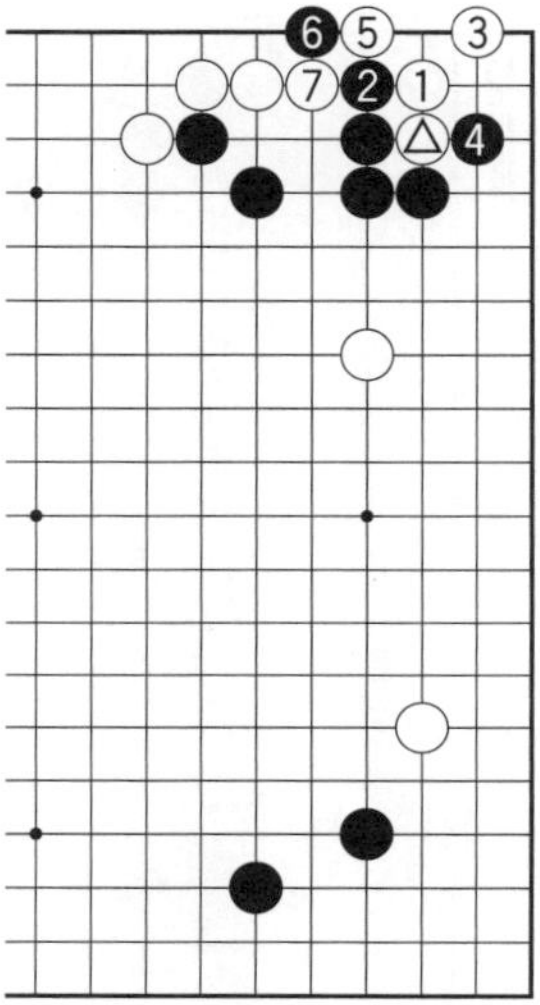

39図

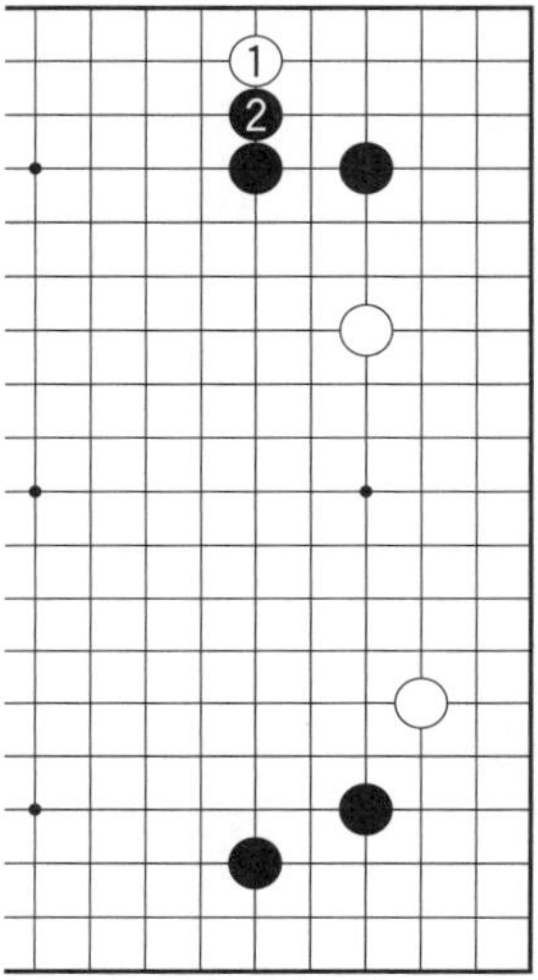

40図（黒の応手6）

41図、白3から11は一旦生きておいて、aの切りを楽しみにする手法です。なお、白7で**42図**の1は失着です。黒2が好手で次に黒aと打たれると、白は死ぬのでbと手入れせざるを得ず、前図に比べて凹んでいます。

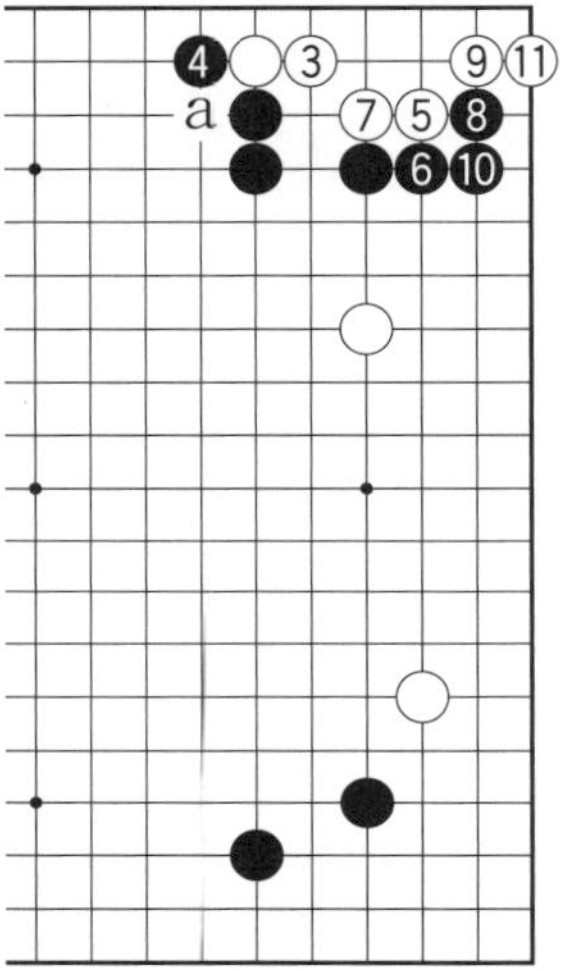

41図

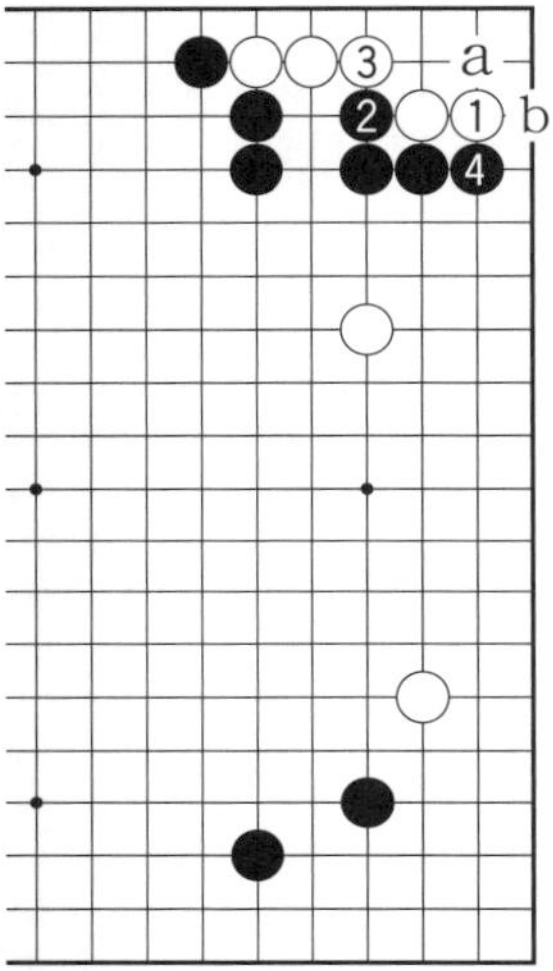

42図

43図、41図の黒6で先に1と出るのは、3とオサえずに白2、4と変化してしまいます。

44図、これは白3から5と追及する手です。

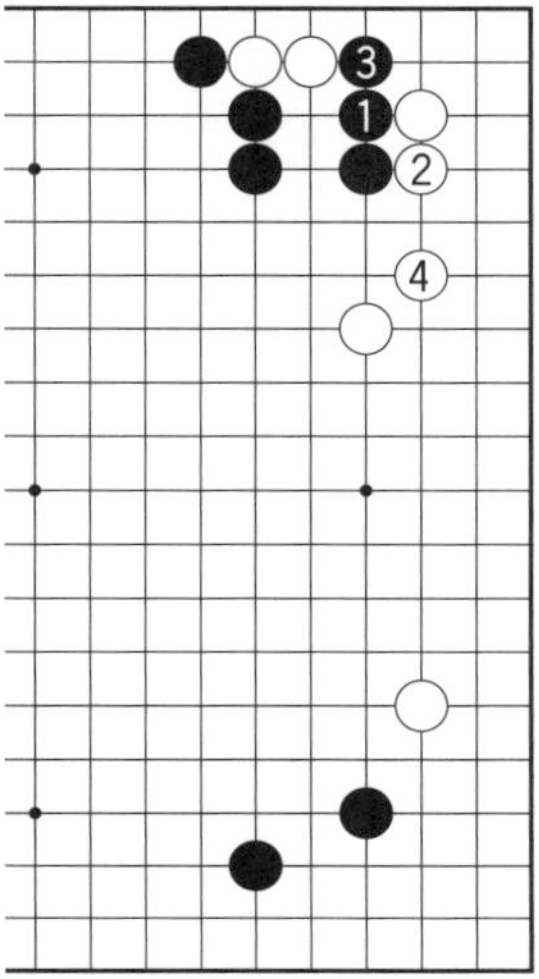

43図

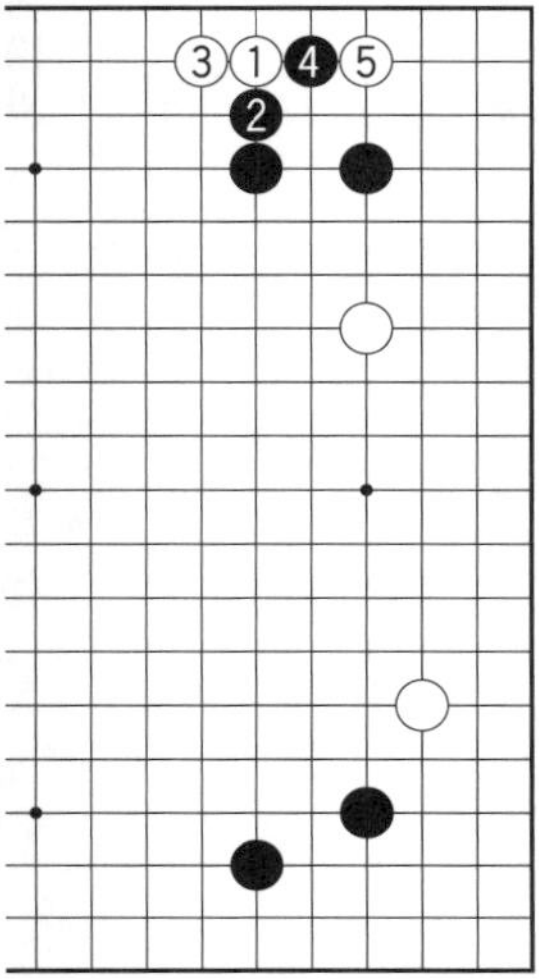

44図

45図、続いて黒6と遮るのは、白7から白11まで思うツボです。
ここは、**46図**の黒1が冷静な好手です。

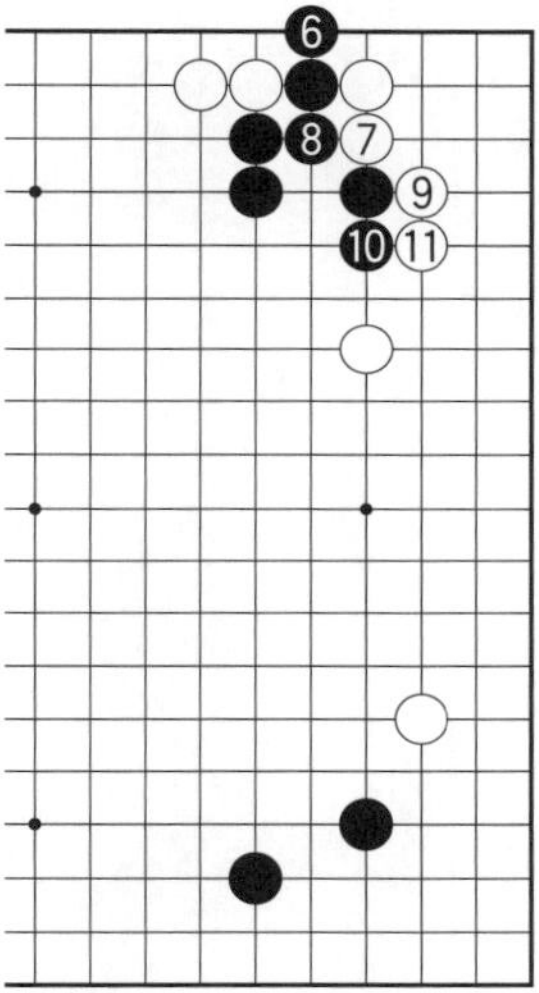

45図

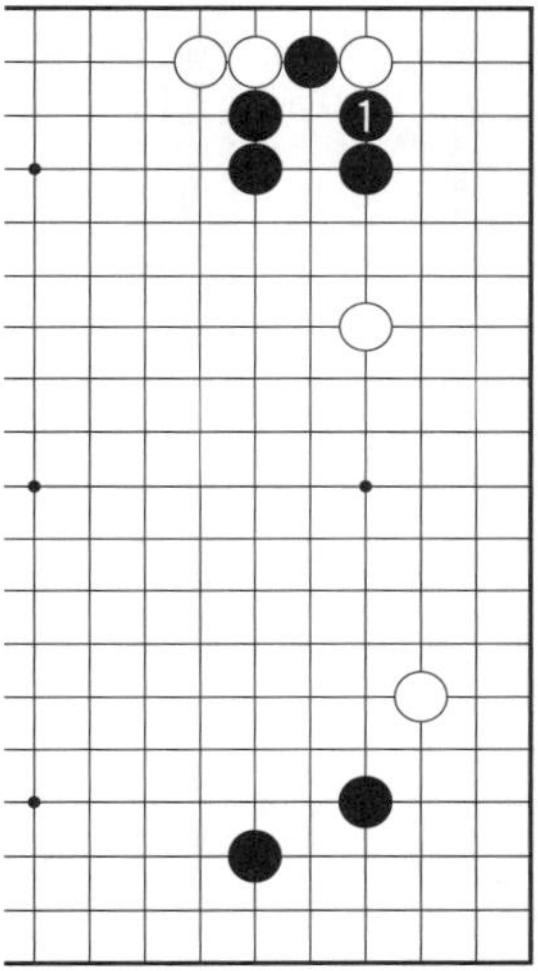

46図

47図、白2、4と1子を取ると、黒5とカケられて苦しいでしょう。
48図、なので、白2とヒラくくらいですが、黒3と打たれて白失敗に終わります。

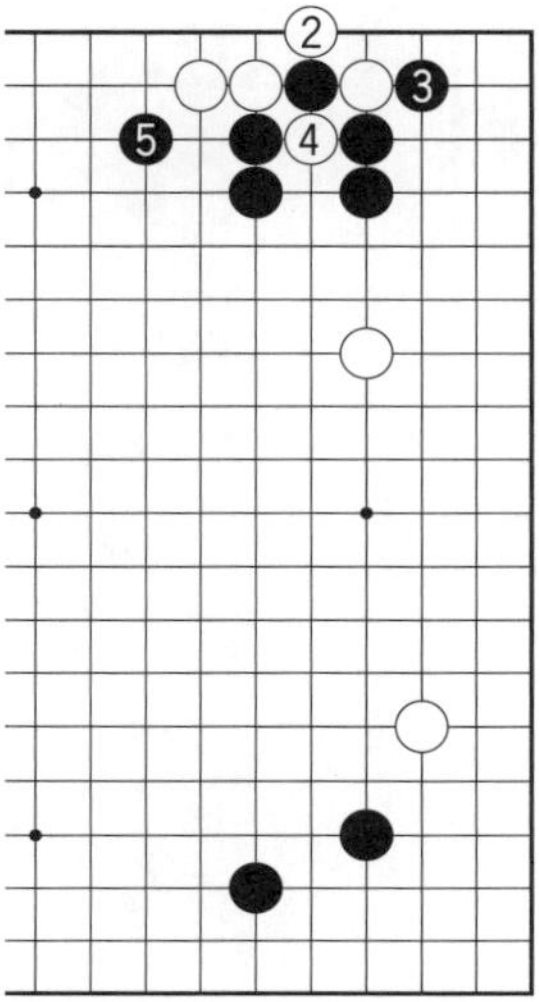

47図

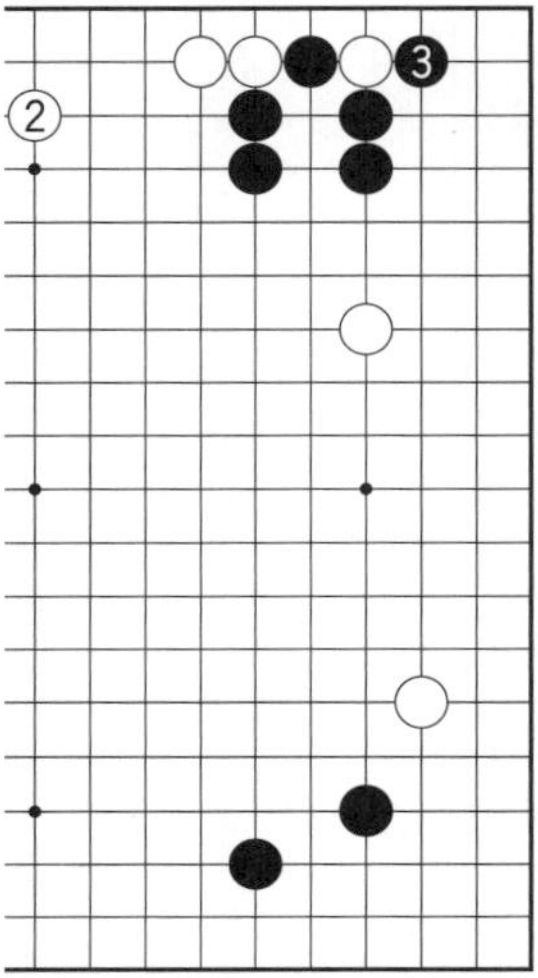

48図

49図、黒2のツキアタリに対して、白3のツケが有力で打ってみたい手。
50図、黒4、6と受ければ、そこで白7が厳しい手です。

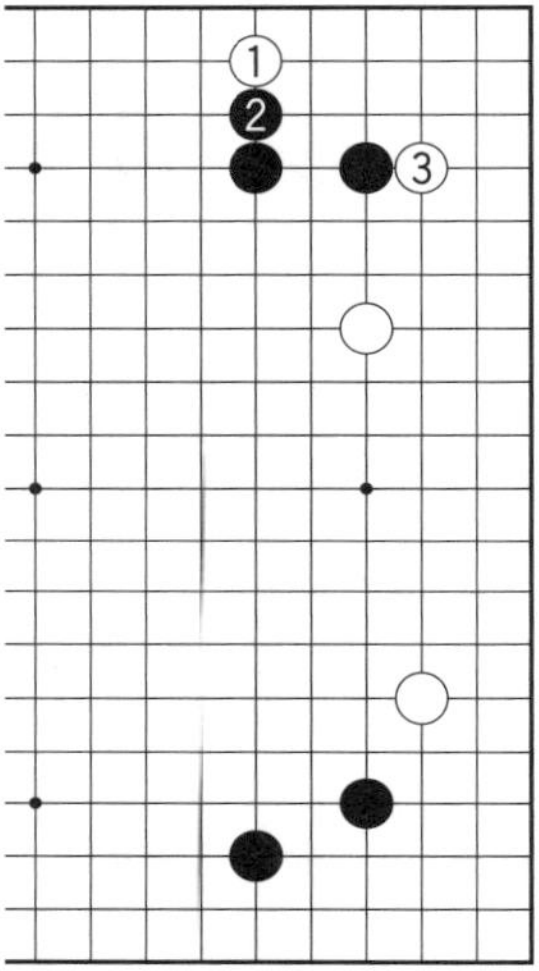

49図（有力）

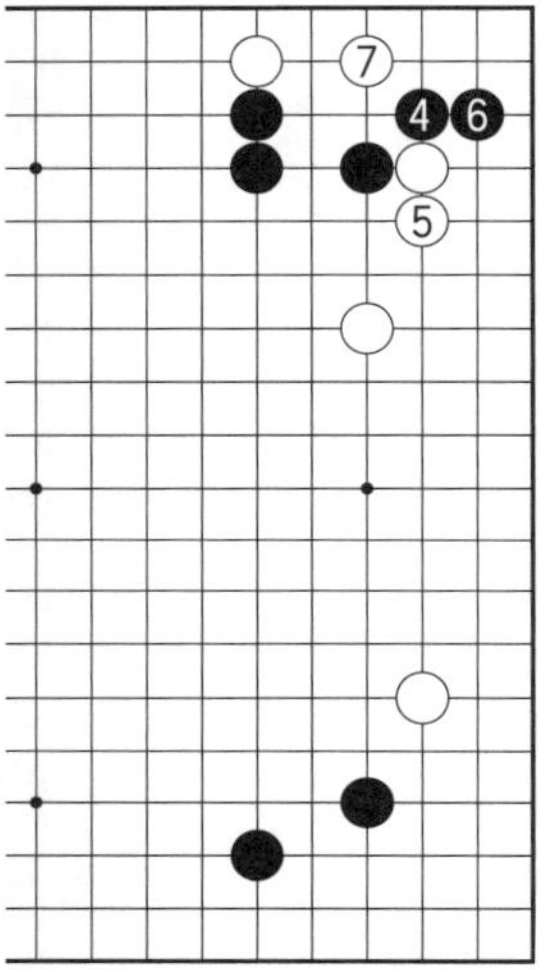

50図

51図、黒8、10まで利かしておきます。
52図、ただし、調子にのって白11とアテると、黒12、14の反撃を食ってツブれてしまいます。

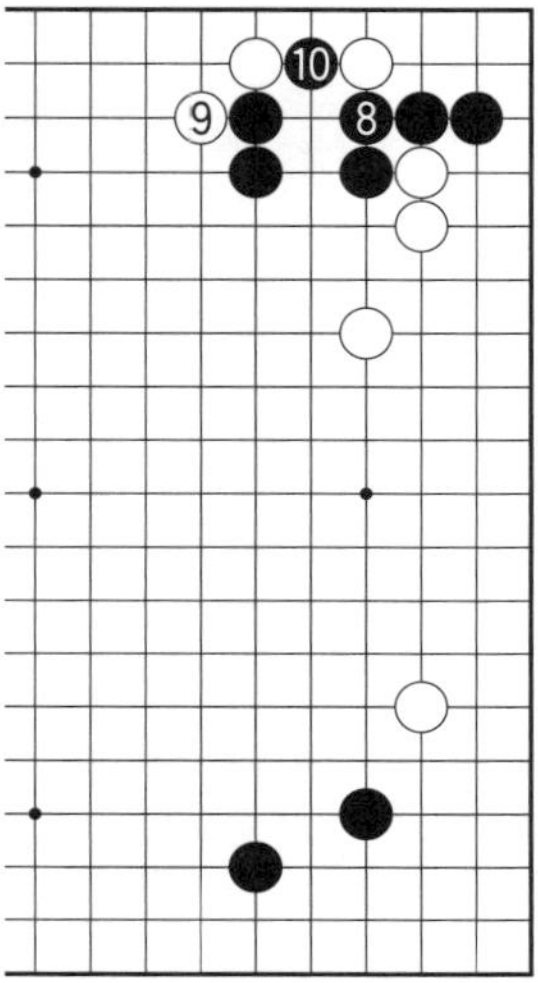

51図

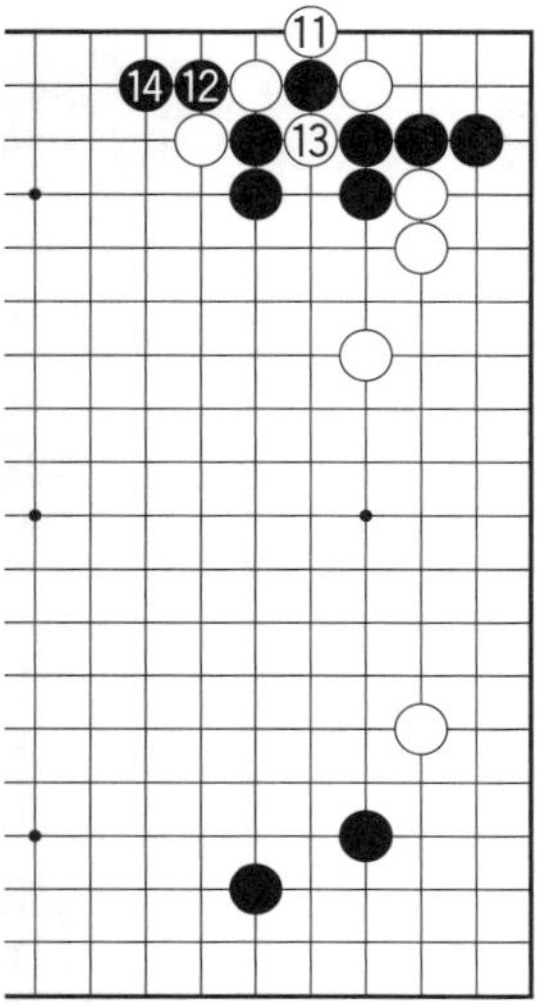

52図

53図、すでに十分にへこませていますので、後にa、b、cなどの利きをみれば満足です。

54図、黒4の外オサエから6なら、白7と先手で生きて文句なしです。

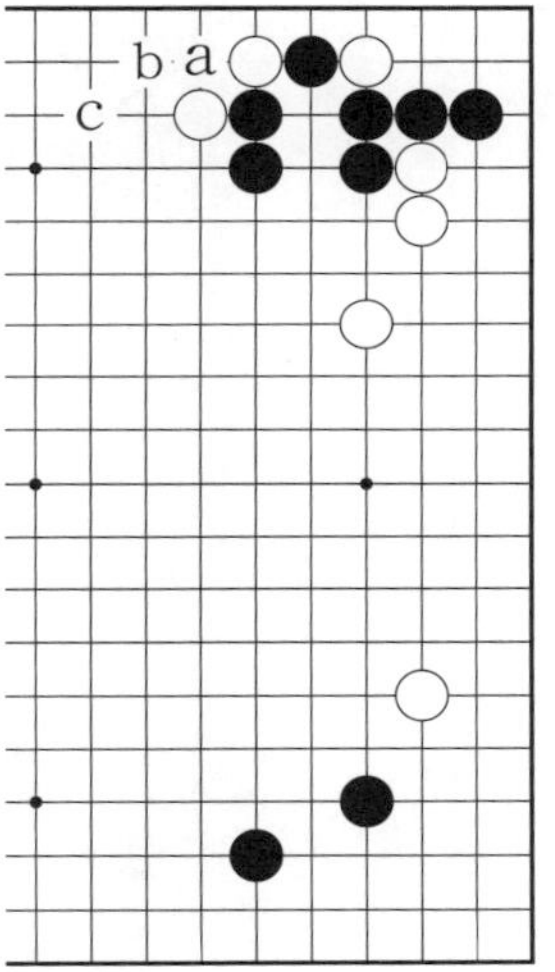

53図

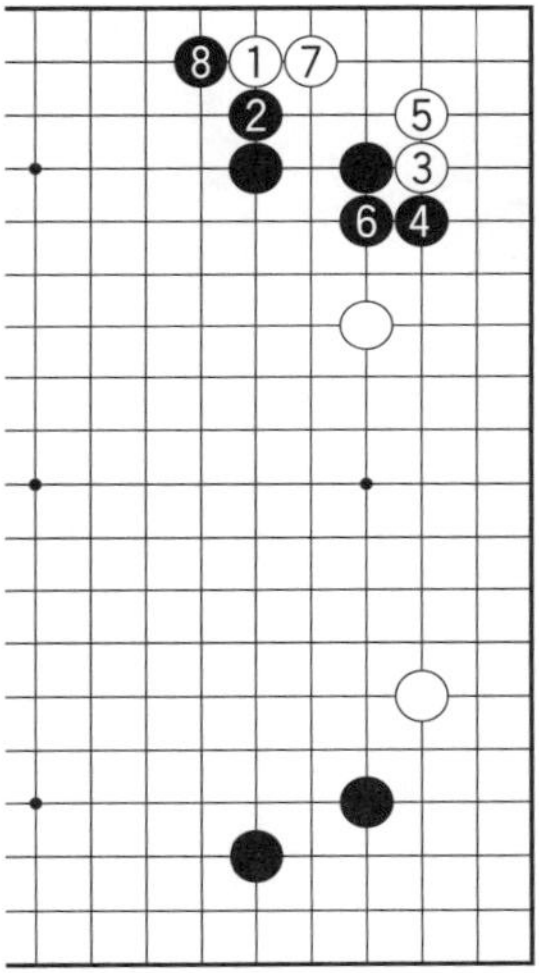

54図

前図の黒6は、常に**55図**の1のカケツギが好手で、黒7までこうなると白イマイチです。

なので54図白5は、**56図**の1と切っていきます。しかし白3とオサえると、黒4、6と出てこられます。△と▲が悪手化しています。

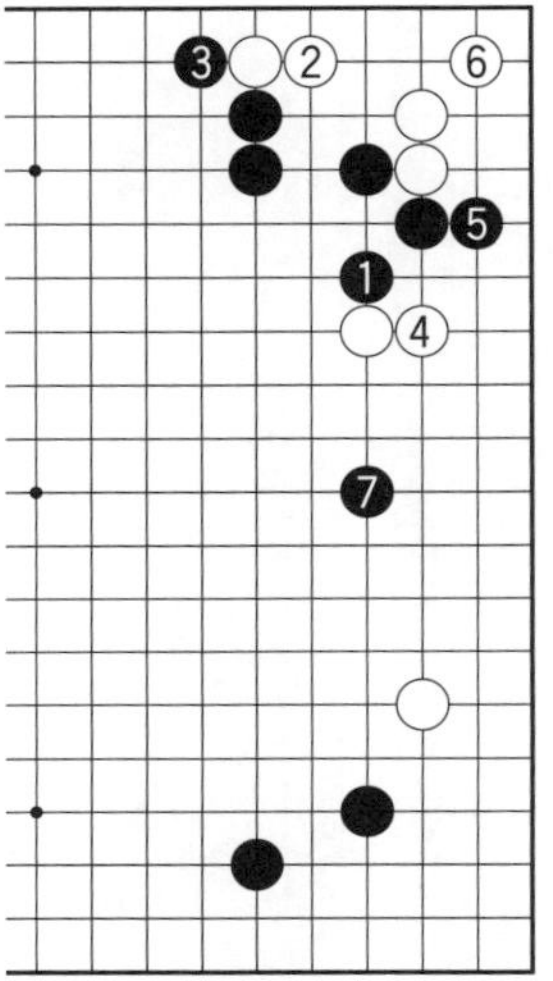

55図

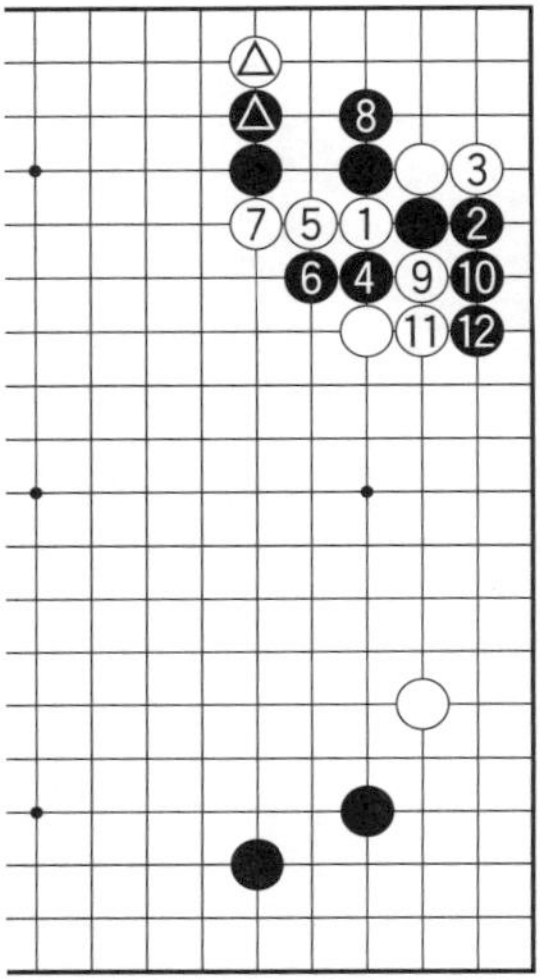

56図

57図、前図の白3では、1から5と打てば白がやれます。

58図、やはりここでも白aと黒bの交換が働いていますね。

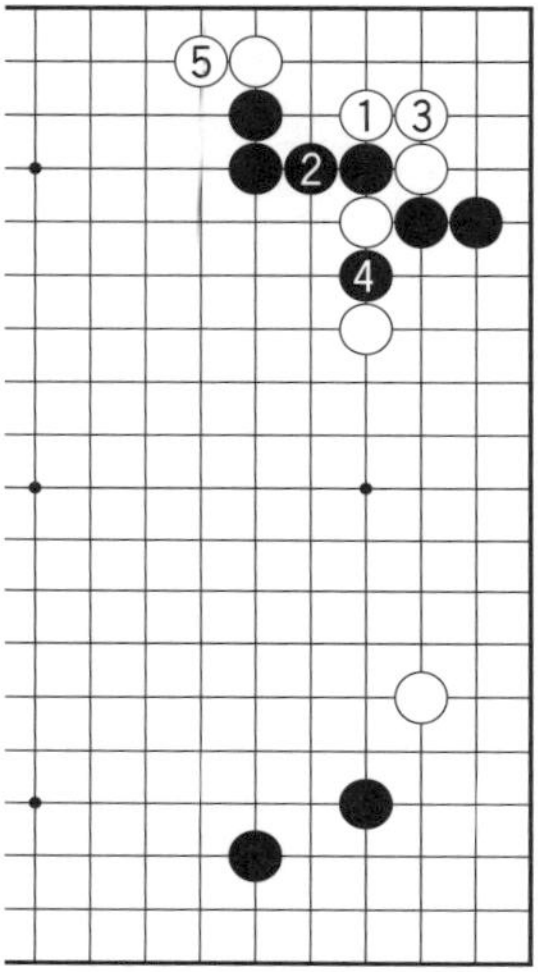

57図

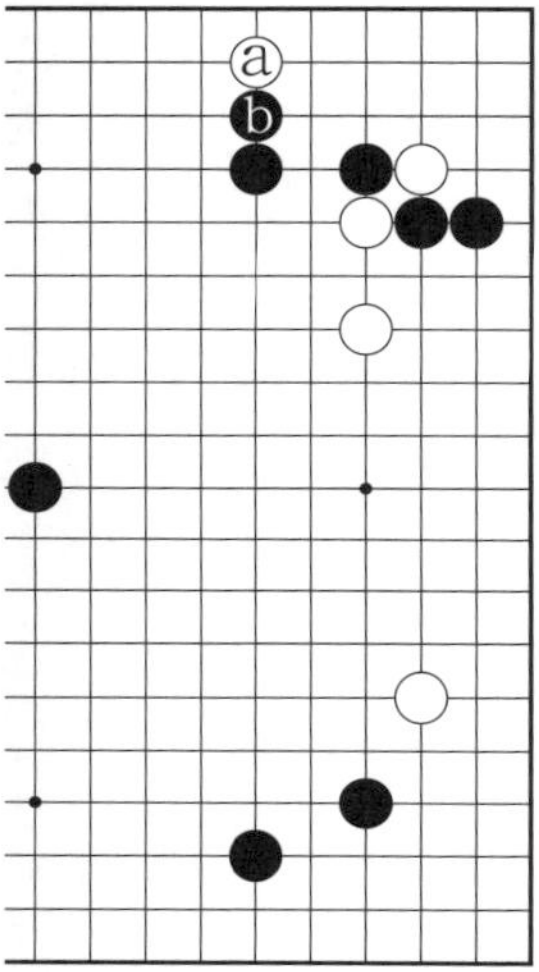

58図

次は一路となりの白1です。

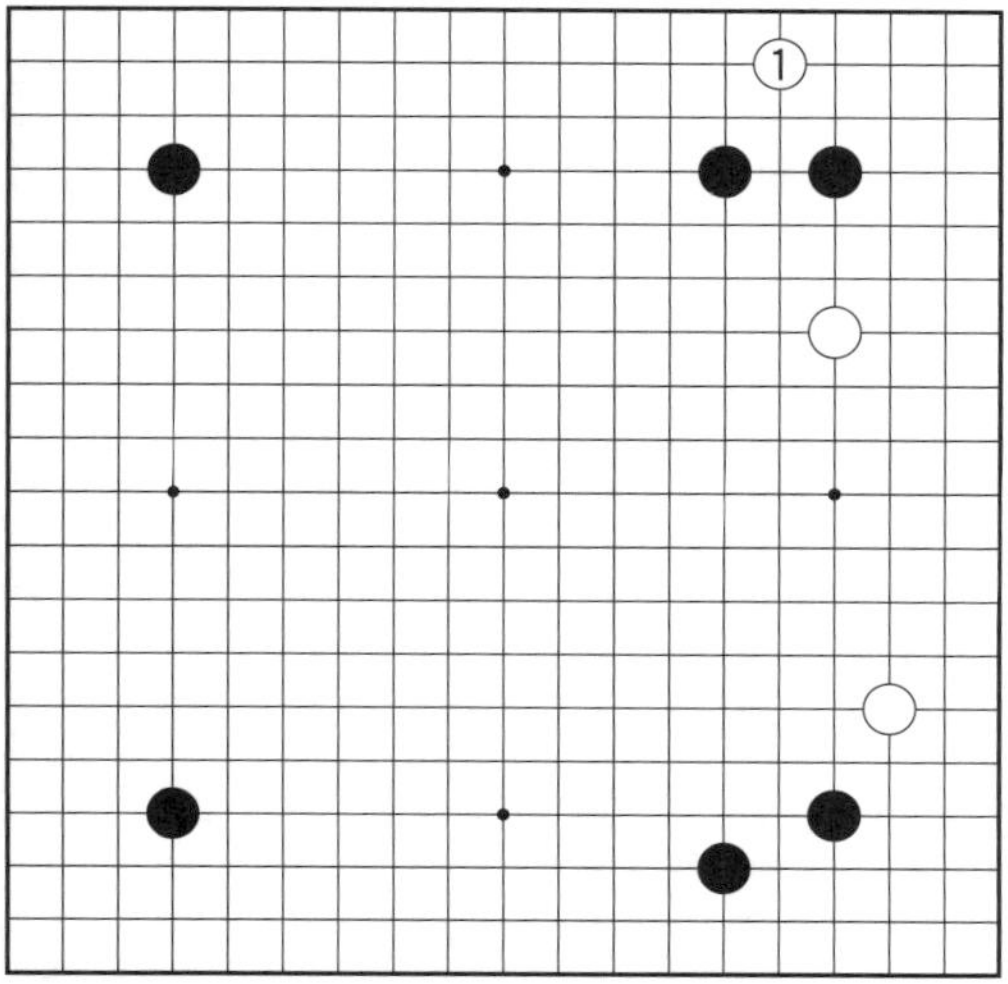

白の候補b

1図、黒2と受けると白3がピッタリ。やはり次のaが狙いです。

2図、次に黒2のツケです。白3と素直に打つのでは黒6、8と守られても失敗です。ではどうするか。

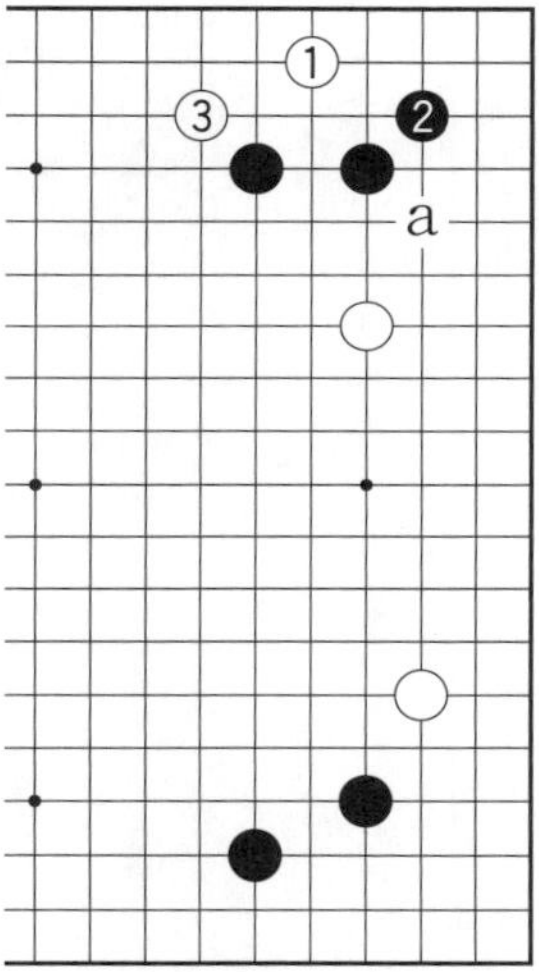

1図（黒の好手1）

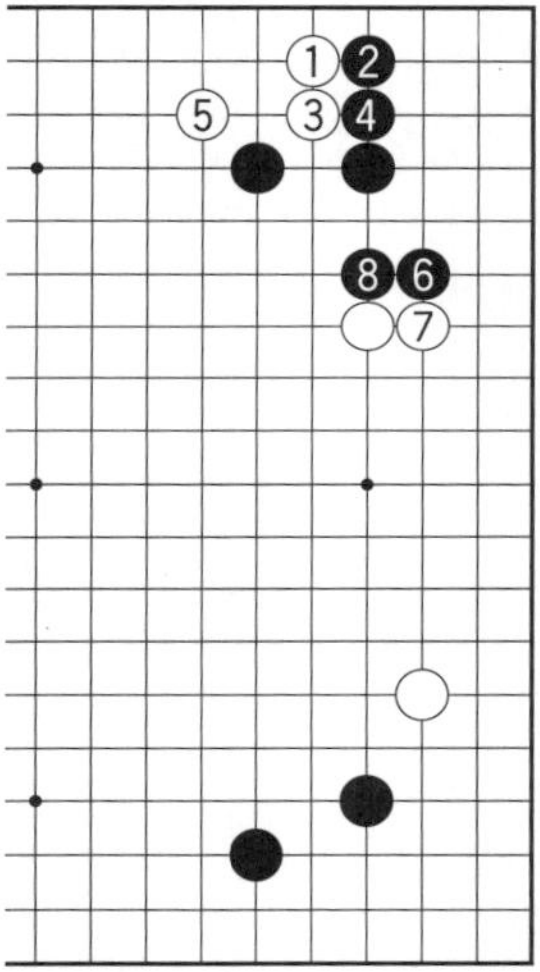

2図（黒の応手2）

3図、白1のワリ込みが強手です。

4図、黒4なら白7、9と切りを入れます。

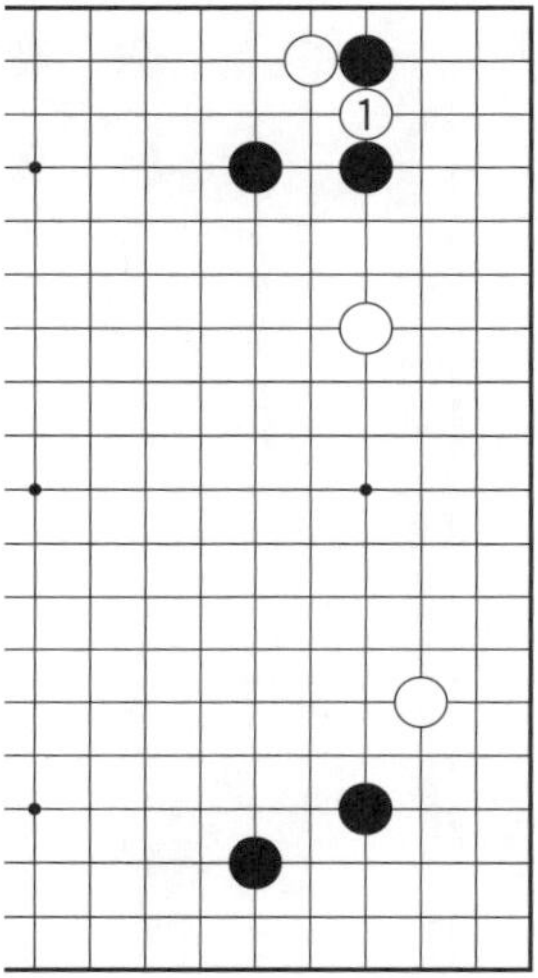

3図

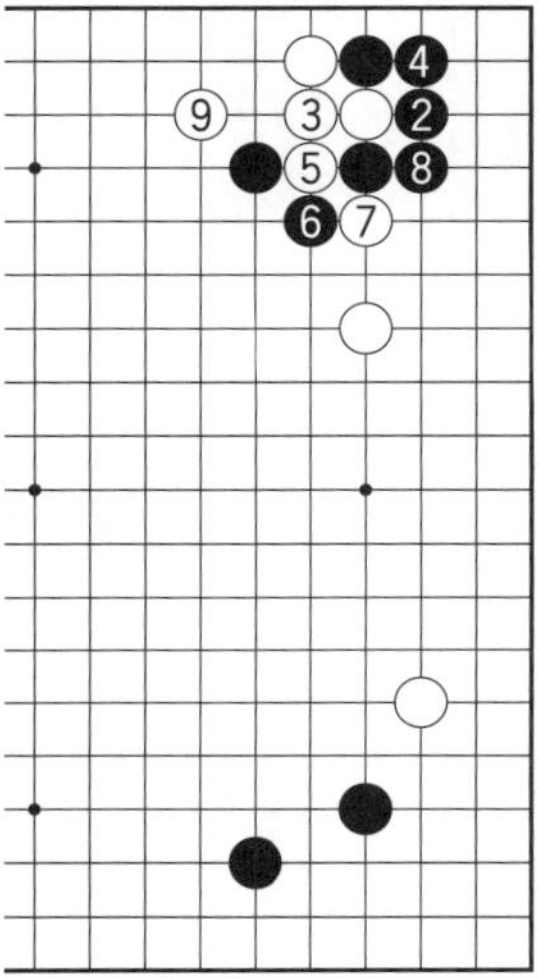

4図

5図、黒10には白11がシボリの手筋です。
6図、以下白19まで外勢が好ましくて白成功でしょう。

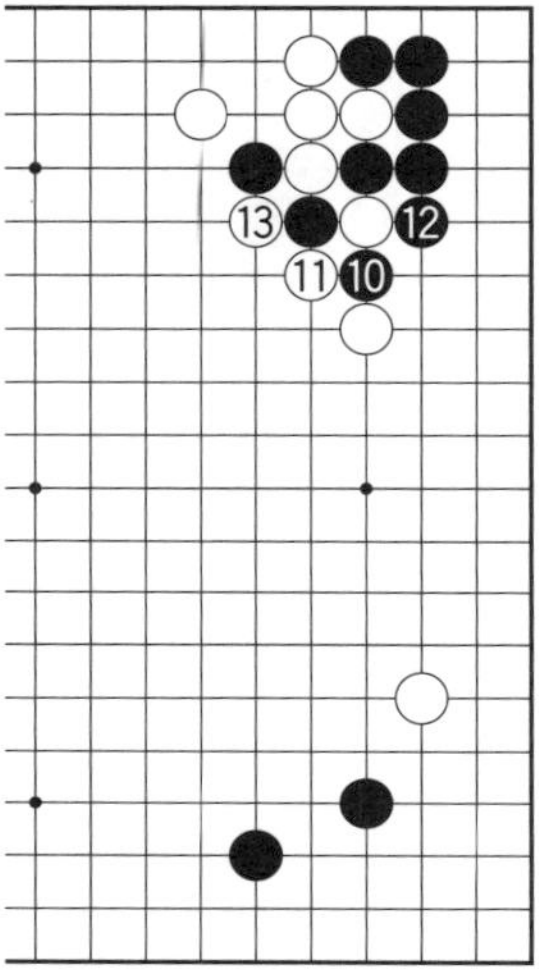

5図

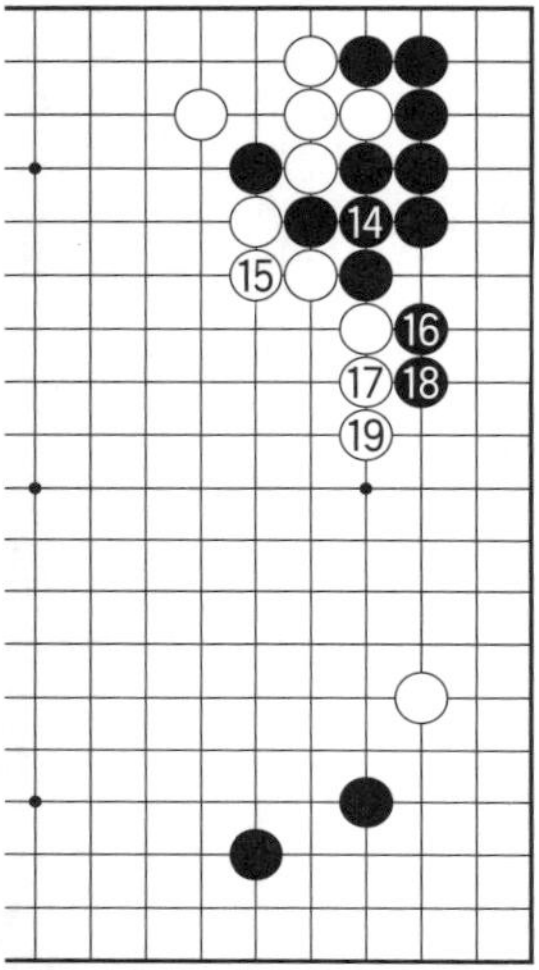

6図

4図の黒2は、**7図**の1と切りたくなる形でしょう。ですが、白8まで隅に食い込むことが出来ます。
8図の黒1なら白4まで楽々の生きです。

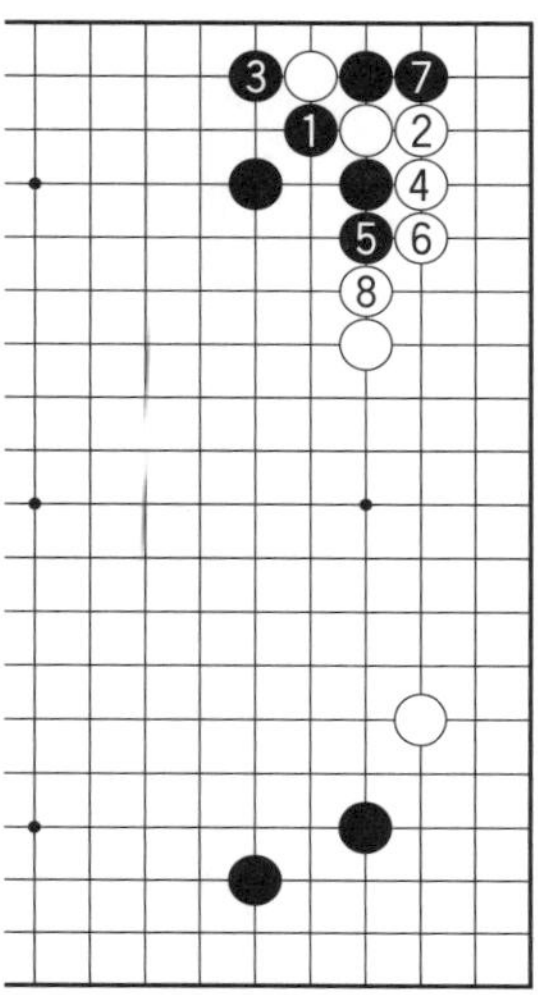

7図

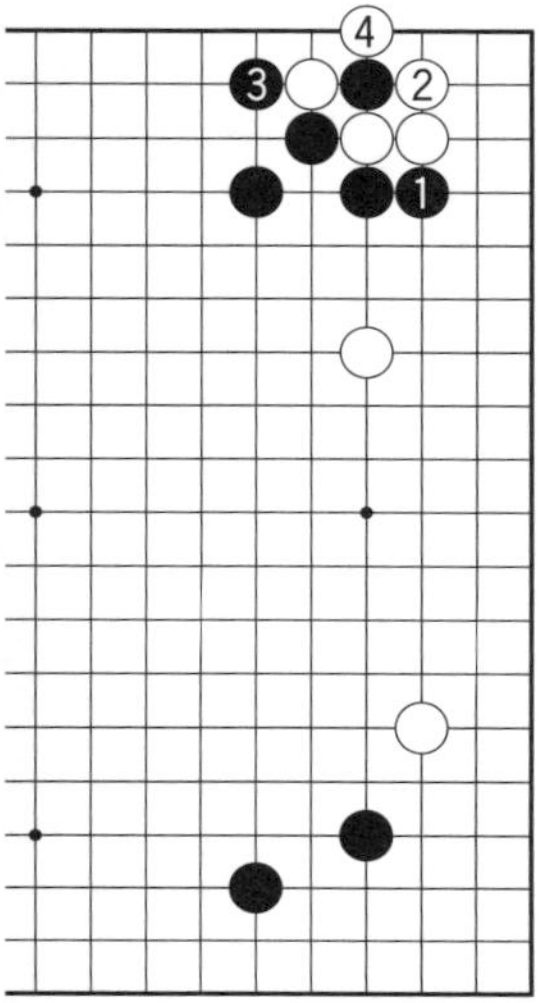

8図

９図、黒２のコスミなら白３、５で余裕を持って生きることが出来ます。

10図、通常の黒６、８のハネツギにも、白９から先手で生きてしまいます。

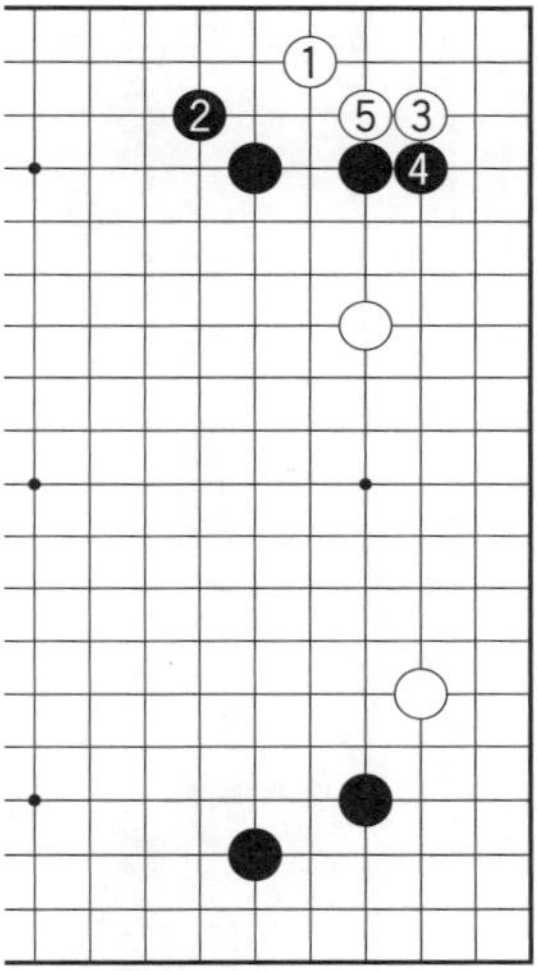

９図（黒の応手３）

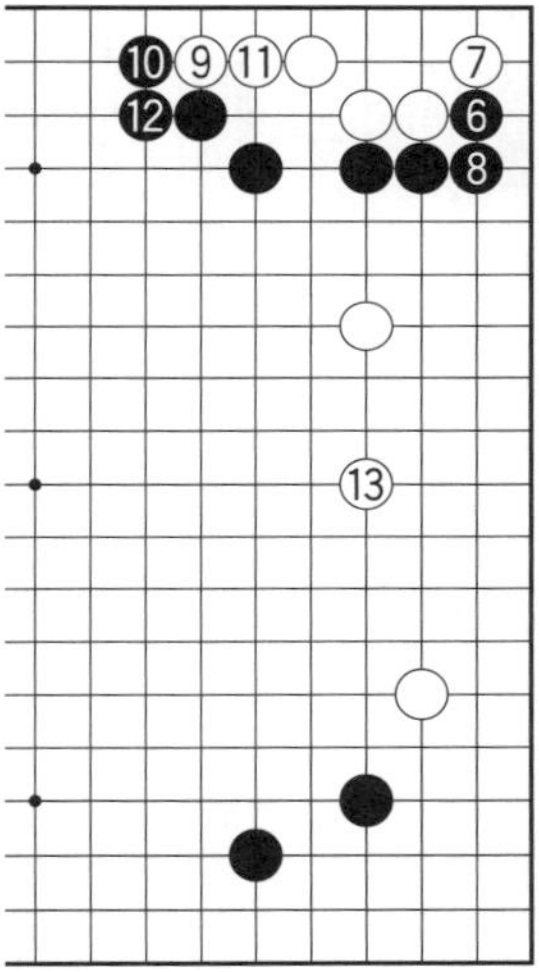

10図

11図、黒の外ツケなら白７と節を付けてから白９と打ってみます。

12図、続いて黒10とツイでくれると、白11から余裕のワタリです。

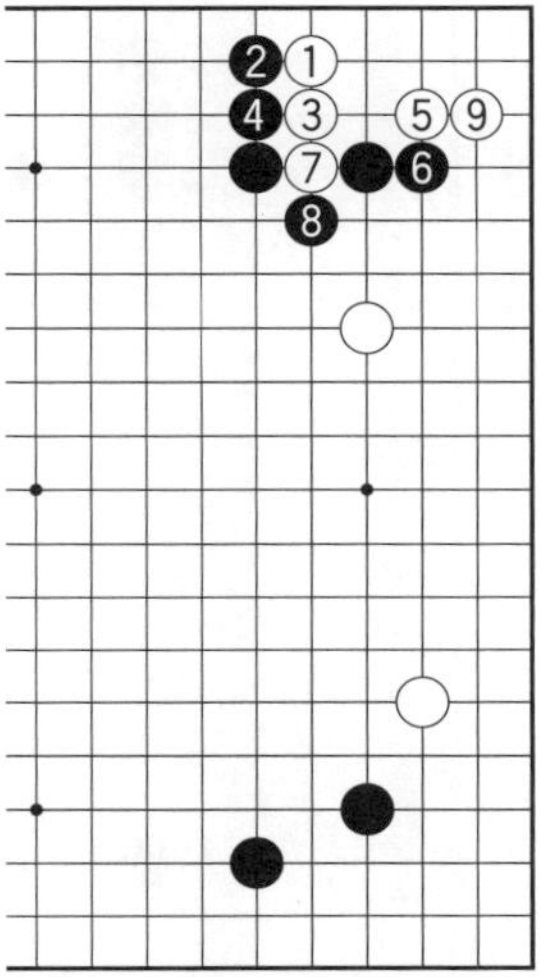

11図（黒の応手４）

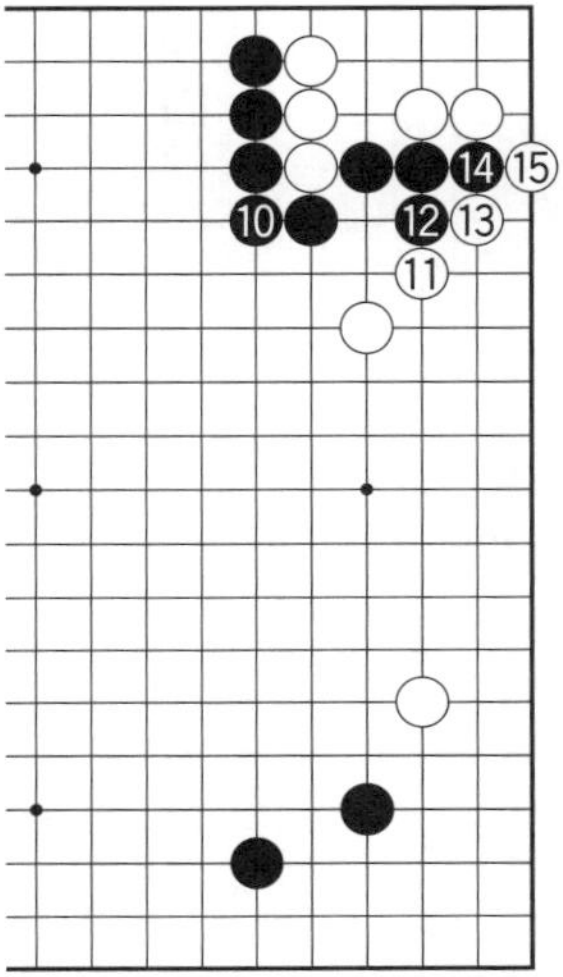

12図

しかし、前図の黒10では**13図**の1が頑張った好手です。白は隅を手にしてから白4やａに回るくらいですが…

14図、この隅には黒1から万年コウにされる手が残るので、実は白失敗です。

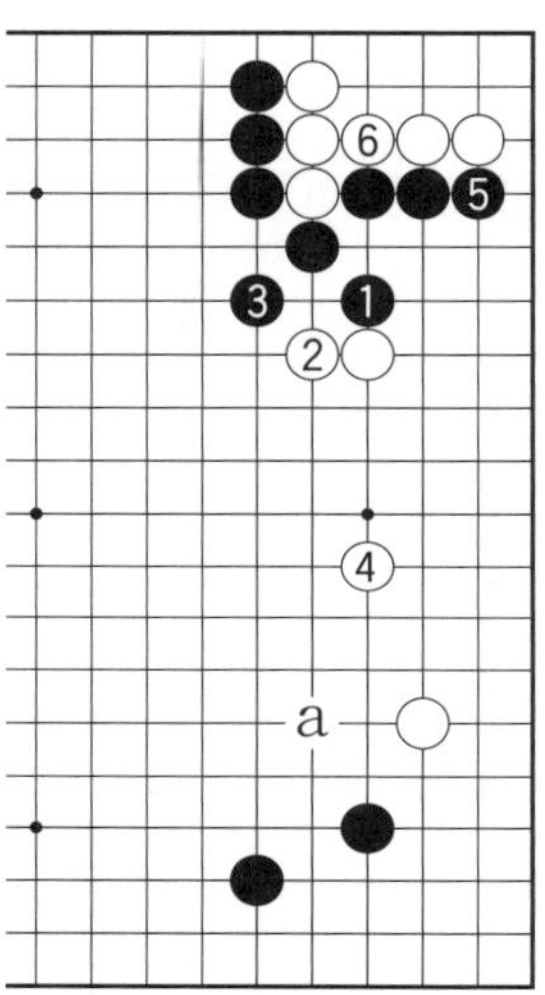

13図

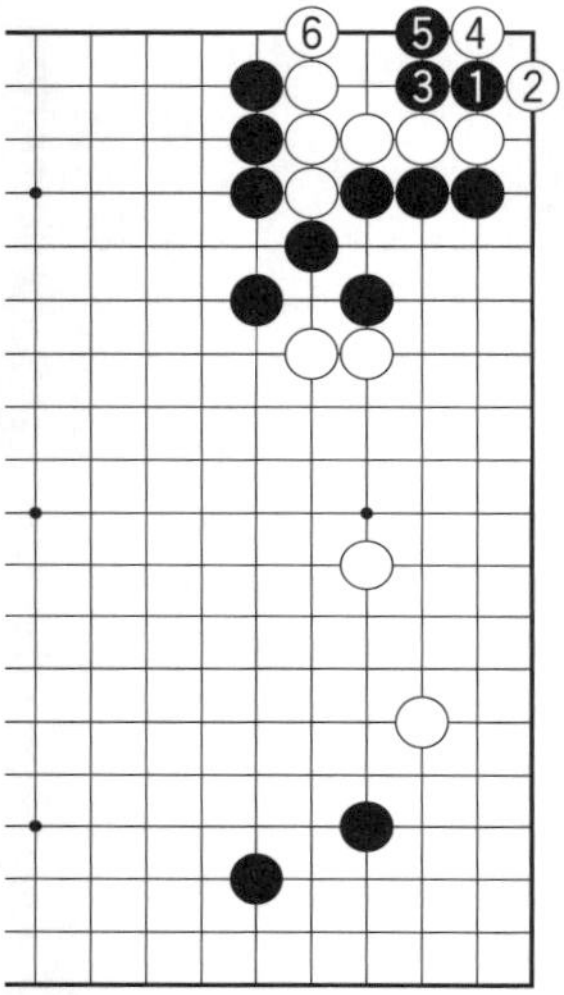

14図

11図の白5では、**15図**の1がより筋が良く適切です。

16図の黒2と固くツグと、白3がピッタリのワタリです。

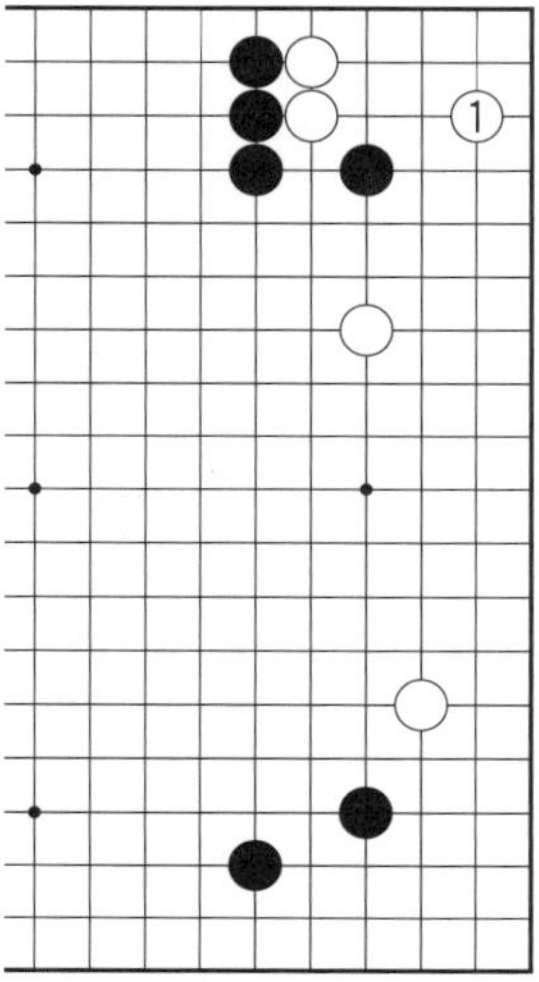

15図（手筋！）

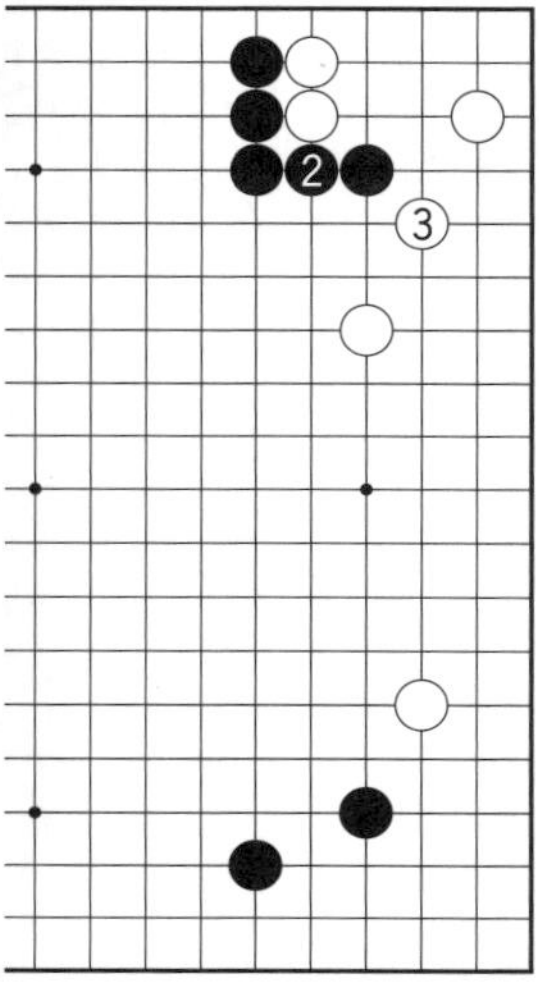

16図

17図、普通なら黒2でしょうが、白5が粘りのある手で…

18図の黒6と断点を守れば、白7、9で洒落た形になります。黒6で…

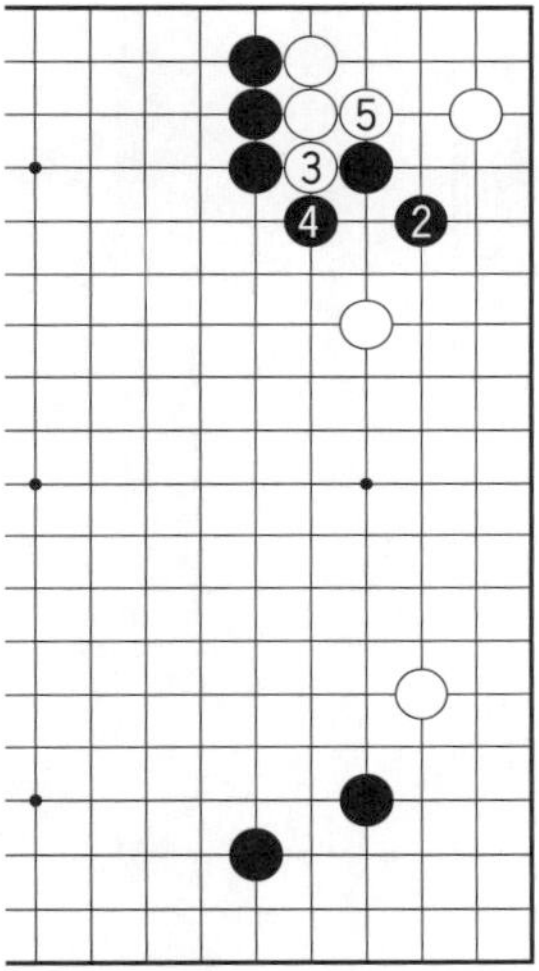

17図

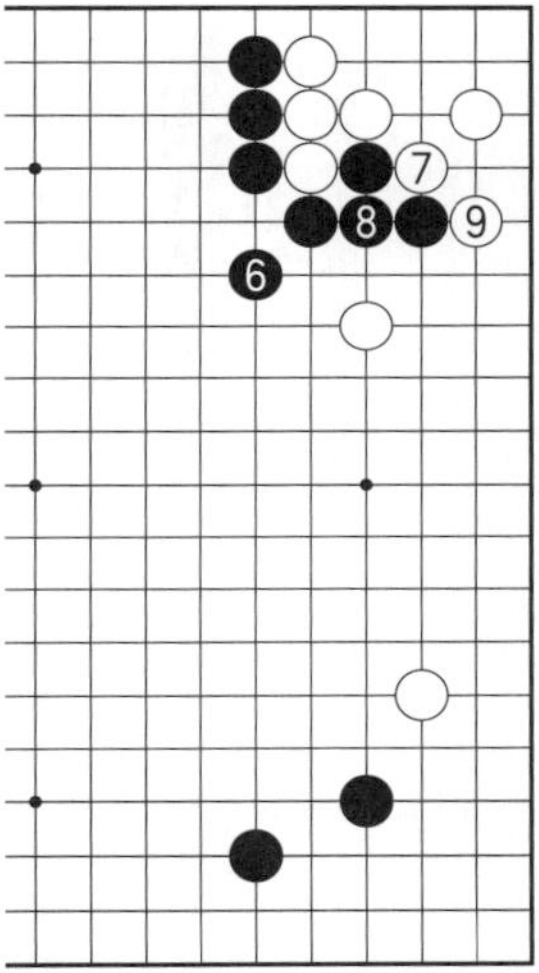

18図

19図の黒1は先手です。白2の受けになります。

20図、隅は黒から1とホウリ込めばコウになりますが、受けて立ちましょう。

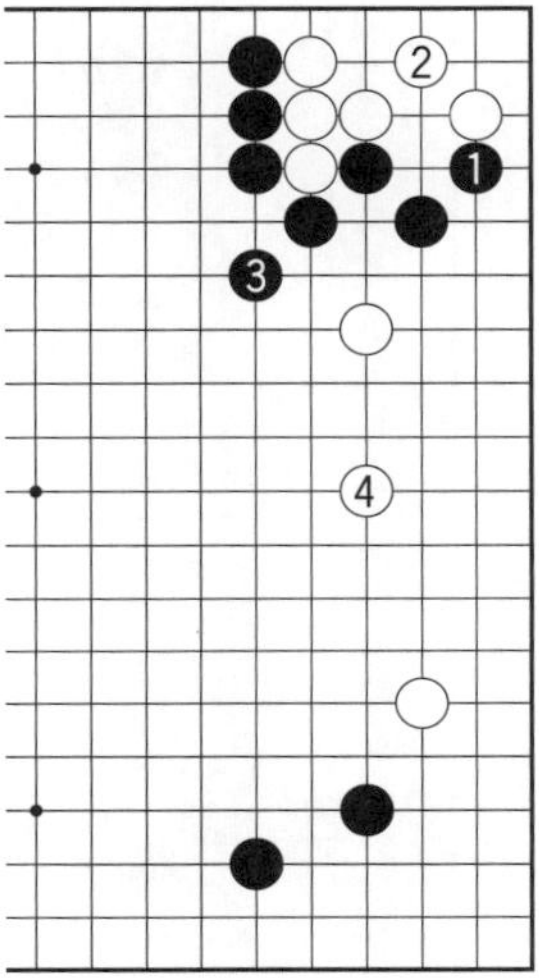

19図

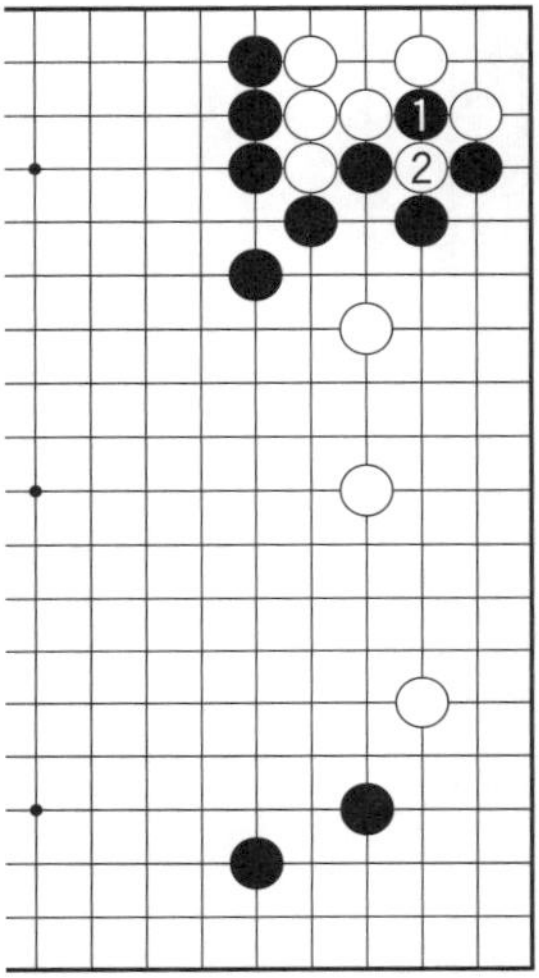

20図

21図、しかし、ここでは、黒1という強手があります。

22図の白2と受ければ、白6までの後手生きに甘んじなければなりません。

23図、白2が軽い手で好手ですが、白1、3の△2子が持ち込みになるのが辛いところです。

24図、以上を踏まえて、白3がより一層の好手です。

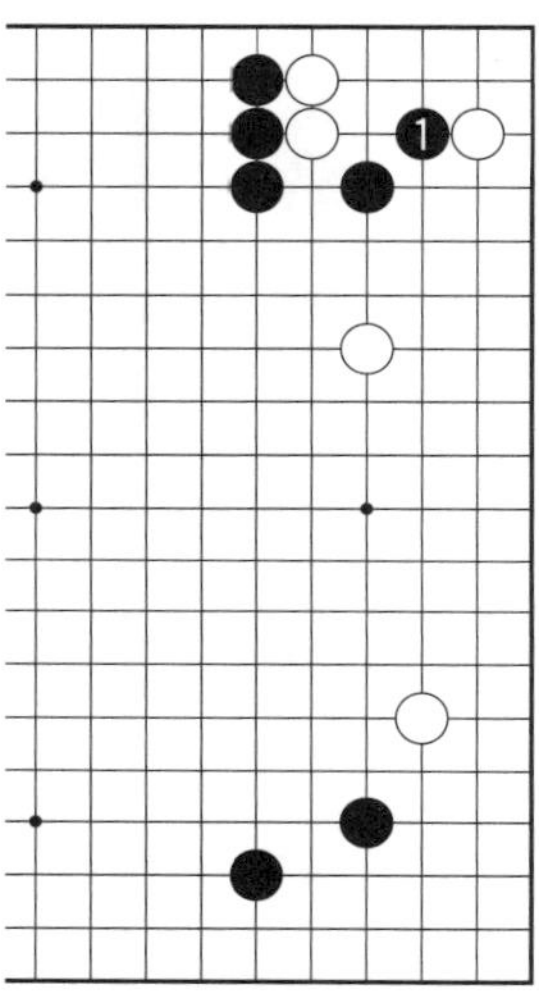

21図（黒の強手）

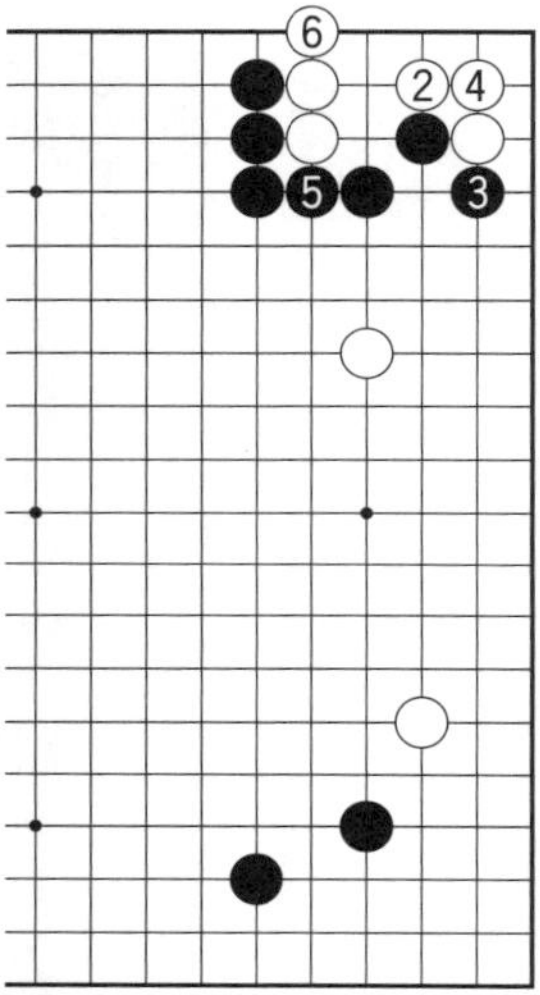

22図

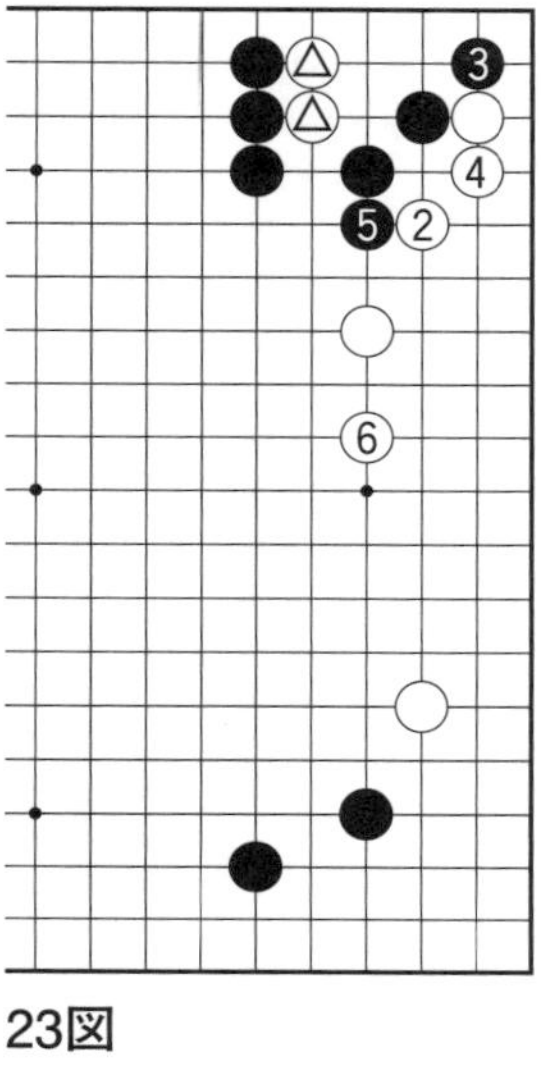

23図

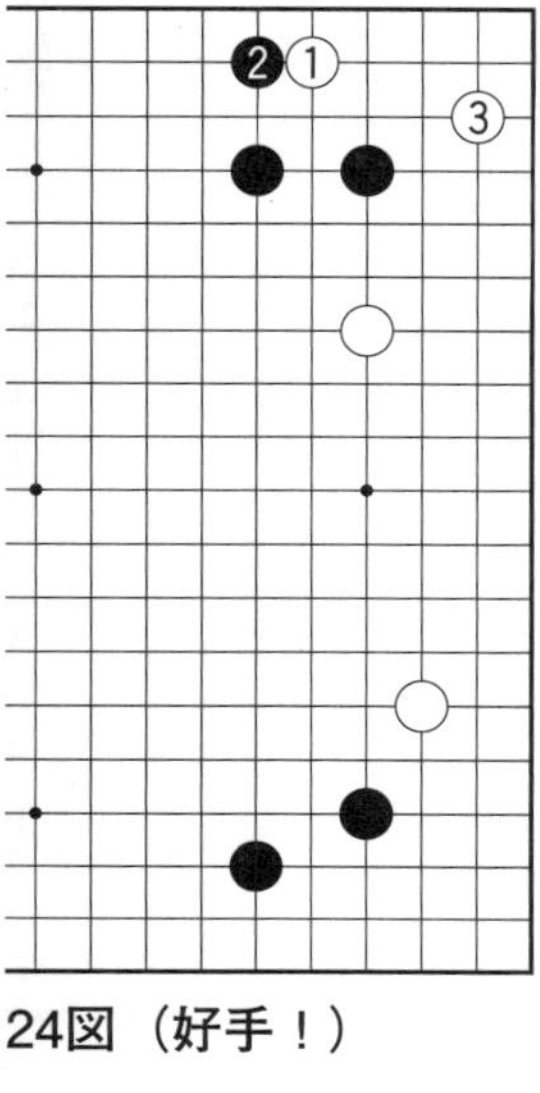

24図（好手！）

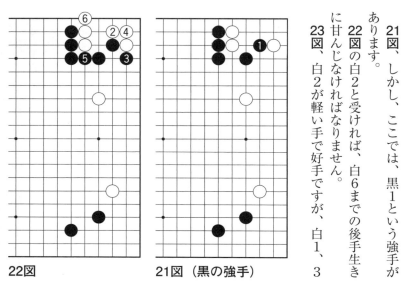

25図、白9まで進行すれば白a、黒bの持ち込みがない点が大きいです。何故なら…

26図、後に白1のハサミツケが楽しみとして残るからです。

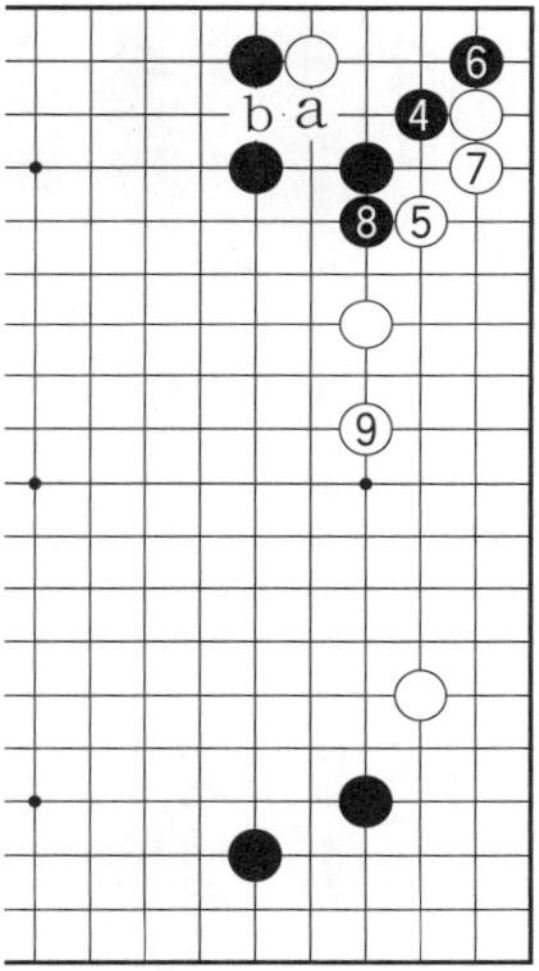
25図

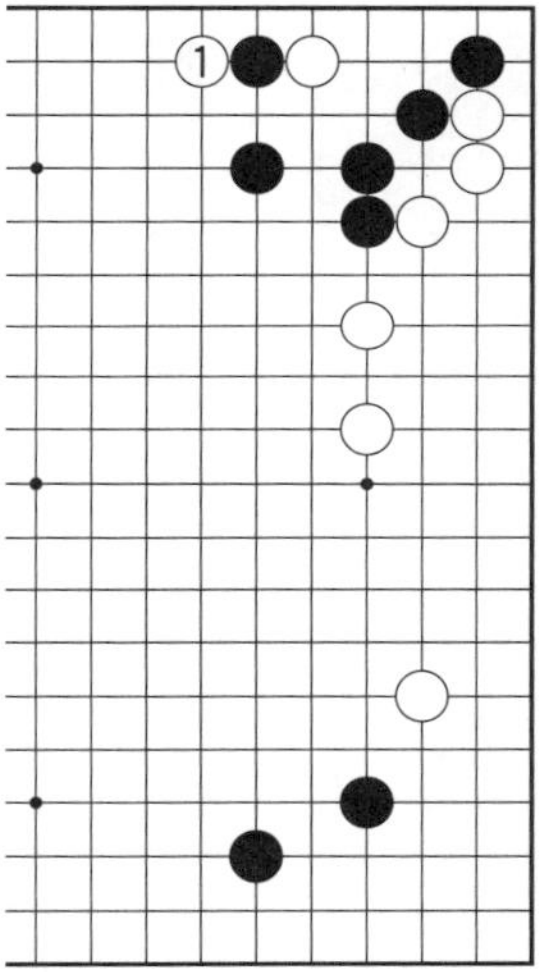
26図

25図の黒6で**27図**1の反発には、待っていましたとばかりに白10まで、流れるように戦いに持ち込みます。

28図、続いて白16まで白に楽しみの多い戦いです。

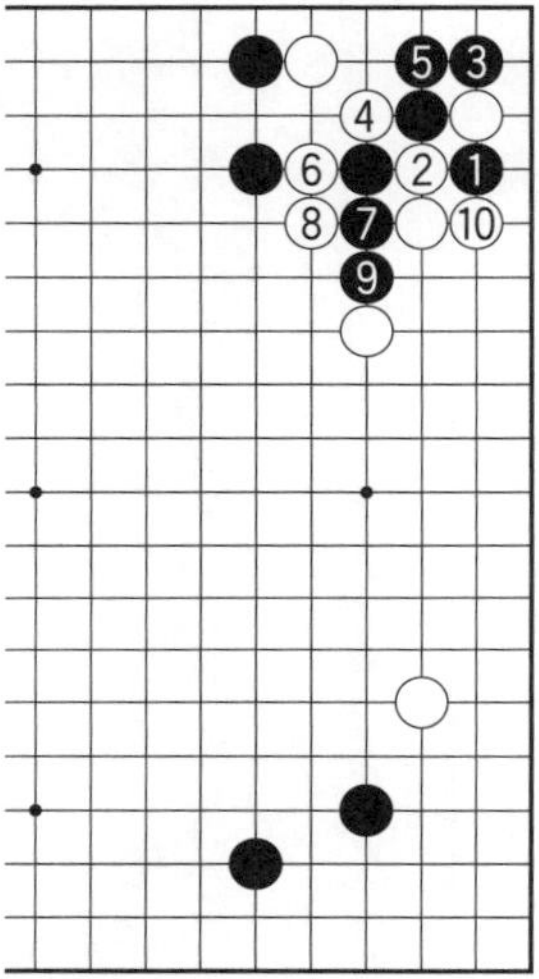
27図

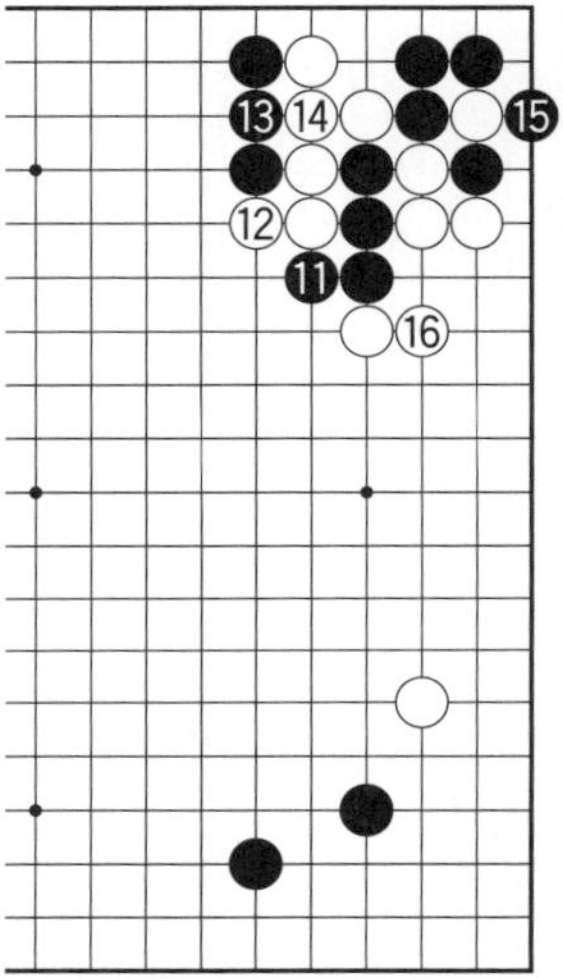
28図

25図の黒4で、**29図**の1には白2から白6までと揺さぶりをかけます。

30図、以下白12まで黒に愚形を強いてから隅を荒らして満足です。

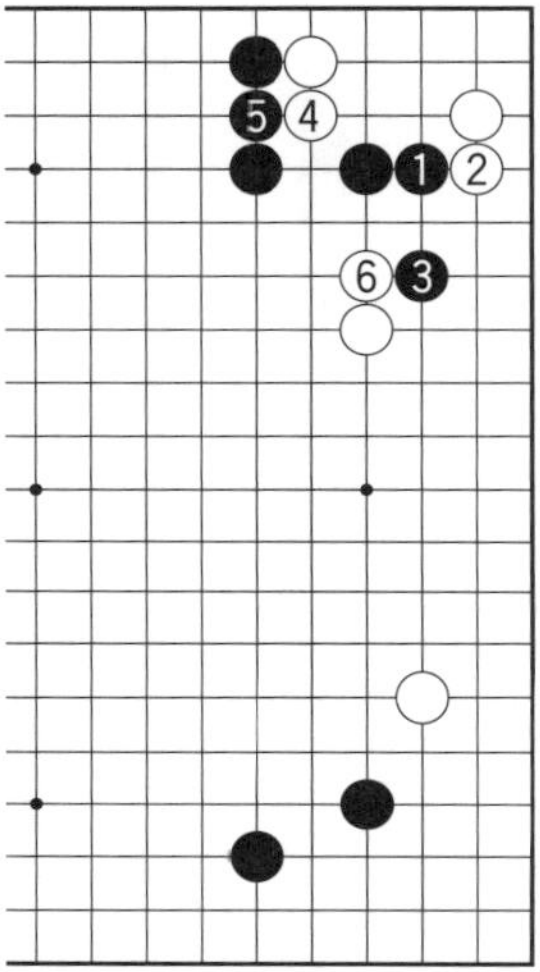

29図

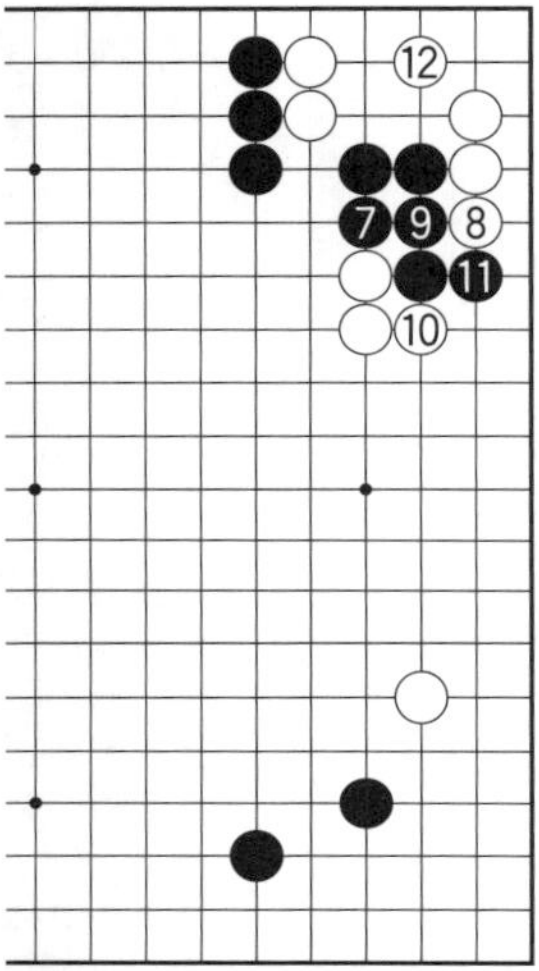

30図

31図、黒1なら白2から6で17図と同じです。

32図黒1のツケは力強く良い抵抗です。しかし白2に黒3と切ると図に戻ってしまいます。

黒3は…

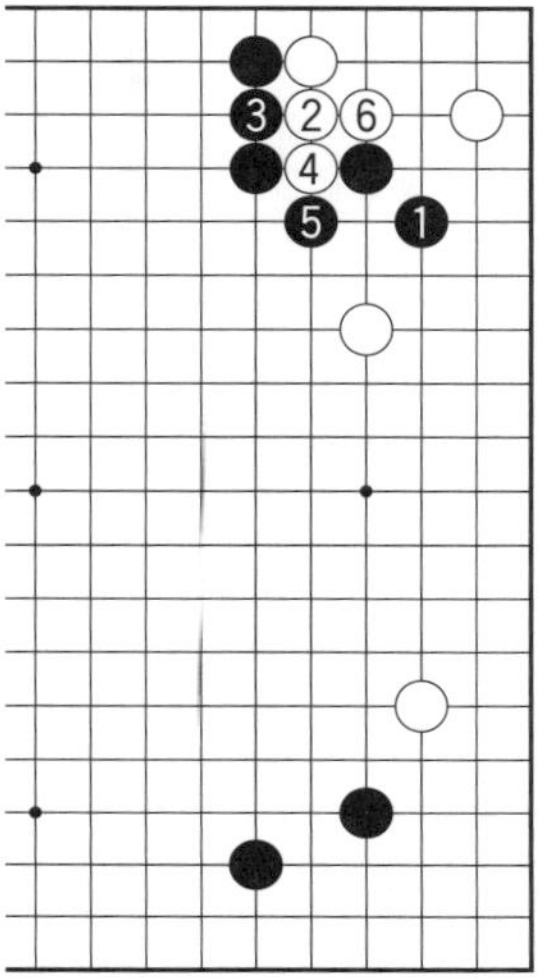

31図

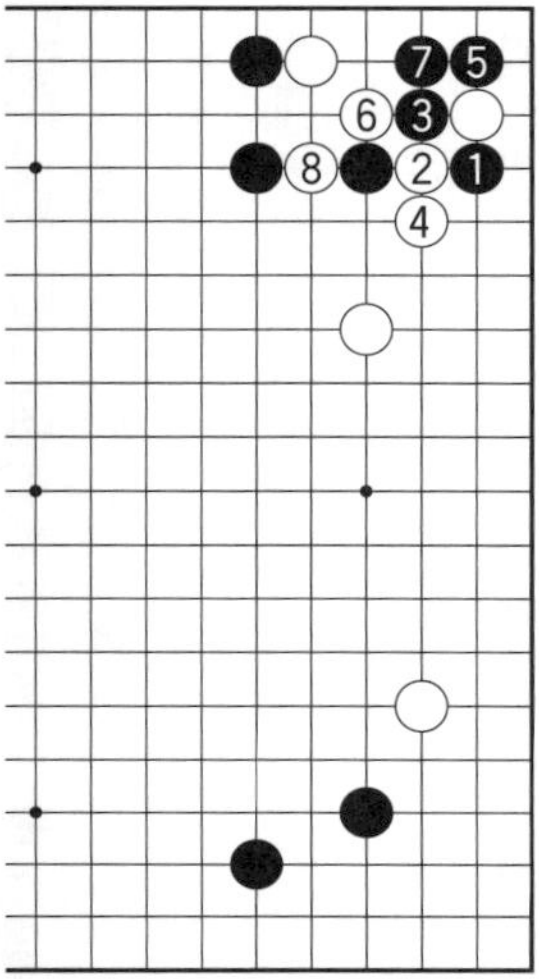

32図

33図、黒１と外からオサえるべきで、黒３とツゲば白10まで良い分かれです。
なお、黒３は**34図**の１とカケツぐほうが少し勝るかもしれません。

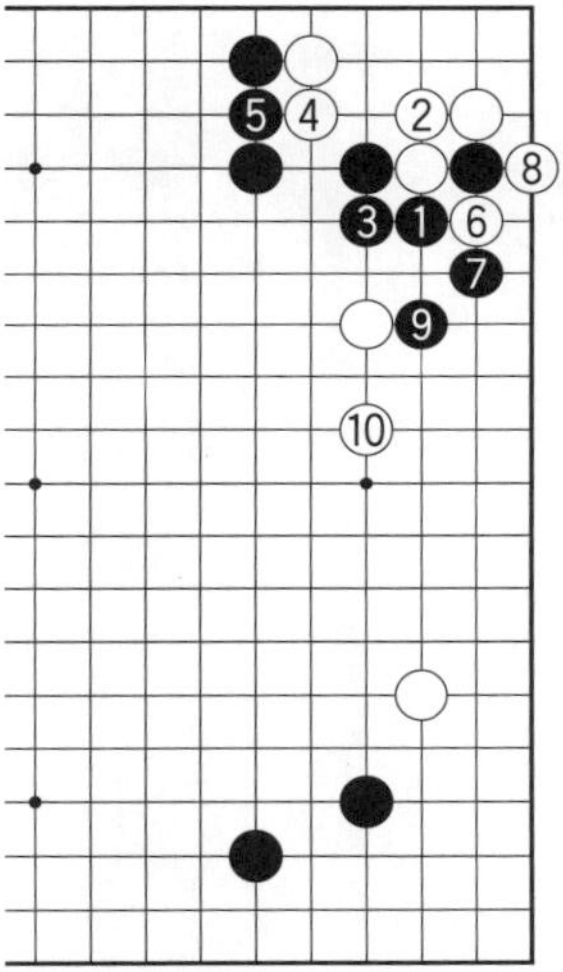

33図

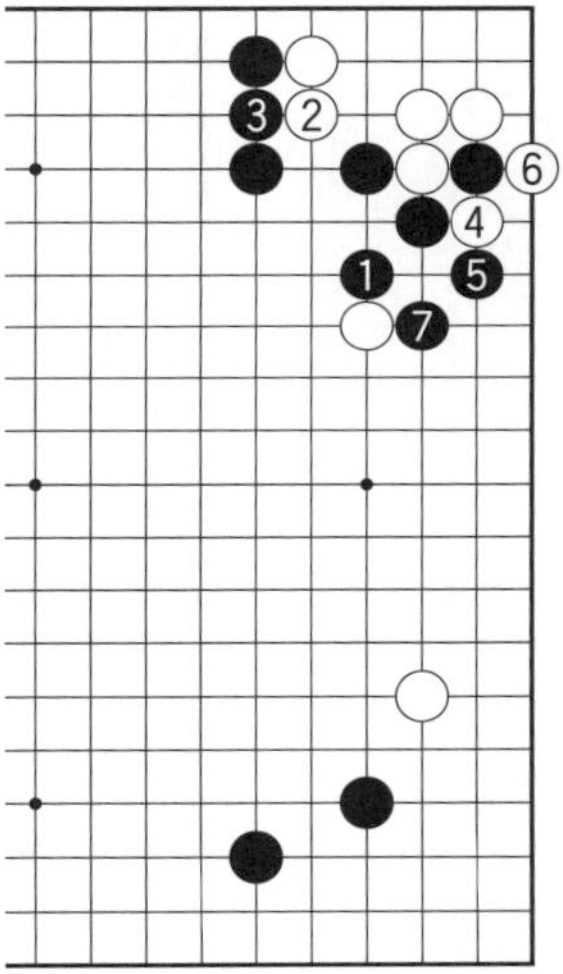

34図

35図、黒２も良い受け方です。白３から白11まで図に戻ります。
黒６は**36図**の１とオサえる手もあります。白２、４とすぐにワタると黒５から低位にされて失敗です。

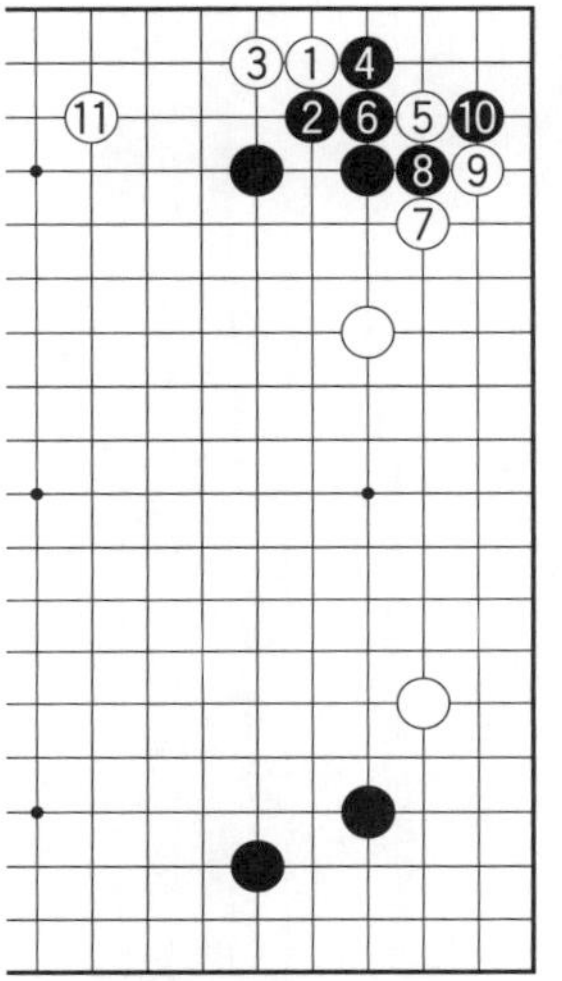

35図（黒の応手５）

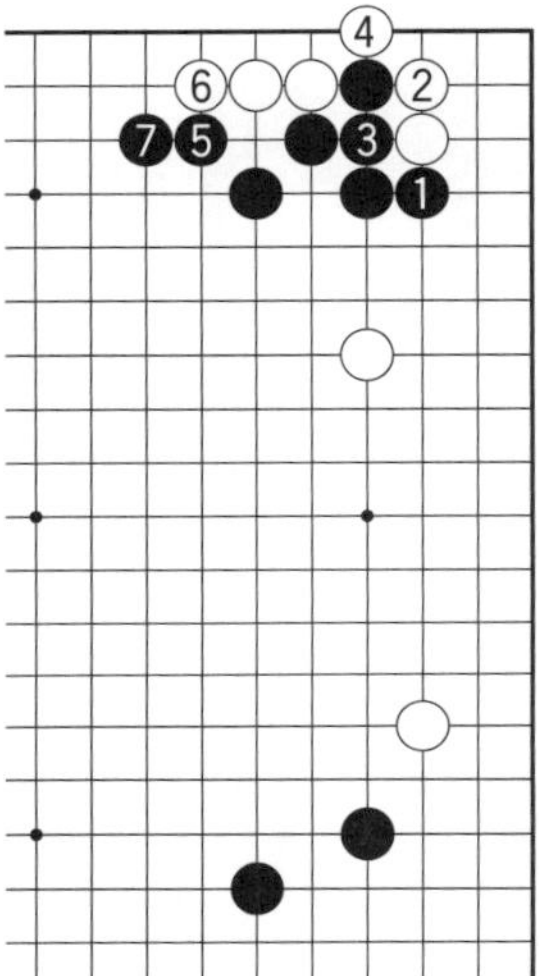

36図

37図、前図の白2では、一旦1とヒラいておいて、次にaを狙うのが正しい打ち方です。

38図、白3から5の手順もあります。同形になりますね。

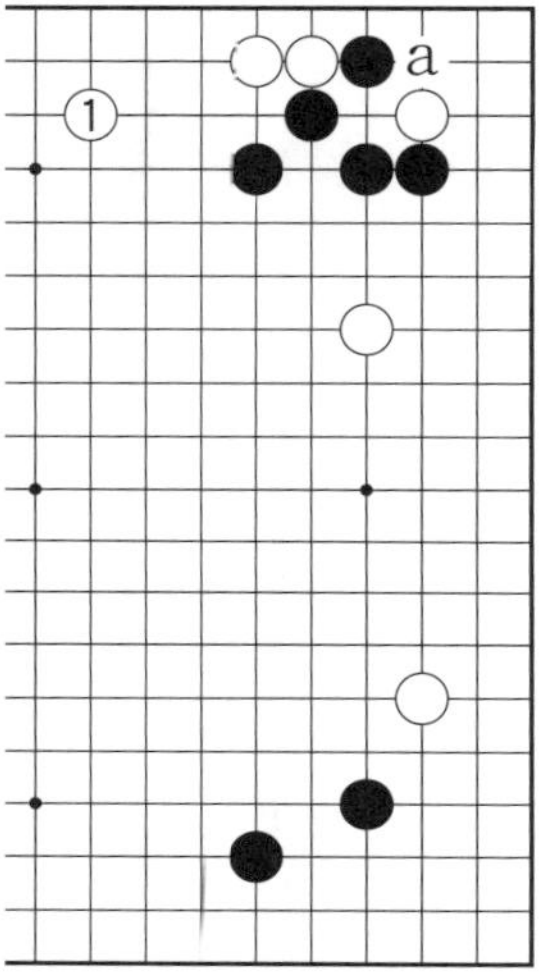

37図

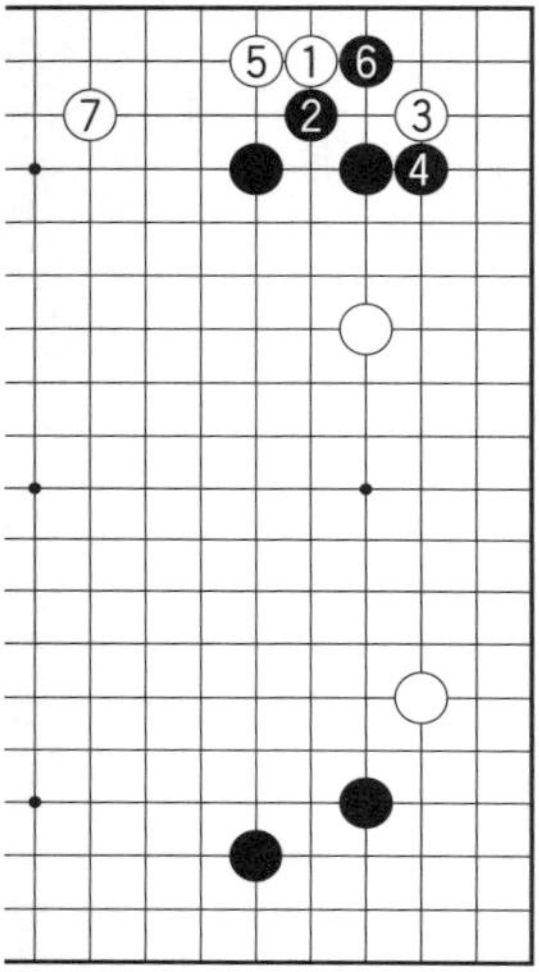

38図

最後は白1です。

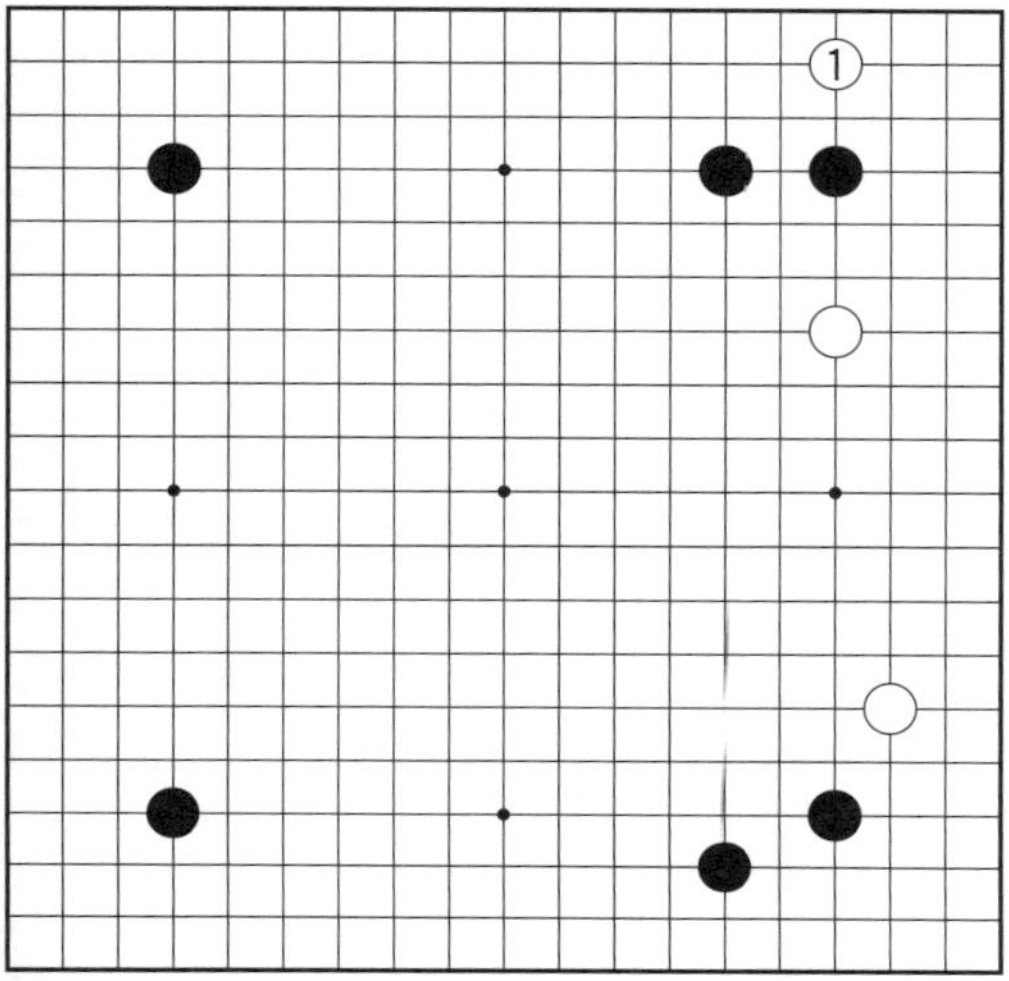

白の候補c

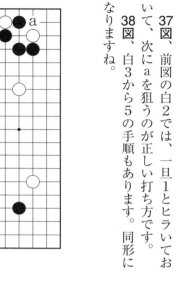

１図、反射的に黒２と受けてしまいそうになりませんか？　これは、白３から７で白が理想形です。

２図、一間トビに悪手なしと言われる黒２ですが、この場合は白３で前図とあまり変わりません。

３図、黒２は正しい受け方です。

４図、白３と動くのは自然ですが、黒４以下12まで黒不満なしです。白５では…

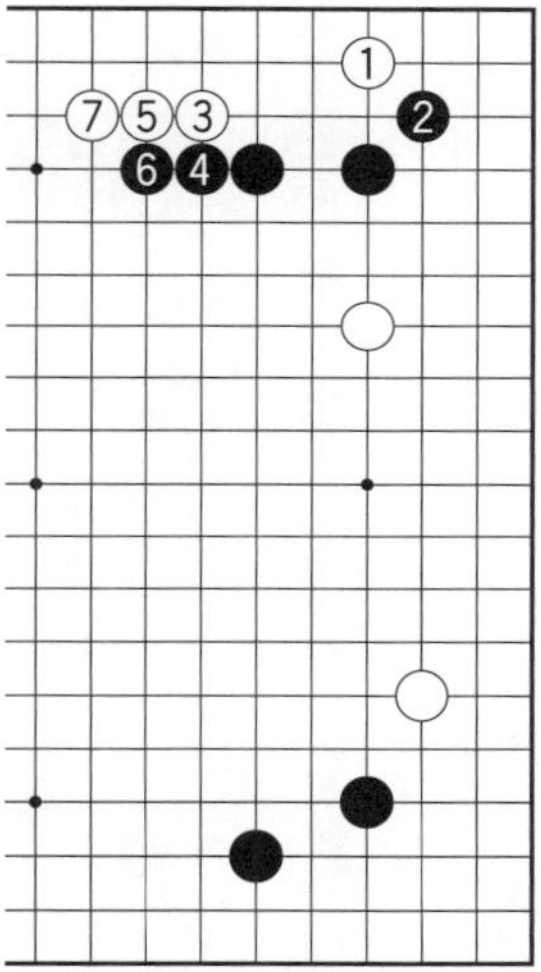

１図（黒の応手１）

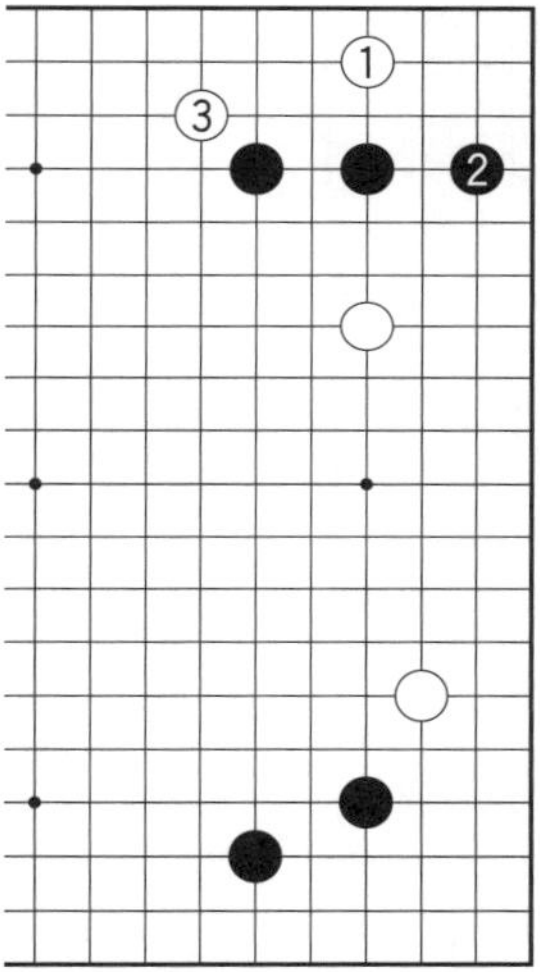

２図（黒の応手２）

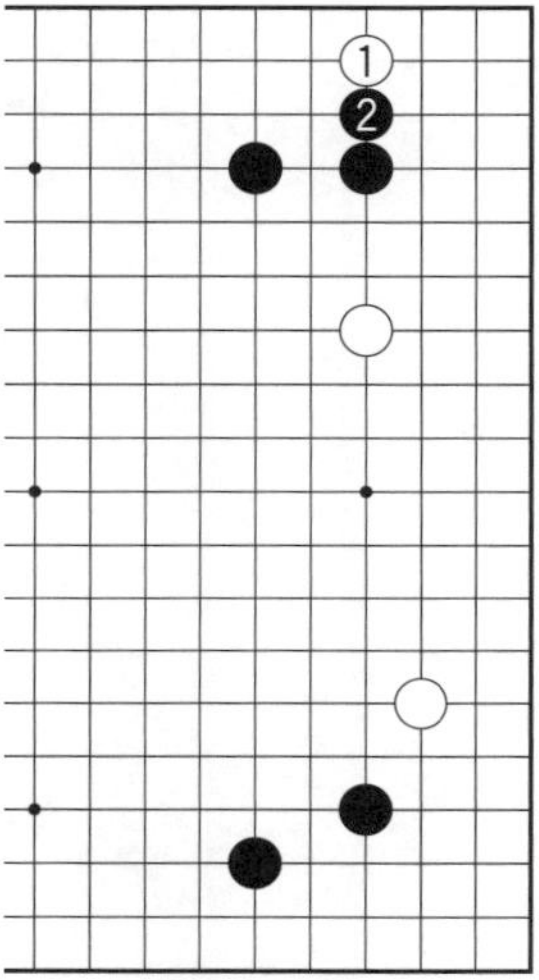

３図（黒の応手３）

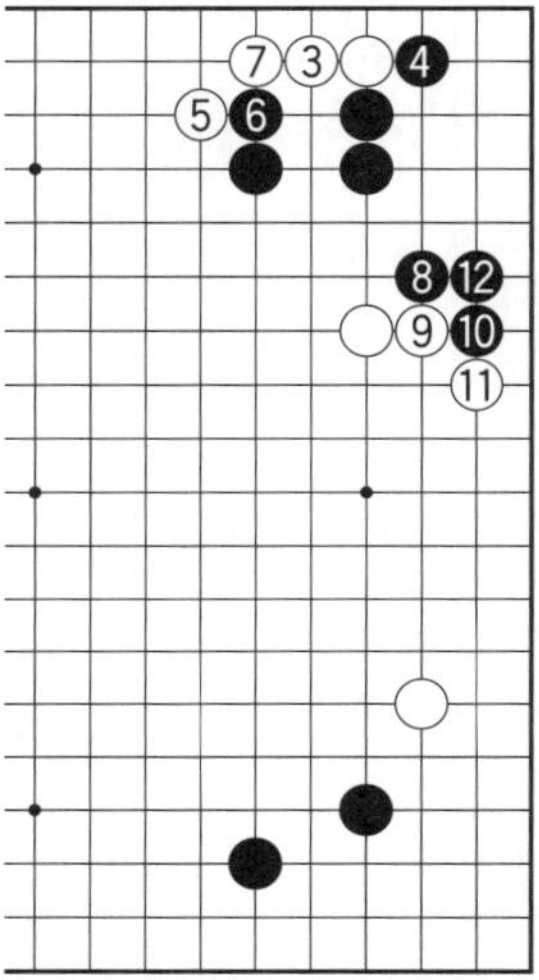

４図

6図、ａの断点を狙って白1と揺さぶりをかけたい所です。

7図の黒2と受けさせれば利かしです。しかし、ここで白3は正直すぎます。黒4、6とハサまれて少し重い形です。

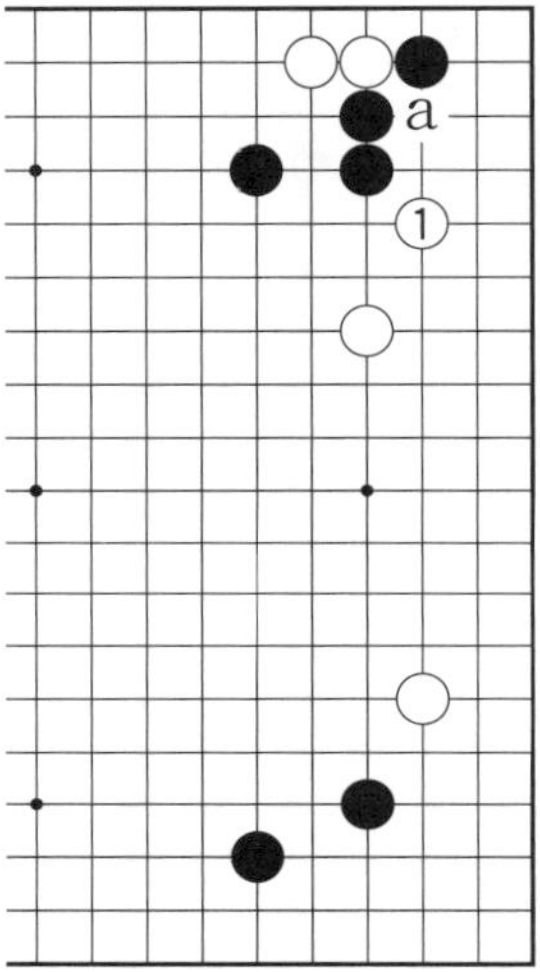

5図

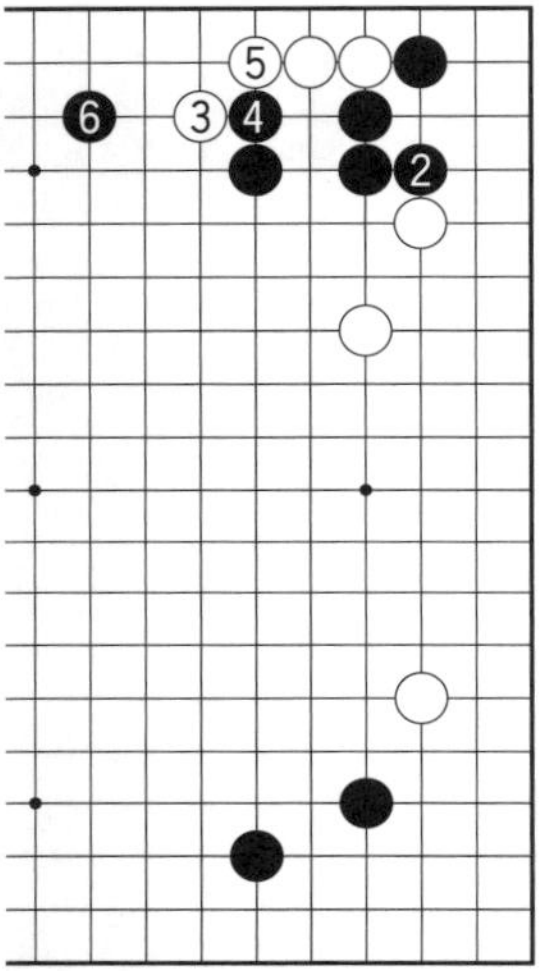

6図

前図白3は、**7図**の1が柔軟な好手です。

8図の黒2から2子は取られますが、喜んで捨石にしてシメツケます。

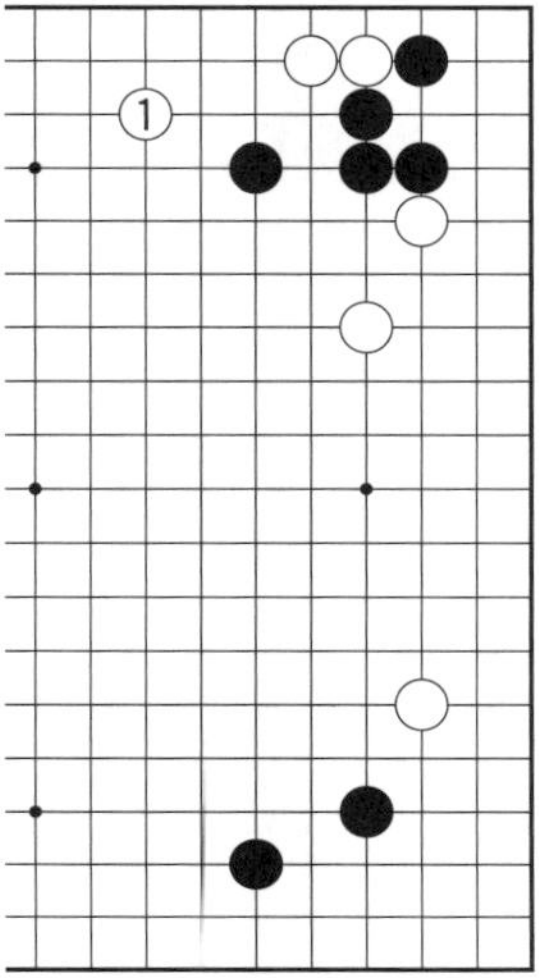

7図

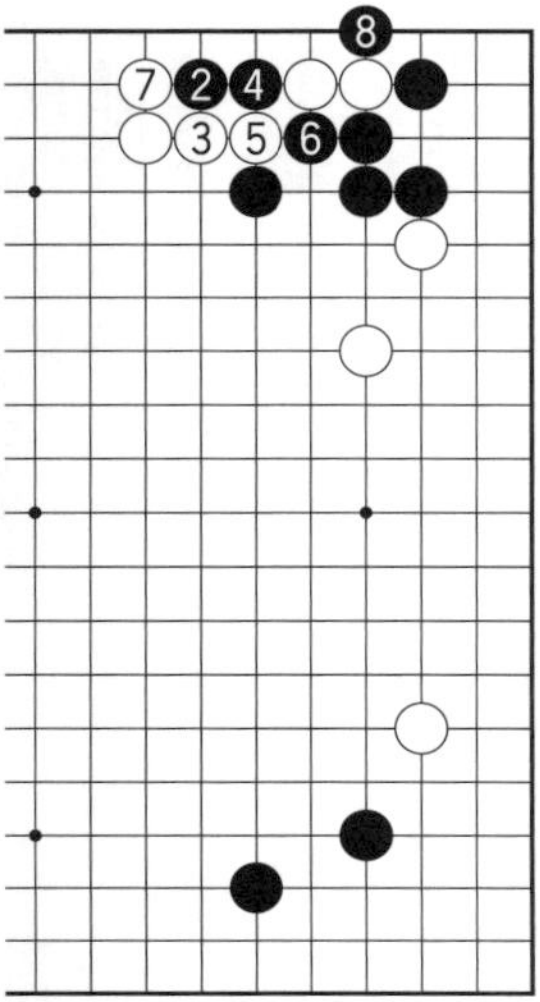

8図

6図の黒2で、**9図**の1なら遠慮なく白2と切ります。

10図、黒3以下なら白6まで成功です。

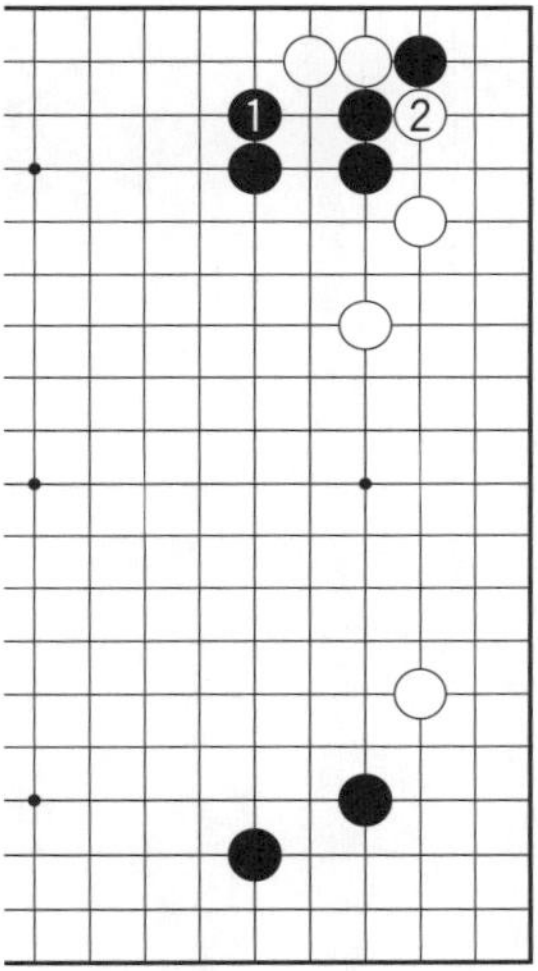

9図

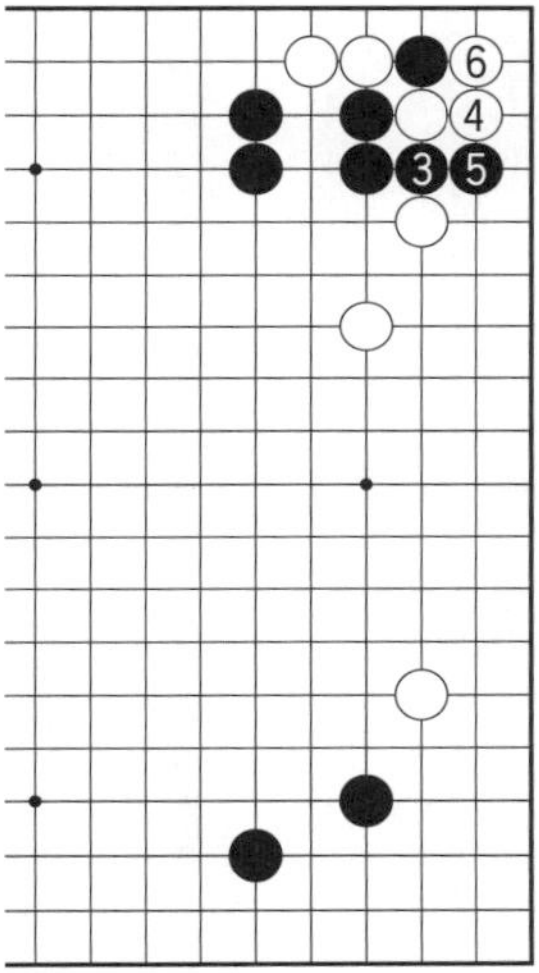

10図

11図の黒3、5と頑張ると、白6、8の狙いがうるさいでしょう。

12図、手順を遡り、ここでは意外に黒4が好手です。黒8まで白イマイチな分かれです。

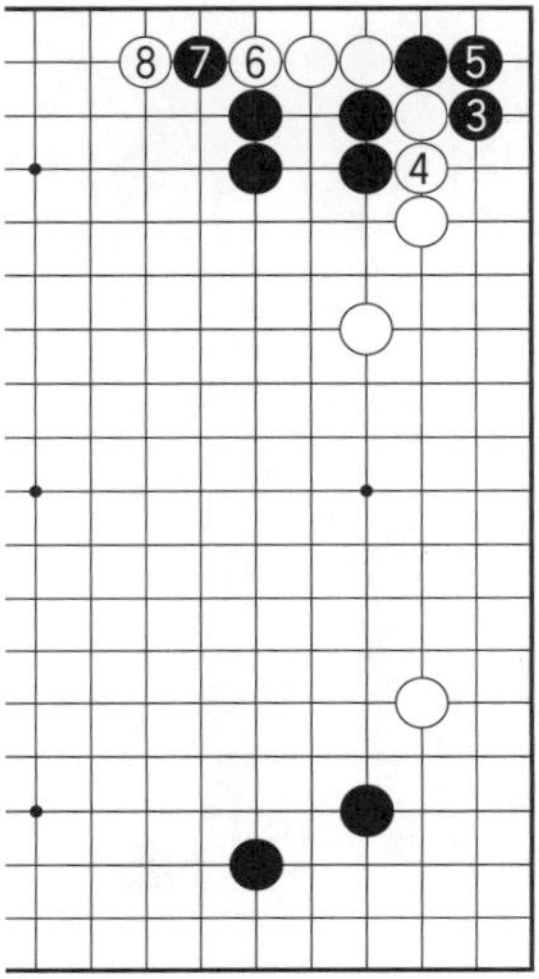

11図

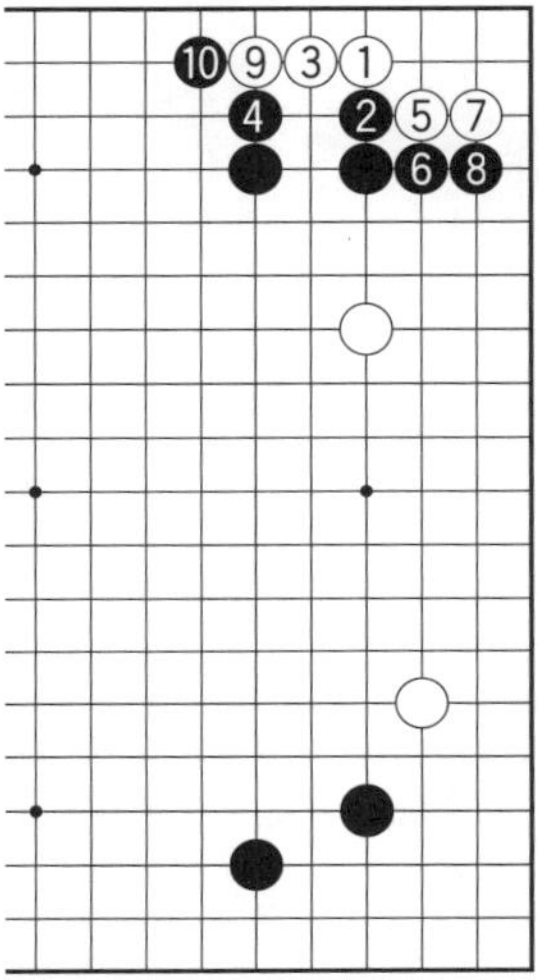

12図

13図、というわけで、ここで白3と揺さぶりをかけましょう。

14図の黒4と愚形を強いてから、白5と軽く利かします。

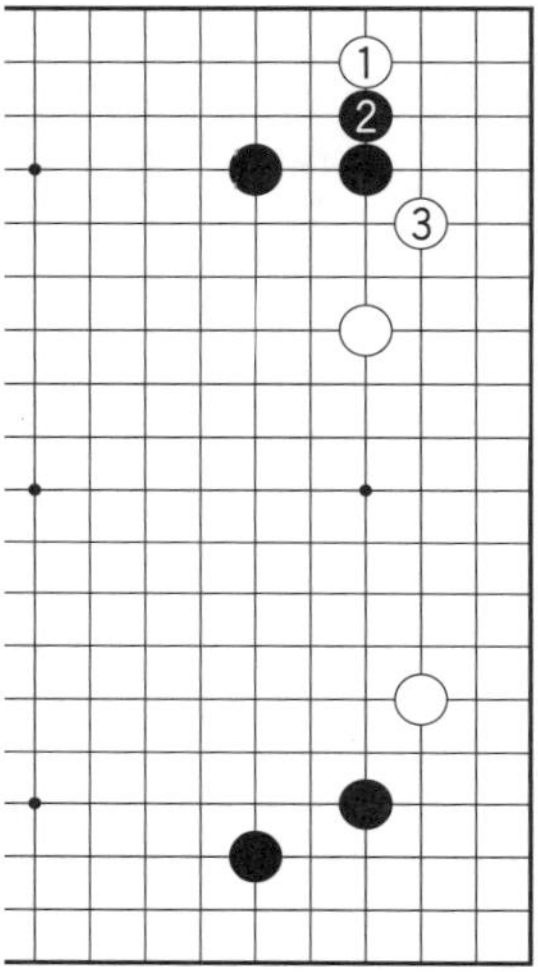

13図（白の狙い）

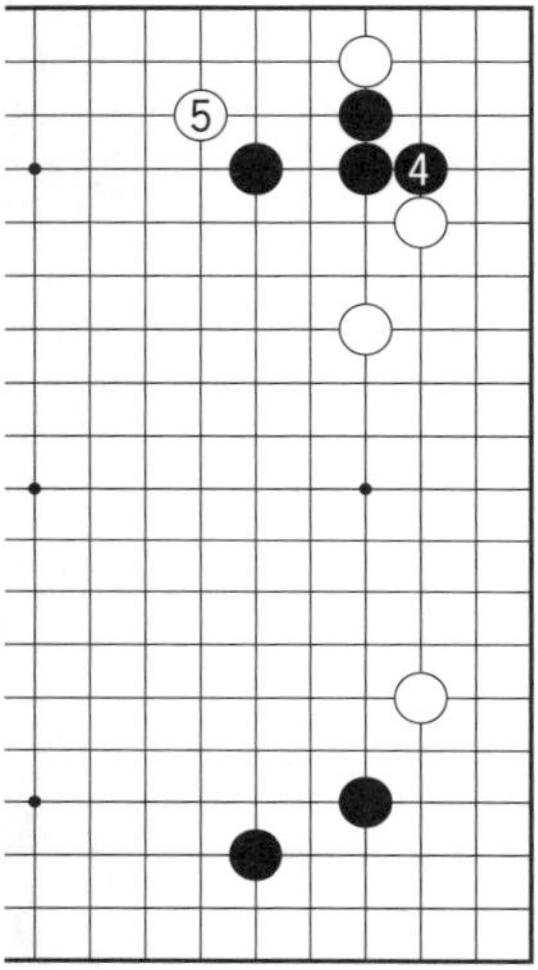

14図

15図、手順を変えて調べてみましょう。白1に黒2、そこで白3の無理な深入りに対して黒4と受けさせた理屈で、一本取っています。

14図の黒4で**16図**の1なら、白5が根拠も地も非常に大きい。

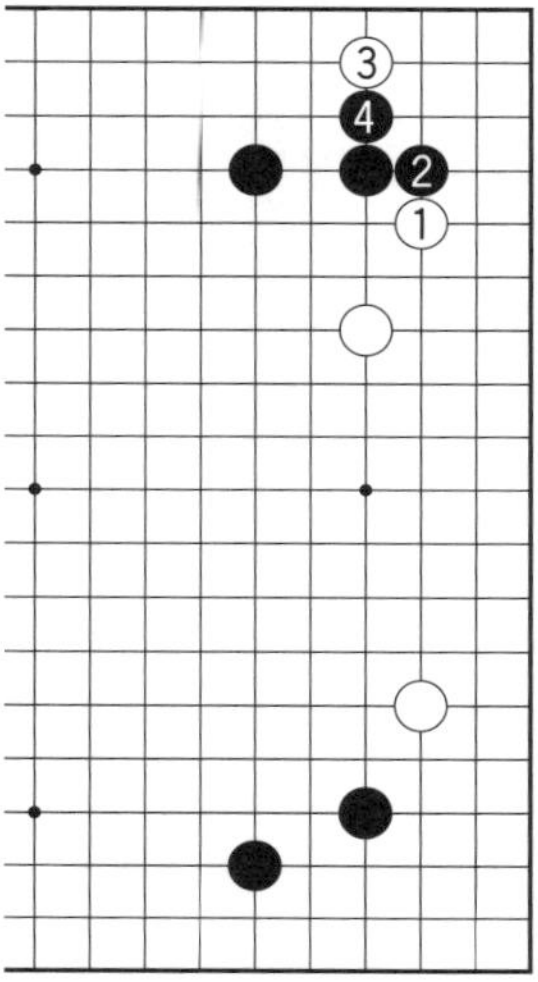

15図

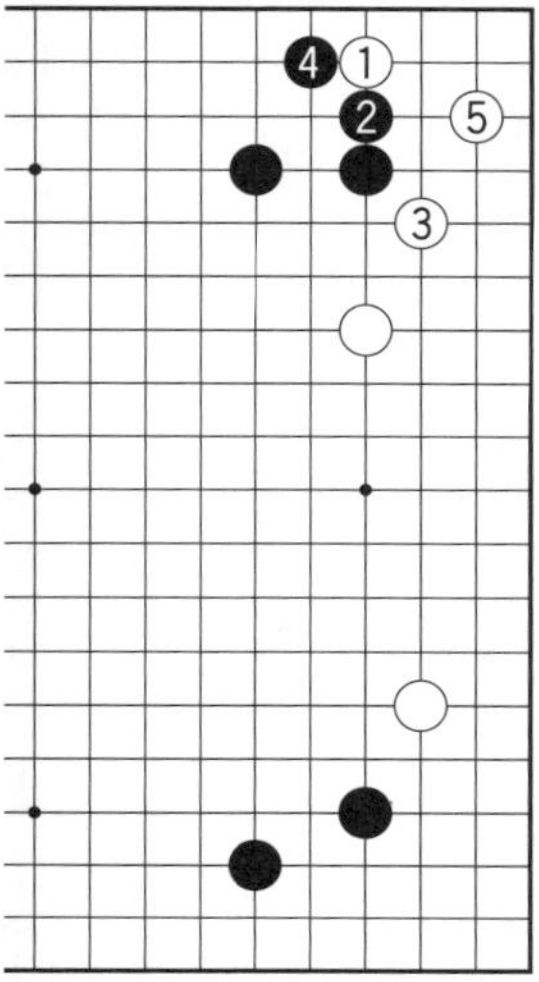

16図

17図、次は黒2の受けです。
18図、続いて白3から素直に生きについても満足です。

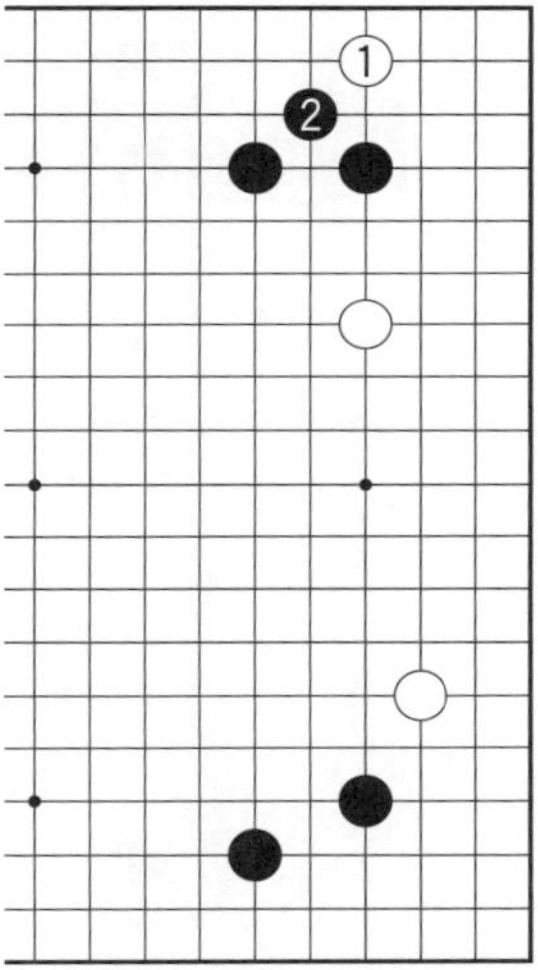

17図（黒の応手4）

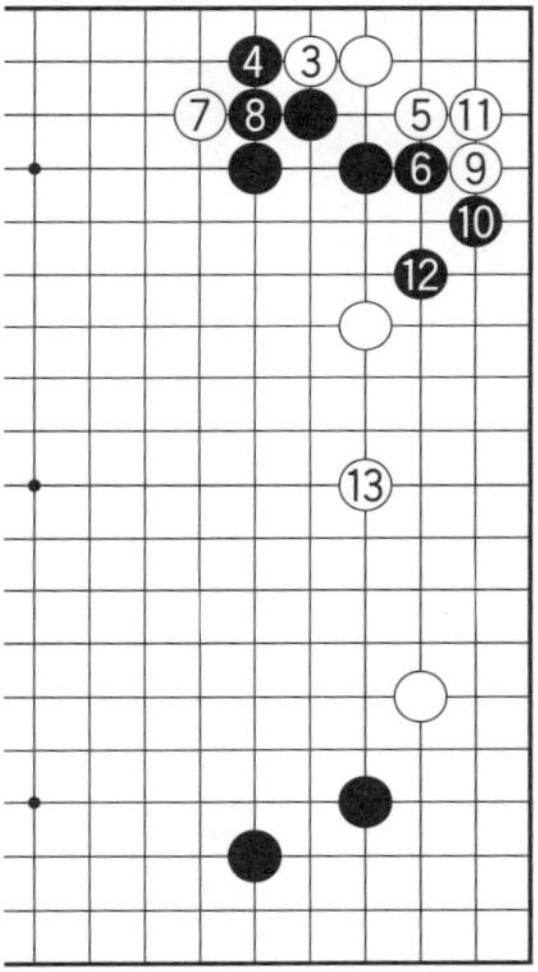

18図

19図、白3、5と両方から利かして、aのハサミツケを狙う打ち方も有力です。
20図、黒10と受ければ、白11くらいでも十分です。見るからに白の陣形が広々としていますね。

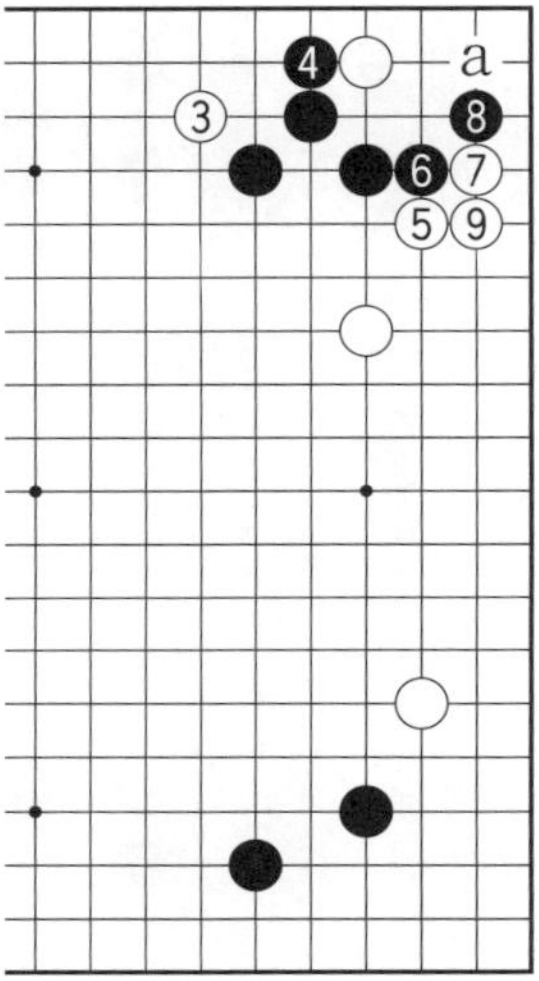

19図

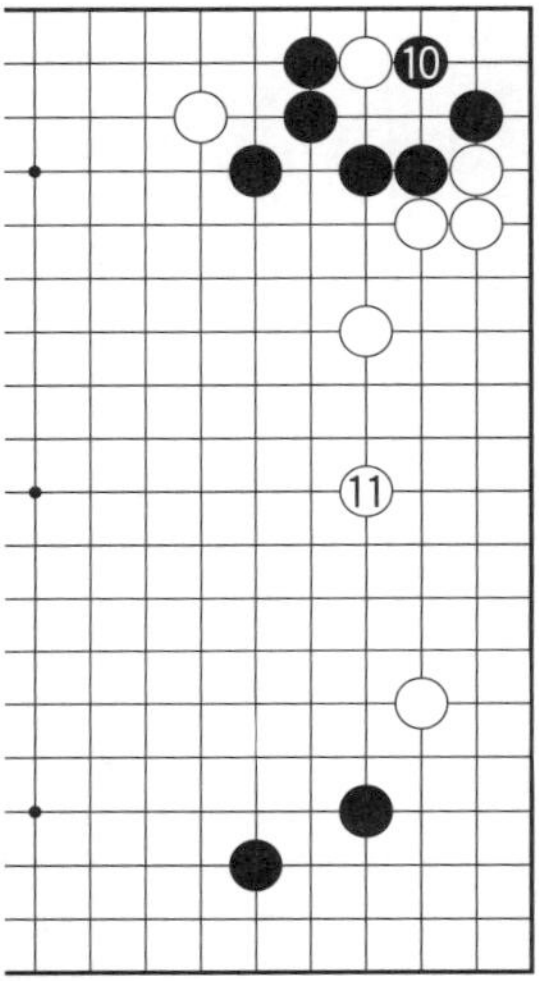

20図

21図、黒2の一間受けも考えられます。これに対しては…

22図の白3、5が自慢の強手です。

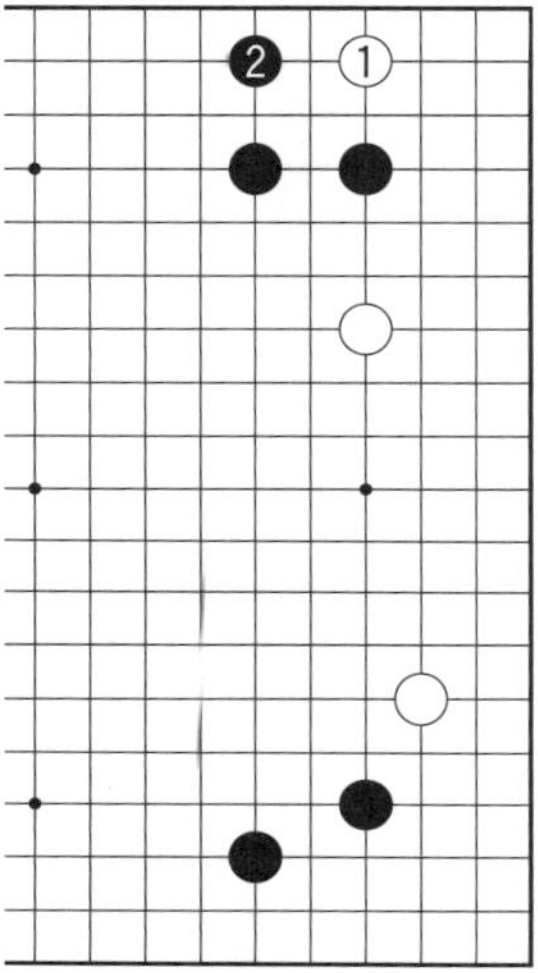

21図（黒の応手５）

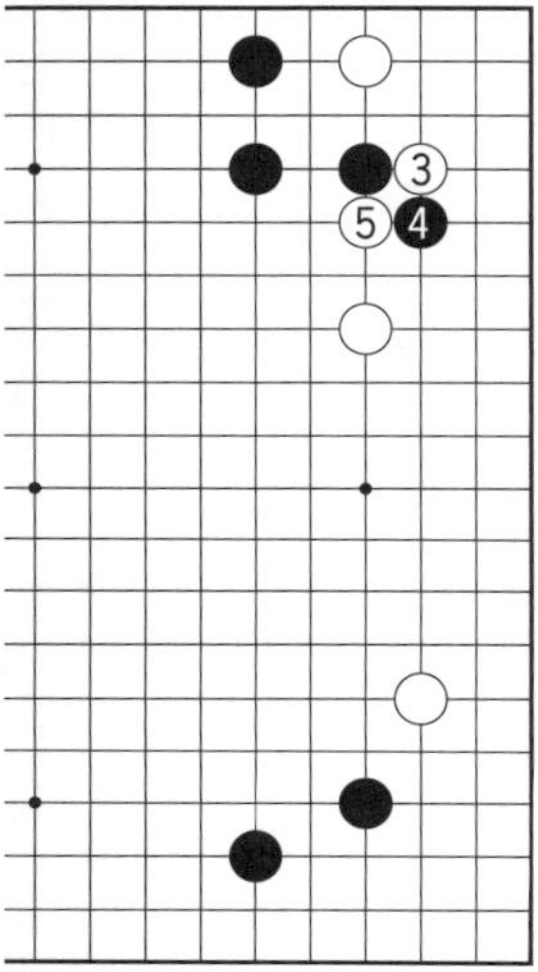

22図

23図、黒6から白9まで一段落です。白は後手でも満足出来る好形になりました。

24図、黒6以下でも大同小異です。

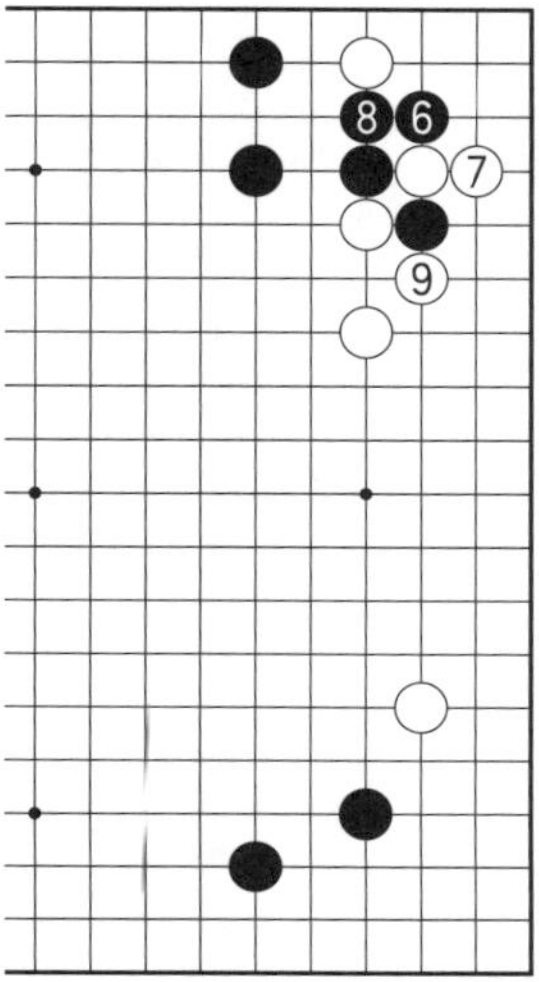

23図

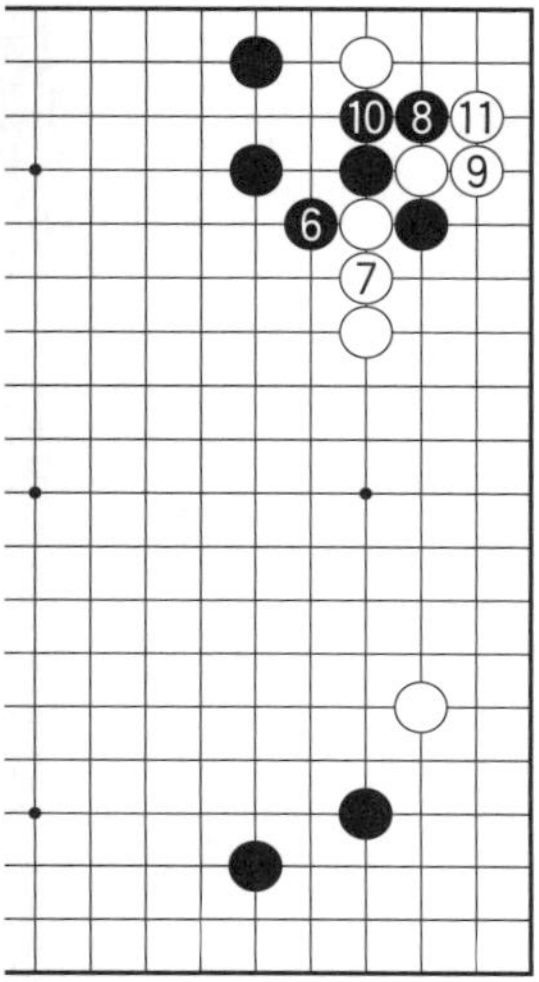

24図

22図の黒４で、**25図**の１には当然白２と切ります。△が離れているので、黒が困難でしょう。

26図、黒３から白２子は取れますが、▲が凄い所にくっついていますね。

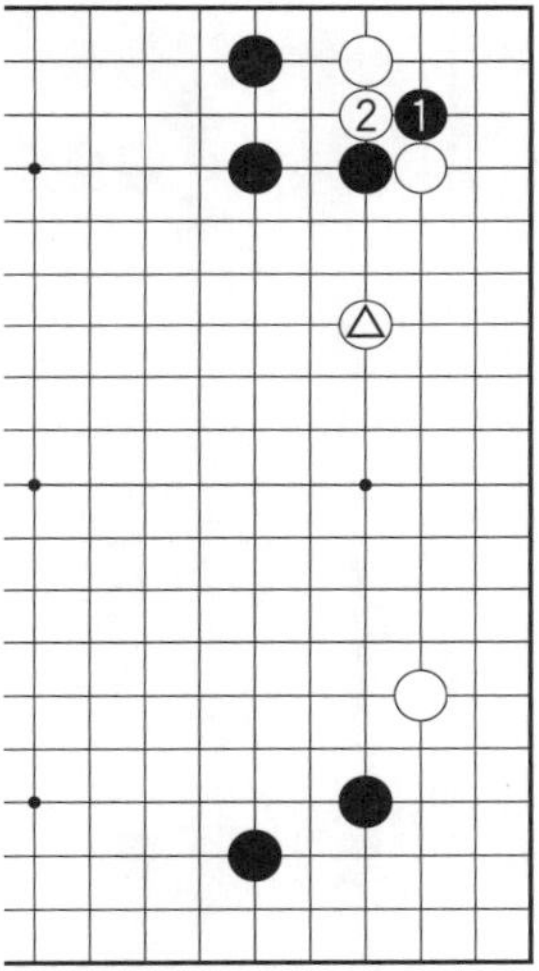

25図

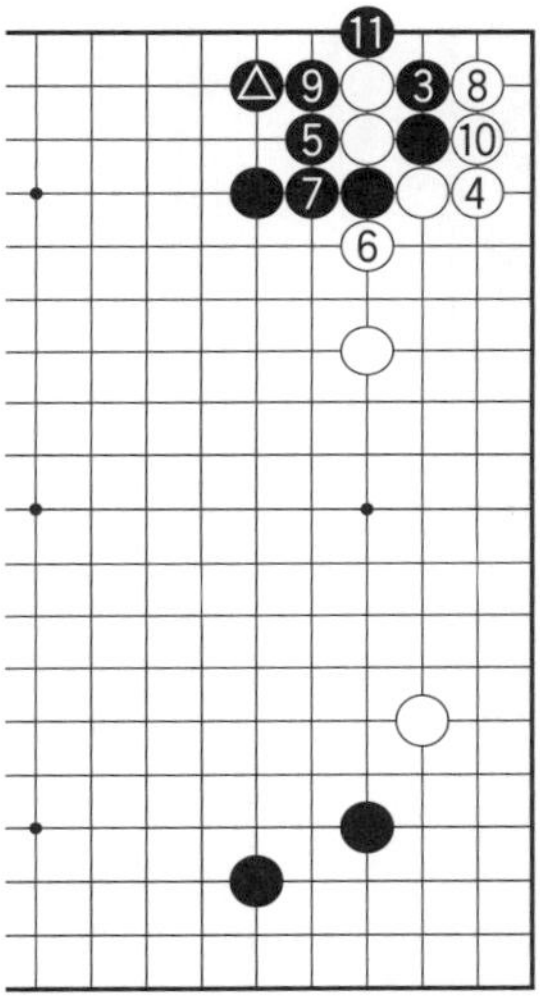

26図

27図の黒２は中々侮れません。

28図、白３からまともに動くのは重たくて失敗です。黒の外勢が勝ります。

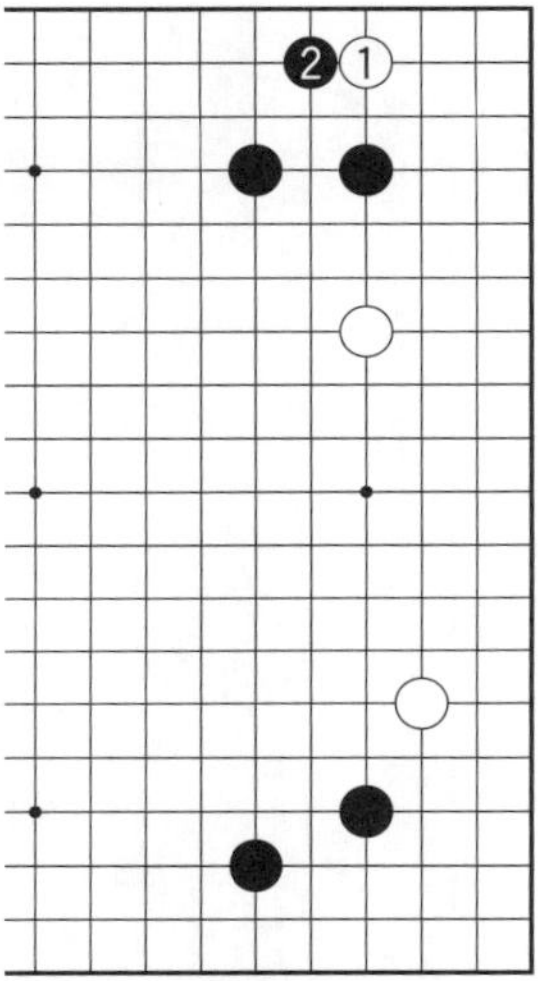

27図（黒の応手６）

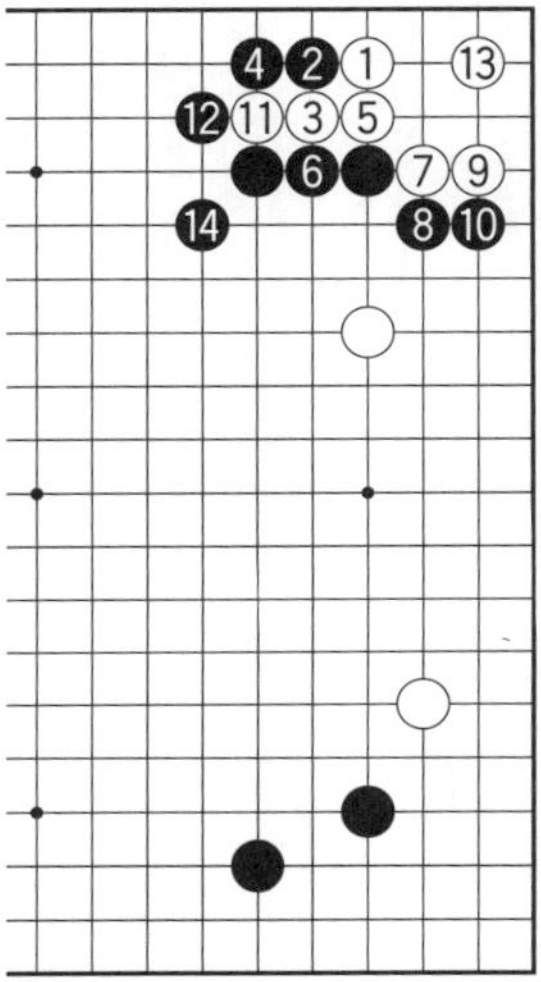

28図

29図、この形は黒1の小技があります。白2なら黒3が先手。白2で4なら黒aが先手になります。いずれにしても無駄のない利かしです。

30図、やはり白1から3、5のツケ切りが眼目です。

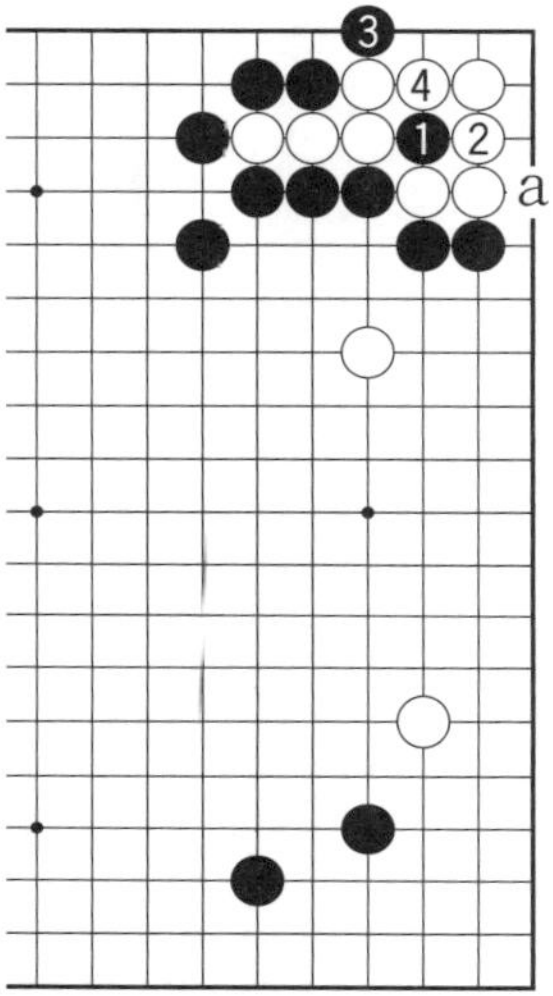

29図

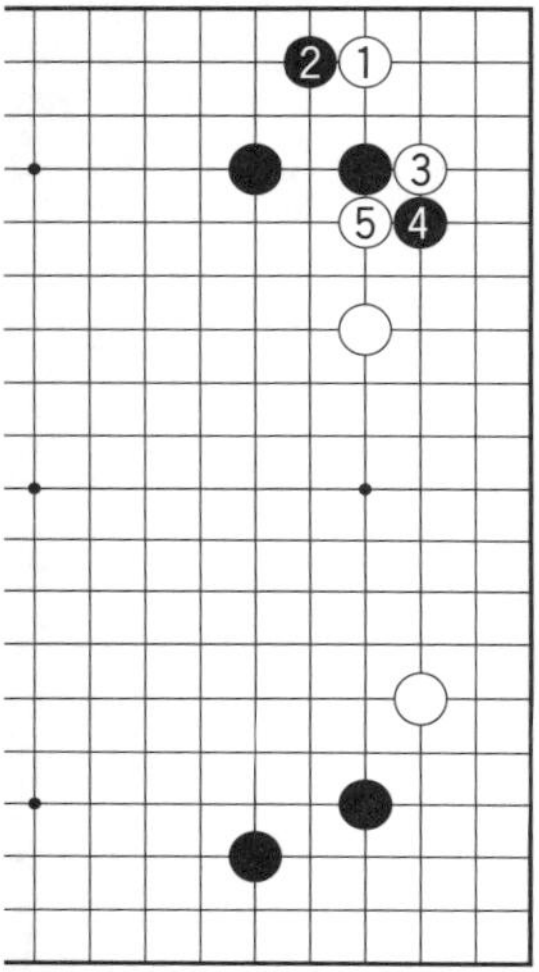

30図

31図、黒6から白9までなら図と同様に成功です。

32図黒6、8は無理で、白7、9以下大成功。黒8は…

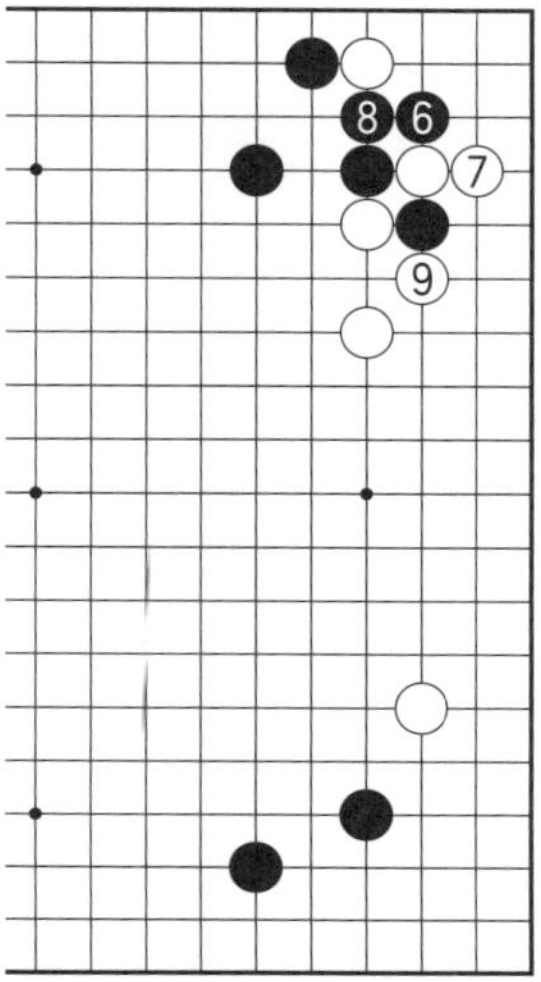

31図

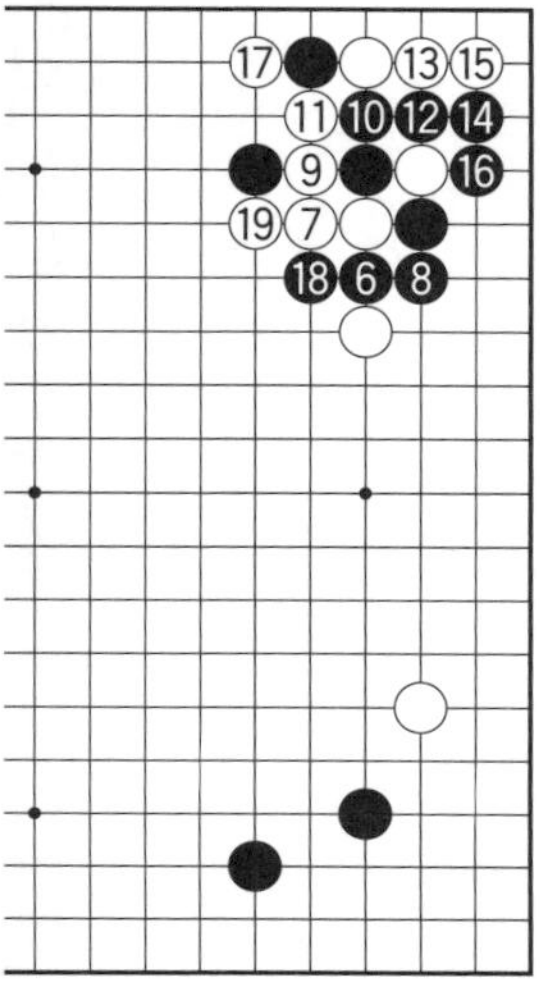

32図

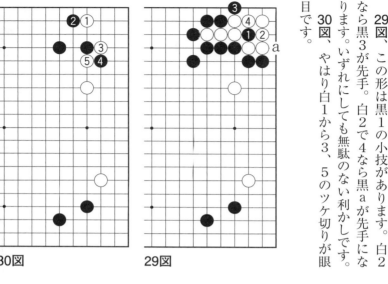

33図の黒1が筋の良い手ではあります。**34図**、白2、4なら穏やかな分かれですが、黒地もかなり大きいですね。白4では…

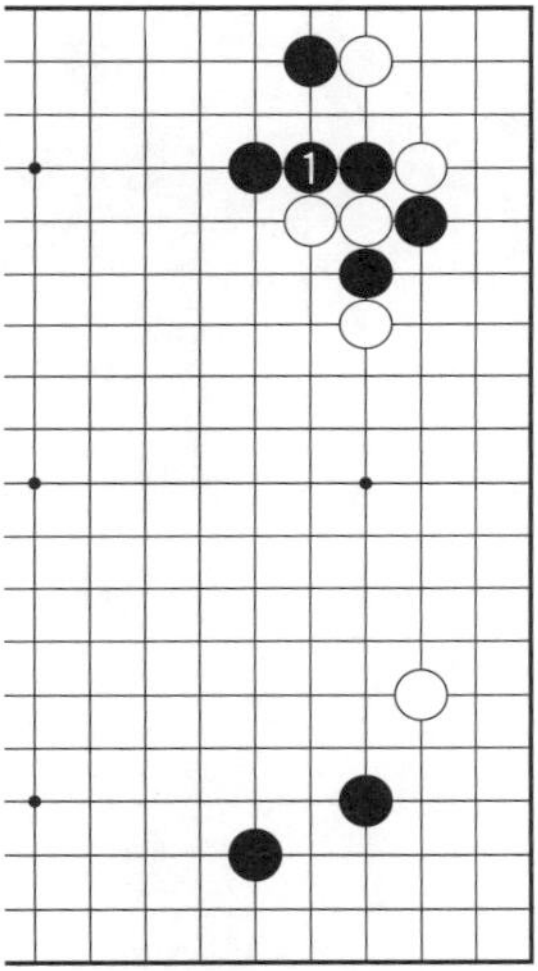

33図（筋の良い手）

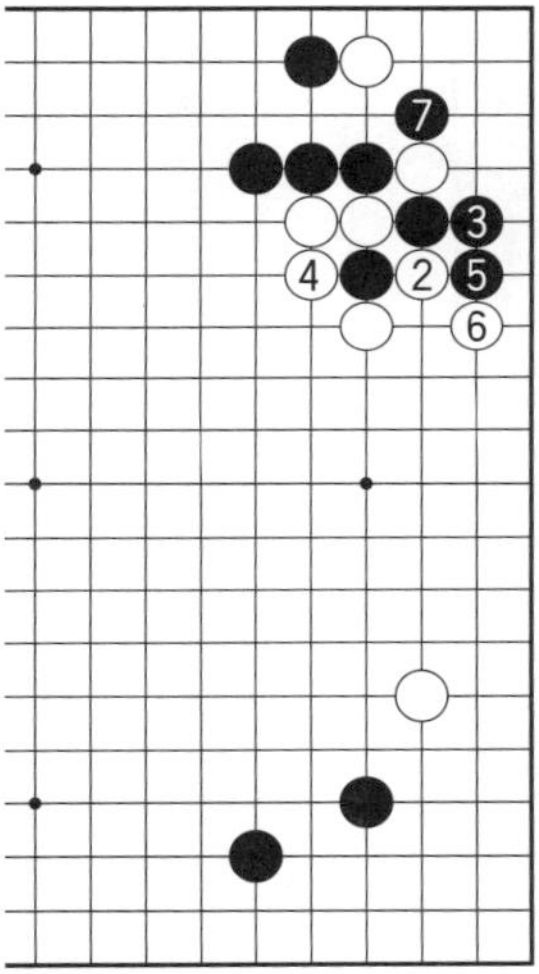

34図

35図、実は白1と頑張る手があり、黒ツブれます。△と▲の交換が最高に働いています。**36図**、33図の黒1で1とこちらに打つのは、白2以下、一本道です。白16に回り成功です。

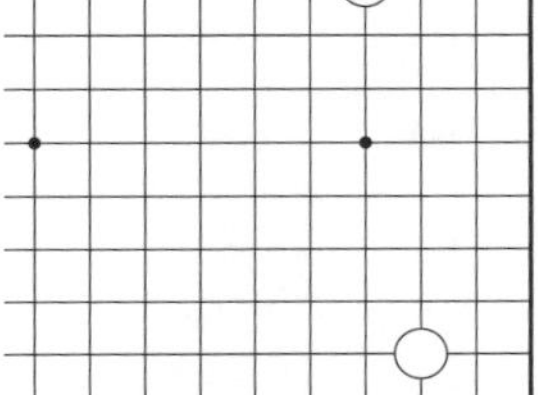

35図

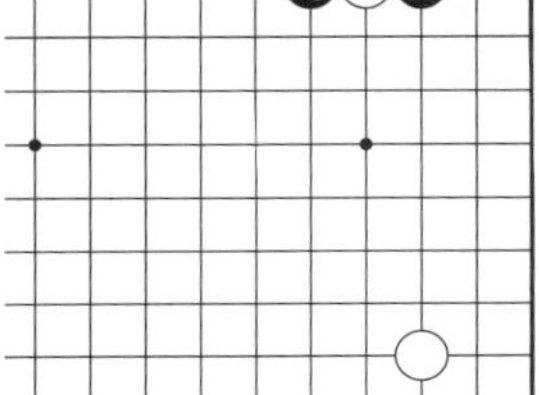

36図

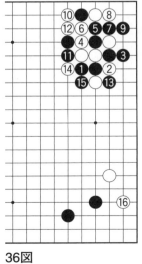

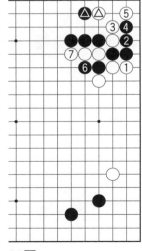

37図、白1から5は再掲で、次は黒6、8、10の手段を見ていきます。

38図、白11以下、黒の実利より白の外勢が好ましいです。

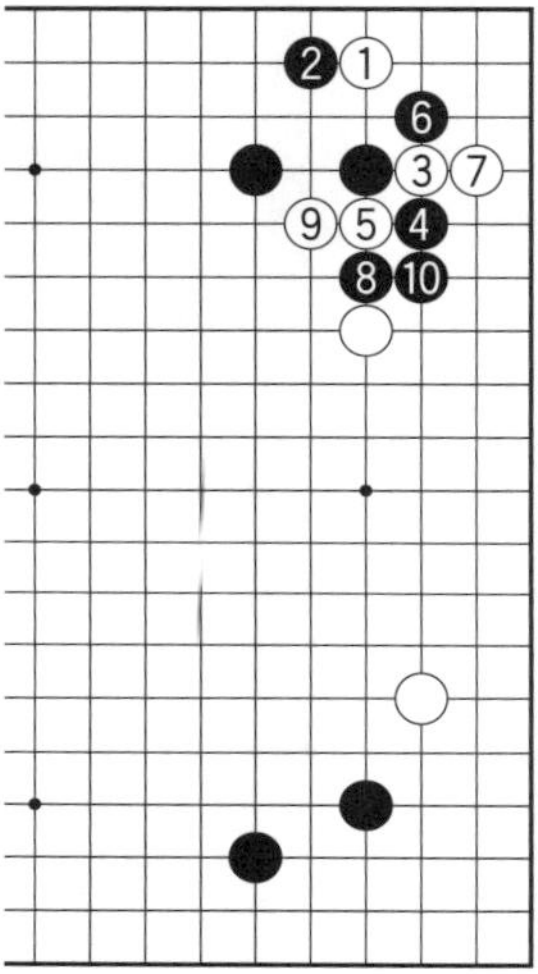

37図

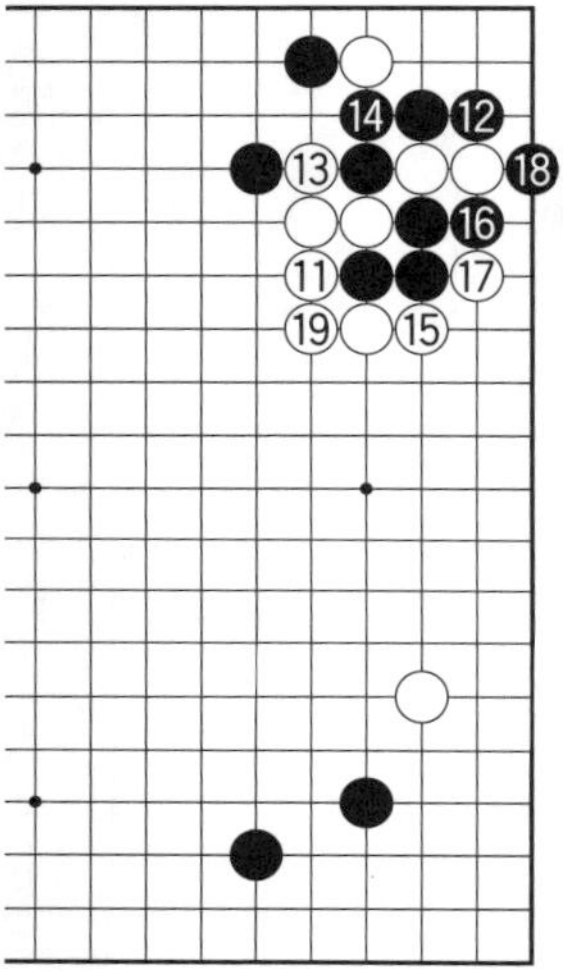

38図

最後にまとめです。**39図**の白1は次にaとbを見合いにしています。

40図、両方を防ぐためには黒2ですが、それでも白悪くなりません。

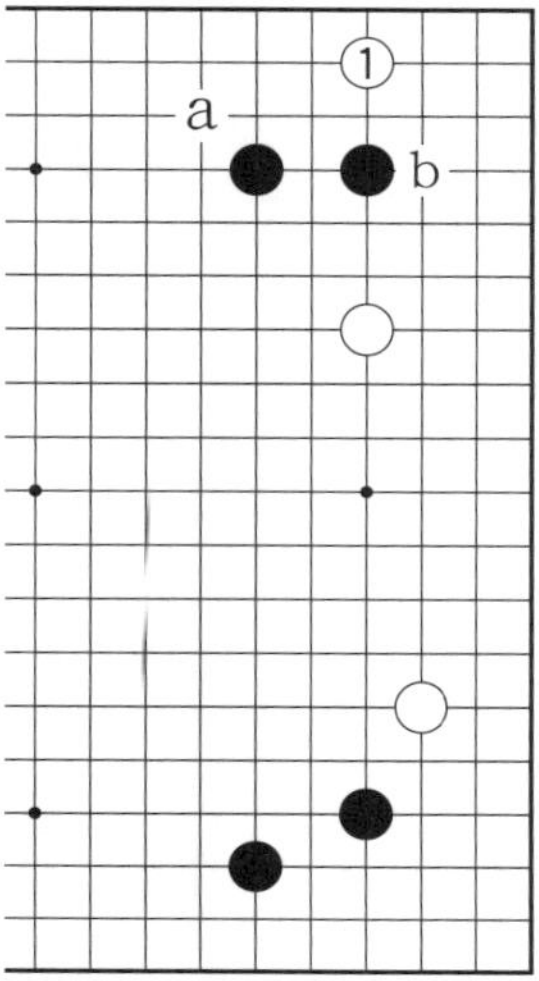

39図

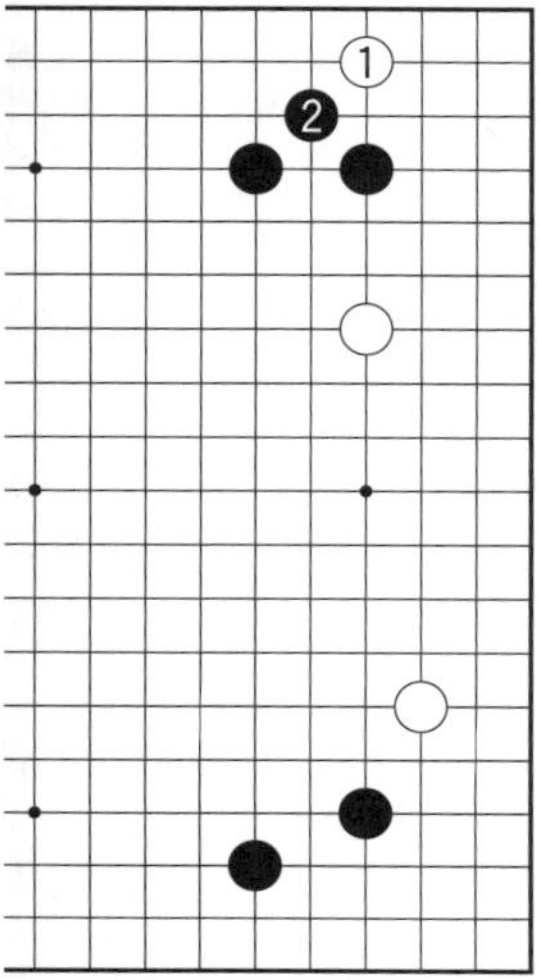

40図

【小テーマ図２】小ゲイマ受け

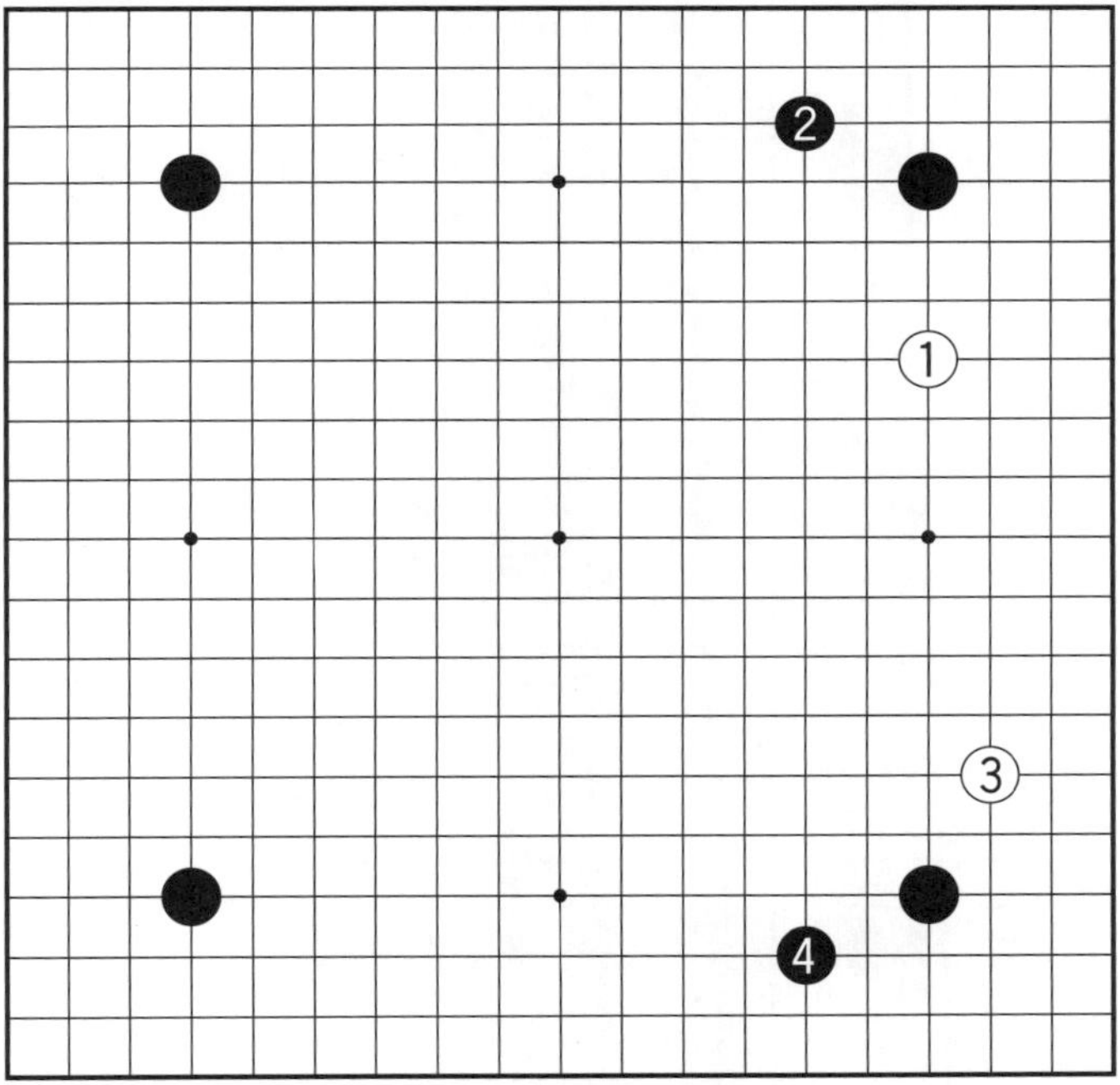

次に黒２の小ゲイマ受けです。この構えは堅固で一間のような隙はありません。

1図、まずは、白1とツケてみましょう。

2図、黒2の受けなら、白3、そして5と利かしにいきます。

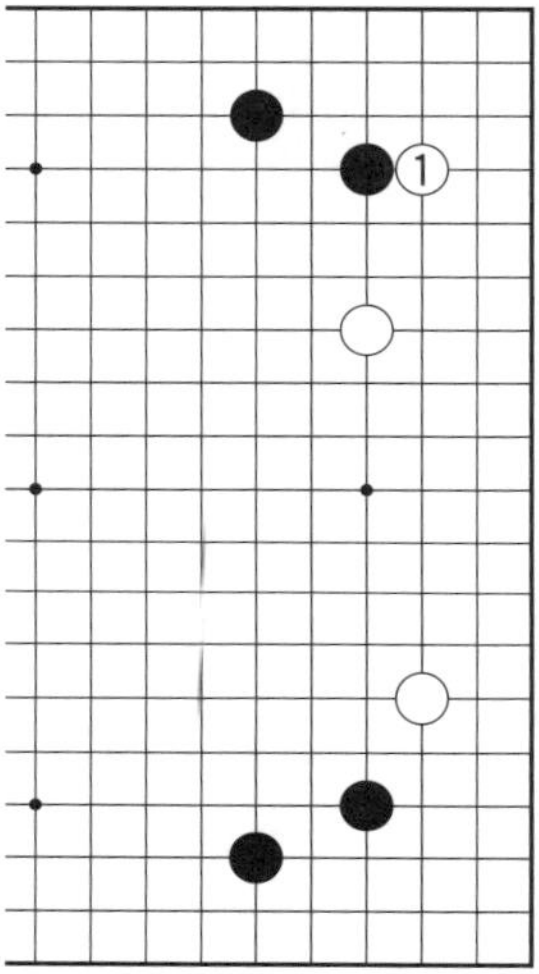

1図

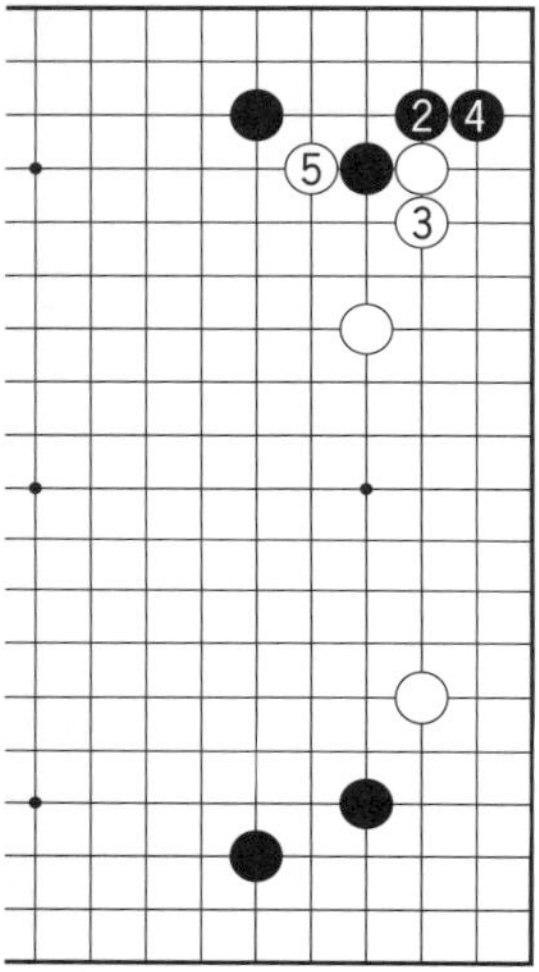

2図

3図、黒6、8はこれぞ利かされ。

4図の黒6と単にツグほうが勝ります。

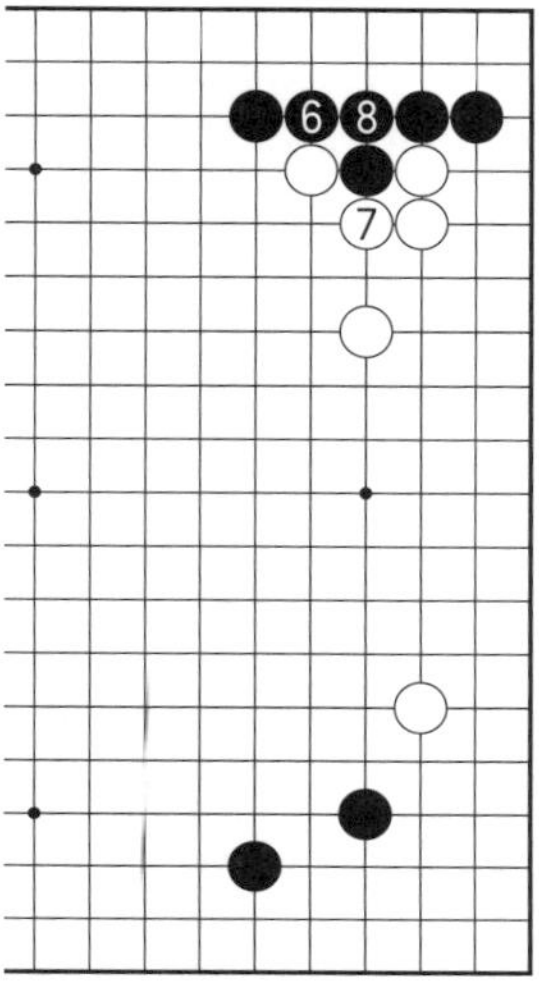

3図

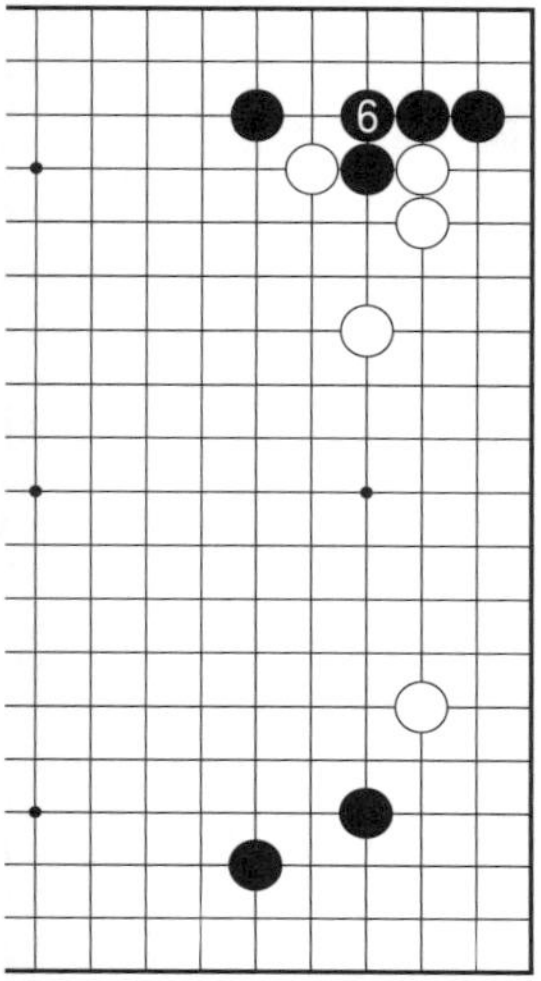

4図

5図、黒6の反発は気合いですが、白11まで難しくなっています。

6図、ちなみに2図の白5で1は、黒2と受けられてもつまらないですし、黒は手抜きも可能です。

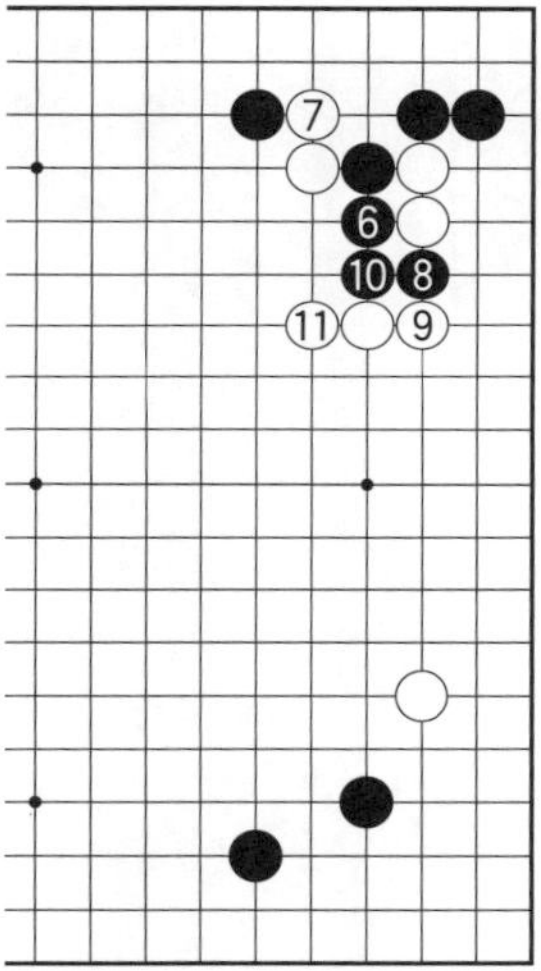

5図

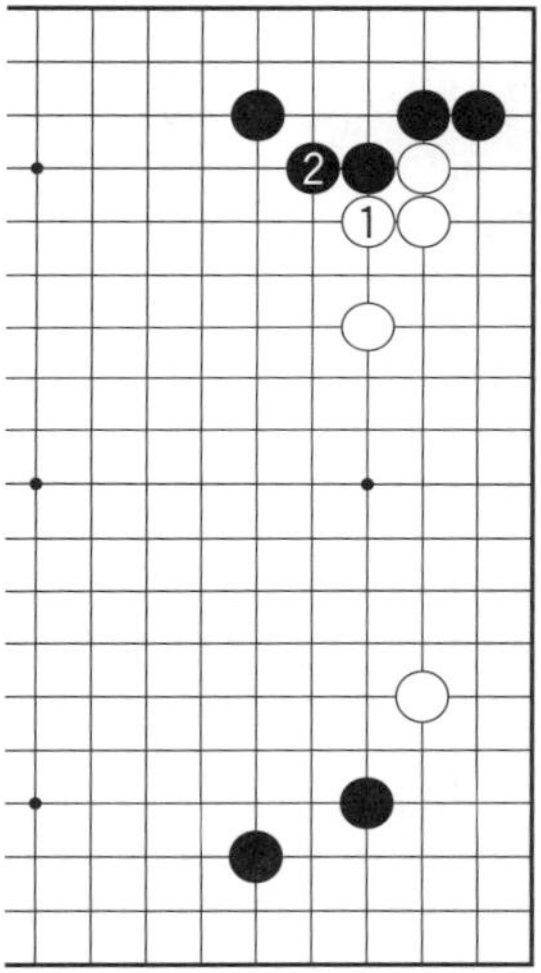

6図

7図、やはり一間受けの場合と同じく、白1のツケには黒2、4が最強の抵抗です。

8図、続いて白5から隅で生きても、黒10の展開が好形で白失敗です。

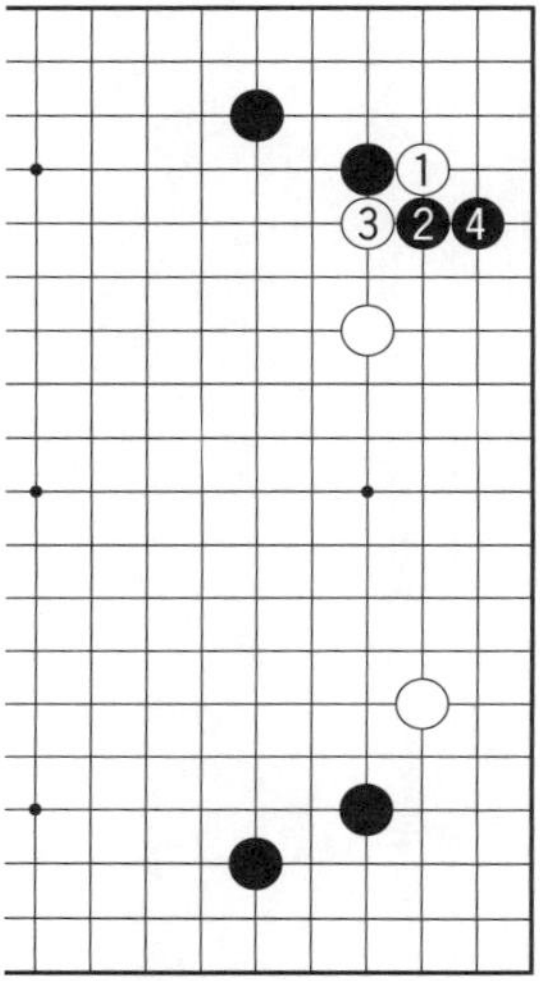

7図

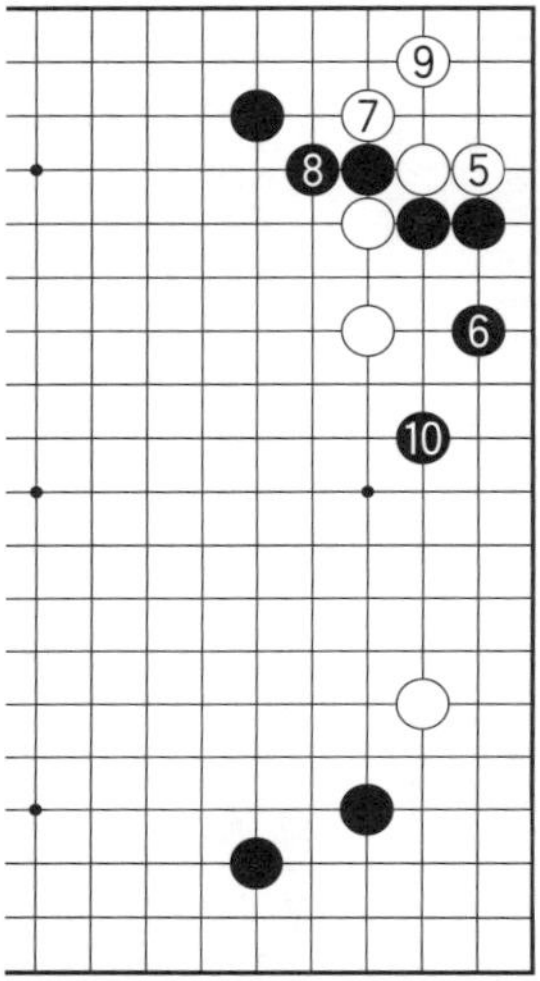

8図

7図の局面で、**9図**の白1、3と突き出るのは、黒2、4と受けられて…

10図、以下黒12まで上手くいきません。

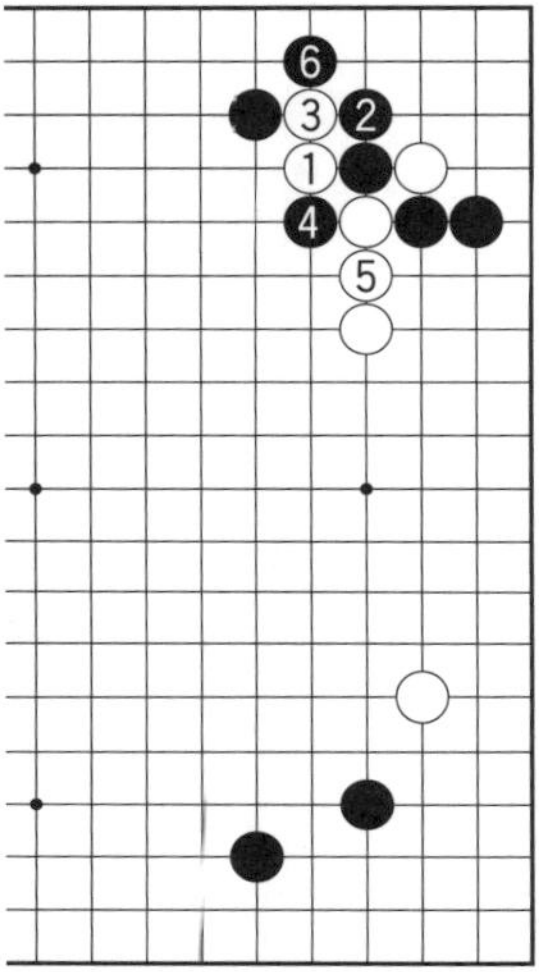

9図

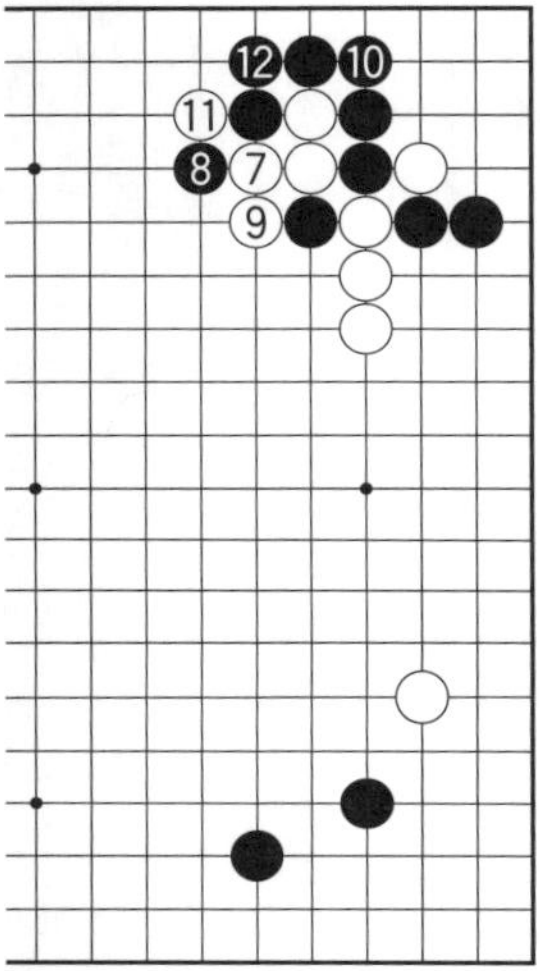

10図

11図、白1、3とツグのも黒地を固めただけの結果です。

それらを踏まえて…

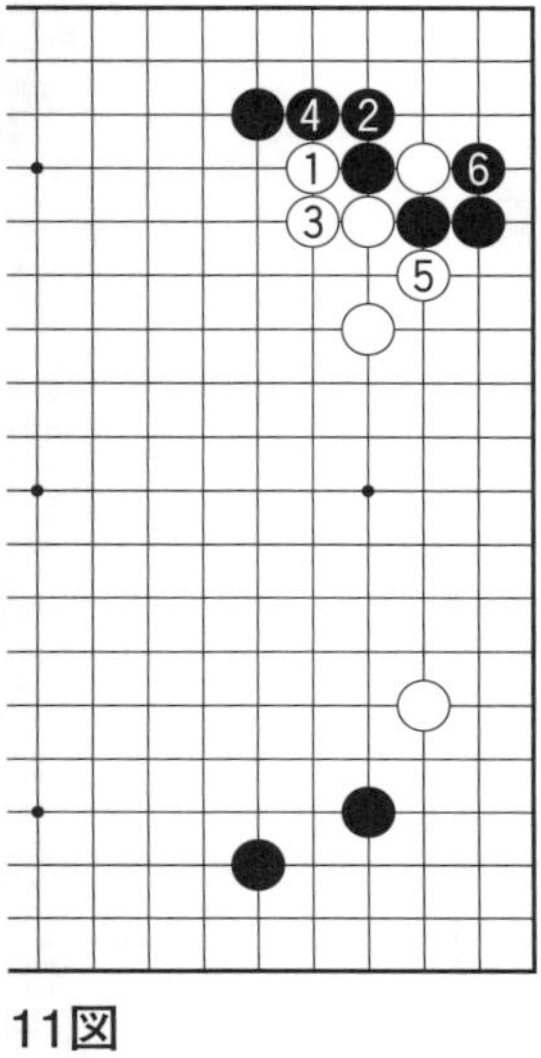

11図

【ピックアップ】カタツキ

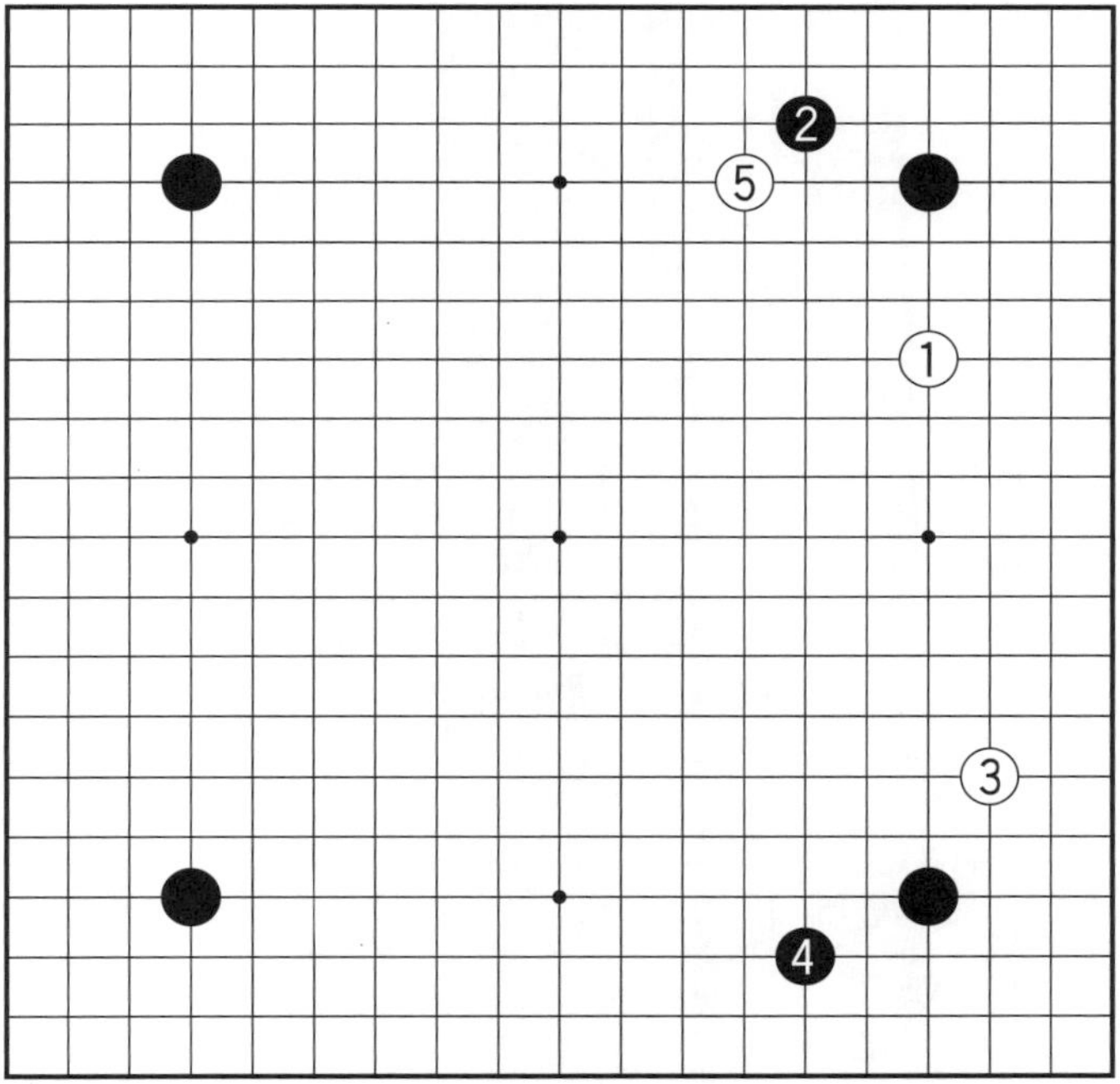

白5とカタツキが有力です。これが本テーマのおすすめの手になります。

１図、黒2には白3で好形。機会を見てa、b、cなどを狙います。

２図の白1から5とカケツいで、黒6とアテてくれば、当然白7とコウに弾いて絡んでいきます。うわ手が大歓迎のコウでしょう。

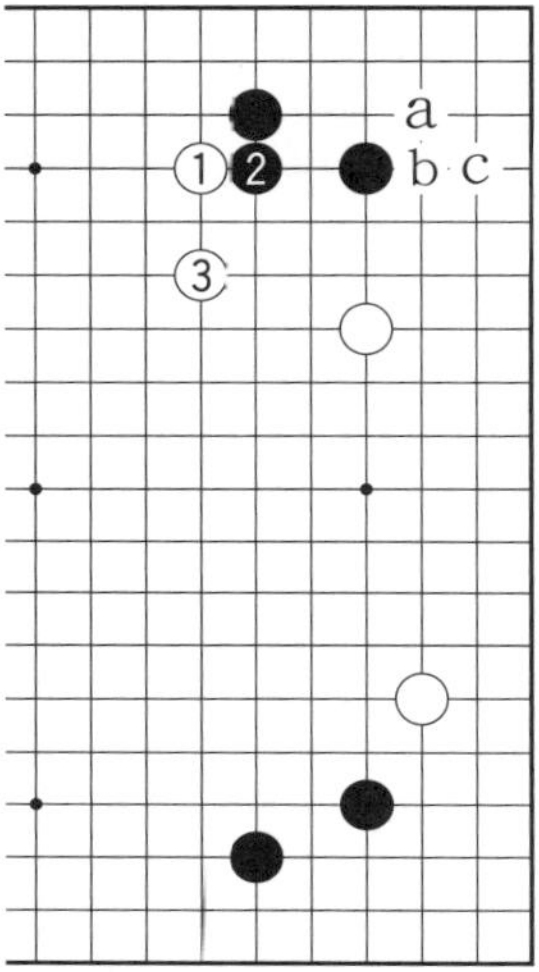

１図（黒の応手１）

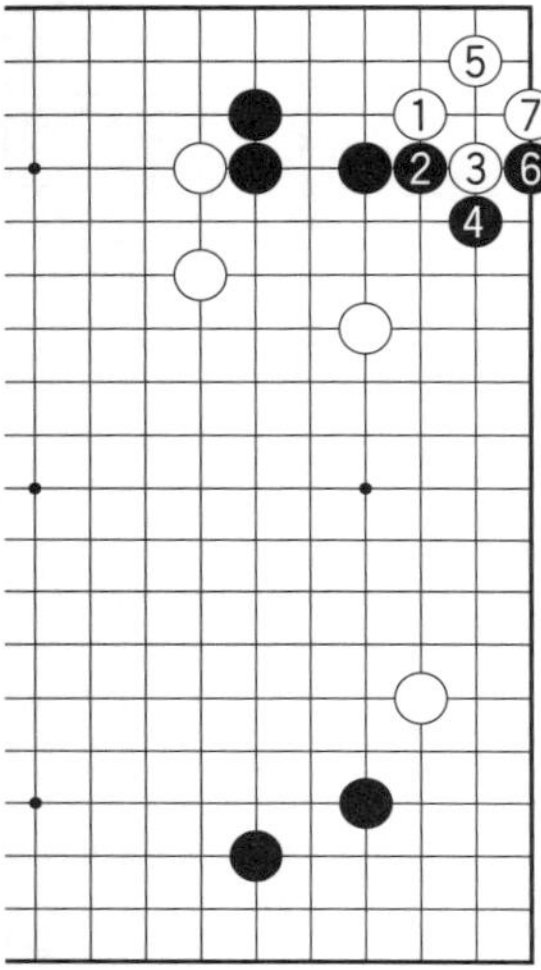

２図

３図の白1、3と黒地をへこませることも可能です。

それはつらいと、**４図**の黒2、4と抵抗してみます。白5から13まで、賑やかで白の楽しみも多いでしょう。

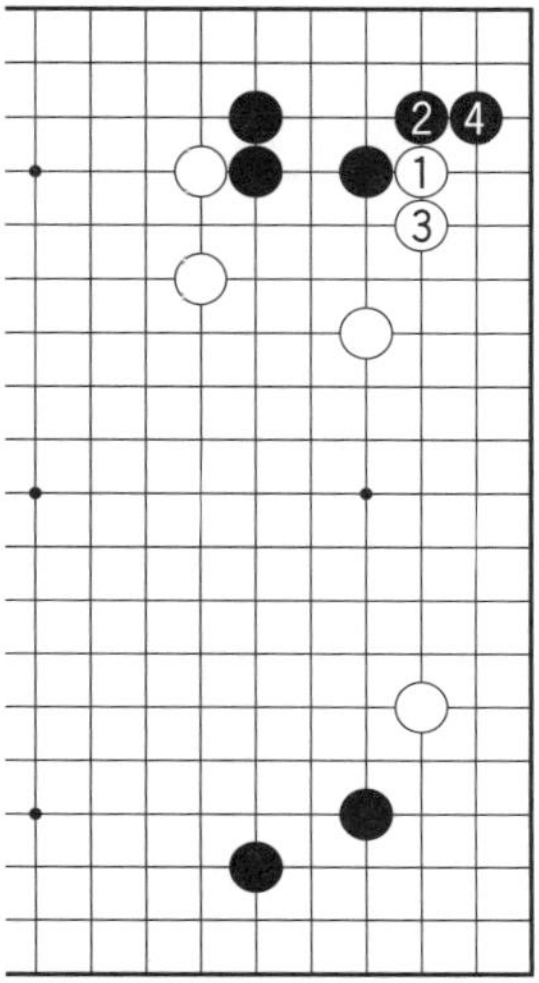

３図

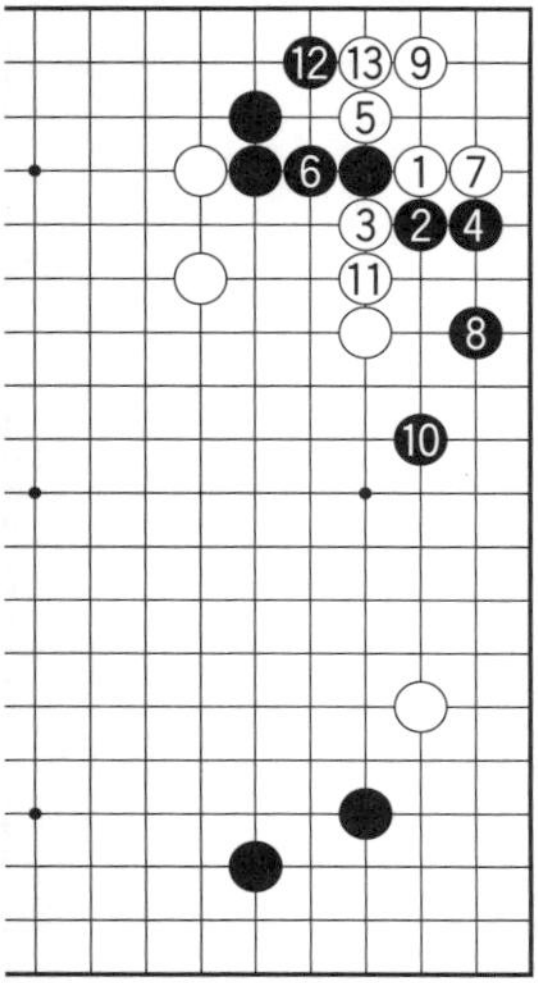

４図

5図の白1も有力です。黒2とおとなしく受ければ白3が好形です。

6図、黒2、4なら白7まで隅をえぐります。

なお、黒4で…

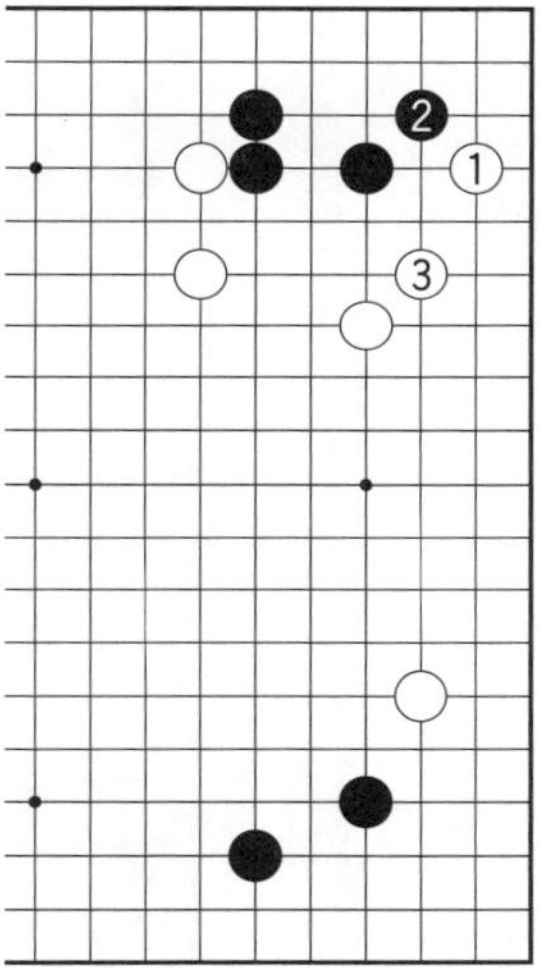

5図

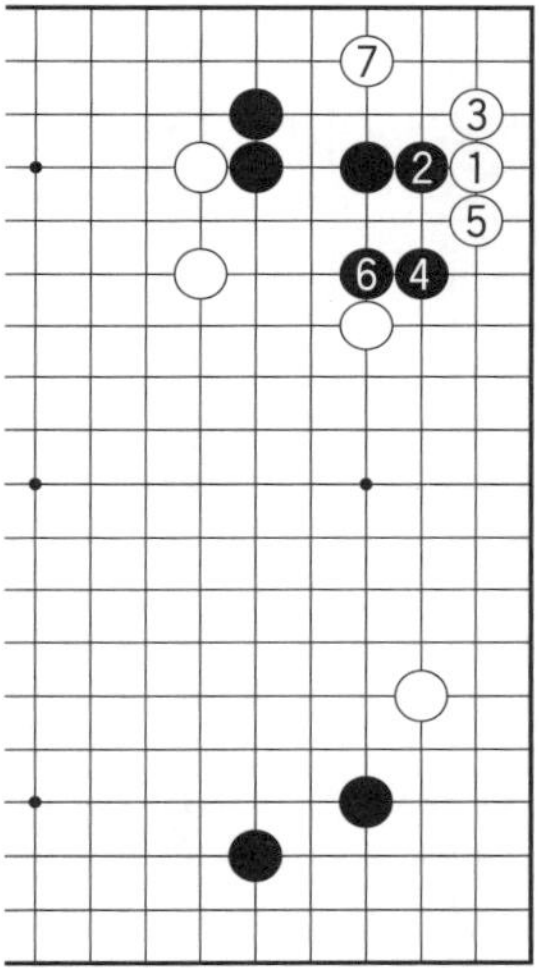

6図

7図の黒1と頑張れば、白2から6の捨石作戦で厚みを築きます。黒の実利よりも白の厚みのほうが勝る結果です。

8図、黒2、4なら白5、7で余裕の生き形。

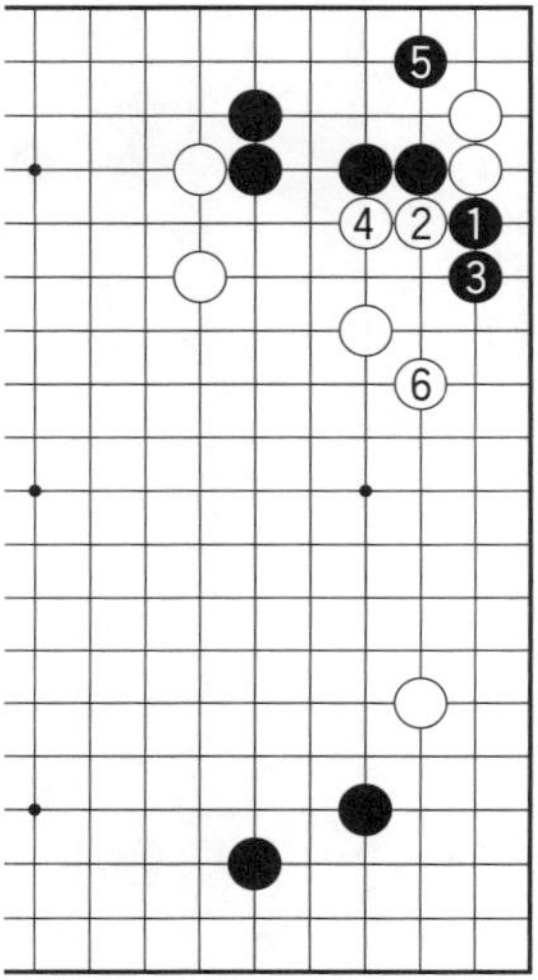

7図

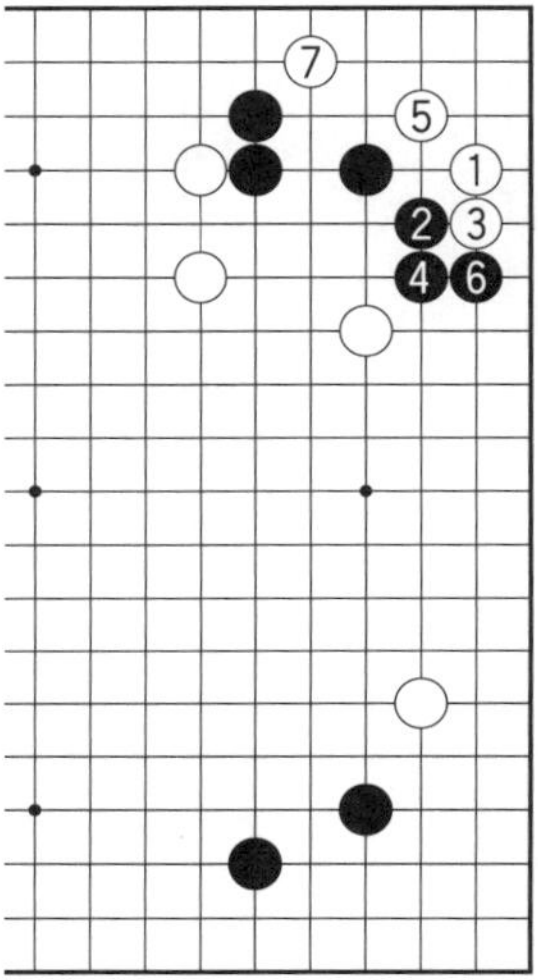

8図

9図、放置も怖いので、黒1は良い守り方ですが、白2とトンでしつこくaを狙います。

10図、白1に対して黒2はいかにも弱気。白3以下がらがらに荒らされてしまいます。

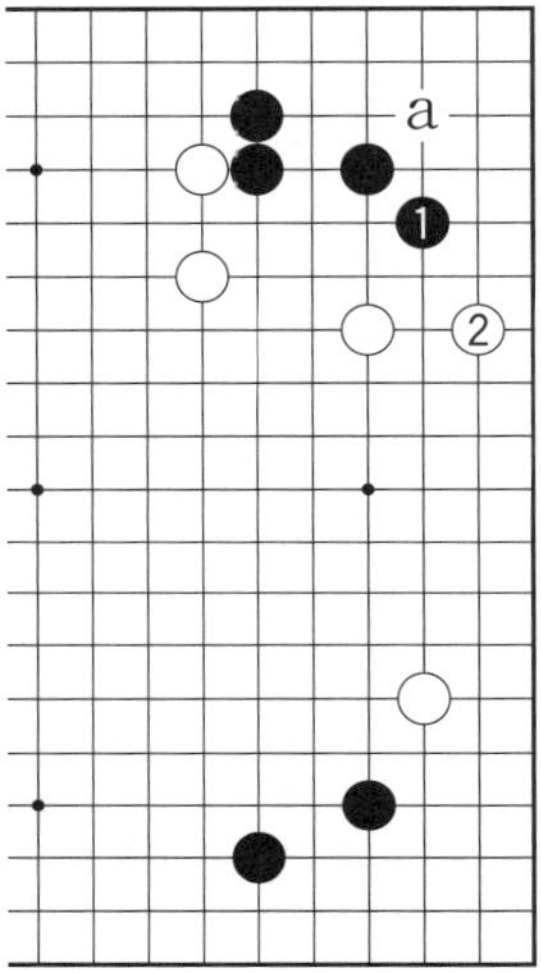

9図

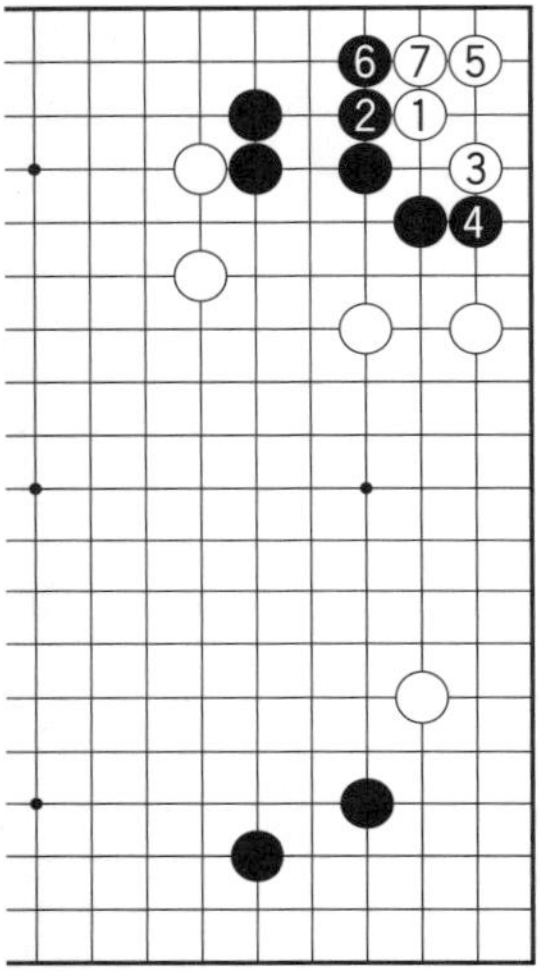

10図

11図、白1に対しては黒2が正着ですが、白3とオサエ込んで隅をじっと睨みます。きっとした手は不安になるでしょう。

12図、いっそ黒1から5と大きく守るのは考えられます。しかしaがまだ少し嫌味ですね。

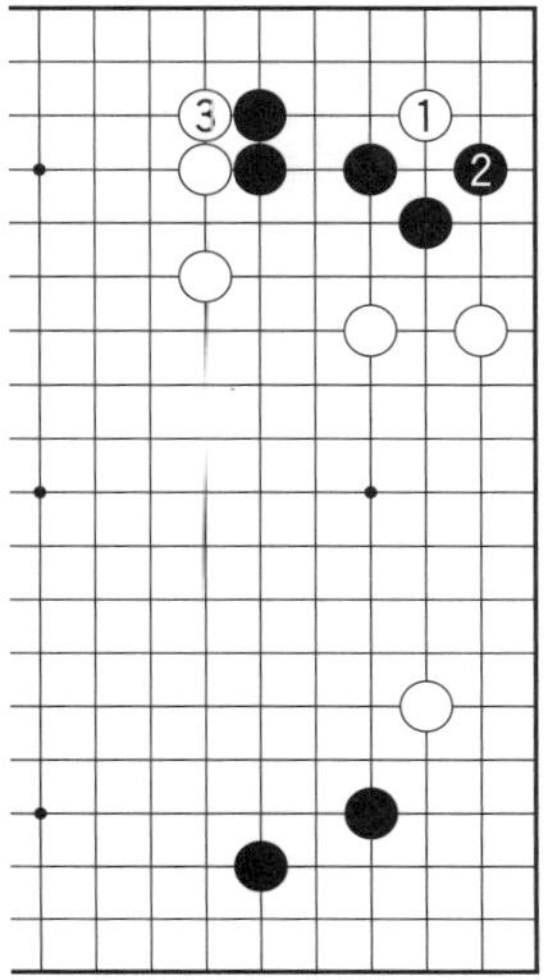

11図

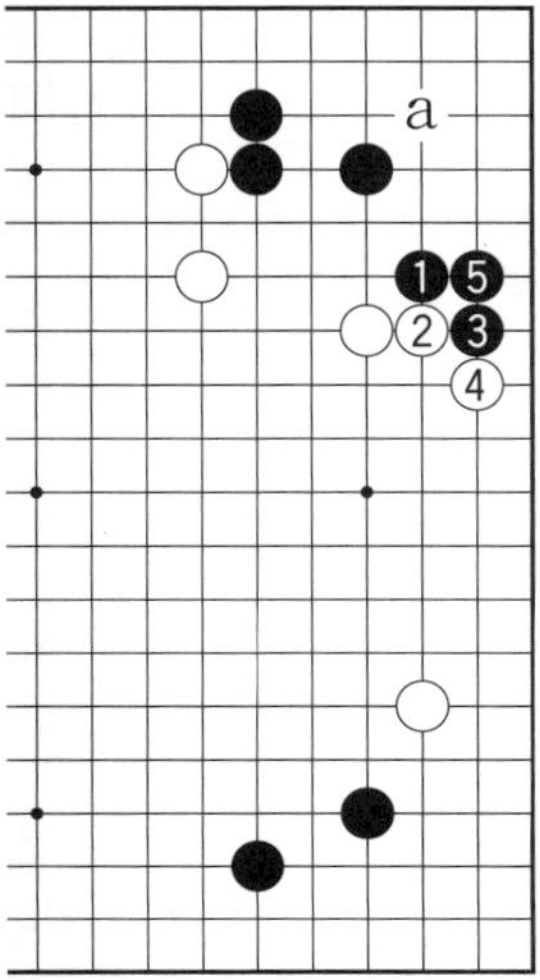

12図

13図の黒1の守りなら固いですが、流石に固すぎるきらいがあります。

14図、黒2のハイなら白3とトビ、やはり次に隅を狙います。あるいは…

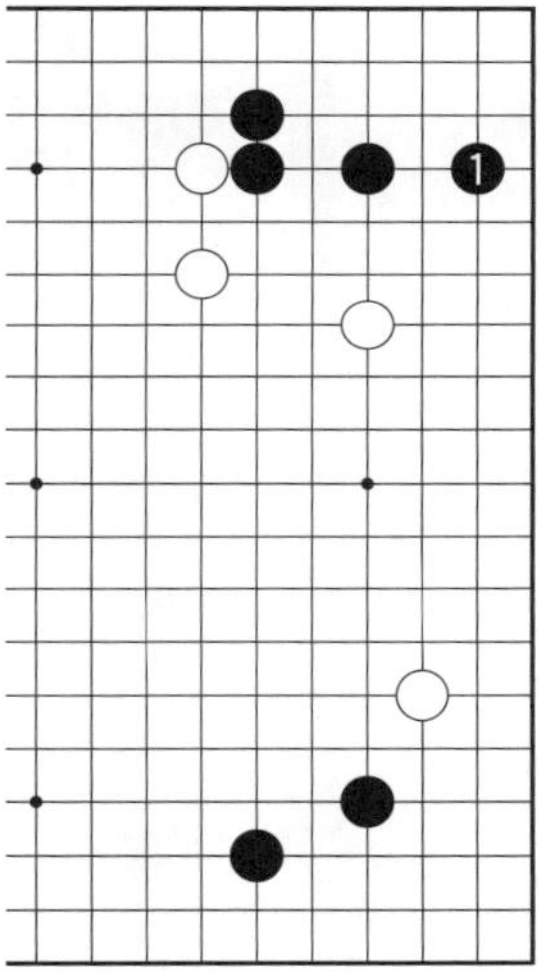

13図

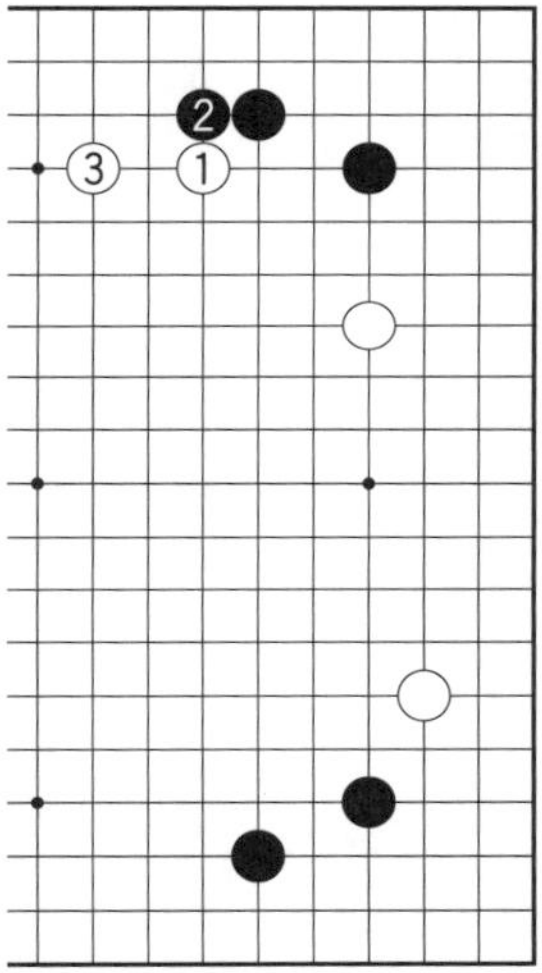

14図（黒の応手２）

15図、白1のツケもやってみたい手です。

16図、黒2、4とおとなしく受けました。白はさらに、5とジャブを飛ばします。普通にある手ですが、弱気になっているした手には効果的かもしれません。

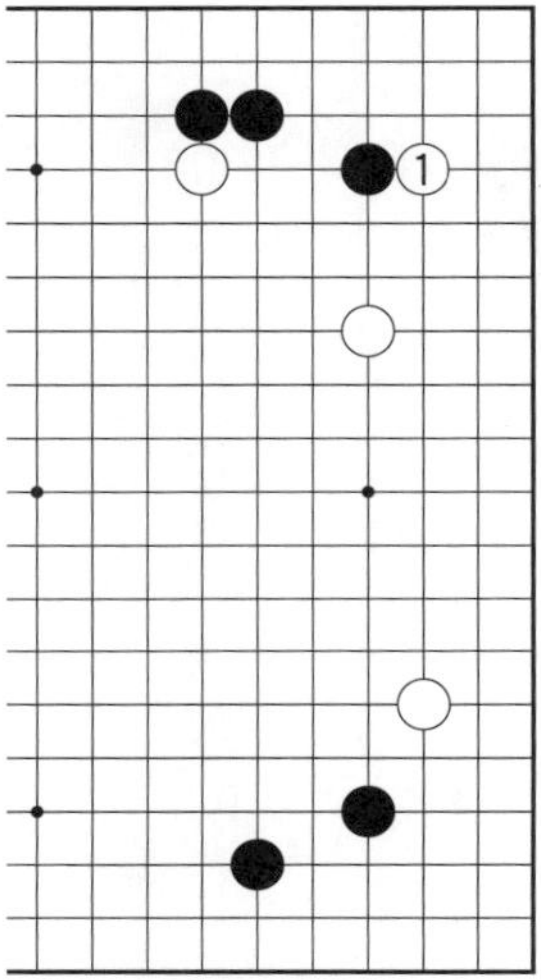

15図（手筋！）

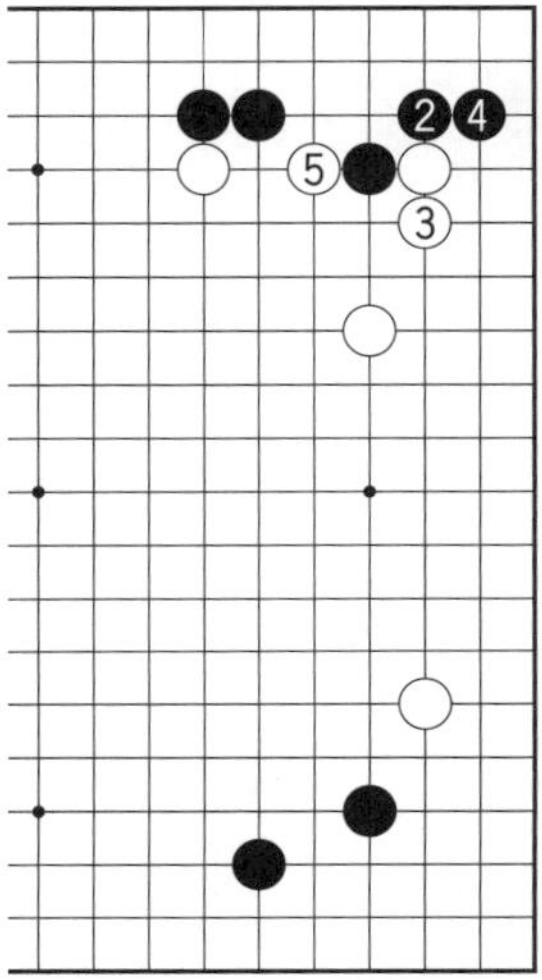

16図

17図、黒6、8と受けるのは素直すぎます。白に良いように利かされました。

18図、やはり黒6と受ける手が正着です。もうこれ以上の利かされることはありません。お互いまあまあの分かれでしょう。

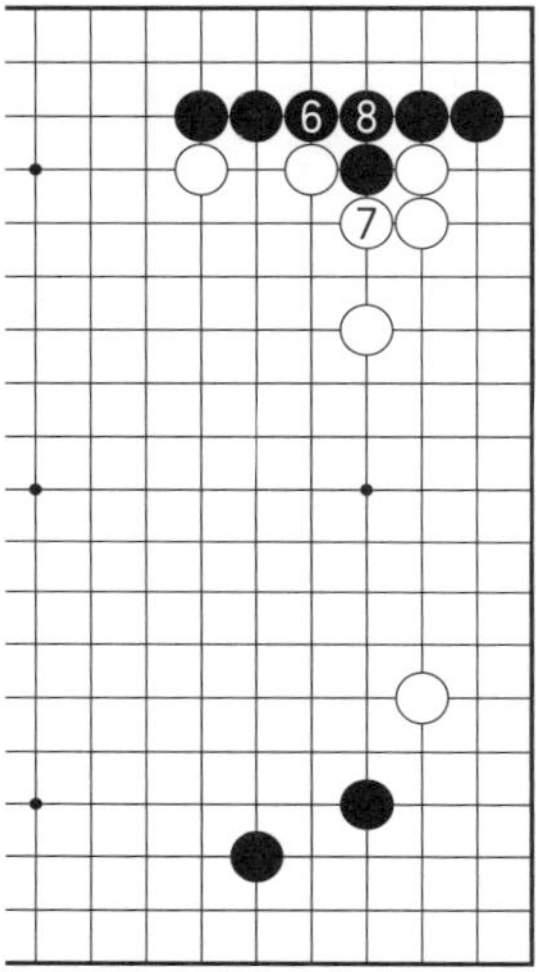

17図

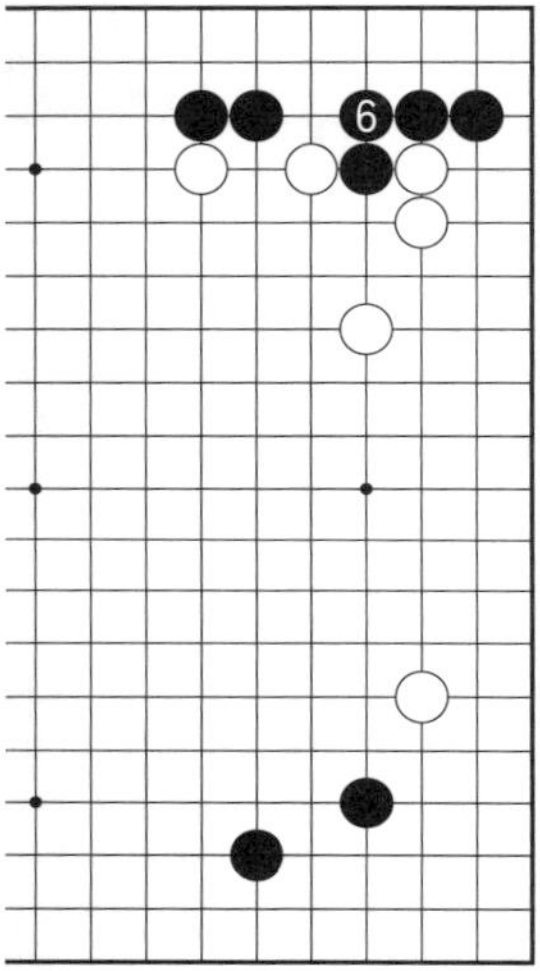

18図

なお、**19図**黒6の反発は歓迎です。白11までフリカワリます。黒10で**20図**の1と黒2子を助ければ、白2から8まで外回りで打ちます。基本的に、うわ手はどんどん変化を誘って打っていきましょう。

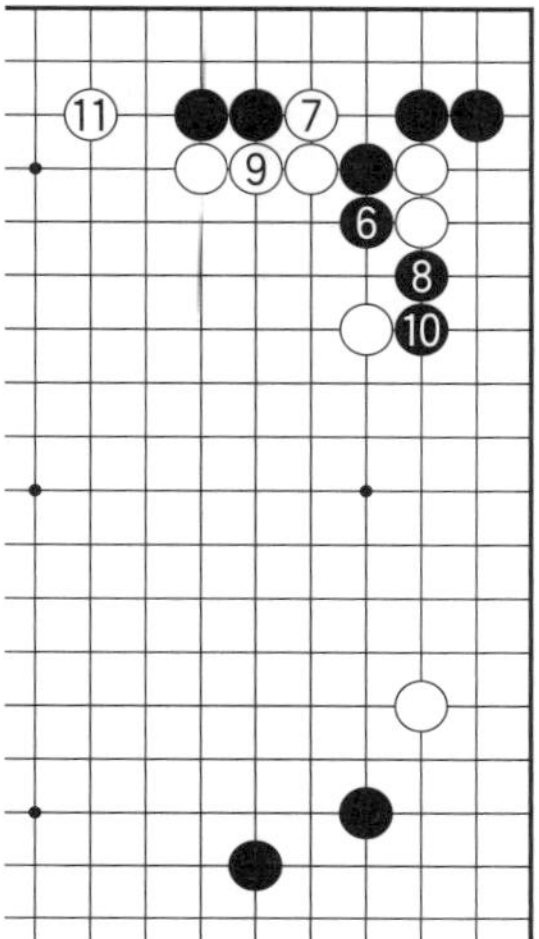

19図

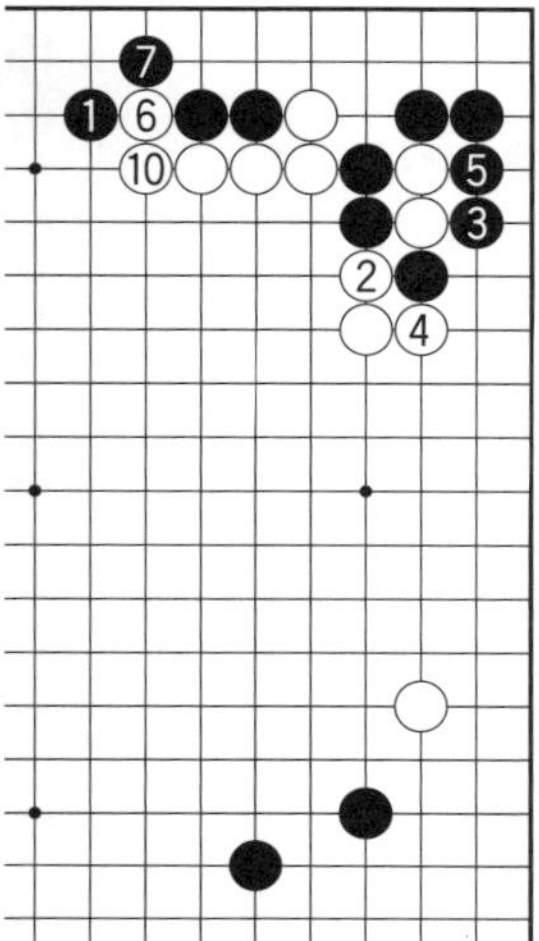

20図

21図、白が１とツケたときに、黒２、４なら黒14まで白２子は取れますが、白15が絶好です。黒４で、**22図**の１、３と打ち、黒13までとなればａの断点が残り明らかに勝ります。

しかし…

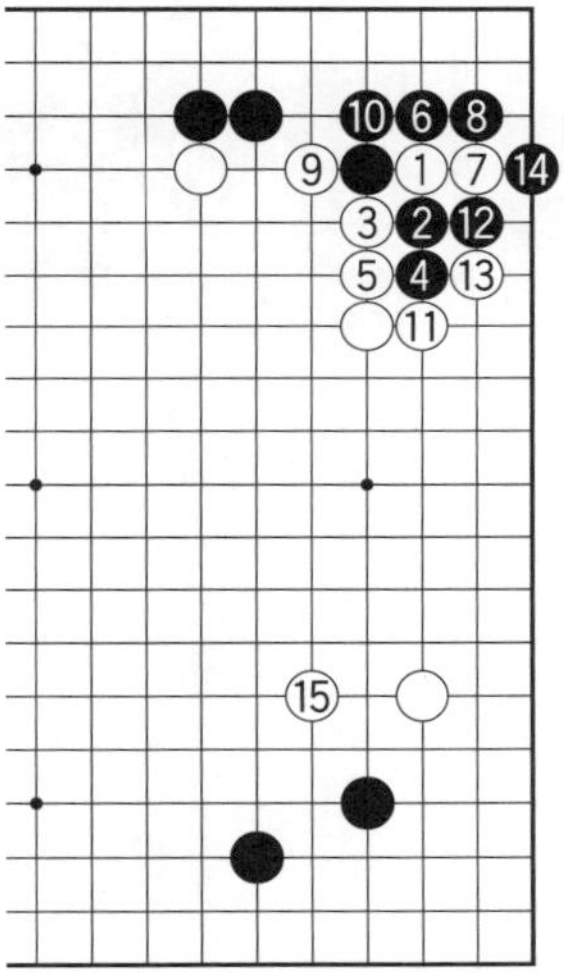

21図

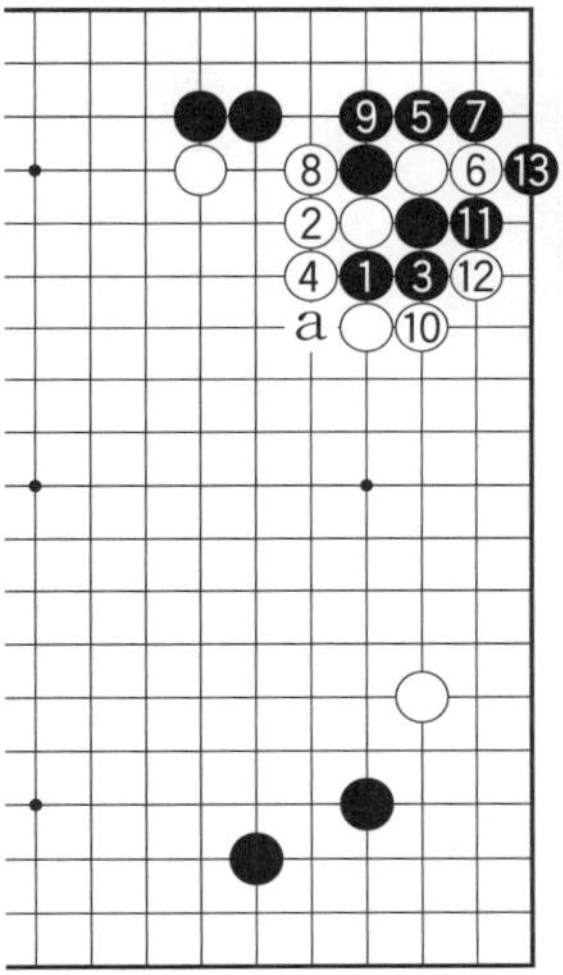

22図

白は９で**23図**の１と変化します。続いて…

24図、黒４、白５の時に、黒６なら白７以下白15まで外回りで打ちます。

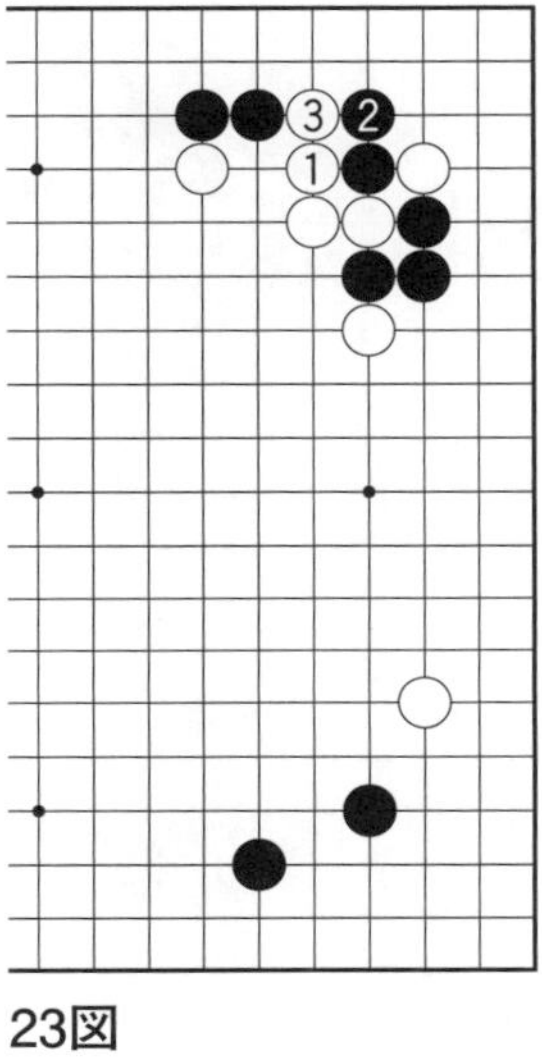

23図

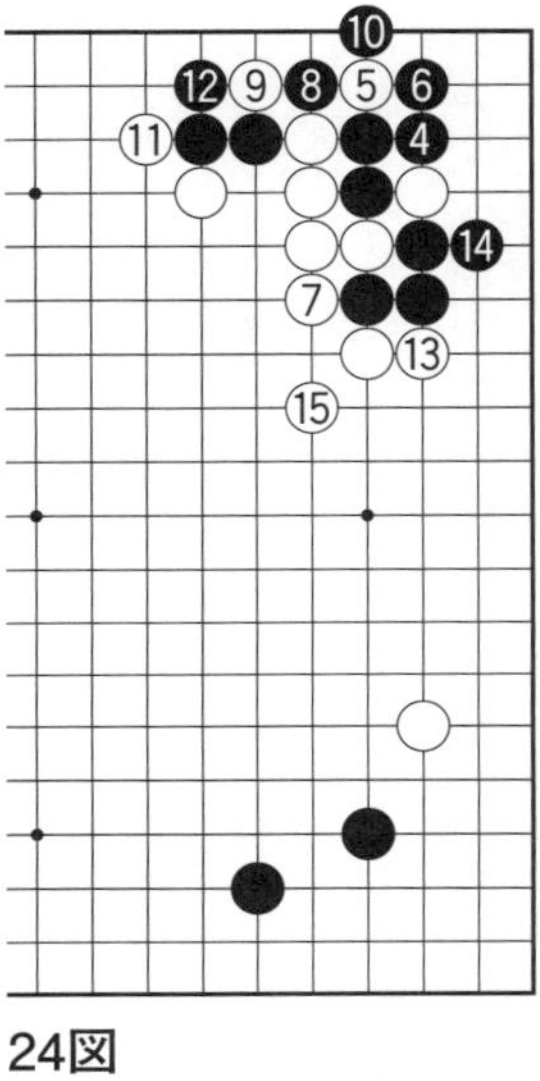

24図

前図の黒6で**25図**の1なら、白2から隅の黒地を減らし、その後上辺に展開します。

26図、白1、3とツケ切ったとき、黒としてはやはり4と反発したいところです。

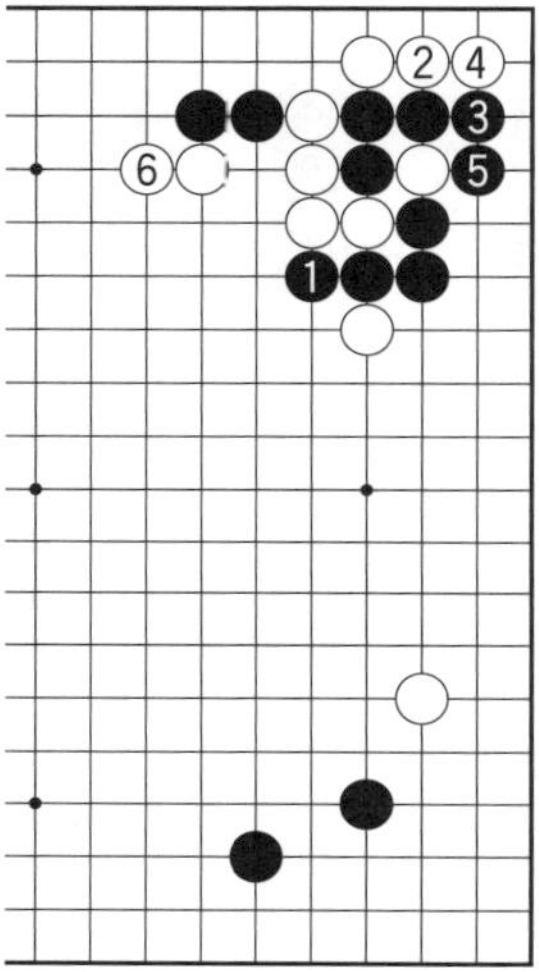

25図

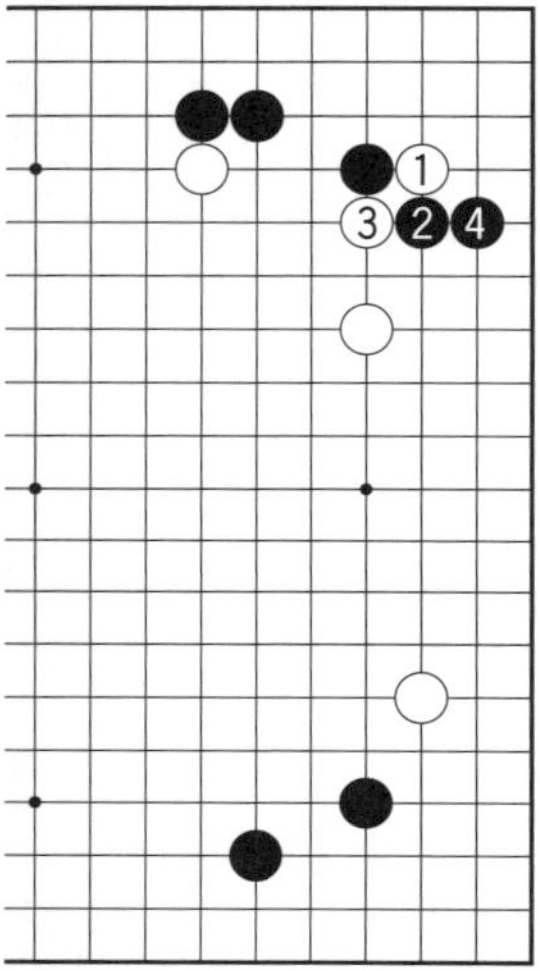

26図

27図、△と■が果たしてどういった作用をするでしょうか。

28図、白1、3と突き出していきます。白9として■2子を大きく取り込むことが出来ました。白成功です。黒4では…

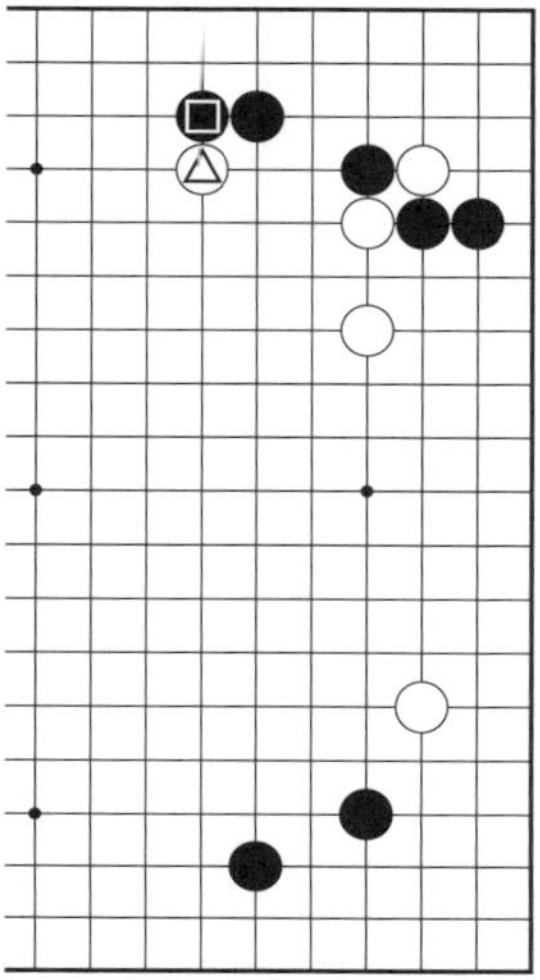

27図

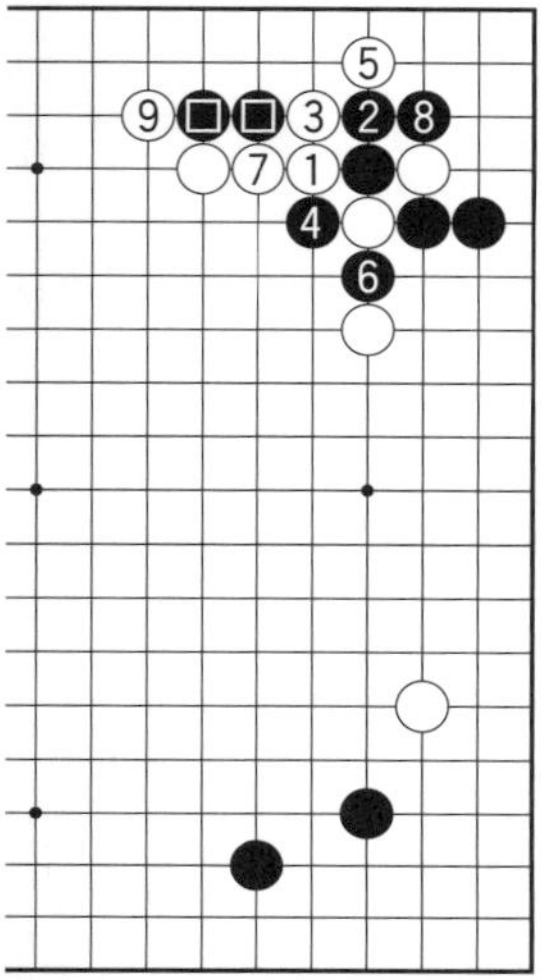

28図（白の候補１）

29図の黒1が冷静な好手です。白6までの分かれは前図に比べて、隅の黒地が大いに増えていますね。

30図、白4とツギ、6、8のシチョウが成立するかどうかがポイントになります。

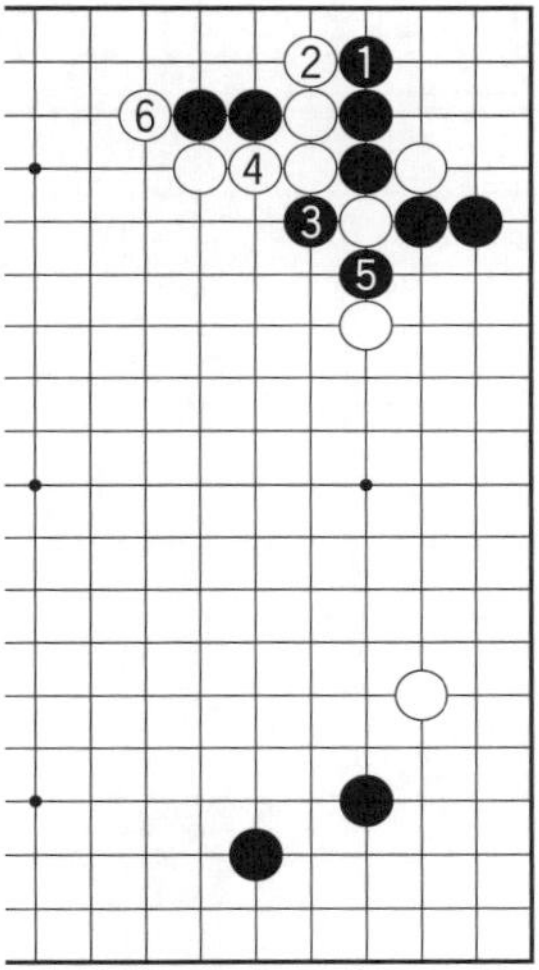

29図

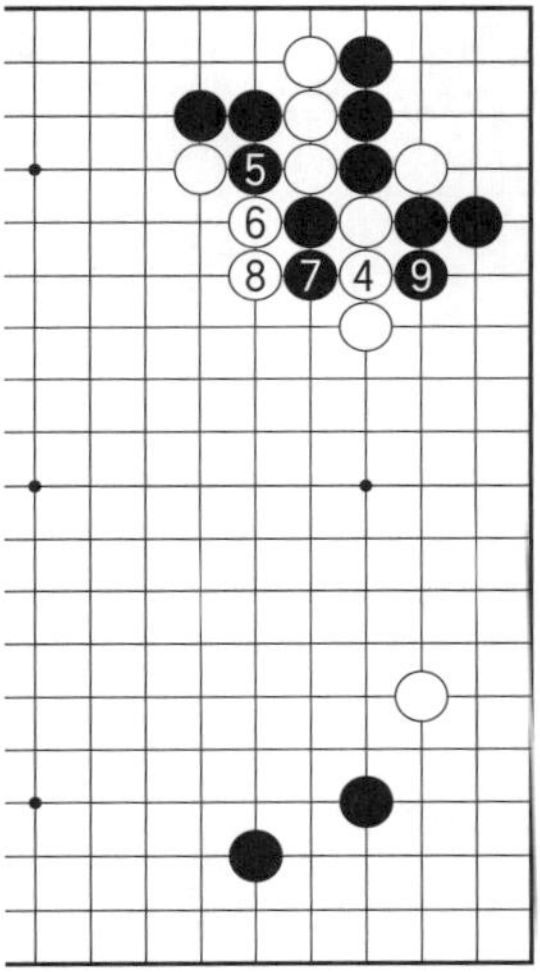

30図

29図の白2では、**31図**の1から5と外勢で打つ選択もあります。

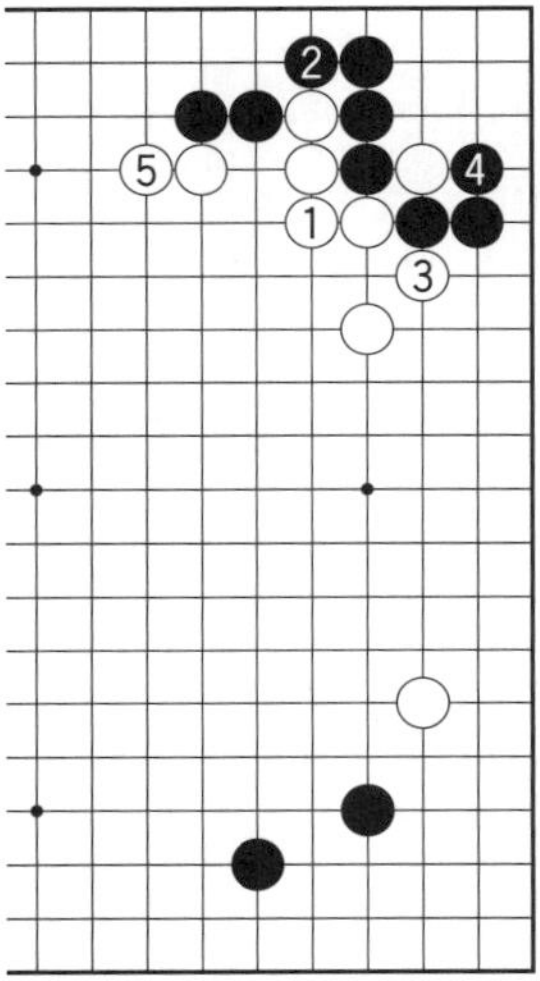

31図

【小テーマ図3】二間受け

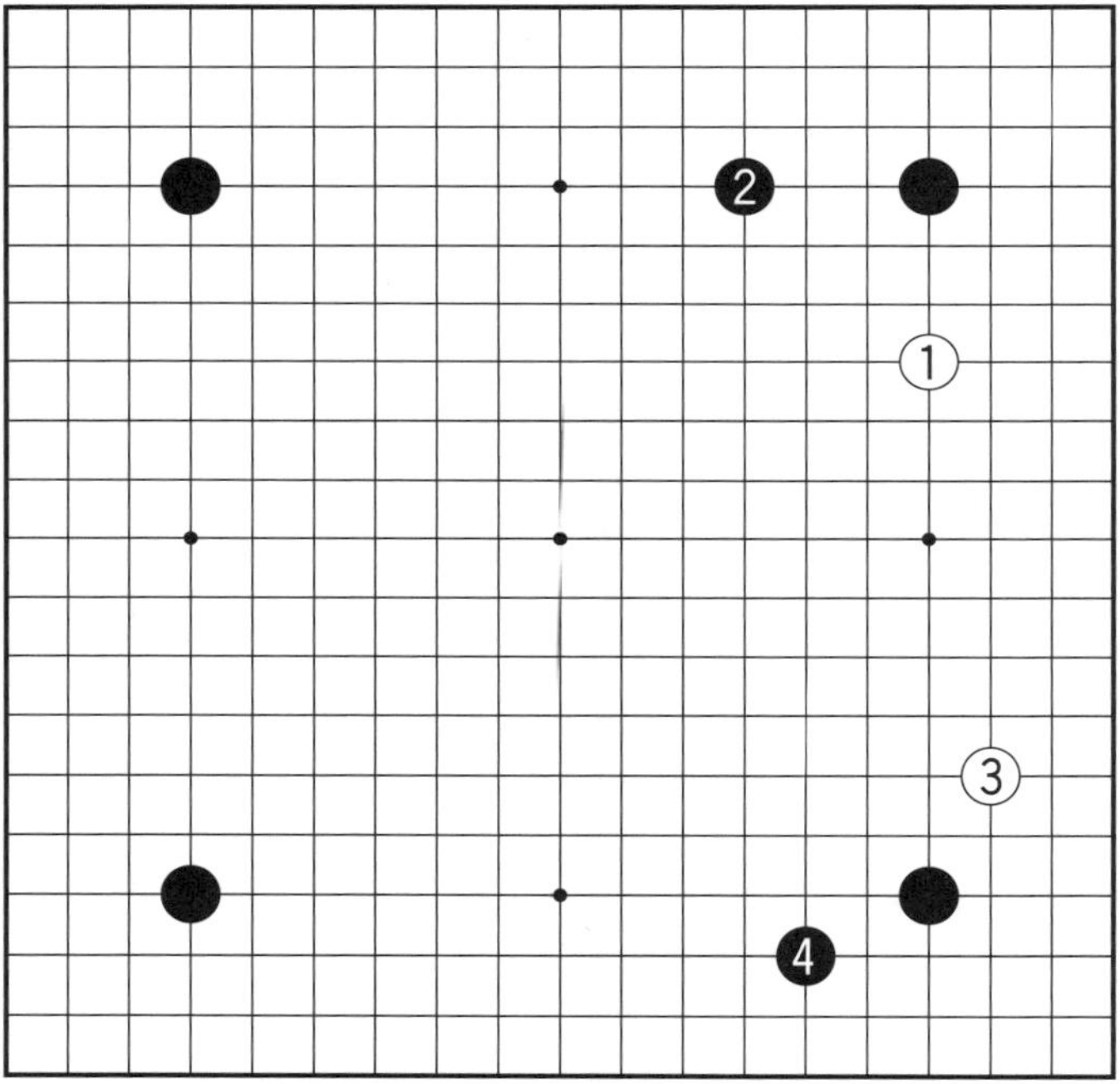

次は黒2の二間受けです。

1図、白1の三々入りを検証してみましょう。
2図、黒2から押さえると白3からほぼ一本道で白15まで進むでしょう。白は先手で隅を生きて、白15の大場に先行出来るので満足でしょう。

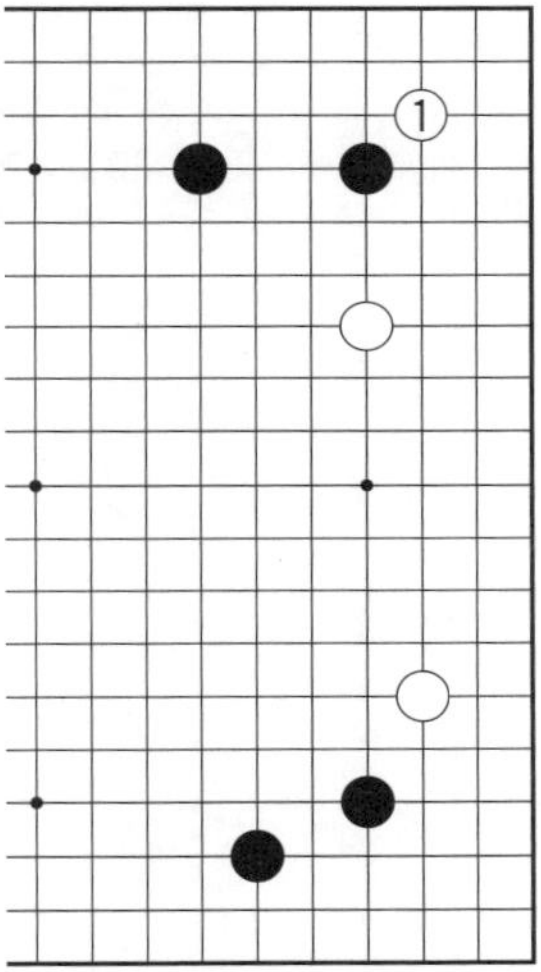

1図（白の候補1）

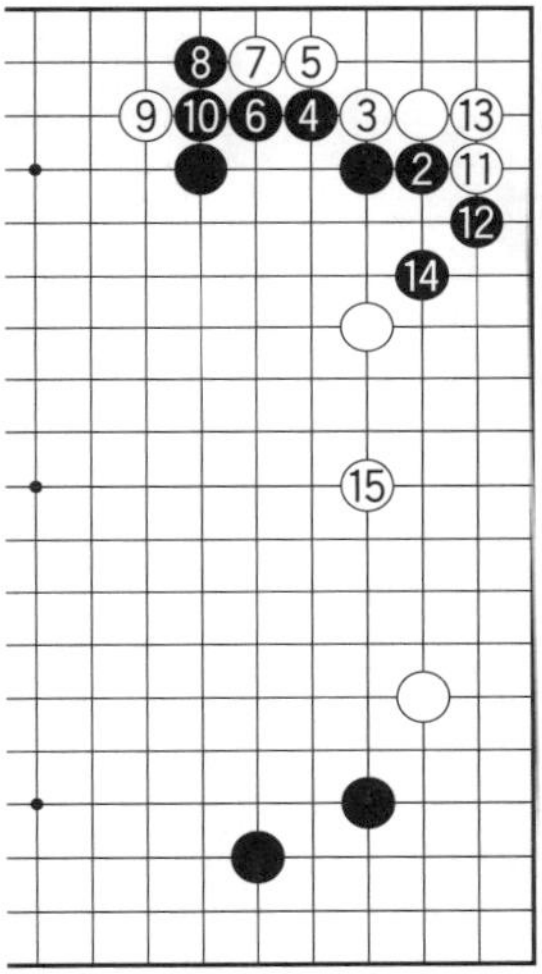

2図（黒の応手1）

3図の黒2、4がどうなるでしょうか…
4図、白5以下は△が裂かれ形になり最悪です。白5では…

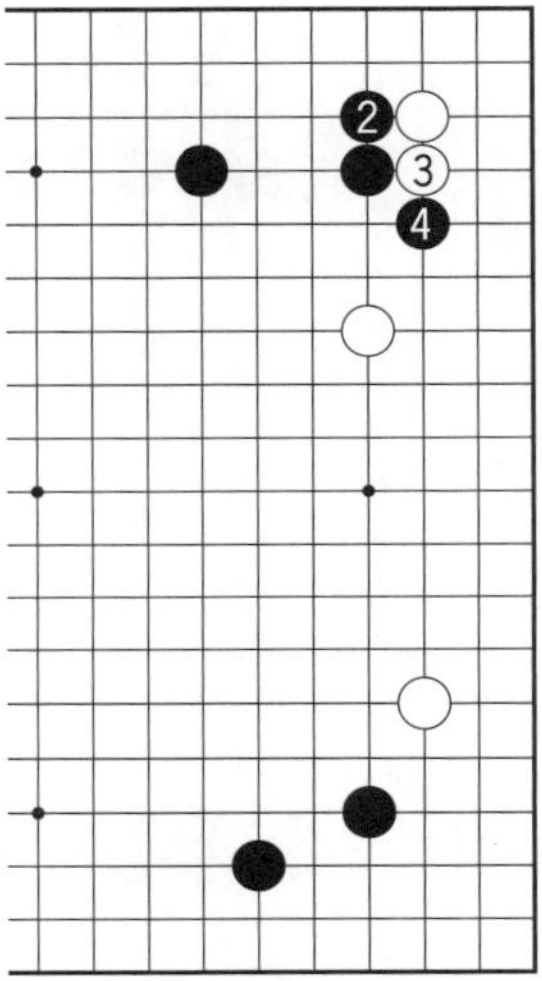

3図（黒の応手2）

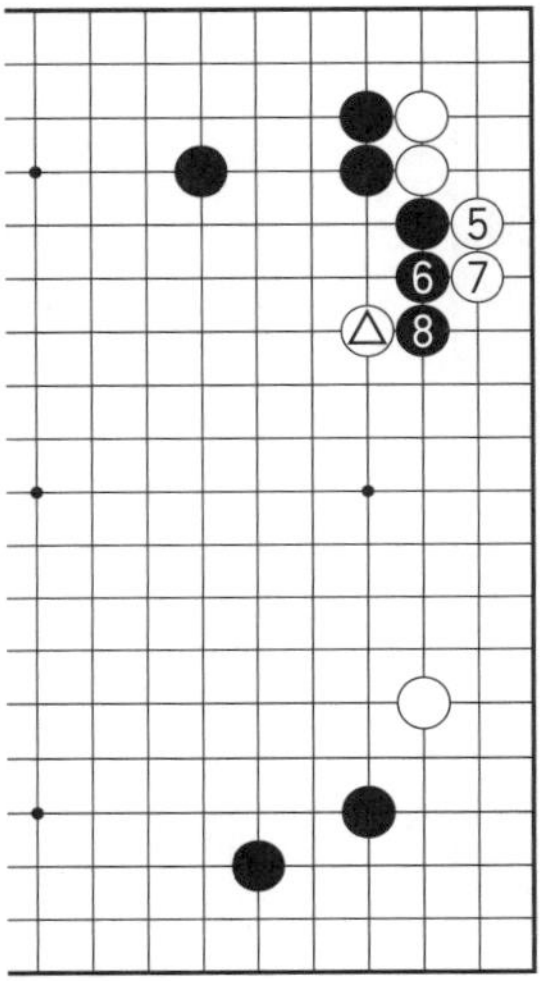

4図

5図の白1と切る一手です。黒2、白3と険しい戦いになります。続いて…

6図の黒6の進出が好手です。▲が一間ウケの場合と同じ要領です。

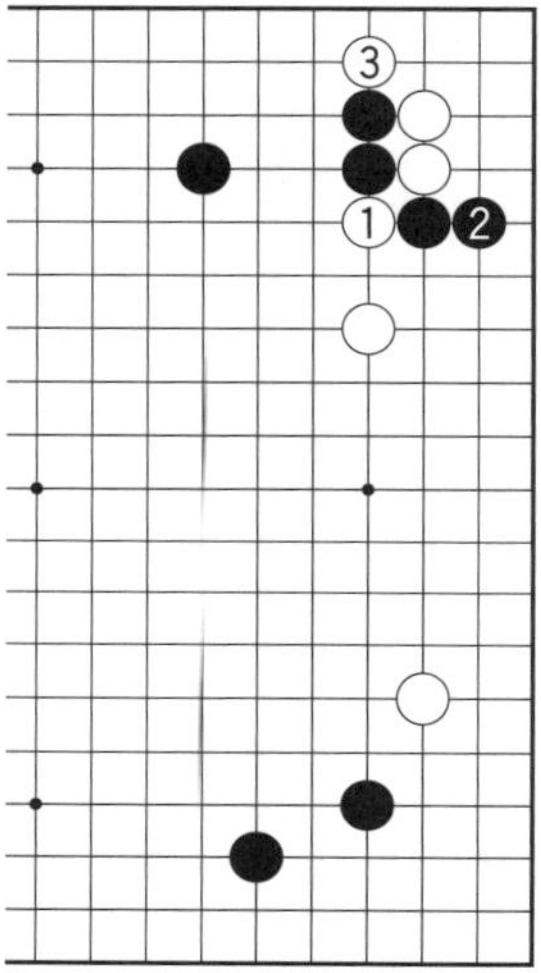

5図

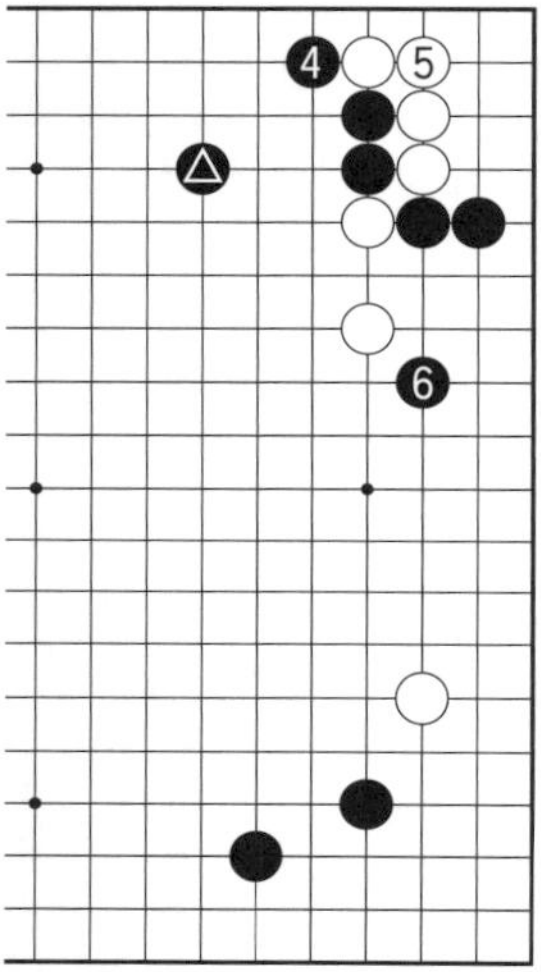

6図

7図、白7から隅は生きますが、黒16まで黒の外勢が勝ります。

白7で、**8図**1のツギで白aを狙うと…

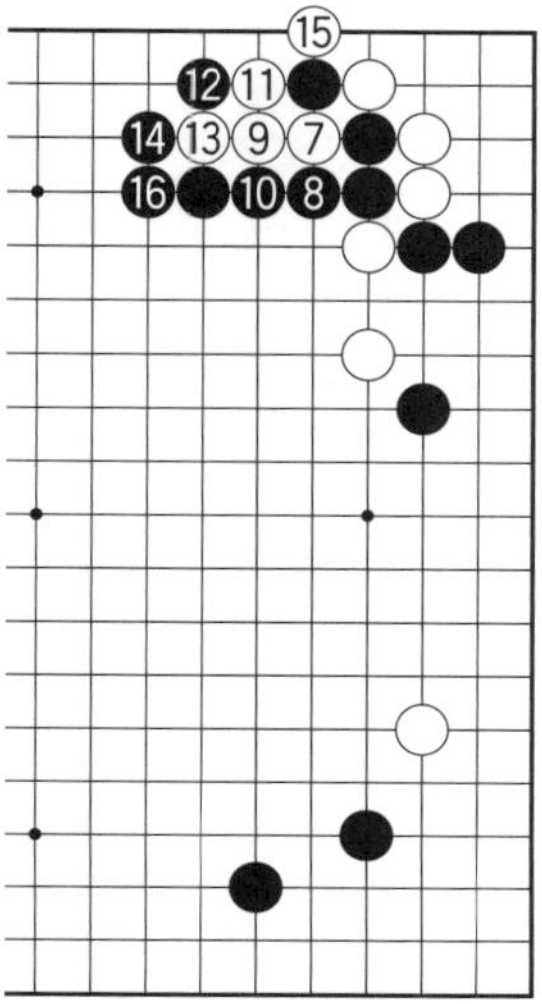

7図

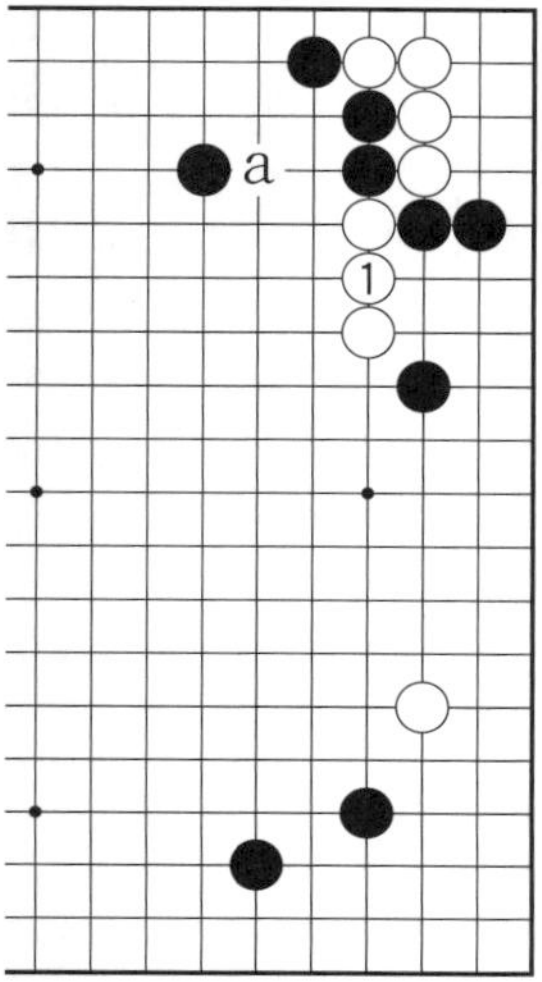

8図

9図、黒2の守りが必要です。そこで白3はどうなるでしょうか。

10図、黒4から接近戦になります。黒12が好手で、白失敗です。

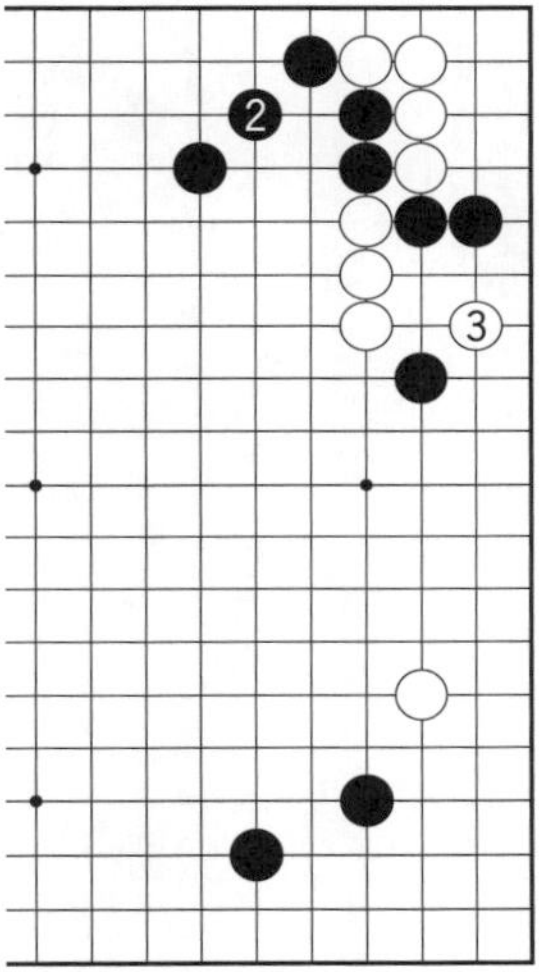

9図

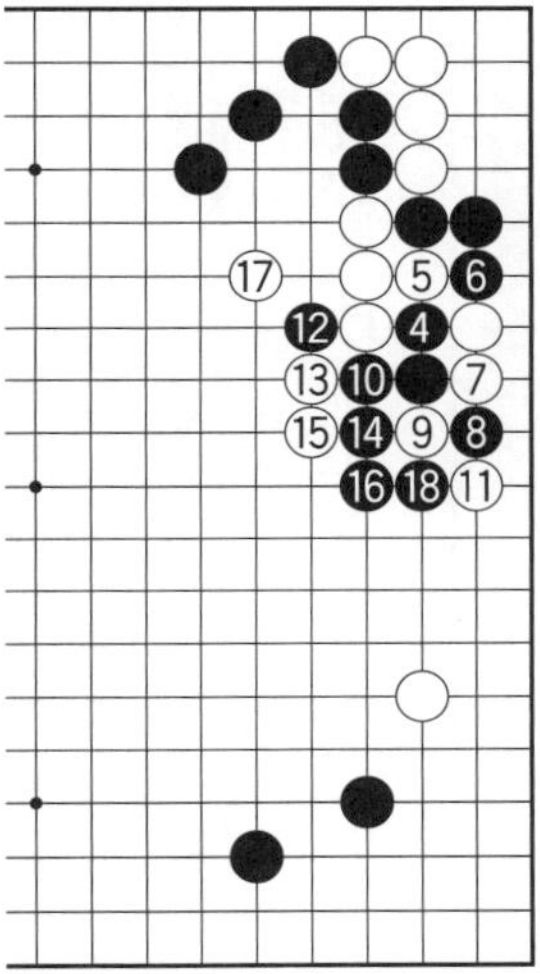

10図

9図の白3では、**11図**の1、3が正着です。続いて**12図**の黒4なら白5、7で2子を取り成功でしょう。黒4では…

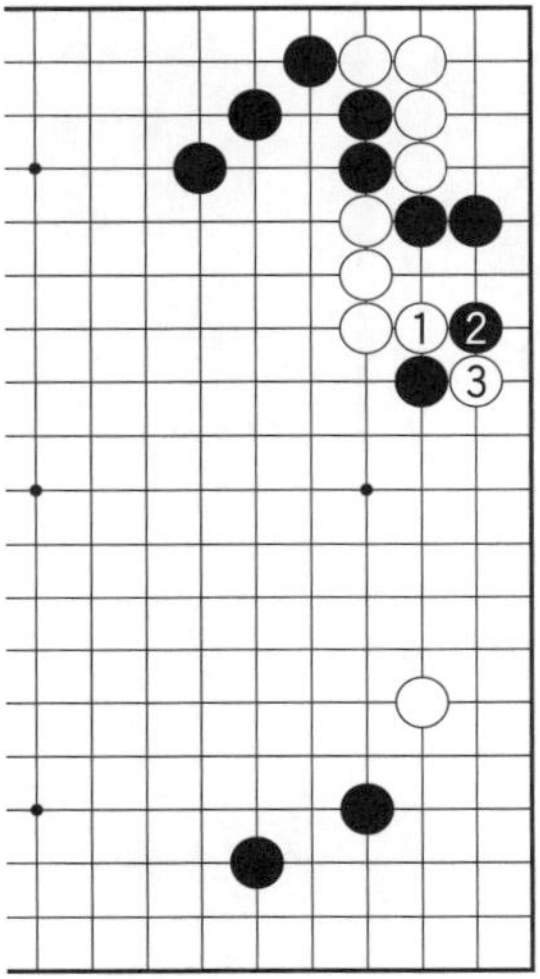

11図

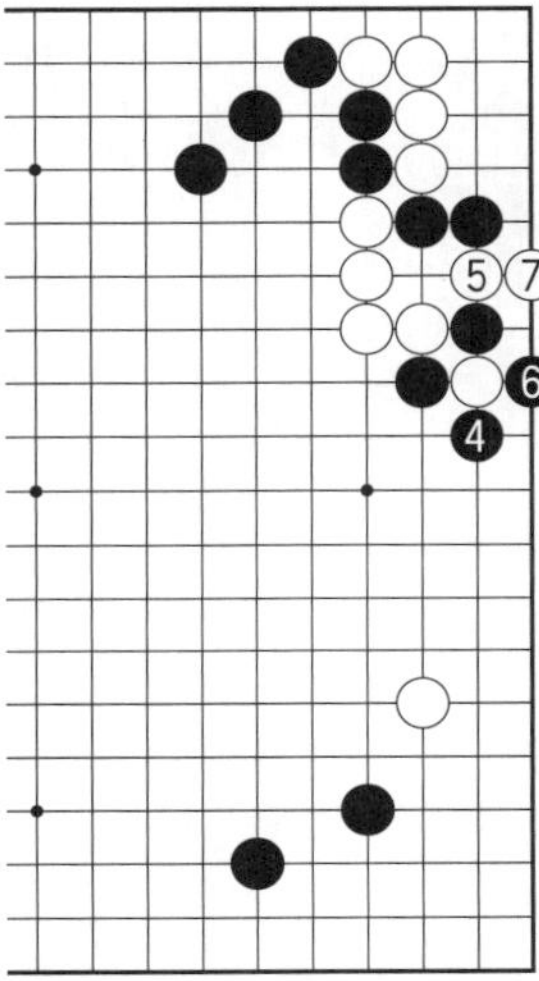

12図

13図の黒1とツギ黒5、7が攻め合いの好手で黒勝ちです。▲はシチョウアタリで活用出来るので、黒良しでしょう。

14図、▲とオサえられた時、白1からの攻め合いはどうなるでしょうか。続いて…

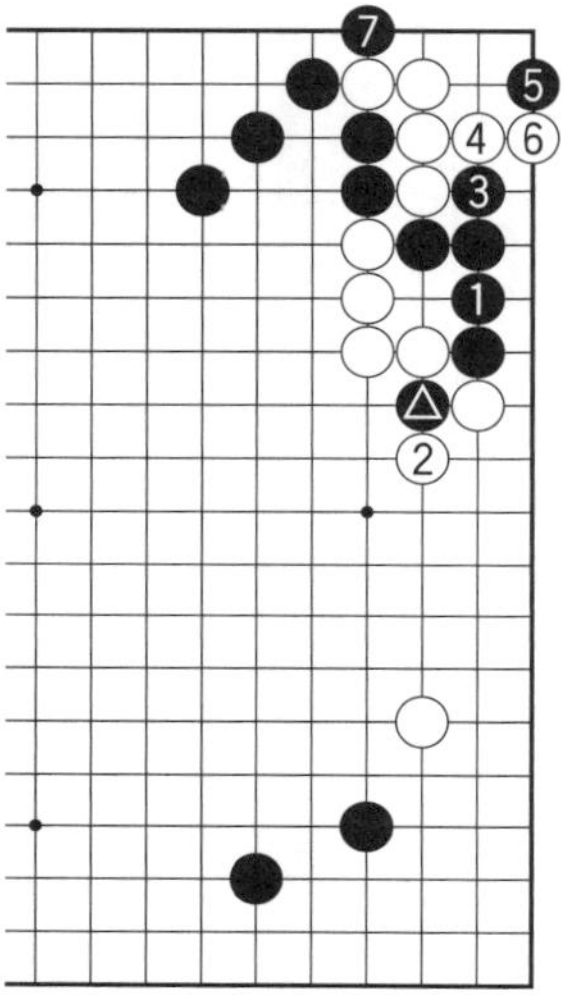

13図

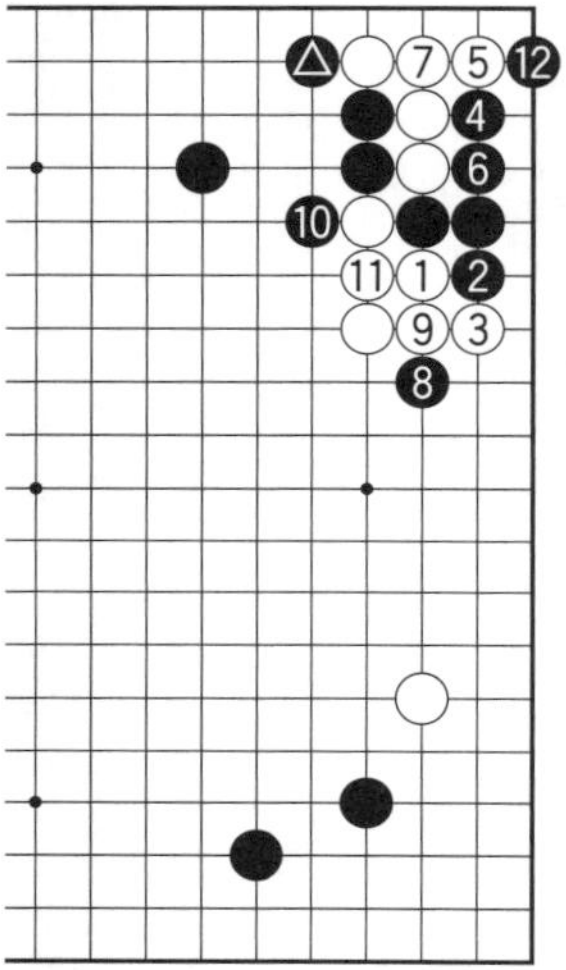

14図

15図、白13、15と粘り、この攻め合いは非常に難解です。この図は白一手勝ち。しかし、黒18で**16図**の1が好手です。白2、4では黒5が決め手で、眼あり眼なしの形。白が取られてしまいます。

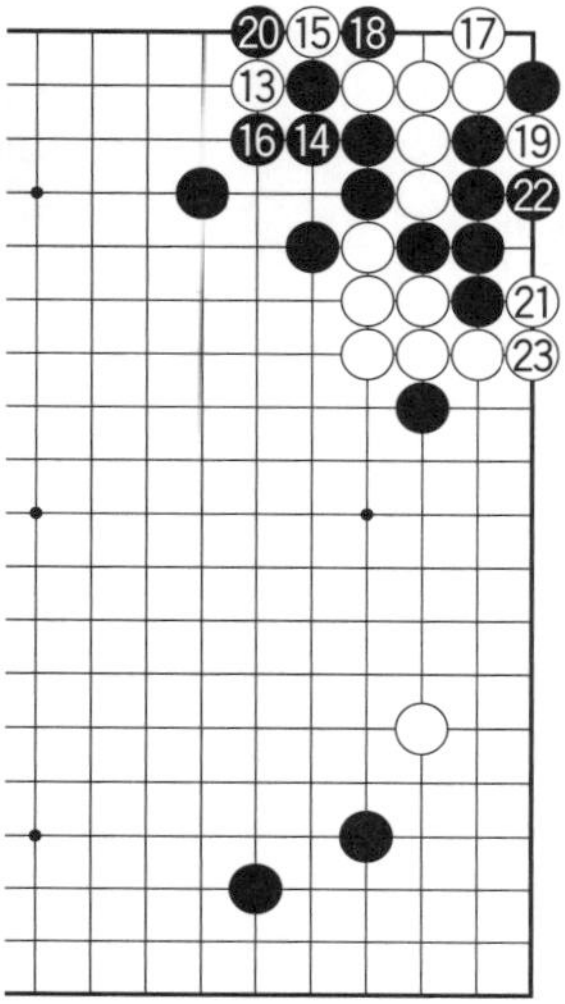

15図

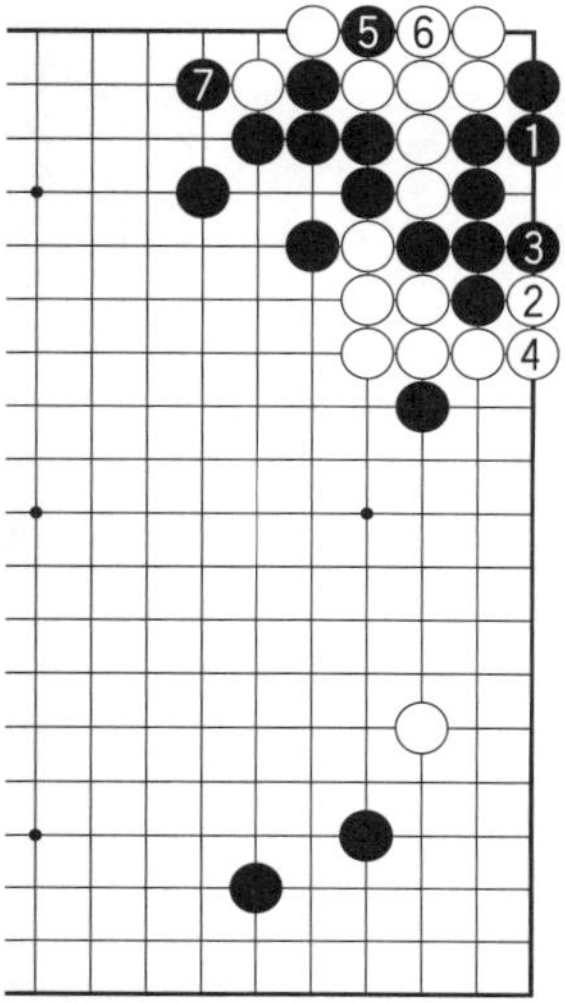

16図

前図の白2では**17図**の1が急所で、以下白先手ゼキになりますが…

15図の白17では、**18図**1のホウリコミを打つべきです。続いて…

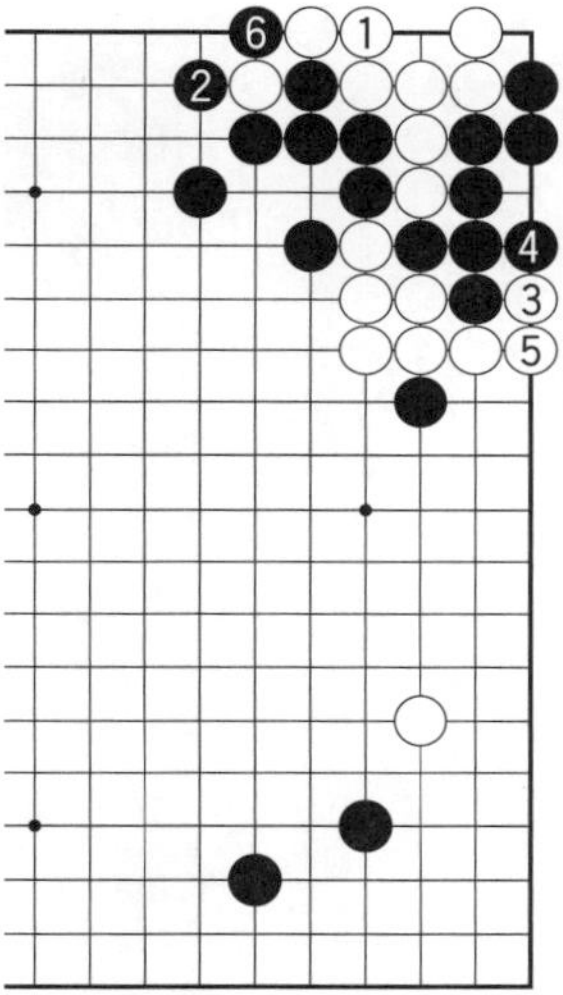

17図

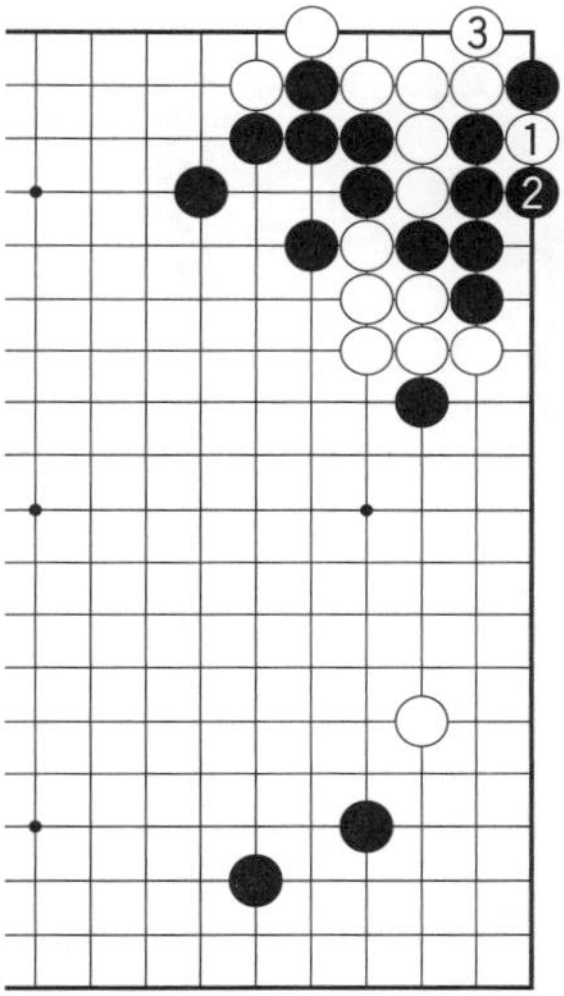

18図

19図、黒4と眼を持ちますが、白5から9がしぶといです。

20図、結局白19からのシチョウが成立するかどうかが大問題です。

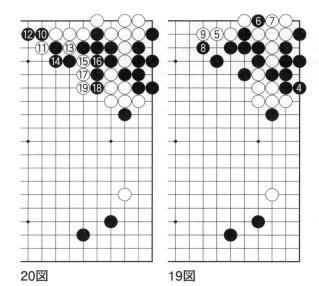

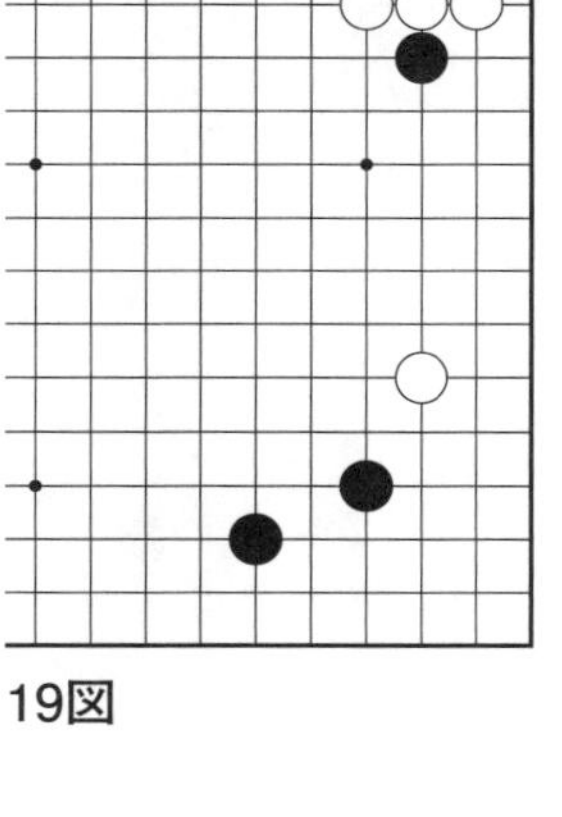

19図

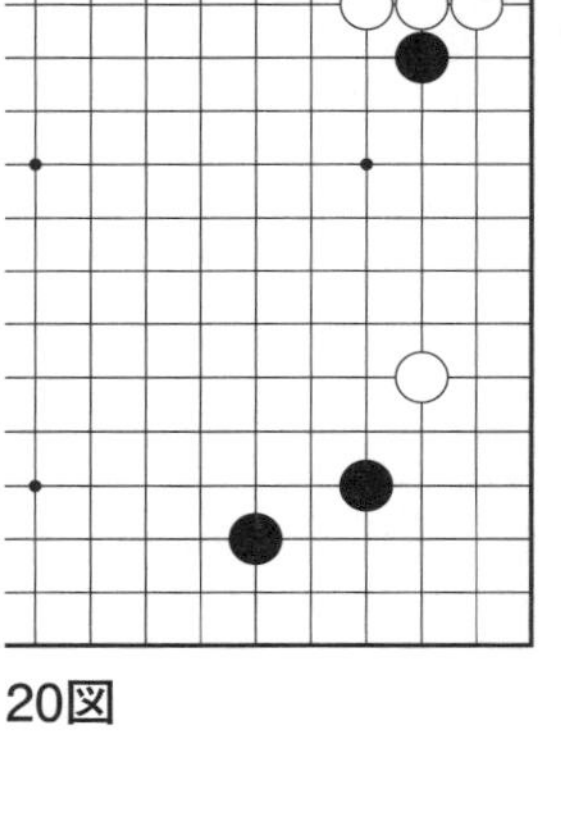

20図

21図、白は前図の白11で1と脱出することも可能です。いずれにせよ黒が危険すぎますね。

15図の黒16で、**22図**の黒1と打つと白2のアタリが利き、白の手数が伸びます。黒1で…

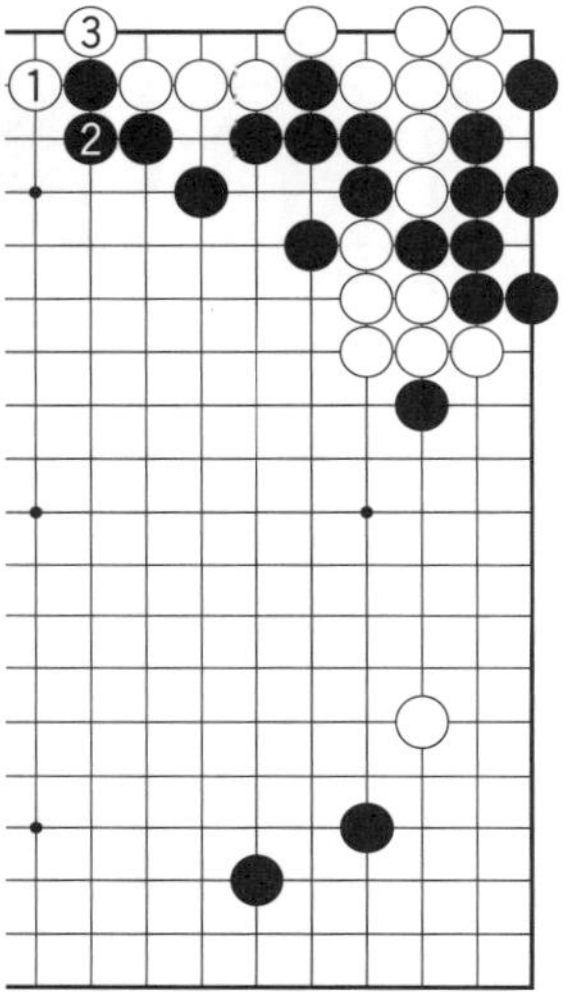

21図

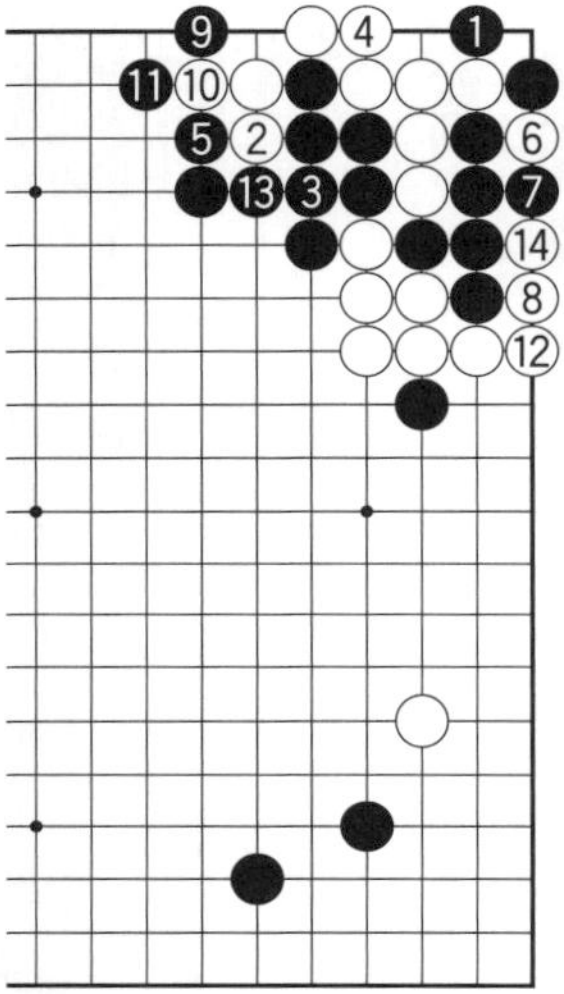

22図

23図の黒1、3とホウリ込めばコウ争いが始まります。

24図、黒はコウ立てが無いので、黒5と一旦ツギます。

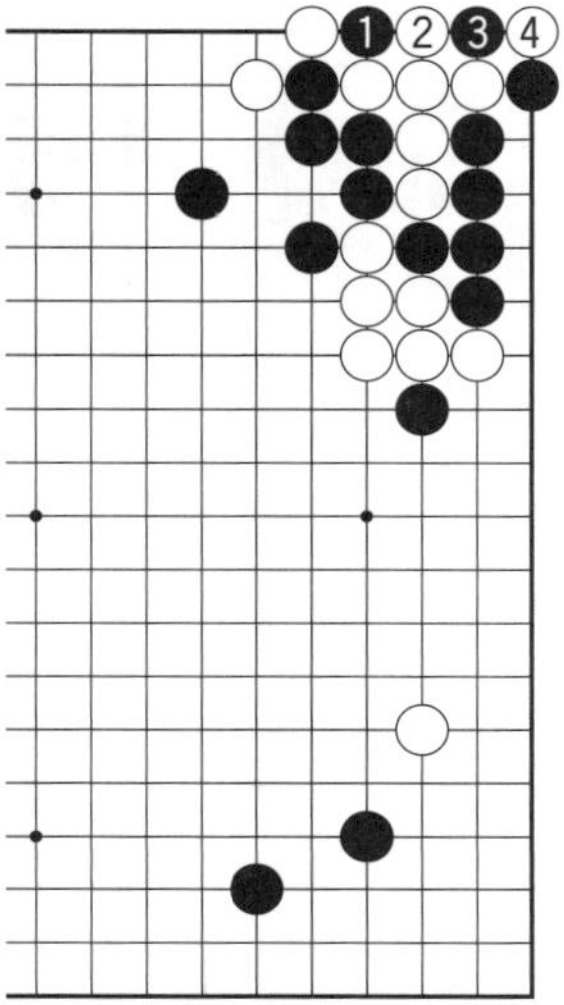

23図

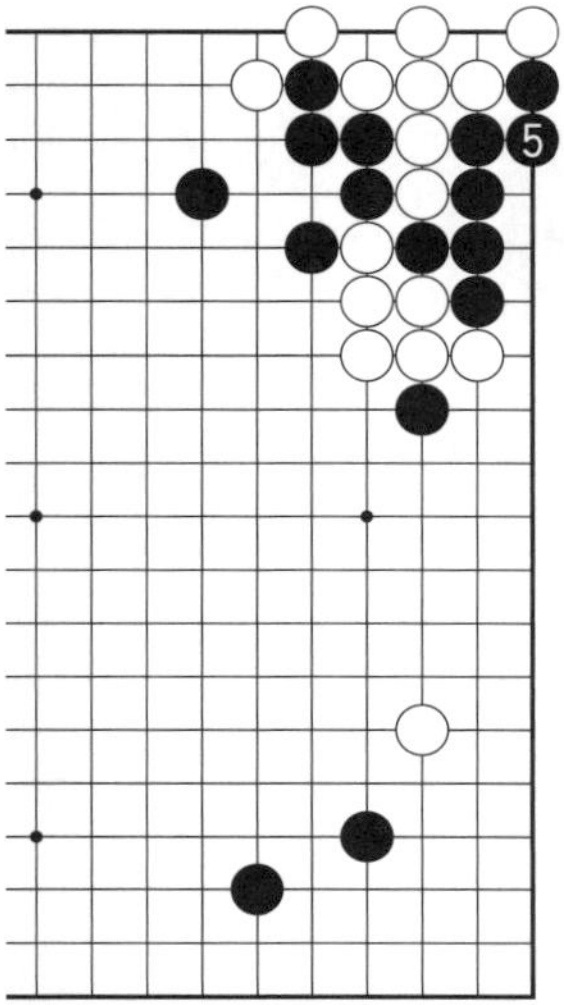

24図

25図、白6が気持ちの良いアタリで、このコウ争いは白やれそうです。

26図、黒11と解消しても黒地は15目程度で、それ程大きくはありません。白10、12の連打が勝ります。

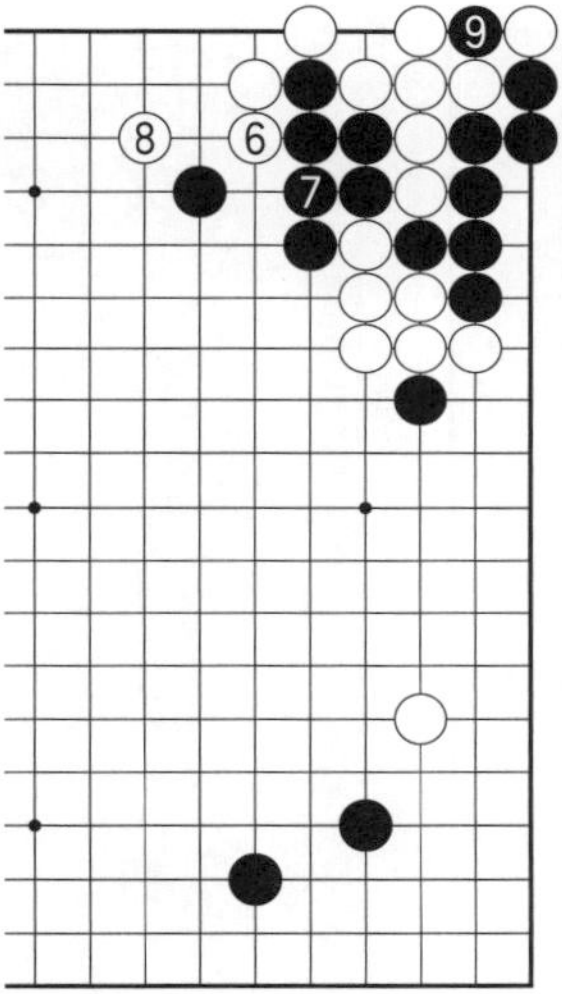

25図

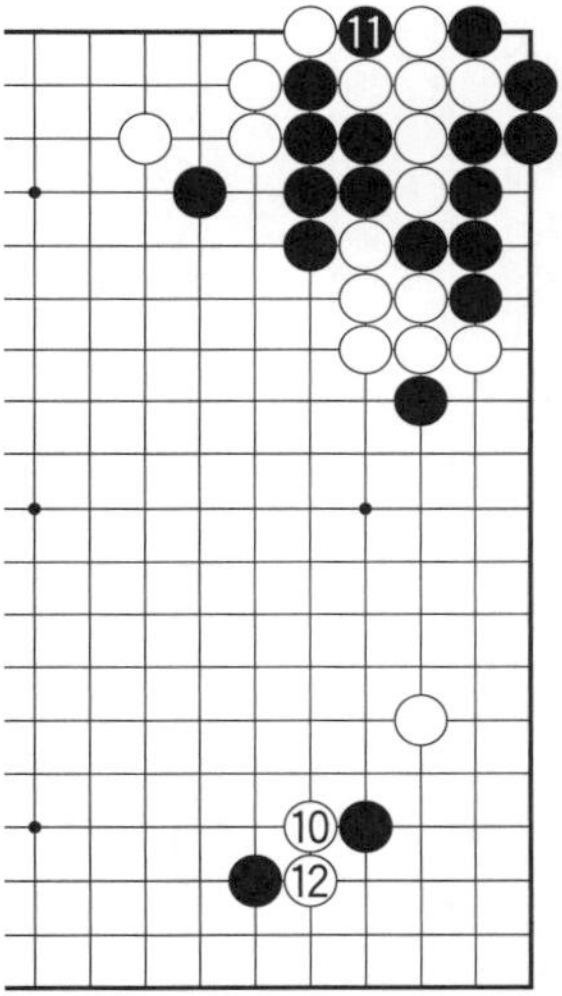

26図

23図の黒3は、**27図**の黒1が正着です。白2まで、隅はお互い一手では解消出来ない複雑なコウです。うわ手には歓迎ですね。

28図、二間の腰高をついて白5と低空飛も狙い。この場合は、この位置が一番良さそうです。

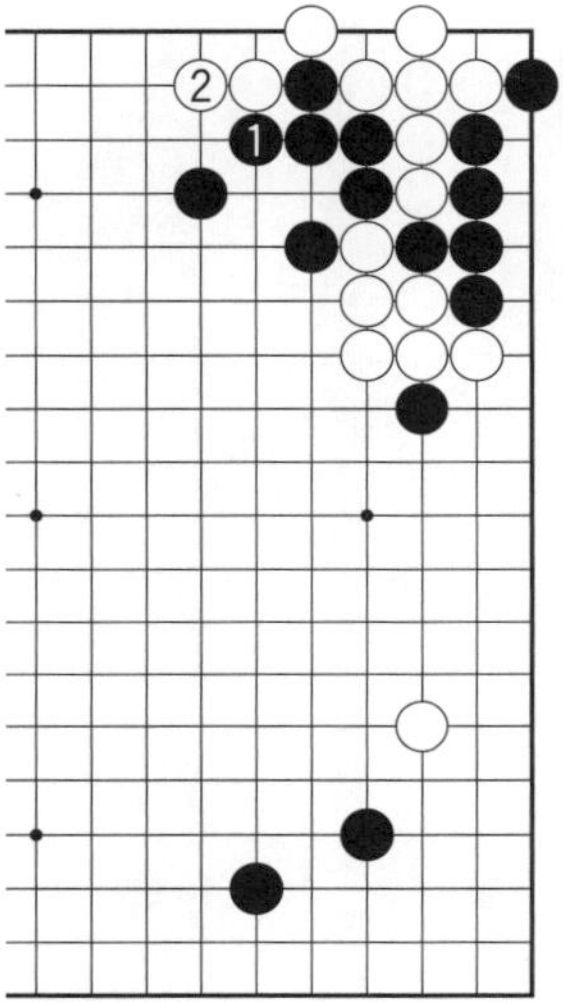

27図

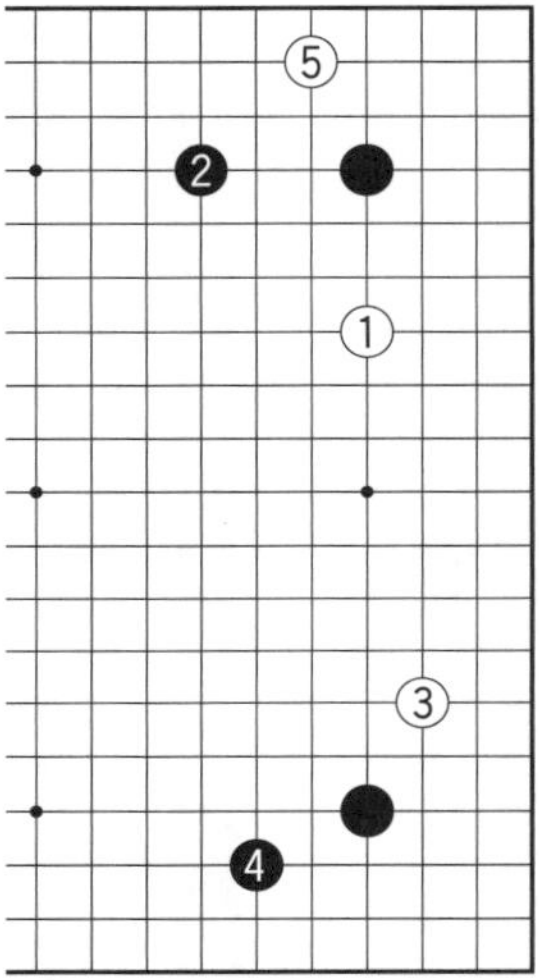

28図（白の候補2）

29図の黒2と隅を受ければ、白3の進出がピッタリの好形になります。

30図の黒2なら白3のワリ込みが強手です。続いて…

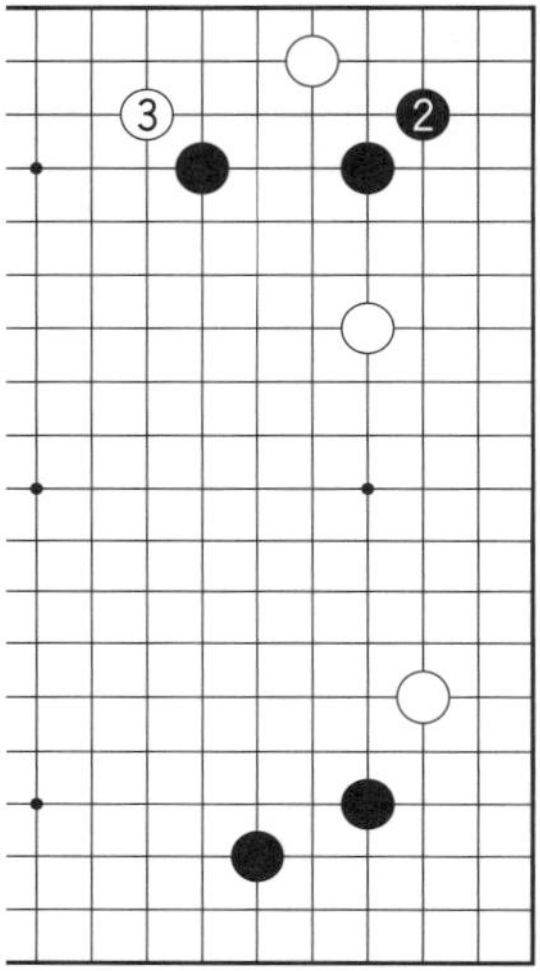

29図（黒の応手1）

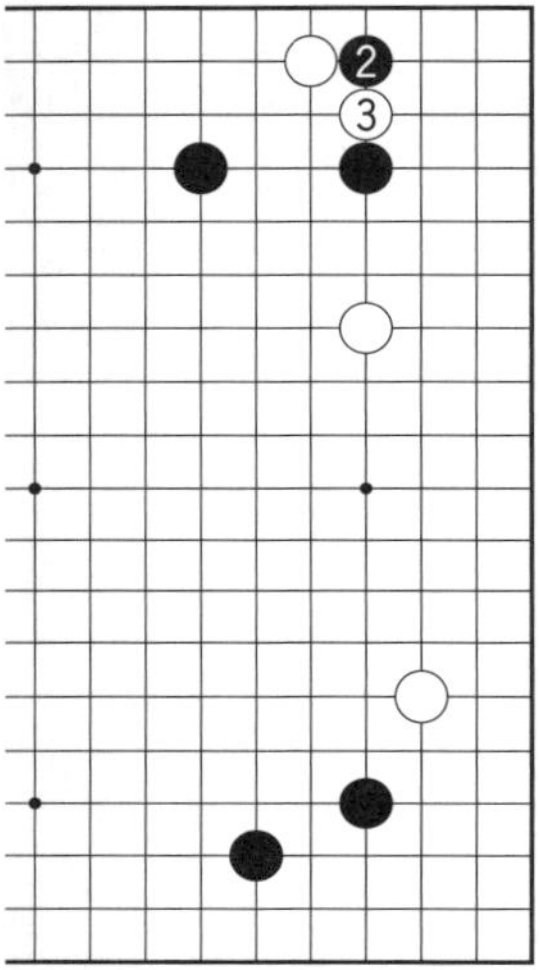

30図（黒の応手2）

31図、黒4、6なら白7から分断すれば白成功です。

黒8で、**32図**の1は強手ですが、白2、4で前図と大同小異です。

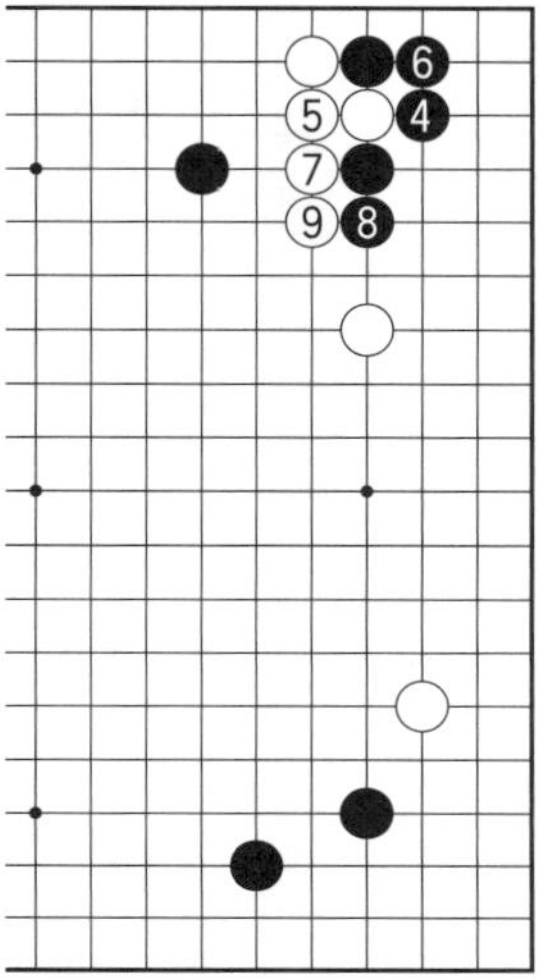

31図

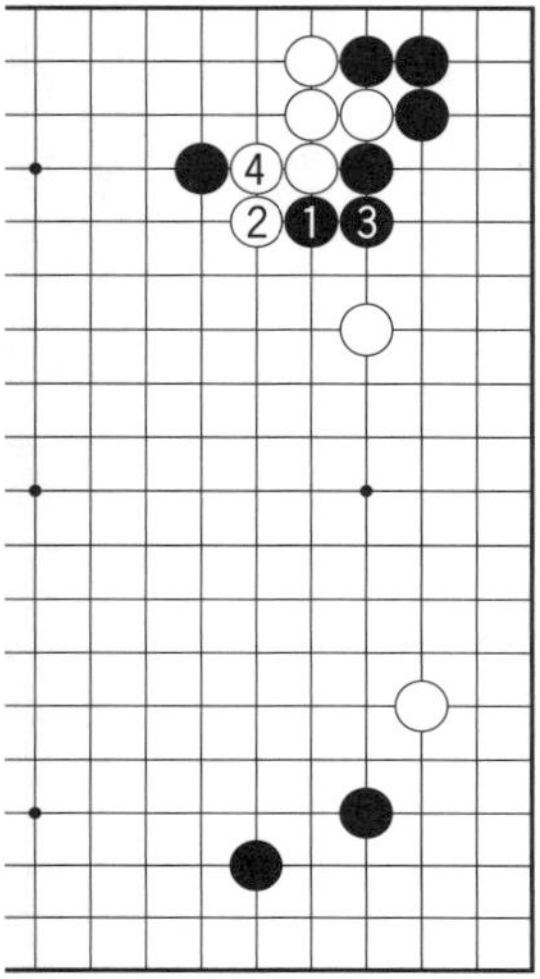

32図

33図の黒1のコスミには白2、4、6と細心の注意を払った手順で生きます。黒はaの弱点を守る必要がありますね。白6で、うっかり**34図**の白1と打つと、黒2、4で白は後手を引きます。164ページの42図と同じです。

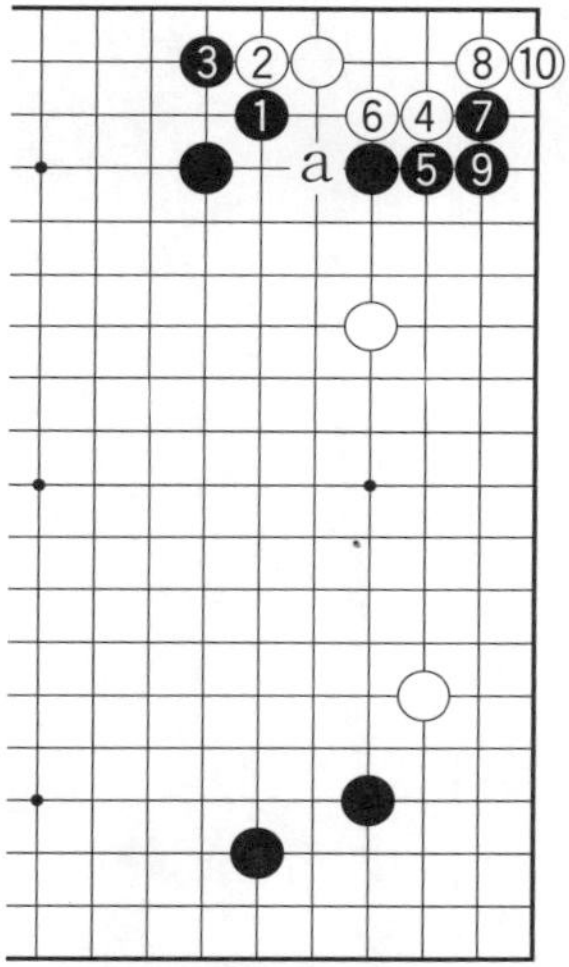

33図（黒の応手3）

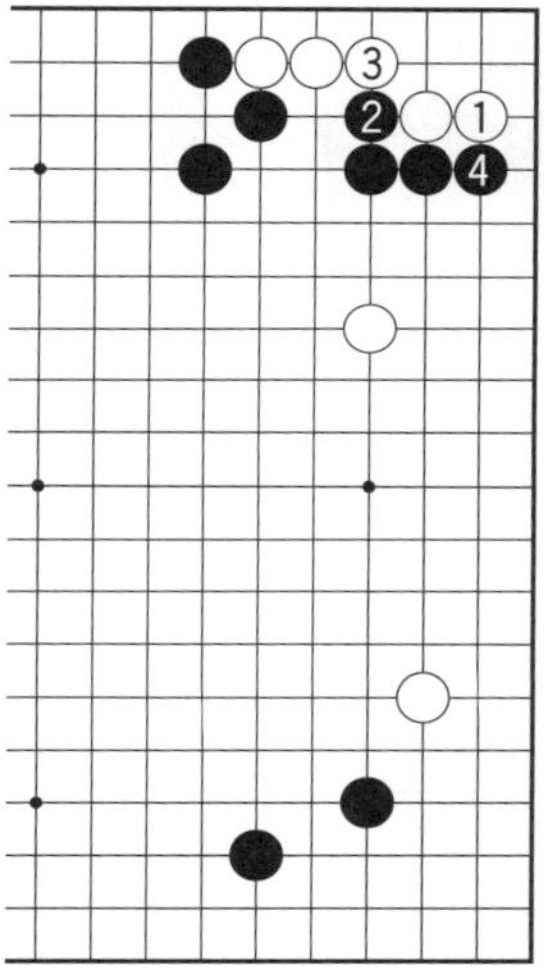

34図

33図の黒7で、**35図**の1なら先手で生きて、白14に回ります。

と言うことは、**36図**の黒1に対しては…

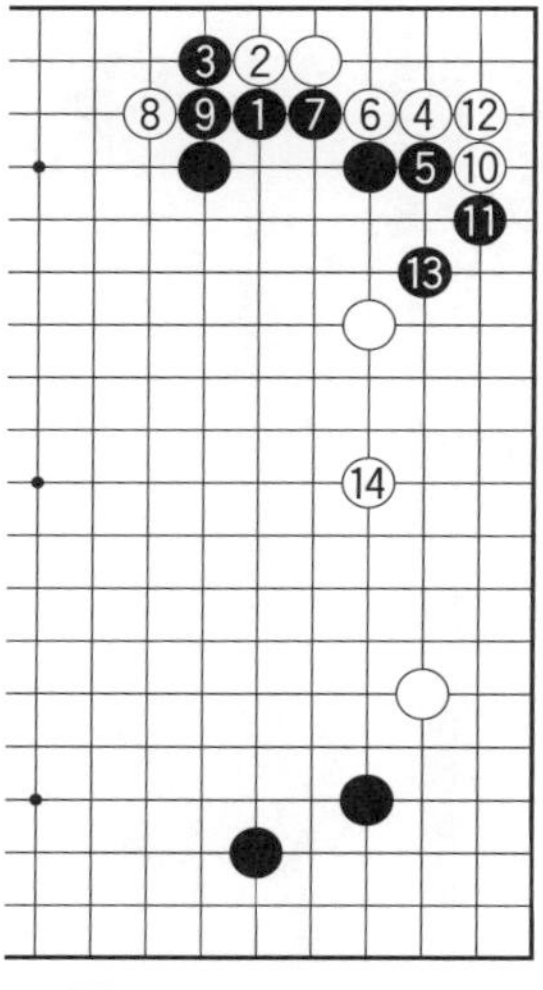

35図

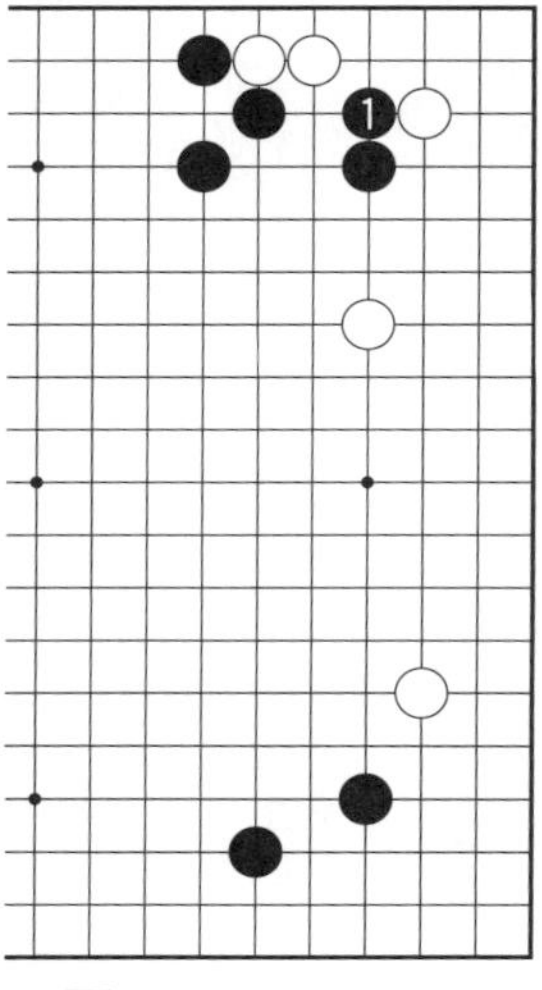

36図

37図の白2と手拍子で受けると失敗です。
38図の白2とこちらに変化するのが好手です。後に白aやbを楽しみにします。

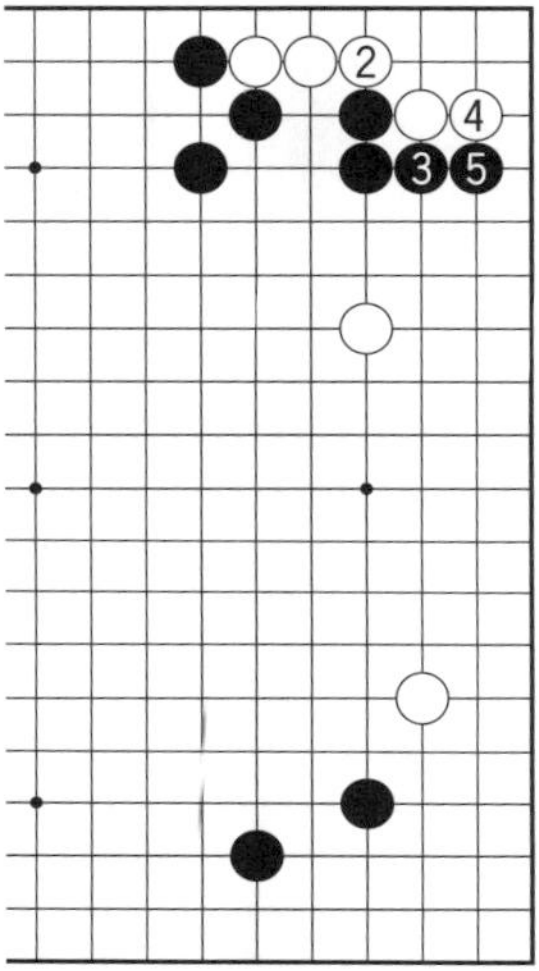

37図

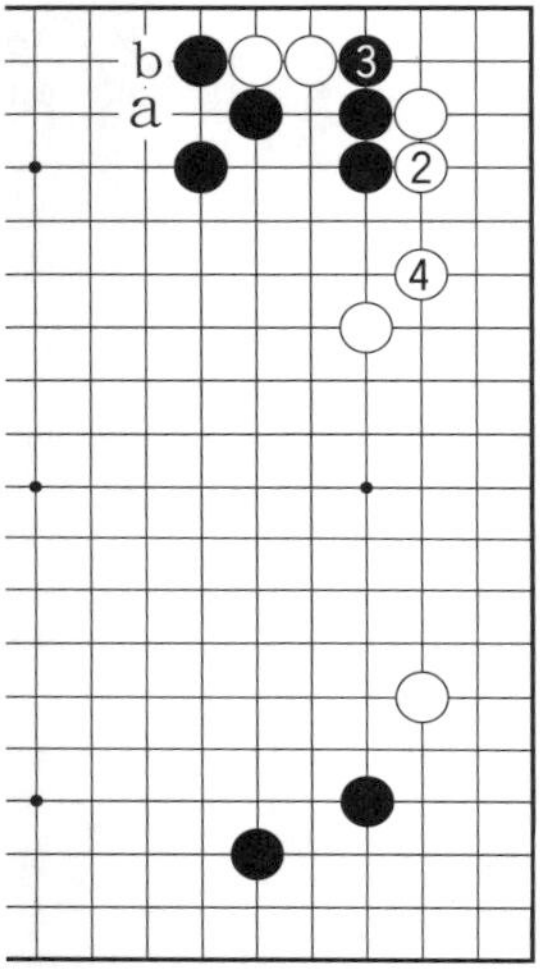

38図

最後に、39図黒1のコスミツケです。
40図の白2の三々入りで、35図に戻ります。

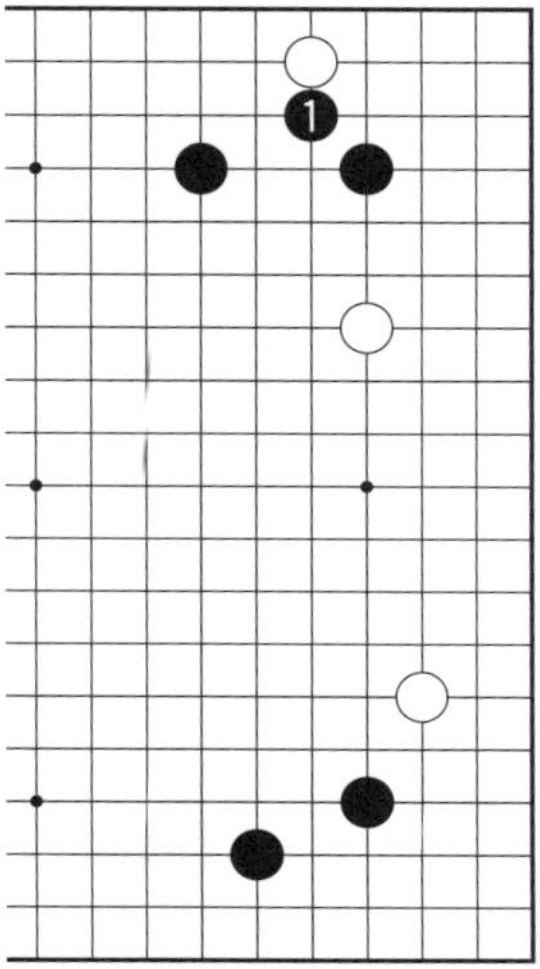

39図（黒の応手４）

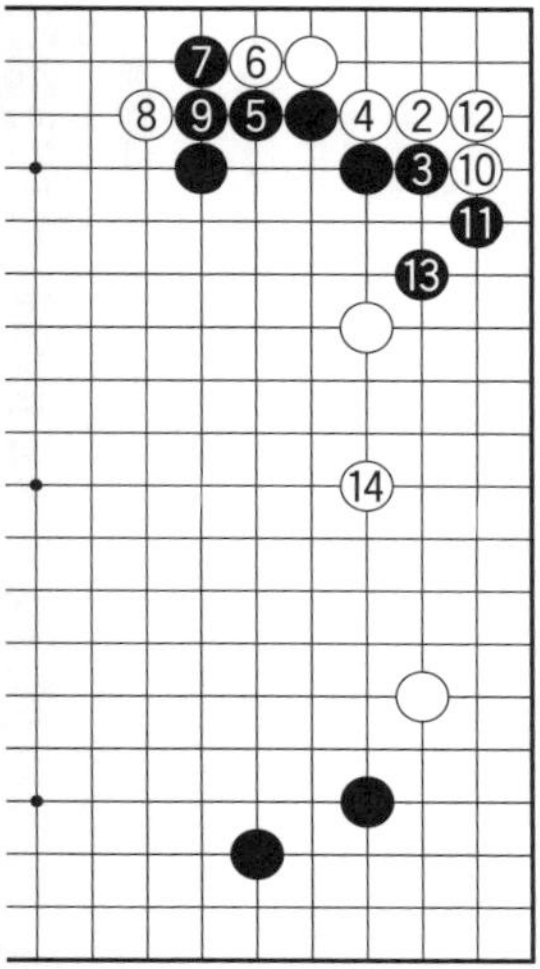

40図

前図の白4は**41図**の1からの生きが、もっと荒稼ぎ出来ますね。黒2で…

42図の黒1には白2が好手です。白4と突き破って成功です。

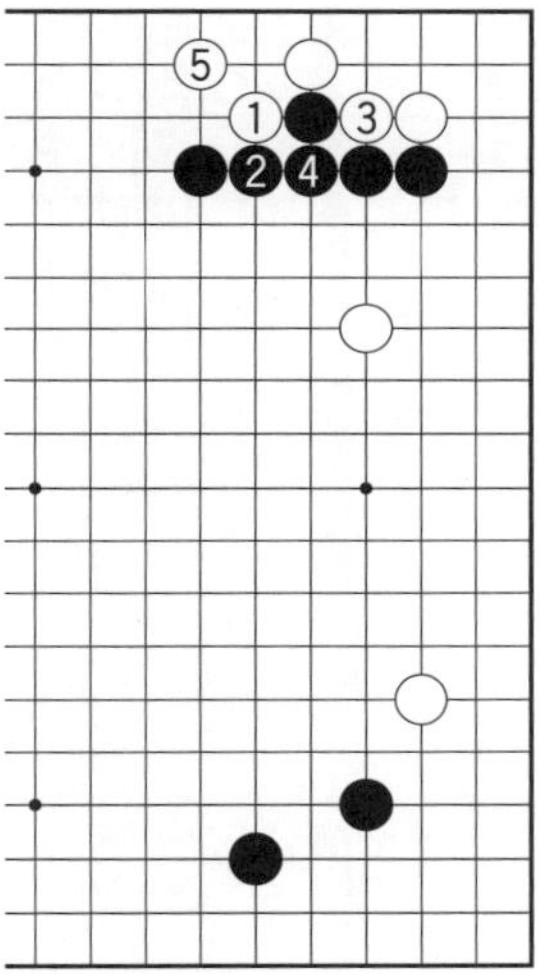

41図

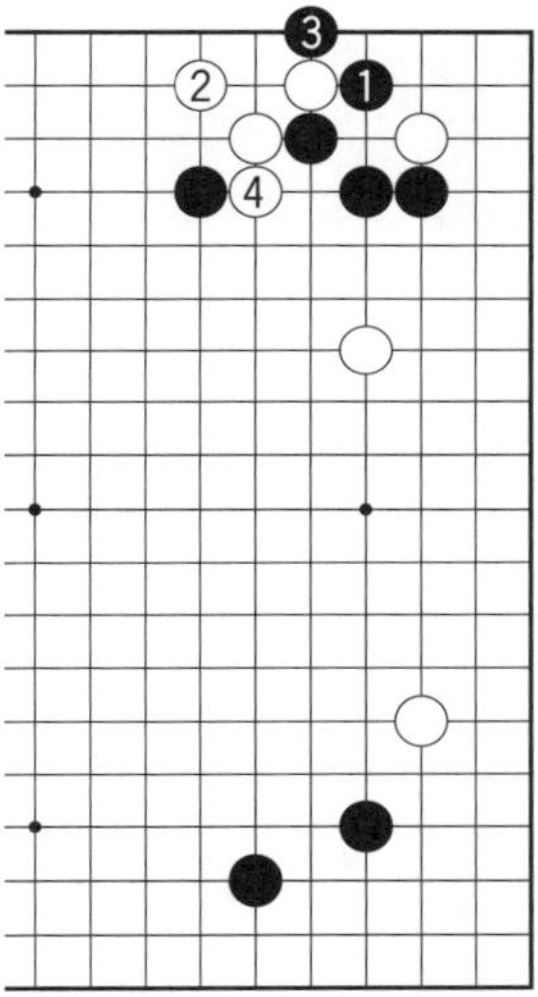

42図

43図、白1の地点に潜るのは黒2以下受けられて、■が良い位置にいて働いてきます。

44図の潜入はもっと頂けません。黒2と受けられて、打つ手なしです。■が見事に邪魔しています。

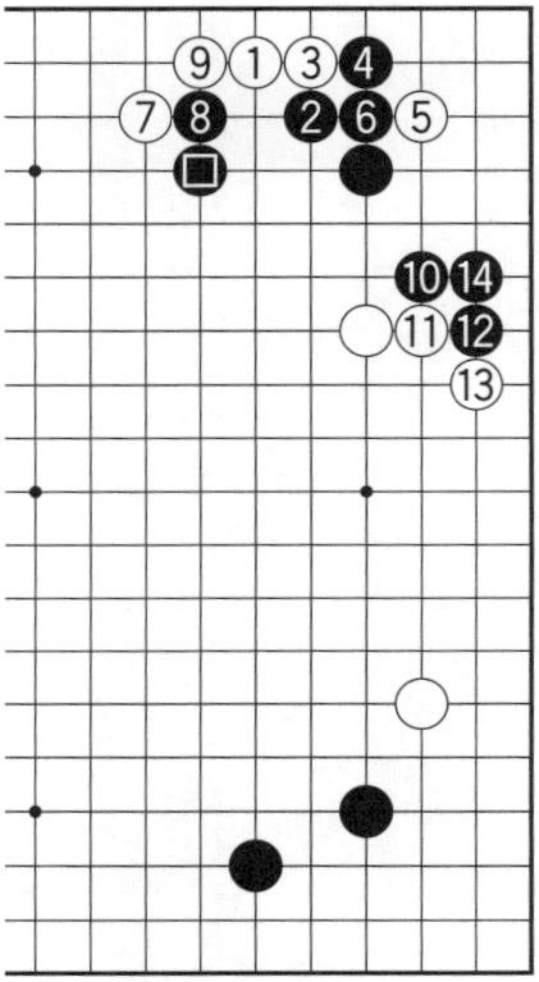

43図（白の候補３）

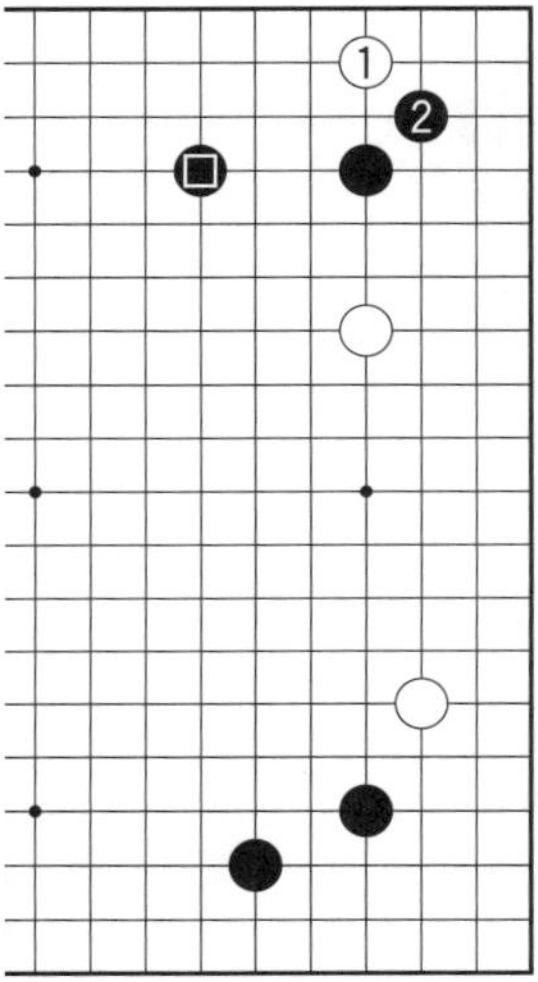

44図（白の候補４）

【小テーマ図4】大ゲイマ受け

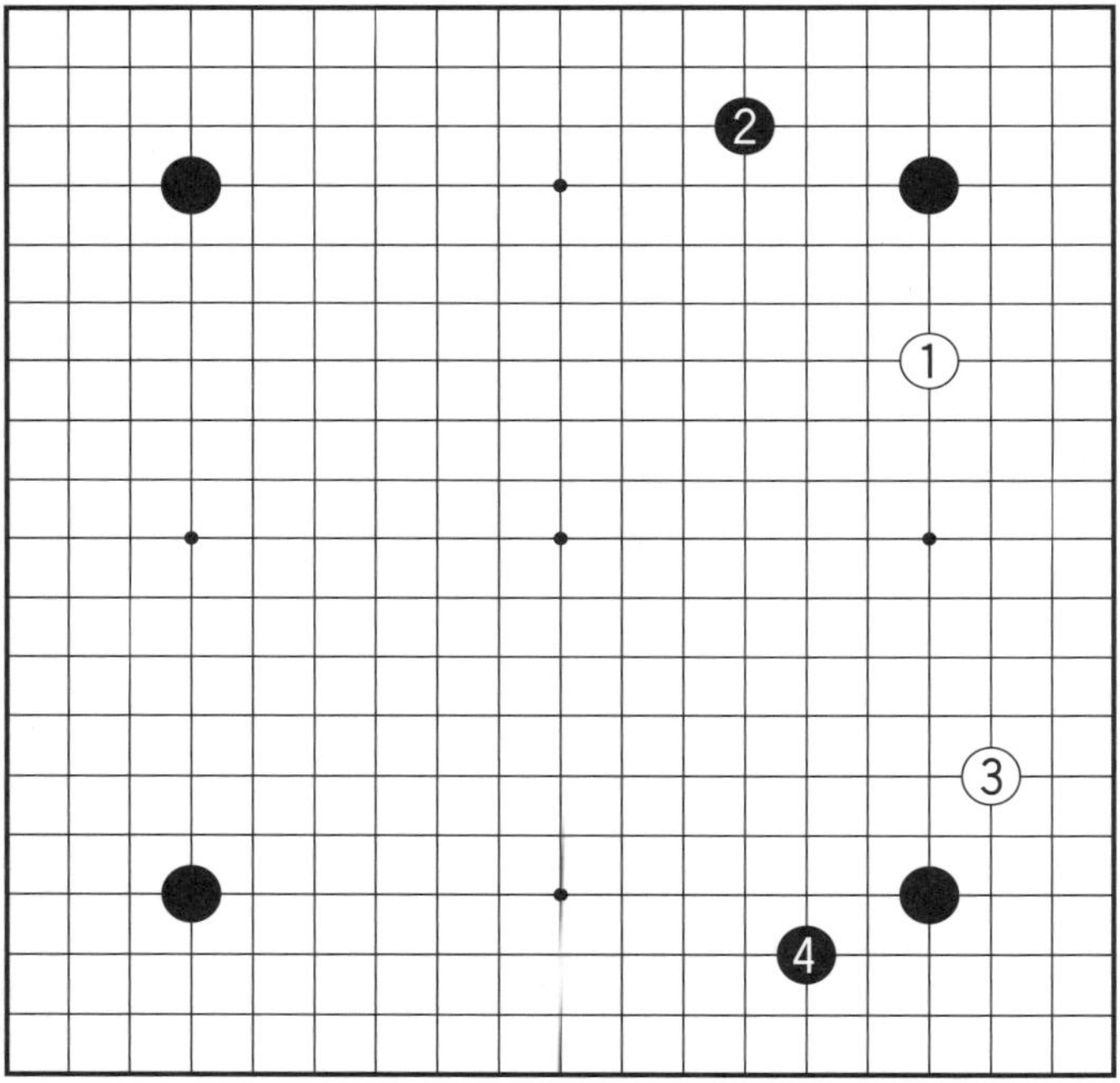

今度は黒2の大ゲイマ受けです。これは中々優れた手です。

1図、白1、3のツケヒキなら、黒4あるいはaで不満なしです。
2図、仕掛けていく手は普通なら白1の三々くらいでしょうか。黒2、白3の時に黒4とノビてみます。

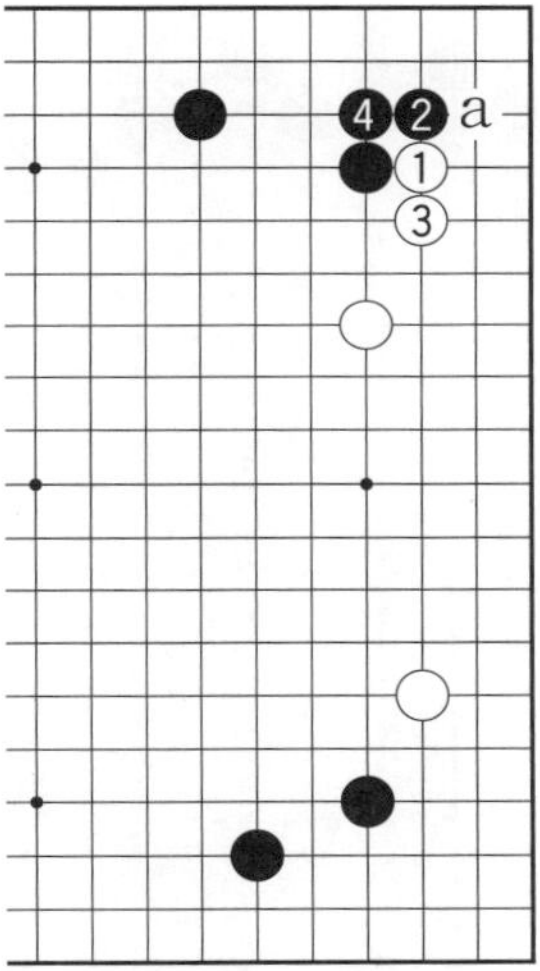

1図（白の候補1）

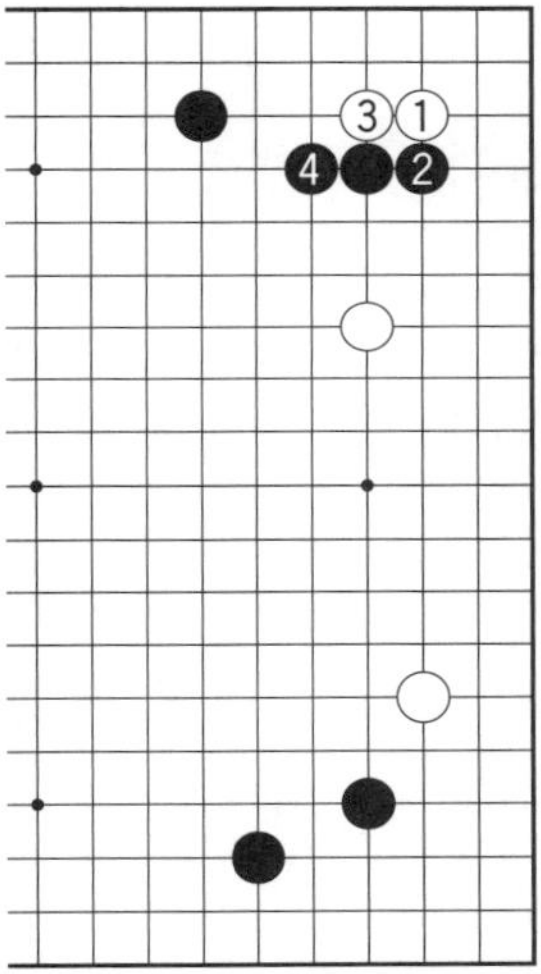

2図（白の候補2）

3図、白11まで先手で生きられますが…
4図、後に黒1、3から5で、△の腰高を咎める手があるので、黒に不満ないでしょう。

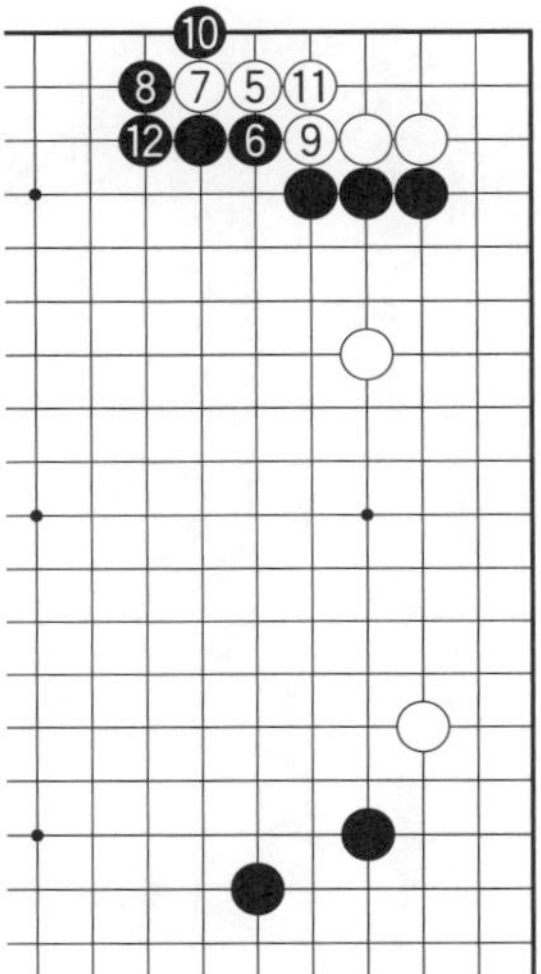

3図

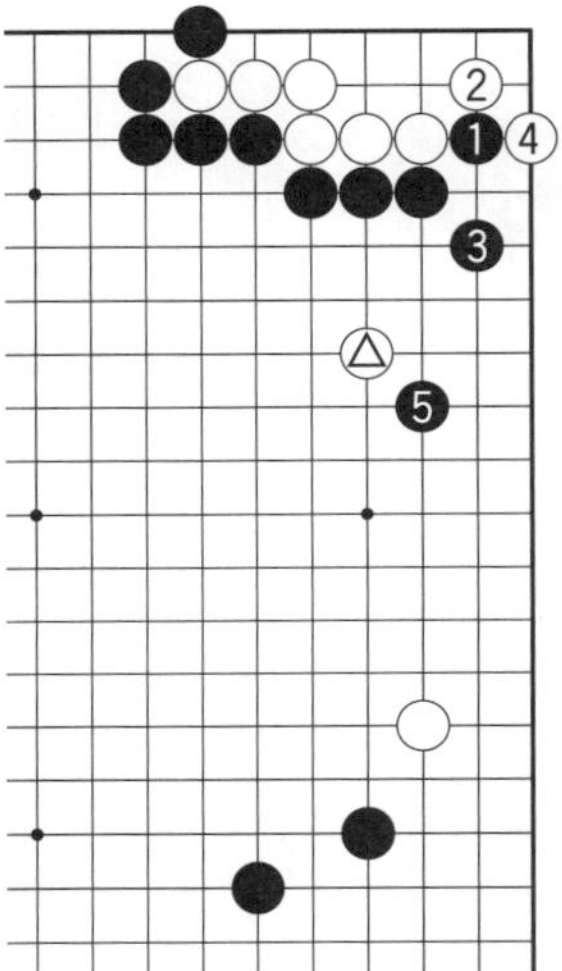

4図

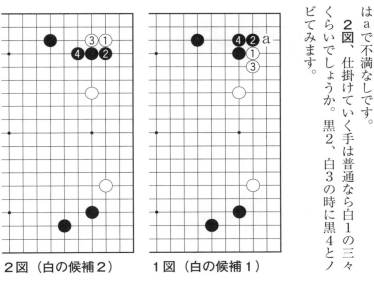

5図、3図の白9は1の方が勝るかもしれません。何故なら…

6図、黒1、3に手抜きが可能だからです。黒5のハネにも白6と受けて生きています。

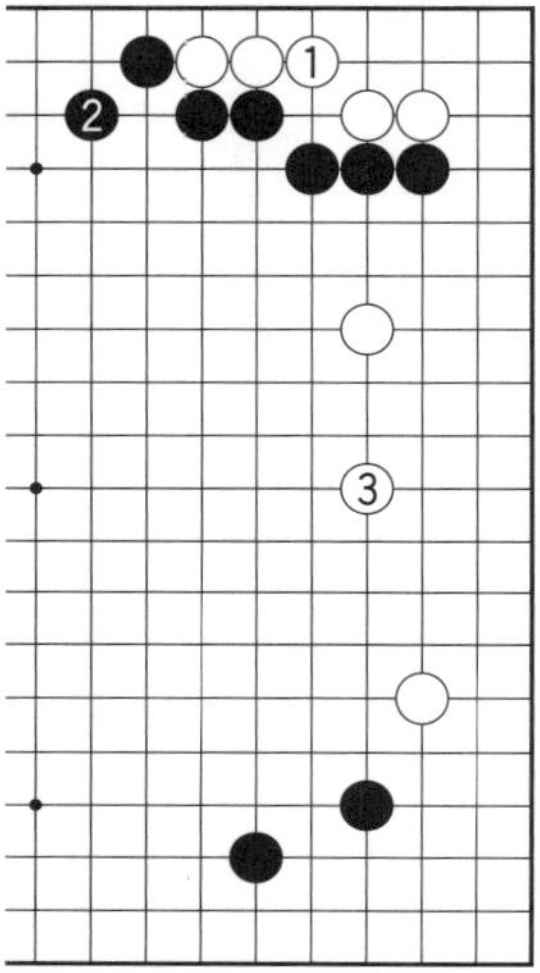

5図

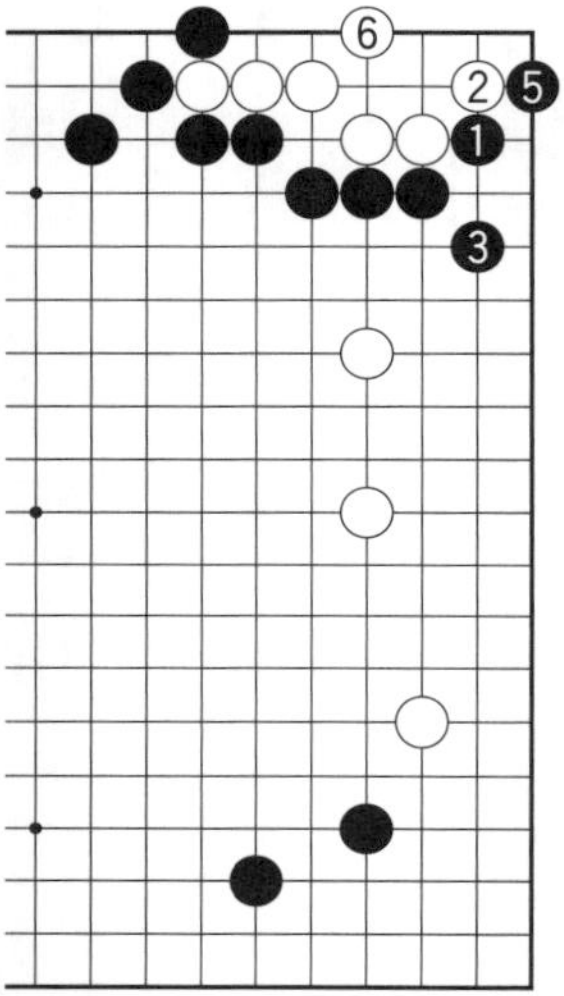

6図　④手抜き

7図、2図の黒4で1とオサえるのは得しません。かえってaの切りが残ります。

8図、以上を踏まえて白1とツケてみましょう。

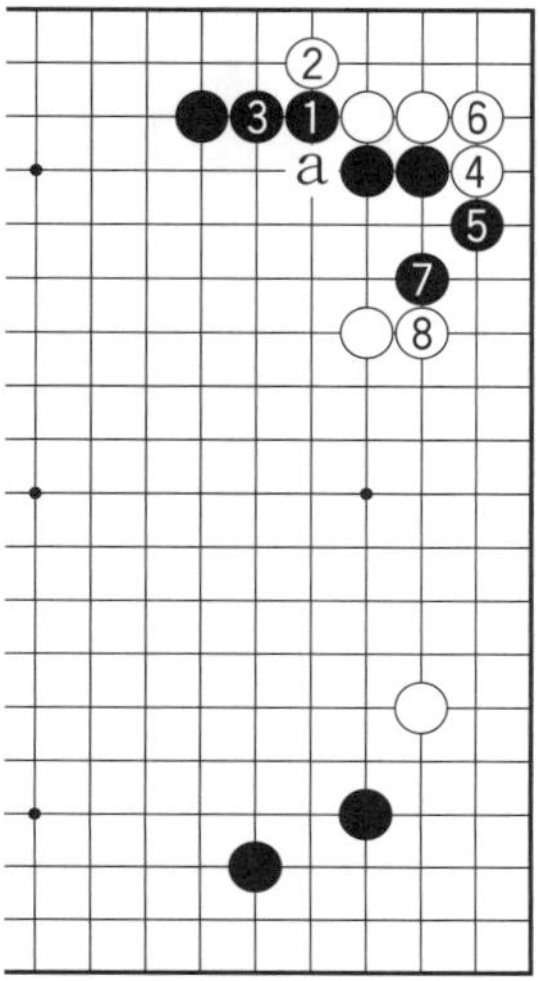

7図

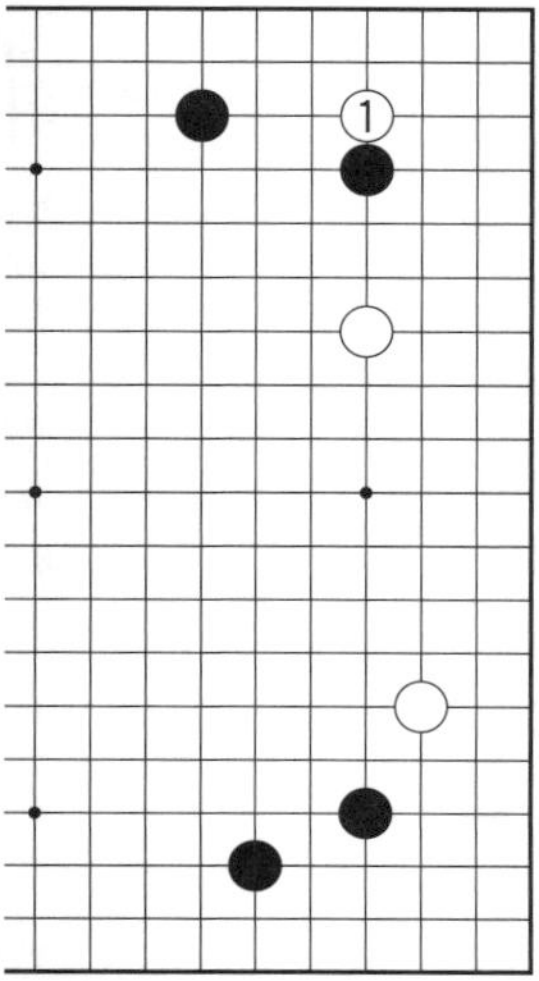

8図（白の候補3）

９図の黒２とオサえると、７図に戻りますね。**10図**、黒２からのオサエだと、白７、９とツケヒキ、白11まで。黒はａの傷を守る必要があります。

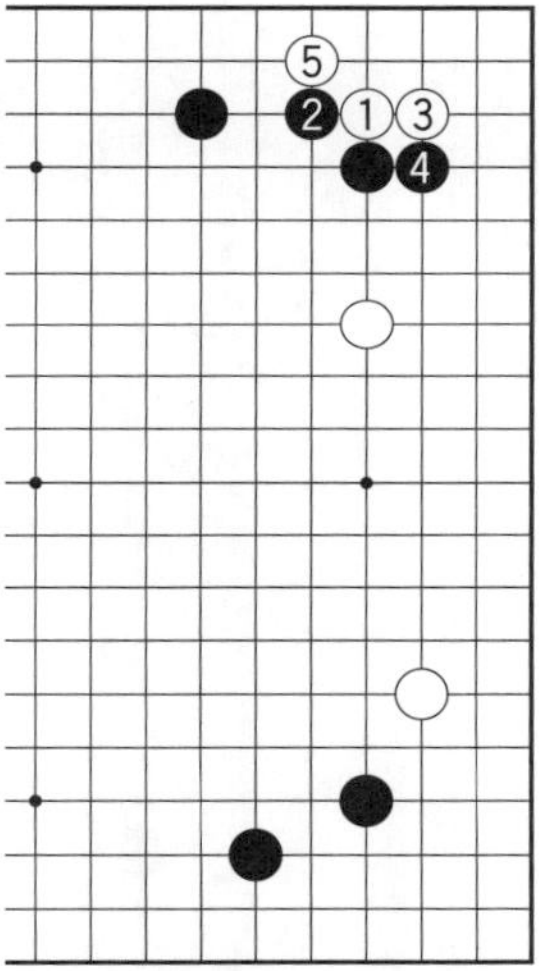

９図（黒の応手１）

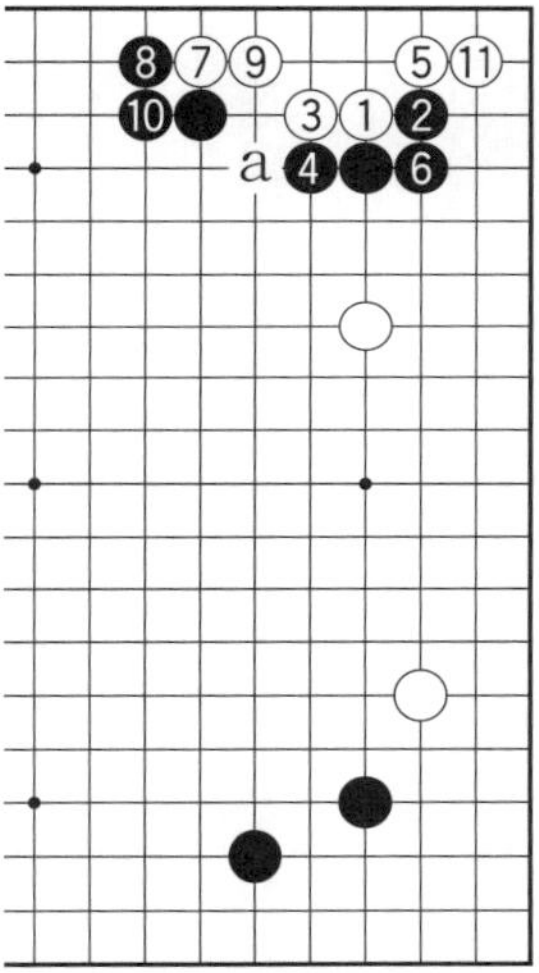

10図（黒の応手２）

10図の黒８で**11図**の１は考えた手です。白４と生きると、黒７の絶好点に先着されてしまいます。白４は手抜きして、**12図**の１が好点です。黒２と打たれても、白４、５で余裕の生きです。

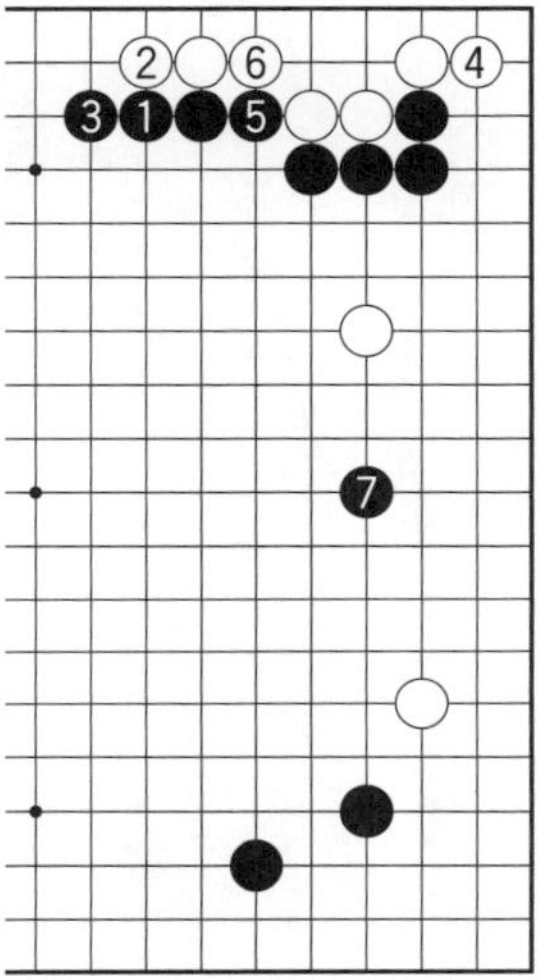

11図

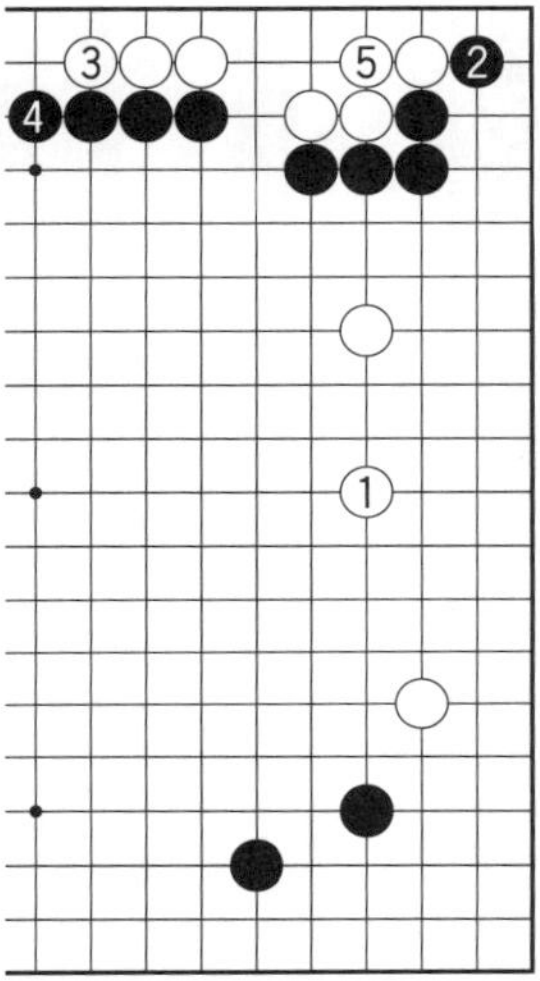

12図

13図、黒2のノビは冷静な受け方です。白3なら2図に戻りますので…

14図の白3とハネてみましょう。

15図、黒4のキリなら白先手で満足できます。△にまだ活用の余地が少しあります。

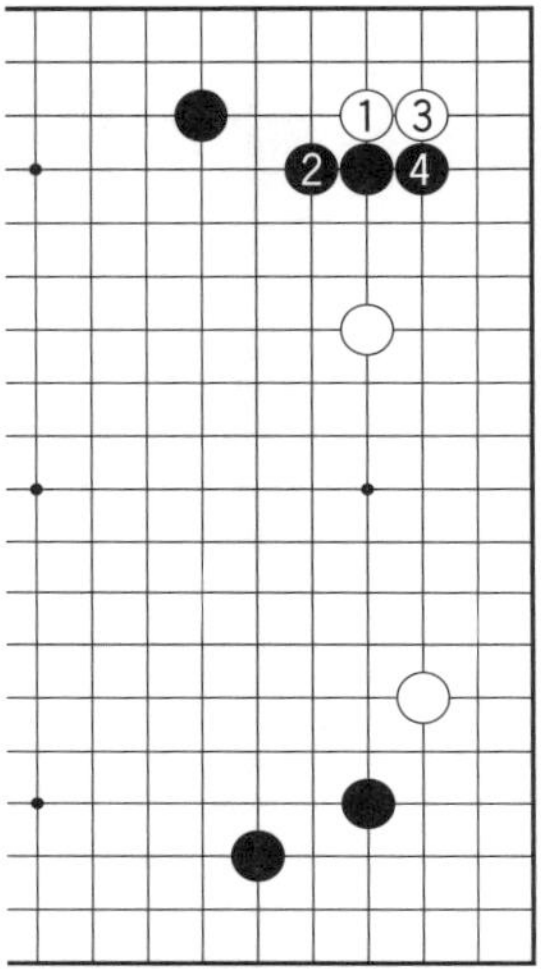

13図（黒の応手３）

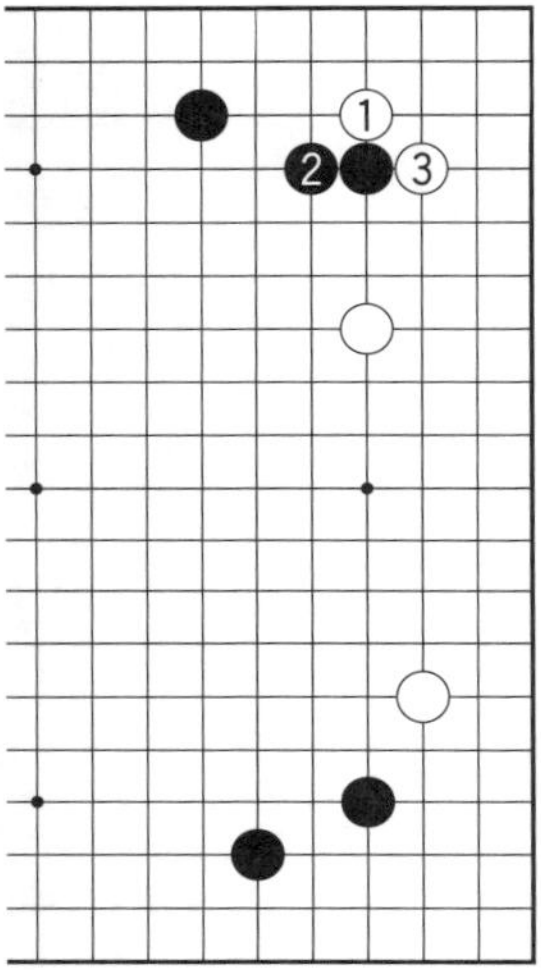

14図

16図の黒4の外オサエには、白5とカケツギます。これはaのカタツギより弾力があります。

続いて…

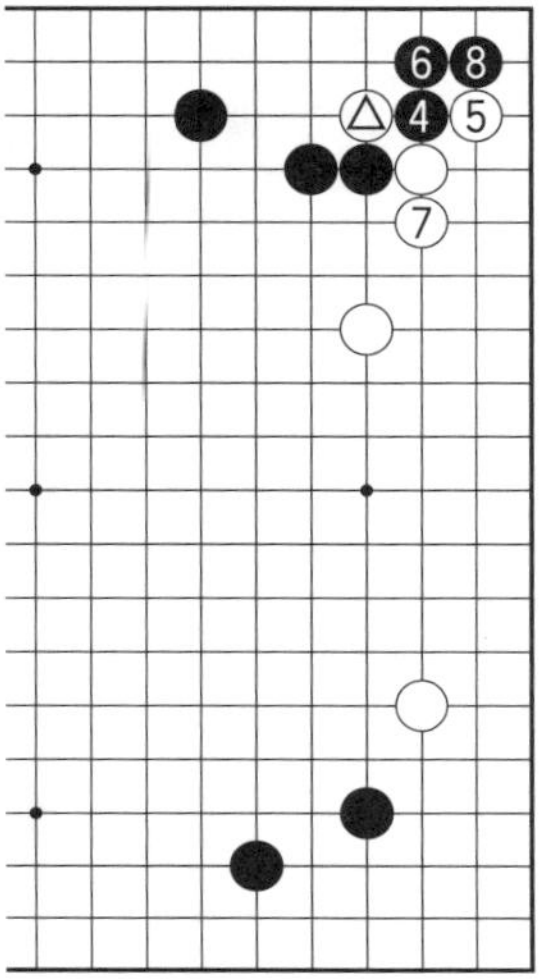

15図

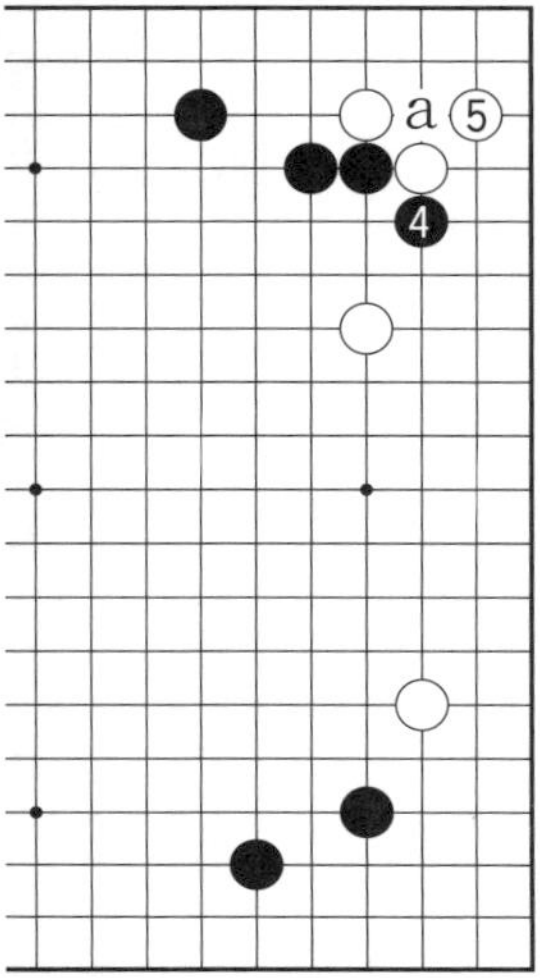

16図

17図の黒6のアタリを誘っています。白13まで余裕の生き形です。

黒はアテずに**18図**の8とサガる方が筋ですが、白9、11と生きてaのキリが残ります。黒10では…

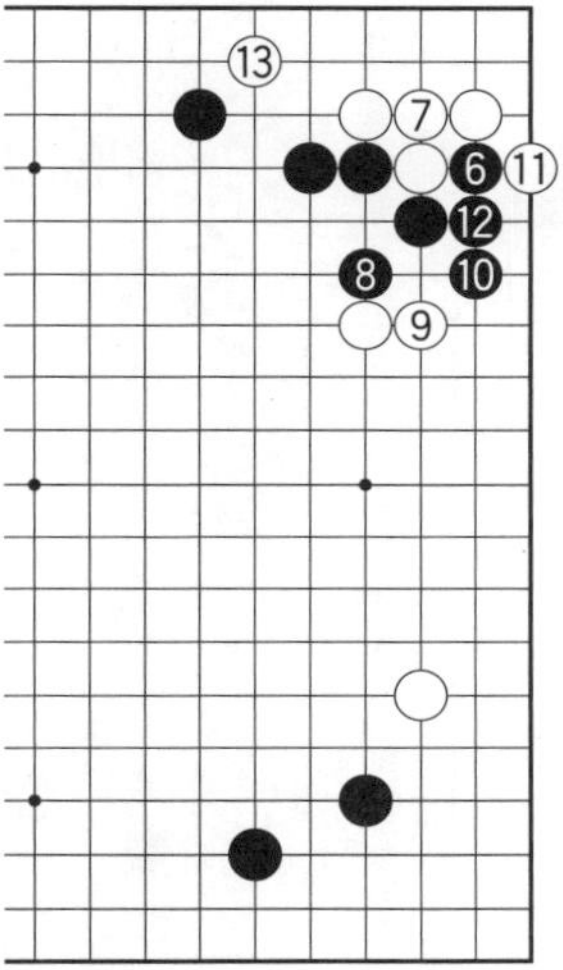

17図

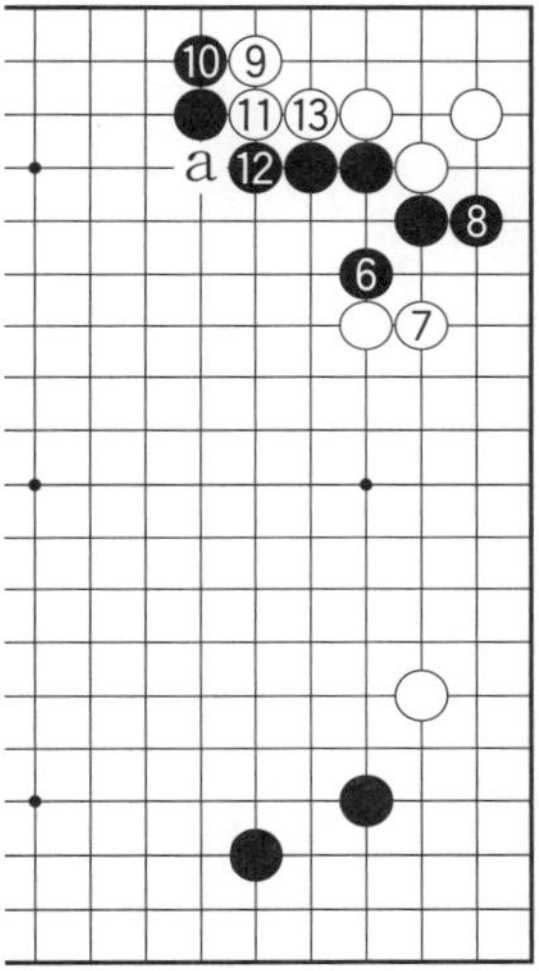

18図

19図の黒1なら先手ですが、黒の一団が厚みとは言い難いので、白4とトンで戦えそうです。

20図、黒6と単にサガった場合にはaを利用して白7、9と大きく生きにいきます。

続いて…

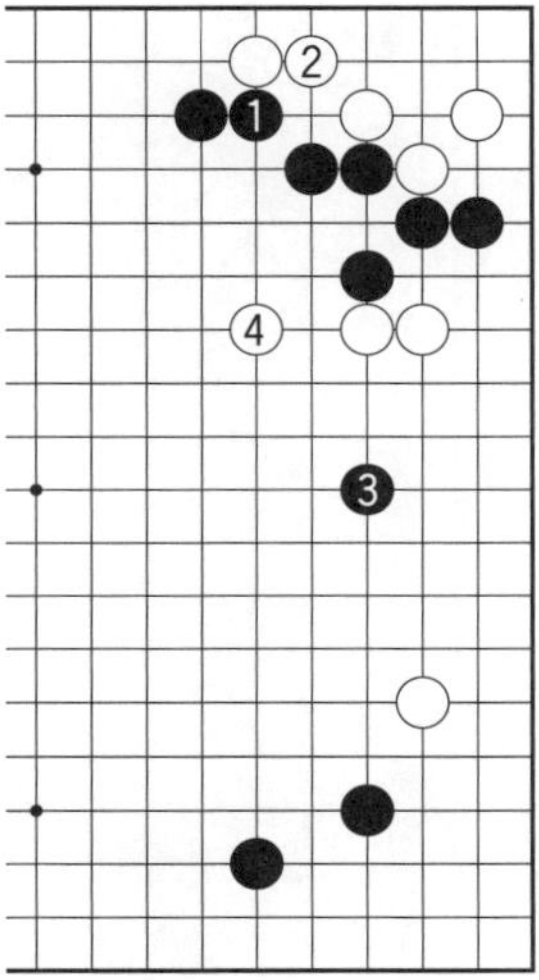

19図

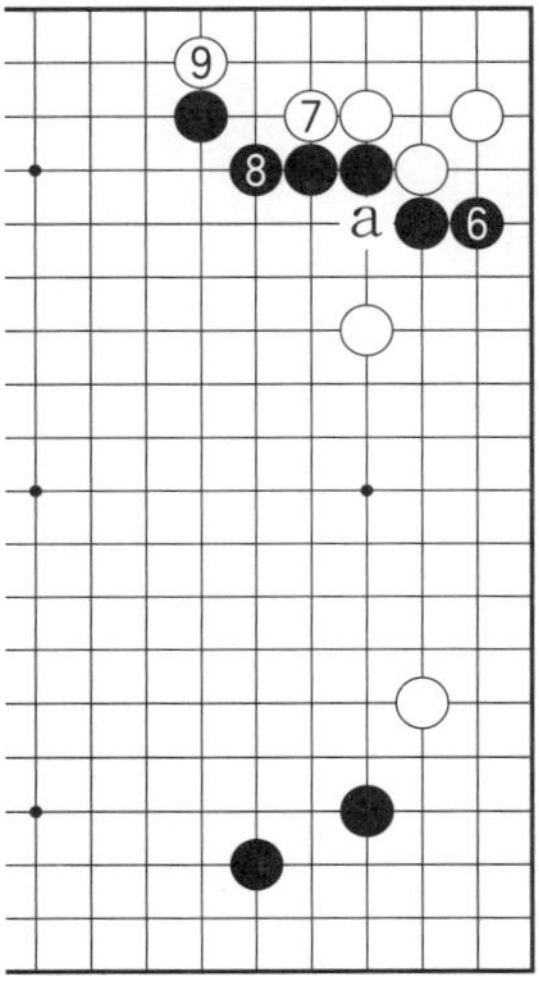

20図

21図、黒10、12と受けさせて、白13やａに回ります。

黒10で**22図**の1は無謀です。白6と切られてツブレでしょう。

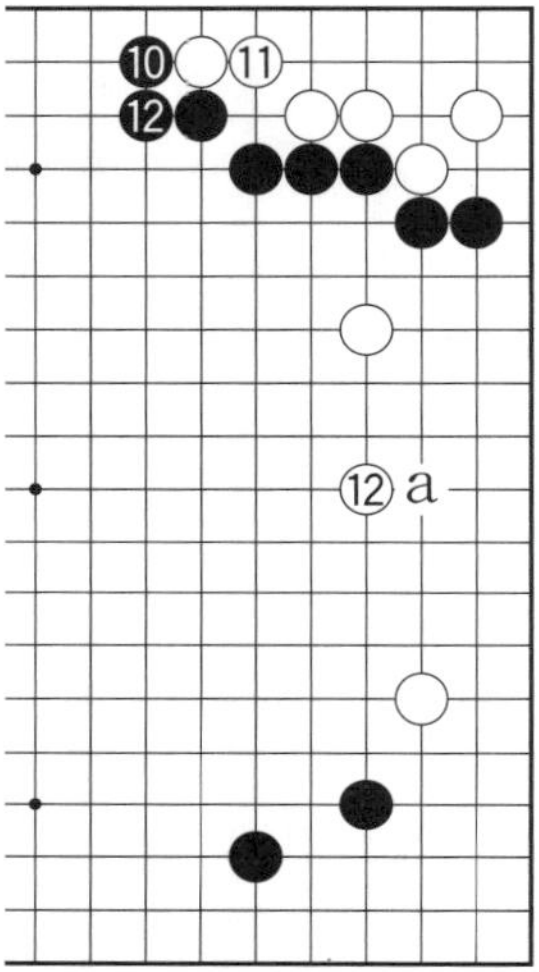

21図

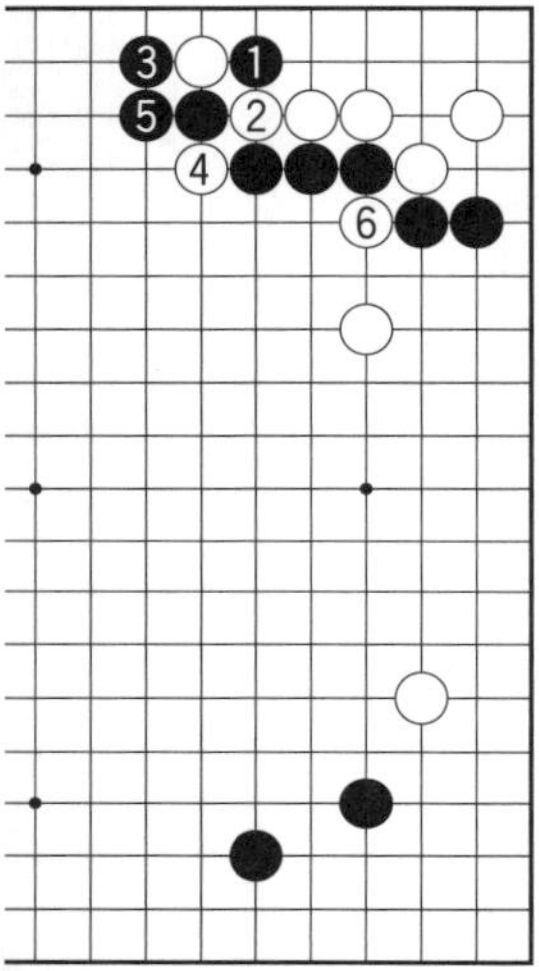

22図

23図、白1のツケもやってみたい手です。

24図の黒2と受ければ197ページの14図と同じです。

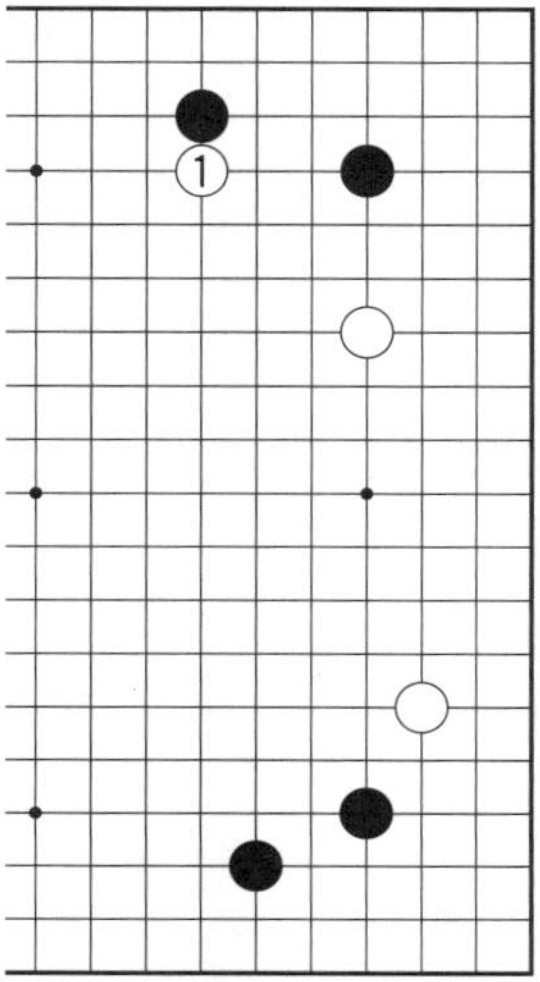

23図（白の候補４）

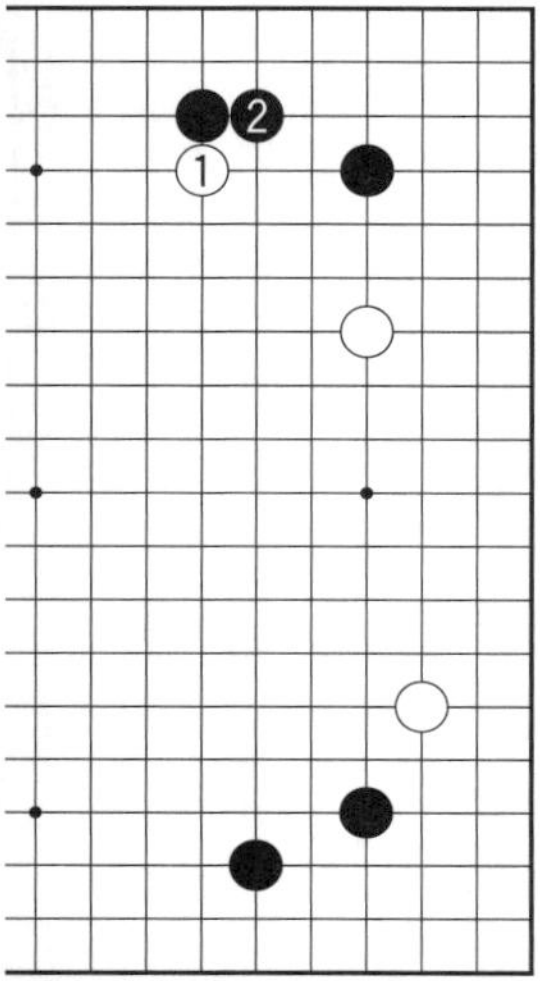

24図（黒の応手１）

25図、黒2のハネには白3そして5とややこしく絡んでいきましょう。

26図の黒6、8とおとなしく受ければ、大いに利かしです。

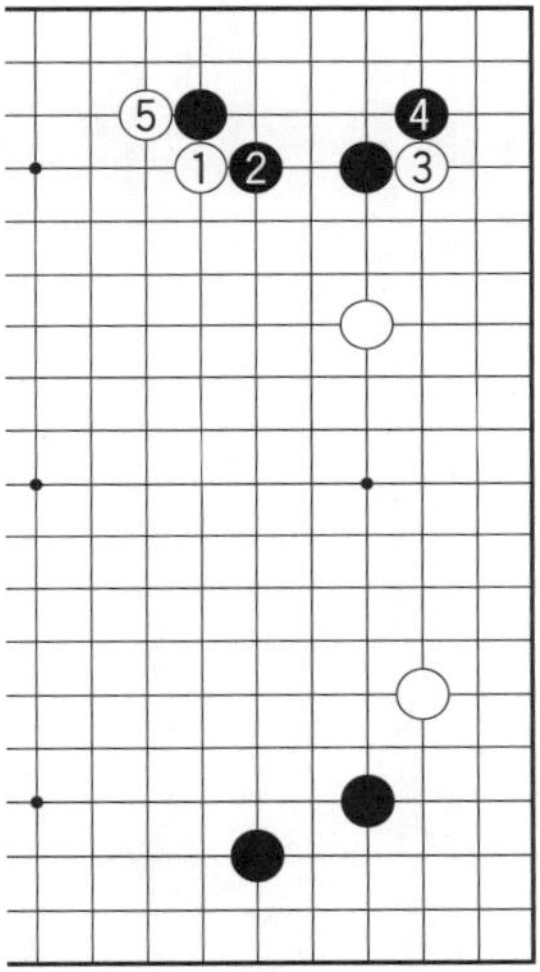

25図（黒の応手2）

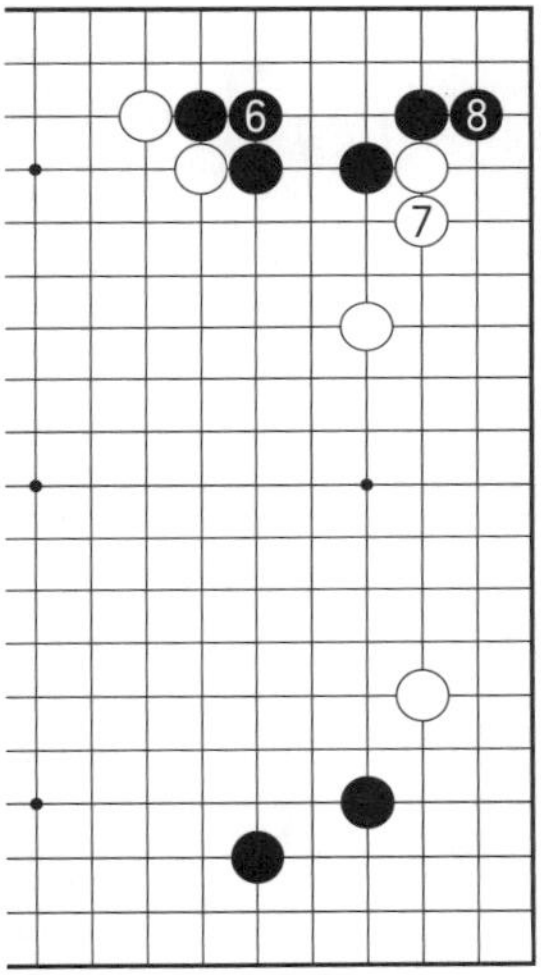

26図

27図、気合いの黒6には白7とやり返します。続いて**28図**の黒8と逃げるのは黒怖いでしょう。白13までとなっては黒バラバラです。

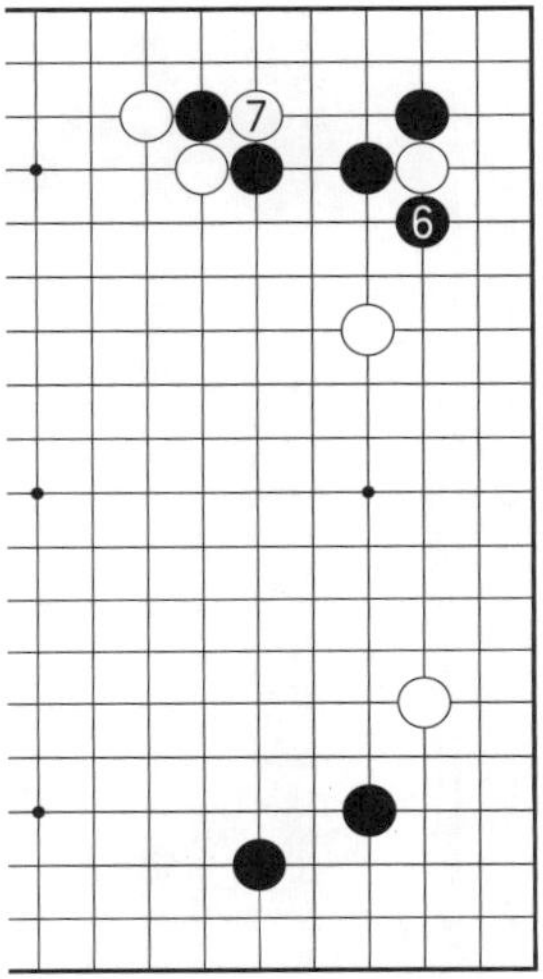

27図

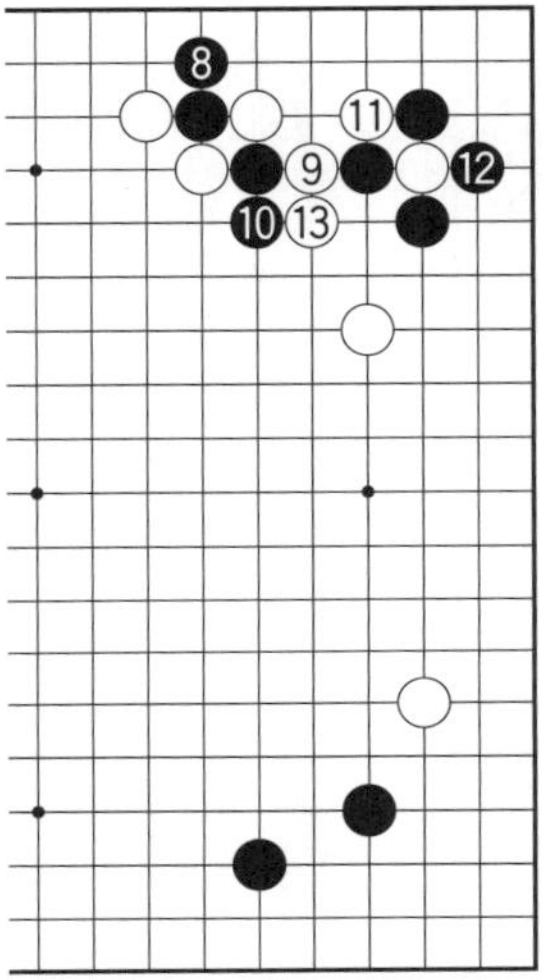

28図

29図、黒2の外ハネには白3以下ですね。
30図、この場合は黒2が正着で、白はこれ以上あまり手を出せません…

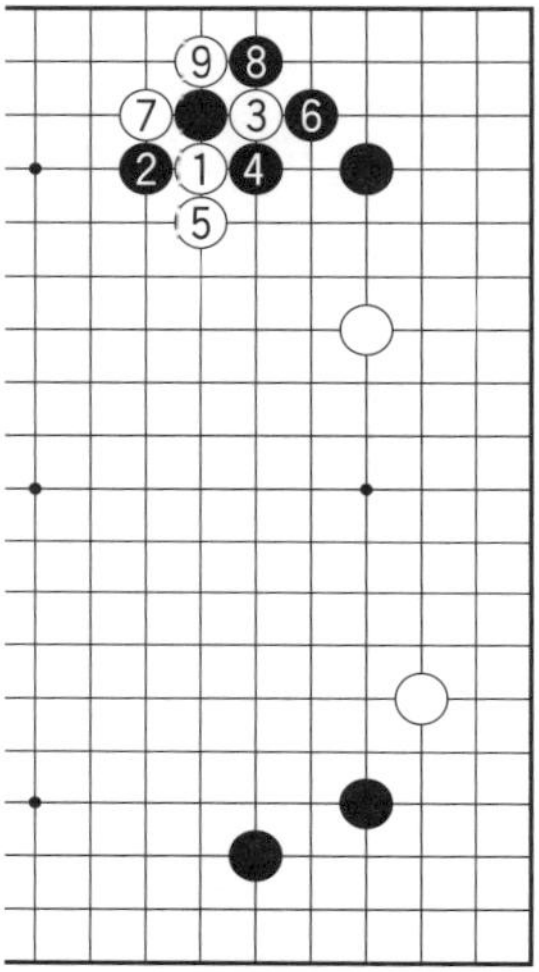

29図（黒の応手３）

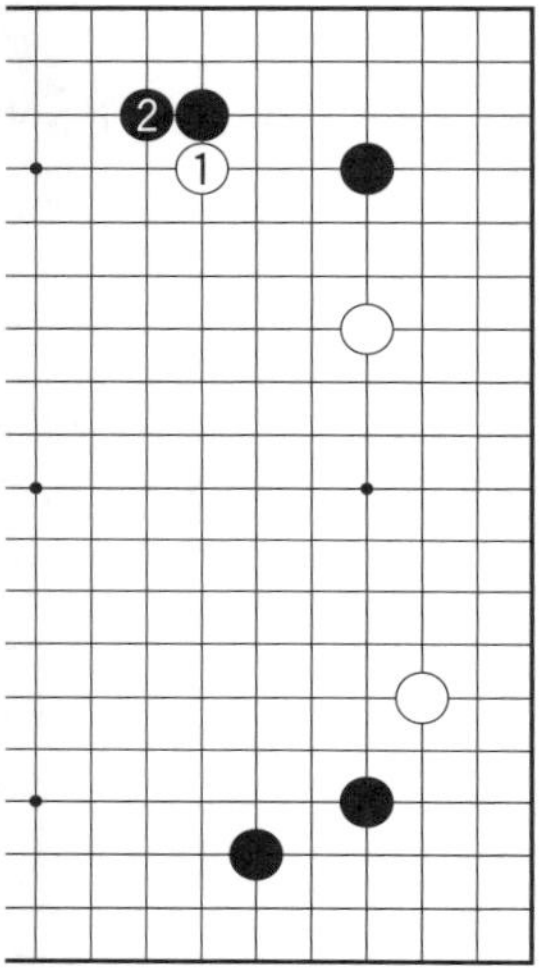

30図（黒の応手４）

31図の白3には黒4が冷静な対応です。
32図の黒4と反発してくれれば、そこで白5と打つのが常套手段ですね。まあ必ずしも上手くいく保証はありませんが。

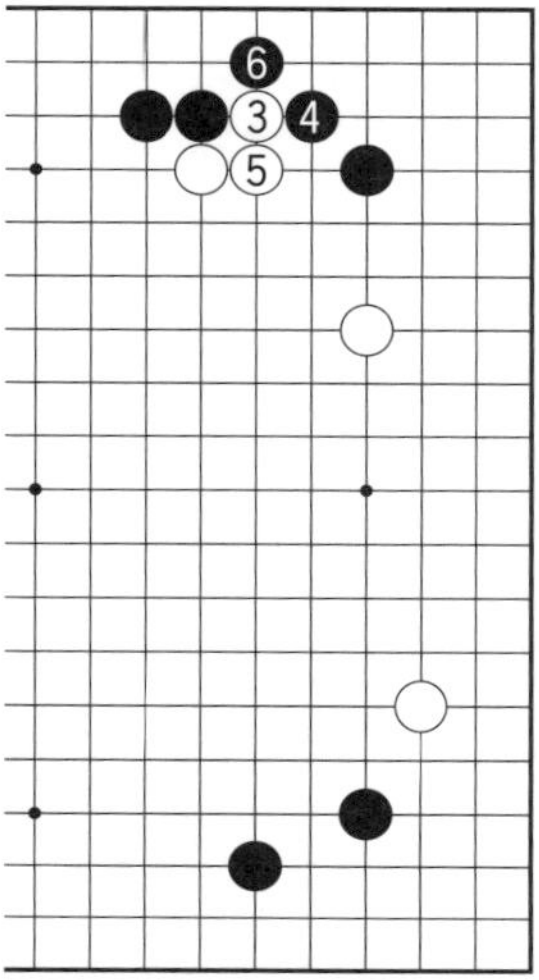

31図

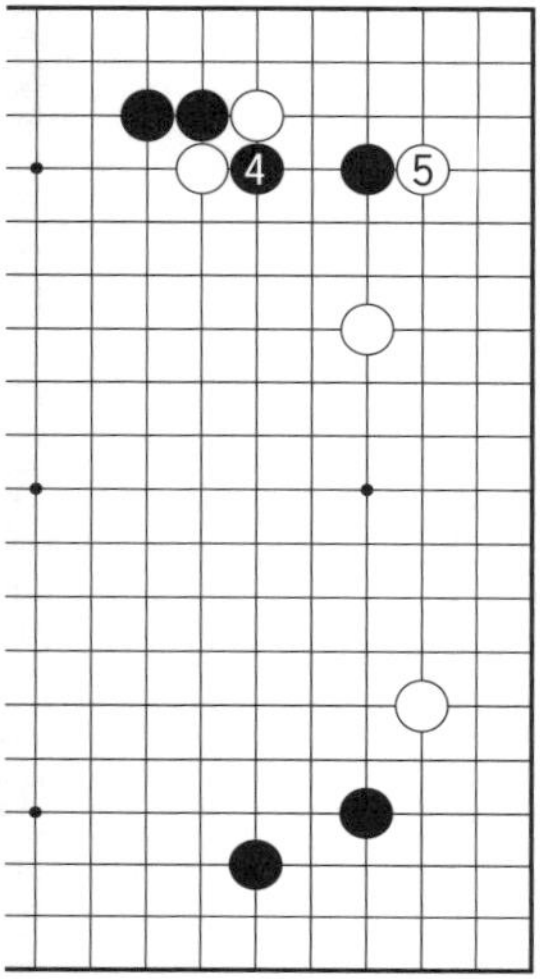

32図

33図、黒1とくれば、白2、4と圧迫していきます。下ハネに白6、8が常套手段。

34図、続いて黒1に白2からの強硬手段が成立。黒11のワタリでは白22などの利きがあり、白14、16以下一気の攻め合いは白有利です。

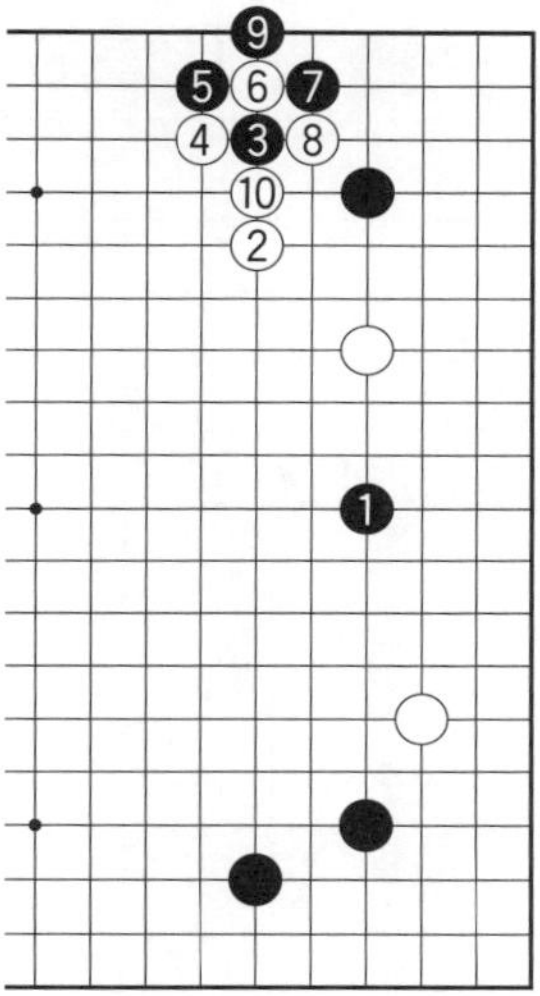

33図

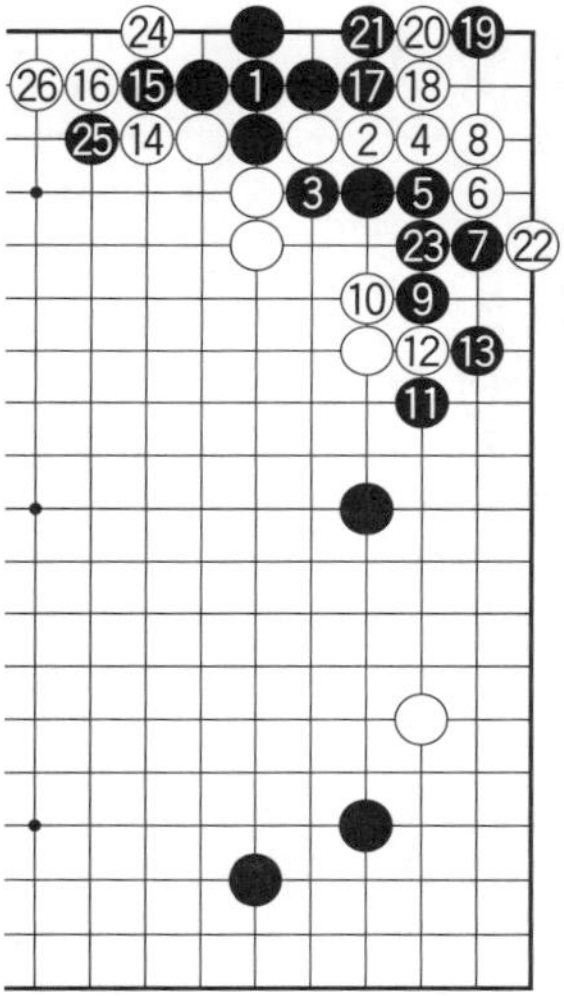

34図

35図、気合いの黒3のハザマは大歓迎です。白10が自慢の一手。黒11、13には白14がぴったり。黒13で14なら白aです。

黒11で、**36図**の黒1、3と受ければ、白4と策動して乱戦ですね。

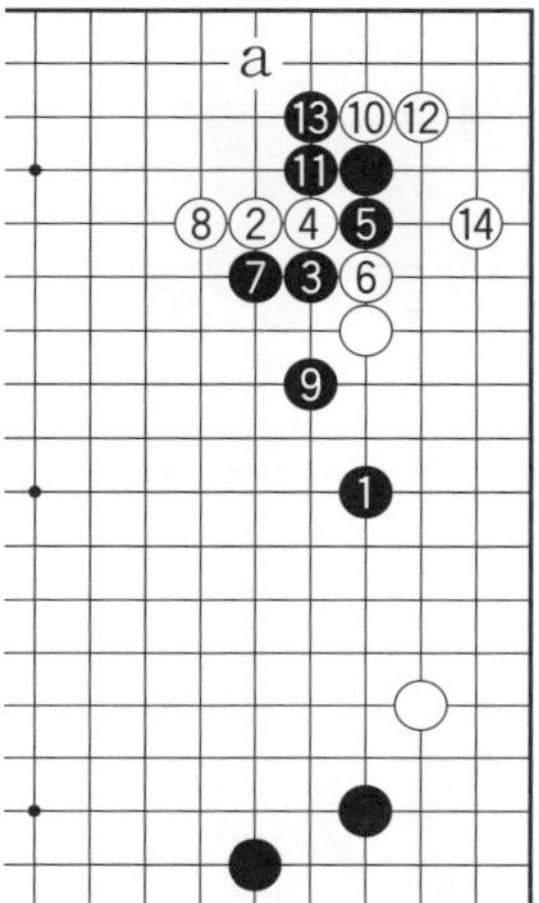

35図

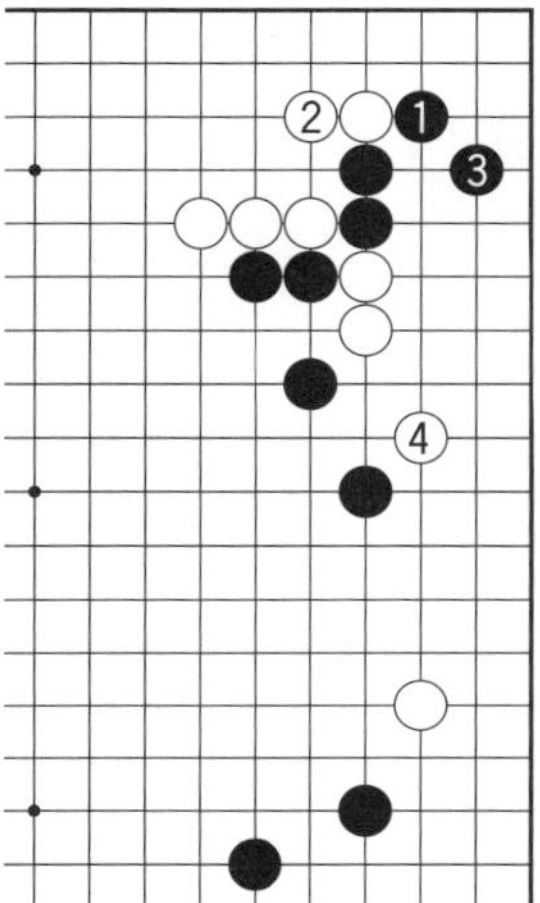

36図

【テーマ図3】山賢流下ツケ

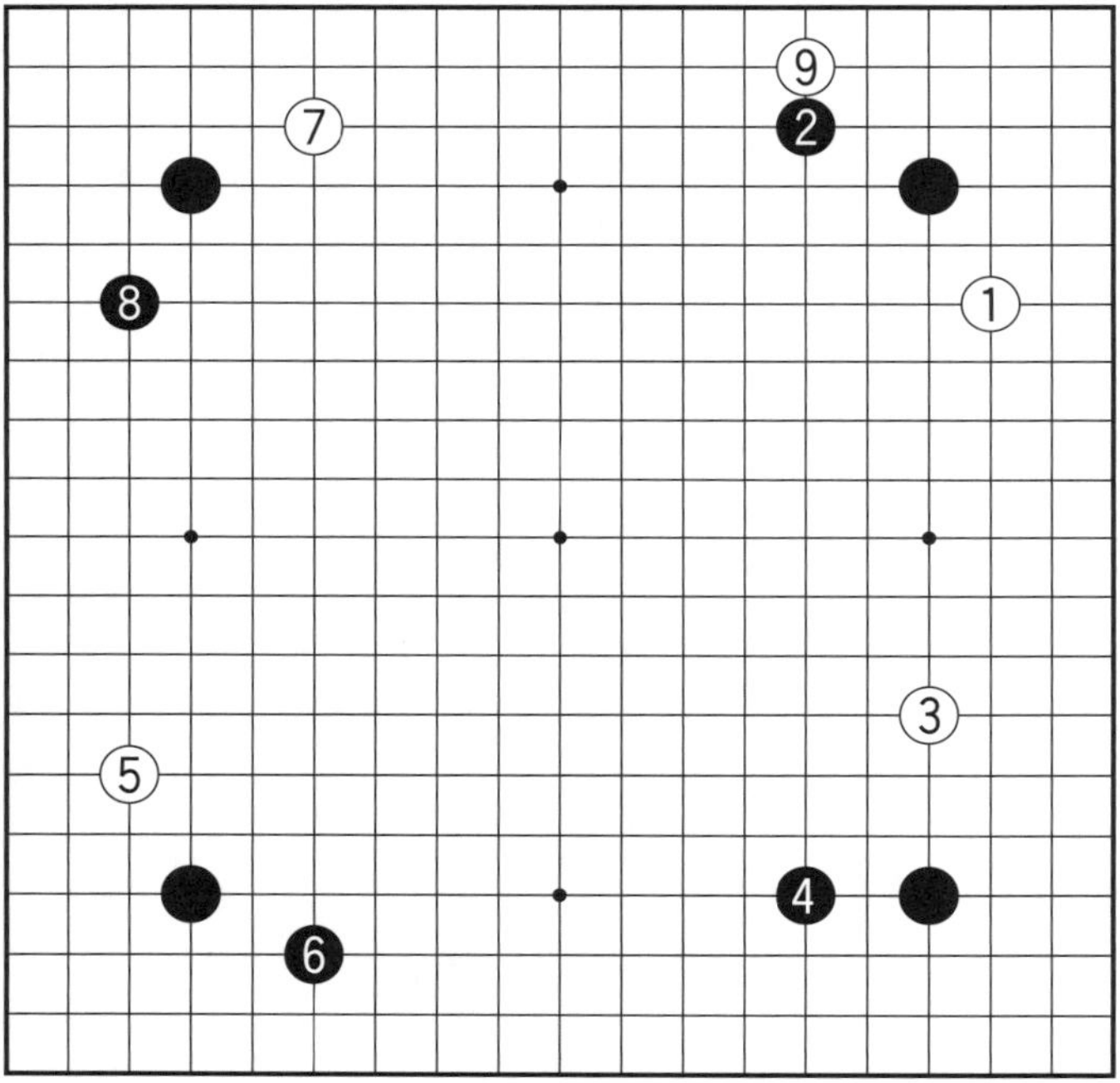

白9がした手の度肝を抜く奇手です。これも一押しの戦法です。

ここは白1のツメが常識的な手です。しかしそれには黒はただ2とでも受ければ不満なく、局面が落ち着いていきますね。白の立場としてはもっと動き回って揺さぶりを掛けたいのです。

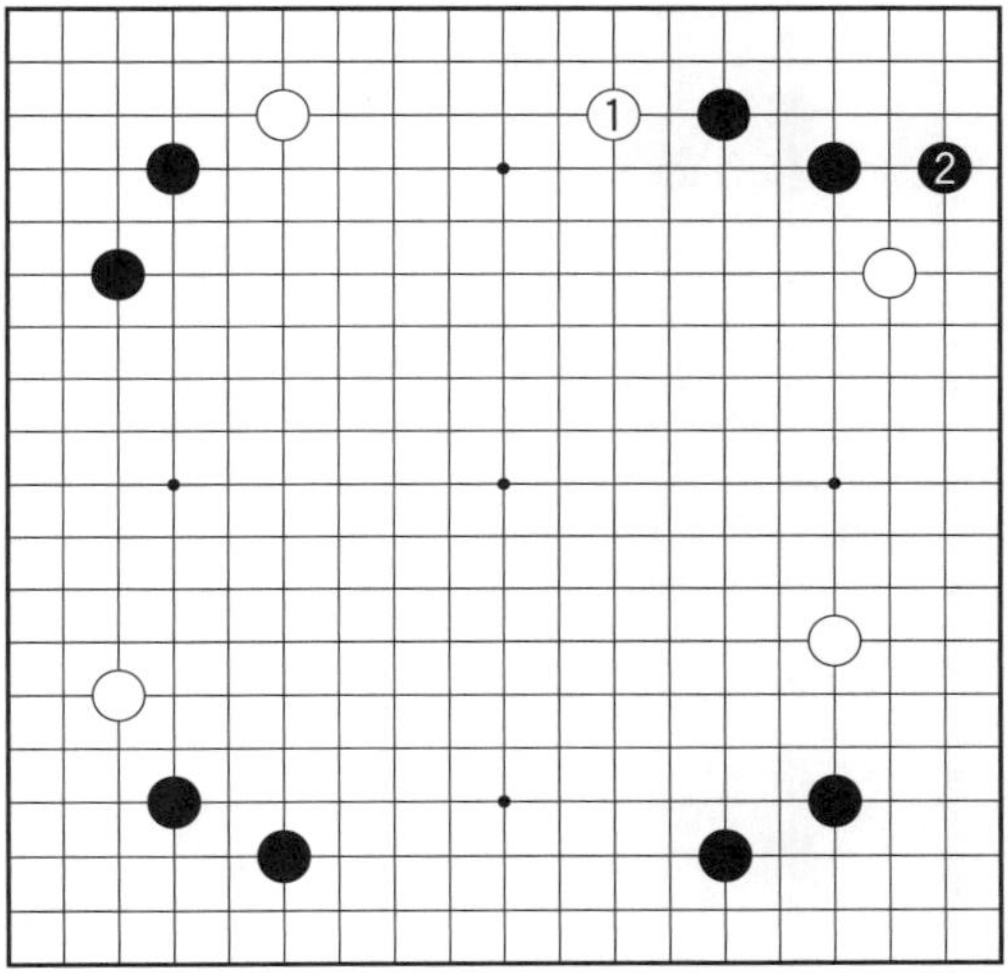

1図

白1のツケも有力です。まずはこちらから調べてみましょう。

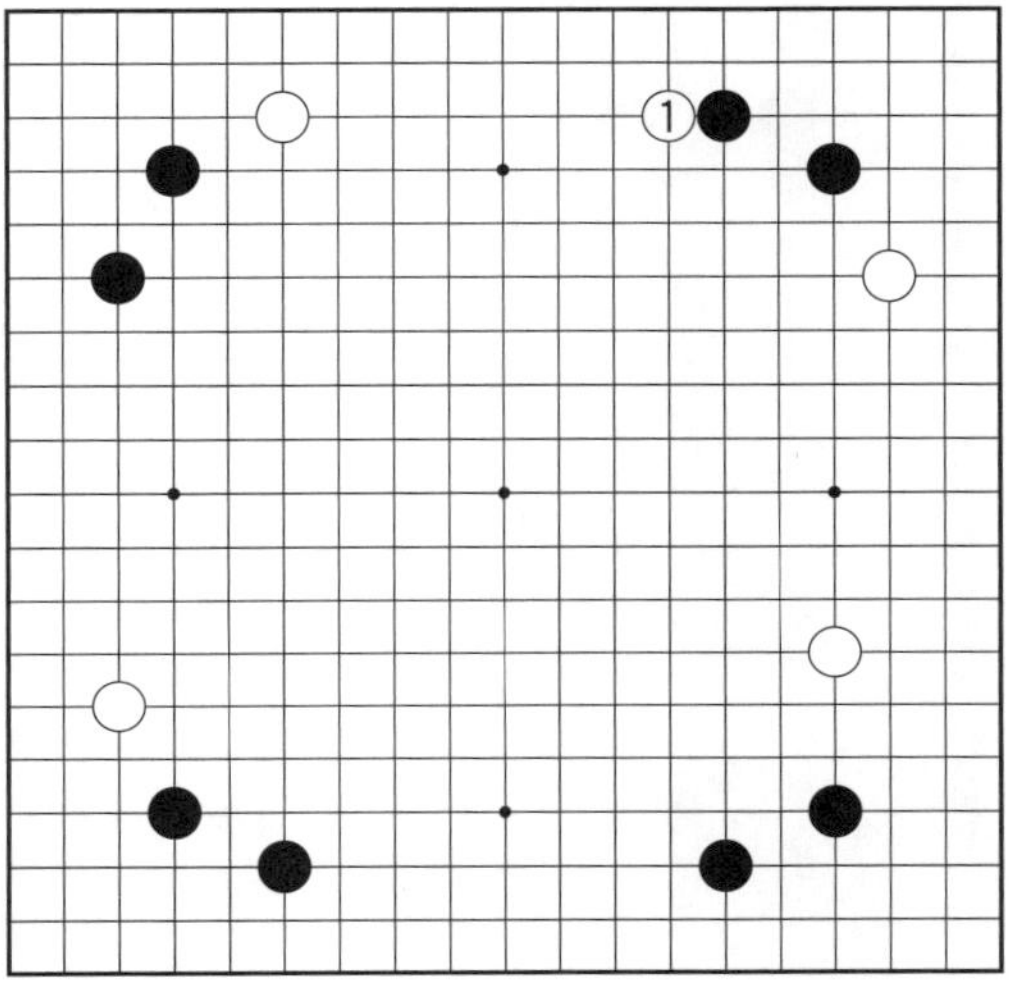

2図

黒2は素直な受け方です。白は3とすかさずスベります。

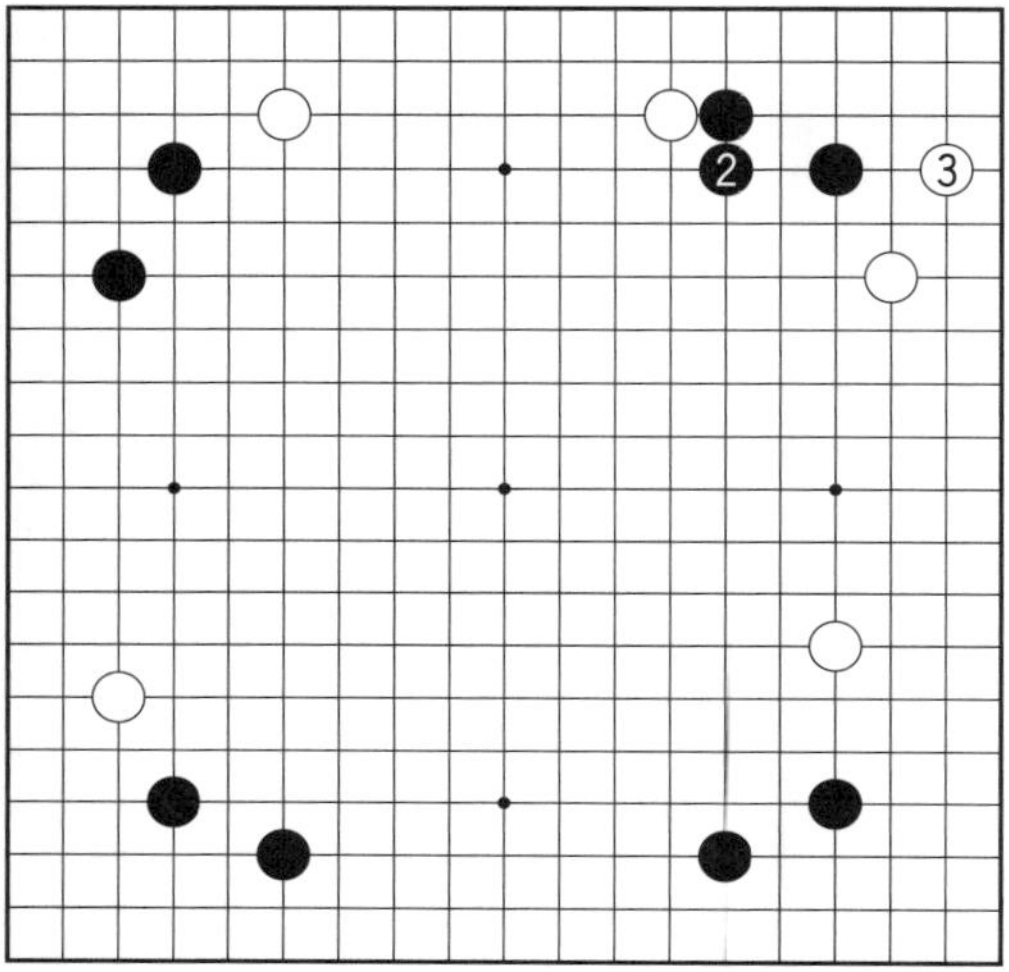

3図（黒の応手1）

黒4も素直な受けですね。白はここでaではなく白5と高く構えることもできます。△と▲の交換が大いに利かしになっています。

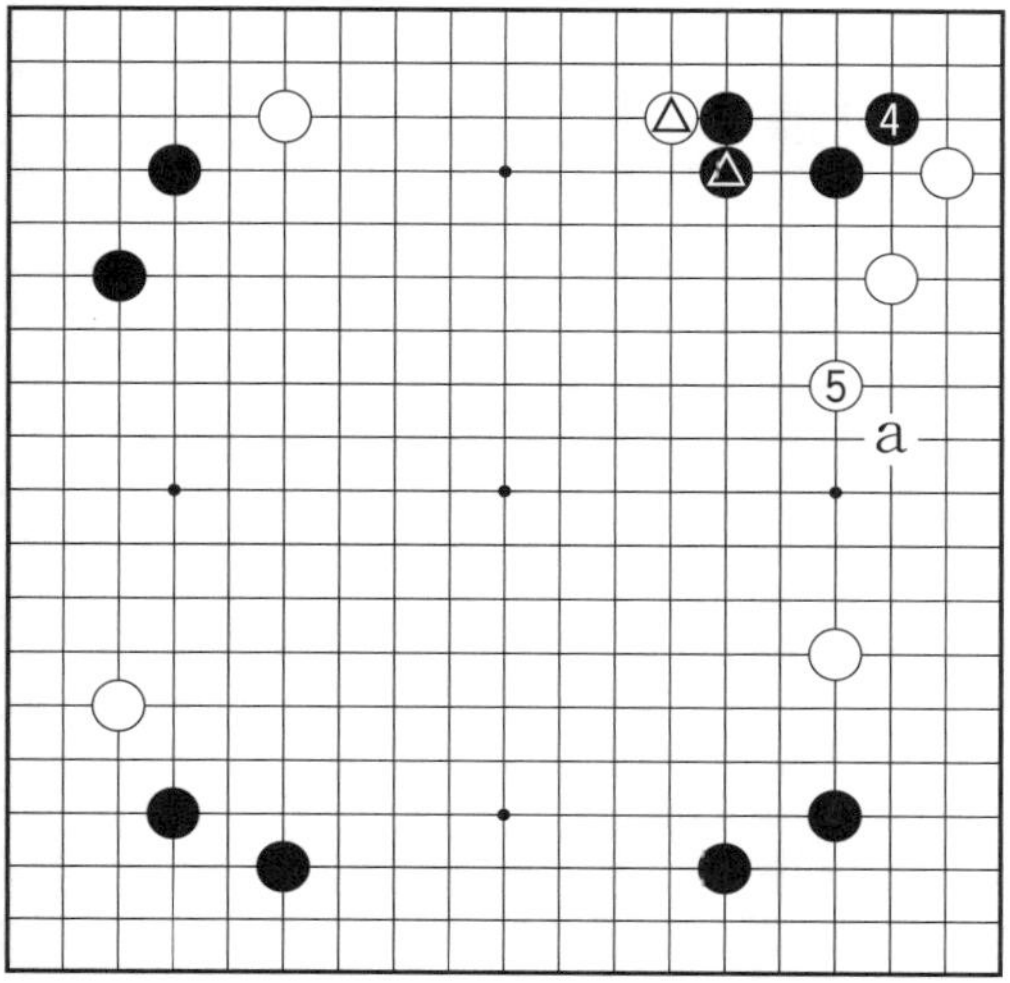

4図

△は利かし終えた軽い石なので、その後に黒1などと攻めに来ても、白2と捨て気味に打てば良いのです。△の活力はいつまでも残ります。

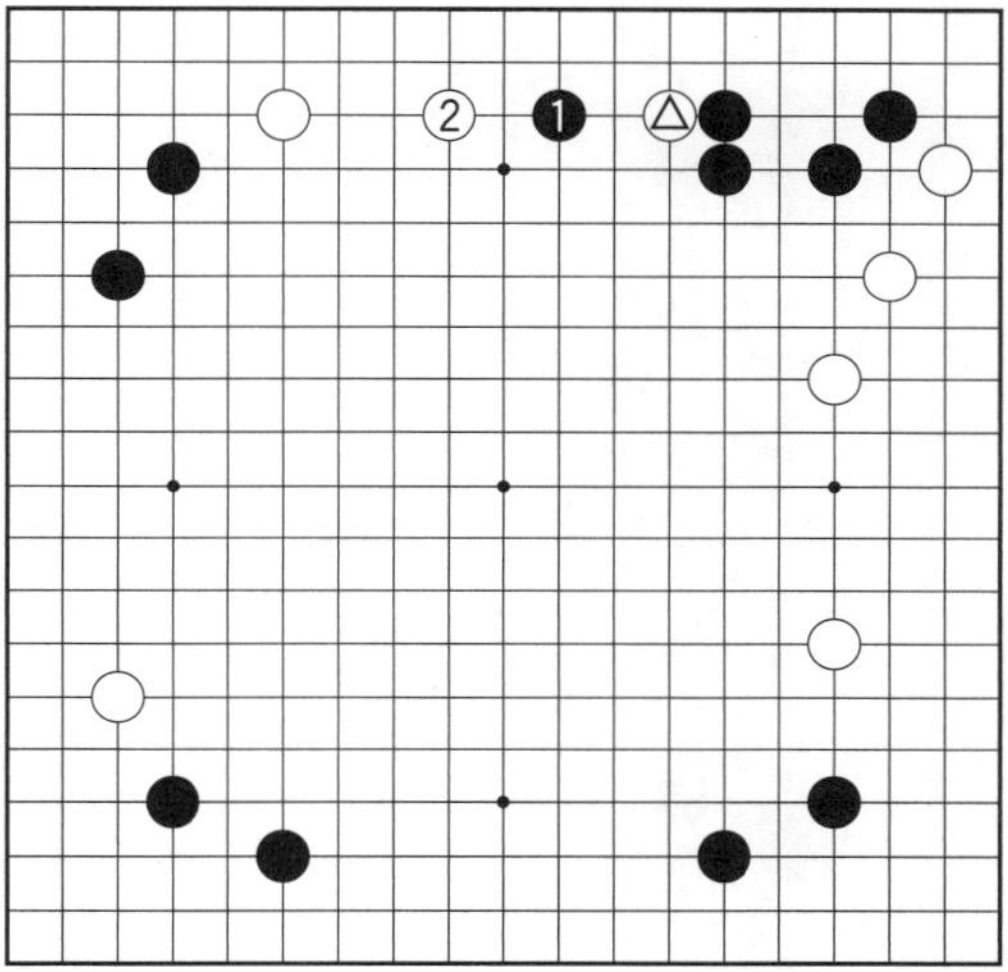

5図

白からは1の押しが魅力的です。黒2と二目の頭をハネられても白3と受けておき、aの切りを狙います。

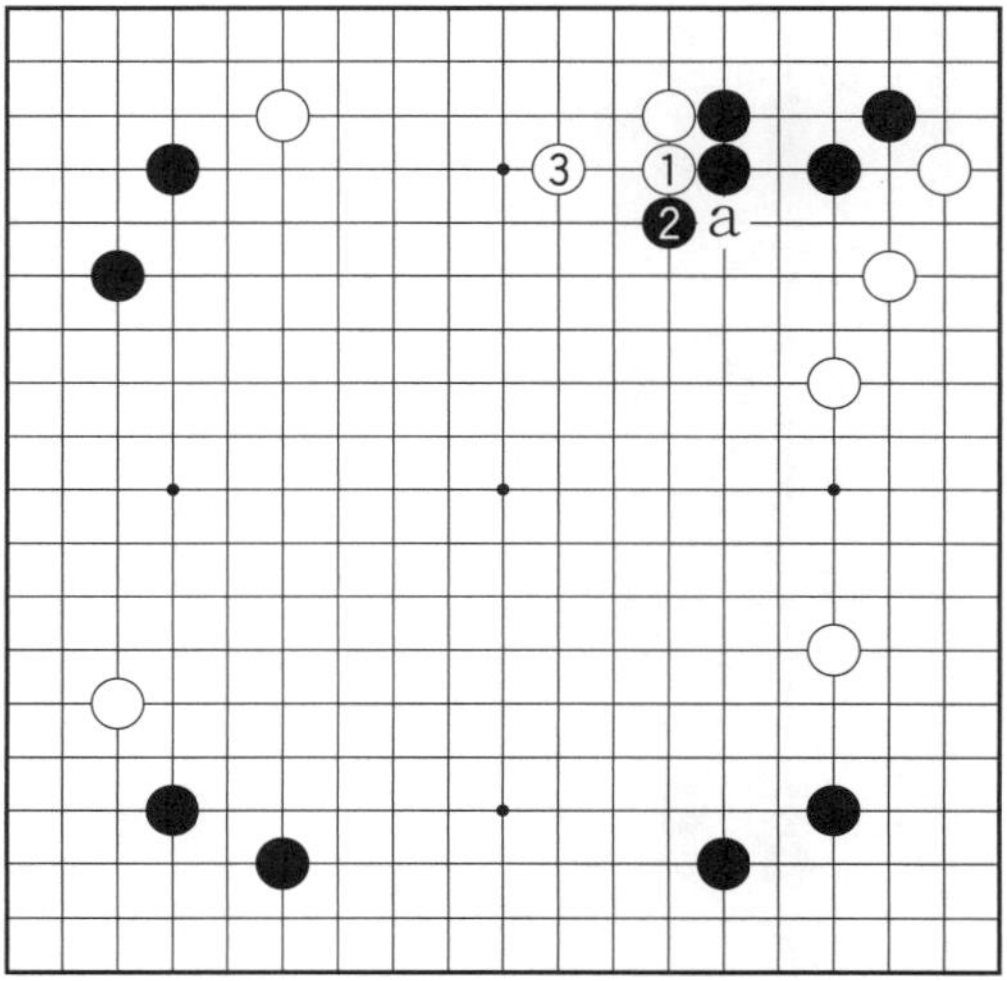

6図

4図の黒4で1のハサミも定石形です。黒7の時に白8と打てば、やはり△と▲の交換が利かしになっています。

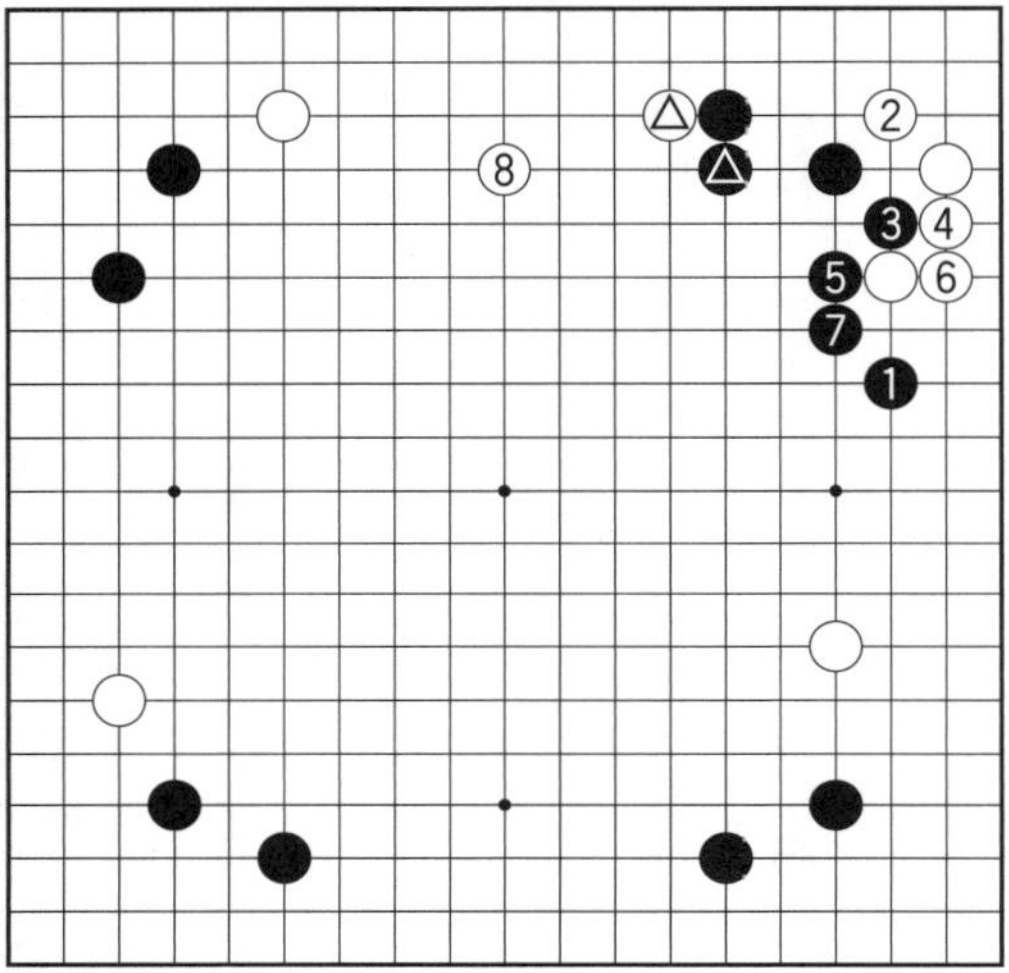

7図

白2と好戦的な打ち方もとても有力です。とにもかくにも、乱戦に持ち込めば白は成功と覚えておきましょう。

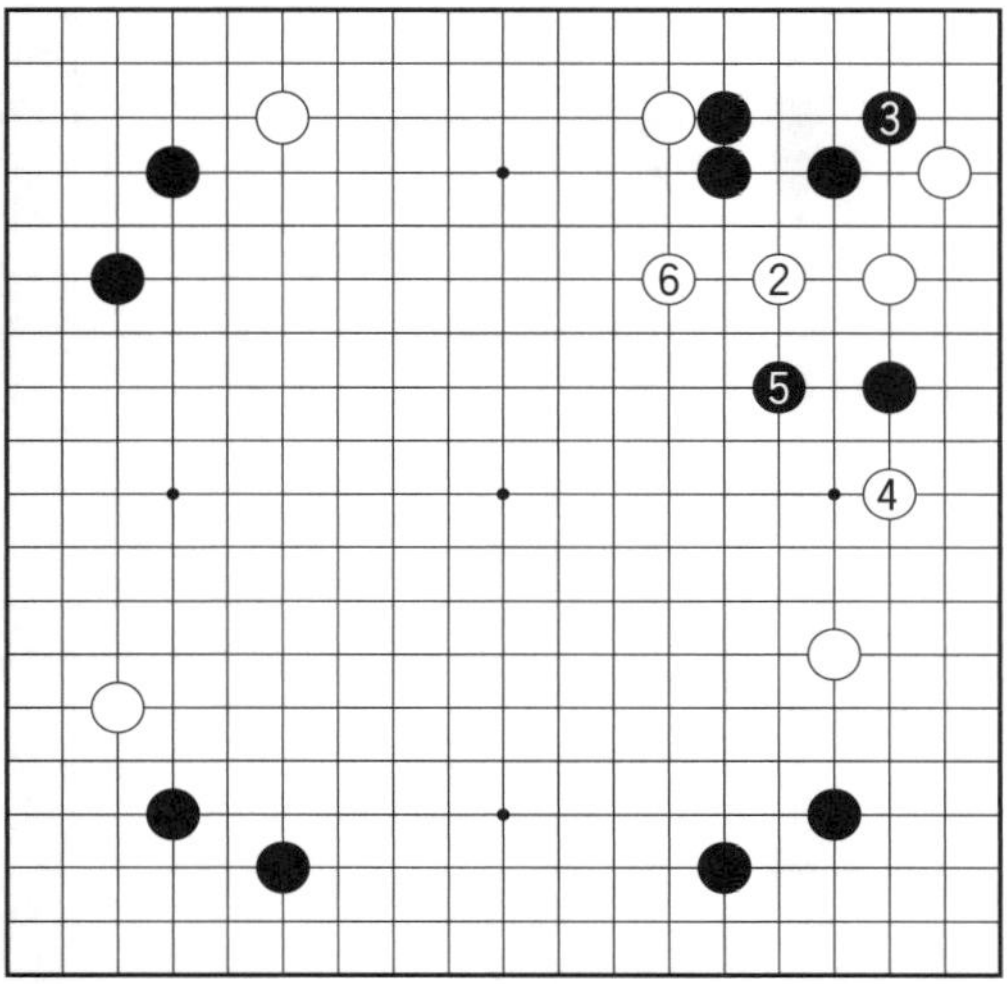

8図

黒2と強くハネてから4とツグ打ち方は良い手です。しかし白5のマゲも好形ですね。

続いて…

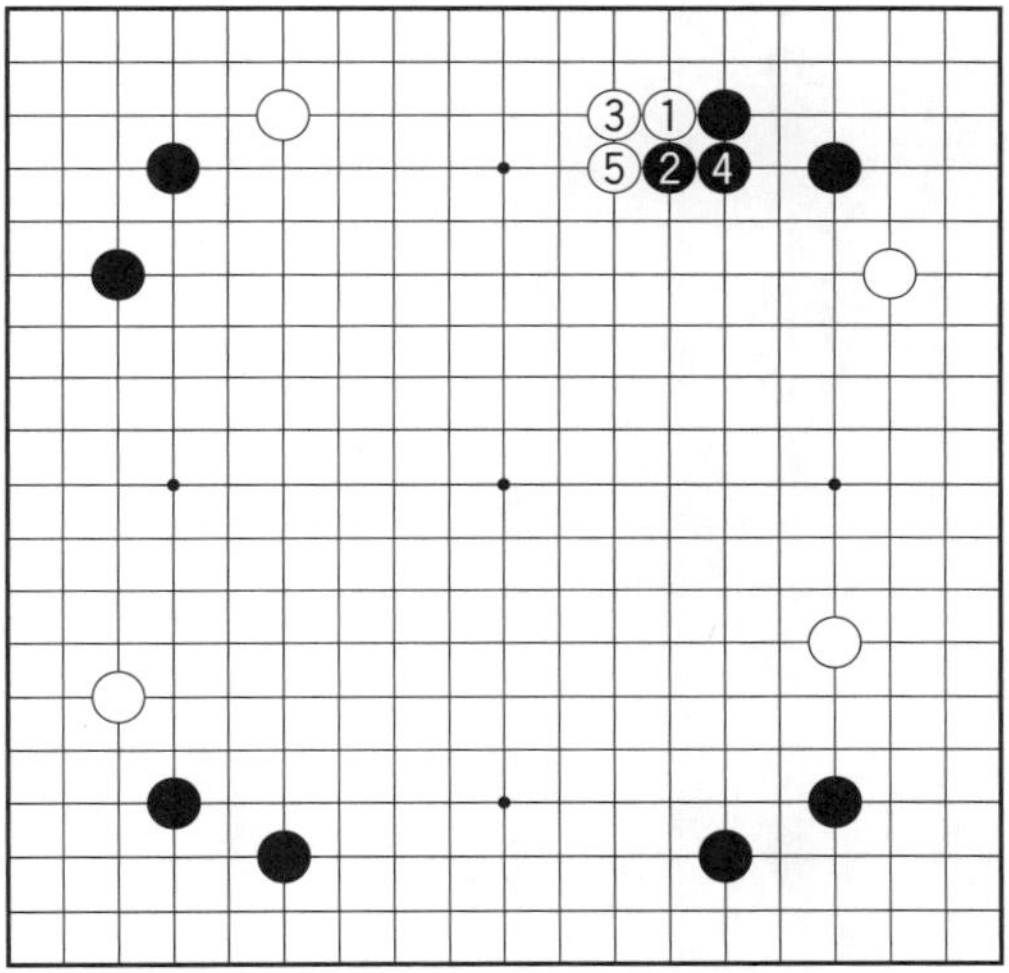

9図（黒の応手2）

黒6と固く守れば白7が好点です。しかしここまで、黒の応対は完璧でしょう。

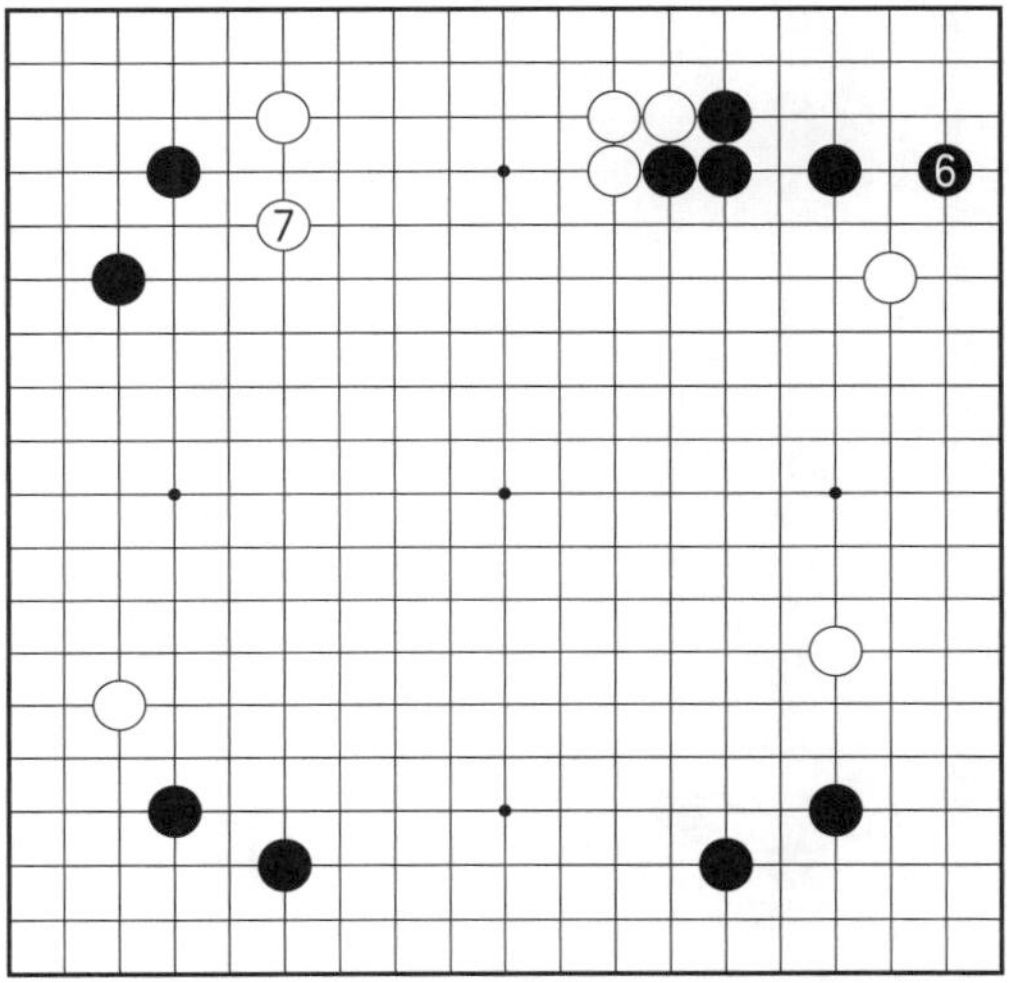

10図

９図の黒４で１とサガるのは頑張った打ち方ですが、この場合は良くありません。白２から８まで、左右両方を打てて白絶好調ですね。

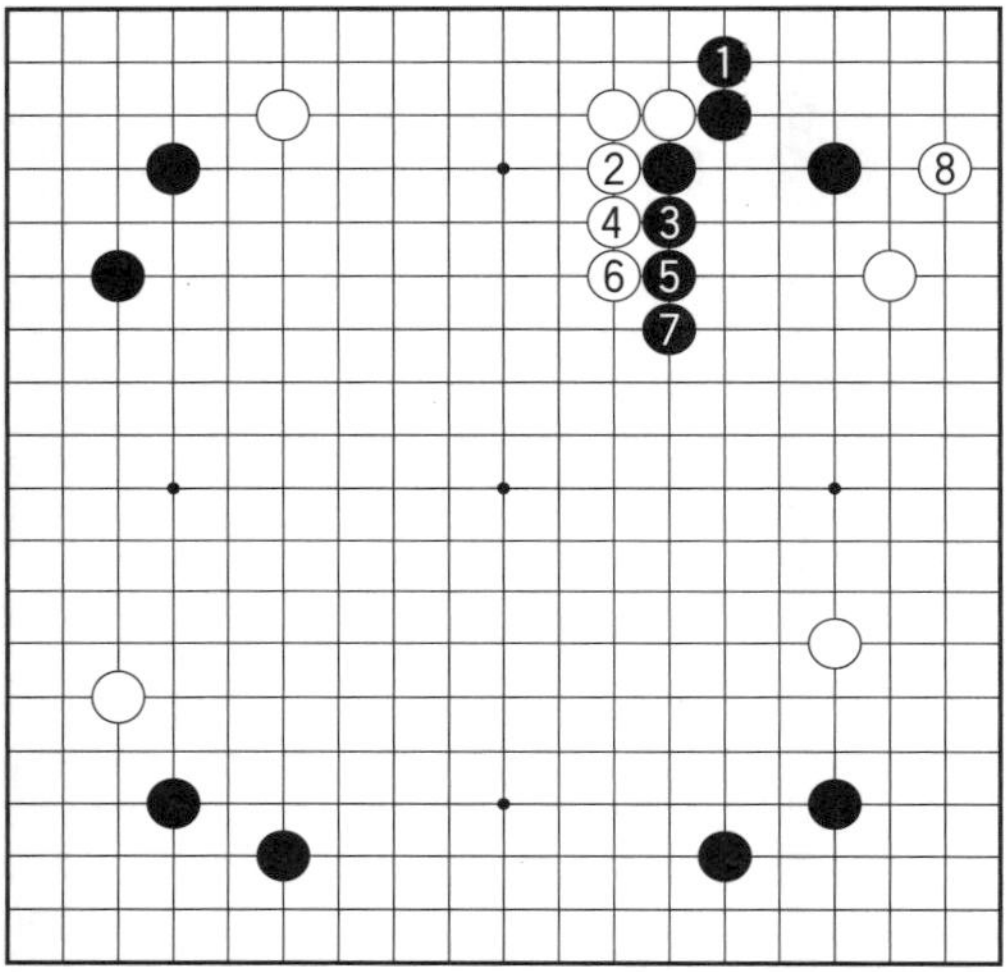

11図

次に黒２の下ハネです。

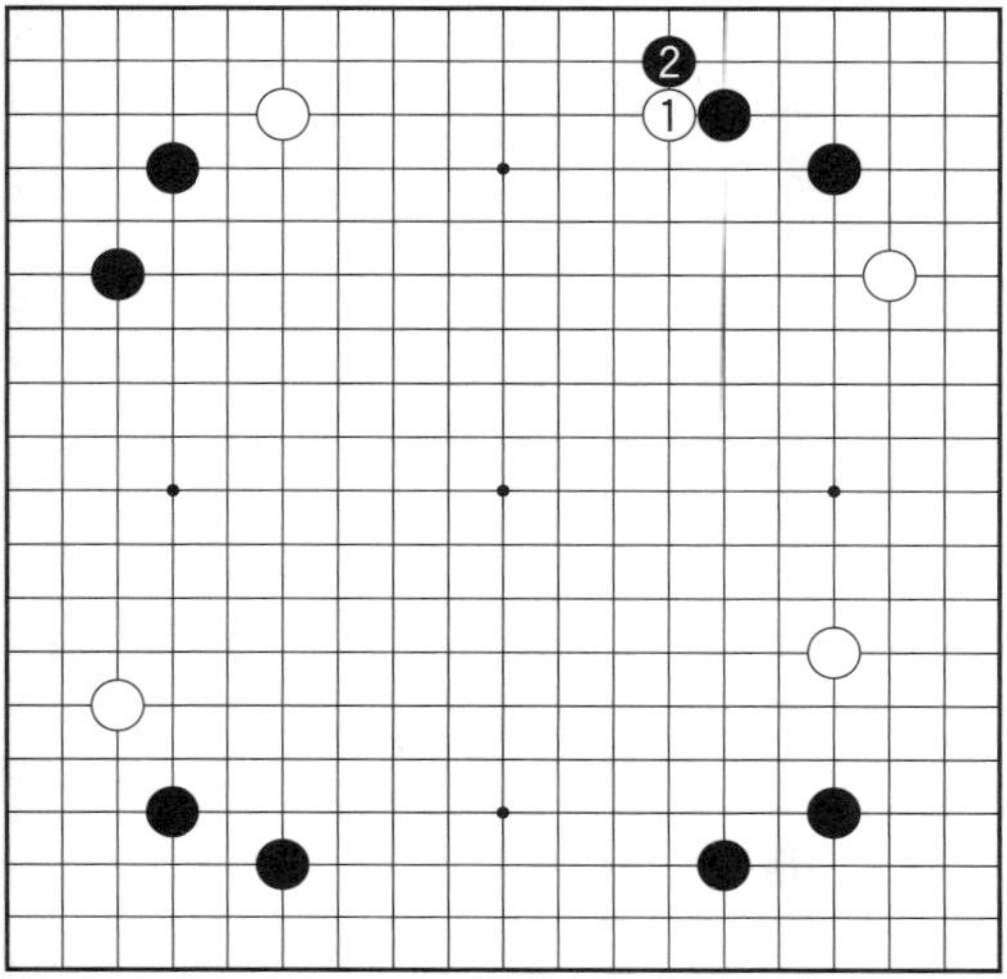

12図（黒の応手３）

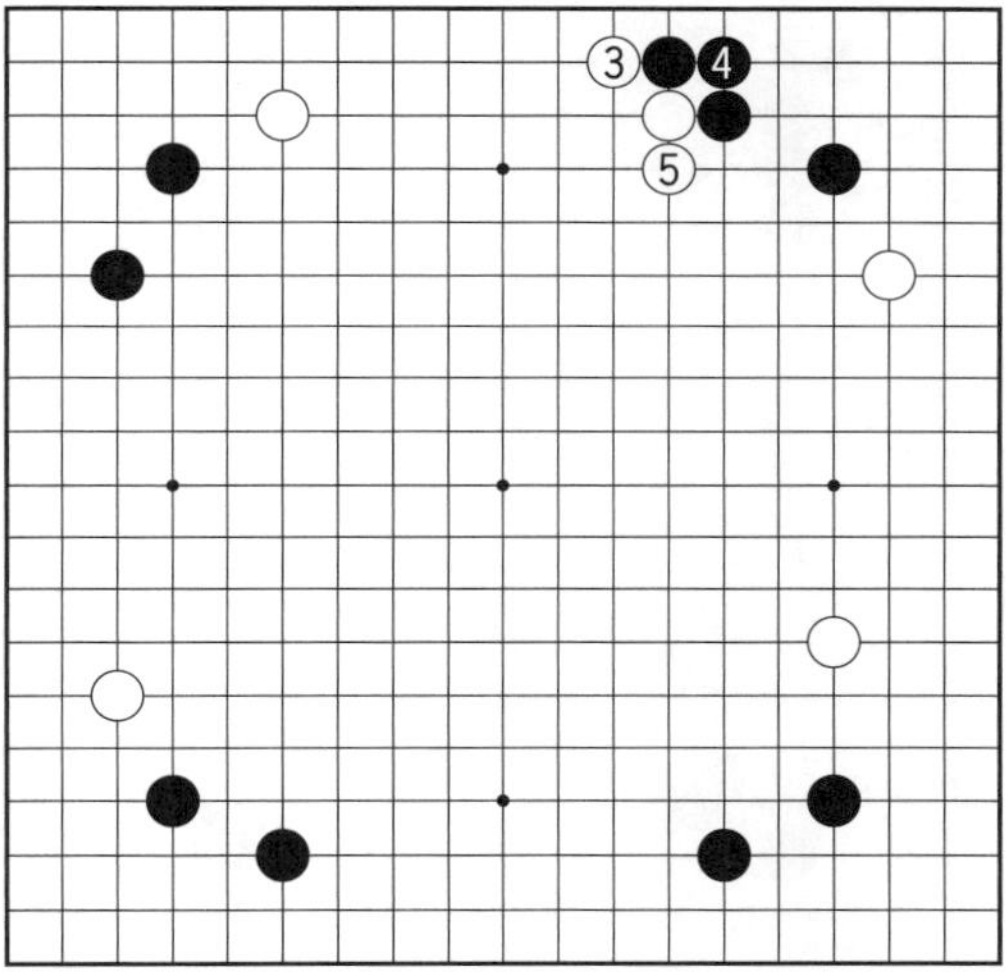

13図

白３のオサエに黒４なら利かしです。白５で十分です。

黒４では…

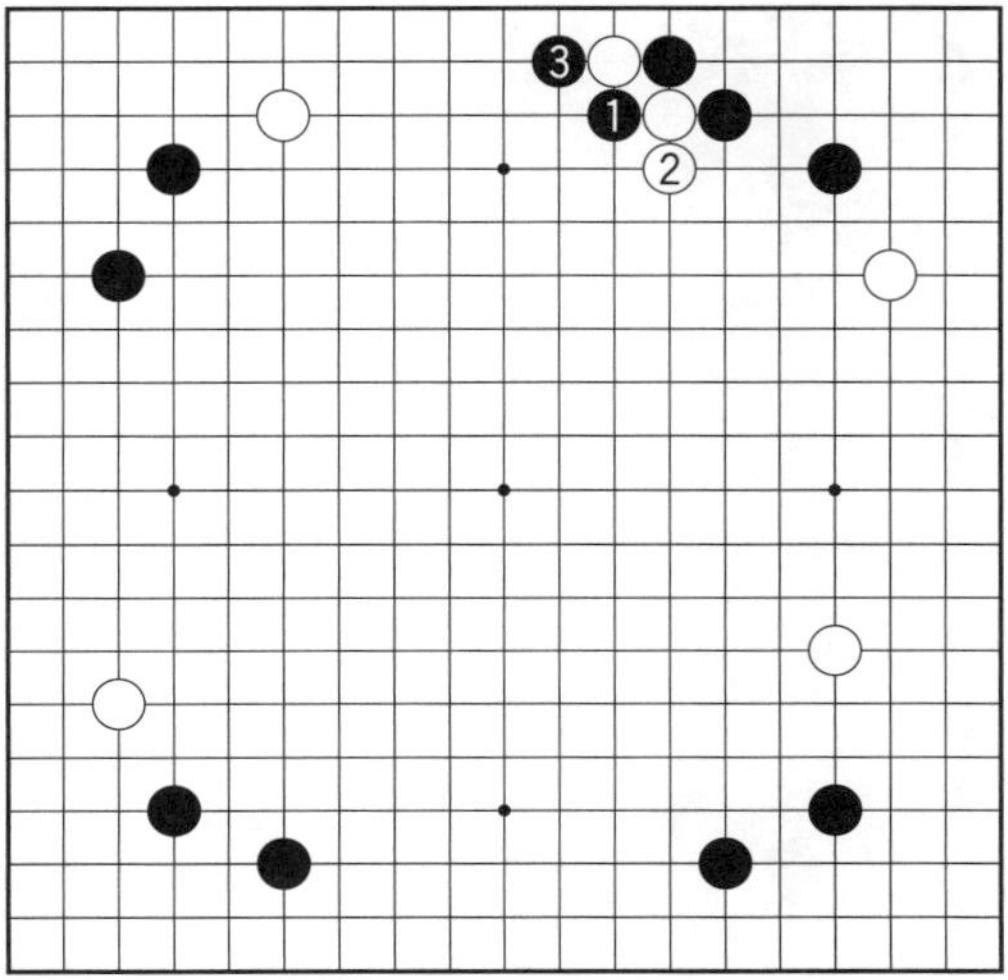

14図

黒1、３が気合いの反発です。

続いて…

白10まで一気にフリカワリになります。
ここで…

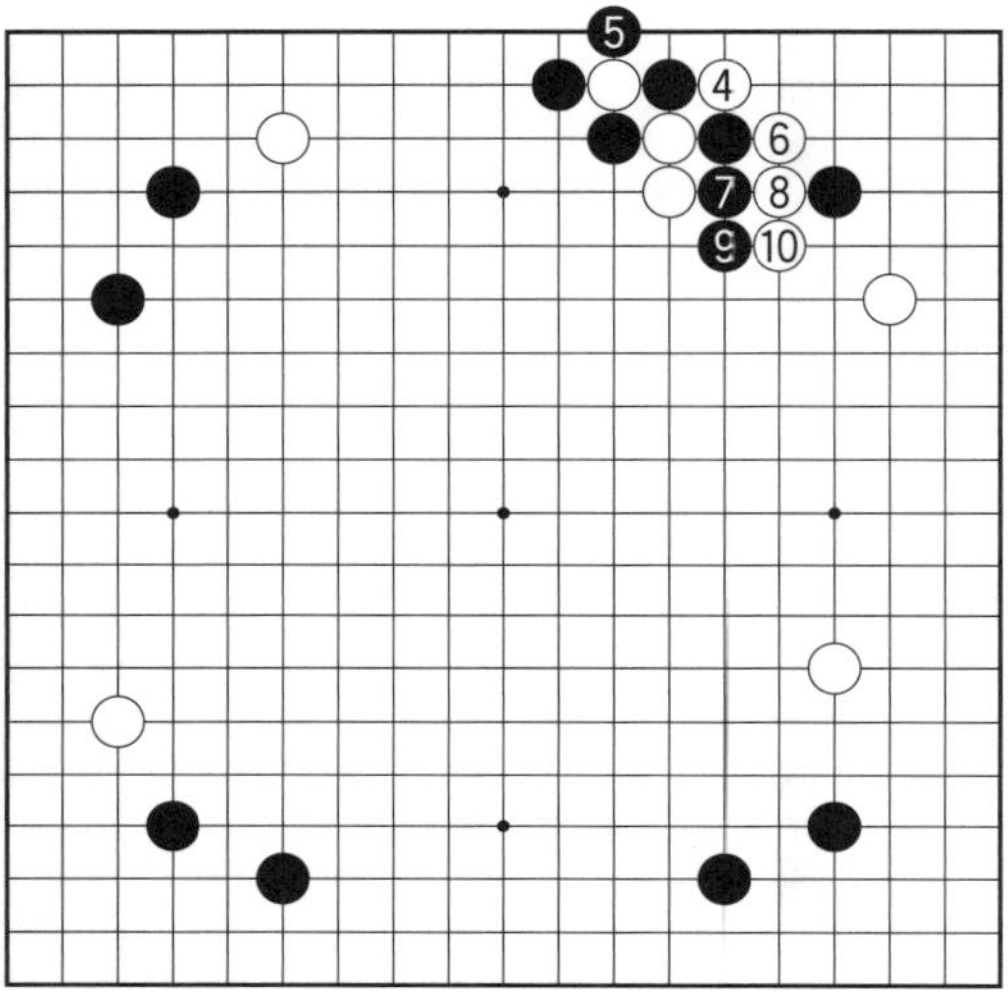

15図

黒11と切れば白12が気持ちの良いタタキで白18まで大戦果です。

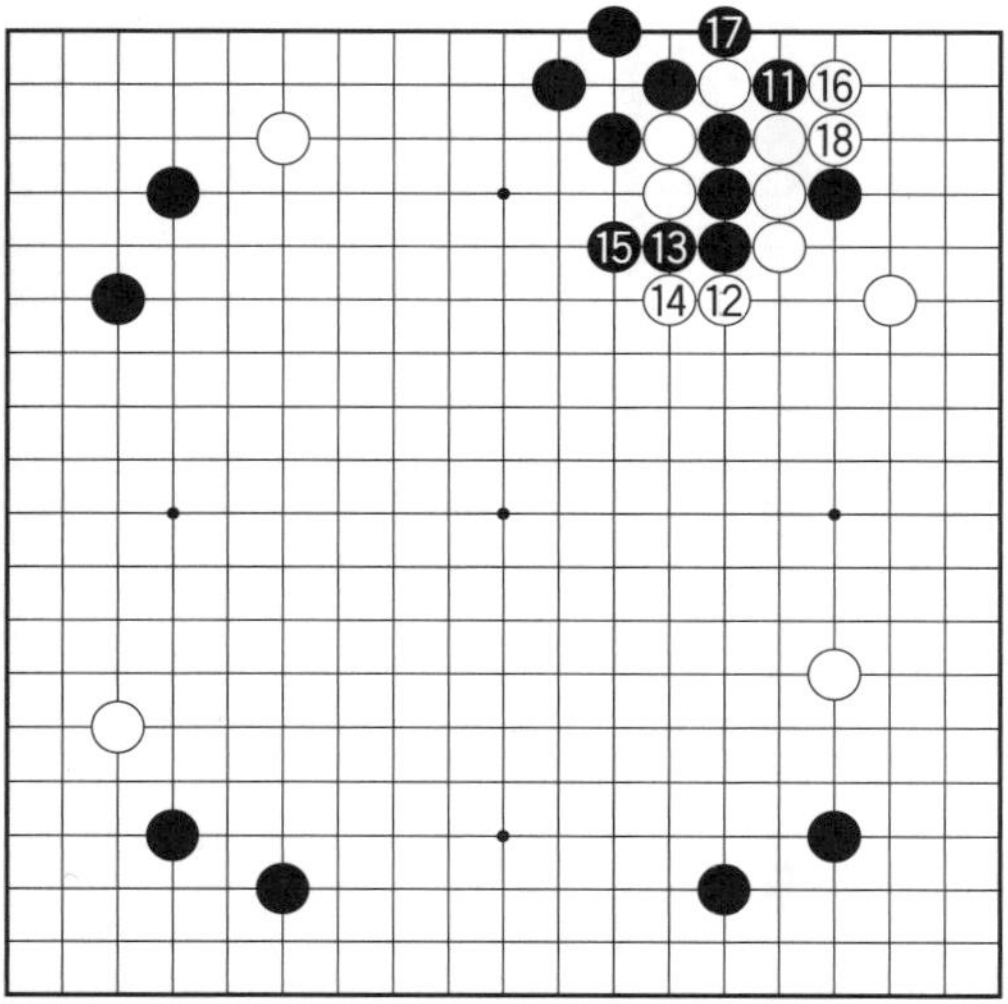

16図

黒11が正着ですが、白14で隅の白地が大きく白満足でしょう。

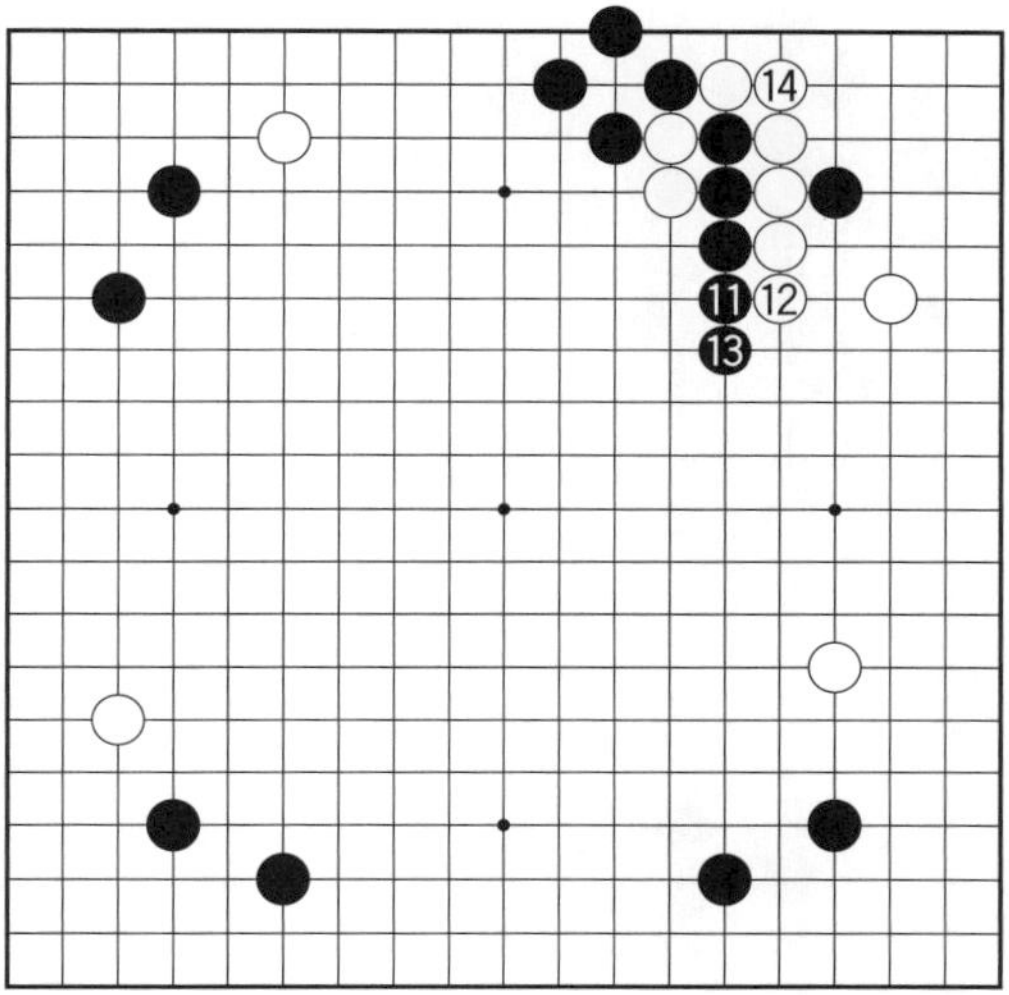

17図

白1、3の切りアテも常套手段ですね。白5のアタリに対して…

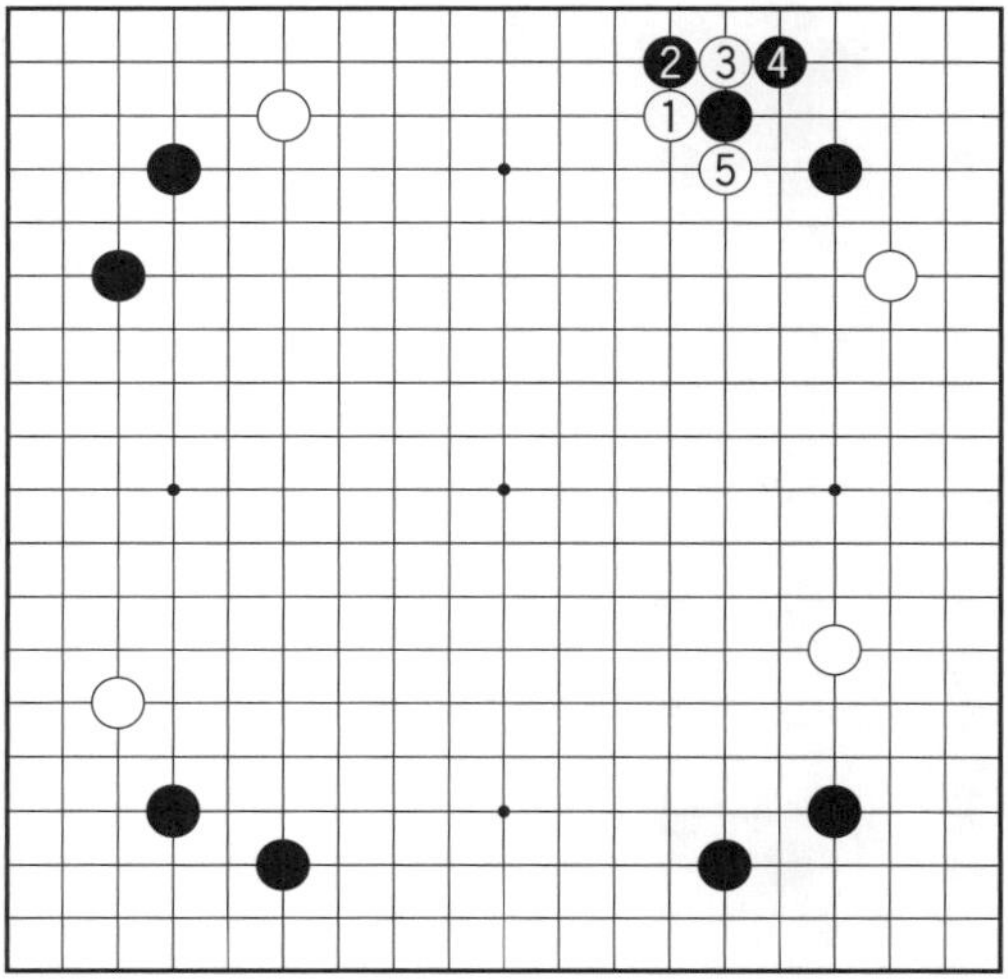

18図

黒6とツグと白9まで、完璧に封じ込めて白理想形になります。

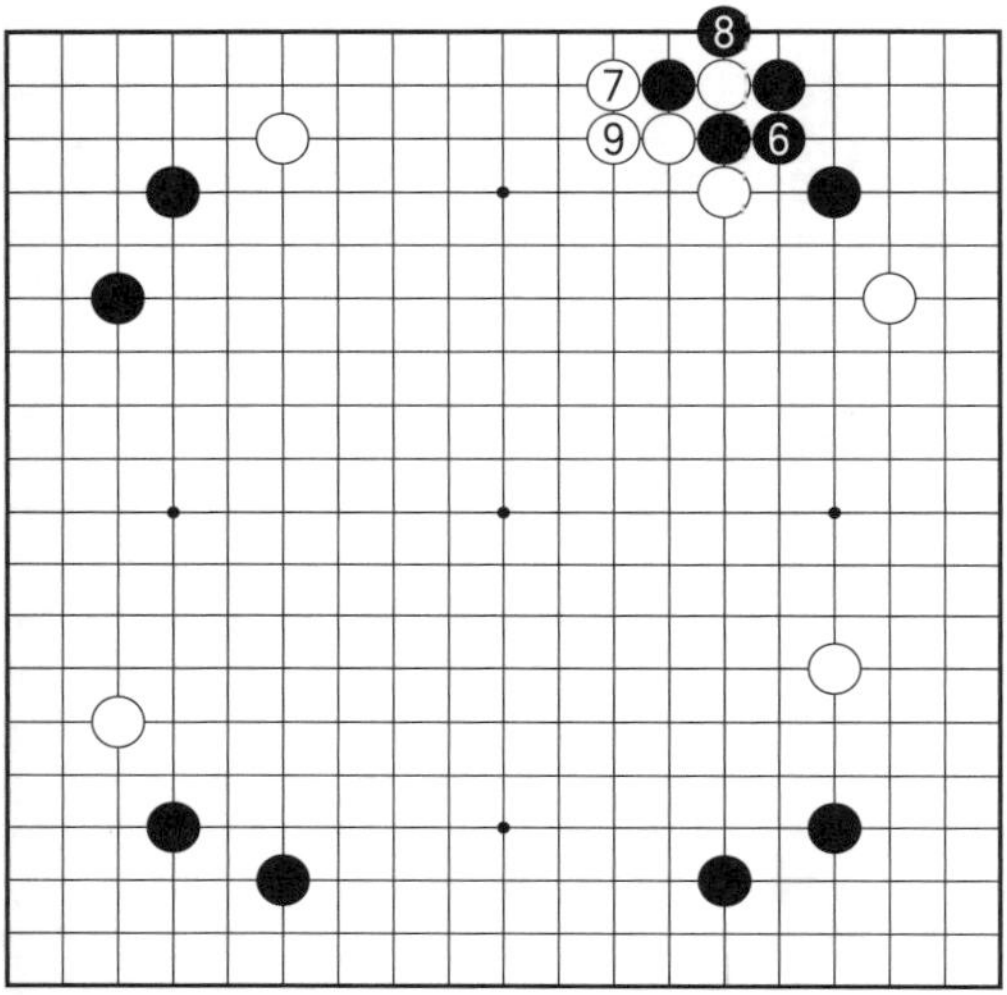

19図

黒は強く6の抜きが勝ります。その場合は当然白7とアテていきます。

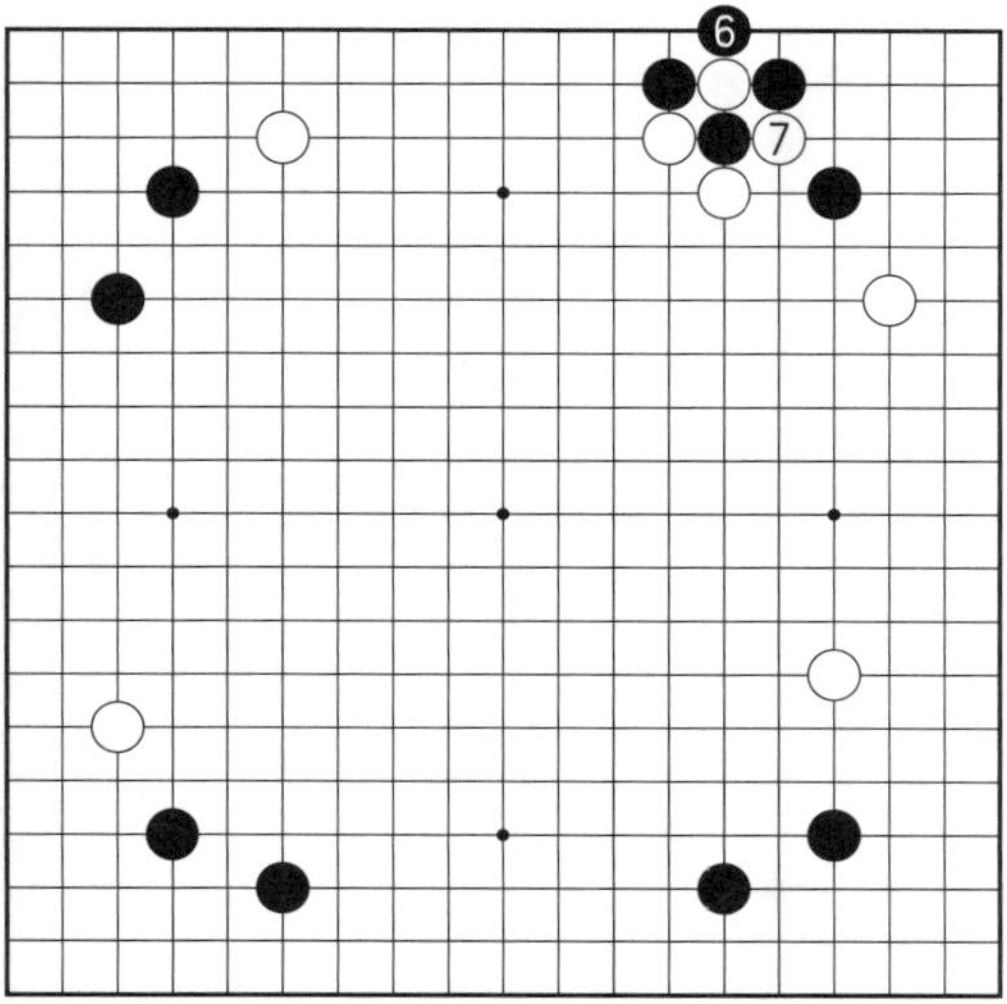

20図

黒8とツイだ形は黒も気持ちの良いものではないでしょう。

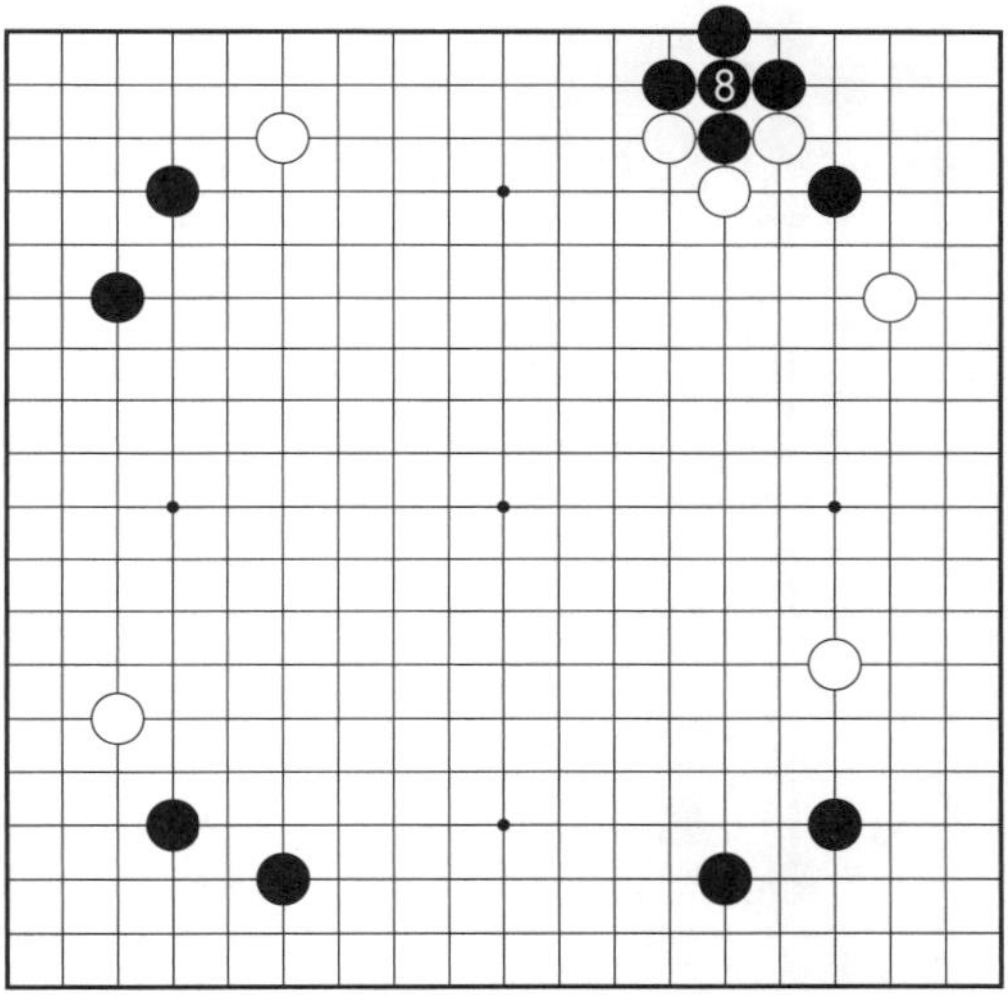

21図

白9から23まで全面戦争になります。この形は、黒がツブレても文句は言えないでしょう。

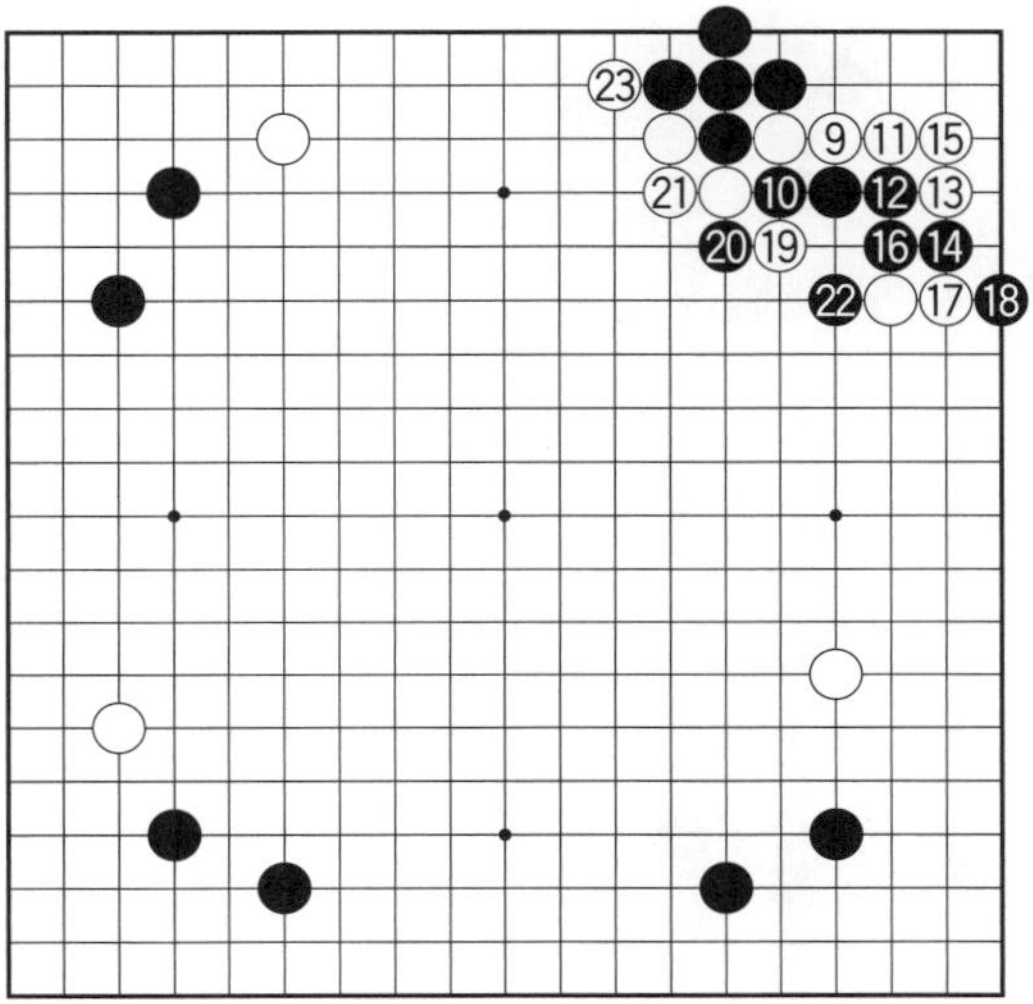

22図

21図の黒8で、1、3は強い受け方ですが、白aのコウ仕掛けが脅威でしょう。

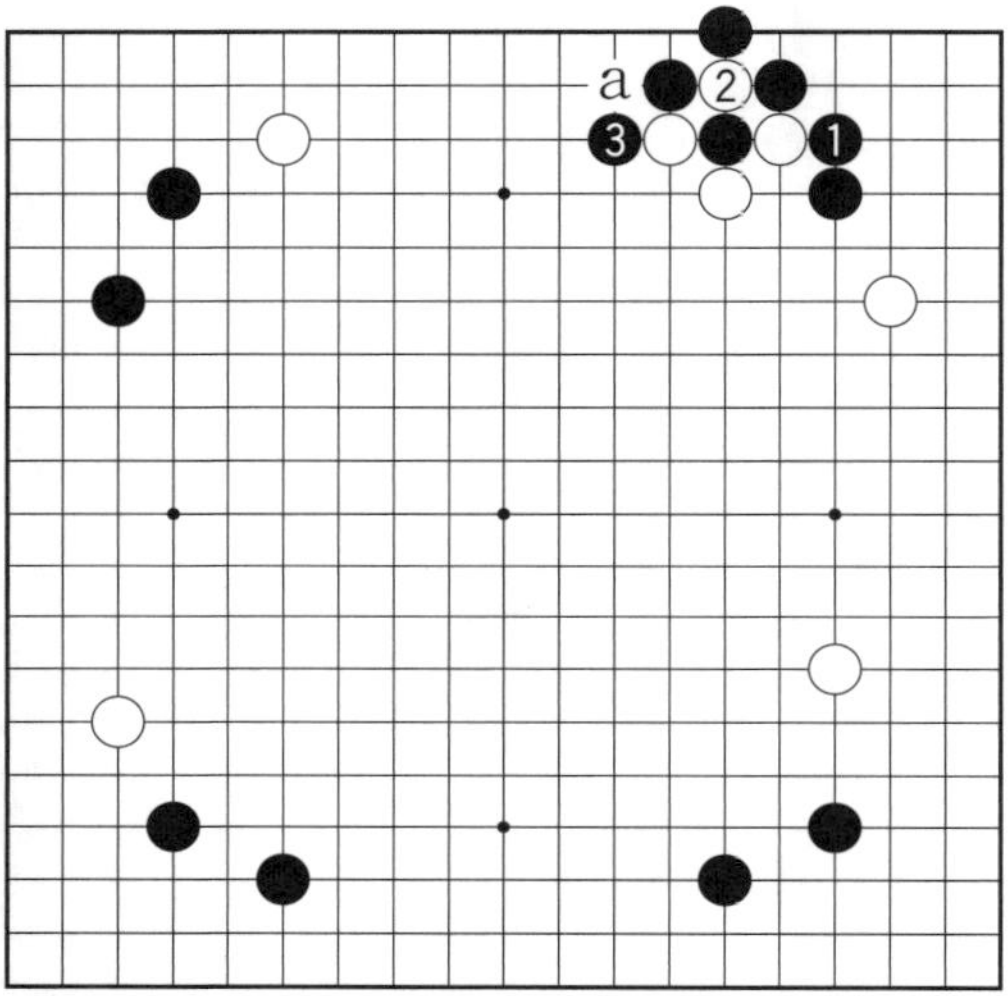

23図

例えば白4とすぐにコウを仕掛けて、白6などとコウ立てすれば局面が複雑化します。

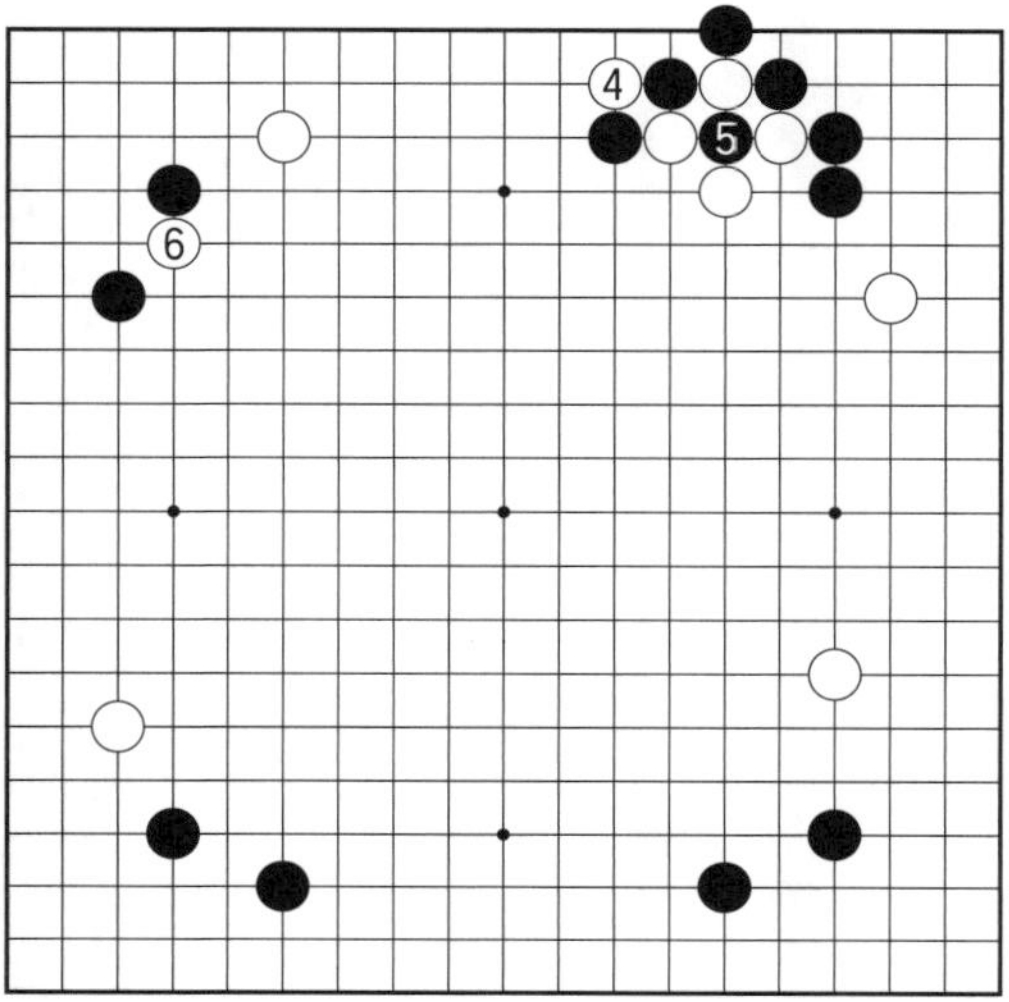

24図

18図の黒4で、1と一旦アタリしてから黒3と取るのは好手です。白6でシチョウですが…

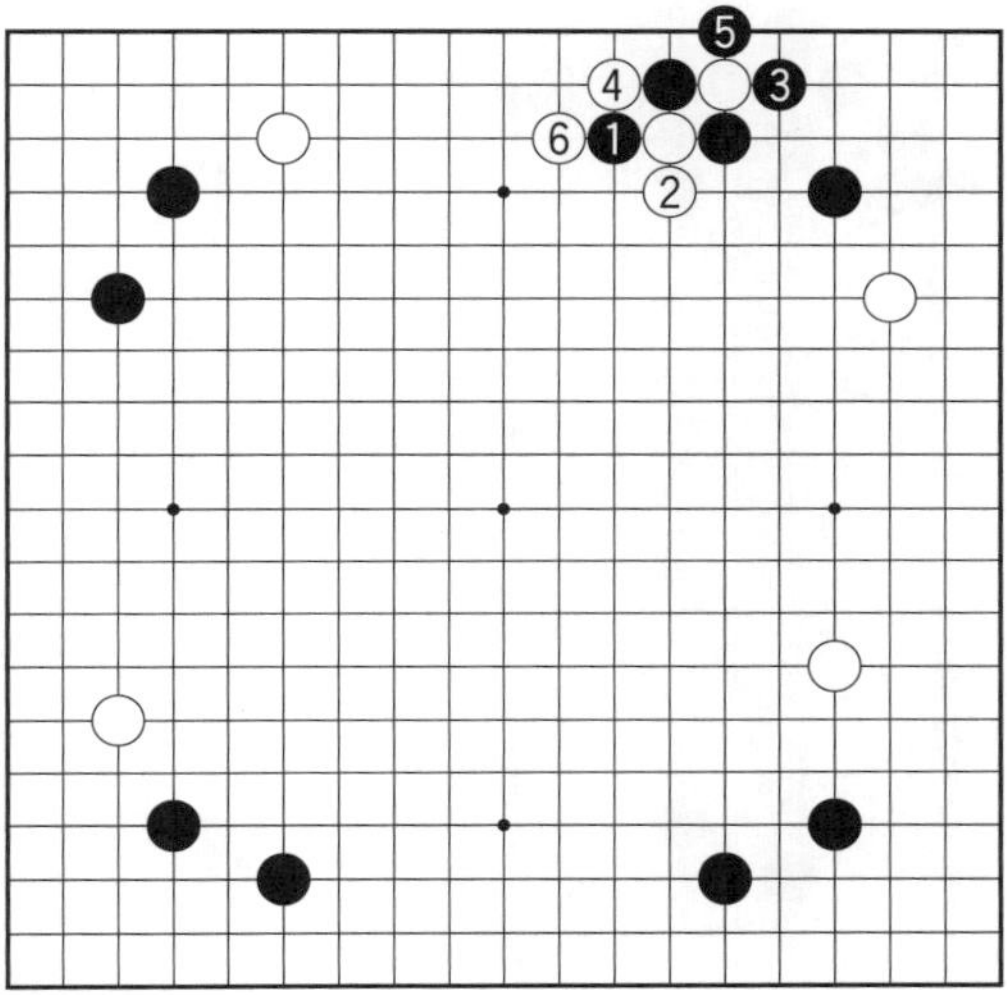

25図

黒7などとシチョウアタリを打ちます。白も8とポン抜いておいて打てるでしょう。

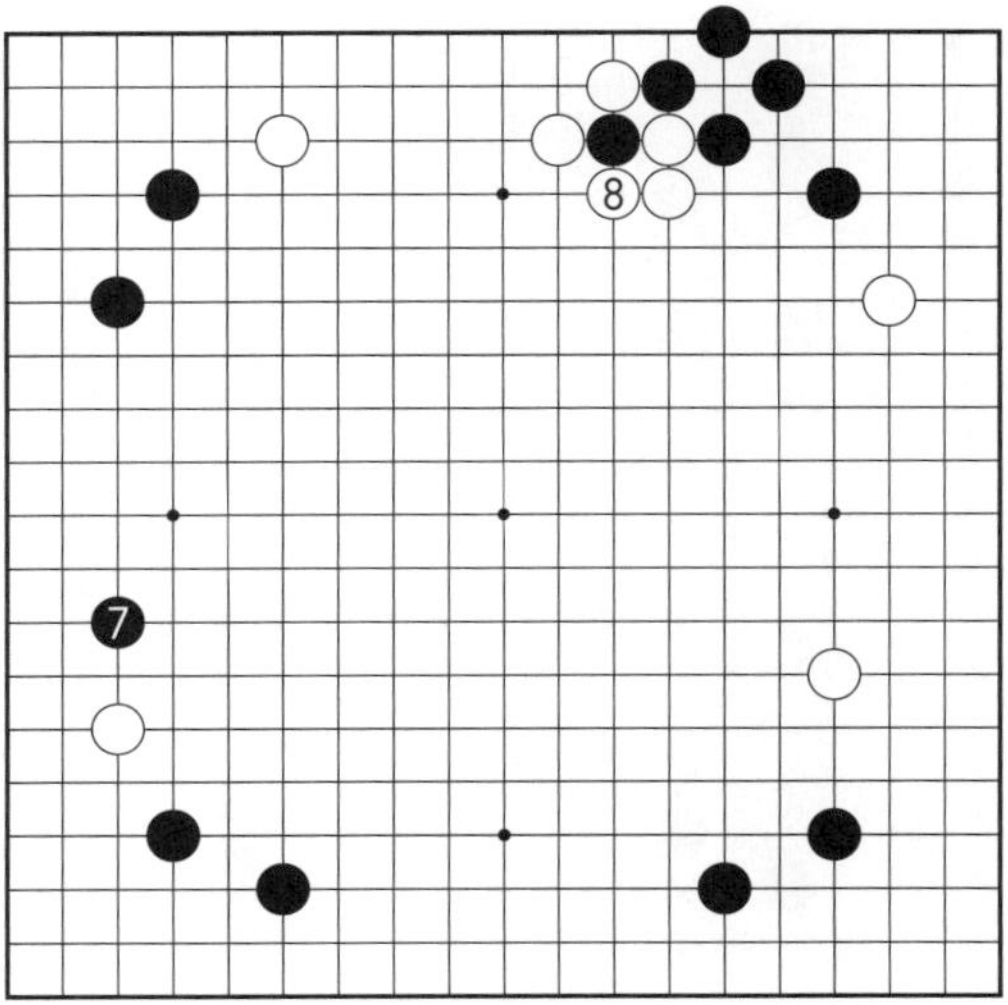

26図

もしも黒7のように激しいシチョウアタリを打ってきたら、それを逆に利用します。黒9、11と連打されても意外に軽いので、左下隅を連打すれば白十分に打てます。

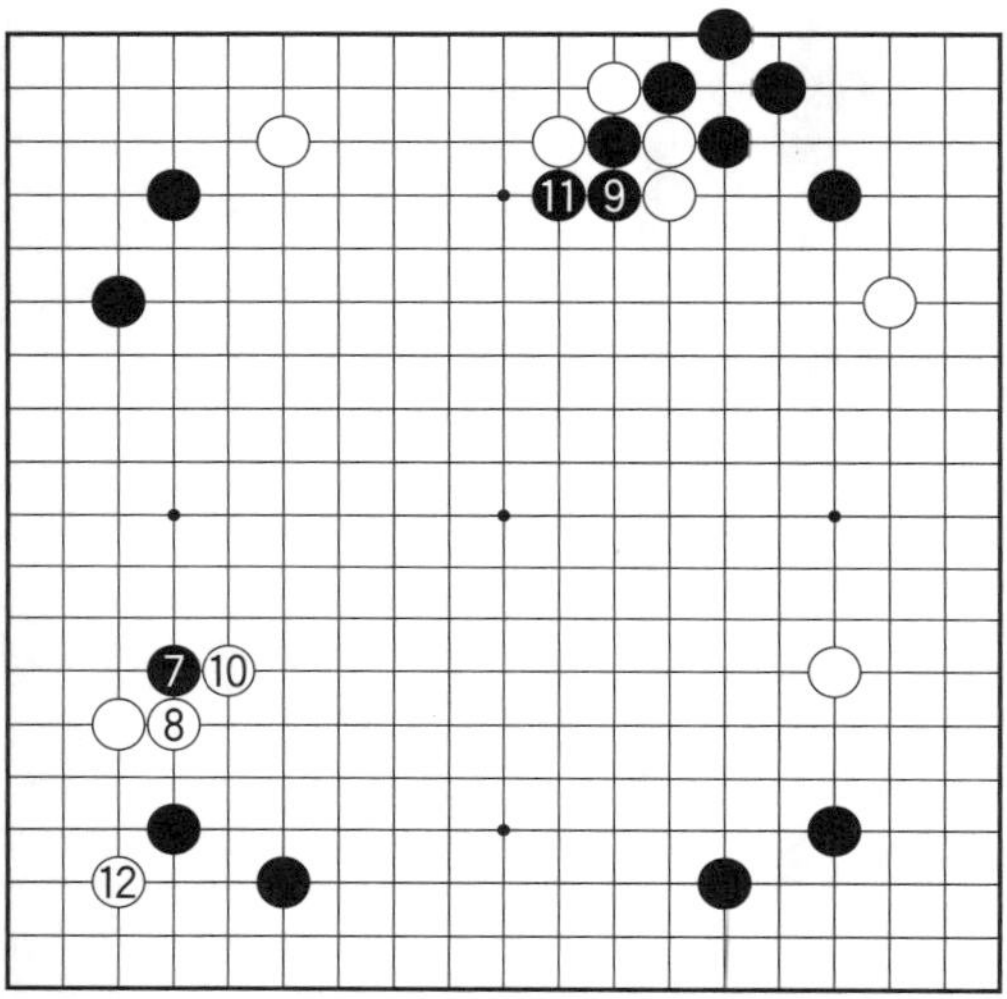

27図

白1に対して黒2はどう見ても利かされですね。良い理屈はありません。

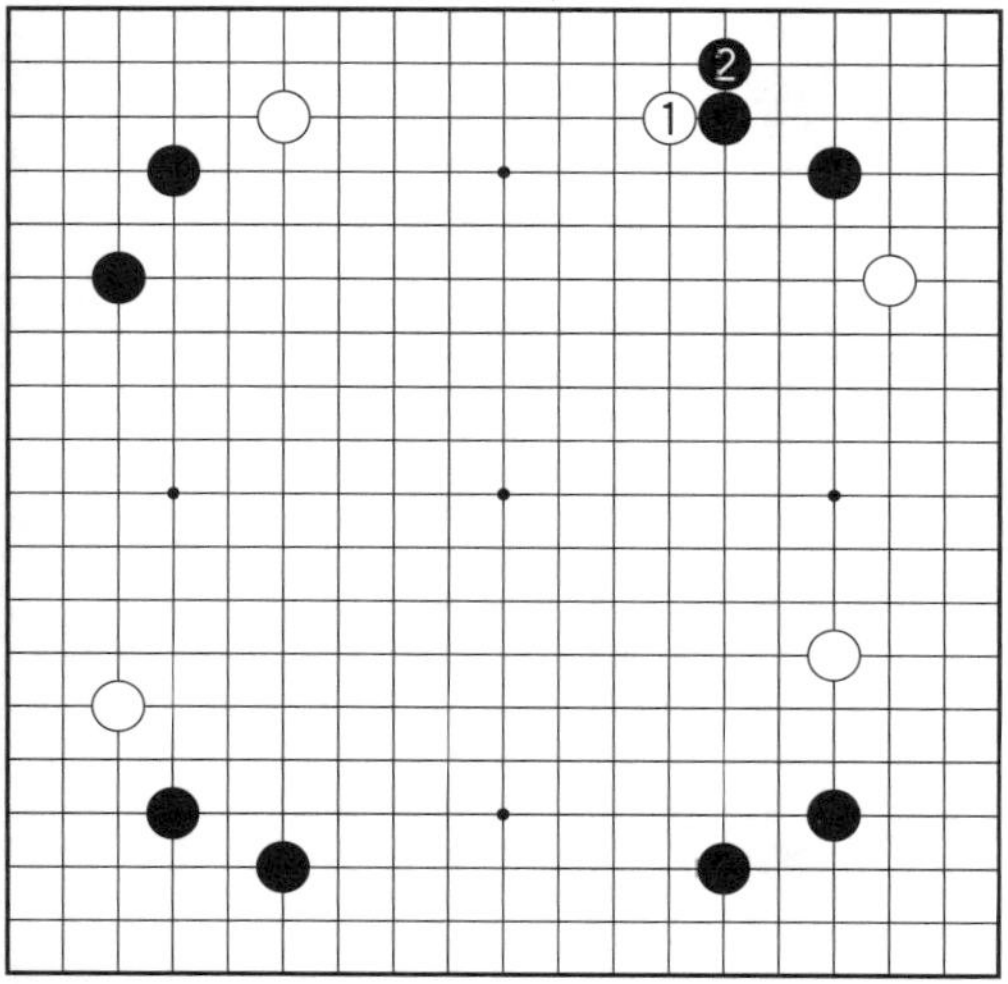

28図（黒の応手４）

結論として、白1のツケは非常に有力。もし黒が対応を間違えるとあっという間に白が良くなりますし、黒に正しく打たれても互角の分かれ。何よりもした手は、白1のようにうわ手にいきなり接近戦を挑まれると嫌なものでしょう。

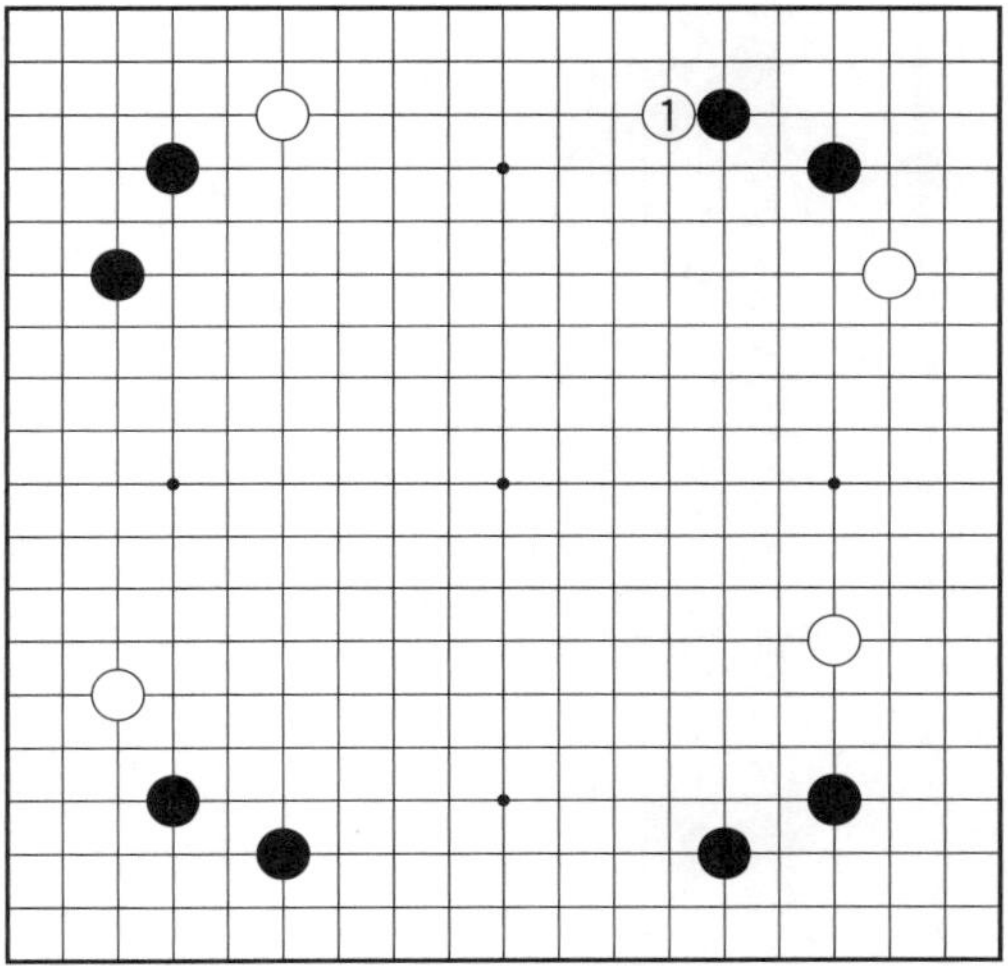

まとめ

そして次はいよいよ奇手二線ツケです。黒の応手はa、b、c、dの4通りですね。

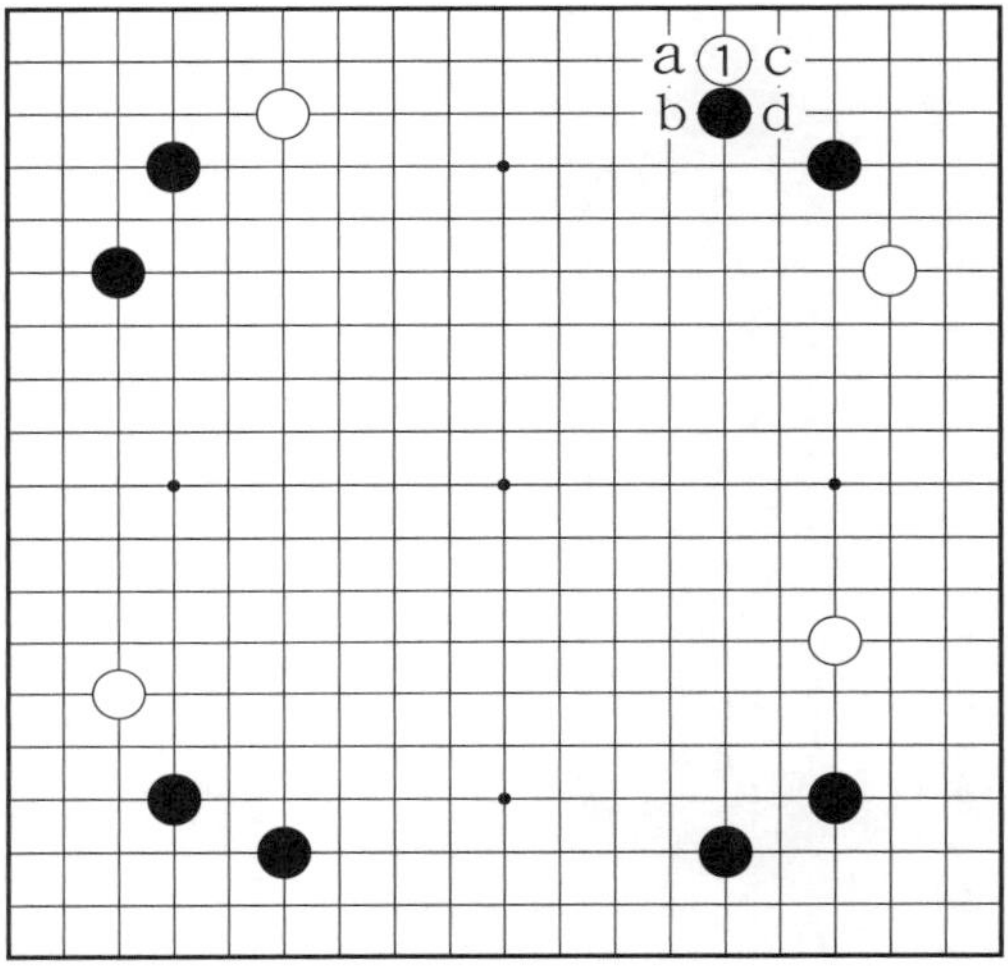

奇手二線ツケ

1図、まずは黒1のオサエから調べてみましょう。

2図の白2と切れば233ページ18図と同じ形です。既に白成功しています。白1のツケの恐ろしさがお分かり頂けましたでしょうか。

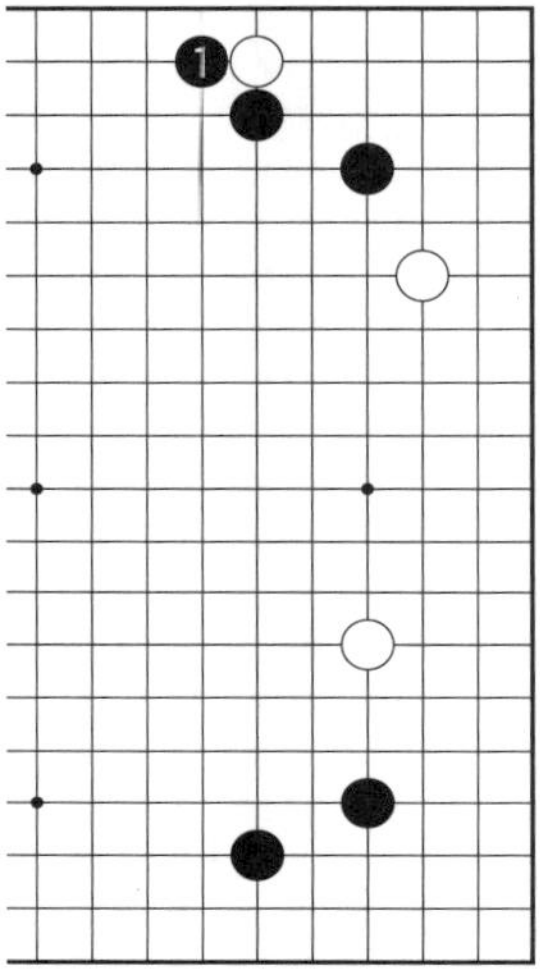

1図（黒の応手a）

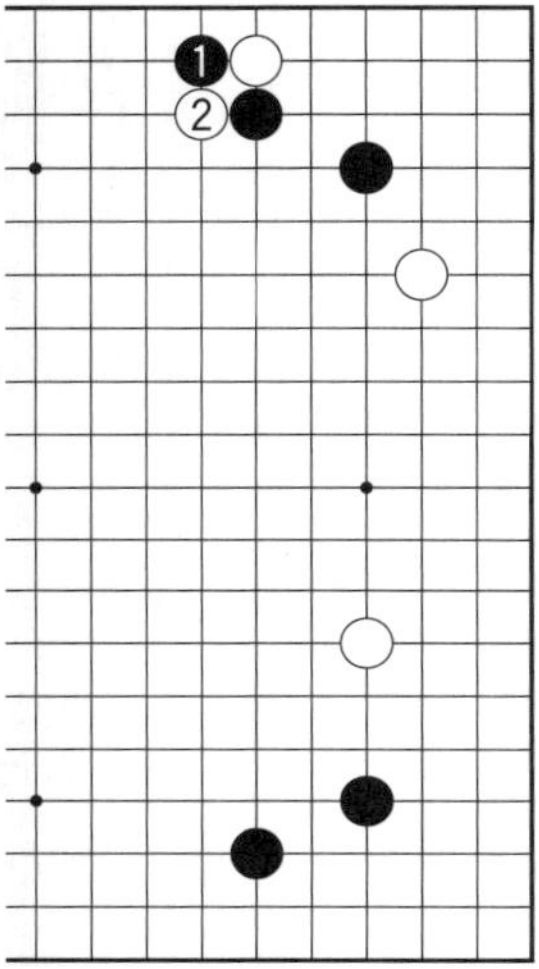

2図

3図、次は黒2の外ノビです。

4図、白はすかさず3の三々に入ります。黒4とオサえれば白7まで必然です。

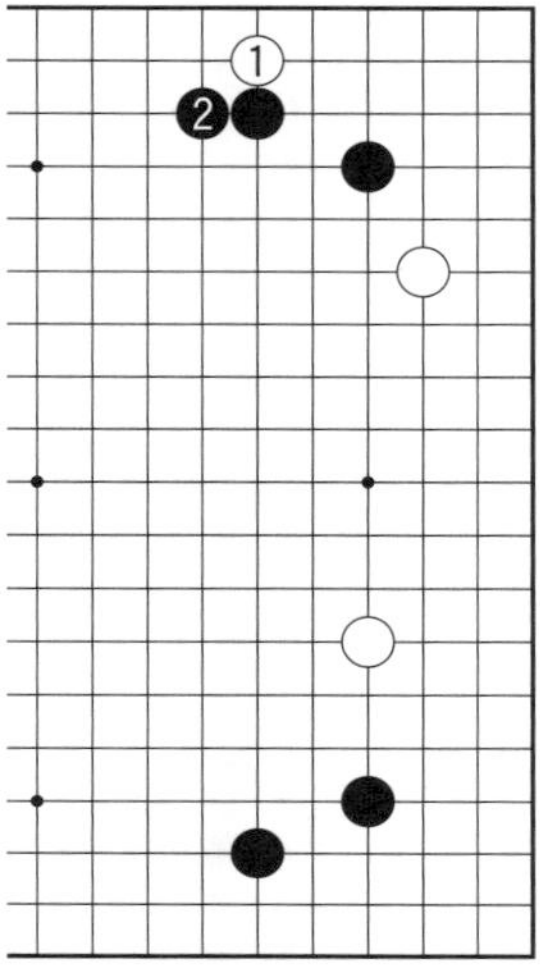

3図（黒の応手b）

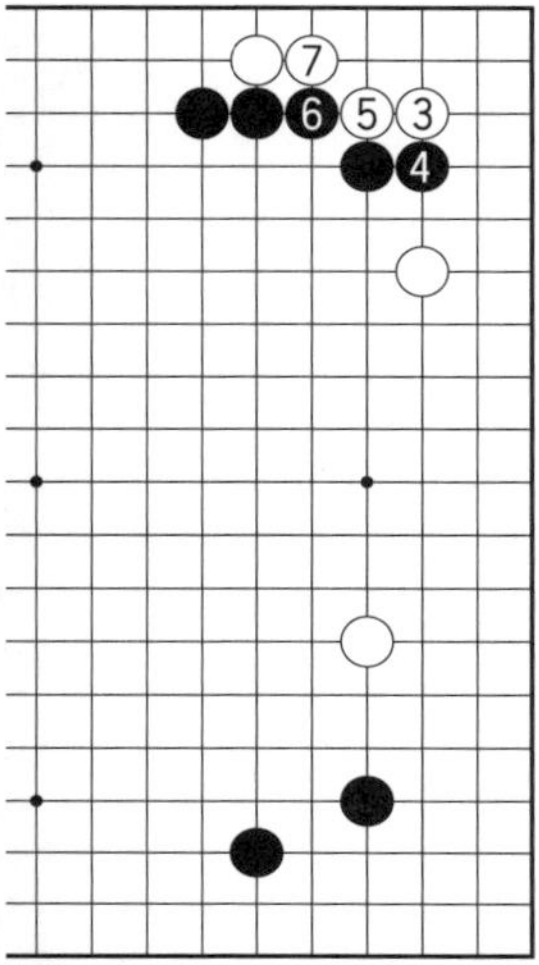

4図

5図、黒8なら白13まで隅をえぐってから、あわよくば周りの黒に対して攻めを狙います。

6図、手順を変えて分析してみましょう。白1の三々は普通の手ですね。黒2から白13までとなれば前図と同形です。しかし…

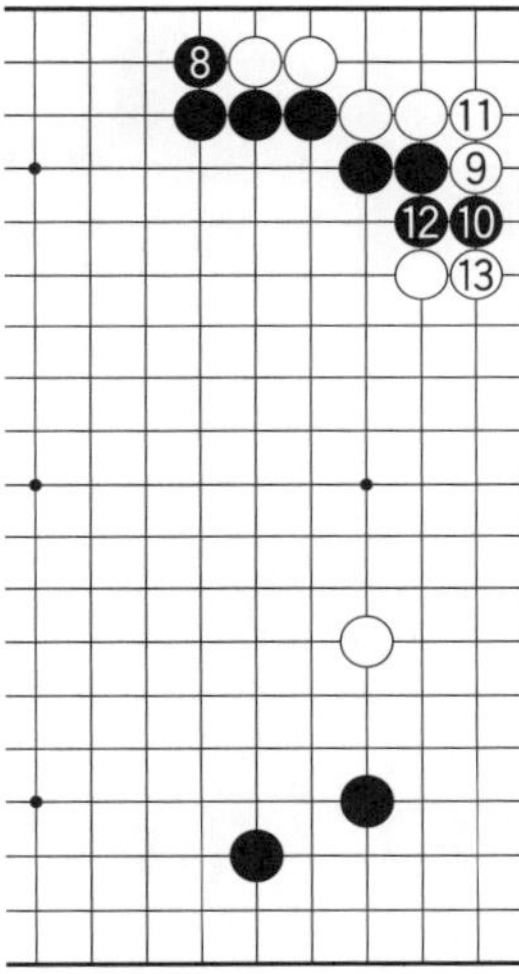

5図

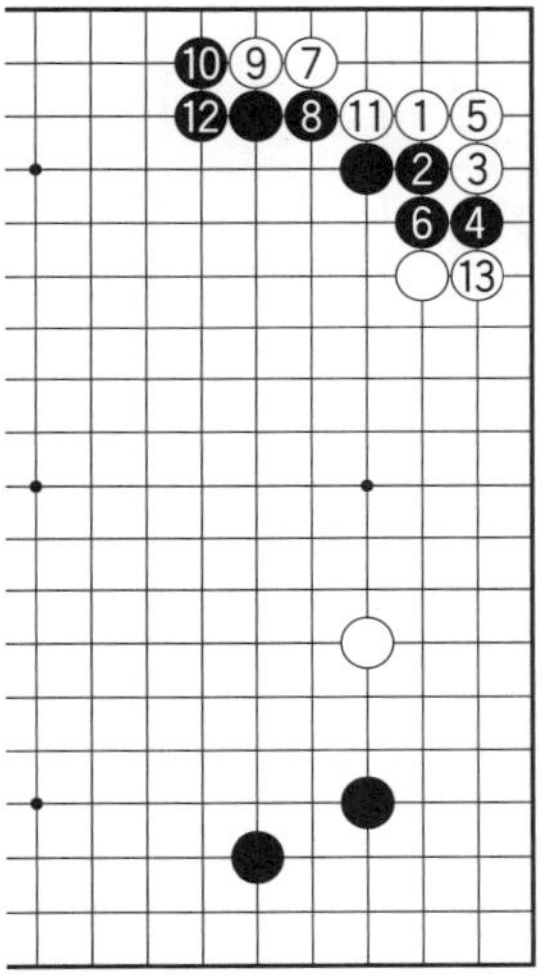

6図

7図、黒10とこちらにハネるのが好手です。白11、13を許しても、黒14と絶好点に回り黒良しです。

白11では**8図**の1が正着でしょうが、黒4まで、5図より遥かに厚く好形になっています。

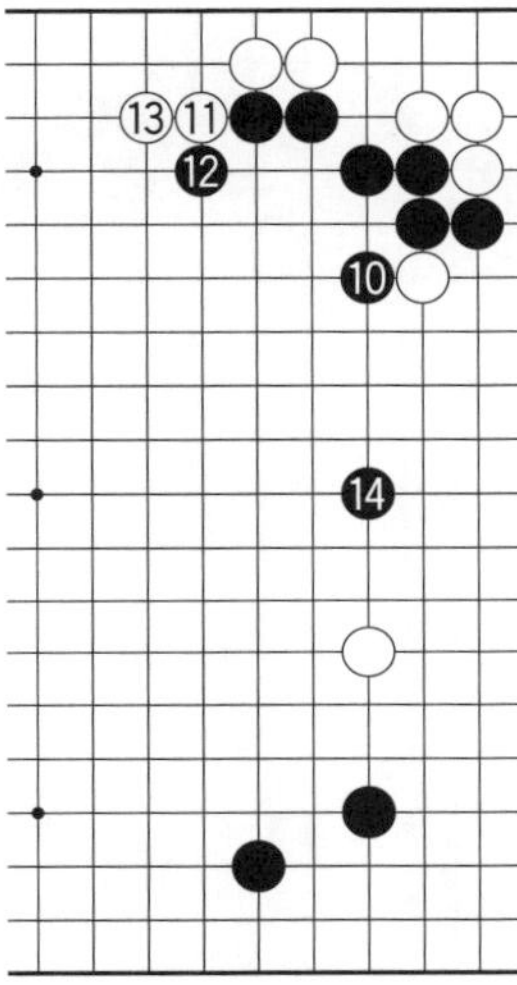

7図

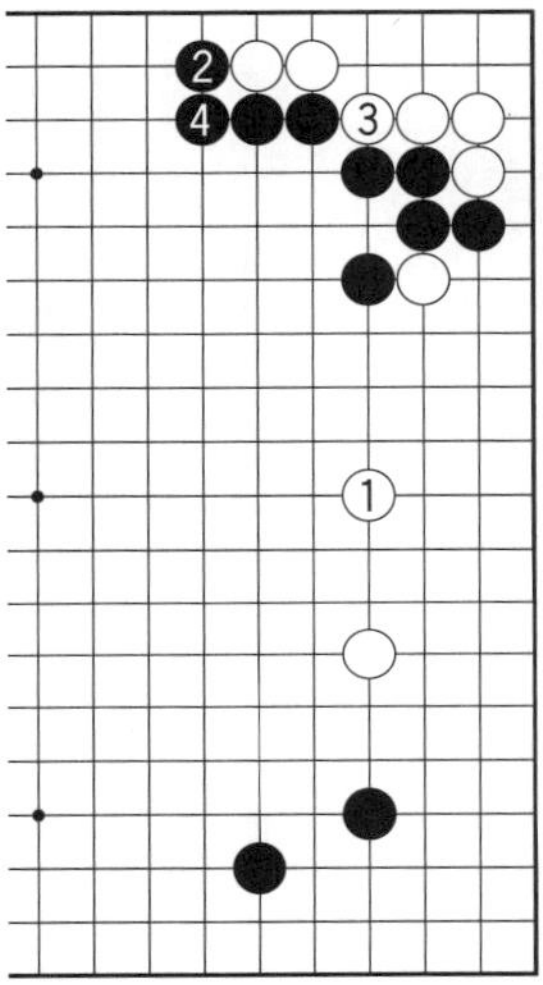

8図

もちろん、6図の黒8では**9図**の1と、より強く打つ手もあります。

10図、白3、5は黒6でいかにも窮屈ですね。

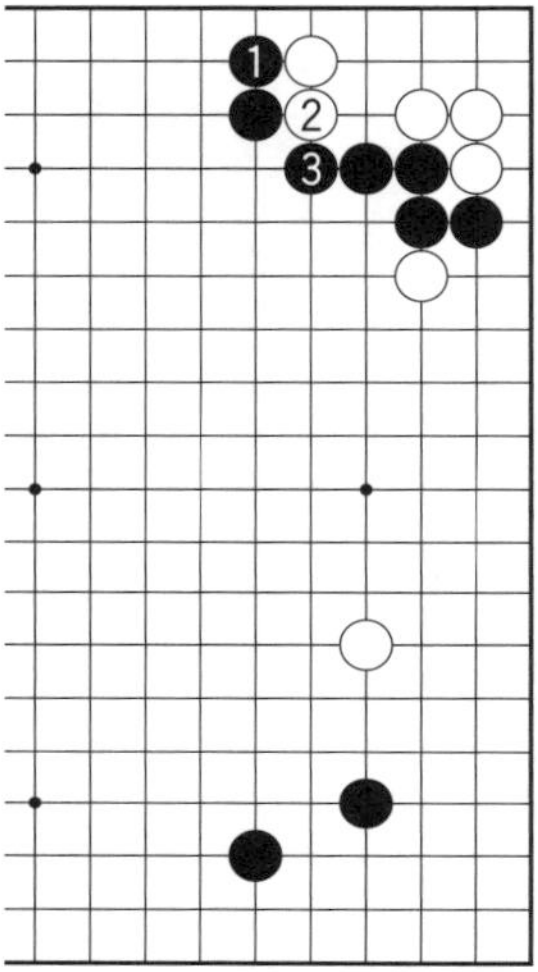

9図

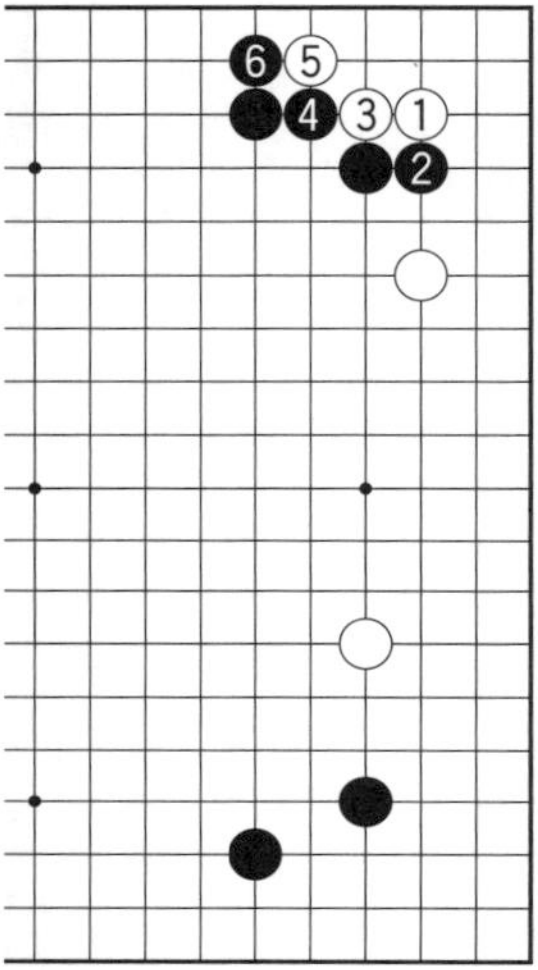

10図

11図、△と▲の交換の良さが一目瞭然でしょう。

12図、白1～7まで再掲。黒8は急所のサガリですが、白11までやはり隅を生きます。次に白a、黒bを利かして黒の全体を重くします。

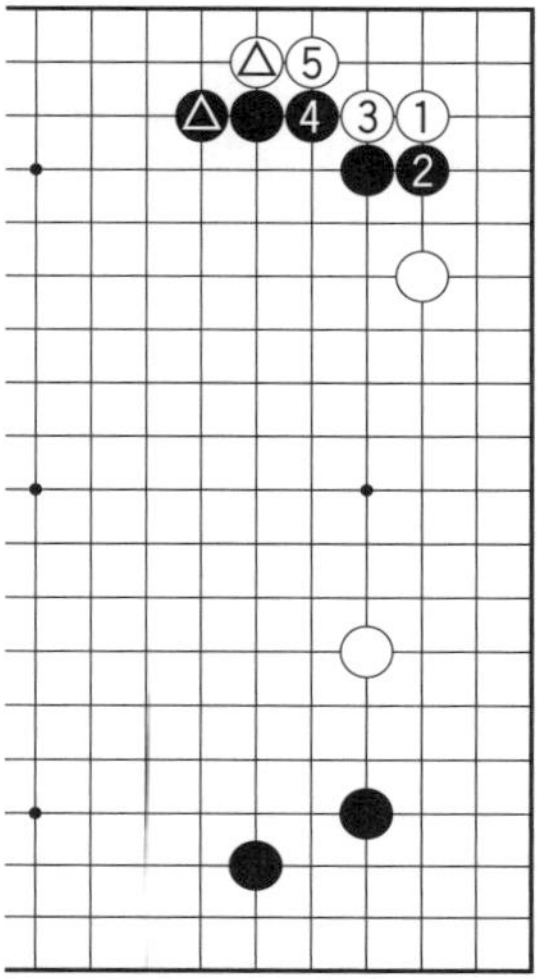

11図

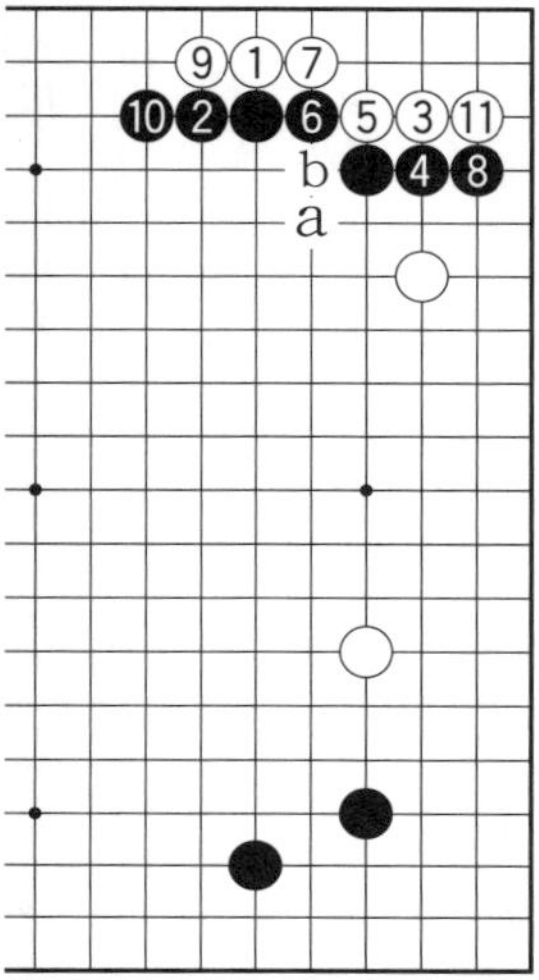

12図

13図、前図の黒4で1の方からオサえれば当然白2です。ａが残っているので、△はまだまだ働いてくれます。

14図、白1、3とハウ手も調べてみましょう。

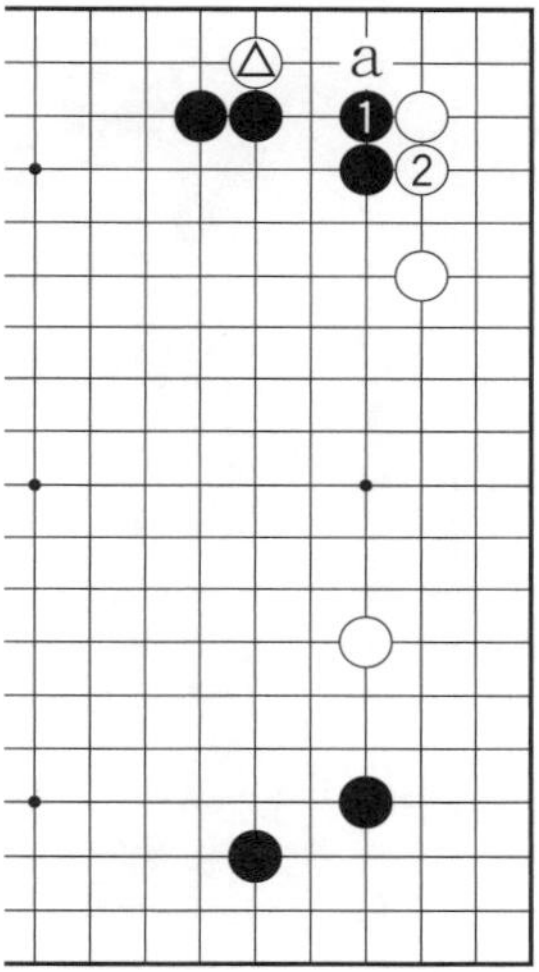

13図

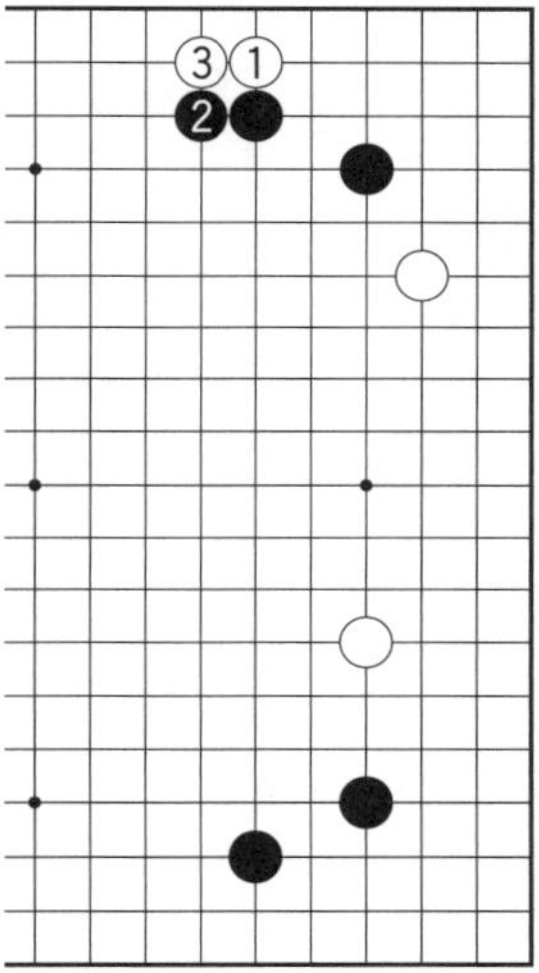

14図（ハウのは…）

15図、続いて黒4のオサエなら、白5から黒8まで一見自然な進行です。しかしここで白9が気持ちの良い（意地の悪い）ハサミツケです。

16図の黒10なら白15まで根こそぎの荒らし。

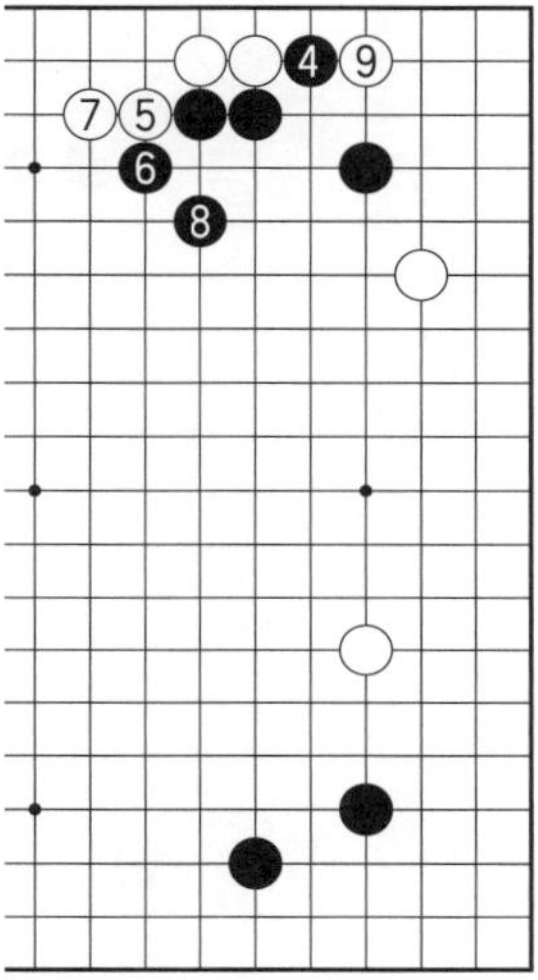

15図

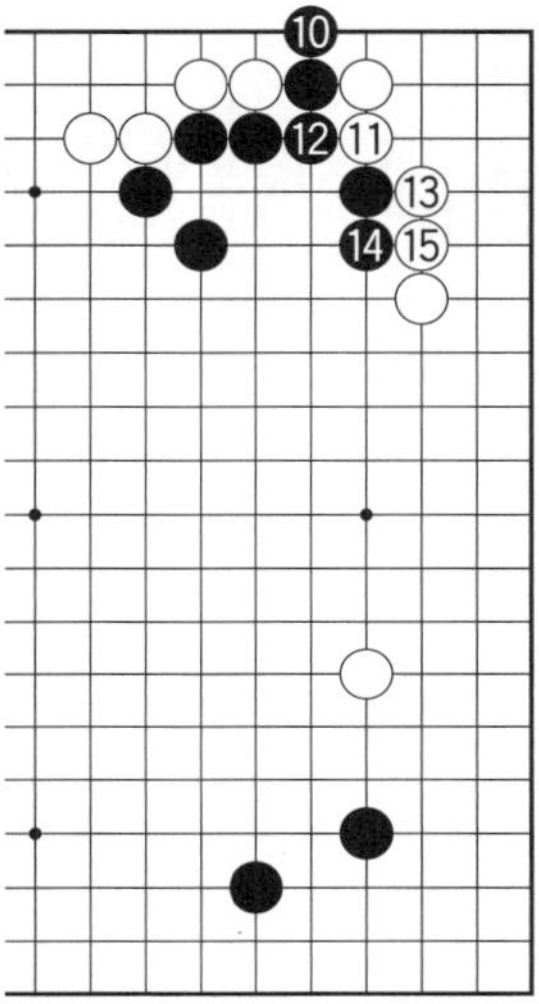

16図

17図の黒10とツイでも、白13まで荒らしていきます。

しかし、15図の黒4では、**18図**の1とノビられて白があまり上手くいきません。黒5、7の二段バネが好手です。

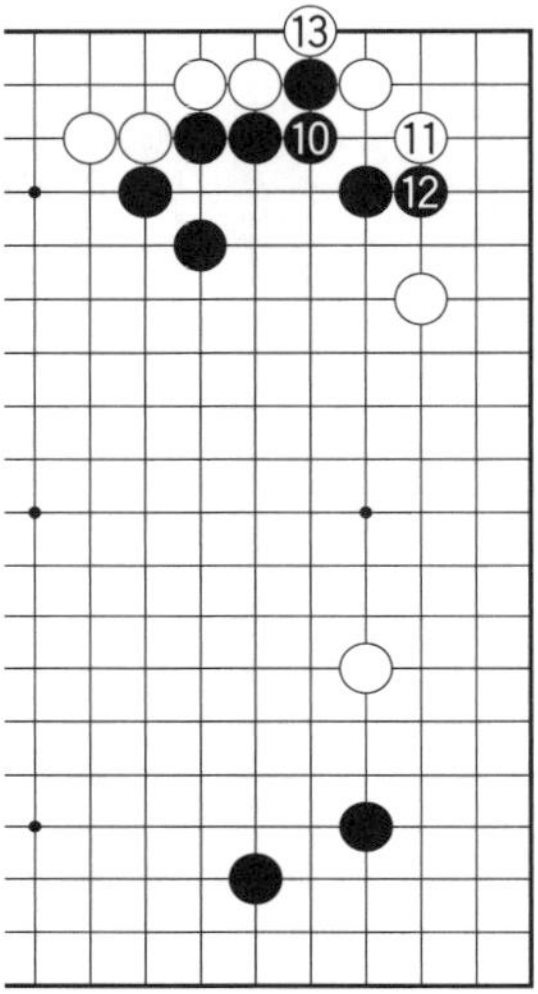

17図

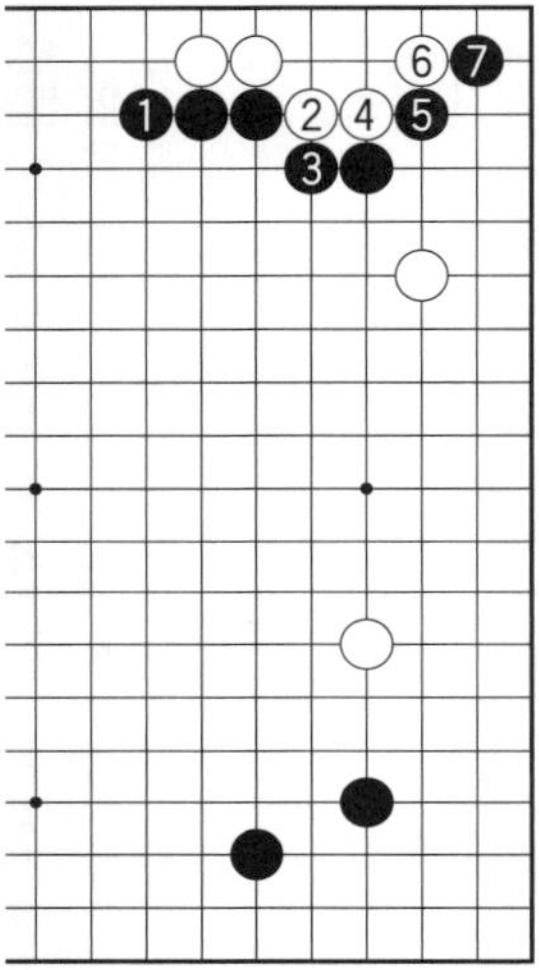

18図

19図、この白の生き方は低位でつらいですね。

20図、18図の白2で、1の三々入りは黒4までで、△2子の持ち込みが大損です。

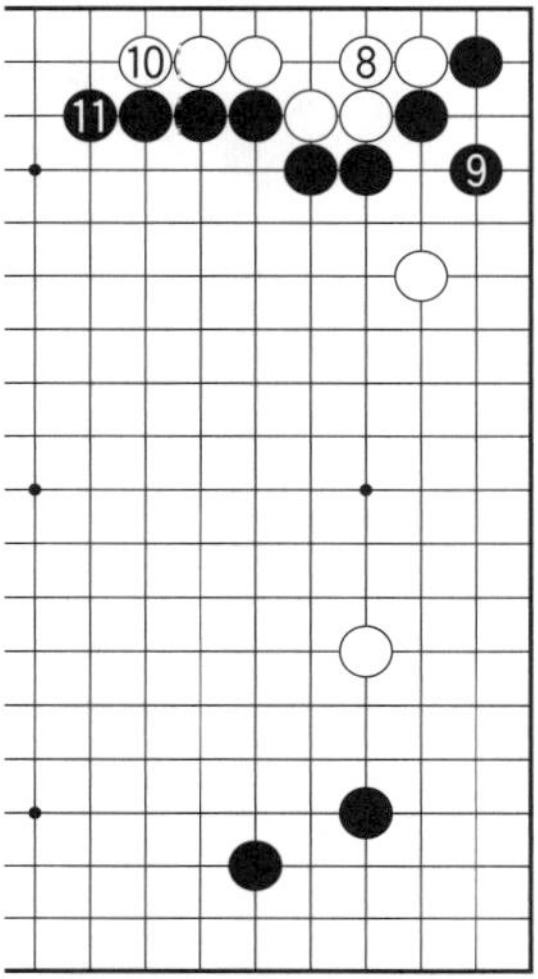

19図

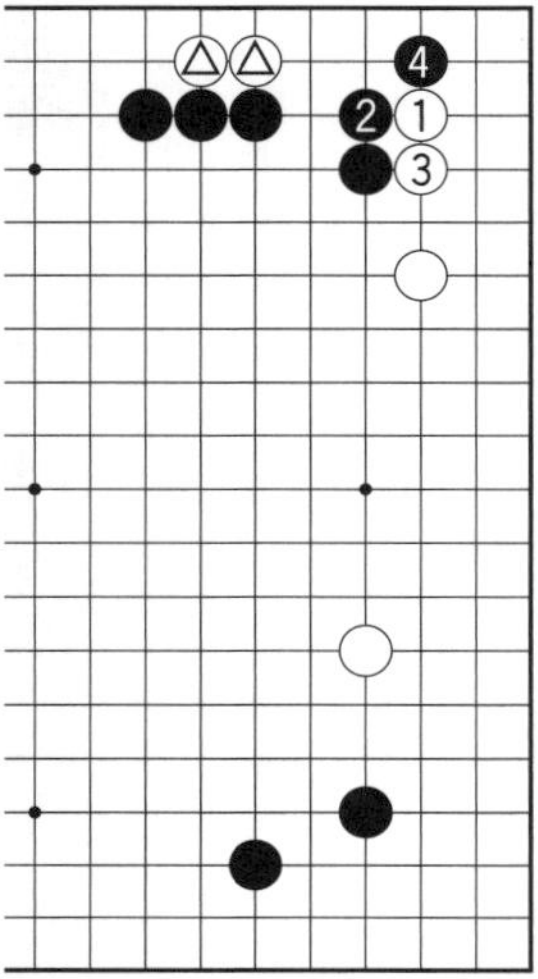

20図

21図、次に黒２の内側からのオサエです。

22図、白３としつこくヒイてみます。15図に戻りました。

ここで…

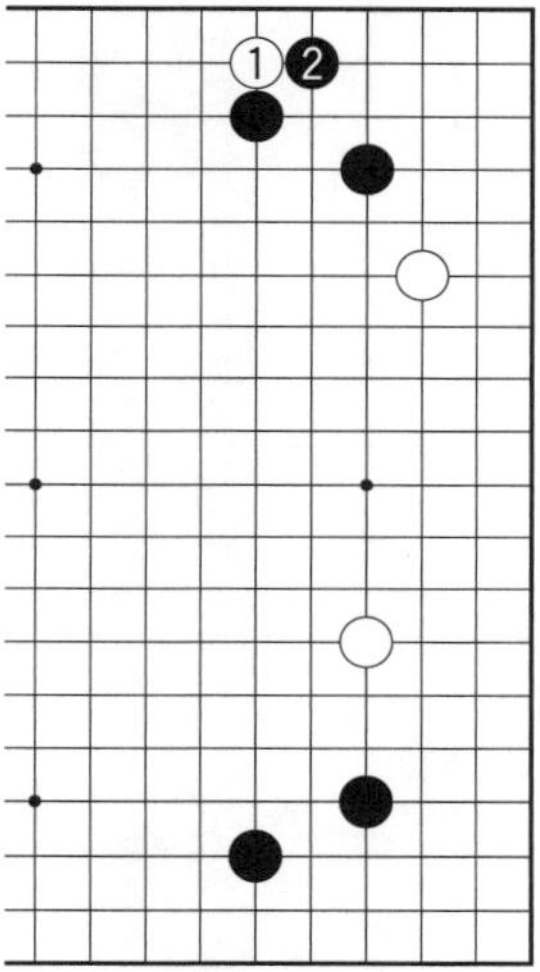

21図（黒の応手ｃ）

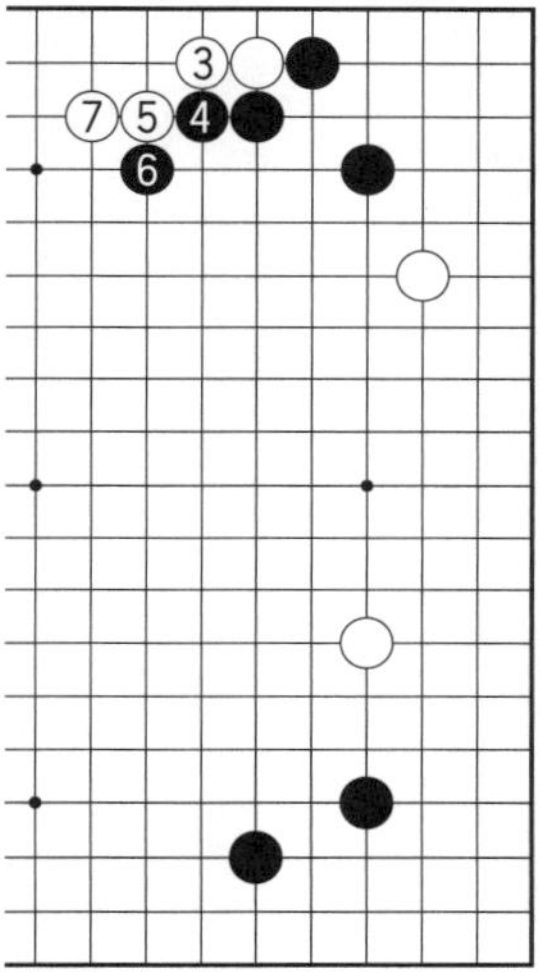

22図

23図の黒８と隅を守るのが正着です。白は９と切ります。白もまあまあでしょう。

24図、22図の黒４は、１と単に守る手がより良いでしょう。

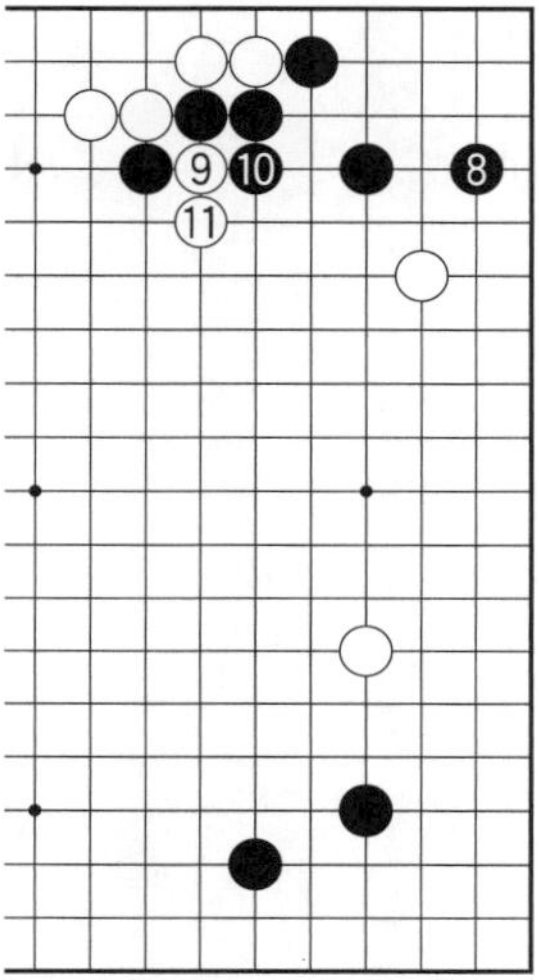

23図

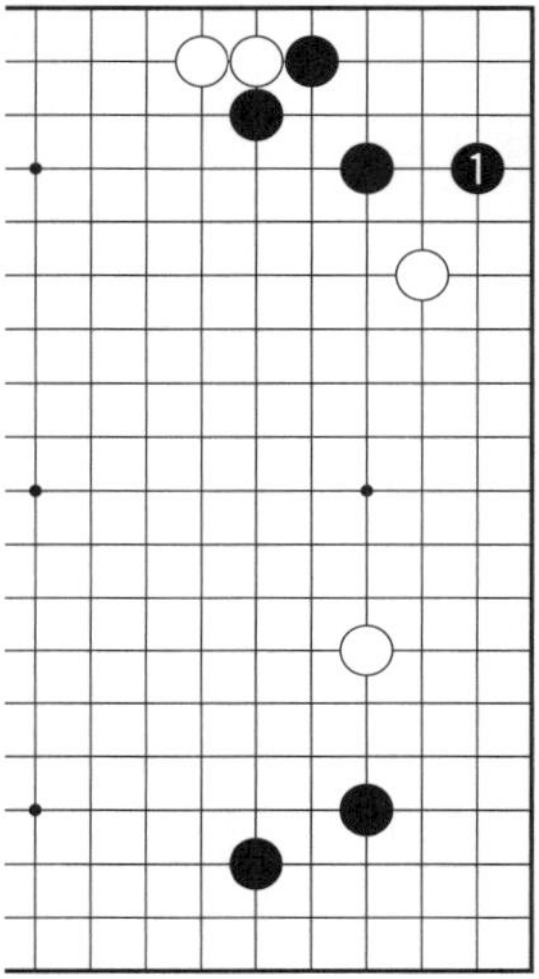

24図

25図、白2のキリは成立しません。22図の白3は少し力み過ぎでした。そこで…

26図、白1、3とハネてみます。黒4を誘っています。233ページ18図に戻りこれはハマリ。

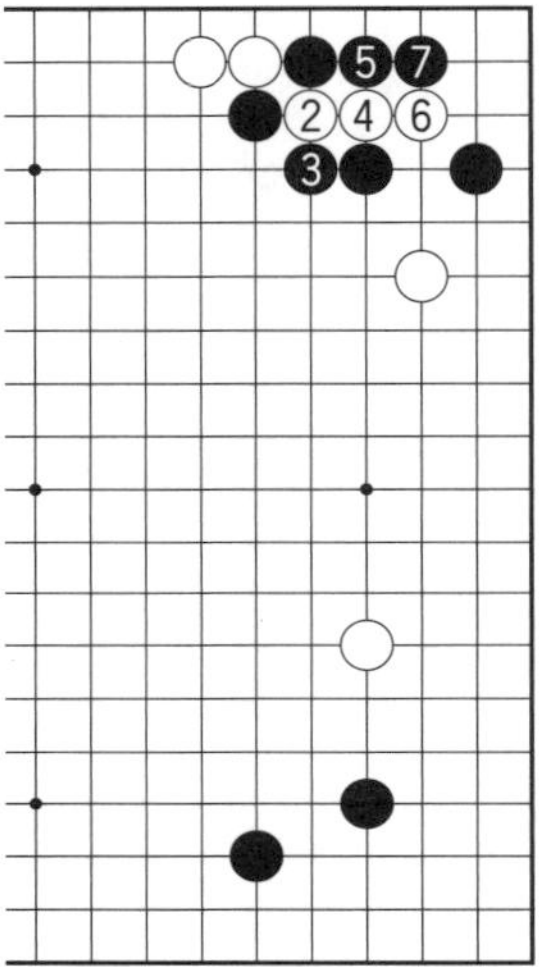

25図

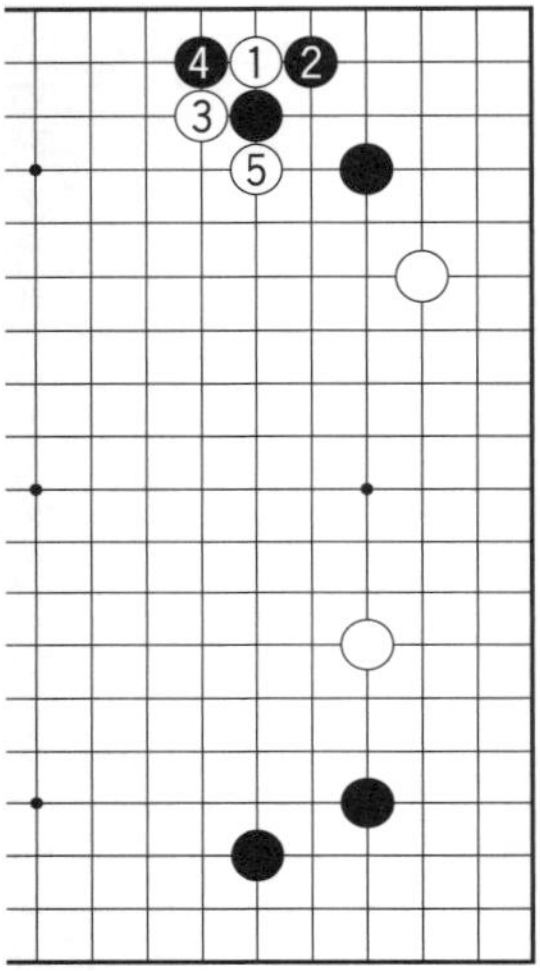

26図

27図、黒4と冷静に受けられたら、白5と揺さぶりをかけます。

28図、黒6と受ければ白7です。この形は打ってはいけない定石（その1）と似ていますが、非なる物です。

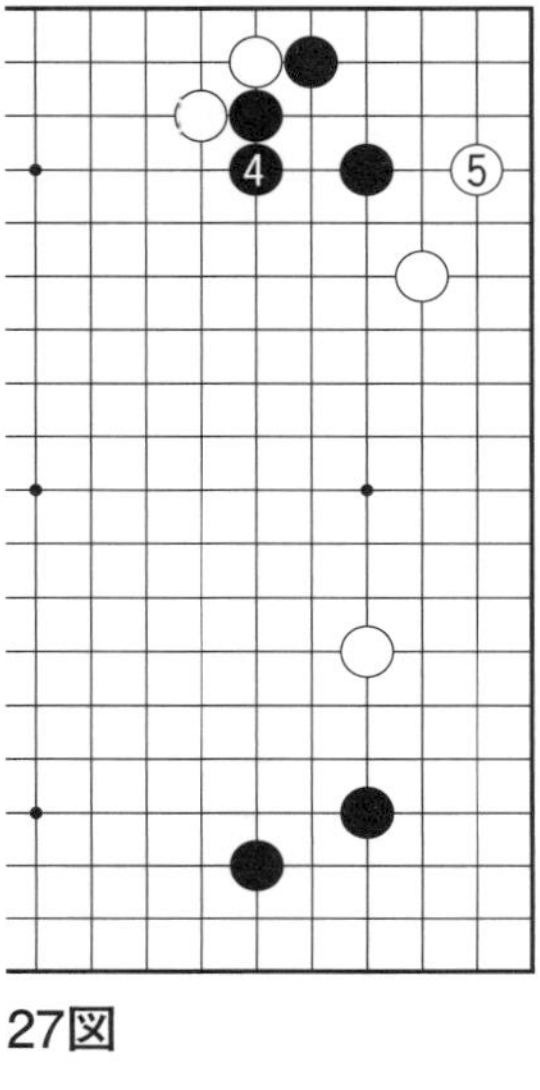

27図

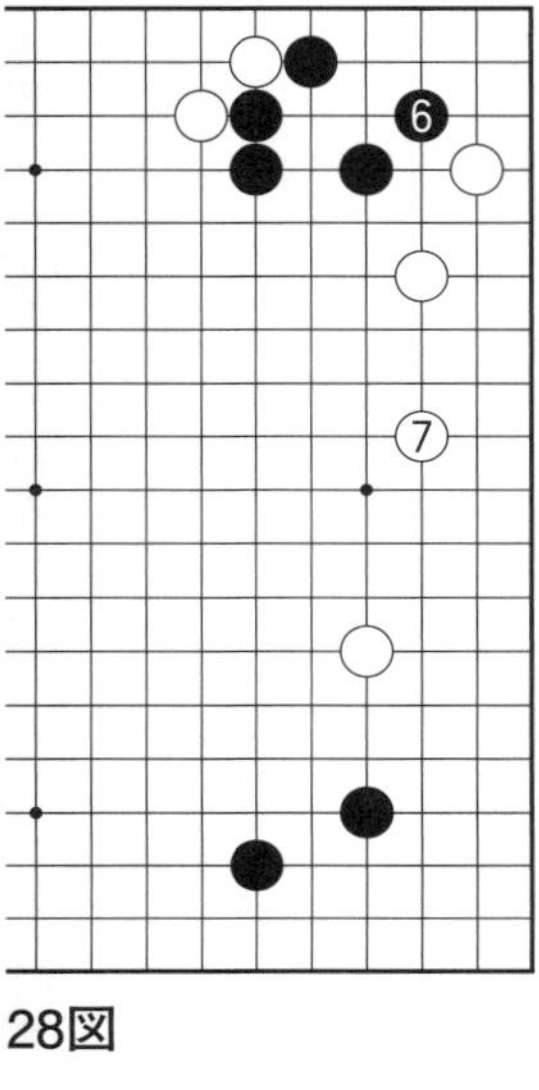

28図

29図、何故なら△と■の二手ずつの交換が白にとって大いに利かしになっているからです。

30図、また、白3と単にスベる手も有力です。

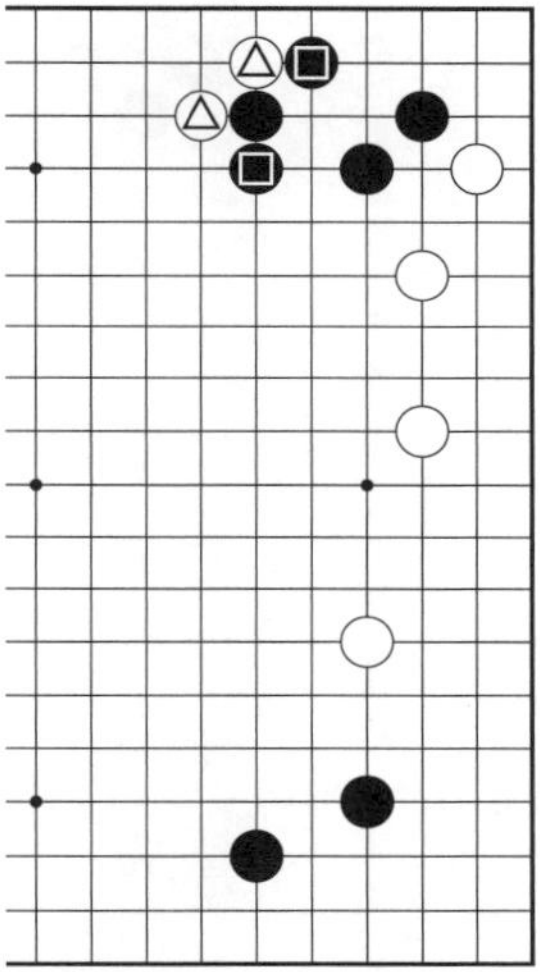

29図

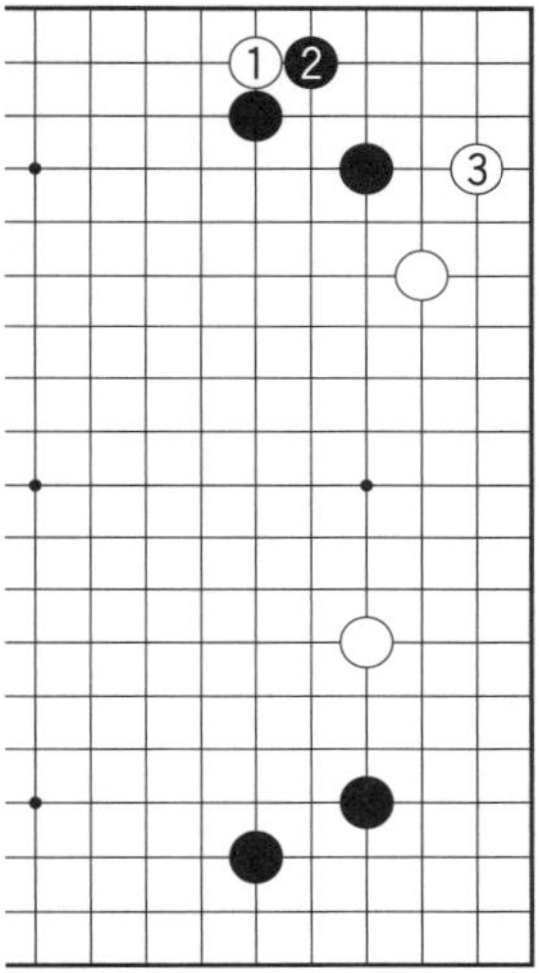

30図

31図、素直に黒4と受ければ、そこで白5ですね。段々と呼吸が分かってきたのではないでしょうか。

32図、続いて黒6と取れば、白13までこれだけ黒を低位に押し込めば大成功です。

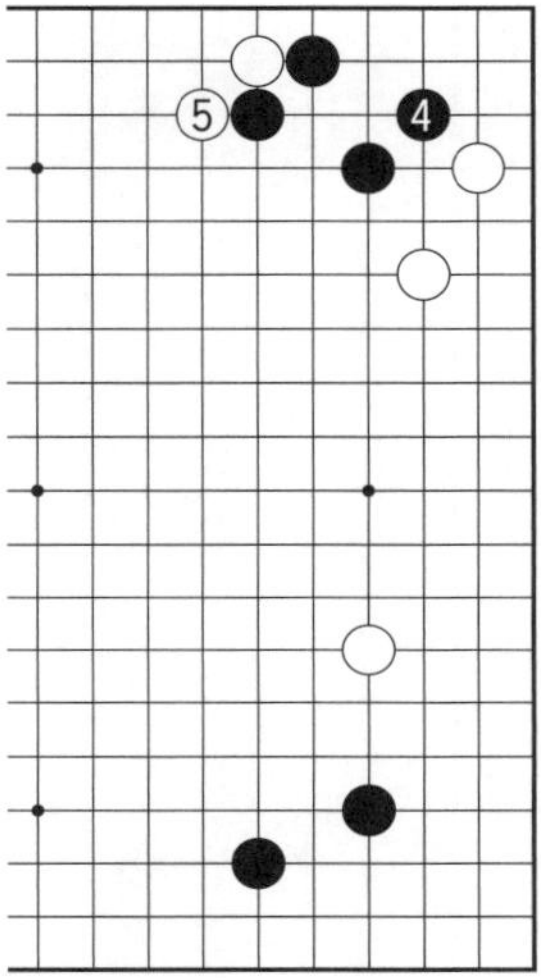

31図

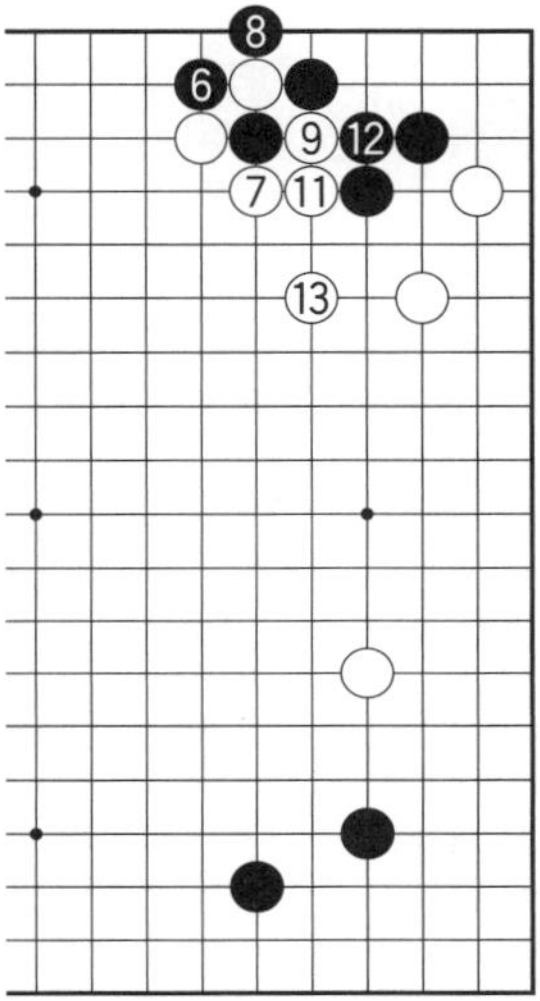

32図　❿（6の右）

33図、実戦だと白1の石が気になって黒4と取る方が多いですが、序盤早々に二線に打たせて作戦成功です。

と言って、黒4で**34図**の1とヒラいても、白aの味が残ります。

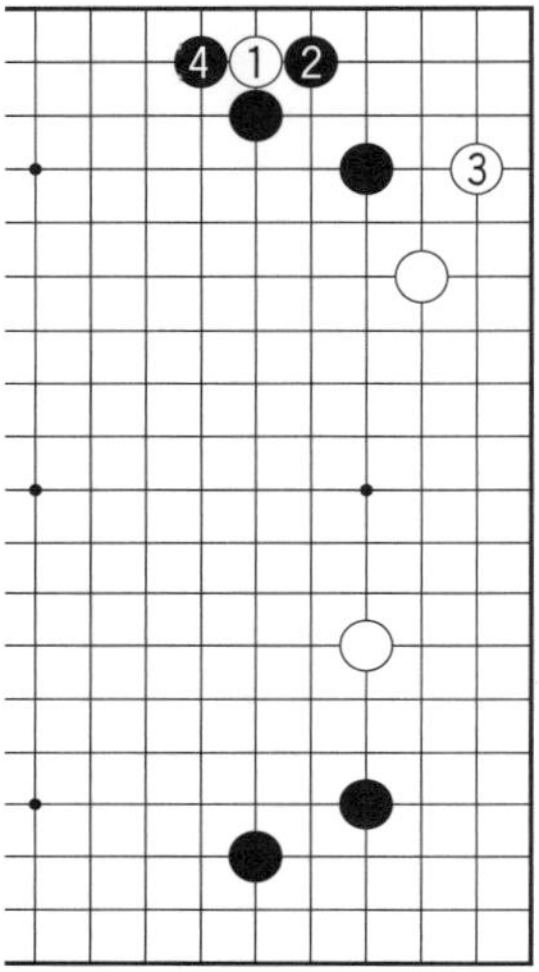

33図

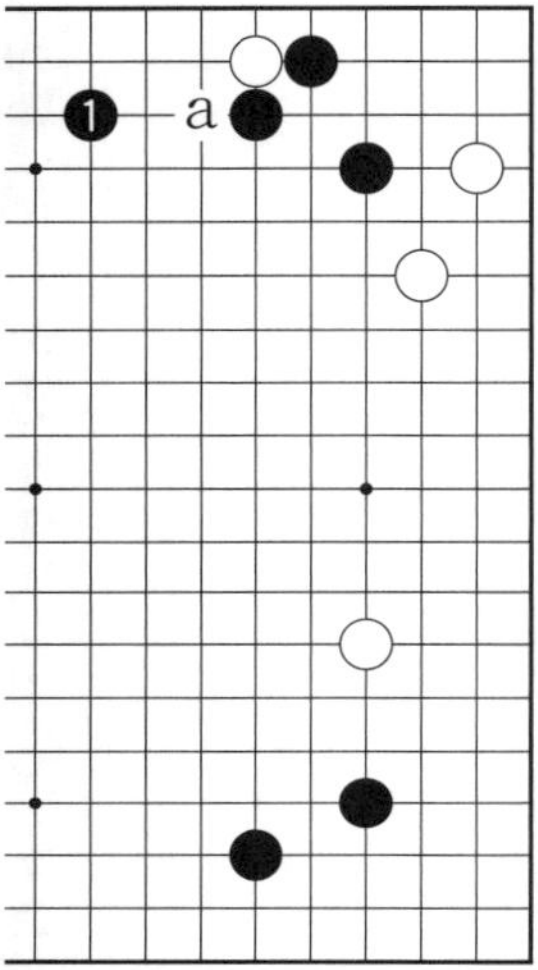

34図

35図、この白3、5もやってみたくなる手ですが、黒6、8と反撃されて上手くいきません。白1が大悪手になっています。

36図、白はこのまま放置するのもお勧めです。この後どうなっても悪手にはなりません。

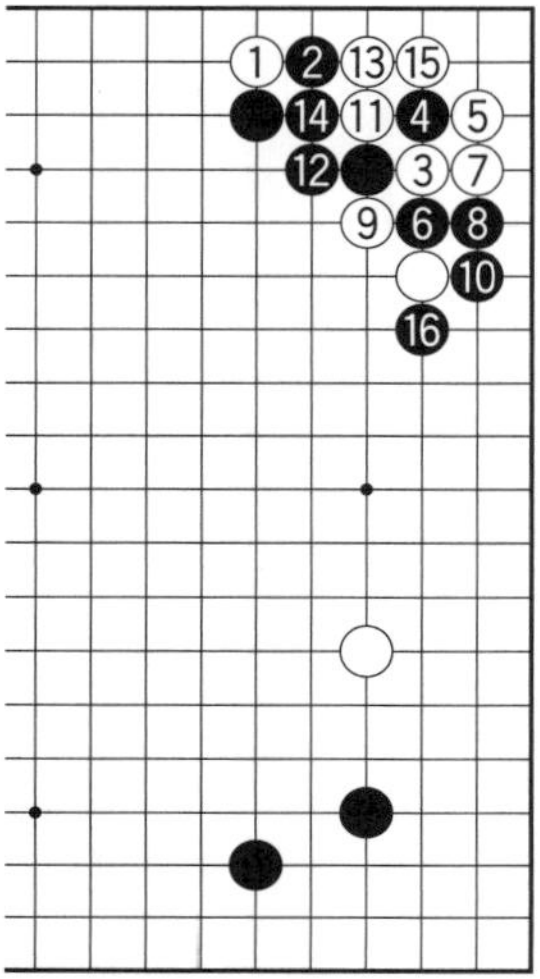

35図

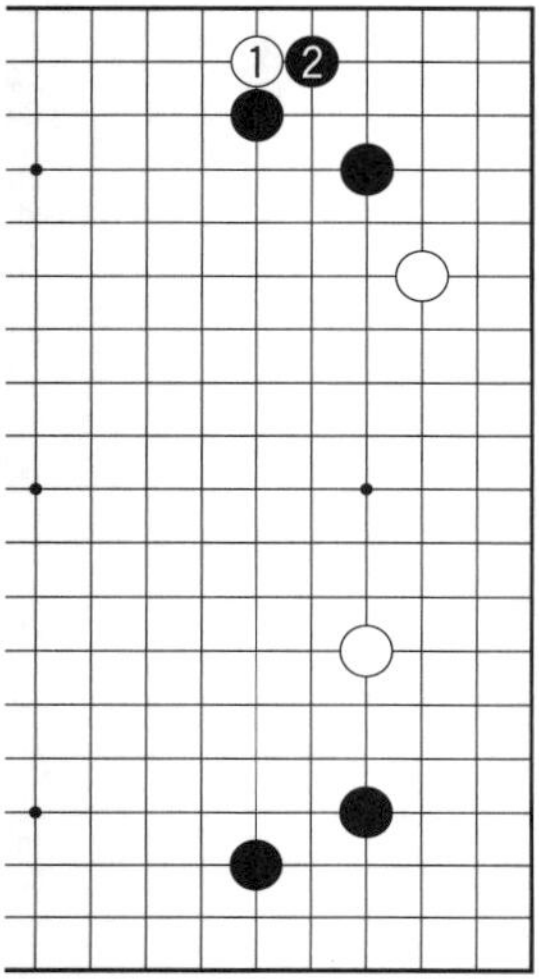

36図

37図、仮に黒1と取られても黒は低位で凝り固まっています。

38図、最後に黒2のヒキです。

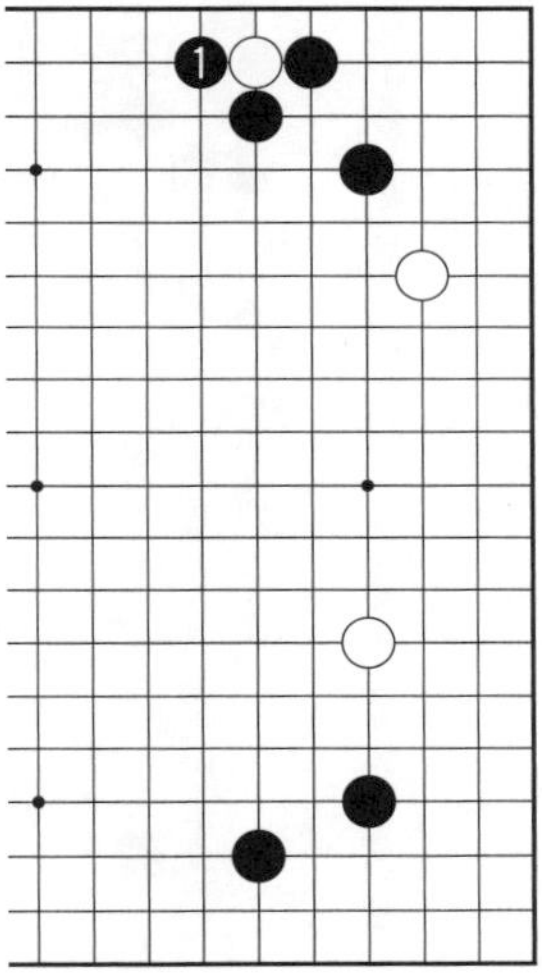

37図

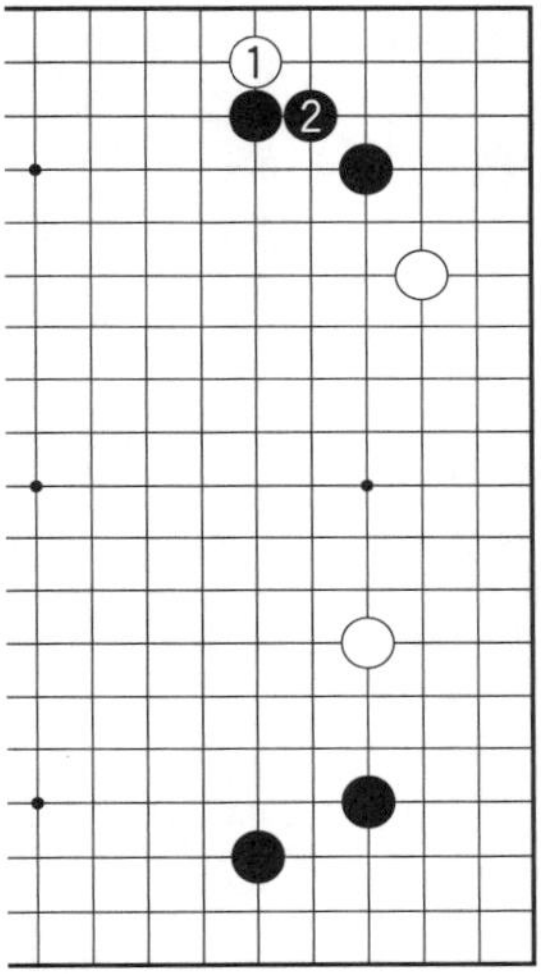

38図（黒の応手ｄ）

39図、白3から7まで自然な流れです。

40図、続いて黒8と隅を守っても白9、11がうるさい手です。

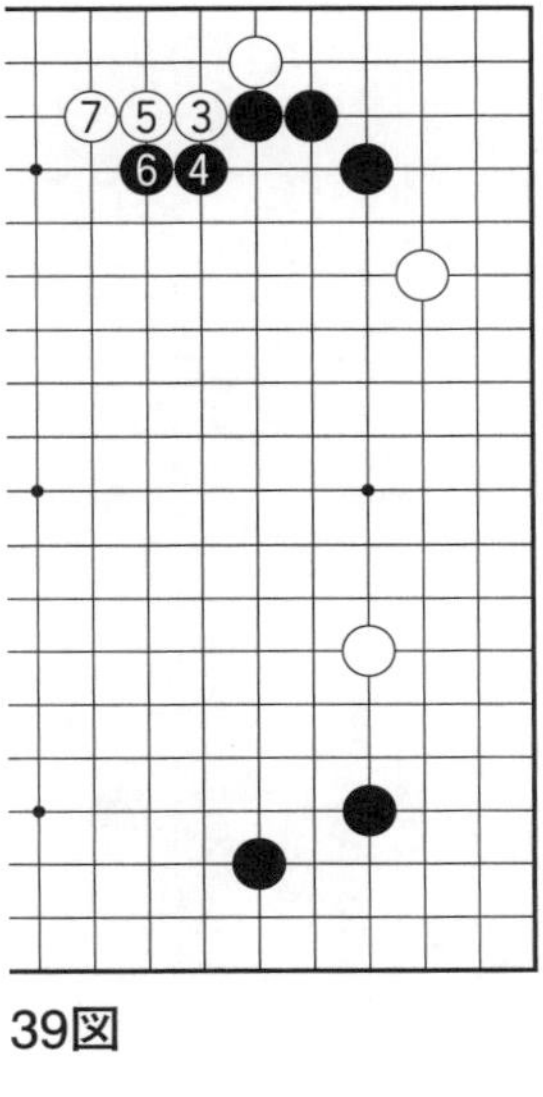

39図

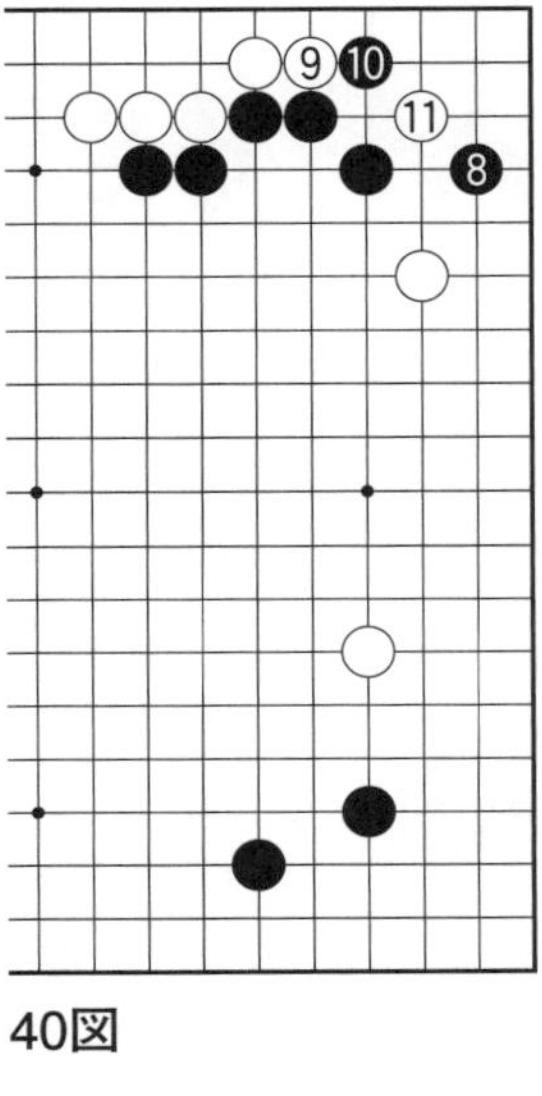

40図

41図、黒12とツグと白13、15でワタられます。38図の黒8で、**42図**の1とこちらをオサえれば白2がピッタリです。黒はどうにも隅を守りにくい形ですね。

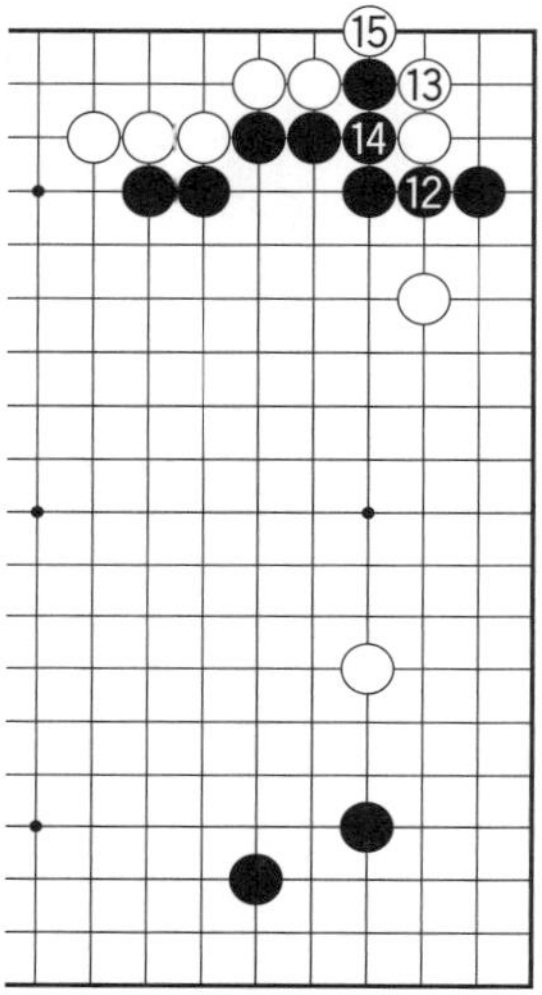

41図

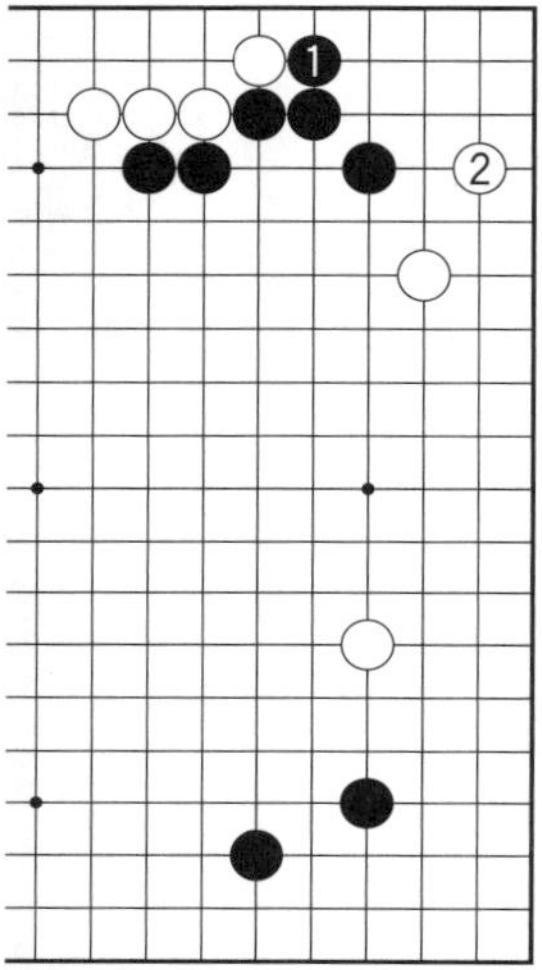

42図

まとめ1

白1に対して黒aとbは、白が少し良くなりそうです。

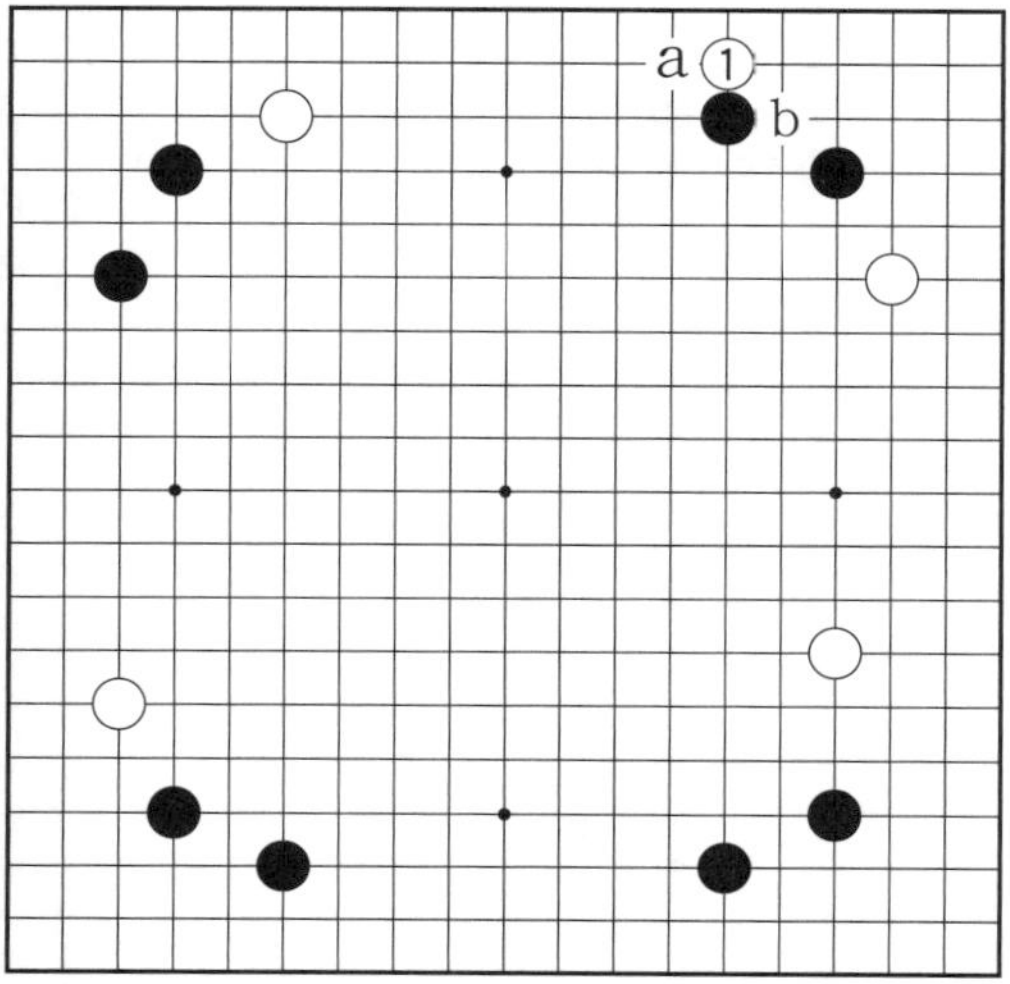

まとめ1

まとめ2

黒はａかｂが良さそうです。

一見突拍子もないような白1のツケですが、黒にどう打たれてもそれなりの結果を出せます。

もちろん、ここに挙げた図の他にも様々な変化があります。実戦で試してみて楽しんで下さい。

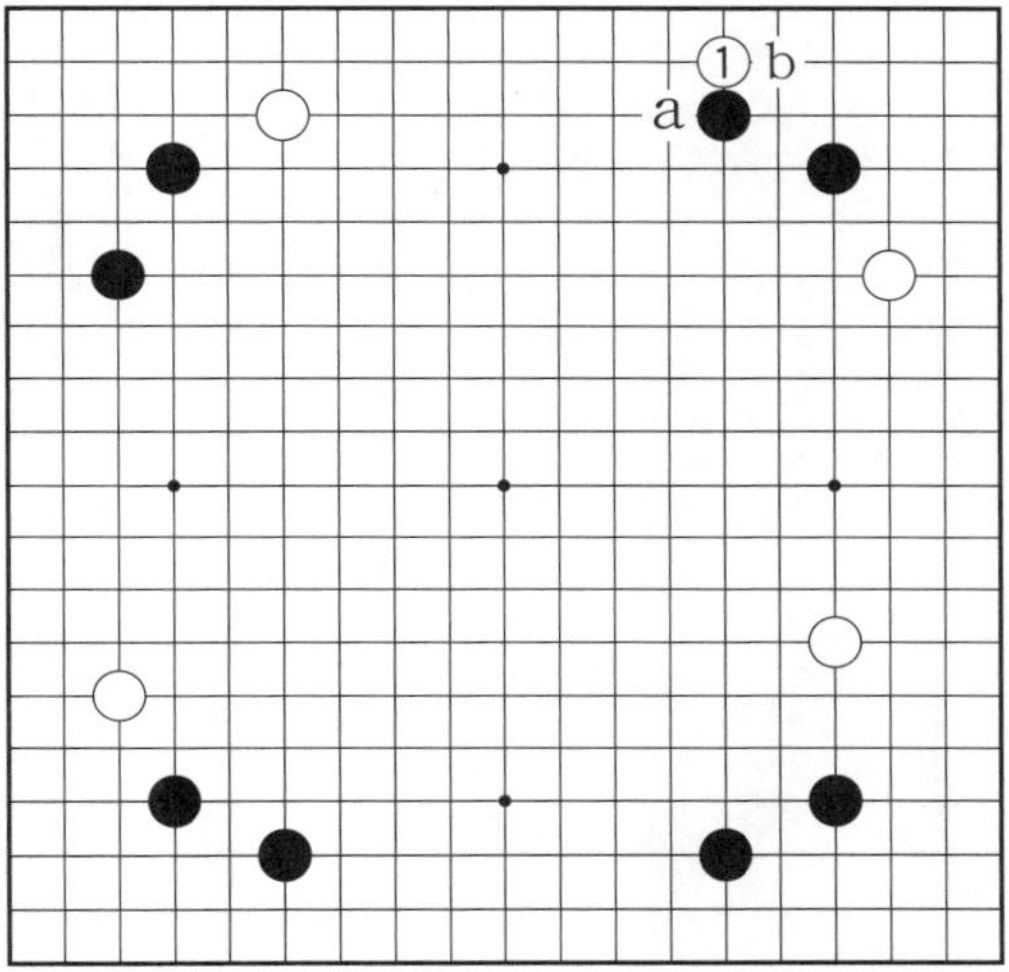

まとめ2

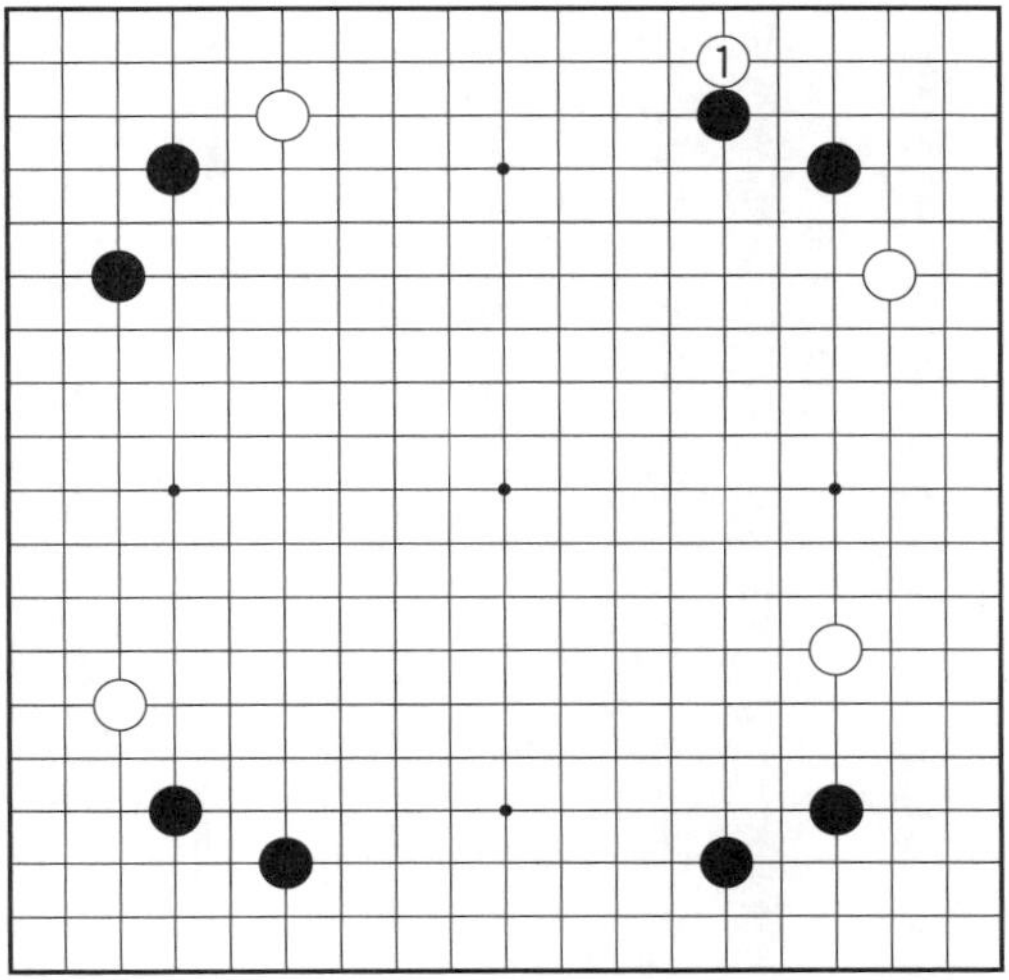

結論

コラム4　した手打ちの鬼、山賢誕生秘話（山本賢太郎）

私が広島に来た当時、とても驚いた出来事があります。ある日、五面打ち指導碁をしたところ、手合い割りが、先、先、二子、二子、三子だったのです。

大阪に居た頃には、三子以下の置石でファンの方と打つ機会はそんなに多くありませんでした。プロに三子で打てれば六段の棋力はある訳ですから。

しかも広島の皆さんはとても強く半数以上は普通に負かされてしまいます。

その時に浅本博さん（現広島県本部理事長）にこう言われました。

「プロはアマチュアには絶対負けたらいけん、舐められるけん。いくら若くても専門家の凄さを見せつけないけん」

と。爾来その言い付けを守って、した手打ちの腕を磨いてきました。

広島に来て18年間、約一万六千局の指導碁を打っていますが、一万五千勝九百敗と囲碁ＡＩ並みの高勝率を誇っています。

どうせうわ手が楽な、少ない置石で打っているのだろう。と思うでしょう。しかし私の指導碁は、三段の方は星目（九子局）が基準です。

普通のプロより最低三子は余分に置かせているでしょうか。その為に指導碁での逸話は枚挙にいとまがありません。

例えば月二回稽古している三段のAさんは、星目でどうしても勝てません。負けると段々と機嫌も悪くなり挙句の果てに、

「この野郎！」

とか
「あー腹立つ！」

と叫びだします。きっと、ご自分の不甲斐なさに対してでしょうね。

このお稽古は実に15年も続いており、Aさんは確実に上達しているのですが、私の方はAさんが失敗するパターンを確実に掴んでいますので。

有段者を星目でコテンパンに負かして、大人の方を本気で泣かせてしまったことは数多くあります。

「流石に悪いことをしてしまった」

と反省しかかりましたが、例のあの浅本さんの忠告があります。心を鬼にしてまた負かしにいくのです。

昔こんなこともありました。一局目に負けて直ぐに二局目を挑んでこられたBさんです。同じように負かすと、

「こんな空気を読まん若者は嫌いじゃ。二度と打たん」

と言われました。てっきりきつい冗談かと思っていたら、本当にその仕事は、その

日を最後になくなりました。浅本さんを恨みそうになりましたが、涙を飲んでぐっと我慢です。

これは二〇一八年のある日のことです。三段の浅本さんをいつものように星目で負かすと、こう言われました。

「なんかワシに恨みでもあるんかいの〜そこまでぼこぼこにしてからに」

私は言いました。

「あの時の浅本さんのお言葉を忠実に守り、肝に銘じて実行しているだけです」

するとやおら腕組みして浅本氏曰く、

「ワシそんなこと言うたかいの〜」

後藤俊午（ごとう・しゅんご）
昭和41年10月20日生。兵庫県出身。日本棋院関西総本部所属。故早瀬弘九段門下。
昭和55年入段、平成7年九段。８年第22期天元戦準決勝進出。９年第22期碁聖戦準決勝進出。16年通算500勝達成。

山本賢太郎（やまもと・けんたろう）
昭和55年11月15日生。鳥取県出身。日本棋院関西総本部所属。後藤俊午九段門下。
平成９年入段。21年五段。20年第34期名人戦最終予選進出。22年第５回広島アルミ杯若鯉戦準優勝。
21歳で広島市に居住を移し、以後、普及活動に力を入れている。

囲碁人《いごじん》ブックス　アマ必勝《ひっしょう》の新作戦《しんさくせん》！　囲碁《いご》・奇襲事典《きしゅうじてん》

2019年７月31日　初版第１刷発行

著　者　　後藤俊午・山本賢太郎
発行者　　滝口　直樹

発 行 所　株式会社マイナビ出版
〒101-0003　東京都千代田区一ツ橋２－６－３
一ツ橋ビル２F
電話　0480-38-6872（注文専用）
03-3556-2738（編集）
03-3556-2731（販売）
電子メール　amuse@mynavi.jp
URL http://book.mynavi.jp

ＤＴＰ製作　釜谷洋子
印刷・製本　中央精版印刷株式会社

定価はカバーに表示してあります。
乱丁・落丁についてのお問い合わせは
TEL：0480－38－6872
電子メール：sas@mynavi.jpまでお願い致します。

ISBN978-4-8399-7024-6